哲思讲演录

文明史与思想史之大观

下册

王东岳 著

作者及作品简介

王东岳，旧日笔名"子非鱼"，自由学者，独立于任何党派和学术机构之外。曾为医学硕士，但研究生毕业后即脱离医界；也曾做过西北大学哲学系客座教授以及西安交大管理学院的东方文化客座教授，聊以谋生。迄有著作三卷两册：三卷《物演通论》合为一部；一册随笔集《知鱼之乐》；一册汇编本《人类的没落》。

本书是2018年作者在混沌大学举办系列讲座的录音文稿。分段方式大体依循该校制作全程视频的节奏，虽稍经润色，以适应阅读之需，然粗疏浮浅之视听观感在所难免，还望读者切莫以此作为研习与品评的根据，再读上列著作才是修养学问之正道。

哲思讲演录

文明史与思想史之大观

下 册

王东岳 著

ISBN:978-1-955779-25-8 （精装彩页 / Hardcover）
ISBN:978-1-955779-26-5 （ 平装 / Paperback）
ISBN:978-1-955779-27-2 （电子书 / eBook）

心通知易协助出版
www.Bridge-Minds.com

美国印刷
Printed in the United States of America

下 册

十二、人类文明的趋势与危机 505

先秦诸子百家辑要

开题序语

　　我们今天讲"先秦诸子百家辑要"。我们前面讲课，已经对诸子中影响最大的三家，老子、孔子、韩非子作过一个简介。那么，我们今天的讲座为什么叫"诸子百家辑要"？就是除去前面讲过的这三家，我们把另外具有后世显著影响力的诸子，作一个提要式的说明。

　　先秦诸子百家，它不仅包括文人学者，还包括政治家、军事家、外交家，当年也叫纵横家，等等。因此，它人数很多，留下文字著作的大约有三十几子。有学者认为，诸子实际上有三百多人，更有学者认为竟达上千人之多。

　　所谓百家，最早是司马迁的父亲司马谈，在《论六家要旨》一文中只提出六家，就是"阴阳、儒、墨、名、法、道"这六家。后来，西汉早年，刘向的儿子刘歆，在《七略》中增加了四家，这就是纵横家、杂家、农家和小说家。大家注意，这个"小说家"，它不是明清以后的那个文学小说，"小说家"特指当年一批专门为官方收集街谈巷议、民情风俗的帮闲文人。

　　到班固写《汉书》，在《艺文志》中他说这么一句话："诸子十家，其可观者九家而已"。也就是他把小说家排除在十家之外，这就出现了"九流十家"之谈，隋唐以后又有了"三教九流"这个说法。所谓"三教"指儒、释、道，所谓"九流"就是不包括小说家的那九家。因此先秦时代，中国所谓"百家"，其实只有十家。

民国时候，有一位著名学者吕思勉在他的《先秦学术概论》中又给增加了两家，这就是兵家和医家。这样算下来，也不过十二家。

但我们说"先秦诸子百家"这个说法成立，因为其实每一子，他们的观点都是有差别的，把每一子视为一家之言也不为过，这叫先秦诸子百家。那么为什么在公元前6世纪到公元前3世纪这段时间，也就是春秋战国时代，是先秦诸子百家的焕发期？这个时期基本上完全奠定了中国传统文化或曰国学的根基，此后几乎再没有任何重大突破或建树。

那个时代被西方学者称为"轴心时代"。所谓"轴心时代"，就是从公元前6世纪到公元前3世纪之间，在全世界各个地区，同时出现了一批奠定人类文明的早期思想家这种情形。比如中国的老子、孔子等，比如印度的释迦牟尼，比如古犹太国中缔造《圣经》文本的泛称"以赛亚"的那一批学者，比如古希腊从泰勒斯一直到亚里士多德。我们会发现，在公元前6世纪前后，人类文明诞生初潮之际，全世界各个地区不约而同地出现了一批思想大家，此被称之为"轴心时代"。

为什么会出现这种局面？我得作一个说明。首先，我们可以把它视为同种智人发出的第一抹理性光辉。我在第一节课中讲过，全人类都是从14万年前的某一族智人进化而来的，亦即4万年前迁徙到欧亚大陆的上古先民，从人种学上讲，他们完全是一个种系、一个物种，因此他们的智能发育和文化发明以此共同步调展开，应该是一件很容易理解的事情。

其次，它是人类第一茬文明的成熟定型期，也就是世界各地的农牧业文明，大约于公元前600年前后，进入完全成熟的状态。环地中海地区以古希腊为代表的半农业半工商业文明，也在这个时期基本定型和成熟，这是该时期全球各地的先贤和学者们能够对人世相关问题进行深入探讨的历史文化基础。而且大家要注意，此刻是整个人类的第一次社会大转型。

记得我在孔子课上讲过，先秦时代是中国历史上的第一次社会大转型。我们放开眼界，它其实是全人类的第一次社会大转型。怎么转型？从采集狩猎生存方式向农牧业文明生存方式转化并且定型，这个过程须历经漫长的时间。要知道，农业文明早期，缓慢试探培植且呈分散耕种状态的粮食产出甚低，它还只是采猎生存方式的一个边缘性补充。到公元前600年前后，农牧业文明全面普及，古希腊环地中海地区的半农业半工商业文明也趋于成熟。

因此，中国的先秦时代迎合着世界的轴心时代，表现为三大特征。第一，中国历史上第一次社会大转型；第二，全人类第一茬文明即农牧业文明的成熟定型期；第三，古希腊工商业异端萌芽的耀眼显露期。这三者共同汇集成轴心时代。而中国先秦时代，就是这个轴心时代在东亚的分支和显现。

那么，为什么这个时代会成为众多思想家展开思考的机会与平台？有三个原因：第一，社会转型问题丛生，人们在迷茫困惑中摸索与探问。在人类社会转型时期，社会结构倾向复杂化，出现诸多前所未见的社会问题和生存问题，这些问题会使当时的人类惘然无以应对。于是其中的思想者们就在这个谜题丛生的困境中着眼寻求解答与出路。所以各位一定要明白，困惑期、迷茫期正是新文化得以诞生的温床。也就是说，当我们今天又一次处于信仰破溃、思想混乱的历史关口之时，大家不要认为它只是一件坏事，它预示着另一茬新思想、新文化行将发生。

第二，生存复杂度提高，我们也可以把它叫作生存难度提高、生存成本提高、生存艰危度提高、生存结构分化度提高。在这种情况下，信息量暴涨，危机事件接踵而至，原有的见识和知识显得苍白而无效，于是人们必须面对新的生存结构和生存境遇展开追问，这是轴心时代和先秦时代的第二个特点。

第三，碎片化的部落制、城邦制或封建制，提供了相对自由与宽松的社会文化氛围。如前所述，先秦时代是中国典型的而且是唯一的封建时代。那个时候古希腊是城邦分立状态，也就是各自为政的局域性群聚生态。欧洲直到中世纪，星罗棋布的分封辖区也还普遍存在。因此，它就提供了某种思想自由的社会条件。比如孔子，他在鲁国待不下去，就可以周游列国；比如近代的笛卡尔、伏尔泰，他们在法国待不下去，就可以流亡到其他国家，然后展开自己的批判性思想和抨击式文论。所以那个时代的碎片化的政治结构，提供了一个相对自由、相对宽松的文化氛围。

我想，说到这里，大家就要知道，现代社会尽管国家政治体制庞然而统一，但是它更需要自由。为什么自由的诉求在现代社会不可或缺且不得压制？就是因为人类面临了更复杂的问题，面对着信息量更大的时代，倘若不能展开自由思境，则整个人类生存就会陷入重重危机。而且当今社会，结构分化更复杂、信息量更大、社会危机更严峻。它标志着我们今天需要探讨的问题远比先秦时代更多，这就是我们讲这节课的一个重要启发点。

我们听先秦诸子百家这节课，除了温习古人思想展开的路径，更重要的是要让大家明白，当你面对一场社会转型、一系列令人困惑的问题不断扩散、信息量不断增大的生存困境时，你得怎样去仿效前人面对现实，提出新问题、提出新思想。只有这样人类才能为自己的未来生存开辟通道，这就是开设这一节课的意义所在。

现在回头看，我们会有一种感觉，就是先秦诸子百家的思想简单粗糙，但实际上，他们在当时是把人类智慧调动到极致的产物，他们代表了当时人类智能发挥的最高度。我在前面讲哲学课的时候，我说古希腊哲学、西方狭义哲学，是人类智能储备的极端调动。大家注意，中国先秦时代也大致如此。

中国先秦诸子和古希腊先哲有一个共同的特点，那就是不关心实际问题。我前面讲过，古希腊哲人认为凡是现实的可用的知识，都是匠人的学问，不值得他们予以关注。那么，在中国古代，你也会发现这一现象。比如孔子，他有一个弟子名叫樊迟，曾经向孔子请教农田苗圃之事，这就是著名的"樊迟请学稼"，孔子对他说，我不懂务农，然后给他的评价是"樊须哉，小人也"。我们现代人借此批评孔子，说他"五谷不分、四体不勤"，其实它表达的是当时中国的先贤对于普通生活琐事或匠人式问题的漠不关心，他们关注的是更宏大、更根本的社会问题。因此中国先秦时代，当时的智者——百家诸子，他们的思境也是非常高远的。只不过跟古希腊比起来，它有重大区别，就是代表东亚文明的先秦诸子百家，他们所关心的都是人伦社会问题，而古希腊哲学家关心的主要是自然学问题，是仰望星空、宇宙追问。

由于人文学问题无法用精密逻辑来贯通，大家知道，直至今天社会学还很难把数学引入其中，因此它探讨问题的方式就不免缺乏逻辑精度。相形之下，古希腊的哲学表达为"精密逻辑"与"假设证明"这两个脉络，最终导致其智能开发和智力调动达到极端、达到极致。由于中国关心的是人伦社会学问题，所以它用不着精密逻辑，从而导致散点式讨论问题，这就使得他们讨论问题的精致程度跟古希腊哲学有了差别。这个话题我在西哲课上讲过，无需赘述。

出于以上缘故，我们会觉得先秦诸子之说相当粗糙。我下面讲课的时候，大家会有感觉。其实你读古希腊文献，也会有那种感觉。它是由于三个原因。第一，时过境迁，问题变形。我只给大家直接举例子，比如古人面临的是吃不饱饭的问题，而今天人类面临的是吃得过多、得肥胖病的问题；古人面临的

007

七、先秦诸子百家辑要

是打不到猎物的问题，而我们今天面临的是如何保护生态、保护濒危动物的问题；古人面临的是加大垦荒、扩展耕地的问题，而我们今天面临的是如何保护荒野森林的问题；古人面临的问题是武器不够精良，而我们今天面临的是大规模毁灭性核武器如何削减的问题。也就是说，我们今天面临的问题和古人面临的问题完全不同，甚至相反，这就导致我们站在今天的立场上看古人讨论的问题，觉得相当低级。

第二，远古社会构型十分简单。我在前面上课的时候，讲过中国古代是世界上最典型的农业文明，它叫"皇权农夫型低分化社会"。也就是它的社会结构非常简单，只有万分之一都不到的极少数人，处在社会顶层进行社会管理，绝大多数农民同质化地平铺在社会基层。要知道唐太宗时代，中央朝廷官员仅有600多人。在这样一个扁平社会结构下，社会分化度极低，社会结构非常简单，因此探讨的问题相应也就非常的简单。而古希腊那些城邦文明，我们把它叫"城邦微缩型文明"，它都是一个一个非常小的社会群团，因此它的社会构型十分的粗糙简单，他们讨论同类问题也就相对粗糙而简单。

第三，当时信息量很低。人类文明的发展过程就是一个信息增量的同步过程，信息量越低，你处理的问题当然就越简单。这使得我们现在回望先秦诸子百家，不免会有一种平淡、过时的意味。

但大家一定要知道，他们当时是人类思想最高度的调动者，而且他们构建了中国国学的全部文化基础，因此极具思想光芒。更重要的是，他们探讨的是人类生存的基层问题，也就是最基础的问题。我前面讲过，越原始、越基础的问题，越具有奠基性、决定性和稳定性。因此，他们探讨的问题似乎永远都无法消解。

他们当年智慧调动到什么程度？我在这里只给大家举一个例子。先秦时代有一流派叫"水工"，他们当年都是进不了诸子百家的，在诸子百家看来，他们不过是一群匠人。可你知道那时水工的技艺水平高到何等程度？我说两件史实。商鞅和秦孝公逝世以后，秦孝公的儿子秦惠文王嬴驷登基，他后来派遣他的一个重要军事将领司马错率军进攻蜀地，即今天的四川。他为什么要攻取蜀地？为了处理楚国问题。因为四川这个地方处在长江中上游，楚国在长江中下游，他如果能够占据蜀地，则对屏障和进击楚国立马形成居高临下的战略优势。当年的蜀地可绝不是天府之国，你读一下《史记·留侯世家》，"天府之国"这个词，原是司马迁用来形容陕西关中的。当年的蜀地是一个什么局面？人口稀少、水灾频仍。今天为什么把那里取名叫四川？所谓四川就是四条大江大河的意思。你翻开四川地图看一下，全省山水纵横。就在成都周边，兀然耸立着一座四姑娘山，海拔竟高达6000多米以上，对比之下，横贯陕西的秦岭山脉，其最高峰也不过3900米。于此群山环绕之中，唯有一块丰沃的平原——成都盆地，高山流水，倾泻而下，全部灌注到这片低洼地里，导致那个风景独好的稀缺良田常常成为一片泽国。

就是因为这个原因，司马错拿下巴蜀以后，秦惠文王特意委派颇具水工能力的李冰出任蜀郡太守。四川北部有一座山叫岷山，从岷山上汇聚下来的一条江水叫岷江。岷山占地广阔，每逢春暖，积雪消融，加之四川多雨，导致岷江成为威胁成都平原最大的水患。

李冰父子辛苦跋涉，考察岷江水文情况，他们发现把岷江阻流到成都平原的是玉垒山，于是决定在玉垒山上打开一条豁口，同时在岷江上建一个鱼嘴工程，把岷江分导为内江和外江，这就是大家都很熟悉的都江堰。要知道，那个时候没有炸药，怎么破石开山？他们居然借用热胀冷缩的原理，堆柴火把岩石烧热，再突然泼上冷水，将岩石激炸，这样一步步打通宝瓶口，引出岷江的一部分水流。而他们所做的鱼嘴工程，其造型高度要能够恰当调节内外两江的水流量，多雨时节，要把江水主体引到域外；干旱时节，又要把较多的水量引入成都平原灌溉农田。如此复杂的工程，需要准确测量地平标高，还要拿捏掌控两分江水的流量变化，居然只用一个低矮平铺的鱼嘴工程就有效实现。而且2000多年过去，都江堰仍然是四川农地最重要的灌溉水源，灌溉面积多达几十万亩到数百万亩，时逾千载而不废。今天人类的水利工程全都是高筑大坝，再好的大坝寿命也不过百年，不仅是因为坝体本身的承载力只有数十年期限，而且由于任何大坝建起来后，河水携带的泥沙沉降会把库容逐步填光，因此人类今天的水利工程都绝对不可能具有都江堰那样的寿命和效用。我们由此可以看出，当年进不了诸子百家的水工，其智慧水平高拔到何等程度。

我们再看灵渠。我不知道有没有同学去到那里参观过，它是怎么回事呢？当年秦始皇平定六国以后，岭南地区之广东、广西，当时叫百越之地，尚不在大秦的统治范围以内，于是他派出50万大军征讨岭南，这就是后来著名的赵拓称王于南越国那个局面的开端。

请大家想想，从陕西出发远征广东广西，行军路途长达数千里之遥，所谓"兵马未动、粮草先行"，那么，辎重、粮草怎么运输呢？要知道，古代一般是驱赶马车牛车徒步运送粮草，载荷有限，效率极低，只有依靠水路运输才能实现大规模的后勤保障。而中国只有两大水系——黄河与长江，秦国位处黄河流域，两广却在长江以南，倘若通过陆路运粮，仅是参与运输的士兵和民夫，中途就会把所有粮草消耗殆尽，根本就不可能将足量富余的粮秣运到岭南，因此必须设法解决水运问题。

怎么解决？惟有从蜀地走长江。可是长江不通岭南。于是就必须人工贯通珠江的支流漓江与长江水系之湘江，使其得以对接起来。在今天的广西兴安县内，湘江和漓江有一个临近交汇点，两者相距1.5公里，但是高差极大，无法直接挖成一条可以行船的运河。以史禄为代表的一批水工，当年居然迂回35公里，把水位逐步降低，在上游湘江处构筑铧嘴分流，开掘出一条宽5米的"湘漓渠",北渠为湘,南渠即为"灵渠"。其间要建大小不等的多座"天坪"(滚水坝),不断调节水位,还建立了30多座"陡门"(船闸),用来缓解水流速度,最终解决从长江流域运输粮草辎重到达岭南的问题。其工程之繁巨巧妙,今天的水利专家看后也都惊叹不已。

我想说什么?就这么个不入流的水工一族,当年竟达到如此之高的水平。它说明什么?说明古人的智力绝不亚于今人。如果你觉得他们讨论的问题相对比较粗糙,那是由于当时呈现的问题本身比较简单。一旦他们所面对的是复杂问题,则其处理能力几乎不输于当代行家。也就是说,对于先秦时代的智者以及他们探讨的问题,你切不可小觑,切不可只做肤浅理解。

下面我再补充谈一下东西方文化的差别。我们今天讲先秦诸子百家,相较于此前讲过的古希腊哲学,两者在智能调动上略有差别,一个是抽象的精密逻辑的假设证明体系,一个是散点式的人伦社会问题的粗率讨论。那么,我们就会觉得中国文化人的总体智力水平似乎偏低,其实还是这个道理,就是古希腊哲人和中国先贤面对的问题全然不同。

请大家再回顾我的第一节课——东西方文明生成的渊源和背景。由于东亚是一个封闭地貌,而且是远古人类仅有的三大原始农耕基地之一,因此它无法大规模从事工商业贸易,因此它是世界上最典型最集萃的农业文明。而农业文明立即带来人口暴涨的后果,加之农业文明是"限局域获得资源",于是人际关系和资源关系格外紧张,于是中国先秦时代的人们就不得不把自己的智慧都用在人伦社会问题的探讨之上。反观古希腊,由于它面临一个狭小的地中海,可以在北非、近东通过商业交换获取粮食,而自己本土种植粮食的地理物候条件又极差,这逼迫着他们不得不展开半农业半工商业式的交换生存方式。工商业文明是"跨区域获得资源",因此他们的人际关系和资源关系的紧张度就比东亚为低。而且它的社群组织规模也就相对的较小，城邦式的社会内部问题也就不够突出，再加上工商业文明需要自由，需要创新，需要器械制造的特殊计算能力，这才使得古希腊哲人尽可以把主要精力用在自然学问题上，用在几何学、数学等精密逻辑的钻研上。

乍一看，古希腊的社会制度是民主制，至少最著名的雅典是如此。其实古希腊各城邦的社会制度差异极大，比如斯巴达在伯罗奔尼撒半岛那个地方，农业生产条件较好，它立即就呈现为专制型的军国体制。而雅典这个地方，农业生产条件较差，于是它就生成为工商业文明的民主形态。要知道，当年的"民主"被古希腊哲人视为最坏的政治制度。柏拉图是贵族出身，他曾经说古希腊的制度可以分六种来谈，前三种叫君主制、贵族制、共和制，他说君主制的败坏状态叫"僭主制"，贵族制的败坏状态叫"寡头制"，共和制的败坏状态叫"民主制"，因此当时柏拉图认为最坏的政治结构形态就是民主制。

可是为什么雅典偏偏是那个最坏的民主制呢？你想想它的道理。工商业文明要求每一个人去进行自由竞争，他长途跋涉冒险经商不可能拖家带口，而且他不像农业文明靠集体协作，而是全靠个人竞争，于是血缘联系必然被打破，每一个人像一个自由单子，独立不羁的自由人怎么组成社会共同体？它唯一的办法就是民主制。由于那个时候民主制刚刚兴起，工商业文明刚刚萌芽，因此早期的民主制很不成熟，民主制在某种程度上可以被称为"群氓政治"，或者可以称作"暴民政治"，因此它难免表现得极为纷乱。这就是当年古希腊哲人探讨民主制的时候，把它列为最坏政体的原因。

我想说明的是，你理解任何问题，你都得回到那个时代，你得知道它发生的渊源，你得知道它面对的困境，这样你才能理解问题。因此我们下面讲先秦诸子思想的时候，你不要只觉得它太简易、太浅显，而是要理解他当时面对这些问题时，其思境达到了怎样的高度，对人类未来生存起到了怎样深远的影响作用。

墨子与墨家

前面算是序言，下面我们进入墨家。

我们首先讨论墨家，是因为墨家在中国近代学者眼中，是最重要、最特殊的一个研究对象。这话什么意思？我们后面慢慢展开。

墨子，名叫墨翟，宋国人，大约出生在周敬王30年，也就是公元前490年，孔子死前10年左右，墨子出生。

西汉早年有一本重要古籍《淮南子》，其中对墨子做了这样一段描述，说墨子曾"学儒者之业，受孔子之术，以为其礼烦扰而不悦，厚葬糜财而贫民，久服伤生而害事，故背周道而用夏政"。它的意思是说，墨子这个人曾经是儒家门生，当然他没见过孔子，应该是孔子后世学团的弟子，习得孔家学说以后，认为它繁文缛节的礼数太多，厚葬糜财的损害太大，因此决定抛弃儒学，从此"背周道而用夏政"。认为墨子提倡的是更古远的"夏政"这个说法显然是没有根据的，因为我们迄今不知道夏政是什么。我们可以想象，如果商代还是氏族部落邦联制，那么夏政就应该是更低级的氏族部落联盟初态，显然墨家的主张与之大相径庭，因此《淮南子》的那个结论性评价不成立。

那么墨家的思想宗旨究竟是什么？大家只要记住一条，墨家代表当时手工商业者的利益发言，这是核心的核心。因此，我们讲墨家在中国先秦时代的出现，时值中国社会前途的第一次大讨论。什么意思？关于中国社会的发展前途，在春秋末期、战国早期，有过这样三个学说的争论：其一是老子提出倒退到"小国寡民"的氏族生存状态中去；其二是孔子"吾从周"，主张回退到西周时代封建制度完好的状态；其三是墨家代表手工商业者的利益，主张跨入工商业文明；因此他们属于第一波针对东亚社会前途问题的大讨论。

我又讲，它是国学发展史上的第二次思想大分化。什么意思？老子主张回退到原始氏族社会，孔子主张封建制度巩固发展，这是第一次社会学说大分化。面对孔子主张全面夯实农业文明的礼制结构，墨子提出不是要单纯发展农业文明，而应该农商并举，且更偏重于发展工商业文明，因此算得中国先秦思想史上的第二次大分化，可见墨家地位之重要。

韩非子在他的《显学篇》中曾经提到："世之显学，儒墨也"，也就是到春秋末期、战国初期的时候，当时文化界最著名的两大学派就是儒家和墨家，足见当时墨家的鼎盛状态。可是奇怪的是，时隔数百年，至西汉初年司马迁作《史记》的时候，竟然没有墨子传记。大家知道，司马迁在《史记》中给商人叫"货殖"、给剑客叫"侠客"、给辩士叫"滑稽"，统统辟有专章列传，却唯独未给墨子立传。他仅在《孟子荀卿列传》中用24字一笔带过墨子的存在，原文乃曰："盖墨翟，宋之大夫，善守御，为节用，或曰并孔子时，或曰在其后。"也就是说，司马迁对墨家几乎毫无了解，不知道墨子主张的是什么，只提到他"善守御，为节用"，对于墨家学说的核心思想，司马迁根本没有表述，此事着实令人诧异。

为什么如此？代表下层民众和下层阶级说话的声音，在人类文明史上从来得不到张扬。再加上中国是一个农业文明社会的典型集约状态，一个代表工商业文明的声音会被彻底地压抑和淹没，所以才导致墨家学说快速退潮，且始终不被真正理解。墨家学说引起中国学界的高度重视，是在1840年鸦片战争以后。这个时候，人们发现中国远古时代居然有一脉类似于古希腊的思绪，在先秦时代熠熠生辉。这个近代史的剧烈翻转，才使得墨家第二次显扬于中国学术界之中。

下面我们先谈一下墨家的这个"墨"姓从哪儿来。墨子名为墨翟（dí），他或者是姓墨，或者是氏墨。"墨"这个姓的确有些奇怪，怎么会有这样一个姓氏呢？自古文人学者争论，认为有三种可能。第一，认为墨家代表的是手工业者和商人阶层，他们多是社会底层的工匠或苦力，做的都是粗活，面黑手粗，故称"墨家"。所以荀子当年就把墨家讥嘲为"役夫之道"，也就是工匠之道、苦役之道，以与孔子的"君子之道、贵族之道"相参较。这是支撑墨姓的第一个来源。

第二，引"狢狄"之同音。大家看这两个字（板书），我解释一下。在中国古文中，狢、狄都指蛮族，即指中原文明以外的未开化人。"狢"（mò）这个字特指东北方向的蛮族，"狄"（dí）这个字泛指中国北部的蛮族，这是部分学者认为"墨翟"（音同"狢狄"）这个名号是蛮族贬称的来源。这个说法遭到较多学者否认，他们提出墨家来自南方，其思想学说从远外传入，有学者甚至认为，它的源头是古印度，因此认为它是"蛮狄"这个称呼的音转。因为古代中国人把南方的蛮族叫"蛮"，把北方的蛮族叫"狄"，把西方的蛮族叫"戎"，把东方的蛮族叫"夷"，然后把四围之内的中原称作"中国"，所以蛮狄说者就认为，墨家理论是从古印度流传过来的异族文化，但印度古文化中并无显著之工商流派，故而此说亦难成立。

第三种说法认为，他来自犹太人的一支。大家知道，在公元前600年的时候，犹太王国紧邻地中海，地多沙漠，跟古希腊生态接近，所以犹太人早年也是一个经商的民族。公元前586年，新巴比伦国攻陷了耶路撒冷，然后把当时犹太王国的王公贵族大多捕获，囚禁在巴比伦，这就是著名的"巴比伦囚徒"。到公元前538年，波斯帝国的居鲁士大帝摧毁了巴比伦国，解救了巴比伦囚徒，允许犹太人重返故地。这两个相距五六十年的大事件，引发了犹太人著名的"大流散运动"，也就是犹太人经由这两次事变，开始向世界各处大规模流亡。其中"犹太人12支脉"之一支，也就是整个犹太12族系之一族，迁徙来到中国。所谓"墨翟"这个发音，实际上就是"波斯祆教祭司"叫"麻吉"（Magi）这个词的音转，或者有人认为是犹太圣典导师"拉比"（Rabbi）

这个词的音译。大家注意，"比"和"翟"发音是非常接近的，而且"拉比"这个词，它在犹太语言中的意思是"巨大"，而墨家群团的首领也叫"巨子"（或"钜子"），含义恰好是"大而刚"。因此有学者认为，所谓墨翟这一脉，是犹太人迁徙到中国的文化流转和文化变形之产物。由于犹太人早年有经商文明和神学文化，因此墨家学说带有明显的神学意味和工商业文明的特点。关于这个说法比较详细的讨论，各位可以参考朱大可先生最近出版的一本书，名为《华夏上古神系》。这就是关于墨翟的名姓来源的讨论。

不过我觉得，这些问题今天都无法确证，只有将来考古学或其他学科能够拿到更多的证据，这些问题才能说清。我们至今还不能排除墨家就是中国本土的手工商业代言者，即是说，它直接就是中原文明和中原本土的文化现象。我在前面的孔子课上讲过，早在先秦春秋时代，中国的工商业文明已经成熟到发生货币的程度，也就是用于复杂交换的一般等价物都已经露头，此时出现代表工商业文明的声音呼号于中原大地，其实并不显得突兀，因此我们不能排除墨子是东亚中原人的可能性。

我讲这一段，是希望大家明白，你要想参透墨家学说，有两个重点必得关注：第一，它代表手工商业者的利益说话，也就是说，它是工商业文明的先声；第二，它跟古希腊文明的思想意绪颇有几分近似。这就是理解墨家的钥匙。

那么，我们下面讨论墨家思想概要。由于它代表下层手工商业者说话，因此在它的学说中必有自由的诉求。我在前面讲课的时候，说中国传统主流文化从来没有自由的诉求，因为农业文明是在血缘家族这个群团结构下，所有人必须在每一亩地上充分协作、精耕细作，方得温饱，因此它不讲个性发扬、不讲个人权利、不讲民主自由，这是农业文明的典型文化特征。

可是在墨家，你会看见它有为工商业者发出的自由之声。墨子在《节用篇》中说过一句话："凡天下群百工，轮车、鞼匏、陶冶、梓匠，使各从事其所能。""轮车"就是制作推车或牛马车的；"鞼匏"就是皮匠；"陶冶"就是做陶瓷的；"梓匠"就是木工。从这句话里可以看出，当年的手工商业者，他们的从业选择自由是受到限制的，其不务正业（农业）的非农工作业态也是备受歧视的。墨子意在为他们争取自由宽松的社会行为空间，让他们各尽所能地自行拓展分工与分化的工商业文明新格局。这跟农业文明要求所有人统一在耕读为家、尊卑有序的压抑结构之下完全不同。

我们再看第二点，墨家有明显的神学宗教情怀。其学说体系分为"十论"，第一论就叫"天志"。所谓"天志"就是"天的意志"，强调某种超越人寰的主宰力量。而且你会发现，它重"上帝"而轻"下帝"。我在前面讲课的时候提到过，中国第一本书《尚书》中就出现了"上帝"这个词汇，我们后来把西方的"god"翻译成"上帝"，是按中文传统翻译的。中国古代还有"下帝"之说。中国的上帝指天，下帝就指自己的祖宗。在农业文明的血缘文化里，它尤其看重的是前辈祖先，祖先的牌位赫然立于家室中堂和宗族祠堂，是祭祀活动的必备对象，反倒是天公邈遥，时常缺位，所以普通民众是更看重下帝的，上帝只是一个抽象的幻觉，不像西方是具体的人格神。

可是在墨子那里，你会看到他重上帝、轻下帝，完全反过来了，而且自成一系，使得墨家学说很像是一个宗教学说，可谓之"墨教"。他提出"天志、明鬼、尚同"，所谓"天志"，就是天的意志、上帝的意志；所谓"明鬼"，就是要把人格神突显出来。大家知道，孔子是"不语怪力乱神"的，孔子讲"未知生，焉知死"、"未能事人，焉能事鬼"、"敬鬼神而远之"，这都是孔子的原话。也就是鬼神的事最好不谈。而墨家直接要求"明鬼"——咱们明确地讨论鬼神的事；然后提出"尚同"，所谓"尚同"就是要跟上帝保持通同状态，这是典型的宗教思想体系。墨子说"我有天志，譬若轮人之有规，匠人之有矩"，就是说我有上帝，此足以衡量一切。我们今天有一个常用词叫"规矩"，所谓"规"就是画圆的那个工具，也叫圆规；所谓"矩"，就是画直线或者画直角的那个工具。他说，我现在因为有了上帝，所以我就仿佛手里有了圆规、有了矩尺。

他接着说："轮匠执其规矩以度天下之方圆，曰：'中者是也，不中者非也。'"意思是工匠们只要手里有圆规、有矩尺，他就可以在做任何事情的时候找见基本的标准；"今天下之士君子之书不可胜载，言语不可尽计，上说诸侯，下说列士，其于仁义，则大相远也。何以知之？曰：我得天下之明法以度之。"这是说，当今天下文人各说各话，其实都没有规矩、没有标准，全是乱说一气，唯有我说的东西是有原则的、是有天规的、是有尺度的！这个尺度是什么？就是上帝，他叫天志。可见他的这一脉思想也与古代环地中海地区的崇神文化十分接近。

第三，他提出"兼爱"。请大家注意，墨子所谓的"兼爱"和孔子的"仁爱"完全是两个概念。什么是"兼爱"？用墨子的原话讲叫"兼相爱，交相利"。首先各位要理解什么是"仁爱"。"仁爱"乃指血缘内部之爱，可谓之"血亲之爱"。大家回想孔子课，我讲孔子的血缘伦理体系，包括"血缘、泛血缘、拟血缘"，从而构成家族、国家乃至宇宙观。孟子更直接，他在《离娄上》篇中毫不含糊地讲："仁之实，事亲是也"，说仁爱的本质内涵就是服侍与自己有亲缘关系的人。

可什么叫作"兼爱"呢？就是西方资产阶级革命的时候，它提出三大口号：自由、平等、博爱。"兼爱"就是"博爱"，就是超血缘之爱、全社会之爱。这是工商业文明必然倡导的人际关系准则。从事工商业的人要在整个社会中进行交换，它绝不是血缘族群内部的自然经济，农业自然经济是不需要交换的。所谓"自然经济"，就是我自己生产出来的产品仅作为我自家的使用品；所谓"商品经济"，就是我生产出来的产品是给别人使用的、是借以进行交换的。所以人们需要"自由"市场，需要"平等"待人，所以他的爱必须是超血缘的，必须面对血亲以外的所有潜在客户，于是人人都是我普爱的对象，这叫"博爱"。

在中国，在墨子那里，就叫"兼爱"，它有一个前提叫作"交相利"，就是大家互相之间要有利益关系的交错。墨子绝不避讳利益之谈，他认为人们具有利益关系才会产生博爱之心，这叫"兼相爱，交相利"，这是典型的工商业文明之平等、博爱诉求的中国式表达。想想孔子怎么表达"利"这个问题，他说"君子喻于义，小人喻于利"，意思是说君子只讲仁义，绝不讲利益；一旦讲利益，你就是小人。为什么？因为农业文明的稳定生存状态是要避免和压抑工商业交换的，在农业文明的血缘群团内，它是不允许你斤斤计较个人利益的，否则大家将无法协调集体作业，所以这两种文化完全是对立的。

因此，墨家学说提出的兼爱和孔子的仁爱完全相反，一个是典型的农业文明血缘协作关系之爱，一个是工商业体系下全民发生交换关系的普世之爱，而且利益交互关联方式也发生了根本转变。我们从这里可以看出，墨家学说对于工商业文明表达的透彻程度。

第四，提出"尚贤、尚同"的主张。大家注意，这是很有意思的一件事情。孔子代表农业文明提出的是什么？爱有差等、礼有尊卑！就是人的社会地位是被天然给定的，你总不能比你爷爷高明吧，父亲天生就居于你的上位，你爱家里人的程度一定大于其他外人，这叫"爱有差等，礼有尊卑"。在血缘关系中，你的地位是被你所固有的血缘等级规定死的，这个血缘等级投射在社会上，就是皇权体系。国王就是君父，人民就是庶民，这种关系绝不是任何人可以随意选择的，这就是儒家礼制文化的理论基础。

墨子提出的是什么？尚贤！选举贤能者为王，遴选贤能者管理。大家注意这个提法跟谁很像，跟古希腊著名哲学家柏拉图的主张完全一致。请各位读一下柏拉图的《理想国》，他在里面提出什么？哲学王！他说只有深研哲学且极具智慧的人，能够分辨调整社会上各种人群的利益关系，能够依据理性原则把握社会平衡，能够建立恰当的社会组织体系，只有这样杰出的人才，方可被尊奉为王，这就是柏拉图著名的"哲学王"之说。而墨子提出的"尚贤"，完全是哲学王说法的中原翻版，这再度表明他的学说跟古希腊学说十分贴合。

我们看他一段原话，墨子在《尚同》篇中讲："选天下之贤可者，立以为天子。"选！而不是你天然确定，请注意他的用字，他接着说："唯以其能一同天下之义，是以天下治。"他说由于他能够用一视同仁的统一准则来面对社会各阶层，因此他才能做到天下安治。这个主张简直就是人类工商业文明初期的政治要求。

我们再看第五项，即墨家与儒家激烈对立，取公然反叛之态度。大家知道，工商业文明是一个与农业文明反差极大的文明。我在前面讲课的时候讲过，中国古代要想保护农业文明，就必须限制工商业活动。所以中国从秦汉到清代中期，它的基本国策叫"重农抑商"，重视农业，压抑工商业，以至于工商业子弟到了明清以后都不能参加科举考试，不能转换自己的贱民身份。依"士、农、工、商"之位序，工、商两类在社会最底层，中国近代想把自己的农业文明转化成工商业文明，它居然得把自己的传统文化全部抛弃，提出"打倒孔家店"，否则这个身就怎么都翻不了。

为什么？因为儒家学说是典型的农业文明体系的系统化理论，这两种文明——尤其是它们之间的思想文化形态——兼容性极差。其转换或转进过程如果不能自然运行，比如在欧洲，代表工商业文明预置火种的古希腊思绪是通过文艺复兴长期渗透，逐步推动，方见成效；但如果不具有这样的条件，而是通过外力强行扭转，那么它就会变得极为痛苦，而且极为动荡。这就是中国近代史，这就是从鸦片战争到今天170年，中国人普遍情怀激烈，且不断折腾的原因。折腾什么？从农业文明向工商业文明转型实在是太困难了，它的文化转型尤其麻烦。因此这两种文明的文化形态在早期严重对立，甚至呈现为悖反格局，你所热衷的东西恰恰是他所厌恶的，你所支持的东西恰恰是他所反对的：你说"义"重要，他说"利"重要；你说"尊卑有序"，他说"自由平等"；你说"血亲之爱"（仁爱），他说"普世博爱"（兼爱）；两者始终对不上茬。因此墨家一旦要代表工商业文明发言，它立即表现出跟儒家学说的激烈对抗。

大家看看它激烈到何等程度。墨子在《公孟篇》中提出，儒家之论"足以丧天下"，他说，你如果按照儒家学说掌管天下，社会就将崩解，人世就要完蛋。下面看原文，里面提到四项，我们逐一解读。其第一项为："儒以天为不明，以鬼为不神，天鬼不悦，此足以丧天下。"他说，儒家不信神，没有神这个东西来做统领，没有这个信仰高悬普照，人类的行为必然失范，社会的复杂化演进必受阻遏，工商业文明作为一个复杂体系，它就不可能全面展开，他说"此足以丧天下"。

再看第二项，他说："又厚葬久丧，重为棺椁，多为衣衾，送死若徙，三年哭泣，扶然后起，杖然后行，耳无闻，目无见，此足以丧天下。"一句话，反对厚葬！大家知道，儒家学说是孝道为首。由于只有依靠血缘族群联合起来，才能保证精耕细作，才能保持内部协调，想要让血缘结构安宁完好，讲究孝悌就是唯一有效的理顺之道。那么，孝道如何表达、如何使之得以彰显呢？无非"生以敬重、死则厚葬"罢了。由于身为家长者，他一定死期在先，为他举办隆重的丧礼仪式便成为表现孝心的最后也是最高调的宣示，这就是中国丧葬文化格外复杂的原因。它不是为死人做的，它是为活人做样子的，它是要给后代子孙留下深刻印象，提醒他们忠孝礼序的规制容不得一丝马虎。

你在西方社会是看不到孝文化的，父母年迈，儿女没有责任去赡养父母，每一代人只负责抚养下一代，父母必须在自己年轻的时候积攒晚年养老之钱财。比照农业文明，粮食不可长久储存，养老只能托付儿女。西方父母也绝不给儿女带孩子，不像中国所有的老人都要照看孙子，这都是农耕时代的传统遗绪。因此在古希腊那个文明里，丧葬文化是一个非常浅淡的东西。反观地中海另一侧的古埃及，丧葬文化就格外夺目，木乃伊、金字塔都是丧葬仪式的标志。为什么？它是农业文明，它是尼罗河大河文明，丧葬过程的繁文缛节是农业文明的典型特征，是血缘秩序的重要纲领。因此墨家绝不苟同，坚定反对，因为它与工商业文明和工商业操作格格不入，会成为工商业发展的严重障碍。

我们再看。他接着讲："又弦歌鼓舞，习为声乐，此足以丧天下。"这是第三种"丧天下"，这在说什么？他说儒家学说重礼嗜乐，我在前面一再讲，"乐"并不是一般的音乐，在儒家的礼乐文化中，"礼"指国家政治法统、指血缘宗法体制；"乐"指大型祭祀活动的伴奏过程，是农业文明意识形态的宣示。由于儒家倡导的意识形态对人们的思想极具禁锢性，因此墨子要想突破这个系统，就得从"非乐"入手，也就是反对这种宣传官方意识形态的"乐"。再看"歌舞"，中国古代的"舞"是什么样子？要知道汉民族是最缺乏歌舞的一个民族，这是非常奇怪的一件事情。大家想想，中国少数民族总是载歌载舞的，世界各国各地的人们也都唱歌跳舞。可唯独中国汉文化，它在秦汉以后，其民间习俗中是很少有歌舞的。如果中国过去哪个农民突然唱起歌来、跳起舞来，别人会认为他是疯了。那么中国的歌舞文化是什么？全都是意识形态张扬，这使得民间音乐舞蹈活动被强烈压抑而消失。其实早在春秋时代"舞"就是祭天祈雨活动的一种方式，我前面课上讲过，孔子喜好"舞雩归咏"。因此，墨子反对"乐"，反对这种音乐歌舞，反对的是什么？反对的是农业文明借各种祭祀活动所达成的意识形态控制，他说这个东西不打破，则亦"足以丧天下"。

然后他讲："又以命为有，贫富寿夭，治乱安危有极矣，不可损益也。为上者行之，必不听治矣；为下者行之，必不从事矣。此足以丧天下。"什么意思？他说儒家文化宣扬"天命论"。孔子说过一句名言："死生有命，富贵在天"，他说每一个人都有天定的命数，如果你处在尊卑有序的社会底层，请你不要怨天尤人，认命就是了，这是建立和维系阶级等级所必需的心理麻醉剂！而工商业文明是不能承认这个东西的，所谓美国梦是什么？就是下层人可以通过个人奋斗变成富有者，是不是这样？所以工商业文明要破除天命观，他一定不承认我是命定的贱民，我尽可以通过自己的努力来改变自己的社会命运，这是工商业文明的普遍意志状态。显而易见，工商业文明的"个人奋斗论"和农业文明的"天命论"，是完全不同的。因此墨子攻击儒家的天命论，他说如果有天命，官员和政府都可以不用管理天下了，因为社会的治乱是天定的、是在劫难逃的；老百姓也不用勤勉劳作，因为冥冥之中早有定数；他说"此足以丧天下"。

请大家听明白，墨子用异常激烈的口吻，用"丧天下"这样的词语来抨击儒家，所言之四点居然都是站在工商业文明的立场上揭批农业文明的文化体系之要害。可见墨家代表工商业文明说话，达到何等彻底的程度，这是理解墨家思想和墨家学说的关键。

评：墨家思想系统之离乱

把墨家学说的整个系统展开来看，还是比较复杂的，我们下面只做一个简单梳理。重点放在另一个更重要的问题上。

墨子提出十项论点：第一叫"天志"，就是强调神主在上，统领一切；第二提出"兼爱"，也就是博爱；第三"非攻"，反对战争；第四"明鬼"，把信仰挑明；第五"非命"，不承认天命论；第六"节葬"，反对厚葬与孝道；第七"非乐"，反感农业意识形态；第八"尚贤"，主张选贤能者做哲学王；第九"尚同"，大家跟这个贤能主政者保持一致，以求天下公平治理；第十"节用"，就是勤俭朴素，为资本开源节流。总体而言，无非"自由、平等、博爱"，呼吁"拓展工商业系统"。这就是墨家学说的概观。

但是大家要注意，这种工商业文明的思维方式和思想体系，一旦在东亚、在中国这个农业文明体系的强大压抑之下，它会发生奇怪的变形和冲突，这就是我们看到墨家学说内有矛盾、颇显离乱的原因。所以墨家学说跟古希腊文化有一个很大的特征上的不同，就是它的学说和它的操作，在内部是矛盾的、是混乱的，主要可以表达为如下三点。

第一，它既主张工商业自由，同时又主张"尚同专制"。它的"尚同"学说（"尚"与"上"通假），最初是保持跟"天志尚同"、跟"上帝尚同"，但它同时暗含着跟明君跟哲学王保持一致，从而表现出一种专制独裁倾向。大家知道，这个东西在古希腊是绝然相反的。古希腊是一个散漫的民主制，它民主到这样的程度：任何一个执政官、或者一个将军，如果他威望过高，人民立即用陶片投票法把他驱逐，防止他权力膨胀而走向极权。甚至将军正在打仗，由于战功显赫，被匆忙罢免流放，搞得雅典曾在多场战争中告败。

墨家反过来，它一味主张独裁、主张专制。这个东西被后来的法家所利用，以至于古籍文献上提起法家，常把它称作"墨法之学"，说法家跟墨家是一路思脉、是一家之学。古人理解不了墨家工商业文明诉求这一面，所理解的都是法家那一套，而且韩非子借助于墨子的学说，加固了他的极权理论体系，这是一个很奇怪的现象，东西方截然有别。而且我们会发现，在人类历史上，但凡是明确地代表下层民众说话的声音，都倾向主张集权和专制。

请注意，古希腊哲人的思想，总体上也代表工商业者说话，可是为什么反而会创造出一派民主氛围？那是因为在古希腊，工商业者不是下层，而是中上层，他们没有代表下层阶级说话的那种压抑感。但是墨家所代表的工商业者在中国是末流、是下层，工匠、商贾处于社会最底层。而人类的思想大家、文化学者，他一旦代表下层民众说话，几乎一律主张独裁，这是一个很奇怪的现象。

不待说，下层民众总是占人类的大多数，一般不会低于90%到95%。按理说代表下层民众说话的人当然应该主张民主，因为民主制度是一人投一票，人数多则票数多，因此表面上看，民主体制最容易保障多数人的利益。可奇怪的是，历史上但凡代表下层民众的声音都主张集权。我给大家举例子，墨子主张集权；还有马克思，说起来马克思是为无产阶级代言的，工人总是比资本家多得多，可马克思主张的是什么？是"无产阶级专政"。他绝没有提倡"无产阶级民主"，反倒是资产阶级高举着民主主义的大旗。

我再给大家举个例子，中国国内前些年出现两个对立网站，一个叫"乌有之乡"，代表左派；一个叫"炎黄春秋"，偏向于代表右派，呼吁自由民主。"乌有之乡"这一派，他们认为改革开放政策侵犯了下层工人农民的利益，在某种程度上反对改革开放，认为它是资本主义复辟，造成两极分化。他们代表工人农民说话，大家要知道毛泽东时代工人阶级、农民阶级，地位是很高的，至少表面上地位很高，今天工人、农民的社会地位大幅下降。但是当"乌有之乡"代表这些人说话的时候，他们的主张是什么？他们暗含的主张是推崇毛泽东，希望回到那个时代。"炎黄春秋"这一派，它代表当前活跃的工商业者的自由市场倾向，主张自由化发展，甚至主张政治民主。那么奇怪的是，从墨子到马克思到"乌有之乡"，为什么一旦代表下层民众说话，他本来应该主张多数人民主，却反而历来都主张专制，请大家想想，这是为什么？是因为人类文明从来解决不了一个重大难题，那就是人类的大多数从来无法掌控自己的命运，因此对于下层民众来说，他们只能指望明主，只能指望可以代表他们利益的人来实行强势管制。可他们忘记了，这个人一旦成为君王、一旦拥有强权，他就有他偏私的、特殊的上层利益，他所形成的统治集团、政府集团就会有自己独立的利益体系，他就无法再继续长远地代表下层民众。

由此形成一个悖论，多数人本可指望自己保护自己，但人类历史和文明社会从来无法实现多数人的诉求；于是只好依靠明君或某种现代强权势力来保护自己的利益，而明君之类又一定退化成另外一个利益集团。这个难题几千年文明史迄今得不到任何解决，这就是墨家当年主张独裁专制的原因。请记住，我再说一遍，墨家学说代表的是下层民众的声音，这跟古希腊文化代表中上层工商业者发言是完全不同的，因此墨家就会向往跟古希腊雅典工商业民主体制完全相反的集权体制，这是一个明显的矛盾。

第二，墨家既主张"非攻"，反对战争，同时又大力参与战争。大家知道工商业者是很怕天下大乱的，乱则市况萧条，生意惨淡。他们虽然激烈竞争，但并不希望发生战争。尽管到近代资本主义大规模发展的时候，西方列强以横暴的方式到处侵略，但他们认为这只是一个恰当的殖民活动。所谓"殖民"之词义，原指把我本族人放到另外的地方去繁殖、去发展。所以他们不认为这是一个战争行为，反倒认为是一个文明播散和获取资源以及市场的合理行为。

尽管人类文明的发展进步过程就是以战争烈度不断提高的方式进行的，但是就工商业文明早期发育的条件来看，它需要的是一个无战的、安定的社会环境，而当年各封建诸侯国之间是战乱迭起的，这对工商业者非常不利，所以墨子提出"非攻"，反对战争。然而，墨家后来却积极踊跃地参与战争，是由于墨家成员多为能工巧匠，攻城器械的发明和制造能力最强的便是墨家。譬如鲁班，也叫公输班，他就是墨子的弟子。因此当年各国参加战争所要借助的一支重大力量就是墨家。

墨家在先秦中国几乎是唯一代表下层手工商业者利益说话的一家，它有一个难题，那就是其成员自身的社会地位太卑微，人数也太稀少，几致难以独立存在。无论是他们发出的声音，还是他们的阶级力量，都显得太过微弱，都无法得到统治者的承认。因此他们特别需要在当时以农业文明为主体的社会中寻求一个显示和张扬自己的平台。什么平台？战场与战争！《淮南子》书中形容墨家用八个字，我前面提到过叫"赴汤蹈刃，死不旋踵"。意思是说，它的整个学团勇猛地参加战争，赴汤蹈火，临死都不会调转脚后跟逃跑。它在楚国曾经建有一个团体，首领（巨子）名叫孟胜。我前面讲过吴起在楚国变法，是被72家贵族最后反扑将其射杀的。楚悼王的儿子楚肃王继位以后，就把这72家贵族全部处决。据《吕氏春秋》记载，其中有一贵族史称阳城君，他被楚王逮捕以前，把自家的城池托付给孟胜来照管，孟胜带领180个墨家弟子为之守城，面对楚军攻击，如此区区百十人岂是对手，但他们宁愿全部战死也绝不投降。自此墨家的组织肃烈及其战能挺拔被当世各国刮目相看，以至于后来秦国、楚国等诸多国家都借用墨家学团的势力助战。可见墨家在战国时代是一支重要的战争力量，尽管它一方面主张非攻，反对战争，一方面积极参与战争，以彰显自身的实力和能力，由此造成又一个重大矛盾。

第三，我们会看到墨家学说，后来成为中国逻辑论学派的奠基者。想想古希腊文明缔造了什么？缔造了哲科思维。请注意，墨家既然代表工商业说话，它在思维模式上也就有古希腊的风韵，因此它会出现逻辑论、出现科学观。但是，古希腊的逻辑论、哲科观，它是务虚的，它是不求实用的。它认为凡是能用的东西，都是匠人的东西，他们只是在思想上、在学问上、在终极追问上，进行无穷地探究，从而形成极为巨大的深层智能储备调动。

可是墨家，它一方面有逻辑论，有哲科思维的萌芽，但它另一方面关注实务，还心存社稷关怀。这份念想原属中国农业文化与农业政治的体现。而你会发现墨家对人伦社会问题也极为牵挂，深陷其中，并且同样注重实务操作，这一点跟儒家学说很像，与古希腊那种单纯务虚的文化倾向又发生背离。所以墨子说一段话："凡入国，必择务而从事焉"，是说当你进入任何一个国家，都要根据它的实际状况做出相应的政策选择；他说"国家昏乱，则语之尚贤、尚同"，是说如果国家很混乱，你就要主张尚贤，立以哲学王，然后人民统一接受他的领导；他说"国家贫，则语之节用、节葬"，是说如果国家贫穷，就要讲节俭、薄葬。让人们厉行节约，以便不断地扩大再生产；他接着讲"国家憙音湛湎，则语之非乐、非命"，是说如果国家整天娱乐到死，那么咱们就禁绝舞乐、励志奋发；他说"国家淫僻无礼，则语之尊天、事鬼"，是说国家如果暴乱无序、胡作非为，那么就要讲鬼神、就要讲尊崇上帝；他说"国家务夺侵凌，则语之兼爱、非攻"，是说如果该国动辄用兵、讨伐四方，就应向其灌输平等相爱、互利共赢的反战思想。总而言之，你会发现他所讨论的问题，全都落实在时政管理领域。这又跟古希腊学者、古希腊哲人很少讨论实际问题，而只做纯粹务虚的精神追问这种思维方式背离。

所以我们说，墨家理论属于非典型的工商业文明思想体系的展现，由于它发生在中国农业文明的强大压抑之下，于是它不免会发生种种矛盾和离乱，这就是读懂墨家学说的难点所在。很多人读墨家文本，觉得它跟儒家、法家似乎很像，那是表层迷失，其实它骨子里激烈反儒，与之背道而驰，更无涉法家，而鄙薄重农理念，此乃其深层内核。它观点离乱、语焉不详，表达的是农业文明与工商业文明在东亚大地上的不兼容困局，这是破解墨家思想的关键所在。

墨家首创"逻辑论"之开端

我们下面讲述一点墨家的逻辑论思想萌芽。

由于墨家代表工商业文明，而工商业者的思绪和农业文明文化思绪及其思维方式都会自然发生分野，所以墨家的思想系统里会呈现出某种一反中国传统文化的思路形式和内涵。中国农业文明体系的基本思想方式叫具象散点式思维，而古希腊是典型的抽象逻辑思维，于是墨家也就自发地流淌成为中国逻辑学与哲科论的先河。

我们看看《墨子·公输篇》中记述的一段典故，其间显示了墨子独特的思维方式。他讲："公输盘为楚造云梯之械，成，将以攻宋。子墨子闻之，起于鲁，行十日十夜而至于郢"。公输盘就是鲁班，墨子的弟子，出身木匠，他帮助楚国制造攻城器械云梯，准备攻打宋国。墨子听闻此事，立即从鲁国出发，赶了十天十夜的路，来到楚国首都"郢"这个地方。我顺便解释一下"子墨子"，前面那个"子"是何意？两种可能：第一，我在其他课里讲过，宋国被周公旦封国以后赐"子"姓，这可能是墨子身为宋国人的本姓；第二，先秦时代称先生为"子"，"子墨子"也有可能是"先生墨子"或"老师墨子"的称呼。

文章接下来讲："见公输盘……子墨子曰：'北方有侮臣者，愿藉子杀之。'公输盘不说（悦）。子墨子曰：'请献千金。'"墨子见到鲁班，对他说，北方有人侮辱了我，我想请你帮我杀掉此人以雪耻。看鲁班不高兴，墨子许愿说我出千金雇佣你杀人。"公输盘曰：'吾义固不杀人。'"我的道德底线是不杀人的。"子墨子起，再拜曰"，墨子对公输盘接着说，"请说之"，请听我说。"吾从北方闻子为梯，将以攻宋，宋何罪之有？"我在北方就听说你为楚国制造攻城的云梯，宋国有什么罪过，你要对它发动战争？"荆国有余于地，而不足于民，杀所不足而争所有余，不可谓智。"古时把楚国也叫荆国，认为楚国是荆棘丛生的蛮夷之地。他说，楚国地广人稀，结果你还去杀人夺地，这个做法很不理性。"宋无罪而攻之，不可谓仁"，宋没有罪过，你去攻击它，缺失仁义。"知而不争，不可谓忠"，明知楚王做法不对，你不与之争辩，这叫不忠。"争而不得，不可谓强"，如果你跟楚王争论过，但到底未能说服楚王，说明你的本事不够强大。最后他说："义不杀少而杀众，不可谓知类。"说你的道德底线是不杀一人，结果你却去发动战争屠杀无数人，这叫"不知类"。大家注意"类"这个用词，他说这在逻辑上，你把"类"搞错了，就是批评公输盘连概念的内涵与外延都缠不清。

墨子这一段跟公输盘的对话，完全是一个逻辑推导论证，这种言谈方式你在孔子文本中基本上是见不到的。《墨子·非攻下》篇中又说："子未察吾言之类，未明其故者也。"意思是说，你没有听懂我的概念归类，因此你弄不明白其中的因果关系。注意"类"和"故"这种讨论问题的方式，是典型的逻辑论方式。这就是为什么当代著名历史学家侯外庐曾经说墨子是"中国逻辑史的伟大发端"的原因。而且墨家从此成为战国中期以后"名家"的滥觞。我们下面讨论名家，再进一步展开这个逻辑论和哲科思维的问题。大家在这里只要记住，墨家学说开创了中国哲科思维之先河。关于墨家我们就简单讲到这里。

思孟学派：中庸、仁政

下面我们讲思孟学派，重点讲孟子。为什么把它叫"思孟学派"？是因为孔子的孙子叫子思，而孟子是子思弟子的弟子。大家注意这段话的意思，孔子的正孙子思，他没有直接受教于自己的爷爷，他是孔子弟子的弟子，也就是子思后来师从于孔子的得意门生曾子，而孟子又是子思弟子的弟子，因此孟子是孔子徒孙的徒孙。

我们下面讲儒家后学，就是孔子以后的儒学发展。韩非子曾在他的《显学篇》中讲"儒分为八"，即孔子死后儒家分为八个学派，孟子就是思孟学派的中坚。孟子出生在战国中期，是山东邹国人。他曾经游历各国宣传孔子之道，晚年退回故里，教授门徒。然后他的弟子公孙丑、万章等人记述了他长期教学以及游说列国的一些谈话内容，这就是《孟子》一书的来源。关于孟子的基本主张，听起来与孔子相类。他承袭孔子的守旧思想，反对变法，非以刑战，主张"尊先王"，提出"性善论"，对后儒，尤其是宋儒影响很大。

孔子宣扬尧舜禹，认为那是圣王。从荀子到韩非子，也就是孟子之后，都已经主张"法后王"、主张"人性恶"了。所以以孟子为界线，儒家似有先后之别。但这种分法其实是不全面的。

首先，怎么理解孟子和孔子的差别呢？如果孟子和孔子完全一样，那就用不着说孟子，只说孔子就足够了，孟子也就做不了亚圣。孟子跟孔子有什么区别，才是理解孟子的难点所在。孔子的孙子子思之所以重要，是因为他写了《四书》中的重要一篇《中庸》。那么孟子的重要性在哪儿呢？一般学者认为他主张"仁政"，说这就是孟子的学说最夺目的地方，可这个说法不成立。

孔子强调以德治国，显然孔子学说也内含仁政，所以说孟子主张仁政，根本没有说出孟子理论的要害及其与孔子思想的差别。孟子的学说，如果你只关注其文本，而不做深入的历史背景分析，你就解读不出来它的特点，也就凸显不出来孟子的思想史地位及其文化重要性，这也就是为什么在宋代以前孟子并不显要。孟子变成亚圣，真正被高度尊崇，是宋明理学的产物。那么理解孟子的关键在哪儿呢？关键在于贯通儒家学说的系统性流变。

什么意思？我在前面课上一再讲，我说人类文明的展开过程，就是人类文明的堕落过程。请大家记住我讲课的这一条主线。而且人类文明的展开过程就是人类社会生存不断趋向于紧张化、动荡化和无序化的过程。如果人类文明发展过程是一个紧张化、动荡化、败劣化的趋势，那么孟子的学说，甚至整个儒家后学，它的基本脉络就一定免不了变得越来越紧张、越来越苛厉，这就是孔孟之间的差异所在。

我在前面讲过，我说春秋时代，那个时候人们还讲"礼"，即遵循礼乐制度的繁文缛节，人际关系相对比较柔和，即使打仗都讲礼数，一般不设欺诈之计略，也不太使用诡谲的兵法，这些东西在春秋时代是很少的，所以才会出现宋襄公那样的人物。春秋时代打一仗死四百人、五百人，就算是大战争。而到战国时代，社会紧张度大大提高，打一仗死七千人、六万人，史书记载不绝。我前面讲过，仅是秦赵长平之战，白起一次活埋赵国俘虏就达四十万人以上。

那么孟子对那个时代是怎样表述的呢？孟子说"春秋无义战"，然后孟子又讲："今夫天下之人牧，未有不嗜杀人者也。"所谓"人牧"就是当官的人，中国古代认为官员管理百姓就像人放牧羊群一样。他说当今为政者没有不嗜血杀人的，这种言辞非常激烈，批评非常严厉。他又讲："庖有肥肉，厩有肥马，民有饥色，野有饿莩。"他说你看贵族富人，他们厨房里堆满肥肉，马厩里布满肥马；他说你看普通老百姓面黄肌瘦，田野里到处是被饿死的尸体。这就是战国和春秋时代的区别，这就是孟子抨击时势和孔子悠然说教的差别。

你会发现孟子的语言和观点变得十分苛峻。我先梳理一下儒家后学。孔子学说宅心仁厚，到孟子学说变得紧张而苛厉。再往后到荀子，已经发生重大反转，他主张"法后王"、主张"人性恶"，一方面守持仁义礼智信，一方面同时呼吁严刑峻法。要知道孔子是反对法家的，到荀子已经成为儒法并举的局面。大家知道荀子最著名的弟子——韩非子、李斯，一个是法家理论集大成者，一个是秦始皇的宰相，两人均属于法家最重量级人物，竟然都是儒家荀子的弟子。这就是孔儒、孟儒、荀儒的演变序列。

大家再往后看。西汉早年，董仲舒建议汉武帝"罢黜百家，独尊儒术"，儒家学说从此变成国教。杂和阴阳、五行、法家以及儒家学说，把它糅合成一个大杂烩，由此构成"阳儒阴法、外儒内法"的中国政治文化格局，这叫董儒。比孟儒、荀儒进一步败坏。到宋明时代，出现朱熹理学，他居然提出"存天理，灭人欲"，认为人性跟天理是违背的，要想保持社会安定就要压抑人性。

到明代，开国皇帝朱元璋也姓朱，他认为朱熹是他的同宗，于是把朱熹理学变成儒家学说的中轴与正宗。科举考试以朱熹理学为正确答案之标准，朱儒在明代以后取代孔儒之流，成为中国严苛名教体系的核心。严苛到什么程度？荒唐到什么程度？国家政府竟然提倡女子节烈,什么叫"节烈"？女人的丈夫死了，如果她没有儿女，她应该自杀殉葬，这叫烈女。如果她有孩子没法自杀，便终生不得再嫁，这叫节女。居然是政府倡导，然后还为这些节烈女子建立贞节牌坊。所以中国自从进入理学时代，便传出各种离奇荒诞的故事。

比如有这样的剧情：它讲一个女子新婚不久丧夫，终生不得再嫁。好在她有孩子，用不着自杀。要知道一个年轻人，一个年轻女子，从此丧失正常性生活，它会造成严重的生理秩序的紊乱。于是这个女子整晚失眠，怎么办？把铜钱撒到满地，不点灯摸黑在地上搜索，一个一个把它捡回来，用这样的方式熬过漫漫长夜，持续数十年之久。直到她四十五岁以后闭经了、腰干了，这个时候没有性欲了，她才能安然或漠然度日，以至于几十年下来竟把铜钱磨搓得像透明的薄纸一样。这个故事虽然有点夸张，但它说明儒家发展到"朱家之学"的时候，它已经可怕到、苛峻到何等程度。这就是为什么有的学者讲，1916年新文化运动提出"打倒孔家店",其实搞错了,应该是"打倒朱家店"才对。这叫"儒家后学之流变",越变越恶劣,历经五个阶段。所以我在讲孔子课的时候称其为"孔儒",然后下面是"孟儒、荀儒、董儒、朱儒",一路变质堕落下去,这是大家理解儒家后学的关键。

孔子与孟子的学说差异

接下来,我们看看孟子学说和孔子学说的差别。

孟子说过一句名言:"生于忧患,死于安乐",后人加以发挥,又说"生于安乐,则死于忧患"。一般这样理解,说一个孩子小的时候,你让他吃点苦、受点磨难,他将来长大了才会出息,晚年才会安享尊荣。可这句话你反过来看是什么意思?你换一个角度看,它的意思是到战国时代,任何人都已经不能正常生活了,你要么生于忧患,要么死于忧患,你不可能一生都平平安安度过。它表达的是孟子对那个时代败劣的一个警示。

孔子曾经提出"男女大防"。那是一个很柔和的避免乱伦的道德操守。可是到孟子,他的语言已经苛峻化为"男女授受不亲","授"是赠给你物品,"受"是接受别人的赠品。他说男女之间不能馈赠或者接受对方的礼品,不能有任何亲近的接触。甚至有一个弟子向他提出这样的问题,在《孟子》书中记录下来:"嫂溺,则援之以手乎?"说我的嫂子掉到河里快淹死了,我该不该伸以援手把她捞上来。你嫂子都快淹死了,你还问该不该伸手救助,这也未免太荒唐了吧!这表明孟子把男女大防已经设禁到何等严苛的地步。

孟子还说过一句话,大家都很熟悉:"富贵不能淫,贫贱不能移,威武不能屈,此之谓大丈夫。"国人普遍认为此乃"浩然之气"是也。可对于这段话，你换一个角度看，它是什么含义？它说你活在战国这个糟糕的时代，你要么被富贵所淫、要么被贫贱所移、要么被威武所屈，总而言之你活不成个正常人，它不就是这种情境的写照吗？孟子在《告子上》篇中又说一段话，仍然是非常苛厉的意蕴，他这样讲："鱼，我所欲也；熊掌，亦我所欲也；二者不可得兼，舍鱼而取熊掌者也。生，亦我所欲也；义，亦我所欲也；二者不可得兼，舍生而取义者也。"这就是那个著名成语"舍生取义"的出处。这段话你换一个角度看是什么意思？你要想活，你就别讲仁义；你要讲仁义，你就别想活；二者不可得兼。他所描绘的是那个时代大为败坏的局面，因此他的文化思想之表达也就变得十分的苛刻、十分的严峻。

我们反观一下孔子那个时代，看看孔子怎么表述他的思想观点。孔子有一句名言："君子坦荡荡，小人常戚戚。"他说君子心情总是很坦然平静的，小人才整天处在忧愁愤懑的状态。如果按孔子这个说法，孟子倒有点像小人。孔子有一次跟他的几个弟子在一起讨论各自的志向，子路就说，如果我有朝一日能主政一国，我将让它国富兵强。孔子又问冉求，冉求回答说，如果我有一天能主政一方，那么我要让这个地方丰衣足食，大致意思是这样，我说简单一点。孔子接着再问他另一个弟子，名叫公西赤，公西赤说，我只要能做好宗庙之事，当一名小司仪就满足了。然后孔子问曾皙，大家注意曾皙是谁，曾子的父亲，也叫曾点。孔子问："点，尔何如？"就是问曾皙你的志向是什么？曾皙居然给他的老师提供了一个叫"春游歌咏说"，说他最大的志向是这样的："暮春者，春服既成，冠者五六人，童子六七人，浴乎沂，风乎舞雩，咏而归。"我解释一下这段话，曾子的父亲曾皙他说，我最喜欢的是这个事儿：暖春时节，我穿上春游的服装；所谓"冠者五六人"，指古代二十到二十二岁行成年礼，成年男人要戴帽子，说我找成年朋友五六个人；少年朋友六七个人；"浴乎沂"，就是今天山东的沂水，到沂河中去洗洗澡、游游泳；"风乎舞雩"，"雩"这个字是指古代祭天祈雨的某种祭祀高台，由于向天祷告的最盛状态需要舞蹈，所以就把它称为"舞雩"。他说从沂水中玩完，尔后再到舞雩台上去兜兜风、跳跳舞，这叫"风乎舞雩"。最终"咏而归"，吟着诗、唱着歌回家，这就是我的最高志向。

事后有弟子问孔子，说你这四个学生的述志，你最欣赏谁？孔子原话说"吾与点也"，即我跟曾点的看法一致，我的最高志向也就是过好生活、春游歌咏。我们由此可以看出，孔子的生活状态、生活态度是非常惬意、非常放松的。孔子还说一句话："暴虎冯河，死而无悔者，吾不与也。"什么意思呢？他说敢赤手空拳就打老虎的人，过河不乘船，脱了衣服顶在头上就敢冒险涉水的人，他说这些亡命之徒我跟他不玩。可见孔子是很珍惜生命的，可见孔子对生活是抱着美好的期望的，这样饱满的生活情趣、这样理智的行为方式，跟孟子苛峻的看法、严格的规约形成非常明显的对照。所以大家要注意，孟子学说跟孔子学说的区别，不在于仁政，尽管孟子那个时代，确实是一个更加败政的时代。但你要知道孔子生活的时代，孔子也认为它是败政，叫"礼坏乐崩"，后人把它改称为"礼崩乐坏"。就败政而言，两个人看法是一致的，因此孟子和孔子都是主张仁政的。

孔孟之间的区别在于，战国时代比春秋时代更加败劣，因此孟子的基本观点和思想主轴跟孔子是大体一致的，但在气势和态度上却完全不同，变得更为苛刻。而且还有一点值得一提，孔孟的思想当年是为了维护封建制度的，孔子"克己复礼"是想退回到西周早年封建制度相对完好的那个状态。为什么最后在君主专制时代，也就是消灭了封建制以后建立的帝制社会，从秦朝开始一直到辛亥革命，这两千多年都是反封建的时代，都是君主专制时代，儒家反而变成了国教？有两个原因。第一，我在孔子课上讲过，因为孔子学说的尊卑有序、忠恕之道，符合君主制以专权方式建构分层管理的需要；还有第二个原因，就是儒家后学不断流变、步步适应中国社会的败坏变迁。由于儒家学说是一个不断变质的过程，因此跟社会格局的变化保持了某种同步关系，这就是主张保全封建社会的孔孟之学，终于成为中国君主专制时代的国教的原因。

下面我们再讨论孟子的一个次要问题。前面我们把如何理解孟子的大节，已经做了简略交代。大家注意我们这节课叫诸子百家辑要，涉及的话题很多，我们只讲其中几家，时间都显得很仓促，因此我基本上不讲原文，只讲如何理解他们的基本思路和基本方法。你把这个基本点把握住，你就能理解他们的学说大体。就像你要理解墨子，我刚才讲过，你必须理解他是工商业文明的代言人。你要理解孟子，你必须理解他的学说是更坏时代的苛峻理论。

孟子还有一个思想，我们在这里有必要提一下。孟子说过一句话："民为贵，社稷次之，君为轻。"我以前提到过这句话，很多人把它理解为孟子有民主思想，那真是大错而特错！实际上它是典型的封建思想。有关这个话题我在其他课上讲过，不再重复。但是孟子这句话里带出了一个很重要的话题，叫做"民本思想"，就是人民是国家之本。大家再看孟子说的几段话，孟子讲："君有大过则谏，反覆之而不听，则易位。"他说君王如果有大过错，为臣者就应该劝谏他，如果劝而不听，就应该推翻他，换君王，这个说法也比孔子厉害多了。孔子讲的是"忠恕之道"，对君王不但要忠，还要恕，即允许并原谅君王犯错。孟子认为迁就必须有个限度，不可任其恣意妄为。

孟子接着又说："贼仁者谓之'贼'；贼义者谓之'残'；残贼之人谓之'一夫'。闻诛一夫纣矣，未闻弑君也。"他说伤害"仁"和"义"就是"贼"和"残"，残贼者只不过是一个人，而不是君王，我只听说过杀掉了"纣"这个人，没有听说过是把君王杀害了。孟子这段话的意思是说，如果一个君王是暴君，推翻他、杀掉他是应该的，这也跟孔子的主张完全不同。由于孟子有此一说，引起明代开国皇帝朱元璋的强烈反感，他居然在主政期间，把孟子的牌位从孔庙中移出，而且另行刊印了一本删除了孟子八十五段言论的专集，取名叫《孟子节文》。这也体现了朱元璋的蛮横与残暴。

那么孟子是不是有民主思想呢？显然不是。这里的关键在于，我们一定要把"民本思想"与"民主思想"区分清楚，它们不是一回事。什么叫民本思想？它在周代早期就出现了，其主旨就是为政者一定要体恤民情、照顾民生，只有如此你的政权才能稳固，这叫民本思想。它的目的在于求治，在于维稳，在于保持统治阶级的政权长久，而不在于民主。民主的含义是主权在民，它指国家的公权力是由民权构成的，先由人民履行一个法定授权程序，之后政府才有权力可言，这叫民主思想，它跟民本思想是全然不同的。民本思想是专制文化和专政体系的维稳对冲系统。这就是民本和民主的差别。所以说，孟子只不过是把初周以来所贯穿的民本思想，以更严厉的方式表述出来了而已。

荀子学说简介

下面我们讲荀子。我前面讲过，继孔儒、孟儒之后，第三位就是荀儒。我们先看看荀子的身世。荀子名况，字卿，赵国人。生活于战国中后期。十五岁就游学于齐国稷下学宫。大家知道齐国在战国初期，曾经建立过一个官办的学府，召集各国文人学子在这个地方教学、论辩，一时汇聚了天下之议，可谓文气沸腾。荀子少年才俊，早年就来到稷下学宫，至齐襄王时，他竟然升到稷下学宫祭酒，相当于稷下学院院长。后来"遭谗适楚"，就是有人在齐王面前说他的坏话，他被从稷下学宫赶走，从此流亡楚国。楚国这个时候的宰相是春申君，春申君很欣赏他，就委任他为兰陵令。兰陵位于今天山东苍山县兰陵镇，让他在这个小地方充任长官，春申君一死他立即被罢黜。此后"疾浊世之政，发愤著书数万言而卒"，即罢官以后他才开始看这个世界不顺眼，然后着手以批判的方式著书立说。这就是荀子的简略身世。

我说这一段是想让大家注意，荀子是先秦诸子百家中少见的正统官学出身。要知道先秦时代，诸子百家、文人学者绝大多数走的都是民间路径，因此他们具备独立之人格、自由之精神，思想缔造力极强。老子虽然寄身于周王室，但他在为官（做守藏史）期间，没有片言只字的流露，失业以后才明示《道德经》。荀子出身官学，但是在官学、官任期间，也同样没有著作，罢官以后"疾浊世"而著书。此足以说明为官与为学实难两全，至少无法获得高远之成就。

荀子提出"法后王"，提出"性恶论"，而且也反对孔子的天命观，提出"制天命而用之"、"应时而使之"，这一点跟墨子所见略同。荀子的学说是儒、道、法的第一次合流，就是他把老子的道论、法家的思想与儒家的学说糅合在一起。他在《荀子·天论》中说："天行有常，不为尧存，不为桀亡。"他说天道是有它自己的规律的，圣人尧践行于这个天道，暴君夏桀也被这个天道所笼罩。他重新定义了"道"，他说："道者，非天之道，非地之道，人之所以道也，君之所以道也。"老子所谓的"道"是天地之道，而荀子所谓的"道"仅限于人之道、君之道。同时，他开始一方面主张儒家的仁义礼智信，一方面主张严刑峻法。所以我在上次讲法家课的时候，特别提醒大家注意，法家更多地出自儒家，而不是出自道家，它是儒家后学的流变产物。尽管它早年在春秋末期，跟儒家水火不容，是孔子坚决抵制的一个对立流派。

下面我们就看看荀子的言论。荀子在《性恶篇》中这样讲："人之性恶，其善者伪也"，他说人本性是很坏的，你如果看见人性善的那一面，那一定是假装的、虚伪的东西；他说"今人之性，生而有好利焉，顺是，故争夺生而辞让亡焉"，意思是，人的本性都是朝有利的方向追求的，因此人们争夺生存的条件，而把死亡的危险留给别人；他说"生而有疾恶焉，顺是，故残贼生而忠信亡焉"，这是指人的天性就有嫉妒和仇恨这样恶劣的一面，因此产生了残杀陷害，而忠良诚信的品德就消失了；他又说"生而有耳目之欲，有好声色焉，顺是，故淫乱生而礼义文理亡焉"，人因为有耳目之欲，有声色之好，所以人的天性是流向淫荡混乱的，而不会流向礼义法度；他说"从人之性，顺人之情，必出于争夺，合于犯分乱理而归于暴。"意思是说，如果你顺着人情天性去展开社会管理，那么一定会导致天下大乱、暴动不止的局面出现。大家注意荀子的人性论是"性恶论"，你听他这段话说的是很有道理的，人性中固有的劣根成分，只要得到充分发扬，就一定带来社会紊乱。

但是呢，我给大家回顾一段孟子对人性的评说。孟子主张"性善论"，大家听一下孟子这段话："恻隐之心，仁之端也"，什么意思呢？他说人都有怜悯同情之心，这叫恻隐之心，这就是"仁"这个东西得以发端的原委；他说"羞恶之心，义之端也"，人都有羞耻心，有厌恶不良之感，所以这就是"义"这个东西在内心中的萌芽；他又讲"辞让之心，礼之端也"，人都有谦逊辞让之本能，这就是"礼"在人心中的端倪；"是非之心，智之端也"，人的内心深处都是能明辨是非的，他说这个东西就是人的智慧的来源。大家听听"人性善"学说的表述，也非常有道理。所以你如果从深处讲，人性原本既有孟子所说的善良的一面，又有荀子所说的恶劣的一面，双方各执一词，似乎都有道理。

那么人性到底是善还是恶呢？我在前面讲过，我们可以分两方面再来谈谈：第一，人性受制于社会性，就是社会体制越良善，人性就一定越良善；社会制度越败坏，人性就一定越败坏。因为在一个恶劣的社会结构中，你想保持良善之心就无法生存，你只有用缺德的方式才能在里面攫夺自己的利益，所以人性首先受制于社会性；第二，就人性的展开趋势来说，一定是越原始的人性越善，文明越发展的人性越恶，因为人类文明是一个不断败坏和堕落的过程。这就是为什么越原始、越早期的学者，越主张人性善；越后发、越晚进的学者，越主张人性恶的原因。所以请各位首先记住，荀子主张"人性恶"。

大家再看下面两段话。荀子讲："古者圣人以人之性恶，以为偏险而不正，悖乱而不治，故为之立君上之势以临之，明礼义以化之，起法正以治之，重刑罚以禁之，使天下皆出于治，合于善也。"他这段话是说什么呢？他说古代最英明的圣人，他们都知道人心是很坏的、人性是很坏的，因此他们要设立君王，要设立法律，要设立刑罚，这样天下才能被有效管控，才能获得安宁。大家先听听这个味道，我们下面再谈。

荀子又讲："天地者，生之本也；先祖者，类之本也；君师者，治之本也。"他说天地是生命之本，生命来自于天地；祖先就是人类这个物种的来源；君王和老师就是天下得到治理的源泉。他接着发问："无天地恶生？无先祖恶出？无君师恶治？""恶"这个字在古文中是"何所"的意思，他说如果没有天地，生命何所在？如果没有祖先，人类何所在？如果没有君王和老师，天下之治理何所在？"三者偏亡，焉无安人"，他说如果这三者任何一个丢失了，天下就不得安宁；"故礼，上事天下事地，尊先祖而隆君师，是礼之三本也"。他说由于这个原因，整个政治文化就应该注重三件事，敬天地、尊先祖、隆君师。

我现在对这三段话做总结评价。首先大家要知道，关于人性恶，到荀子以后，东西方之所见完全一样。古希腊哲人都认为人性恶，我前面讲过，环地中海文明其实早就丢失了人类最原始的文化思绪，由于那个地方交流过度、进步太快，所以人类最原始的那一层见解不免被丢光了。中国大陆是封闭地貌，它把人类最原始的思想完好保留，所以也就把人类最早对"人性善"的看法留存了下来。

到了荀子、韩非子主张人性恶的时候，他们在人性观上已经跟古希腊对齐了。但是大家注意，西方讲人性恶和东方讲人性恶，其所伸展的内外涵义却恰恰相反。西方讲人性恶，它认为最恶的是谁？最能表达人性恶的是谁？是有组织的人群。谁有组织？政党、政府和军队，只有他们才能把人性恶表达到极致。普通老百姓一盘散沙，想恶你也恶不到哪里去。所以西方在处理人性恶这个问题的时候，首先是管控政府、政党和军队，这是其人性恶这个理论基础最终的操作走向。

可中国反过来了，它认为人性恶就是老百姓恶。大家听荀子刚才那段话，可谓之"悖乱暴民说"。他说"古者圣人以人之性恶，以为偏险而不正，悖乱而不治，故为之立君上之势以临之"，他说由于老百姓人性恶，所以才要建立政府，建立强权来管控人性恶。

同是人性恶观点，在东西方导出的结论和操作方式却完全相反，它说明什么？它不仅说明两者文化探讨上的不同角度，还说明东西方社会生存结构和政治格局的差别。我在前面的课程讲过，由于工商业文明，每一个人变成自由人，每一个人是平等人，每一个人是有个人权利的自然主体，因此要组成社会结构，你就必须尊重每一个人的权利。每一个人都有权协商参与社会构建，这个东西叫什么？叫"社会契约"。大家想想卢梭的书名叫什么？——《社会契约论》。把这种社会也叫"契约社会"，因为每一个人是有平等权利的，政府权力是人民授予的，这是工商业文明的基础。

而农业文明呢？它是家长制，因为它必须在一个血亲结构下集体协作，才能精耕细作，才能勉为生存。而家长制天然是金字塔形的，因此它如果要施行管理，首先便要尊重和听从金字塔上位的那个宗族之权威。因此它一旦说人性恶，就不会也不敢说祖上人性恶，而一定数落不肖儿孙的种种不是，非此则家长制的管理体系根本就无从建立。所以，看似同一的人性恶学说，东西方各自的实质内涵却完全相反，社会操作方向也完全相反，它不是学术上的两端争论，而是两种生存格局的产物，这是大家要特别理解的。

由此你再去理解中国的法家，包括荀子主张严刑峻法，他们所谓的"治"，叫治理的治——"法治"，而不是制度的"制"——"法制"。西方建立的是"法理制度"，中国建立的是"法治手段"，法律只不过是君王治理天下的借用工具。而西方因为人性恶所建立的制度叫"王在法下"，所有人都在法律体制之下，在法律面前是人人平等的，法律处于最高端。由此就引出东西方"人性恶"的理论展现为相反的社会政治格局，西方的宪政民主社会之走向，也就是工商业社会结构的走向是"抑官"，即坚决把权力锁进笼子里，对政府系统严加管控；中国的法家自古以来叫"扼民"，法律不管官方，法律处于王权之下，法律只管怎样把人民掐死，让人民不敢乱说乱动，因为人民是悖乱暴民，这种观点就是从荀子这儿开端的。

荀子是法家理论的开创者。请回想我讲法家，春秋末期中国法家兴起，当时只是纯粹的政治操作。法家学说最终完成是在战国末期的韩非子那里。法家理论的起点是人性恶，而在此起点上给法家理论以奠基的正是荀子，这个起点或基点就注定了中国法论和西方法制的重大区别，这是你解读荀子学说的关键。他比孔孟学说主张以德治国来得更糟糕，因为严刑峻法是暴力管控，由此儒家一路流变而致堕落。

下面我们对儒家后学做一个评论。先秦原儒，就是孔儒，孔子宅心仁厚，克己复礼。他的目的是维护封建制度的完好，他主张以德治国，反对严刑峻法，对生活充满着平和、坦荡的期许，这是孔儒最早的良性状态。至汉代业已历经孟儒、荀儒及董儒，此刻儒家变态为道家、阴阳家、五行学说、儒家、法家之杂糅。然后把它独尊为国教，并罢黜百家，中国从此没有了学术思想重新焕发的余地。一派外儒内法的虚伪气象，挂着羊头卖狗肉，表面上讲仁爱、讲礼义，骨子里的行政方式是苛峻的法家系统，以极残暴的方式进行管控。到宋明理学之朱儒出现，倡导"存天理灭人欲"。他这样讲："张之为三纲，纪之为五常，宇宙之间，一理而已。"他把儒家名教学说变成宇宙之法则，他认为人性、人欲和天理是违背的，于是强行扼制。至明代进一步发展到异常苛酷的状态。

我在这里不得不再谈一下朱熹。朱熹在宋代出现是一个什么局面？大家要明白，宋代，尤其北宋中后期以至南宋，中国工商业发展非常之好。大家看一下张择端的《清明上河图》，一派工商市井之局，工商业文明开始普遍成为社会之风。这个时候思想文化界一定受到重大影响，那就是典型代表农业文明的那个压抑工商业的儒家思想出现破溃之局。如果按照工商业文明终将取代农业文明这个演运通道而言，它应该是一件好事。也就是儒家在宋代已经出现破溃局面，如果那个时候继续保持这个破溃之势，让中国工商业持续充分发展，何至于后来弄成以鸦片战争为标志的中国近代屈辱史。

朱熹的出现，重整了腐儒之说，而且是以更严峻、更败坏的格调来借尸还魂，造成旧文化的全面僵化和加固，造成中国工商业文明萌芽被摧残。朱熹理学经过佛教的改造，在逻辑论上更清晰，在约束力上更强大，细节我们在佛教课上再谈。它严苛的覆盖过程，如果按照进步论的观点看，如果按照农业文明必趋工商业文明的历史步骤看，它是中国社会的重大不幸。但朱熹学说能够在当年兴起又变成主流学说、主流文化，它说明什么？说明中国农业文明社会之稳固，说明中国农耕生存结构这个超稳定体系对工商业文明萌芽过程的阻碍效力之强。朱熹思想的表达，只不过是中国农业文明当时生机犹存的文化表征而已。所以对朱熹的评价就变得非常复杂，一方面他继往圣之绝学，重炽并发扬了传统文化，但另一方面他摧残了中国从农业文明向工商业文明转进的先期动作，最终导致中国社会在近代遭遇重大挫折和磨难。

我们评价儒家后学的发展，说它是一路流变、一路适应这个社会的过程。当这个社会本身在不断变质的时候，学说本身相应变质，维系了两者的基本平衡关系。我举个例子。今天有很多人推崇"阳明心学"，那么王阳明的学说究竟是什么？你得读懂他，他的心学你可千万不敢理解为唯心主义哲学。王阳明的心学是当年宋代"陆象山心学"在明代的继续。心学是什么？我们看王阳明的说辞，他说"人心即是天理"，谓之"心即理"。表面上看他是在对抗朱熹的"存天理灭人欲"，但你得注意王阳明的"心"指什么？指孔孟之心、圣人之心。因此王阳明又提出"致良知"，也就是你修身养性、你格物致知，你最终要达到的目的和终点是什么？良知、良能的调动！什么叫良知良能？王阳明有个八字箴言："圣人之道，吾性自足"。圣人就是指孔孟，他说孔孟之道在每一个人的本性中就存在，你在你的本性中诚意调动，这叫"致良知"。然后他讲"知行合一"，他的"知行合一"是什么？用圣人之知、孔孟之知，来与你的行为配套。所以王阳明学说不是新学、不是一个新思想系统，而是儒家学说和朱熹学说的进一步深化，这是大家要注意理解的。它不是超越中国传统文化如孔孟之学的新思想和新拓展，他只不过跟朱熹一样，是对传统儒学的僵化和加固，稍微变更了一些源自佛教的表述方式，遵行的却是圣人之道。

大家千万不要把这个东西理解错，以为它是一种跨越时代的新思想萌芽。很多学者在这个方向上解读王阳明，其实完全搞错了。所以理解孔子、理解儒家后学的流变，顺着孟儒、荀儒、董儒、朱儒一路走下来，你才能知道中国儒家学说作为中国的国教体系，在中国社会两千多年农业文明史上起到了一个怎样的稳定作用和固化作用。所谓稳定作用，就是使中国的既成文明形态以超常稳定的方式延展了两千多年；所谓固化作用，就是使中国的基本社会构态之发展演进趋向于僵化停滞，从而使其未来必要的社会转型难以进行，最终酿成溃败之局，导致近代灾难深重的屈辱史之后果。你只有把儒家后学思脉这样贯穿下来，你才能理解儒家学说体统与中国传统社会动势的相互影响关系。

别有异趣的杨朱

我们今天讲诸子百家辑要，一共涉及七家，或者更准确地说是五家八子。我们今天上午讲了墨家、孟子、荀子，我们今天下午讲道家后学的主要代表杨子、庄子，然后再讲另外两家——名家和杂家，牵涉的人物有惠施、公孙龙以及吕不韦。它们对中国后世文化影响较大，或者指示性作用较强，故而给以专题讨论。

下面，我们谈谈杨子。杨子这个人大家比较生疏，名叫杨朱，诸子百家之一子，因此也称杨子。你如果在史书上见到阳子朱、阳子居，都是指杨朱。从史料文献上看，杨子曾师从老聃，处于春秋末期，似与孔、墨同时代。

孟子在他的书中说："杨朱、墨翟之言盈天下，天下之言不归杨，则归墨。"这说明什么呢？说明杨朱的学说在春秋末期是重大显学之一方。显而易见，孟子站在儒家立场上，认为杨子的学说和墨家的学说，跟当时的儒家学说形成鼎足分立态势。而且从这段话里，我们还可以看出，春秋末期杨子的影响似乎大于老子。因此有人认为杨子深得老子学说之要义，能用更通俗、更震撼的方式搅动人世；也有人谤之为大歪曲者，认为他把老子学说引偏了；更有人认为杨子先于老子，甚至认定就没有老子这个人，所谓老子，就是杨朱。

杨子的著作或无或佚，就是他可能没有著作，或者有也佚散了。他的点滴言说借别子传，就是他留下的片言只语都是借别家诸子比如孟子、列子传下来的。杨子留给世界最重要的其实只有一句话，见于《孟子·尽心上》篇。孟子说："杨子取为我，拔一毛而利天下，不为也。"也就是杨子大概只有这一句话被完整记录下来，叫"拔一毛而利天下，不为也"。这句话从字面上解释就是，拔我身上一根毫毛，有利于天下，这种事我都不干。所以被孟子说成"取为我"，就是批评杨子的学说极端自私。

如果杨子的学说只是自私之谈，那它有什么意义呢？其实孟子完全搞错了，他只是站在儒家立场上诋毁道家学说，攻击杨子而已。那么杨子这句话究竟是什么意思？我们在《列子》书中《杨朱》篇里面见到一个解释。

我先简单说一下列子其人。关于列子，学界现在争论很大。有人认为根本就没有列子这个人，说《列子》书都是汉以后的杜撰；但也有学者认为列子真有其人，而且列子是战国时期一个很重要的学者，因为庄子曾经提到过列子，庄子不可能凭空捏造一个列子。《列子》读起来非常有趣，都是用道家思想编排的寓言故事，其中重点讨论了杨子的学说。有一段文字对杨子这句话加以注解，才真正符合道家思绪。

《列子》一书中这样讲："古之人损一毫利天下而不与也，悉天下奉一身不取也。人人不损一毫，人人不利天下，天下治矣。"这段话什么意思呢？它说，杨子主张的是，拔我身上一根毛有利于天下，我不干；但是你把天下所有的利益给我，我也不要；人人不损一毫，人人不利天下，既不牺牲，也不奉献，天下大治。这个话说的是真有道理。

它的道理在哪里？韩非子显然比孟子高明，他在书中也说了一句话："不以天下之大利，易其胫一毛。"韩非子的意思是，杨子主张拿天下所有的利益，换其小腿上的一根汗毛，他都不干。这句话说明了杨子不在社会中寻求利害关系。

我们再看，西汉早年《淮南子》中也有一段评价："全生保真，不以物累形。杨子之所立也，而孟子非之。"其中有这样四个字，叫"全生保真"。我一说这个话，大家应该立即想起道教。什么叫"全生保真，不以物累形"？就是只做自然人，不做社会人。"全生"，就是顾全生物存在、生命存在；"保真"就是不让社会性扭曲了我的人性，这叫全生保真；"不以物累形"，就是不以文明社会的物质欲求和花言巧语扭曲我的人格。

我给他的评价是，杨朱学说是典型的"反社会倾向"。我们今天如果见到一个人，说这个人有反社会文化或反社会倾向，我们后面立即会追加一句"反人类"。别搞错，听懂我的老子课，老子反文明、反文明社会，但他不反人类，他恰恰认为，文明和文明社会是人类生存的戕害。所以请记住，杨朱的学说具有反社会倾向，但绝不反人类。

大家首先要理解什么叫"社会"，然后你才能理解什么叫"反社会倾向"。各位想想，社会是什么？社会是自然结构化进程的终末代偿产物。存在是一，宇宙最初就是一个能量奇点，以后宇宙不断分化，分化成3种始基本粒子、92种天然元素、近千万种分子物质、上亿万种生命物质。宇宙的物演过程就是分化过程，分化过程就是残化过程，残化者必须重新合一，达成的这个整合体系，我们给一个名字叫作"结构"。

我们看宇宙的结构体系。从"存在是一"、既没有分化也没有结构的奇点开始，历经粒子结构；原子结构；92种原子残缺、外壳层电子配数不均，由此形成化学键，即残化了的原子再构合为分子结构；分子结构再分化构合而成细胞结构；细胞再行残化，比如一个动物多细胞体，它分化有上皮细胞、神经细胞、肌肉细胞、骨骼细胞等等，各细胞因此而残化了，它就得重新组合，这叫多细胞有机体；有机体再残化组合就叫社会。请想想我于孔子课上讲膜翅目社会、蜜蜂蚂蚁社会，它每一个个体是高度残化的，于是这些残化个体必须继续残残相依，由此形成的结构被称为"社会"，这是"体质社会"。

人类文明叫"智质社会"。所谓"智质社会",就是借助于"智能分化"——通常称之为"分工"——所达成的社会结构,从而造成更大程度或更高层次的分化与残化。残化了的每一位个体重新构合成一个彼此相依的有序系统结构,此之谓"社会"。请听懂这段话,它的意思是,社会是一个自然结构,而且是一个残化结构,越高端的结构越脆弱。残化体在结构之中一定是很难受的、是被制约的,而且越高端的结构,比如社会结构,它就高度动荡、高度失稳、高度弱化,其结构组分,也就是个人存在及其个人意志被高度扭曲。因此老子、杨朱,他们就对文明社会有一种抵制,他们认为进入文明,就是进入更高程度的残弱化(这当然是我的语言)。他们认识到文明是一场灾难,是一个更糟序列的展开。因此他们反社会,这叫"反社会倾向"。

我们再谈一下什么叫"自私",什么叫"利他"。孟子讲,杨子"取为我,拔一毛而利天下,不为也",他说杨子很自私。他完全搞错了!杨子涉及的问题根本不是自私不自私的问题,杨子涉及的问题是要不要进入文明社会结构的问题。如果文明社会结构是一个越来越动荡、越来越失稳、越来越残酷的结构,我尽量避免进入这个结构,或者尽量减缓进入这个结构,当然是一个明智之举。

大家想想,什么叫"自私"?你残化了,你不得不依赖于他人,这叫"利他";你圆满自足,你不需要与他人合作,你才有资格自私。是不是这样?人类农业文明刚开始叫"自然经济",也就是每一个人生产的产品仅供自己和自己的家族使用,这是一个典型的非心态、无动机的社会结构性自私状态。由于自然经济中的每一个人是相对圆满的,早期的农民没有分化,种地、织布、盖房子都是他自家独自完成,他颇显圆满,因此他用不着"利他"。于是社会就没有商品经济、没有交换,人们来往关系就格外疏淡,这叫社会结构性自私,这叫个体圆满所达成的非结构性完整。

"商品经济"是什么?是一个典型的利他结构。因为每一个人都残化了，会造帽子的人不会造鞋，会造鞋的人不会造车，会造车的人不会种地，会种地的人不会盖楼，你每一个人残化了，于是你必须依靠他人，这叫"利他"。所谓商业社会是什么？商业社会叫利他社会，就是每一个人竭力为他人服务，竭力为他人制作出最好的产品，然后他自己才有资格生存。

请听懂我的话，不是在心态上讲，是在结构上讲，"利他"是残缺的无奈，"自私"是圆满的表达。那么，当杨朱提出"拔一毛而利天下，不为也"的时候，如果孟子说他自私，只不过是在表扬他在追求一种更圆满的存在，不是这样吗？所以列子的解释、韩非子的解释、淮南子的解释，才算到位解释。

所以我们讲杨朱的学说具有反社会倾向，反什么？反文明社会、反人类进一步被残化，亦即反对越来越跌落到一个"分化、残化、结构化"的无底深渊之中。这就是杨朱学说的重大意义，它其实根源于老子。

请想想老子学说的最终理想——小国寡民，退回到原始氏族时代，干什么？反文明社会！不愿意进入或者迟缓进入那个扭曲人性的社会结构。所以杨子以最生动的方式表达了老子的反文明、反社会倾向，这就是杨子学说仅留一句话，而震撼中国先秦以来之学术界和思想界的深刻原因。

杨子学说还有一个别致的地方，就是它是中国学术里，唯一出现的"个人主义"主张。我在第一节课的时候讲过，中国人一说个人主义，就把它理解为自私，搞错了！我说个人主义是一种社会观，它的对应社会观叫社会主义，我不用再重复。

在中国文化中，由于农业文明本身一定走的是非个人主义路线，也就是不讲个性、不讲个人自由、不讲个人权利，而只讲整个社会的和谐，因此农业文明必然缔造学术概念意义上，而非马克思主义意义上的社会主义，也就是个人主义的对立面。

工商业文明必须通过个人奋斗、个人创新、个人交易才能实现，所以它的社会结构必定是个人主义社会构态，也叫个人主义社会观。因此在中国传统文化里，从来没有个人主义思路。而在西方、在欧美文化中，它的主要社会观是个人主义社会观，这是中国人很难理解的东西。在中国思想史上，仅见杨朱一人提出个人主义观念，这就是杨朱的巨大贡献。

可是大家要注意，在中国农业社会主义社会结构以及集体主义文化结构之下，杨朱提出的个人主义，必然跟西方所谓的个人主义社会观有所不同，必然会发生根本的变质。就像我前面讲墨家，它在中国农业文明重压之下形成的工商业文明观，会发生重大的变质和内在矛盾。那么，杨朱的个人主义呢？他有个人之意识，却无个人之相契。这句话是什么意思？西方的个人主义既有个人主义的意识，也就是个人权利的意识，它同时又有个人之间的契合关系。比如商品经济，我的个人利益的实现，是要通过与你建立完好的交易关系和商业信用关系，我的个人主义或者个人利益才能得以实现，因此，这种个人主义是建设性的，是要寻求跟其他个人达成契合关系的。而杨朱或者中国道家的个人主义，是只有个人意识，却没有跟社会的相契关系，也就是他的个人不是参与社会建设，而是逃离社会结构，把自己从文明社会中边缘化，所以才有"道家成仙""儒家成圣"之说。

什么叫"仙"？古字符形态就是画一个人，旁边画一座山。"仙"者，"山中之人"是也。也就是脱离文明社会者谓之"仙"。因为农业文明都在平原上，脱离农业文明社会的人只能隐退于深山。道家主张走仙人之道，即它主张的个人主义是边缘于社会的、不参与社会的，是没有建设性的；而西方的个人主义、商品经济的个人主义，是要达成社会契约的，或者是要形成契约社会的。所谓契约社会，就是每一个人充分伸张自己的权利，同时跟他人、跟众人达成一系列契约，法律法规、政治公权等都属于不同形式的契约，这叫契约社会。

所以杨朱的个人主义跟西方的个人主义，首先就有了一个重大区别，叫"有个人之意识，却没有个人之相契"；此外还有另一项区别，可谓"有个人之义务，却没有个人之权利"。我们中国人一讲权利，就是官方的政治权利，西方人一讲权利，均指个人的权利，断然与政府无关。哪怕我开车在路上，我的路权是什么都是有规定的。比如从岔道上出来的车辆，它的路权比主干道上的要次一等，所以必须给主干道上的来车让路，主干道上的直行车叫路权优先，岔路上出来的拐弯车叫路权其次，所有的权都是个人之权。个人给政府授权，政府才有权，所以他们的权利是指个人的权利，这叫个人主义。

中国人所说的个人，包括杨朱、道家所说的个人，是有义务而没权利的。我个人来到社会中，只能奉献，却没有任何我自己可以伸张和维护的个人权利。既然是这样一个结果，我当然与其参与社会，不如退出社会，因此它的个人主义没有建设性，原因是这样形成的。

中国人经常说一句话："天下兴亡，匹夫有责"。其实这句话，首先得讲成这样一个状态："天下兴亡，匹夫有权。"你只有先有了权利，你才有相应的责任。可中国文化从来不讲"匹夫有权"，你没有任何权利，你只有责任，你只有义务。这一路思脉，全是从中国农业文明的那个缺失个人权利的文化系统中导出的。

既然是这种文化为主体，那么一旦道家、杨子要伸张个人之权，他伸张出来是什么？脱离文明社会、边缘文明社会，即不参与文明社会只有义务而没有权利的那个损害格局。这就是杨朱学说在中国首倡个人主义，却发生严重变形的底层原因。请大家听明白，这是理解杨朱学说的最关键的部分。由于他只留下这一句重要的话，所以我们把这一句话先讲清楚。

我们下面再谈一个问题。列子在《杨朱》篇中讲了一个故事，很有趣。全文如下："子产相郑，专国之政三年，善者服其化，恶者畏其禁，郑国以治，诸侯惮之。而有兄曰公孙朝，有弟曰公孙穆。朝好酒，穆好色。朝之室也，聚酒千钟，积麯成封，望门百步，糟浆之气逆于人鼻。方其荒于酒也，不知世道之安危，人理之悔吝，室内之有亡，九族之亲疏，存亡之哀乐也。虽水火兵刃交于前，弗知也。穆之后庭，比房数十，皆择稚齿婑媠者以盈之。方其耽于色也，屏亲昵，绝交游，逃于后庭，以昼足夜；三月一出，意犹未惬。乡有处子之娥姣者，必贿而招之，媒而挑之，弗获而后已。子产日夜以为戚，密造邓析而谋之，曰：'侨闻治身以及家，治家以及国，此言自于近至于远也。侨为国则治矣，而家则乱矣。其道逆邪？将奚方以救二子，子其诏之！'邓析曰：'吾怪之久矣，未敢先言。子奚不时其治也，喻以性命之重，诱以礼义之尊乎？'子产用邓析之言，因间以谒其兄弟，而告之曰：'人之所以贵于禽兽者，智虑。智虑之所将者，礼义。礼义成，则名位至矣。若触情而动，耽于嗜欲，则性命危矣。子纳侨之言，则朝自悔而夕食禄矣。'朝、穆曰：'吾知之久矣，择之亦久矣，岂待若言而后识之哉？凡生之难遇而死之易及。以难遇之生，俟易及之死，可孰念哉？而欲尊礼义以夸人，矫情性以招名，吾以此为弗若死矣。为欲尽一生之欢，穷当年之乐，唯患腹溢而不得恣口之饮，力惫而不得肆情于色；不遑忧名声之丑，性命之危也。且若以治国之能夸物，欲以说辞乱我之心，荣禄喜我之意，不亦鄙而可怜哉？我又欲与若别之：夫善治外者，物未必治，而身交苦；善治内者，物未必乱，而性交逸。以若之治外，其法可暂行于一国，未合于人心；以我之治内，可推之于天下，君臣之道息矣。吾常欲以此术而喻之，若反以彼术而教我哉？'子产茫然无以应之。他日以告邓析，邓析曰：'子与真人居而不知也，孰谓子智者乎？郑国之治偶耳，非子之功也。'"

我用白话简述一下。前面讲过，子产在春秋时代出任过郑国宰相，是中国历史上第一个建立成文法者。子产在郑国做宰相，把郑国治理得非常之强盛。子产的名字叫公孙侨，他有一个哥哥叫公孙朝，有一个弟弟叫公孙穆。子产本人虽是正人君子，可是他的哥哥公孙朝酗酒无度，他的弟弟公孙穆淫乱无休。他哥哥家后院里堆满了酒罐子，门前堆满了酒糟，你离他家还老远就能闻见酒气扑鼻，他整天在家里喝得烂醉，不问世事，与亲戚朋友一概绝交。原文用这样一句话，说"虽水火兵刃交于前，弗知也"，说即便是水患、火灾、兵祸来到他面前，他也浑然不知，喝酒就喝到这种程度。

他的弟弟公孙穆整天玩女人，建了几十座房子，每个房子里都塞着漂亮、年轻的女子，天天在那里做房事、享交欢，以至于原文用这样一句话，说"以昼足夜，三月一出，意犹未惬"，三个月从来不出门，整日就干这一件事，然后还感觉到没满足。

子产为此十分发愁，就去找他的一位朋友，名叫邓析。邓析也是诸子百家中的一子。他找邓析商量，说按孔子之排序"修身、齐家、治国、平天下"，我把国都治了，却齐不了家，所以我是不是做反了？邓析就对他说，我早就觉得奇怪，你怎么不以礼义廉耻教导你的兄弟，何至于把家搞成这个样子都不管。

于是子产就回去劝诫他的哥、弟，给两人讲，他说"人之所以贵于禽兽者，智虑；智虑之所将者，礼义"。他说人跟禽兽之所以不一样，就是人有智慧，而什么东西来作为智慧的纲领呢？礼义。他然后讲，你们如果能够把仁义礼智这些个东西弄回来，如果改变现在这样糜烂的生活方式，那么我立即给你们封官许愿。原话叫"则朝自悔而夕食禄矣"，就是你早上只要悔过了，我下午就给你高官厚禄。

他的哥哥、弟弟怎么回答的呢？他们说我们早就知道了，根本用不着你来相劝，我们倒还想劝告你呢。作为人啊，生是非常难得的，是个很偶然的事情，死却是必然的，莫名其妙就堕入死地，所以活着最重要的事情就是玩乐，就是把生命之乐享尽。然后他们讲"而欲尊礼义以夸人，矫情性以招名，吾以此为弗若死矣"，说你让我们遵循礼义、受尽约束而生活，折煞了我们的人生享乐，我们还不如早早死掉算了。然后，他兄弟两人接着又讲，说我们这一生啊，只怕肚子吃饱后没胃口了，只怕玩女人玩到最后阳痿了、没力气了，我们根本不担心其他事情。你在外面治国，结果天下大乱；我们在里面享受人生的内性，结果天生之欲得以自足。你治外未必能理顺天下，如果世间所有人都懂得治内之道，即只管把自己的生活过好，不要干涉他人，天下一定大治，我们本来还想去劝说你呢，你竟然敢跑回来叨扰我们。

至此子产无言以对，又去见邓析，述说了与其兄弟会见的情况。大家知道邓析是怎么回答的吗？邓析这样讲，说"子与真人居而不知也，孰谓子智者乎？郑国之治偶耳，非子之功也。"邓析说，你跟如此智慧之人在一起居住，你竟然毫无觉察，谁说你这个人有智慧，看来你把郑国治理好，完全是一个偶然事件，算不得你的功劳。

这个故事在讲什么？讲的全是反社会意绪。是不是这样呢？每一个人不参与社会事务，每一个人只把自己的人生打理好，每一个人只把自己生命中天赋的东西享尽，互不相扰，互不侵犯，则天下大治。反过来，倘若每一个人都立有雄心大志，要去匡扶人寰，伸张正义，结果一定搞得天下大乱，不就是这样吗？想想人类历史，但凡有大志者，通常是人类之大祸患者，不是如此吗？杨朱的学说，在列子的这个故事里继续表达着反社会倾向。

而且这其中还暗含着另一层思脉，可谓之"精致生活"。什么意思呢？老子曾经讲过"为腹不为目"，意思是只要吃饱肚子，绝不追求耳目之享乐。老子还有一句话，讲"至治之极，甘其食，美其服，安其居，乐其俗"，他说最好的社会治理、最好的社会形态，就是衣食住行都解决停当，此外一无所求。

那么在《列子·杨朱篇》中所叙述的这段典故，它在讲什么？讲反社会倾向，讲不参与社会结构的"豪华版"生活方式，叫精致生活。请大家注意，我为什么用"豪华版"这个词，因为我们随后就讲庄子，庄子是杨朱学说的"寡淡版"。就是如果你没钱，你就过成庄子的样式，如果你有钱，你就过成杨朱的样式。

七、先秦诸子百家辑要

我得把话说明白，"精致生活"可绝不是无来由的闲谈。中国明清时代，尤其是明代末期，徽商在外面赚了大钱，还有清代的山西富豪，他们为什么能够经商？你到安徽徽州那一带去看一下，全是山地，农业很难发展，当地人大量外逃，要么讨饭，要么在外面经商。这就是明代中后期，乃至明代末期徽商遍行天下的原因。那么徽商发了大财干什么？回到故乡建豪华别墅，然后过精致生活。

明末清初，当年的传教士到中国考察过徽商返乡的精致生活，看后惊叹不已。在他们流传到西方的书中，描写当年徽商返乡以后的生活样貌，说他们的房舍如何华美、窗棂如何精致、家具摆设如何讲究、衣食起居如何奢靡。那时候无论男女都是终生不剪头发的，随着年龄增长头发就会越来越长，一个退隐故里的商人早上仅是让仆人给他梳头，竟然需要一个时辰。一个时辰是多长时间？两个小时！这叫精致生活。它说明什么？大家想想，真正的商人，绝大多数的企业家和资本家，他如果发财了，正常情况下他会干什么？他会扩大再生产，他会不断地设法把自己的事业做大。可在中国，你如果做的太大，你就会出麻烦，于是你不如退回去过精致生活。

精致生活是农业文明之社会体制压抑工商业活动的必然结果，而且是在农业文明体制压抑之下最高明的工商业策略。其实中国老百姓都过着不同层次的精致生活，由于你没有参与社会政治和社会管理的权利，你没有私生活以外的公共活动空间，你在社会上是没有任何自由可言的，你只剩一个自由——回家煮饭的自由！因此中国菜式达成千上万种之多，中国人可谓生活精致。但是你的精致生活是一个怎样的变态？是因为你没有任何社会权利。所以，我们从这里可以看出，杨朱学说的消极态个人主义、边缘于社会的个人主义，以及它的精致生活之论，实际上是对中国农业文明素质的深刻透视。它在中国宋代以后逐步发生工商业萌芽的时候，即展现为工商业者的一个退行性策略。我们从这里可以看出杨朱学说的穿透力，它表达了中国社会结构的内在制约和内在困境。

关于杨朱，我们就简单讲到这儿。

庄子：出世的人生

我们下面讲庄子。这部分内容稍微偏大一点。

庄子，也叫庄周，战国中期之宋国人，与孟子、惠子生于同时代。据说他年轻的时候，曾经在漆园这个地方做过一任小吏，而后离职，原因不详。

庄子生活极为贫困，所以我前面讲，他是反社会倾向的寡淡版。他贫困到什么程度？竟然向监河侯，就是当年管一条河流的某河长，去借米，叫贷粟。可见他是吃了上顿没下顿的，拮据到这种程度。他曾经有一次去见魏惠王，也就是前课提及的那位梁惠王，居然穿着满是大补丁的衣服，以至于梁惠王为此跟他还产生了一段奇特的对话。

理解庄子形象和庄子学说的关键在于两点：第一，庄子以自己的人生，践行老子反文明、反社会的思想倾向；第二，庄子以文学寓言的方式，伸张老子学说的道义哲论。这就是理解庄子的关键。

庄子的书分《内篇》《外篇》《杂篇》。明末清初的著名学者王船山，他认为《内篇》才是庄子亲笔，《外篇》、《杂篇》都是伪托；现代学者任继愈反而认为《内篇》才是汉代的伪书，《外篇》更具有道家哲思。众说纷纭，不能定考。

关于庄子的师从，学界一直搞不清楚。有人依据庄子在《外篇》和《杂篇》中把列子称为"子列子"，我前面讲过，头一个

"子"是老师的意思，认为庄子的老师就是列子。韩愈认为，《外篇》中有一章叫《田子方》，而田子方是一位儒者，"儒分为八"的一方，所以庄子的老师是田子方。郭沫若研读《庄子》，发现他特别推崇孔子和颜渊，因此认为庄子是颜氏之儒的弟子。我们从这里可以看出，儒家与道家同属一源，说到底都是老子后学。那么庄子这个人，他的学说总框架、总格调，一言以蔽之——反文明倾向。

我前面讲杨子，说他具有"反社会倾向"，大家注意，庄子最重要的特点是"反文明倾向"。我前面一再讲，反文明倾向是老子学说的核心，而庄子的思想，以其人生实践和寓言文学更充分地表达反文明倾向。因此，庄子对文明社会现实极为不满，非常愤懑。他嘲讽文明社会一片乱象，讥之为"窃国者侯，窃钩者诛"，说一个巨贼大盗把国家窃为己有，结果他是王侯；一个普通小偷，拿人一个挂钩或腰带，却被刑杀了。他把人生看得极坏，认为人生就是赘疣、就是疔疮、就是疽痈。他认为文明社会的人生，根本不值一过。庄子学说表现出极为达观的情状，他原话讲："至德之世，同与禽兽居，族以万物并。"就是说最好的世道，人类乃与禽兽共生、与万物同在。这既表达了反对文明的世界观，也表达了出离尘世的人生观。

所以理解庄子的学说，一定要理解庄子的反文明倾向。他把自己放逐到文明社会的边缘，并深刻追究文明社会的破绽，这就是庄子形象和庄子思想的基本特征。

我们下面看一下庄子行状，也就是庄子生平的一些事迹。

《庄子·秋水》篇中有这样一段记载："庄子钓于濮水，楚王使大夫二人往先焉。曰：'愿以境内累矣。'庄子持竿不顾，曰：'吾闻楚有神龟，死已三千岁矣，王巾笥而藏之庙堂之上。此龟者，宁其死为留骨而贵乎？宁其生而曳尾于涂中乎？'二大夫曰：'宁生而曳尾涂中。'庄子曰：'往矣，吾将曳尾于涂中。'"就是讲有一天庄子在濮水边上钓鱼，楚王派了两个使者拜见他，说愿意把楚国委托给他，意思就是请他出任楚国宰相。庄子手持鱼竿，连对方看都不看一眼，说我听闻贵国把一只乌龟奉为神龟，国王还拿丝巾和箱箧把它包装起来，高悬于庙堂之上以供祭祀。他问这两个人，你们说这只乌龟是愿意把自己的尸体挂在那儿享受神一般的待遇，还是愿意活着哪怕在泥水里摇着尾巴？这两位大臣回答，说这个乌龟当然愿意活在泥水之中。庄子最后说，请你们回去吧，我就是那个想活着在泥水里爬行的乌龟。这就是著名成语"曳尾于涂"的来源。

　　大家注意这段话。我前面讲过庄子生活极为贫困，贫困到吃了上顿没下顿的程度。大家想想，要是一般人这个时候，别说让他做宰相，就是让他做一个守门人、做一个公司小职员，他都乐得屁颠屁颠的，是不是？我们从这里可以看出庄子何其豁达、何其超然，这才叫"达人"。现代社会我根本见不到达人，尽管"达人"这个词儿当下满天飞。他贫困到那种程度，面对宰相之职，而且是别人来请，不用他求，他竟然"持竿不顾"，连看都不看对方一眼。我们由此可以看出庄子超然于世的生活方式和洒脱态度。

　　我们再看，庄子在《秋水》篇中又讲一个故事："惠子相梁，庄子往见之。"惠子名叫惠施，我们后面讲名家的时候再谈，他是庄子的文友，你读《庄子》一书会不断地见到庄子跟惠子的争论。惠子这个人跟庄子不同，庄子是边缘社会的，惠子是热衷于入世求功名的，所以惠子曾经被梁惠王请去，在魏国做过宰相。惠子为相期间，庄子去看望惠子。下文是"或谓惠子曰：'庄子来，欲代子相。'于是惠子恐，搜于国中三日三夜。"就是说惠子的门客对惠子讲，庄子此来，是要争夺你的相位，惠子大为恐慌，派兵在全国到处搜捕庄子。"庄子往见之曰：'南方有鸟，其名为鹓鶵，子知之乎？'"庄子见到惠子，说了这样一句话，他说南方有一种鸟，名叫凤凰，你知道吗？他说"夫鹓鶵发于南海，而飞于北海，非梧桐不止，非练食不食，非醴泉不饮"，就是这种鸟非常高贵，不是梧桐，它都不落；不是精致食品，它都不吃；不是矿泉水，它都不喝。然后庄子接着讲："于是鸱得腐鼠，鹓鶵过之，仰而视之曰：'嚇！'今子欲以子之梁国而吓我邪？"鸱就是猫头鹰，猫头鹰吃老鼠，腐尸都吃。他说一只猫头鹰看到一只腐鼠，然后呢，"鹓鶵"，也就是凤凰，从它头上飞过，它以为凤凰要抢它的那只死老鼠，扬起头来吓唬凤凰。

大家听听，这就是庄子的高贵状态。相比于他同道的朋友，那个见了死老鼠都当作宝贝的朋友——惠子，庄子实在是太超拔了。那么，我们看一看庄子的这份超然从哪儿来。

一般人会认为，我超然物外，是因为我家财万贯、生活富足，尽可以无求于人。要知道庄子可不是那种情况，庄子潦倒困顿，困顿到什么程度？我们看看他在书中自述的故事。说"庄周家贫，故往贷粟于监河侯"，就是没米吃了，粟是小米，于是到监河侯——一个河长那样的小官那里去借米。"监河侯曰：'诺！我将得邑金，将贷子三百金，可乎？'"这个监河侯给庄子说，我将要收地租了，得到地租后，我一次借给你三百金。这是个很大的数量，实际上监河侯不肯给他借米，胡找理由而已。"庄周忿然作色，曰：'周昨来，有中道而呼者，周顾视车辙，中有鲋鱼焉。'周问之曰：'鲋鱼来，子何为者耶？'对曰：'我，东海之波臣也。君岂有斗升之水而活我哉！'周曰：'诺。我且南游吴越之王，激西江之水而迎子，可乎？'"说我庄周啊，昨天到你这儿来，听见路中间有呼喊声，我看了一下，见车辙中一个水洼里有一条鱼。庄子就问这条鱼说，你为什么会在这个地方呢？那鱼给庄子讲，说我是东海龙王的臣子，你能不能找一瓢水救我一下，庄子回答说，我到中国最南边的吴越之地，引西江之水来救你，你看好不好？后文是"鲋鱼忿然作色曰：'吾失我常与，我无所处。吾得斗升之水然活耳。君乃此言，曾不如早索我于枯鱼之肆！'"鱼儿说我失掉了正常于江河中的状态，目前只要有一升的水就能把我救活了，你说这话，还不如到鱼市里去找我的尸体呢。

这段话说明两点：第一，庄子非常穷困，吃了上顿没下顿，竟然不得不去找人借米；第二，即使借米遇阻这档杂务，他都不给你直接说事儿，与人争论都是讲寓言故事，足见庄子文学性之强。

庄子的生活状态是非常贫寒的，在《山木》篇中有一段，我在这里就不讲原文，说庄子穿着大补丁衣服去见魏惠王，魏惠王就问庄子："何先生之惫邪？"先生你怎么这么狼狈呢？庄子回应说"贫也，非惫也"，说我不是狼狈，是我实在是太贫困了。庄子说什么叫"惫"？当然不是狼狈的那个"狈"，我这样解释大家容易听懂，他说所谓"惫"，可以拿一只林中猴子来做比喻，叫"腾猿之喻"。猴子在一片正常的树林中腾跃挪移，非常灵活，但是如果你把一只猴子或者一只猿扔在荆棘丛生的带刺灌木中，那个猿猴就会精神紧张、肌肉强直，根本没法正常活动。他说"今处昏上乱相之间而欲无惫，奚可得邪？"他说今天的文明社会，君臣昏聩，一片乱象，就相当于身在荆棘丛生的危难之地，你想在这里行动自如、不显狼狈，怎么可能呢？

我们从这段话里照例可以看出两点：第一，庄子极度穷困，会见国君这样重大的社交场合，都穿的是补丁衣服，以至于魏王见他的第一句话都是惊诧之问；第二，反文明倾向。他认为文明社会就是荆棘丛生之地，任何有能耐、有思想的人，这个社会是不能容留的、是不能施展才华的，这就是庄子。我们从这里面可以看出庄子的实际处境，也可以看出庄子的幽默达观。虽然境况不佳，却绝不逢迎投机于现实，也不接受文明社会之诱惑，这是非常难得的。可见庄子厉行老子的反文明意绪，在人生上、在实践上、在思想上、在文学表达上，都做到极为彻底又极为精彩的程度。

大家都很熟悉"鼓盆而歌"这个典故，我在这里简单说一下。庄子妻子死了，惠子前去吊丧，结果发现庄子把一个瓦盆扣在地上，敲着瓦盆唱歌。惠子就批评庄子，说你也太不像话了，你老婆陪伴了你一生，为你生孩子，相夫教子，受尽辛劳，晚年丧命，你不但不悲哀，反倒鼓盆而歌，未免也太不近人情了吧。庄子怎么回答呢？庄子说，最初我也很悲伤，也想哭嚎来着，但是我突然悟到，这世上原没有我的妻子，她是由道而成于气，气又变成形，形才生出了我的妻，今日我妻又回归于道，回归于天地之间，回归于她的本原，而我却坐在这里嗷嗷哭闹，岂不显得很荒唐吗？原话是"自以为不通乎命，故止也"。大家听到这里，也就可以了解庄子发自"道"理的通达。

我们再看《庄子·列御寇》篇。列御寇就是列子的名字。该篇中讲："庄子将死，弟子欲厚葬之。庄子曰：'吾以天地为棺椁，以日月为连璧，星辰为珠玑，万物为赍送，吾葬具岂不备邪，何以加此？'"。庄子快死了，他的弟子准备厚葬之。庄子说，天地都是我的棺材，日月星辰都是内置的珠宝装饰，天下万物都是陪葬品，我的葬具已经如此丰富了，你们为什么还要厚葬我呢？下文是"弟子曰：'吾恐乌鸢之食夫子也'"，意思是我们拿个破席把你一卷，扔到荒野上，怕野鸟飞禽把你吃了。庄子怎么说呢？庄子这样说："在上为乌鸢食，在下为蝼蚁食，夺彼与此，何其偏也！"他说你们把我拿席子卷起来扔在荒野上，老鹰、飞鸟把我吃了，你们做成棺材把我埋在地底下，蚂蚁、蟑螂把我吃了，你们为什么要偏向蚂蚁蟑螂，而不偏向鹰隼禽鸟呢？我们从这里可以看出庄子豁达的生死观。

那么庄子究竟要讨论什么？论道。也就是老子"道法自然"这么一个观念，而且庄子确实做到了"不为轩冕肆志，不为穷约趋俗"这样的境界，可谓天下第一隐士也，被后人称之为"博大真人"。什么叫"博大"？深明"道"义、顺"道"而行叫博大；什么叫"真人"？就是"自然人"！绝不被文明社会所扭曲者，谓之真人。而且庄子描述他的这些道论思想以及反文明意绪的时候，使用了一种极为斯文而雅致的表达方式。

这句话什么意思？像庄子这样的学者，在古希腊是出现过

哲思讲演录

的，叫犬儒学派，它的典型代表是古希腊著名哲人第欧根尼。我讲第欧根尼有些同学是很熟悉的，就是当年亚历山大大帝灭掉古希腊以后，专门去拜访过的一个古希腊哲人。亚历山大大帝见到第欧根尼的时候，第欧根尼还在街上躺着呢。亚历山大大帝就问第欧根尼，说你这么狼狈，有什么需要我来帮助呢？第欧根尼回答："请不要挡住我的阳光。"请你离开，你挡住了我的阳光。其孤傲之状一如庄子。

什么叫"犬儒"？我作一个解释。现在很多人乱用这个词，大多都用错了。所谓以第欧根尼为代表的古希腊犬儒学派，它的基本纲领是"像狗一样活着"，实际上表达的也是反文明意绪，跟老庄强调的"返璞归真"这种观念是完全一样的，但他表达的方式非常粗俗而极端。他怎么表达呢？第欧根尼居然不穿衣服，赤身裸体，只披半个麻袋片子，大咧咧地坐卧于街市，或者蜷缩在破木桶中熬过漫漫寒夜，这叫"像狗一样活着"，这叫"犬儒"。他跟他的女友性交都公然在大街上进行，这很合理，各位想想，狗总不会找个房子、护住隐私才交配吧？他用这样粗俗和激烈的方式表达什么？——反文明意绪！跟老庄思境完全一样。

古希腊人很理解这一派学者的思想，称其为犬儒哲学。但是大家注意，庄子跟第欧根尼这样的古希腊犬儒学派在反文明意绪上固然一致，但庄子的表达方式极为雅致，文学寓言之笔触显得含蓄、淡定而幽默，处处展现出深刻的精神感召力，这份高度远远超越于古希腊犬儒学派，令人感到耳目清爽，构成鲜艳明快、别具韵味的东方思脉之一抹亮色。

你要想理解庄子，你必须理解一点，就是老子学说认为，人道与天道相背离。大家听过我的老子课，我在老子课上讲什么？我说老子讲"天之道"、讲"人之道"，分而立之，逆向述之，他认为人类文明是违背了天道。我后来讲，其实老子搞错了，人类文明恰恰是天道运行的产物。庄子就是依据老子的这一脉思路，才引申出他的反文明意绪。所以，我有必要在这儿申明，我绝不主张反文明，尽管我对文明持以高度批判态度。因为你反不了，它就是天道的产物，这个世界是单向度演化的，你退不回去。因此我一点都不反动，我经常见网上有人说我反动，他们完全搞错了，我的学说恰恰是在告诉你，为什么你想反动都反动不成！

但是呢，你要想看懂庄子，你必须首先弄懂老子对人道与天道的悖反论述，你只有理解这一点，你才能理解庄子为什么执着地反文明，甚至在自己的日常生活中都抗拒文明，这是非常重要的。如果你对老子的这一点不能理解，你就会认为庄子的做法无谓而荒诞。

庄子论道

庄子的学说里面有一脉很重要的思想，叫"道法自然"，我们下面讨论这个问题。

庄子在《齐物论》这一篇里涉猎了这类问题，我现在先解释"齐物"一词的概念。什么叫"齐物"？视万物为一回事，谓之"齐物"。庄子当年怎样推导出这个结论，我们无从知晓，但是站在今天的科学立场上看，齐物论实在是太高明了。请大家想想万物是什么？万物内在的质料完全是同一的，都是能量，是能量转化成质量。我或者再说得切近一点，万物都是由基本粒子组成的，换作因发现夸克而获得诺贝尔奖的美国物理学家盖尔曼的说法，万物都是由夸克和轻子组成的。若然，则万物就没有区别，所以万物是一回事。万物既然是内在同质的，为什么会有万物的差别呢？为什么会有物类的区别呢？为什么会有物种的不同呢？这当然是一个重大疑惑。关于这个问题，我们留待最后一天课再深入展开。

我在这里只是想说一下齐物论，它认为万物是均质的、齐一的，这是一个非常高明的见解。请大家想想我讲西方哲学课的时候，讲到古希腊原子论，就是在公元前五世纪至公元前四世纪，古希腊哲学家留基伯和他的弟子德谟克利特，就已经意识到万物是由同一种或同一类原子构成的，这是非常不得了的看法。这个东西至今仍是物理学最前沿的课题。须知古希腊原子论就相当于古希腊齐物论，而庄子居然秉持齐物论，认为万物是一回事，这达到非凡的高度。可惜我们没有见到庄子的论证过程，这在当年是正常的，古希腊哲人也同样留此遗憾。

我们下面看庄子的一段原文，我讲深一点，只讲关键部分。把这些部分听懂，《庄子》一书你才能真正读懂，否则你全看了笑话故事。庄子讲："道，行之而成；物，谓之而然。"他说"道"就是在万物运行的过程中实现的；所谓"物"就是你借用概念给它命名，它就成立了。他说"恶乎然？然于然"，什么意思？恶乎就是为什么，他问为什么万物是这样运行的，答曰"然于然"，它天然就是这样运行的，没道理可讲；他又说"恶乎不然？不然于不然"，他问为什么不以其他方式运行，是因为它必然不能以其他方式运行；他然后说"恶乎可？可于可"，它为什么可以？因为它天然就可以；"恶乎不可？不可于不可"，它为什么不可以是另外的样子？是因为它原本就不能以另外的样子存在。他接着说了一句话："物固有所然，物固有所可，无物不然，无物不可。"什么意思？他说物是有规定性的，它只能如此，它不是可以任意表达的，它不是可以任意存在的，它是被某种内在规定或内在规律支配着的，这就是这段话的含义。

庄子在《知北游》中还说过一段很有名的话，他当然是讲成故事的，我把它整理在一起，成四句话，叫作"道在蝼蚁"，道在蚂蚁、昆虫那里；"道在稊稗"，道在野草之中；"道在瓦壁"，就是道在砖瓦之内；"道在尿溺"，也就是道在屎尿之间。他的意思是说道无所不在，万物都是道的体现，这叫道法自然。

我们回顾一下老子，他讲："人法地，地法天，天法道，道法自然。"人要效法地，地要效法天，天要效法道，而道效法的是什么？自然。请注意，不是自然界，我在老子课上讲过，是指"自然而然的运行"，是指自然本身的规定性或自然本身的天然态，他说"道"就在这个自发动势之中。老子接着讲："天地不仁，以万物为刍狗；圣人不仁，以百姓为刍狗。"他说天地不讲仁义，视万物为草扎的狗，非常轻贱，结果万物得以蓄养；他说远古的圣人，那时尚没有仁义礼智信这类文明说辞，其任由老百姓自然生存，人类才能得以安宁，这叫"圣人不仁，以百姓为刍狗"。讲什么？——道法自然。

我为什么要强调老庄学说中的道法自然，是因为中国文化的实质跟西方有一个重大区别，西方文化是有神论，中国文化是无神论。请大家注意，"无神论"这个概念是很成问题的，人类早年都是有神的，或者是有某种信仰的，只不过他们的神呈两种状态，一种是自然神论，一种是人格神论。比如犹太教、基督教、伊斯兰教，都是人格神论，有耶和华、有上帝、有真主。可是西方近代古典哲学史上有一个荷兰哲学家名叫斯宾诺莎，斯宾诺莎曾经提出自然神论。他这样表述："神即自然"，可见斯宾诺莎的有神论跟中国的道法自然完全是一码事。所以中国是有神论，只不过它的神是自然，叫自然神论，或者在学术上叫泛神论。中国古代有"天"、有"上帝"，这些词都是中国古代的原词，"god"就是用中文"上帝"翻译的，但是（在中国古代）"上帝"不是指一个人格神，而是指整个自然。"道在蝼蚁，道在稊稗，道在瓦壁，道在尿溺"，万物都是神的体现。

很多人想证明西方有神论一直被尊崇，且普遍作为信仰，这说法不成立。尽管西方大量的科学家、高智慧的学者都信神，比如牛顿，但这并不是全部，达尔文、爱因斯坦就不在此列。常听人说爱因斯坦是有神论，搞错了。爱因斯坦自己有一段表述，他明确反对恐怖宗教和道德宗教。什么叫恐怖宗教？就是拿地狱吓唬人的那种说教；什么叫道德宗教？善有善报，恶有恶报，这叫道德宗教。爱因斯坦坦言反对这类东西，说他的宗教信仰是斯宾诺莎的上帝，也就是"神即自然"，也就是自然神论，所以爱因斯坦说他的宗教叫"宇宙宗教"，或者叫"自然宗教"。请注意爱因斯坦的信仰跟老庄完全一致。

我经常见到一些学者，他说你仔细读老子的书，老子书中的"道"就是"上帝"，就是人格神。能提出很多证明，但不管他怎么证明，我只能说他是执迷的基督教徒。中国文化的根蒂不在这一脉上运行，它讲究"道法自然"。所以大家一定要理解，中国文化中无神论的素质，实际上表达的是对自然的信仰，可谓之自然神论。

然而有一个现象很奇怪，信上帝者、信人格神者最终反而走向了哲科思脉，比如毕达哥拉斯是信神的，结果他去研究数学，认为神用数操纵了世界；牛顿是信神的，他却创造了经典力学，认为神用经典力学的方式摆布了世界。

中国是自然神论，按道理最应该对自然学加以关注，结果相反，自然学在中国却完全偏废，这说起来非常荒唐，像一个悖论。原因不在于你的信仰，而在于你的文化基层结构，也就是无论你信自然或者信人格神，并不直接导出自然科学。后者并不跟你的信仰方式有关，而跟决定着你的信仰方式的那个生存结构基础有关。产生哲科思维的族类，虽然信神，但是因为没有血缘组合关系，每一个人被打散成自由单子，如果相互之间要寻求社会契合，就必须找到大家共同信仰的一个主来做中介，因此必须缔造人格神。他们缔造科学、缔造哲学，跟缔造神是同一个生发基础，其间并没有必然的因果联系。

中国尽管是自然神论，但它的生存根基却是群团化的氏族血缘社会，或者说是家族群团状态下的纯粹的农业文明，这导致人际关系和资源关系非常紧张。所以中国人虽然不信人格神，信的是自然神，但却不去探讨也没有精力探讨自然学，得把全部精力和智力调动在人伦社会关怀上，大家才能安稳生存。

所以，秉持自然神论的中国、道法自然的中国，反而自然学偏废；信人格神的西方，反而发展出科学思境。很多人认为这个悖论很难解释，其实是要把因果关系重新排布。我希望我的这一段话，大家能理解是什么意思，我强调这一点是想让大家理解中国的无神论文化和西方的人格神论文化，各有春秋、各有精彩，没有谁高于谁、谁低于谁的问题。从某种程度上讲，中国的"天人合一、道法自然"更具有现代展望的视野和穿透力。

我们下面再讨论一个问题，庄子看待任何事情都从"齐物"这个角度，或者从"道"这个高度出发。所谓齐物，就是万物没有差别，就是万物同质，因为万物都是道运行的结果。我们今天把这个东西叫自然律。自然律的运行使能量变成粒子，粒子变成原子，原子变成分子，分子变成细胞，细胞变成有机体，这叫齐物。所以齐物论就是道论，就是自然律论。庄子的一切学说都是追随着这个"齐物的律动"而展开的，这是理解庄子非常重要的一个基本线索。

我举个例子。比如庄子在《逍遥游》中曾经讲过一个故事，是我们今天经常使用的一个成语"鲲鹏之志"的出处。今天这个词变成什么含义了？说一个人具有参与和改造社会的宏大志向，此谓鲲鹏之志。而庄子当初谈这个东西可是恰恰相反。我们看一下庄子的原文，庄子讲："北冥有鱼，其名为鲲。鲲之大，不知其几千里也。"他说北海有一种鱼叫鲲，这种鱼的体型非常大，仅是身长就达几千里；他说"化而为鸟，其名为鹏"，这种巨鱼后来变成一只鸟，该鸟被称作鹏；"鹏之背不知其几千里也"，他说这个鸟仅是它的背部，就有几千里之长；"怒而飞，其翼若垂天之云"，说它一旦腾飞起来，两个翅膀张开，就足以覆盖整个天空，最后说它"抟扶摇而上者九万里"。他讲什么？我们今天人把它解释为一个人敢于并善于在社会上折腾，完全搞错了。庄子的意思是一个人不要在失序的文明社会中苟存，不要在猥琐的浊世红尘中厮混，一个人要顺道而行，像鲲鹏一样在一个巨大无边的天道上飞翔，这才叫"逍遥"。这就是《庄子·逍遥游》要讲的东西，它恰恰是讲不应将自身羁绊于文明社会的罗网之下，超然物外，顺乎自然，志存高远，通达天地，这才叫"逍遥游"、才叫"鲲鹏之志"。因此你要想理解庄子的学说，你必须返回到庄子抗拒文明冲击、抵制社会约束的特殊思境之中，否则全是误解。

比如庄子讲了这么几则寓言故事，其中之一叫"风激万窍"。他说我们人类在文明社会中不断地争论谁是谁非，实际上世间没有是与非的差别，谓之"齐是非"。我前面讲"齐物"，我现在讲"齐是非"。什么叫"齐是非"？大家听我的课，我老说一句话，不讲好与坏，不讲对与错，只讲所以然，这叫"齐是非"。因为是非之争是琐碎之争，它完全无法触及问题的根本。

庄子借"风激万窍"作比喻，他说你看山洞、树洞，由于各自的洞形不同、深浅不同，一股风刮过来，这些不同形态的洞窟就会发出不同的哨音，你能说哪一个哨音是对的，哪一个哨音是错的？哪一个是、哪一个非吗？这叫"风激万窍"。他的意思就是，人们之间平常的琐碎争论、是非之辩，其实非常无聊、毫无意义。你理解这个世界，理解道法自然，理解万事万物自有成因、自有存在的道理，你便不屑于争论，不屑于在是非之议中玩弄小聪明。因此任何一般性的争执都是浮于浅薄的表现，这叫"齐是非"。

他又讲"朝三暮四"，今天这个词儿变成了用意不专、摇摆多变的意思。而"朝三暮四"这个成语原本讲的是庄子嘲讽人类文明的一则寓言。他说一个养猴子的人早上给这群猴子，每一个猴子发三个橡树籽或者三块食料，下午给每一个猴子发四块食料，结果猴子们就拼命地抗议，表示不满。于是这个养猴人就改了一下，早上发四块，下午发三块，于是所有的猴子莫名其妙地欢呼起来，仿佛它们因此而收获了更多的利益似的。

他说人类在文明社会中厮混就像这群猴子一样，愚蠢到根本不知道自己在干什么。

然后他又讲"骈拇枝指"，什么叫"骈拇"？就是你的脚趾头，大拇指和二拇指合在一起了，分不开，叫"骈拇"；"枝指"就是你的手上长出了多余的第六指。他说人类文明就是"骈拇枝指"，把自然本来的状态全给畸形化了，把原本不该存在的东西胡乱生发出来了。他说这些造作是好东西吗？你有了"骈拇枝指"，你会更灵便吗？你不过更麻烦、更倒霉而已。

他的每一个故事，表面是在讲一个讽刺寓言，背后影射的都是文明之蹩脚，这是大家理解庄子思想和庄子文论的关键。庄子在《齐物论》中讲了一个典故，大家应该很熟悉，叫作"庄周梦蝶"。原文说："昔者庄周梦为蝴蝶，栩栩然蝶也，自喻适志与，不知周也。"他说有一天晚上睡觉，梦见自己变成蝴蝶，简直活生生就是个蝴蝶，根本不知道自己还是庄周；"俄然觉，则蘧蘧然周也。不知周之梦为蝴蝶与？蝴蝶之梦为周与？"过后突然醒来，发现自己还是原先那个庄周，于是他不能分辨，究竟是蝴蝶梦见了庄周呢，还是庄周梦见了蝴蝶。他最后说："周与蝴蝶，则必有分矣，此之谓物化。"什么意思？他是在讲"物我无别，物自转化"的"道"之理，就是外部世界的物和我没有差别，是一回事。你要想真正理解"道"是什么，你就得"物我两忘"，你不能老是执念着自己，你得知道自己就是万物，即自身源于万物，万物演成自身。他仍然表达的是齐物、齐道之论。

当然，庄子的议事风格有其局限性。我在讲西哲课的时候谈过，西方近代古典哲学之开山鼻祖笛卡尔，讨论他的认识论和怀疑论问题，就是从质疑和研究梦境开始的。而庄子只以这样寓言隐喻的方式，讨论到此为止，未予纵深。同一个起点，却导出完全不同的哲学思脉，表明中国文化的逻辑功力不足。

庄子的"齐物、齐是非、齐死生"，所谓"齐"，就是"与道齐一"而无从分别。庄子还讲过一个寓言叫"鞭敲骷髅"，他说他有一次在路途上看见了一个骷髅，一个死人的头骨，于是他就拿鞭子敲着问这个骷髅，说你怎么这么凄凉，可曾遇到几多不幸事？随后枕之而入梦，结果这个骷髅在梦中给他回话了，原文很精彩，这样说："死，无君于上，无臣于下；亦无四时之事，从然以天地为春秋。虽南面王乐，不能过也。"意思是说，死了真快活！上无君主统治，下无官吏烦扰，一年四季不必操劳，遨游于天地之间，逍遥于时间无边，悠然之乐，远胜过在人世间称王称霸。庄子惊疑，就说那我现在请司命阎王把你复活如何？这骷髅忙说，你可饶了我吧，我现在喜乐如此，怎愿再遭受人间二茬罪。庄子这段寓言是在讲什么？文明是一场灾难！文明是人性的扭曲和折磨！总之，反文明意绪继续体现。

庄子又讲一个寓言叫"盗亦有道"，就是强盗都是有"道"可言的。大家知道在春秋战国时期，中国历史上传说有一个著名强盗叫"跖"，史称"盗跖"。庄子讲盗跖这个人带领着一群喽啰前去抢劫，盗跖给他们说，强盗也是讲究仁义礼智信的、也是尊奉道论德行的。他说什么叫"圣"？凭空我就知道室内藏有多少财物，此谓之圣；他说什么叫"智"？"知可否"，就是某个时候去抢能不能成功，他说能够做出这个判断的叫智；什么叫"勇"？敢于第一个冲进去行抢的人叫勇；什么叫"义"？最后一个逃出来的叫义；什么叫"仁"？抢了东西大家公平分配叫仁。他这段"盗亦有道"讲什么？他说强盗也是讲文明的，引申而论，当你用文明社会的种种说教，包括仁义礼智这些东西来糊弄人的时候，其实你不过是另一种强盗而已，或者你至少是培植了另一类强盗而已。所以他这则寓言，仍然是在嘲讽文明社会的蛊惑、虚伪及其种种祸害作为。

庄子曾讲了两个很奇怪的、很悖反的典故。他说一个木匠领着他的徒弟出去看见一棵树，长得曲里拐弯，完全不成材，结果呢，这个树就不会被木匠砍伐，这叫"曲木长生"。意思是说你千万不敢长成栋梁之材，成材者必为他人所用，必遭斫凿之殃。所以现在家长们拼命想把孩子培养成栋梁之材，恐怕是一个很麻烦的局面。

但是庄子接着又讲一个故事，叫"鸣鹅不杀"。说他有一次外出会友，看到主人要杀鹅款待客人，却专找那个不鸣叫的哑鹅屠宰。为什么呢？因为擅长鸣叫的鹅，可以替主人看家。这个故事跟那个"曲木长生"刚好相反，"曲木长生"是越没有用处的树木，越活得长久；而到了鹅这儿，有本事的鹅就能活，没本事的鹅不免被杀。

庄子在同一个段落里讲这两个典故，他想说明什么？他想说明文明社会中的人生非常诡谲，你无论如何都琢磨不透，你只能在里面躲闪挪移，最终还难免遭殃，除非你"乘道德而浮游"，即"浮游于万物之祖"，亦即回归于自然天道。他以诙谐戏谑的方式继续宣讲其反文明意绪，娓娓道来，发人深省。

然后庄子又讲，他说一个人在阳光下奔跑，发现身后总有一个长长的黑影追赶着自己，留下的脚印也令人不爽，为此他越跑越快，一心想摆脱自己的影子和足迹而不可得。于是庄子哀叹道："不知处阴以休影，处静以息迹，愚亦甚矣！"他说此人怎么这么愚蠢，你躲到树荫下面，身影自然就消失了；你停下脚步，足迹也就戛然而止了。大家注意，他在讲什么？文明社会拼命发展和前进，结果造成重大的阴影与灾祸紧随其后，导致人类文明日趋危机。人类想努力摆脱它们，但所采取的却是进步论的方法，总想越跑越快甩掉阴影，殊不知你跑得越快，你的影子也跑得越快。所以庄子嘲笑人类文明之总体犹如一介愚夫，当你缔造麻烦和恐惧的时候，你处理的方式恰恰是让这麻烦把你追得越发紧迫，这就是文明历史的运行状态。庄子之喻，可谓意涵深远。

庄子这个人文采飞扬，大家听一下庄子的一段话："井蛙不可以语于海者，拘于虚也；夏虫不可以语于冰者，笃于时也；曲士不可以语于道者，束于教也。"什么意思？他说你对井底之蛙，永远不要跟它谈大海。为什么？"拘于虚也"，"虚"这个字在中国古代就指空间，井里面的青蛙被自己身处的空间所限定，故而它永远不知道海是什么样子，"井底之蛙"这个成语即出于此；他说对于夏天才能苟活一时的昆虫，你永远不要跟它谈及寒冰，"笃于时也"，就是它被时间所限定；他接着说，对于一般的文人学者，你也永远不要跟他论道，"束于教也"，他被自己原先受到的教育和浅薄的思想观念所束缚，他到死也搞不明白超乎于常识之外的天道运行和终极追问究竟是什么。请大家牢牢记住，自以为算是文化人的绝大多数，其实都不过是庄子所说的"曲士"。你千万不要跟他们谈论世界的终极问题和根本道理。你言及于此，他会说你是疯子、他会说你是邪教、他会说你是异端。所以真正深知天道者，绝不与人争论，更不去说服他人，任由别人攻击之而泰然自若。

庄子的学说处处表达出东方的道论哲理，但是他却从不深究西方狭义哲学那样的问题。比如庄子曾经在《秋水》篇中记录了他与惠子的一场对话，原文如下："庄子与惠子游于濠梁之上。庄子曰：'儵鱼出游从容，是鱼之乐也。'惠子曰：'子非鱼安知鱼之乐？'庄子曰：'子非我，安知我不知鱼之乐？'惠子曰：'我非子，故不知子矣；子固非鱼也，子之不知鱼之乐，全矣。'庄子曰：'请循其本。子曰'汝安知鱼乐'云者，既已知吾知之而问我。我知之濠上也。'"庄子说他站在濠水的桥梁之上观鱼，看到鱼的悠游之状，感叹鱼儿很自在、很快乐，惠子就反驳说：你不是鱼，你怎么知道鱼的快乐与否呢？这话问得很好，庄子的回答也颇为巧妙，庄子说：你不是我，你怎么知道我不知道鱼的快乐呢？惠子接着说：我不是你，因而不知你；但你也不是鱼，故而你同样不可能体会鱼的快乐；至此论证完毕。庄子不肯罢休，补充道：咱们从头说起，你问我如何得知鱼之乐，其实在发问之前你就已经获知了我对鱼儿的感受，我知之于濠水之上罢了。这就是著名的"濠梁之辩"。可以看出，二人对谈不可谓不机智，但却未免流于巧舌浮华，从而丢失了隐藏于此类问题下面的深刻追问与思考。

顺便一提,我曾经用过一个笔名,叫"子非鱼",就是从这儿来的。它实际上涉及一系列重大的哲学探询,涉及非常复杂的认识论问题之考究,关于这个话题,我在这里不再伸展。各位课后不妨找我《知鱼之乐》书中的"子非鱼安知鱼之乐"那篇文章读一读,虽然也讲得很浅,只算一个入门,但它足以显示西方古典哲学的追问与追思方式。

但庄子与惠子却到此为止,没了下文,它说明什么?说明中国先秦诸子百家,即使讨论追究终极问题,也实在缺乏逻辑功力。因为中国文化的基本素质是散点式思路,所以即使以老子之道来承载自己学说和思想的庄子,最终在他的哲学式议论中,也只表达为有失缜密与纵深的机辩笑谈和玄学系统。

下面,我们简单对道家后学做一个评价。我用最概略的方式说,老子思想是中国先秦文化的高端和源头,它讨论了中国最具哲学性的问题之起点,但没有真正深究下去,反而留下了诸多矛盾和烦难。战国时期的道家,也就是以庄子为代表的"道家",跟老子的"道论"有很大区别。老子的《道德经》追问的是宇宙终极问题,"道家"只不过是跟儒家对立的一个争论学派,它以寓言文学的方式展现,从而使其哲思深度大为受限。

两汉的"黄老之学",把黄帝和老子混为一谈,结果令老子学说降格为"实用之学"和"政治之学",这是中国哲学思境的一次严重堕落,也是其受到的一次严重伤害。发展到"魏晋玄学",它实际上是由于当时社会混乱,思想涣散,于是有些文人拿老、庄、易之三玄,排遣郁闷、游戏人生。而战国时代的"道家"也在很大程度上,变成了玩世不恭的文学操弄或机锋之词,失掉了当年老子追问人寰终极的初衷。

东汉末年出现"道教"。我们后面讲佛教的时候还会谈到,任何宗教都有两极化倾向,一方面无限拔高,使之神圣化;一方面无限降低,使之庸俗化;非此不能使之进入大众的信仰领域。因此中国道教最终的发展,更进一步背离了"老子道论"的深邃感，因此中国的"道家后学"、"老子后学"，跟我今天早上讲过的"儒家后学"相似，同样走向了逐步堕落和浅薄实用的方向。

为什么中国文化一路下坠？国学体系及其高端思想全部发生于先秦时代，也就是秦始皇统一中国之前。此后2000多年几乎再没有任何重大建树，除了印度的佛教传入中国。不但没有建树，不管儒家后学还是道家后学，一路流变，都是越来越往低端下流。而西方文化，中世纪黑暗的500年或1000年，它确实也是一次大堕落。但随后通过文艺复兴，逐步增长出现代文明及科学文化，这跟东西方文化本身的命运无关，跟人类文明的命运有关。人类文明没有选择，农业文明前面只有一条路可走，那就是工商业文明。

我前面讲过农业文明是"限局域获得资源"，工商业文明是"跨区域获得资源"。我们今天的信息文明是"超时空获得资源"，也就是说人类文明是一脉演进的，没有选择。因此农业文明你要固守它，你就只好一路下坠或平直延长，除非找到工商业文明的发展方向，你才能重归上升通道。

我再说一遍，这里面没有褒贬之意，没有谁好谁坏这个问题。严格讲来，越进步的文明，戕害性越大。因此我绝不是在表彰工商业文明，我只是反复强调，文明路径没有选择，在这个无可选择的进化之途上，你是一个固守原本状态的文化，你就一定趋向于琐屑萎靡。如果你是顺应那个演化方向的前沿文化，你就一定表现出张扬开展之势，哪怕这个势头和走向最终是灾难性的，你也无可奈何。

名家渊源及其论题解析

我们下面讲"名家"。对于"名家"，多数同学比较生疏。所谓"名家"就是"逻辑论家"。中国古代"名"这个字，各学派都有各自的命意，老子讲"无名"；孔子讲"正名"；尹文子讲"刑名"；杨子讲"实无名，名无实"……。各家都讲"名"，但我今天在这里所说的"名家"，是指"概念论者"、"逻辑论者"之流。

韩非子在他的《显学篇》中讲："儒分为八，墨离为三。"说墨家最后也分裂为三个学派："自墨子之死也，有相里氏之墨，有相夫氏之墨，有邓陵氏之墨。"庄子在《天下篇》里讲这三个学派："俱诵《墨经》，而倍谲不同，相谓'别墨'"。也就是墨家里有一派，"墨离为三"中的一派，讨论墨家纯粹的"逻辑论"这一面，被庄子称为"别墨"，别样的墨。胡适依据上述之考究，说相夫氏之墨就是宗教之墨，相里氏之墨和邓陵氏之墨就是后起的科哲之墨，认为后两派之争论就形成了传世的"名家"之滥觞。并因之推断《墨子》一书的《经上》《经下》《经说上》《经说下》《大取》《小取》这六篇文章乃别墨所著，其中四篇曾经被晋人鲁胜做了专门的考辩，书名叫《墨辩注》。所以胡适又把庄子所说的"别墨"，也称为"墨辩派"，即墨家探讨逻辑论的这一个分支，最后演变成"名家"。

我在前面的墨子课上讲过，墨家代表手工商业者，是先秦时代中原地区工商业文明的早期代言人。而工商业文化本身就倾向于哲科之思，因此墨家必然带出"墨辩"这么一脉思路。"别墨"所讨论的哲科思脉在他们的著作中表现得相当广泛，比如它涉及知识论。它谈"知"分三个层次，一为"官能"，也就是感官；二为"感觉"，也就是感性；三为"知觉"，也就是感觉后面汇总的观念和意识。然后又谈到三个字："久、宇、止"。"久"通假"宙"，我在前面讲课讲过"宙"在中国古代指时间，"宇"指空间，合起来叫"宇宙"。所谓"止"就是"志"，志是记录的意思，在这里特指"记忆"。它说："知而不以五路，说在久。"这句话什么意思？说你如果获得的知识不是从五个感官而来，视觉、听觉、嗅觉、味觉、触觉，这叫五路，如果你讨论的知识不从这五路来，从哪儿来？从"久"！从之前时间的记忆中来。

然后他们讨论知识的构成，把知识的来源分为三类，谓之"闻、说、亲"。"闻"就是传闻，耳朵听到的；"说"就是推论，大脑想到的；"亲"就是经验，亲身经历的。总之，他们在各个方向上探究人类知识的来源，讨论的非常细致。

像这种思维形式，你在中国其他诸子百家中是绝然见不到的。它追查"名实论"的内在关系，原文说："所以谓，名也；所谓，实也。"意思是说，你所指谓的东西就是实体性的对象，此乃"实"；你的指谓本身就是"名"，也就是主观的概念。然后他在《经上》篇中把"名"又分了三类，叫作"达、类、私"。所谓"达"，指共相；所谓"类"，指类别；所谓"私"，指殊相。

如果你读过罗素的《西方哲学史》，你就会知道罗素曾特别提及"共相"和"殊相"的疑难，他说西方哲学史在两千多年里，从未真正厘清二者的关系及意涵，成为哲学上的重大课题。这些东西在中国的"名家"学派中，当年就有过相当像样的探讨。

名家还讨论了"逻辑推理"的步骤与结构。我只举一个例子。它有一段话，涉及"小故"与"大故"的分辨。所谓"大故"就是完全因，所谓"小故"就是部分因。我这样说大家听不懂，我换一个说法。大家知道人类史上第一位缔造逻辑学的人，是古希腊时代最后一个哲学集大成者亚里士多德，他建立的逻辑学叫形式逻辑。他讨论演绎逻辑形式，用的是什么推导方式呢？叫三段论。我举一个例子，我在哲学课上举过这个例子：大前提，也叫"大故"——凡人皆有死；小前提，也就是中国名家所说的"小故"——苏格拉底是人；结论——苏格拉底必死。这种三段论的推论方式是亚里士多德研究形式演绎逻辑的一个基本探讨方式。

亚里士多德探讨这个问题，中国名家照样探讨，它这样讲："小故，有之不必然，无之必不然。"它说小故就是小前提具备了，不一定结论就必然能得出；但是如果小前提不具备，小故不具备，那么结论必然得不出。它接着讲"大故，有之必然，无之必不然"，就是亚里士多德所说的大前提如果缺失，必不然；如果有，必然。

大家想想刚才那个三段论，这种讨论方式是处处应和、非常恰当的，也就是名家对于演绎逻辑同样做过详细的推导。他们还把人类的思维逻辑分成七种类别加以研究。

我做一个简单说明。第一叫"或"，就是"或然"之范畴，就是我们通常所说的"可能"。当你对一件事情给出"或然判断"，也叫可能判断的话，那么你就不能否定另一种可能，是不是这样呢？这是一种推论方式；第二叫"假"，就是虚拟。大家记得我在讲解古希腊哲学的时候，说它有一个重要思路叫"假设与证明"，中国名家也讨论过"假"，把虚拟和假设作为逻辑论的一个重要通道；第三叫"效"，所谓"效"就是演绎逻辑；第四叫"辟"（譬），就是实例类比；第五叫"侔"，就是词项类比；第六叫"援"，就是引申类推；最后第七叫"推"，就是归纳逻辑。他们居然把人类逻辑使用方式分为七种，一一探讨，达到极高的水平。也就是在哲学逻辑问题的最初提出上，达到非常广阔的视野，但却没有进行纵深的研讨。

哲学是科学之母。哲学思路一旦发生，科学思路一定随之出现，因此名家也有一系列科学问题的探讨，或者说是科学前提问题的探讨。如果我们把近代从哥白尼、伽利略之后的这门学问称为科学，那么我们把古希腊和中国名家时代的科学，就可以称为"博物学"或"科学的前身"。它没有形成现代科学的假设证明实验体系，但是它提出了后来科学思路的基本问题。比如名家曾经讨论过"算学"，相当于我们今天所说的数学；"形学"相当于我们今天讨论的几何学；还有光学、力学、心理学、经济学以及政治学等等，他们这样分门别科的讨论，表达出紧随哲学思脉而出现的科学思路之萌芽状态。名家因此成为中国传统文化以及先秦诸子百家的一个异类。

当然也得承认，名家亦有其明显不足，就跟我前面评议庄子一样，他们虽然提出了诸多哲科问题，却不具备调用深层精密逻辑的思想功力。而且他们总是倾向于尽快地落实到学以致用的状态中去。大家知道中国人有一种习惯，包括文人做学问在内，我们一旦有所研习，总是立即就想落实于应用，这是一个很糟糕的学风。我们的文化人研究任何问题，且不管证明过程是否深入、是否缜密、是否足以抵达极致，往往急于得出结论，这又是一个致命的短处。真正的学问、真正的研究绝不可急功近利，但凡你仓促求成，它就一定流于浅薄。因此无论是普通的文化学习，抑或是高深的专题研究，你都不可急切地想着它怎样能够达致应用，亦不可急于奔向结论，你最重要的事情是把逻辑证明搞通透、做严谨，一旦你失此耐心，学问的深层一定被遮蔽。

中国的名家，由于处在中国农业文明偏于实用的文化海洋之中，所以也不免沾染着传统的恶习，导致名家所有问题的提出，达到的高度几近于古希腊，但探讨的深度和发展的余量却被限定。所以名家谈治学的目的，罗列了六项，叫"辨是非、审治乱、明同异、察名实、处利害、决嫌疑"，也就是很着急要研判出"是非"之结论，很着急要落实为"利害"之应用，从而造成其立论系统的短浅和思想纵深的缺失。

请大家记住我在讲西哲课的时候，我一再讲真正的大学问是纯粹务虚的，它绝不讲实用，它只是在纯思想上寻求最严密的论证，把逻辑功夫做尽。一切证明皆为逻辑证明，哪怕是实验证明，我们都可以把它视为广义逻辑证明。一旦务虚之学急于务实，那么你的思虑深度一定会受到严重干扰甚或中断。我讲这些也是希望各位听我课的同学，在听课的时候，尽量听懂它深在的涵义及其系统之导向，而不要急于拿它去应用。如果你想做某项研究，请你记住，结论不重要，精深求证才重要。

名家最著名的人物有两位，一个就是我前面提到的庄子的朋友——惠施，史称惠子；一个是公孙龙，历史上也叫公孙龙子。我们先简单说一下惠子。惠子也是宋国人，跟庄子同籍贯，而且跟庄子同时代。两个人相互论学，关系亲密。惠子的著作肯定不少，因为《庄子》载明"惠子书五车，历万物说"，就是惠子的书竟然足以装五车，当然古代文本是写在竹简上的，一大卷竹简也写不了几个字，但是五车之量在古代也着实算得上大学究的大部头了。"历万物说"表明他所讨论的是哲学问题。可惜惠子的著作全部佚失，我们今天对惠子的了解，全都来自《庄子》书中的点滴记述。

学界总结惠子学说的基本特点叫"合同异"，就是把万物的差异尽量抹煞，只去寻求它们的共性与共相。惠子讨论过很多奇怪的问题，大家听一听，他讲"山渊平"，他说高山与深渊其实是在一个水平线上的。你今天听起来很怪异、很荒唐，可是你得想想，你所说的高是什么？你所说的低是什么？如果大地是一个球体，转到某个方位上，山峰是最高的，反转过来山峰是不是最低点？也就是说你换一个更宏阔的眼光，高低之辩是你所处位置与视角的主观设立使然，所以他讲"山渊平"，显然是在一个更宏大、更深远的视野上讨论问题，以至于现代有学者认为当年惠施已经提出"地圆形"与"地动说"了。

当然我们现在不敢肯定，惠子当时是否已经否定了大地是个平板的看法，但是他能这样讨论问题，足见思虑之深。比如他又讲"天地比"，也就是天和地是一样高的，这跟"山渊平"那个论证是一样的。他讲"齐秦袭"，大家知道齐国在当时中国的最东部，秦国在最西部，他说"齐"与"秦"实际在东西方向上是无差别的，总体上可视为一个方向。这个说法也很有道理，假如你从秦国出发，你得往东走，才能到齐国。可是他说这两者是一回事，你从秦国往西走照样可以来到齐国，这说法成立，地球是圆的，你一直朝西走一定到达齐国，再朝同一方向走还可以返回秦国，也就是说他的那个论证方式，你拿今天的思路看很正常、很贴切，可你见不到他的论证过程，因为他的著作丢失了。不过，我甚至怀疑惠施的著作即便不丢失，他有没有详细的论证，以及他的论证能否缜密无误，恐怕都是个重大问题。

但是他有这一脉思路真是令人震惊。

惠子又讲"妪有须"，他说老太婆是有胡须的。这说法今天也成立，要知道所有女性，她体内也是分泌雄性激素的，只不过在青年时期，她的雌性激素总量压过了雄性激素，所以女性的雄性激素不表达。那么年老以后，卵巢萎缩，雌性激素分泌量下降，女性是会出现某些男性体征，如嗓音变得低沉等，个别女性也确实可能长点胡须。就像男性在更年期以后，有些人的乳房会发育膨胀，因为男人也有少许雌激素分泌，当睾丸酮下降的时候，一些男人的雌激素会把女性体征带出来。我不知道惠子当年是怎样论证的，但他的"妪有须"这个说法跟今天的生理学十分切合。

他又讲"卵有毛"，他说鸡蛋是有毛的，这个说法也不错。我们今天知道鸡蛋里是有基因的，孵出来的小鸡之所以有毛，是鸡蛋的基因预先决定的，因此这说法成立。他又讲"白狗黑"，他的意思是黑和白的色觉是一个主观设定，这说法也成立，因为颜色不是客观存在，颜色只不过是波长在视中枢的错觉。所以你会发现惠施讨论的问题，你站在今天大信息量的这个知识体系下看，居然全都是有根据的。可你找不见他的论证，庄子没有兴趣复述他的论证过程。

我再说一遍，根据我们看到的中国古代墨家、道家和名家，我们没有见到任何一家真正具有调动精密逻辑探讨问题的素质，因此我怀疑即使惠施的五车书都保留下来，你也未必能找见深入详细的论证。但当时的思路能达到这个高点已经让人非常惊叹了。

我们下面再看公孙龙。公孙龙比惠施大约晚五十多年，因此公孙龙跟惠施、庄子这些人不处于同时代。公孙龙是赵国人，曾经在平原君门下做过事。公孙龙的著作也基本上全部佚散，只在班固《汉书·艺文志》中留下了区区十四残篇。

公孙龙学说的要点被总结为"离坚白"，这个说起来有点复杂，就是"分别殊相"的意思。我们前面讲惠施是"合同异"，就是寻求共相，而公孙龙是分别殊相，这是他哲学探讨的总纲。公孙龙也讨论过其他很多问题，而且有些部分跟古希腊哲人讨论的问题如出一辙。

大家听他这么几段说法。一个叫"飞鸟之景，未尝动也。"在古代"景"和"影"是通假字，所以这里的意思是说飞鸟的影子不曾运动。他又讲"镞矢之疾，而有不行不止之时。"他说射出去的箭头既不动也不停。大家再看，公孙龙还谈过一个问题，谓之"一尺之锤，日取其半，万世不竭。"他说一个一尺长的木锤，你每天斩断一半，万世不竭，你永远把它分割不尽。也就是他在探讨"无穷二分法"这个问题，可是我们照例见不到证明。

那么我们看一下古希腊。古希腊当年出现了一个很别致的哲学家，巴门尼德的弟子，名叫芝诺。芝诺曾经讨论过四项悖论，非常有趣，哲学上的论证也非常深入。我在这里只讲他的两项论证大家听一下。芝诺曾经谈过一个问题叫"阿基里斯追龟悖论"，阿基里斯是古希腊众神中跑得最快的那个神。芝诺说如果让一只乌龟先跑一程，然后让阿基里斯追赶这只乌龟，阿基里斯永远追不上。他怎么证明呢？他这样证明，他说乌龟先跑一程，阿基里斯如果要想追上乌龟，他一定首先要跑完乌龟跑过路程的一半。他要跑完这一半，他就必须先跑完这个一半的一半，他要跑完这个一半的一半，他就必须又先跑完这个一半的一半的一半，也就是二分法不能穷尽。如果二分法不能穷尽，那么阿基里斯就永远追不上乌龟。

我不知道我讲清楚了没有，尽管实际上阿基里斯跑两步就超过乌龟了，可是在逻辑上芝诺的论证成立，迄今你都没有办法颠覆他。这跟"一尺之锤，日取其半，万世不竭"讨论的完全是同一个问题。大家再看芝诺讨论的另一个问题，叫"飞矢不动"，就是射出去的箭其实是不动的。瞧瞧它跟那个"飞鸟之景，未尝动也""镞矢之疾，而有不行不止之时"所讨论的问题是否毫无差别？但是我们看不到名家的证明。那么芝诺怎么证明呢？芝诺这样证明，他说一支箭在没有射出去以前，它要占据一个空间，如果我们把这个空间设定为若干个点，那么你说射出去的箭是运动的，就相当于说在某一瞬间，它既占据一个点又不占据一个点，这在确定的空间关系上说不通，因此飞出去的箭必然是不动的。请注意芝诺的证明引申出一系列非常麻烦的问题，即什么是"运动"？什么是"静止"？什么是"时间"？什么是"空间"？要知道这些问题人类一直在不懈地探讨，迄今都没有最终结论。

公孙龙提出的这些问题和古希腊芝诺提出的问题，从问题上看，几乎完全一样；从论证上看，一方严重缺失；这就是中国名家的特点。我在这里讲芝诺的论证，是用最简单的方式一句带过，你要想了解细节，你得去读芝诺的有关文本。我们借此就会看到这些东西表达了中国名家的哲科思想萌芽，在先秦时代的确已然出现，但却没有升华之道、纵深之思。而且当年他们还讨论了很多非常深刻的问题，比如"至大无外、至小无内"。你想想他讨论的是什么？他是讲"无穷大"与"无穷小"的问题，无穷大者没有边界，是谓"至大无外"，这有点儿像我们今天的宇宙论，你很难想象宇宙外面是什么。"至小无内"有点儿像我们今天的原子论和粒子学说，到基本粒子的最基本点，它已经没有可予分割的别样内涵了，它可能只是一个能量点或能量包。

中国先秦时代的名家，他们的思路业已达到这种程度，如果稍有哲思之纵深，我们可以想象中国传统的文化发展，绝不会是后来那种滞碍停顿的样态。它的表现跟墨家、跟道家、跟庄子有共同的性质，有共同的缺失，就是精密逻辑的论证功力的缺失。所以名家构成中国先秦时代极为灿烂、又极可惋惜的一个文化怪胎、也是死胎。它的来源有两路，一路是别墨，另一路就是道家。惠施到底属于哪个学派，我们现在不太能说清楚，但根据他与庄子的良好关系，大致可以判断他是道家人物。所以中国的名家也算是老子哲思的滥觞和延续。

下面我们略微看一下公孙龙留下来的点滴文字。公孙龙在《坚白论》中说："物白焉，不定其所白；物坚焉，不定其所坚；不定者兼，恶乎其石也？"什么意思呢？他说一块白色的石头，它的白色并不限定在石头上，其他东西也可以是白色；他说一块石头很坚硬，你是因为它坚硬说它是石头，可坚硬这个属性也并不仅仅限定在石头上，其他东西也可以很坚硬；那么你凭什么说一个白色的、坚硬的东西就是石头，你这个判断有问题。大家注意，这项探讨是非常有意思的大课题，他在追询物的属性和物本身究竟是什么关系。西方后来的古典哲学家贝克莱，他讲万物只不过是感知的集合，白是视觉、坚是触觉，你所说的那个石头存在不存在我不知道，我只知道这种视觉和触觉的集合缔造了眼前的对象。这些问题以怪模怪样的方式提出，最终促成认识论哲学的凸显与纵深。

我们再看，他在《通变论》中谈道"鸡有三足"，说鸡有三条腿。他这样论证："谓鸡足，一；数足，二；二而一，故三。"他说你提起鸡足，这已经一条腿了；数一下鸡的足，又有两条腿；所以鸡总共有三条腿。你今天听着好笑，觉得很荒诞，怎么会这样想问题？但这个想法有其道理，哲学就是这样无事生非的，问题在于，你所说的鸡足是什么？鸡足的概念与真实存在的那两条腿到底是什么关系，这个问题的确需要探讨。

什么叫感知？感知跟对象究竟何者为真？他是在探讨这样的问题。他说"白马非马"，原文这样讲："马者，所以命形也；白者，所以命色也；命色者非命形也，故曰白马非马。"他说你指称"马"，是因为马有特定的形状，你又指称"白"，是因为世上存在着那么一种颜色。但是"命色者非命形也"，即白的颜色与马的形状并不必然相关，因此白马不是马。他是说，你借助感官获得物的此一属性和彼一属性，你凭什么把它们撮合在一起，然后就认定它是真实的对象？这都是认识论上的重大问题，要知道后来西方古典哲学发展到认识论阶段的时候，由这些问题开端，且逐一琢磨与探究，最终纵深到极为复杂的半成熟状态，这才让人类大略察觉到我们的主观感知与客观世界之间居然还存在着一层隔膜，诸如此类的问题其实至今仍未完全解决。

所以我们会看到，当他讲"白马非马"之际，其实表明这些重大的哲学论题，在中国先秦时代就已经开始探讨，其所超前的程度，甚至高出于古希腊。要知道这些话题在西方哲学史上，都是直至十七世纪笛卡尔以后才逐步提出并加以考究的，可见名家当年是非常了不起的。公孙龙甚至说过这样一句话，令我分外吃惊，他讲："指不至，至不绝。"这句话特别难于理解，"指"就是指谓、命名。你"指谓"一个东西，就是你感知和命名一个东西，凭什么？凭你对物的属性的感知耦合。比如这只杯子，我看到它是黑色、是圆形、是中空的，我摸到它很坚硬，我敲击它听到了某种声音，这些都是这个杯子的属性。那么这个杯子的实体、这个杯子的属性内部究竟是什么，我不知道！他说你感知万物都是"指不至"，就是你拿属性来感知对象，由于属性多样而肤浅，因此你永远够不着物本身，亦即永远够不着物自体。他说你通过对于表层的"指"这种方式，无论如何也追究不到根本，这叫"至不绝"。你想拿属性对应的感知，获得物的存在之本性，你终将无可企及，这个哲学话题走得非常之深。

我们人类所有的感知都不过是对万物属性的耦合，是拿我们的主观感知属性捕捉物质的对应可感属性。你的视觉只是感光，你的触觉只能感形，你的听觉只会感应振动波，你是通过对象属性跟你感官主观属性的耦合，即客观物体发出的可感属性和你主观对应的感知属性之耦合，你才获得对象的感知。由于你感知的永远都是属性，因此你不知道物的本在是什么。这些问题是极为复杂而高深的哲学玄难，迄今都未能给出终极答案，而当年的名家居然就预见到这个问题，并且一针见血地直抵要害，不能不令人感叹其深刻。

我再说一遍，极为可惜的是，它始终没有建立最起码的证明体系，从而使中国的名家，包括庄子的种种学说，最终都流落为中国文人茶余酒后的笑谈，就是中国的名家没能发展成一个学问系统、哲科系统，却成为中国后世文人笑闹之间的空泛谈资。所以在中国传统文化中名家是忝列末位的，而且当年的荀子对名家评价极低，说它"好治怪说，玩琦辞，甚察而不惠，辩而无用，多事而寡功，不可以为治纲纪。"认为这些全都是奇谈怪论，玩弄辞藻，看似深刻，毫无实惠，结论是"不可以为治纲纪"，就是没有社会政治意义。荀子的这段评论，典型地表达了中国文化惟求实用、惟求实治的短视特质，而中国名家本身的严重缺点最终也注定了它一无所成的落寞之局。

杂家与吕不韦

我们最后谈谈杂家。

"杂家"一说，通常被认为是指某人博览群书、学问杂多之谓。但是先秦时代的"杂家"，可不是这个意思。它的代表人物就是吕不韦。吕不韦乃卫国人，史称"经国巨贾"，即能经营国家的大商人。大家很熟悉吕不韦"奇货可居"的典故，也就是把秦王嬴政的父亲异人（后来改名子楚），作为一个商品来处理。异人是秦太子安国君的一个庶子，小老婆的孩子。安国君的孩子众多，异人毫不起眼，于是就把他放到赵国做人质。

吕不韦这个时候恰好在赵国经商，结识了异人，认为此人将来必有大用，于是资助扶植异人，甚至把自己心爱的歌妓都赠送给他，就是著名的赵姬，也就是后来秦王嬴政的母亲。司马迁记载说赵姬"大期生子"，所谓"大期"多指十二个月构成一年叫大期。正常妇女怀孕九个月，赵姬怀嬴政或为足月而有余。史传吕不韦把赵姬给异人的时候，赵姬已有身孕，所以嬴政有可能是吕不韦跟赵姬的孩子，这种说法当然很可疑，根本没法考证。而且严格讲来，古代社会对血统，尤其是帝王血统看得极重，有分毫疑窦都不会让其继位，因此这种说法大抵意在污蔑秦始皇。

吕不韦接着做了一系列的事情，帮助异人回归秦国并最终执掌国政，他怎么做？他拿大量钱财去秦国贿赂安国君的宠姬——华阳夫人的姐姐。然后通过华阳夫人的姐姐说服华阳夫人，而华阳夫人虽然不是安国君的正妻，却是安国君最重视、最宠爱的女人。华阳夫人不能生育，没有孩子，吕不韦就劝说华阳夫人，说得很生动，非常有说服力，他说你没有子嗣，安国君一旦过世，你不免立即失势，你必须找一个孩子，找谁（合适）？找异人。他说异人虽然不是你亲生的，但他在赵国做人质期间天天叨念你，视你为生身之母。如果你把异人接回来作为你的过继之子，然后让他承续王位，那么你将来就能保持权力、保持尊贵。华阳夫人被说服，从此在安国君耳朵里不停地灌迷魂汤，异人就这样返回秦国。安国君后来果然当上了秦国国君，不承想在位三天就驾崩了，于是子楚登基，史称秦庄襄王。

秦庄襄王一旦执政，立即重用吕不韦做秦国宰相，而且让他的儿子嬴政称吕不韦为"仲父"——第二父亲。秦庄襄王命也很短，仅执政三年便死掉了，这个时候嬴政只有十三岁。按秦国规定，嬴政必须二十二岁成年以后才能理政，于是秦国国政全部落入吕不韦手中。吕不韦以国相之尊主政秦国十年有余，在这十数年里秦国大盛，要知道就是在吕不韦主政期间，秦国灭掉了宗周，周王室、周天子从此退出历史舞台。

吕不韦主政秦国期间，对秦国的国情文风十分熟悉，也就是秦国主流文化的利弊所在，他都心知肚明。可是吕不韦有一个麻烦，就是他当年把自己心爱的女人赵姬赠送给了嬴政的父亲异人，结果秦庄襄王死后，赵姬很不安分，又回头纠缠吕不韦，要求与他重叙旧情，搞的吕不韦异常尴尬，这简直是公然跟国君的母亲通奸。吕不韦很不安，但一时又无法摆脱，于是托人另找了一个别致的男子代替他，这便是有名的嫪毐。史上传说其人阳具壮大无比，他被以太监的身份送进宫去，其实未行阉割，尽可满足赵姬旺盛的性欲，吕不韦就此得以解脱。可是嫪毐这个人颇有野心，他假借国母之威干预国事，吕不韦无力约束，致使嫪毐在秦国造成乱政之局。

嬴政二十二岁主政，这个时候嫪毐势力已经坐大，他意识到威胁来临，居然举兵反叛。本来嬴政就十分恼火，涉母奸情，羞辱难耐，现在还敢聚众造反，于是带兵击杀嫪毐，同时屠戮了两位同母异父的幼弟。此事令嬴政气恨难消，过后追查，发现是吕不韦捣的鬼，遂先将其流放洛阳，继而再赐毒酒，终致吕不韦饮鸩而亡。

我只简单讲一下吕不韦的从政过程，以引出主题。吕不韦在做宰相的后期，曾经组织一批门人撰写了一本传世巨著，这就是洋洋洒洒二十余万言的《吕氏春秋》。它可算是中国先秦时代的大部头作品，分《六论》《八览》《十二记》，号称面面俱到，字字千金。该书完成后，吕不韦命人将之张挂在京城门前，向世人宣布，任何人若能改动一字，立赏千金，"一字千金"这个成语就来自于此，可见他对自己著作的分量何其看重。

《吕氏春秋》这部书就是杂家的经典之作，你要想理解杂家，就得弄清《吕氏春秋》究竟讨论的是什么问题。大家知道吕不韦长期辗转于中原各国经商，深受中原文化濡染，而秦国当年盛行"墨法"之风，在中原文明各国看来，它是西部之蛮国。自商鞅变法以降，秦国虽然渐显强势，但它的文化只限于一派——法家！因此它的国政管理十分残暴，残暴到什么程度？我给大家举几个例子。

史书记载，商鞅变法之后一直到始皇称帝，秦国仅是死刑就达三十六项之多。我给大家罗列几种看看：一个叫"弃市"，就是将人犯斩杀在最热闹的集市上，大家知道戊戌变法六君子，后来就被慈禧太后处死于北京菜市口，这叫弃市；再下来叫"戮死"，就是拿尖矛把人戳的满身窟窿；再下来叫"腰斩"，拿个大铡刀将犯人从腰部一斩两半。要知道人被拦腰截断，一时间是死不了的，因为大脑神经系统要在完全缺血六分钟以上才会死亡。身体两半分离，两端都在抽搐，拇指般粗的主动脉往外涌血，持续六分钟而不止，其悲惨状态你简直都无法想象，这叫腰斩；再就是"车裂"，五匹马牵拉着人体的四肢加上头部，朝五个方向奔跑，叫车裂。实际上它分两种，一种叫死裂，一种叫活裂，前者是杀死以后裂尸，后者是活活撕裂，商鞅就是被车裂的；接下来叫"磔刑"，就是把人凌迟千刀，割肉离骨，最后切喉而死；再下来叫"凿颠"，什么叫凿颠？拿个大钳子夹住脑袋，然后拿个铁杵从犯人的脑门上面一榔头砸下去，脑浆扑的满地都是，叫凿颠；再下来叫"抽肋"，即将受刑者的肋骨一根一根地抽出来。大家知道骨折剧痛难耐，虽然骨头上没有感觉神经分布，但是任何骨头上都覆盖一层骨膜，骨膜上感觉神经末梢密集，这就是为什么骨折，哪怕是轻微的骨裂，你都会剧烈疼痛两周以上，他居然把人胸部的十几条肋骨，一根一根活生生地掰出来，这叫抽肋；再下来叫"釜烹"，就是架一口大锅烧上开水或者烈油，把人扔进去烹煮了或者油炸了；再下来叫"枭首"，就是把刑徒的脑袋砍下来，血淋林的挂在城墙或旗杆上；再下来叫"五刑"，什么叫五刑？先把鼻子割掉，同时把所有的手指头和脚趾头剁掉，再把舌头割掉，然后拿竹板子活活打死，到这儿还没完，接着把尸体剁为肉酱，这叫"五刑"；再往后是"夷三族"，一人犯法受死，其妻子、父亲和母亲的家族，三族全灭掉。后来发展成灭九族、灭十族，都从这儿开端。

此外还有其他许多让人活受罪的名堂。比如"城旦"，就是做苦役；比如"鬼薪"，就是三年有期徒刑；还有一刑叫"谪"，贬谪、流放或充军；还有一刑叫"籍"，这一刑很有意思，什么叫"籍"？就是某人犯罪了，把他处理掉以外，家产没收，还把他全家人贩卖成奴隶叫"籍刑"。大家可知道秦国当年的囚徒之多、受刑人之多，达到什么程度？居然修长城、建秦始皇陵等巨型工程大都出自这类人之手，后来反秦战争的时候，章邯率领的秦国最后一支三十万大军，绝大多数都是由囚徒组成的，可见秦国刑罚的普及程度。

我下面稍微再谈一下籍刑的深远影响。由于当年最容易犯事的人是"伴君如伴虎"的高官，所以经常有一些贵族家人被籍没为奴。男子发配别处做仆役，年轻女子全部卖到妓院。大家知道贵族女子是受过良好教育的，棋琴书画、诗词歌赋无所不通，竟然导致中国的妓院出现了一种很特别的高级妓女。这些妓女不卖身、只卖笑，也就是只陪文人士大夫饮酒说唱，琴瑟取乐，她们举止高雅，别有韵味，足令文官、富豪趋之若鹜，一掷千金。其中包括很多科考士子，为了跟高级妓女做朋友，逛妓院逛得连科举考试都耽搁了。

由此导致中国出现了一个极为奇葩的怪现象，就是中国文化的传播分明有两条途径：一条是文人途径，一条居然是妓女途径，这在全世界绝无仅有。由于籍刑使得大量有文化、有姿色的贵族女子流落于秦楼楚馆，以至于后来启发了妓院老鸨，她们索性买来一些穷家幼女，从小在妓院内长期进行文化修养训练，将其培养成高级妓女用以敛财。这你在西方红灯区里是看不到的，它成为中国后来重要的文化传播通道之一。

我给大家举例子。比如元代著名杂剧作家关汉卿，他就讲他是"浪子班头"，就是逛妓院的领袖。大家听听他自己的表述，他有一段剧词，也是他自己的宣言：他说你便是"落了我牙，歪了我嘴，瘸了我腿，折了我手，天赐与我这几般儿歹症候，尚兀自不肯休。"就是你把我牙弄落了、嘴弄歪了、腿弄瘸了、手弄断了，逛妓院这事我都停不了。然后他说"则除是阎王亲自唤，神鬼自来勾，三魂归地府，七魄丧冥幽，天哪，那其间才不向烟花路儿上走。"逛妓院逛得可谓是不死不离弃。他还在该词曲中云："我是个蒸不烂、煮不熟、槌不扁、炒不爆、响当当一粒铜豌豆"，简直是掷地有声，坚定不移。而他的大量剧作是在妓院里完成的。

我再给大家举个例子。宋词分两派，一派叫豪放派，以辛弃疾为代表；一派叫婉约派，以柳永为代表，李清照也在其中。柳永的诗词情意缠绵，委婉动人。柳永自称"白衣卿相"，其实他三次科举落榜，际遇坎坷，生活潦倒，他形容自己的日常行状叫"倚红偎翠，浅斟低唱"。所谓"倚红偎翠"就是整天混在妓院里，他的大量诗词都是在妓院里写成的，首先为妓女所传颂，通过青楼唱响而广播天下，最终流入文化界，时人称之为"凡有井水处，即能歌柳词"。

我再举例子。明末清初，中国当时一批大文豪，居然热衷于找高级妓女做如夫人，即做小老婆，一时成为时尚。比如，《桃花扇》中的侯公子找的谁？李香君。大家注意我此处点名的这几位女子，全都在"秦淮八艳"之列，也就是南京秦淮河周边，当时名艳天下的妓馆都集中在那个地方，其中的高级妓女足以扰动文坛，包括侯方域的李香君、冒辟疆的董小宛、著名学者钱谦益的小夫人柳如是，全都出身妓女。民国著名国学大师陈寅恪晚年写的最后一本大作，就是《柳如是别传》。我在讲什么？中国高级妓女之流长期成为中国文化别具一格的传播通道，居然都是籍刑带来的结果，我们由此可以看出秦国的苛法暴政，其影响范围何等之广远。

众所周知，始皇横扫六国，统一天下，他建立的秦朝只维持了短短十五年就骤然崩溃，为什么？因为它的文化仅仅偏向于法家。法家过于强硬的管理方式，尽管在国家用兵大争的时代有效，但要保持整个社会的长治久安，它却是不中用的。吕不韦对这一点看得非常清楚。他知道秦国文化有严重偏失，于是通过《吕氏春秋》把中原先秦诸子百家的各路文化综合成一个配套系统介绍给秦国，希望由此改变秦国的文风，这就是杂家。

下面我们看杂家都讨论了哪些问题。首先，它反对家天下的极权体制。法家主张集权，主张君主一人专制。它虽然看似很有效率，但实际上极端脆弱。如果君主不明且一意孤行，特别容易造成败劣之局。而一个人智慧有限，偏听则暗，一旦处于某种威权高耸的闭塞情境之下，他几乎注定会行为失常，因此集权办事的高效率根本抵不过集权犯错的高比率。这就是为什么中国有了几千年文明史、有了几千年专制帝制，演至近代史，总结下来的唯一可选用词却是这样四个字，叫作"积贫积弱"。就是你国史久长，你本来应该表现得越发强盛才对，结果却是越积累越贫困、越积累越屡弱。它说明集权政治是一个非常危险、非常衰朽、非常缺乏持续性的政治管理模型，吕不韦对这一点深为了解。

当年的吕不韦虽然没有几千年积贫积弱的经验教训，他只是在秦国当了十年宰相，但他就已经分外清楚仅用秦国的法家专制体制，仅凭这一脉文化，绝不能保证社会长治久安。因此他反对家天下、反对极权操作。他在《贵公》篇中说："天下非一人之天下也，天下之天下也。"他在《去私》篇中讲："诛暴而不私，以封天下之贤者，故可以为王伯。"也就是要用群贤来管理国家，要用统治者的内部集体智慧来管理国家。虽然他当时提不出民主，但是他反对过度的集权与独裁。

其次，他提倡尊重民意，也就是回用从周初到孟子的民本说。我前面讨论过民本不是民主，但在专制体制下抱持民本主张，也就是对民生民情加以关注，是集权者或统治者能够稳坐天下的一个重要的基层照顾。缺乏民本思想，那么整个社会就会出现"水可以载舟也可以覆舟"的危局，而法家对这些方面是不太理会的，因此他提倡尊重民意。他在《务本》篇中讲："宗庙之本在于民。"他接着在《顺民》篇中讲："凡举事必先审民心，然后可举。"这跟孟子的说法相近。然后他赞成修齐治平的圣人政治，就是把儒家学说顺势代入，他在《执一》篇中讲："以身为家，以家为国，以国为天下。"又在《精通》篇中讲："圣人行德乎己，而四荒咸饬乎仁。"请注意他讲的这些东西，都是儒家的学理，也就是他要把儒家文化介绍到秦国来。

我在这里顺便插一句话。大家想想秦国统一天下的强盛程度，当时是何等的雄壮威武，结果秦朝短短十五年而暴亡。西汉早年做什么事情？大书特书《过秦论》。我一说这个题词，各位立刻会想到贾谊，贾谊在西汉早年讨论秦朝的施政过错，检讨秦朝统治的严重过失，写了一篇《过秦论》。由于汉朝吸取了秦朝只用法家之学统治天下的教训，检讨了这个错误，最终立儒教为国教。而我前面讲董儒是把法家、阴阳、五行、道家、儒家都糅合在其中，做成了一个实际上以儒家为纲领的杂学体系，结果汉朝首创了中国帝制社会的初稳开局，两汉加起来竟历时四百余年。

它说明什么？说明先秦诸子百家学术的汇合之效，说明人类文化不能偏废。融汇之学才是实务操作的平衡所在，吕不韦非常清楚这一点，因此他在墨法之学横行于秦国之际，向其介绍中原文明的各家思想学说，包括儒学在内。他宣扬君主无为与禅让，在《分职》篇中说道："君也者处虚。……无智、无能、无为，此君之所执也。"意思是君王不要事必躬亲，形成内阁制、君相制，建立官僚系统与君王互有牵制的共治体系。大家知道自汉以后，逐步就朝这个方向运行，天下逐步表现为统治稳定的农业文明结构。看来吕不韦反对君王一人集权和独裁，这种想法是富于远见的。

此外他也秉持"重农"与"兵战"的主策，也就是他并不偏废法家。请大家听明白"杂家"是什么？它实际上是对秦国只用法家之说造成其严重文化偏失的纠正。而且吕不韦也想借以调教嬴政，他写《吕氏春秋》这样的杂家著述，就是希望嬴政学习这些东西，从而改变秦国国风，可惜嬴政听不进去。由于法家从商鞅变法以后，一百多年例行有效，秦国因此而强大，最终在嬴政手里统一天下，使他变成始皇帝。所以嬴政听不入耳，继续坚定地推行法家一道，最终取天下也败天下。吕不韦对当年秦国国政和文化偏失心知肚明，他苦心寻求秦国文化的矫正和补足。但出于他自身的种种缺陷，这件事情没有办成，反而引起嬴政对他的反感，当然对他的说教也就无法接受，最终给秦国带来远期遗患。

在此请大家记住一点，对务实者而言，"一孔之见不可执，一时之行不可证"。这句话什么意思？首先大家把务实者和务虚者分开。务实者诸如政治家、经济家、军事家、社会活动家等等，他们在社会上做实际事务操作。什么叫务虚者？做纯学问的人叫务虚者。对于务虚者而言，做学术就要有把一个问题贯通到底的韧劲，他绝不能做万金油，他绝不能是个杂家，他得聚精会神于一点，把任何一个问题论证到底、论证穷极，这是真正做好学问的必由之路。但是对于务实者而言，对于在实际社会活动中有所操作的人而言，你的文化构成绝不能偏废，也就是说你的文化组合必须是博采众长、融汇百家的，你必须兼听则明，你才能找见行为平衡，你才能有效处理头绪纷乱的各种复杂社会问题。

总而言之，你的文化构成不能是一孔之见，就是你不能只关注一门学问，觉得这个说法有道理，就拘束于其中，然后断然排斥其他见地，这叫"一孔之见不可执"。另外，对于务实者而言，你也不能因为有一个你反复应用有效的学说或者思路，你就认定它是真理。在实际操作中，你绝不能偏执于曾经行之有效的经验，因为曾经被反复证明是正确的东西，它未必将来继续行之有效。你反倒要小心，一个你长期践行有效的策略，恰恰可能把你引入深渊和陷阱，这叫"一时之行不可证"。就是一时有效的操作不能证明它将永远有效。

想想法家，从秦孝公商鞅变法开始到秦始皇统一天下，历经一百多年时间，法家在秦国反复证明行之有效。秦国从偏守西部一隅之弱国，一跃成为战国最雄强的一方，并最终统合天下，你能说法家不对吗？可恰恰是这个反复证明有效的法家单进独斗，最终导致秦朝失政而土崩瓦解。如果当年秦王嬴政接纳吕不韦的思想，从此在他的执政理念中有了杂学的文化融合，相当于西汉的文化状态，秦朝何至于短短十五年而崩溃？所以这一条请各位特别注意。

最后我们要说先秦诸子百家之所以重要，是因为各家学说之杂糅夯实了中国社会两千年稳定运行的文化基础，这不是任何一家学说所能产生的功效，此乃先秦诸子百家在中国传统文化中的奠基价值之所在。

我们最后对这节课做总结：

第一，儒家后学之变质，既适应了中国农耕社会的动态稳定生存，也铸成了最终国运败落的近代历史恶果。

第二，道家后学之演绎，偏离了起初深刻问道的哲思，而迹近流于玩世不恭的机辩与玄幻，终至于丧失了社会发展的建设性作用。

第三，名家思脉的闪现，虽曾触及了诸多纯粹务虚的哲科问题，但由于缺乏精密逻辑和纵深证明的思想功力，结果只落成文人士大夫茶余酒后之笑谈。

第四，人类文明社会之复杂，需要各式各样的思想学说、规划设计、批评意见、调整反馈等等，方能得以维系。

第五，从细节上看，人类社会的文明形态似乎多种多样；但从大节上讲，文明发展路径其实只有一途，即"农牧业文明——工商业文明——尚在孕育潜行的下一期高动荡文明"，此乃"自然规定"或曰"自发进程"使然。

第六，因此，就目前而言，人类文明正处于第三次社会大转型之前夜，如何在众说纷纭中觅得真正代表未来方向之一说，是为至要。

（四、六两项并不矛盾，前者涉及眼下之时局，后者关乎未来之前瞻。）

以上是课件提示条目的直接引述，我下面对四、五、六各项再给以进一步说明。

请大家记住，人类文明社会这个复杂的大结构，用任何一种思想、一家学说根本无法治理。如果它失去了思想多面性的展开，那么它必定陷于僵化而至崩溃，杂家之于秦国和秦朝就是一个先例。

再者说，今天人类文明社会远比先秦时代复杂得多，它更需要思想自由、言论自由、出版自由，这绝不仅仅是文化人的癖好，它是任何一个复杂社会构形要想维持完好运转和系统平衡的必须。对不同思想观念进行多样选择的缺失，会导致一个复杂结构的治理完全失去发展方向和文化基础，造成社会系统高度板结而脆弱。我再说一遍，今天的人类文明要比先秦时代社会结构的复杂程度高出上百倍、上千倍、上万倍，远古时代用一家之说、用专制之术尚且不能有效治理，今天更复杂的社会结构，如果不能给学界以充分之自由，不能给民众以思想之权利，这个社会将会十分危险，这是中国行政当局以及社会各界绝不可不加深理解的要素。

由于人类文明途径没有选择，我们从农业文明向前过渡只有一条出路——工商业文明，那么我们的文化走向也就没有选择。什么意思？人类文明体制表面上看是绚烂多彩的，不同国家似乎呈现为不同的文化构型和文明构型，但是你从大节上看，它其实是大同小异。它小节上有差别，大节上完全是一回事：你要么是农牧业文明，要么是工商业文明，要么就是处于从农牧业文明向工商业文明转进的中途，你始终运行在这个通道上，你从来脱离不开这个通道。

请大家想想，中国近代不断挣扎的结果是什么？走向工商业文明。今天阿拉伯地区、伊斯兰教地区，它一心想守住自己的固有宗教和传统文化，它有出路吗？中东、埃及、土耳其、东南亚等早已启动变革，就连最保守的沙特阿拉伯最近也开始着力改革，改什么？怎么改？说到底它只有一条通道，只有一个方向——工商业文明。沙特过去只埋头于开采石油天然气，如今资源优势难以持续，前途堪忧，所以它现在不得不打算发展整个工商产业，使之逐步系统化。它没有其他选择，仅此一途，别无出路。

既然人类的文明是没有选择的，那么跟文明相对应的文化方向，基本上也是没有选择的。农业文明的时候，是一套农业文明的思想体系。到工商业文明时代，就是工商业文明的那一套思想体系。我们最好不把它称作西方文化、东方文化，或者西学、东学。你把它理解为，所谓的东方之学以及中国传统文化，不外乎就是农牧业文明文化体系；所谓的西方文化，不外乎就是工商业文明文化体系。所以你的文化变形是必然的，不容你挑肥拣瘦。我绝不是说要全盘西化，我也绝不是说西方文明就好。我只是想告诉大家，即使它是最坏的文化，你今天如果想搞工商业建设，你也不能不借鉴它，你也不能不注重它的内在涵义和内在规定。

人类今天在干什么？在进行或者行将进行第三次社会大转型。人类的第一次社会大转型在文明前期，我们现在即便参照原始文字符号都不完全够得着，那就是人类从采猎生存方式向农牧业文明转型，也就是中国先秦时代才得以显化、才可以明言的第一次文化大转型。第二次社会及文化大转型，若以中国为例，我说从鸦片战争到现在还没有完结。对整个人类而言就是从农牧业文明向工商业文明转型，今天还正在快速地进行，或者说正在快速地逼近其尾声。未来的第三次社会大转型，从工商业文明台阶继续向上腾跃前行的下一期高动荡文明转型，我们目前说不清它是什么，信息文明？生命文明？外太空文明？我们不知道。但是显然工商业文明即将结束了，人类现在正在剧烈地、迅猛地、以远比农牧业文明向工商业文明转型历经两千年的时间快得多的速度，向后工商业文明转型。

我前面讲过，人类文明若要维系一个复杂的系统结构有序运转，需要各方面的思想探索，需要各种声音的争辩讨论，才能实现这个目的。但是你得注意，能代表未来的那个思想只有一条。虽然众说纷纭在维系当下是非常重要的，但面对雾霭蒙蒙的前景，通常只有一说代表未来。

回顾中国的先秦诸子百家，所谓诸子百家可能有不止上千个"诸子"，每人是一家之说，代表未来的居然只有一家——墨家！可惜墨家当年很快被淹没了。诸子百家虽然维系了中国社会稳定两千年，最终却把中国带入近代屈辱史。并且近代中国的社会文化转型必须抛弃中国传统文化，才能完成工业化转型的需要，这就是新文化运动的意义所在。它说明什么？实务操作上虽然要照顾百家，要允许众说纷纭，但代表未来的通常只有一说。如何在众声喧哗中，找见那个能代表未来之一说，才是人类前瞻性思维和前瞻性眼光得以体现的关键。

而且大家要注意，最具有前瞻性、最能代表未来的那个学说，在它最初诞生的时候，它一定不是主流，它一定是不合时宜之说，它一定是小众文化。因为它如果是大众文化，它如果与主流文化没有冲突，那就证明它适合于眼下、对应于当前、止步于不远。而任何未来之发展一定是物换星移般的否定与超越，因此代表未来的文化在今天一定表现为不合时宜，它显得怪诞、显得异端。但你一定要记住代表未来之说，可能恰恰是那个看起来不着边际的学说。就像当年的墨家之说，在中国是一个异类的声音。可是鸦片战争以后，中国学界回望先秦时代，才知道只有墨家代表未来。

好了，大家听懂我今天的课，首先，你得听明白先秦诸子百家才奠定了中国农业文明的文化构成基础，任何学说的偏废都可能潜伏着社会实务治理的危机；其次，代表未来之说，一定在众声喧哗中表达为一脉最不合时宜的思路。可具有这个前瞻性或不具有这个前瞻性，决定着你是引领未来，还是被未来淘汰。如果你上我的诸子百家课，对这两点能有通透的认识，你将远行于前路，你将弄潮于浪头。

课后答疑

同学提问：老师今天上课的时候给我们讲了庄子在妻子死了之后，认为她的死亡归于"道"。我想问一下老师，怎么来看待死亡，以及您觉得人死之后还会有灵魂吗？

东岳先生：这个问题我就不用说了，因为宗教上讨论的很多。至于我的观点，就找我的书读一读吧。因为死亡问题说起来你得从一个最基础的地方论证，才好把这个问题谈论清楚，绝不是短短的几句格言就能讲明白的话题。我简单概括一句：所谓"灵魂"，无非是"感知能力的总和"，而精神感知系统只不过是物质结构实体的某一种属性，可笼统称之为"感应属性"，或者称之为"与物的存在度相适配的感应属性之代偿产物"。

同学提问：东岳老师您好，我想请教一下，您一直在说生存是决定一切的基础，万物都是为了求存，所有的生产生活方式的改变，其实都是为了解决生存的问题。我的问题是随着科学进步，我们现在已处于第三次社会转型中，这种科学的进步最终是否能够彻底把人类的生存焦虑和生存危机解除？从而使得人的整个认知及其生存结构发生一个根本性的转变，大家从此再也不会担心生存的问题了，是不是能够迎来所谓的社会大同？人类会有这样一个前景吗？

东岳先生：我的西哲课你听了没有？

同学：我听了，但不是很理解。

东岳先生：首先，大家注意我讲"追求存在"是万物的最基本夙性，也是万物演化的最基本规定。但是我所说的"惟求存在"绝不是指"个人之生存"或"个人的谋生活动"。比如我们会见到社会上有大量的人甘愿牺牲自己，比如我们会看到文人务虚，绝不关心实用问题或实际生活问题，这绝不表示他们不在求存。求存要放在物种这个大系列上讨论。从根本上讲，个人牺牲自己，文化纯粹务虚，是更大的社会需要，是人类艰难求存的另一种极端表达方式，首先这一点要搞清楚；再者，如果你读我的书，或者听懂我的哲学课，包括后面的全课程，应该能听明白，我一直在讲人类的文化代偿发展，其戕害性倾向于越来越大。我在西哲课上专门讲，科学为什么将会更大地祸害人间，而不是拯救人寰。所以，寄望于科学挽救人类，无异于缘木求鱼，这个话题我们将在第十二天最后的课上再纵深讨论，我现在只说一句话：未来一定是后科学时代，而且一定是生存危机更严重的时代，尽管它看起来可能很像大同理想社会。

同学提问：东岳老师您好！您刚才讲到诸子百家的文化共同奠定了中国两千多年社会的稳定，但是今天回过头来看，其实那个时候墨家的思想可能代表着比农业文明更先进的工商业文明。我想问的问题就是，如果当时中国选择的主流文化不是儒家，而是选择了墨家，会不会导致我们连后面两千多年的稳定都没有？更深的一个问题是，我想问站在当今世界，我们可能接下来会遇到高度动荡的时代，什么时候引入代表未来的那个文明，是超越工商业文明的下一个节点？就是时间节点需要与之匹配，代表未来的东西是不是来得太早了也是不对的，节点是不是也很重要？

东岳先生：墨家不被中国传统主流文化所选择，表明中国农业生存结构是一个自然进程，墨家不被选择本身就是中国农业文明所做出的选择。我承认农业文明远比工商业文明稳定。因此如果及早地选择了墨家，中国有可能进入更不稳定的社会状态。但是大家要知道，如果当年墨家不被埋没，而是墨家思绪一直在中国文化中得到相应的传承发展，比如说不出现汉武帝时代因董仲舒建议而罢黜百家独尊儒术的局面，而是让墨家学说一直通畅运行，弥散于整个社会，并适时达成某种共识，那么中国就有可能在宋代以后逐步缓和地长入工商业文明，也就有可能不至于发生鸦片战争以来的中国近代屈辱史。在这里我并不是说墨家能否以及何时被选择本身是可以选择的，我只是借助于墨家这个范例，想告诉大家一种先导性、前瞻性的文化和视野是值得关注的。

至于你的第二个问题，就是人类下一期文明转型会在一个什么节点发生，这个我说不清楚，但是我可以判定它一定是一个更失稳的文明结构，而且应该说它现在已经处于孕育阶段。至于这个话是什么意思，你得去读我的有关著作。

同学提问：老师您好！我想问一个关于务实者跟务虚者关系的问题。为什么务虚者可以一个问题穷究到底，而务实者不能偏执于"一孔之见"？是不是因为他们探讨问题的稳定性是不一样的？如果说随着文明一直往前演化，随着存在度的降低，务虚者所探讨的问题会不会演变成未来务实者想要探讨的问题？务实者跟务虚者，他们之间的关系是什么样子的？谢谢老师！

东岳先生：我前面讲过，人类文明发展过程是一个信息增量过程，而真正做文化一定是个人的事情，绝不可能集体做什么文化。人这种动物很奇怪，每一位个人都是极端聪明的，一旦凑成一个群体就成为一群蠢猪，就陷于集体无意识状态，所以做学问历来是纯粹个人的事情。而个人要想整顿整个社会中的文明要素和巨大信息量，他如果不用尽自己毕生之力只做这一件事情，只关注这一个问题的探讨，他怎么可能把学问纵深下去？所以务虚者做学问一定要持之以恒地专业化，把自己的视野聚焦在一个点上不断深究，这是承载大信息量的必然压力；而务实者他要观照整个社会的多因素问题的复杂影响，他当然得有普遍的信息搜集和人情关怀的泛化视野，断不可一条逻辑一根筋。所以务虚者历来务不了实，务实一定出问题，"哲学王"不成立！而务实者也务不了虚，因为务实者的精力早已经分散在诸多事情和诸多麻烦上去了，他无法做精专于一门之研讨，所以这两者完全不能兼容。但是任何务虚文化，如果它具有前瞻性，如果它对未来人类的生存有铺垫作用，那么它将会成为未来务实者的意识和观念基础。而且其思想一定会扩延为一个理论系统，在各个领域上再展开分化。

我想我已经把这个问题讲清楚了，如果大家还是没理解，我再举个例子。牛顿的经典力学是一个纯粹务虚的课题。牛顿认为他是在解决上帝如何操纵世界的玄机，他从来没想到他的学说会缔造一个工业时代。到了工业时代工程师做一个齿轮、做一个曲轴、做一个连杆都用的是牛顿的基础理论，只不过需要由千百万工程师分解他的学说，使其在不同领域里以不同方式展开。所以一个务虚文化如果具有切实的前瞻性，如果具有未来的指导性，它将来自有其分化落实之途。

同学提问：先生我想问一下，按照您的理论，原子、分子、细胞等等这些分层，其实都是从上一层的个体，组合成了下一层结构的基本单元。刚刚您说文化都是多样性的，我看您的书时也没有看出来人类最后的发展方向是否会从"智质代偿"演化出下一层新的存在形态。也就是说，您觉得未来是不是有可能走到一个人工智能统领世界的时代？

东岳先生：对于你所关心的这个问题，我建议你读一下我的《人类的没落》，不过我想就《人类的没落》做一个说明。《人类的没落》这本书我没有任何自信，因为它有点急于讨论实际的问题。我前面讲过真正做学问，只务虚不务实。我只探讨宇宙演化底层以及人类文明运行的终极规定。也就是从学理上讲，我只纯粹务虚，我对务虚有信心，对我的学说有信心，但是这个务虚的成果，或者这个思想系统将来在务实方面是一个什么含义，我自己一点都看不清。当时写它，只是为了及早发出某种警示。所以在我起草《人类的没落与自我拯救的限度》那篇文章时，我只敢写成简略的提纲，丝毫不敢落墨于细节，亦即毫无自信可言。如果你对这个问题有兴趣，不妨可以读一读它。但须记住，《人类的没落》它只属于抛砖引玉之作。大家如果有时间、有精力，我还是建议更多关注我纯粹务虚的理论问题研究。如果你把它真正搞懂，你自会有一个对未来发展趋势的相应推导，这个推导即使涉及不了细节，因为任何人都不是算命先生，都不可能是神一般的预言者，但至少它会给你一个方向性的预判。

同学提问：老师，能讲一下阴阳家吗？能简单地讲一下吗？因为我们还是很关注的，谢谢。

东岳先生：中国的阴阳家主要指邹衍这个人。有关邹衍的话题稍微有点麻烦，我们今天的讲课时间不够，所以就省略了。阴阳思想其实最早来自《易经》，我们下一次讲课就涉及《易经》，届时会讨论这个问题。

邹衍他最重要的学说在五行上，也叫"五德终始说"。我前面讲过，中国先秦诸子百家都比较关心人伦社会政治问题，所以邹衍的五行学说最后变成了一个政治附会循环之说，这个东西在中国传统文化，尤其是在古代政治文化里算得一个颇有影响的学说。但是，站在今天人类的知识量和信息量的水平上看，确实可借鉴的价值非常之低，因此我就把它筛选掉了。如果你有兴趣，找一点邹衍的书读一读，可能比听我讲课更好，不至于令人扫兴。

同学提问：先生您好！您前面讲到墨家代表底层的手工业者，后面您讲名家的时候，没讲名家这帮人是代表什么阶层的？他们的思想基础是什么样的？什么样的生存结构导出了这么灿烂的思想？谢谢！

东岳先生：我前面讲过，我说名家是别墨思想的延伸，可能我没讲清楚。我在讲墨家的时候，我一再说墨家代表手工商业者，而工商业文明的思路是被规定的，或者说是有其特定内涵和色彩的。也就是说，任何人一旦陷身于工商业文明群落，他的思维方式就会倾向于哲科文化。所以墨家顺势而动，呈现"墨离为三"，墨家就此分为两个部分：一个是"墨教"，即神学之墨派；一个叫"墨辩"，也就是从墨子那里就表现出的逻辑论思绪，这一脉思绪后来就演绎成"名家"。它是工商业文明生存结构必然导出的对应性思维方式，所以名家其实就是墨家的那个基本立场在思维方式上的展现。

同学提问：先生您好，有一个问题是关于您书里面的。在您的"有限衍存区间"中，您认为任何一个存在者的自残和自缺是他的物自性，在这番论述中我找不到任何破绽或者说服不了我的地方。但是，我有一个疑问在寻找它的源头时产生了，就是那个绝对的存在是如何掉入了您的有限演存区间的，或者说是谁把它推入进去的？我当时猜想的是，难道说这个绝对存在就带有这样的一个弱化效应在他的自性里面吗？这是我产生的一个疑问，谢谢。

东岳先生：你提的这个问题，我们在第十二天最后一堂课会讨论，我现在只是做一个简单的回答。我在书中说，存在的本性不能十足，即"存在度最高只能趋近于1"，故而它的演运过程也只能是"内在自补且愈补愈失"，是谓"属性代偿"。这个"愈补愈失"的最后临界点，也就是"失存临界点"就自然构成了一个有始有终的"有限衍存区间"。至于为什么存在本身一开始就"自性不足",我只能回答说这就是它的自身素质或终极规定。

再深说一步,人类追究终极的哲科思路,这个终极点其实永远不能穷尽。我在讲西哲课的时候,讲人类的文化探求过程和文化纵深过程,就是那个逻辑极点不断前移的过程,这个极点你是永远无法穷尽的。比如当牛顿的经典力学认为天体运行是惯性力,那么就有一个问题:万物最初那一动的动量是哪儿来的?他说是"上帝的推手",也就是这个问题在牛顿那儿是得不到回答的。人类的任何问题都没有一个真正彻底的极致答案,也就是人类文化没有完成时,永远都是进行时。人类文化不是真理,人类文化只不过是生存形势或生存进程的对应性产物,如果你的生存进程尚未穷竭,那么你的文化追问也就还没有完结。

同学提问:先生您好,问一个问题,人类前两次的文化大转型都与人类的总数量、总质量的变化有某种内在关系,似乎所有物态的总质量在它的增长过程中都会带来存在方式的转变。在《物演通论》的坐标图中是如何表达这种物态的质量与其存在方式之间的变化规律的?

东岳先生:我想你可能误读了我书中的这个部分。我一再讲,存在度降低的过程就是物类质量递减的过程,所以你说人类的质量在增大,你说得不完全准确。确实,人类的数量一直在增加,而且人类社会的动态演变也确实与此因素有关,但这只是讲课中的微观现象分析。从大处着眼,人类的总体数量或质量一定是被限定的,我书中所讨论的就是它在宏观层面上的根本规定。这里涉及分类方式的问题。

你如果单看人类,人类早年可能只有几千人,后来几万人、几十万人、几百万人,今天已经70亿人了。可是你站在一个更大尺度上来看,我们把生命物质可以分为三类:第一类,单细胞生物。第二类，从单细胞生物之后到智能生物之前，中间这一段所有的多细胞生物，包括植物和动物。第三类，智能生物，即人类。你如果拿这三块来看，质量一直是递减的，也就是单细胞生物质量最大；动物、植物等一切多细胞有机体，即智能生物人类以前所有的中级生物，质量第二大；智能生物质量最小。

所以，你得在一个大尺度上用不同的分类法来看待这个问题。而且人口过度膨胀，一定是人类的一个远期灾难，人类一定有一个控制人口增量的问题，这个问题从哪儿来？就从物类质量有边界规定来。这个话题恐怕还需要你更仔细地读我的书。

人体哲理浅谈

开题序语

我们今天的讲座题目是"人体哲理浅谈"。

我先说明一下，就是我们发给大家的那个教材，是当年应西安交通大学的要求，给医学系本科生准备的一个专业选修课程教材。按那个教材呢，至少需要一个学期（半年）才能讲完。我今天没有用那个课件，换成一个缩略版，我会讲得比较简单，尽量用非专业的科普方式来讲课，力求让大家听明白。不在于听懂它的细节，而在于听懂它的逻辑脉络。那么这种讲课方式，当然就不够精确，比如分子生物学上讲"等位基因"，我在孔子课上提到过它，但我没有用这个专业术语，我用"主位基因"和"对位基因"作为说明"双位碱基排列关系"的通俗表述，以便让大家能听明白。

我们讲这种课不做精细的学术考辨，其实所有十二天课程我都是按这个原则进行的。比如上一次讲法家，提到秦昭襄王的那位宰相，我称其为"范雎（Suī 音同虽）"，此前我在其他场合讲课，有时又用"范雎（Jū 音同居）"，那么这个人到底名叫"范雎"，还是叫"范雎"呢？你查一下司马迁的《史记》，查一下司马光的《资治通鉴》，它们用的都是"雎"那个字，"目"

字边加上一个"佳"（板书），大家注意这个字只有一个发音，念"睢"（Suī）。但是如果偏旁是这个字——而且的"且"，右边一个"佳"，那么这个字念"雎"（Jū）。

你仔细看《史记》和《资治通鉴》，中国史学巨擘二司马用的都是"范睢（Suī）"，但是先秦时代的《韩非子》以及其他史料却说"范睢"这个人的名字叫"范且"，直接就用一个"且"，"且"这个字在人名中的发音与"雎（Jū）"同一。那么到底是怎么回事呢？难道司马迁和司马光全都出现了笔误？这就是一个非常复杂的问题了。

要知道中国古代，每一个人的名字可以跟他的籍贯相连。比如柳宗元，他的籍贯是山西河东，所以也称柳河东；比如王安石，他的籍贯是江西临川，所以也叫王临川；比如康有为，他的籍贯是广东南海，所以人们也称他为康南海。回顾战国中期，齐国灭掉了宋国，尔后齐、楚、魏三国瓜分了宋国，商丘之地分给了魏国。而商丘下辖的一个地名叫"睢县"，过去叫"睢州"，或者叫"睢阳"。史书上记载范睢是魏国人，司马迁和司马光都没有注明他是魏国哪个地方的人，如果他是商丘人、是睢州人，那么把"范睢"称作"范睢"也就不错。

像这样细致的学术考辨，我们在这次讲课中一律省略。我只想告诉大家，听我的课，不用听细节，不追求细节精确性，我们不做学术考证，不做学术追究。听我的课听什么？听思想、听逻辑脉络、听观念的翻新。

再则，这节课是我们十二天课程里唯一稍微有点用处的讲题。但是就我而言，还是希望着重讲清它的思想脉络。而且大家要真正把这个课听懂，达到养生保健、就医之道的调整或转变，前提是你必须听明白它的逻辑脉络和哲理线索。把这个东西听明白，你才知道我后面讲的所有的实用部分，其实都是它的逻辑展开。那么这节课为什么取名叫作"人体哲理"？因为它不是在一般意义上讨论解剖学、生理学、病理学等，甚至不是讨论更基础的生物学，而是就它们下面最基本的问题，即比这些基础更深刻的方面展开一番探查，以求达成对于上述诸问题的彻底贯通和重新认识。

需要提醒大家的是，既往的医学以及生物学，都是站在达尔文进化论的基础之上展开的。达尔文学说构成现代生物科学的开山，所以整个现代生物学和现代医学的基础都是达尔文理论。那么依据达尔文"物竞天择，适者生存"这个观念，它的顺延结论必定是，人体乃是生物系统中最高级、最优势、最强健、最平衡的有机体，这是其必然导出的结论。所以你沿袭过去的医学课、人体课、生物课之惯例，得出的也一定是这种结论。

可是在我的课里，情况恰恰相反。我能够证明人体是整个生物界中最复杂、最劣势、最脆弱、最失衡的至弱生命载体。问题的关键在于，怎样看待达尔文学说，如何理解生物学基础，以及如何重整万物演化的规律这些哲学思路。首先得把这些搞明白，我们才能重新研判建立在达尔文学说基础上的生物学观念和人体观念。此前大家听我的课，如果你不加深思，你大约会觉得我的课里充满着达尔文韵味。对于不是搞医学专业的人来说，你可能听不出来我这个课程与既往传统医学课程对人体描述的反差。

从达尔文说起

关于达尔文学说，现在的报纸、杂志、电视台通常有很多反驳的声音，但大多都是些不着调的噱头。比如说人体不是从低等动物进化而来的，说人是天外来客；有的说人类的问世在生物进化史上是有断环的，达尔文学说得不到全序列证明，企图借此从根本上否定达尔文学说。我只能这样讲，就是从科学表观层面上看，达尔文学说是完全成立的。那种噱头式的讲法，说达尔文过时了、人类是外星人之类的那些说辞，你可千万不敢当真。

要知道达尔文学说中间发生个别断环，比如从猿到人的进化，古生物学和人类学上不能把所有的环节联系全部找到，这种现象在生物学上其实是非常普遍的。因为化石本身的形成，是有诸多条件的，所以中间出现某些化石不能求证的断环，也是很合理的。达尔文学说问世以后，反对达尔文进化论是当时的社会主流。直到十九世纪末、二十世纪初，德国出现一位著名的组织胚胎学家，此人名叫海克尔。他专门研究生物胚胎学，结果发现人类的胚胎发育过程就是整个生物系统演化的快速而简洁的重演。

比如受精卵就像是一颗三十八亿年前的单细胞，然后出现鱼的胚型，在人的胚胎早期，会长出原始水生动物的腮裂，再后来出现兔子、牛、马这样的哺乳动物的样子，再往后胚胎形态与猴子无异，最后才生成完整的人体。也就是说，海克尔发现的"胚胎重演律"，再度证明人类是生物系统演化的产物。到20世纪中叶，分子生物学出现，也就是基因现象被发现，这个时候人们通过考察整个生物史上的基因组型关系，可以明确地看到生物进化过程在基因系统上的点滴变化，其精确程度几乎可以进行数学计算。

我下面的表述也许局部上不准确，大致说一下。人体基因和原始单细胞生物的基因，其同型率达到40%左右；和水生生物，比如和鱼之类的基因同型率达50%左右；和两栖爬行动物同型率达60%左右；和脊椎动物达到70%左右；和哺乳动物达到80%左右；和猿类灵长目动物达到90%以上；和黑猩猩的基因同型率达到97%以上。以基因本身的演化序列作为一个重要线索，也再度佐证了进化论成立。因此大家如果看到浅薄的、戏说的，或者借助一些非常夸张的奇谈怪论来否定达尔文学说，你最好不要受它的蛊惑。

下面我再讨论一个问题，就是我们看待世界有两种基本眼光：一种叫还原论，一种叫突现论，或者也叫涌现论。我先解释什么是突现论或涌现论，比如你翻开《圣经·旧约》第一章《创世纪》，说"上帝六天创造世界"，这是典型的突现论。那么什么是还原论呢？就是追究事物的本原。比如老子讲"道生一，一生二，二生三，三生万物"，这就是典型的还原论；比如古希腊第一圣哲泰勒斯讲"水为万物之原"，他完全说错了，可为什么他被视为西方哲学首位创始人，是因为他的思想中暗含着万物皆有起源发展的演运过程，这是典型的还原论。

我们今天的宇宙观，即建立在爱因斯坦学说之上的现代宇宙论，说宇宙由一百三十七亿年前的能量奇点逐步演化而来，这是还原论；再比如达尔文的生物进化论，说一切高等生物都是从三十八亿年前最原始的单细胞生物进化而来的，这也是还原论。我们会发现，但凡具有深刻哲思或缜密科学思维者，基本上全都持以还原论。

我再举个例子。达尔文之前有一个著名的古生物学家、动物分类学家，名叫居维叶，他是信神的，是一个突现论者。其实在研究过程中，他早就已经发现物种是进化演变的，他甚至发现了"间变物种"，也就是在两个定型物种中间出现某个过渡型物种，他连这个都发现了，但是由于他抱持着突现论的观念，因此他认为生物之所以出现过渡型、出现间变物种，是因为地球上不断发生灾变，于是上帝不得不一次又一次地重新造物，而上帝造物的时候会把他以前缔造生命的某些细节忘记，被人笑称为"上帝失忆症"，于是造出来的后续物种，就跟前面的物种有了一些细微差别。

当然这在我们今天看来是很荒唐的说法，但它正是突现论的典型表达方式。所以当我的学说表现为一种追究终极的还原论思绪的时候，你不能因为还原论本身在有些方面会暴露出非常严重的弊端和缺陷，就认为还原论一无可取，这是大家要注意的。

我再讨论一个细节问题。有人说生物演化是随机的，事实也是如此，比如生物变异、基因突变都是随机的，因此不应该叫"进化论"，认为"进化论"带有目的论的意味，在学术上不严谨，而应该称之为"演化论"，这个说法在一定程度上成立。可是它也忽略了一个事实，就是虽然在细节上任何变异或者任何基因突变确实都是随机的，但是你在大尺度的时空关系上看，你在大尺度的演化进程上看，演化本身却是定向的，也就是我们只见过从简单生物向复杂生物、从低级生物向高级生物演化。我们见不到相反的演化途径，也就是高级生物最后演化成低级生物这种途径，自然界中不存在。从这个意义上讲，把"演化论"或"演化过程"表述为"进化论"或"演化进程"，在大尺度上看是不为错的。这都是需要说明的一些概念细节。

我们下面来讲述进化论思想。大家知道人类早年全都认为人是有别于其他生物的独特精灵。达尔文学说产生以前，西方人认为物种是上帝一次设定的，即使是居维叶，也只是认可物种是上帝经由多次灾变而重复缔造的。在中国，说盘古开天地，之后万物的发生、生命的出现也都是一次成型的。人们从来没有想过，我们人类这种万物之灵，居然是从最原始的低等生物逐步进化而来的。

事实上，进化论思想并不是达尔文一人骤然提出的，它有一个漫长的思想启发和延展过程。早在远古时代，人类开始进入农牧业文明，在豢养动物之初，很多的农夫、很多的游牧者，他们就已经发现动物跟人类有某些十分相似的生理性状。比如给动物配种，你会发现动物交配的方式和人类的性行为有非常相似的动作。因此人类在非常远古的时候，就已经想象到人跟动物是一回事，这在中国传统文化中是有所表达的。我举例子，中国古代把所有动物、包括人类都叫虫。比如昆虫，"昆"这个字是"许多"的意思；比如长虫是指蛇；比如把老虎叫大虫；

古时把人也叫人虫。可见中国人在远古时代就认为人和动物是一码事，是一个来源，都是虫、肉囔囔的虫。

西方同样，早在古希腊，就有哲人提出"人是理性动物"，至中世纪，又有人从一个细节上看出，人是爬行动物的变种。他怎么得出这个结论的呢？他说你看人走路，他迈出左脚，一定把右臂挥向前方；迈出右脚，一定把左臂挥向前方，他绝不可能一侧肢体同时同向运动，那是一个很笨拙的走路姿势。然后你再观察动物，动物行走或跑步，如果跨出的前肢是右肢，它后面跟上的一定是左肢，反之亦然。这种四足爬行的样式，跟人走起路来挥动臂膀的状态完全一致。所以西方在中世纪的时候就有人说，人类只不过是那个爬行动物站起来了而已。仅从如此微小的细节，就已经引动了这样的观念发生。

时至达尔文之前，出现了一系列进化论的先声和学说。我提一个人物，名叫拉马克，他于1809年发表了《动物哲学》一书，在其中明确提出进化论。他的进化论是由两个主要部分构成的：第一，叫"用进废退"；第二，叫"获得性遗传"。我解释一下什么意思：他说生物进化是因为一个器官，你用它，它就会壮大、就会进化；你不用它，它就会萎缩、就会废退，这种现象在表面上看是非常明显的。比如，你每天锻炼拉单杠，你的肱二头肌就会增大；你如果整天躺在床上一动不动，你的所有肌肉就会萎软。所以表观上看，"用进废退"似乎是成立的。他于是提出生物的演化是由后天努力造成的，这叫"获得性遗传"。

我举个例子，这是拉马克本人举的例子。他说，长颈鹿实际上就是由普通短脖子鹿进化而来的，它怎么进化呢？他说所有的鹿首先竞相抢食低处的草和树叶，等把这些草和树叶吃完了，鹿就拼命地伸长脖子够高处的树叶，这个长期努力的过程把它们的脖子越拉越长，由于"用进废退"，新物种长颈鹿就此形成。这就是著名的"长颈鹿的脖子"这个故事的来源。

那么，拉马克的学说为什么没有成为进化论的科学张本？是因为这个学说出了严重的纰漏。后来的学者研究发现，我们的后天努力并不能遗传给后代。"用进废退"只是在你原有生理素质上的表层表达，全然不能对基因结构造成深度影响。它不会因为你整天锻炼，你的肱二头肌增大，你生下的孩子肱二头肌也就壮硕；你的孩子不坚持锻炼，肱二头肌跟普通人是没有区别的。你父亲是数学家，你绝不可能生下来就是数学家。后天的努力在事实上找不见它能够遗传的证据，所以拉马克的学说最终不能成立。

1809年拉马克的著作出版，1859年达尔文发表他的《物种起源》，也就是说拉马克比达尔文提前了整整五十年，但最终反而导致进化论思想走入低潮。在此期间出现一个地质学家，名叫查尔斯·赖尔，是达尔文的朋友，他曾经在古地质考察上发现，地质领域也存在着某种渐变运动，而且在各个时期的不同地层中，古生物的化石残骸表现出一系列演动特征。赖尔的这项研究，给达尔文以极大启示。

达尔文发表他的《物种起源》前两年，还有一个叫华莱士的人，曾在马来群岛考察甲虫、鸟类等动物标本，这个博物学家提出跟达尔文完全相同的进化论学说，核心理论是"自然选择"。他写成论文寄给达尔文，达尔文这个时候已经研究进化论数十年，突然见到华莱士的论文，达尔文大吃一惊，观点跟他完全一样，表述都一样。达尔文非常灰心，认为他一生之辛劳付诸东流。

达尔文是一个很诚实的学者，他没有把这篇论文压住，而是把它交给当时英国的一份权威科学杂志。这时候他的朋友，也是这本杂志的编辑，比如赖尔、胡克等人，说你已经研究了几十年，得出跟他完全相同的结论，你也写一篇同样的论文，我们把这两篇论文同时发表。此后达尔文又用两年时间，把他的研究成果以更充分的证据和推论方式写成《物种起源》一书。我讲这些是想说明，进化论思想不是骤然发生的，它是近代生物科学逐步发展的产物，是随着信息量的不断增大必然出现的。

我们下面简单说一下达尔文。达尔文的父亲是一名医生。所以他最初上大学的时候，他父亲要求他学医，但他缺乏兴致，很快退学了。于是他父亲又建议他学神学，因为当年在欧洲最高等级是僧侣，因此从事神职的人社会地位很高，达尔文也毫无兴趣。在这期间，他特别倾心于博物学，结果被当时他所在大学的一位教授所欣赏。后经此人推荐，达尔文有幸参与了贝格尔军舰的环球考察，这是他一生中最重大的一次机遇。

贝格尔舰进行环球军事考察，为什么会带上一位博物学家同行？英国是一个海洋殖民大国，它需要对全球海况做水文调查，顺便捎带科学家沿途进行科学考察不失为明智之举。当然这其中还有一些很特殊的细节，我们现在说不清楚，有关资料显示，达尔文当年之所以被选中，是由于一般水手目不识丁，有文化的船长通常会遴选一名随行医生作为自己的对谈者，以应付远洋途中的枯燥时光。那时找这样一个闲人登舰，官方不给开工资，如此海上颠簸数载，异常辛苦却无收益，所以一般有身份的学者都是不愿意参与的。达尔文作为一个年轻人，视此为难得的机会，家里又算比较有钱，就这样贸然出发了。也不是说达尔文才具突出才被选拔，而是达尔文去干了一桩别人不愿意干的苦差。

达尔文随贝格尔舰环球考察五年之久，走遍世界各地，他偶然发现了"间变物种"。我解释一下"间变"这个词，就是如果万物一开始就被搞定，如果是上帝创造万物，那么就不会出现两个物种中间的过渡型物种，这个"中间变态物种"，我们把它称作"间变物种"。（注意癌细胞也叫"间变细胞"，这个话题我们后面课上再谈。）此类间变物种的出现，让达尔文十分惊诧，也挑动了达尔文的疑思，从而使这趟实地考察最终颠覆了突现论、神创论在生物学上的统治地位。学界讨论比较多的是达尔文来对加拉帕戈斯群岛的调研，那是南太平洋上一个没有人烟的岛系，由几十个小岛和岩礁组成。

达尔文在此重点观察了一种地雀，他发现同一种鸟在相隔不远的各小岛之间，鸟嘴形状居然是不一样的。由于各个岛屿的物候条件、食物来源略有差异，它们的喙形就发生相应变异，这个奇怪的现象让达尔文意识到，所谓物种的类别定型，可能完全是一个自然适应性产物。达尔文带着这个疑问返回英国。

达尔文不在主流学界，是个典型的自由学者。回到他的庄园后，达尔文进行了长达二十年的研究和实验。你翻开《物种起源》第一页，其首章小标题即是"人工选择"，达尔文学说的核心乃为"自然选择"，那么什么叫"人工选择"呢？比如我们今天看到的金鱼，它是人类文明化以后短短几千年时间形成的。请注意天然演化形成新物种，通常需要数十万年甚至上百万年时间，那么如何模仿和重复自然选择、如何设计实验路径呢？当然最好的办法就是人工选择，因为人工选择的速度更快，而且过程可控。比如金鱼，它实际上是基于鲤鱼或者鲫鱼而演成的，它们在天然状态下就有红色变异，于是人类就把雌、雄红鱼拿来交配，所育后代大多为红色；其中个别鱼的眼泡或者尾鳍又见变大，于是再将这类变异个体选作亲本进行杂交，如此反复筛查淘汰，最终就会得到红色、鼓眼、横展尾鳍的异样观赏鱼品种。

这类人工选择产生的物种，由于是背离自然生态而速成，因此它的生命力极差，你若将其丢回天然河流之中，它是无法存活下去的。自然选择与人工选择的相同点在于，它们都是适应性选择的产物；不同点在于，前者是跟自然取得适应，后者是与人的需求相适应。达尔文通过这样一系列实验观察，确证生物的演化、从低级到高级的进化过程是自然选择的结果，由此奠定整个生物学确立于科学基础之上。

"达尔文进化论"引出的疑问

我们今天的生物科学，由达尔文开纪年。从一般表观现象上讲，达尔文学说迄今仍然是解释生物系统和生物演化的最好理论。但是大家听我的课，说整个课程始终暗含着达尔文韵味，那是你没听懂。

因为我的学说是对达尔文进化论的一个更深层的逆反探问，这句话什么意思呢？达尔文的眼界局限于生物进化这个范畴。如果你把生物进化往前延伸，那么在上个世纪发现，生物进化之前，有分子进化——小分子、无机分子，发展出大分子、有机分子；分子进化之前，又出现原子进化——从化学元素周期表上的第一号元素氢，逐步演化出后面的更复杂、原子量更大的原子；原子进化之前又发现粒子进化……在这个更大尺度的物演进化史上，我们会看到完全相反的局面，那就是越后衍、越高级的物质存在形态或者物种，它不是越来越强大了，它是越来越衰弱了；它不是存在度越来越高了，它是存在度越来越低了。这个话题我曾经在老子课的后半部分讲过，所以我不再重复。

而且达尔文学说暗含三个严重问题：第一，达尔文承认变异是随机的。达尔文那个时候不懂基因，他当时不知道遗传物质是怎么回事。关于遗传与变异的基础因素是什么，在生物学界还是一片迷茫，各种猜测与争论此起彼伏。有人认为遗传因子是液态混合的，有人认为是粒子携带的，什么意思？比如父母个子都高，生下来的孩子基本上都是高个子；父母个子都矮，生下来的孩子基本上都是小个子。父母一高、一低，如果其后代数量足够大，比如育有十个孩子，你会发现孩子身高虽然错落不齐，但平均高度大体居中。于是人们就认为最初的遗传物质有可能是液态的，因此才会造成这种匀质混合分布。但是又发现，比如父亲是色盲，母亲色觉正常，生下的孩子有的是色盲，有的不是色盲，断然没有中间状态。就是说父母的遗传性状在孩子身上是完全分离的，这又显得遗传物质像是由粒子组成的。

也就是说遗传究竟是怎么回事，当时生物学家是说不清楚的，达尔文也摸不着头脑，真正把这个问题搞明白的是孟德尔。孟德尔的研究论文，包括数学计算，将全部秘密揭示无余，此乃后来的"基因"理论得以发生的基础。据说孟德尔还把论文寄给了达尔文一份，达尔文没有回信，也没有做出任何反应。按理说这是达尔文最关心的问题之一，不该如此漠然置之。最有可能的原因是，当年达尔文著作发表以后，全世界辱骂进化论的声音响彻云霄，达尔文整天收到成百封诅咒他的信，以至见信都不敢拆封，结果导致与孟德尔失之交臂。

达尔文当年虽然不知道遗传物质是什么，但是他发现遗传和变异，尤其是变异，完全是随机发生的。所谓"随机"就是指无规律、无方向的偶然态，我们今天把它称作"基因突变"。问题出来了：既然基因突变是在各个方向上随机展开的，那么为什么生物演化却是定向的呢？达尔文没有回应这个问题。达尔文在他的书里一再讲变异是随机的，但他没有回答为什么演化在大尺度的进程上却是定向的这个重大问题。我们只看到从低等生物向高等生物进化，从来没有见过高等生物向低等生物进化；我们只见过猴子变人，从来没见过人变猴子。为什么会如此？达尔文有意或无意地沉默了、回避了。

第二，达尔文的学说里处处明示或暗含着"最适者生存"（Survival of the fittest）这个思绪。这个词组是达尔文的原文。那么按照这个说法，越高级的物种就被达尔文确定为适应性越强、越具有生存优势的物种。依此推论，我们人类作为最高级的进化产物，当然就是最具有生存优势的生物品系。我们今天所有人都持这种看法，因此我们自称为万物之灵。我们主宰万物，万物都被我们鄙视，所有其他生物都被我们叫作野兽、叫作牲畜。

可奇怪的是，如果你在大尺度上考察，你会发现所谓适应性越强、越高级的物种，它的灭绝速度却反而越快。单细胞生物存在了三十八亿年，从来没有灭绝过；中等卵生爬行动物譬如恐龙，大约存在了一亿六千万年便骤然灭绝了；哺乳动物只存在七千万年到九千万年，在人类问世之前，90%以上早已灭绝；再看我们人类，直立人存在了五百万年，智人才不过区区二十万年，目前距离自作孽的灭绝前景也不远了。我们会发现，事实上是越高级的物种，其灭绝速度反而越快，这跟"适者生存"、"优势物种"之类的说法完全相左。这是达尔文学说的又一个重大破绽。达尔文曾经专门讨论过生物绝灭现象，但是他没有做系统考察，这是达尔文学说的第二大缺陷。

第三，达尔文讲自然选择，只涉及生物进化的外部因素和外部动力。那么生物为什么会持续不止地变异？为什么基因会不断的突变？而随机化的突变又为什么总是朝一个固定方向演进？也就是总体越来越危机、结构越来越复杂、种系越来越脆弱、灭绝越来越快速，它为什么朝这个衰变方向进化？它的内在原因是什么？它的底层动能是什么？达尔文也没有考察。达尔文学说由此表现出三个方面的重大缺憾和偏失。

如果仔细读达尔文的书，然后对照我的书，那么你就会发现达尔文所讨论的问题全是我书中论证的代偿层面的问题。就是所谓"物种的适应能力不断升高"，正是我书上所讲"存在度自发衰减，必致代偿属性相应增加，二者呈反比函数关系"那个代偿层面。也就是说，达尔文只讨论了作为因变量的浅层表象，底层的那个自变量、那个真正的决定要素，他没有深入发掘，因此达尔文学说就出现了严重的悖反，出现了严重的疏失。

我们换一个大尺度。如果越高级的物种、越高级的物质存在形态，它实际上是趋向于衰变的，如果我们在大尺度上重新看待这个问题，那么，即使"自然选择"这个表观代偿现象仍然成立，我们所得出的结论则完全相反。也就是越高级、越进化的晚级物种，它一定是越衰变的物种，它一定是越弱化的物种，它一定是越不具有生存优势的物种，即它一定是深陷于最严重的生存劣势的物种。于是，整个问题的论证导向就会彻底发生反转。

大家首先要把这个部分听明白，你才能厘清我今天讲课的方向和内容。我的所有课程全都贯穿在一个法则、一条原理之上，可谓"吾道一以贯之"。我为什么在老子课上就特意把"递弱代偿原理"之大略给大家提前摆出来，而实际上它的详细论述我们将在第十二天最后一节课上才予以展开，之所以如此，是为了让各位同学及早构建一个逻辑脉络，这样我其后的所有课程，你才能跟着这个逻辑关系听明白。这一节课仍然是依据递弱代偿原理的思路，从更深层解读达尔文系所建立的现代生物科学和现代医学理论的基础颠覆，因此这节课的题目叫《人体哲理》。

关于更大尺度的物演法则，我就这样点滴带过。大家要特别留意那个更深层面的重新探讨，非此不足以真正理解进化现象的实质动力以及实际方向究竟是什么的问题。那么下面我们直接讨论一些相关细节。

生物进化是一个"畸变与衰变"进程。如果不按照达尔文的那个思绪，如果不得出达尔文式的结论，即认为人体是最高级、最强健、最平衡、最具有生存优势的有机体，而是反过来看，即认为万物都是进行性衰变的，存在度都是一路下降的。如果我们按照这个方式来看，那么我们就会发现整个生物进化的过程，实际上是一个衰变和畸变的过程。我给大家举例子，为什么三十八亿年前最简单、最原始的单细胞生物迄今是地球上生物质量最大、生存能力最强的物种，三十八亿年从来没有灭绝过？是因为它是最强健、最完美、畸变程度和衰变程度最低的物种。

起初的单细胞生物是原核细胞，之后发展出真核细胞。真核细胞分化融合，多细胞生物开始呈现，后生物种逐步展开。任何一个原始单细胞都是一个非常完满的生命，它的细胞膜上布满受体，细胞膜实际上既是信息通透膜，又是物质能量交换膜。

由于单细胞的"比表面积"值极高（任何一个物体的分散体积越大，比表面积就越小。比如你将一块煤的面积/体积比值设定为一，你再把这块煤打成粉末，它的整个比表面积就会成万倍、成亿倍增加，以至于你把煤的粉末堆积到一定量，仅是空气中的热量就能使它自燃），即其质膜表面上接受信息的受体和能量交换的通道，分布密度极大，因此它的生命力极强。只要太阳光一照，它就实现了全部物质能量代谢的需求，此谓"自养型生物"。也就是它不用吞食其他生物就能获得营养，而且它既是滋养体，又是繁殖体，所有生物最基本的两项功能：能量滋养与增殖繁衍，完全体现在一个细胞体上，所以它生命力度强大。尽管它结构最为简单，但越简单的结构反而越稳定，这使它保持三十八亿年稳定生存而不衰。

生物生存最重要的基本素质是性增殖。由于生命过度弱化，它比原子物质、比无机分子柔弱得多，因此到生命物质出现的时候，它只能用一个办法来保持自己的长久存在，那就是通过复制和增殖。父亲死了，儿子接续；儿子死了，孙子接续……犹如接力长跑一样，它不能像此前的无机物质那样持续存在，它只能通过接力传递，才能保证自身永存，这就是增殖现象或性机能成为一切生命运动之轴心的原因。

生物在增殖的过程中，它最基本的诉求是尽可能百分之百地原样拷贝自己，这叫遗传。可是生物又避免不了发生变异，为什么会发生变异？我们看直接的科学表层原因，说是宇宙辐射、化学侵蚀等外部作用，导致结构组型太复杂的基因序列无法实现完整交替，这就是变异的原因。所以越原始的生物，变异度越低，遗传完整度越高。比如单细胞生物一分为二的分裂繁殖，各级后代的基因组型基本上始终保持不变。

关于单细胞生物不得不从原核到真核、再到多细胞融合等一路转化，我们今天说它是"基因突变"，过去叫作"生物变异"。请大家注意什么叫"变异"？我们今天使用这个词，似乎

八、人体哲理浅谈

感觉它是一件好事情或者是一个正常现象。可是你想，假如你生了个孩子，他有两个脑袋，或者有三个鼻子，或者有四条臂膀，尽管他因此变得智力更聪慧、嗅觉更灵敏、膂力更强大，你会觉得这场变异是美妙的好事情吗？你把它叫什么？你把它叫"畸形"。是不是这两个字？

所以你要站在原始单细胞那稳定而圆满的生命立场上看，任何变异其实就是畸变！所以细胞的每一次变异实际上都是对原有较高存在度之生命，或者较具有生存优势之物种的一次畸形化发展，这才是变异的实质。畸变的过程就是我们前面讲万物演化之存在度不断降低的过程，在生物进化阶段表达为弱化衰变的基本样态。

我给大家举例子。试想一个单细胞生物，我刚才讲过它是一个非常完整的生命，如果它变成多细胞生物，它会出现什么问题？它的细胞膜立即有一部分被遮蔽。而我讲细胞膜是任何细胞生命的信息通道和物质能量交换通道，细胞膜上布满受体，那么一旦这些受体及其物质能量交换通道被遮蔽，细胞生存立刻陷入窒息危机，这是多细胞融合体必然导致的结构性后果。所以多细胞融合体一旦发生，生命的存在状态和存在形势就恶化了。最早期的多细胞生命是这样平行排列的（板书画图），我们在生物学上把它叫作"单胚层"，就是细胞只分布一层，这个时候细胞膜部分被遮掩，但其至少还有几面是对外开放的，它的遮蔽程度还比较低。再往下进化，就会出现这种叠合局面（板书图示），我们称它为"双胚层"，比如腔肠动物，它卷成一个双层细胞的长管。演至双胚层，细胞膜的遮蔽程度进一步提高，细胞本身的生存状态进一步恶劣化，所以虽然该物种变得更高级了，但实际上它的生存优势衰减了。

到此还未结束，再下来就出现"三胚层"。也就是细胞分布成三层相夹形态，我们人体所有的器官都是三胚层细胞结构。要知道早在扁形动物之前，三胚层细胞组织结构就发生了。请大家想想到三胚层阶段，中间这一层细胞，它的细胞膜完全被遮蔽，它必死无疑。也就是立即发生细胞组织系统中间层的坏死，这是绝不可免的。于是它逼迫着部分外胚层细胞，必须分化成一种高度变态的胞体，这就是神经细胞的来源。

此后中胚层细胞转化为肌肉和结缔组织，经由神经元即神经细胞来调配营养，也就是借助于神经网络和体液系统把合胞体外向细胞所摄取的信息与能量重新分配给被遮蔽的内置细胞群。所以请你不要赞美神经细胞的出现是一种高级进化现象，它实际上是一个高度畸变的危情产物。所谓生物进化过程，从它最基层的细胞生存角度来看，完全是一个结构形态不断畸形化、生存形势不断恶劣化，为此不得不进一步连续畸变，从而维系原先那个扭曲衰弱系统的平衡。是这样一个过程的不断演化，构成生物有机体结构越来越复杂的进程。

我想大家应该听明白这是什么含义了吧！所以，我们讲什么叫"生理"？既往认为生理就是生命结构及其组织功能的最佳调配适应状态。可大家如果听明白我的观点，你就会发现所谓"生理"，其实只不过是"病理畸变过程的叠加化、有序化和系统化"，这就是所有高等生物的生理形成机制。

我再说一遍：一切高等生物的生理系统，实际上不过是进化病理畸变过程的叠加化、有序化和系统化之产物。因此也可以说，一切生理机能的底层代码是一个病理集合。总而言之，越高级的物种，它的结构虽然越复杂，表面上看它的适应能力变得越来越强，但实质上它是一个病理堆积过程，是一个畸变叠加过程，是一个系统衰弱化和复杂化过程，这才是生物进化的实质状态。

最初的单细胞生物，它是没有任何疾病的。变成双胚层，进入一个肠管，称作腔肠生物。它就是一个两层细胞的原肠，海水从中间流过，营养被自动摄取，然后在两层细胞间均匀分配，所以这个肠管从来没有任何疾病，绝不会得胃肠炎，闹出拉肚子之类的痛楚。及至生物结构变成三胚层，中间胚层的细胞就不能存活，于是神经系统就得发生，到扁形动物阶段，神经元之间互相连接成原始神经网，借此重新调配每一个细胞的营养供给。这时的神经网是混沌一体的，信息传输没有导向。于是不得不逐渐形成另一个畸变，即长出一个多元神经瘤，取名叫神经节，以便漫流于神经网的杂乱信息在这个最低级的神经中枢略加处理，再输送给各个相关的神经通路及细胞组织。此时多细胞有机体的叠续结构呈现出越来越复杂化的态势，仅凭一个单薄的肠道来过滤海水中的营养物质，已经不足以维持如此庞然的机体系统，于是自养型生物逐步转化成异养型生物。

所谓"异养型生物"，就是它得通过摄取其他生命物质作为自己的能量来源，而不能像早期的单细胞生物那样，只需阳光普照下的光合作用就足以旺盛生存。异养型生物一旦出现，它就必须赘生运动系统。最原始的运动型生物就是鞭毛虫，它滑动鞭毛，四处游荡，由以增高寻求自身依存条件的机率。这个系统一旦发生，它所需要的能量就进一步增加，原先那个小小的肠管就不足以承担，于是它得有胃，再得有牙，胃肠研磨的食物无法消化，它又得生出肝脏来分泌胆汁乳化脂肪，然后还得附加一个胰腺制造各种酶类降解蛋白质，它的脏器从此变得越来越复杂。它是通过不断积累的畸形或畸变，并使之系统化、配套化来实现这个演化进程的。在此基础上，你的胃病、肝炎、胰腺癌等等才会相继发生。

请回想那个单细胞，它根本就没有胃，何来胃病？再如那个腔肠生物，它只有一个两层细胞的原肠，它会得什么病？所以一切生物的所谓"变异"、所谓"进化"，其实无非就是"畸变"以及"畸变累加"的代名词。这个畸形化的病理过程，势将导致生物种系倾向于衰弱化，也将导致生物机体倾向于紊乱化，为此它必须不断地调节自身的系统化功能结构运转，由以构成后世生物的生理基础。既然它本身就是一个畸变病理过程，它理所当然地成为后来各种疾病得以发生的温床,是不是这个道理?

比如,一个最初的神经节,随着有机体越来越复杂,摄取信息量越来越大,神经节根本处理不了,于是随后出现低级神经中枢,也就是我们的延髓。延髓部分主管身体内部的协调运转,可是越高等的动物所需的能源越大,于是它得大量地捕捉其他生物,至此更复杂的运动系统油然而生,逼迫着神经系统从内向的生理机能调节——此谓之"植物神经系统"——转化成或衍生出外向的"精神感知系统",以便于捕获外界的代谢物质。感官、大脑等奇异结构相继出现,这个过程就使得你的神经系统从"内向调节"逐步朝"外向运作"扩展,最终变得越来越失控。

从单细胞到多细胞融合体,从多细胞融合体再到多器官、多系统有机体,从原核细胞到真核细胞,从普通真核细胞再到各种各样的高分化细胞乃至神经细胞,生物结构变得越来越精致也越来越脆弱,机体功能变得越来越巧妙也越来越紊乱。这是因为你的生存形势越来越恶化,你不得不通过叠加畸变来予以补偿或曰代偿,但这种补偿不能阻止生存形势的进一步恶化,更不能消除代偿本身的弱化素性,由此一往无前,江河日下,终于塑成了这个病理进程和畸变进程的最高堆积产物——人体。这就是为什么越低级的生物,你越看不到它罹患病恙,越高级的动物,反倒越见其病魔缠身的原委。而人类就成了典型的病胚子,成了万千恶疾的终末载体。因此可以断言,进化与进步的实质,就是畸变与衰变。除此而外,岂有他哉!

文明史是自然史的恶性继承

我们下面再谈一个问题。我前面一再讲,人类文明是一个自然进程,不是人类选择的结果。这句话当然需要做系统证明,我们这个课程是不行的，大家得去读我的书。

基于前述，我们又可以说，文明史是对自然史的恶性继承。这话是什么意思呢？首先大家得记住我反复讲过的一句话：自然物演史是一个衰变进程。其次不要忘了我在第一节课中曾说，所谓农业文明，它不是我们选择的结果，它是因为高度分化的神经细胞逐步发展到大脑新皮层这一超拔阶段之际，由于它的功能分化太畸形，它为了维持其过于奇异也过于褊狭的独特机能，只好把自己最原始的代谢功能都省略掉，这就导致它无法代谢非醣类物质。

我在前面课上讲过，生物界的所有细胞均以三种物质为能量代谢的来源，这就是脂肪、蛋白质和碳水化合物。所谓碳水化合物就是糖类，我们吃的米、面、粮食，其实都是碳水化合物，最终代谢物都是葡萄糖。但是由于高级神经细胞——脑神经细胞，它已经高度分化，它所需要承载的畸形化的功能太多，于是只好把最基础的代谢功能也淘汰一部分，因此它只能代谢葡萄糖，脂肪和蛋白质对它不构成能量来源，这使得它变得极为脆弱。

而且它还有一个特点，它居然丧失了再生能力。大家知道所有细胞、所有组织都是有再生能力的，比如你的皮肤划伤，它会重新长合。越低级的生物再生能力越强，比如水螅，你把它斩成两截，它就会发育成两个水螅；再比如蜥蜴，也就是我们常说的爬墙虎，你断掉它的尾巴，它会再长出来一个；可是到人类，你砍掉他一条腿，他能再长出新腿吗？他已经长不出来了！但他的皮肤细胞至少还能重生愈合。至于脑神经细胞，因其高度畸变化和高度功能化，便相应地丧失了某些基础能力，不仅丢弃了一部分代谢机能，迫使我们只好寻找碳水化合物才能得以生存——这就是粮食，这就是农业文明的来源；而且它也随之丢失了再生能力。因此你的大脑如果一旦发生脑溢血或者脑栓塞，造成脑组织局部坏死，本来在其他组织器官，同类细胞会再生复原，可是神经细胞却一蹶不振，只好任由瘢痕纤维组织替代长入，只是你从此嘴歪眼斜、偏瘫残废。它说明越高级的状态越脆弱，这种现象在任何一个点滴进化步骤上都显露无遗。

我们再回顾一下第一节课。试看人类文明是什么？它不是我们选择的结果。人类在文明化以前，跟所有生物一样取自然物质为生存资料，叫作"采猎活动"，即采集植物、猎取动物以求生存。所谓文明就是人类不再直接从大自然中获取生存资料，或者说是自然界不再直接给人类提供生存资料，此谓之"失乐园"。人类文明以后，其所享用的所有食物、所有用品，都得人造，这就使得我们通过亿万年进化而来且适应于自然的那个生存方式发生遽变。文明只不过是一两万年甚或几千年以内的事情，而我前面讲过任何一个物种品系的进化需要上百万年乃至上千万年，任何一个生物性状及其生理功能的形成甚至需要亿万年。

比如眼睛，怎么会形成像眼睛这般微妙精巧的动物器官呢？这是许多人反驳进化论的一个重要根据。他们说生物进化形成眼睛，类似于你把一大堆垃圾零件胡乱垒在一起，它自己竟然组装成一架飞机了。但是如果你放在长时段上，比如五亿年以上的时段上看，眼睛的形成完全是一个自然过程：原始细胞都是感光的，因为它是靠光合作用获得能量的。最初当动物需要建立视觉的时候，它只是把具有基本感光能力的固有细胞变异出一个凹形，也就是我们眼窝底层的那个视网膜凹型铺垫，因为凹形分布面积增大，就比原先平面细胞接受的光量为大。所以原始动物的眼睛只是一层感光细胞的单纯曲折。尔后这个结构为了聚焦光线，它又形成了前面的玻璃体以及能够改变凹凸度的晶状体，并在其周边生成牵拉调节晶状体的睫状肌……它是通过这样一层一层的变异积累，历经数亿年时间才进化而成的。我们的任何器官构造及其生理功能都是数百万年、数千万年，甚至上亿年的时间渐次演变的产物，只有如此，我们的某一种生理功能才与自然界取得环环相扣的适应匹配关系。

请各位想想，我们的文明史只有短短数千年，我们突然全面改变了自己的生存方式，从此不再直接面对自然生存，我们的食物都是人为种植和人工选择的。自然界是没有小麦、没有水稻、没有高粱、没有玉米的，这些东西都是用禾本科植物，也就是那些野稗荒草逐步通过人工选择培植出来的。自然界没有电灯、没有桌椅，也没有办公室，所以在自然状态下你不可能长时间保持曲体坐姿，不可能不高强度运动而获得食源。

想想我们的生命进化是千百万年的产物，而我们在短短几千年里，却突然面对的是另外一个环境。你所禀赋的生理机能是按照与自然的匹配关系建立的，我们把这个匹配关系叫作"适应"，这是达尔文最常用的一个词汇。而适应过程在文明发生后陡然丢失。从表面上看，正如达尔文所观察的那样——越高级的生物，它的适应能力越强。你看原始低等生物，它们的智能、体能都是很低下的，而越高级的物种，体能和智能就越来越增强，这叫适应，所以达尔文提出"适者生存"，就是说"能力高强者"才有永续生存的资格。

可是我前面讲过，这种具有高强能力的高级物种实际上却是死灭速度最快的物种。如果我们把表层拨开，亦即把生物适应层面或直观代偿层面的假象揭掉，我们会发现一个非常奇怪的现象，叫作"生存能力与生存效力成反比"。就是越原始的物种，它的生存能力越低，但是它的生存效力越高。我们人类生存能力最高，灵长目动物生存能力最强，可是它死灭速度最快，生存效力最低，两者是一个反比关系。这跟达尔文表述的适者生存，能力强者叫"适应能力优势化"是完全相反的格局。

再则，根据我前面的讲述，人类文明史是一个快速的、短暂的进程。尽管这个进程也是自然演运的产物，但是这个太过匆促的急进使得我们的整个生理系统——即以病理畸变为基础的人体生理系统骤然陷入全面"失适应"的危局，也就是经由亿万年调整的自然适应关系倾向于紊乱化，我把它称为"自然生理与文明生态的冲突"。

我给大家举个例子。各位应该知道，所有生物的生存常态都是吃不饱饭的。按照马尔萨斯的人口论，我在前面课上讲过，我说马尔萨斯是一个人口学家和社会学家，拉马克和达尔文都感谢马尔萨斯，为什么？因为马尔萨斯发现了一个重要现象，他发现人口的增殖数量是以几何级数进展的，而生产与生活资料的发展，当时他认为是算术级数增长，因此他认为人类的人口问题最终只能靠战争、饥馑和瘟疫来处理。这个说法是错的。

为什么错？大家课后去读《知鱼之乐》里那篇名为《富贵病：马尔萨斯的失误》一文，我为了节省时间不再复述。但是有一个现象的确是生物学上的事实，它引发生物学家，包括达尔文的思考，那就是"任何生物的生殖潜能远远大于其现实生存量"，什么意思？比如一条鱼排卵，它平生可以生产上万枚鱼卵甚至更多，其中的绝大多数，大约95%以上的鱼卵做了其他水生族类的点心，大概只有1%位数的受精卵发育成幼鱼，鱼群都是在不断扩大的。

我再举个例子。比如单细胞生物，把一个单细胞放在显微镜下放大四百倍你才能看见。可是它每二十分钟分裂一次，如果你保证它的能量资源，它在七十二小时即仅仅三天的时间里，就可以增殖成为一个像地球一样大的单细胞聚合体。可惜自然界不给它提供如此富足的生存资源，所以你见不到这么多的细菌。

我在讲什么？任何生物的生殖潜能远远大于子代的现实生存量。它的生殖潜能为什么会那么大，是因为它要适应自然环境的各种变数。也就是它的生殖能力必须有一个潜在的储备调动量，远大于现实条件可以容纳的生存量，这个物种才不至于快速灭绝。人类的生殖能力也同样偏大，尽管他远逊于低等生物，要知道人类在古代的时候，当时没有避孕技术，妇女一辈子生十个八个孩子是家常便饭，但能活两三个、三四个就不错了，能活下来的顶多三分之一。

那么大家想想，生物的繁殖能力极高，它是因为外部能量资源不够，故而现实生存量才变得非常之低。如果所有的生物都必须吃饱饭的话，那么后代被淘汰的数量就会大大增加，因此所有生物都是在吃不饱饭的过程中进化过来的。所以在近代文明以前，人类大体上从来没有长期吃饱饭的经历，这才是正常状态。

这也就是为什么在半饥饿状态，甚至饥饿状态下，你的体能和智能通常处于最佳状态。你吃饱饭，反而跑不动了，甚至你坐在那儿想看一本书，智力都会下降，为什么？因为所有的生物，它必须适应耐受饥饿的常态。生物体内有一组基因，生物学家把它称为"节俭基因"或"节能基因"，就是在吃不饱饭的情况下，偶然有一次吃饱肚子，它便能够把这些剩余的能量赶紧全部储存起来，绝不浪费丝毫。要知道即使是食物链顶层的动物，比如狮子、老虎，都经常处在饥肠辘辘的状态，这一点所有生物均无例外，因此它们一定得有一组基因，把偶然所得的剩余能量积攒于体内。

我们今天突然能够长期吃饱饭了。要知道总是能够吃饱肚子，实在是一件非常可怕的事情。你今天之所以发生一系列问题，肥胖病、富贵病、最难缠的糖尿病等盖源于此。引发糖尿病的那一组基因，其实就是当年的那个节俭基因或者节能基因。它亿万年维系着生物在生存资源不足的情况下勉强衍续，对于生存是一个最基本的有利基因。但是你今天文明化、生产能力提高，你突然吃饱饭，你天天吃饱饭，它把所有不允许浪费的物质能量集聚在每一个细胞之中，直到把各类机体细胞全部胀满以至撑死，这就是糖尿病特别可怕的原因。它的并发症、后遗症弥漫全身，伤及人体所有器官和组织，从眼睛受损、视力减退；皮肤溃疡、经久不愈；肾组织破坏、肾功能衰竭；肝细胞纤维化、肝功能降低；直至心、脑细胞结构进行性病变；几乎没有任何一个器官组织能够保全。所以糖尿病是十分有害的！说起来，它居然就是那个最原始的、最重要的、最有力的节能基因正常运作的结果。

既然所有生物都吃不饱饭，人类在原始自然状态下，甚至在文明史前段，当然也同样是很少吃饱饭的。在那个时代，糖尿病几乎是不存在的，0.1%都到不了，很少有人具备得这个病的福分。可是敢问今天糖尿病患者的比例有多高？少说百分之十几，足足增加了上百倍不止。有学者统计，现在处于糖尿病前期的人数已经达到53%以上，一半人已经是潜在或潜伏期病人了。怎么回事？如果你从小每一顿饭都吃饱，你在不到二十岁时，可能已经进入糖尿病前期，叫"高胰岛素血症"。你的胰岛 β 细胞分泌胰岛素，你一旦吃饱喝足，它就得分泌胰岛素，以便把多余的糖分转变成糖原、脂肪储存在机体细胞中。如果你顿顿吃饱饭，年纪轻轻便会落入高胰岛素血症。血液中胰岛素水平过高，细胞膜对胰岛素的敏感度降低，糖尿病随后慢慢发生。所以你只要敢自幼顿顿吃饱饭，你在不足二十岁的时候，就已经是二型糖尿病的前期病人了。

因此我们可以预见，如果这种状态继续发展，人类将全体进入糖尿病时代。我在讲什么？我在讲文明进程是自然进程的恶化表达；我在讲自然生理与文明生态的冲突。也就是你文明化的时间非常之短，而人体的生理反应结构是面对自然产生适应的，在这么短的时间里，你的基因突变根本来不及调整对文明生态的适应，由此导致你这个最脆弱的有机体趋于紊乱，进而造成一系列病态显现。

我们再看一个问题，那就是现代医药体系。请问你见过哪个动物中间有医生存在？哪只狼变成了医生，去给其他狼看病？由于人体历经亿万年畸变与衰变，是一个极端脆弱的有机体，所以在人类文明早期，"医"和"药"就同时出现了。大家想想，任何科技发展，比如吃饱饭，你表面上看它是一件好事情，实质上它违反了你原来的自然适应关系，即将给你带来损害，这就是科技负面作用的一个重大体现方式。但这还只是间接对我们人体产生不良影响，比如粮食产量增高、粮食生产技术提高，它并不直接伤害我们的身体，它是通过让你长期吃饱饭以后才间接损害你的健康。请想想医学是什么？是科学技术直接尖锐地施加于你的肌肤和脏器，因此给你带来的损害更猛烈、更严峻、更苛厉。

而且我前面讲课一再讲，人类的文明化进程就是社会的堕落化进程。我举个例子，人类早年是非常诚信的，他用不着要心机，农民用不着去骗别人。因为我生产的东西，我自己食用；我住的房子我自己盖；布由我老婆织；我曲里拐弯地骗你何用之有。可当人类从农业自然经济发展到商品经济，尽管后者在社会组成上是一个"利他"关系，每一个人是通过为别人制造产品、为别人提供服务获得生存条件的，但是毕竟他的生存结构复杂化了，心思也随之复杂化。商业运作的目的是什么？我之所以给你贡献商品、我之所以给你提供服务，是为了从你那儿交换利益。如果我不用给你提供良好的服务，也能换得同等利益，甚至骗取更大的收益，则这个巧取豪夺过程会使我产生优胜效应，反而挤压有诚信者不得不退出行业竞争，因此商业化的利他结构本身，到头来却一定造成人世道德的全面败坏，这是显而易见的普遍事实。

我举一个例子。我上医学院刚一进校，借阅一本学习专业外语用的英文小册子，翻开第一篇文章竟然是这样的：它讲一个老医生把他的儿子送到大学学医，临近毕业的前一个暑假，儿子回家看见父亲正在给一个老妇人看病，这个妇人他小时候就常见光临，如今回头再看，发现她的病症其实是一个可治可不治的微恙，几剂常用药吃下去就足以根除，可是他父亲把她从一个年轻贵妇人看成了白头老妇人，这个病还在继续治疗。于是做儿子的就问父亲，说这么简单个病，用某某方法必定药到病除，何至于折腾了半辈子还一切照旧？他父亲忿然回答，说我如果早早把她治好，你怎么能被养活下来，你怎么能交得起上大学的资费？这个故事说明什么？医疗服务商业化。

我再举个例子。有西方学者揭露，今天医学界的专业杂志、学术杂志，其实早已经被医药商和金融大鳄控制。他们有足够的资本，也有足够的欲望控制这些杂志，因为这些杂志会对整个医学界产生重大影响。他们并不直接舞文弄墨，但是作为董事会成员，他们有权力遴选学术委员会的领头人，这些主持学术委员会或论文评鉴委员会的知名班底，其实都是通过在业内精挑细选的原本就倾向于过度用药和过度治疗的人物。也就是那些所谓的学者大都抱持强烈的进步论观念，认为医药越发展、越先进越好，诊疗过程搞得越复杂、越尖锐越好。选择这样的人来评审论文，于是所有著名医学杂志，它的论文导向必然是一个调门，就是不厌其烦地告诉读者现代医药如何有效，新药、新仪器如何管用。凡是对这个研究方向和研究结果表示异议的文章，根本进不了杂志编辑的法眼，从而给整个医学界造成严重误导，致使所有医生认定只有不断地投入巨量药物、施以过度检查才算治病救人。即便这些被洗脑的医生本意并不想害人，他们真心为病人好，其实际操作也不免构成系统性伤害处理。这就是为什么在今天的西方医学界，许多涉及临床医药的负面研究报告，经常因为登不上专业杂志，作者只好另行出书发表的原因。

我想说明什么？我想说明自然史是一个衰变进程，人体是一个最脆弱的有机体，而文明进程又是这个自然进程的恶性继承和发展。我们有了这个基础，建立了这个基本观念，并站在这样一个哲理线索的高度上审视，才可以讨论其他问题。

疾病分类之一：进化病

我们下面接着开课。基于以上大尺度"物演"讨论的哲理思路，我们下面简单看一下，什么叫疾病。

大家知道现代医学疾病分类非常复杂，疾病分科也变得越来越多。内科、外科、妇产科、小儿科、耳鼻喉科、颅脑科等等，没完没了，越分越细。但实际上人类的疾病，我们从总体上看，从演化角度看，说到底只有三大类：可分别称为"进化病"、"文明病"和"医源性疾病"。这几个概念和词组，在医学界是早就使用过的，不过一般医务工作者认为，这三类疾病只是诸多病种里的个别异数或偶发现象。而我说人类的所有疾病，都可以归类于这三大系列疾病之中。我下面逐一解释，听懂这个部分，你才能知道什么叫"疾病"。

第一，进化病。我前面讲过，任何一个进化现象，甚至任何一个基因突变或者性状变异，从三十八亿年的生物史上看，都是一次病理畸变或畸变叠加，因此所有疾病的第一基础全都是进化病。它暗含着这样一层意味：进化程度越高的物种，疾病的底蕴就越厚实。即是说，临床上的几乎所有疾病都跟遗传有关，并可区分出不同的"遗传度"。

我前面提到过，比如流感，表面上看是流感病毒感染所致，但是一场流感过来，为什么有人得、有人不得？有人轻、有人重？是因为每一个人的免疫素质有个体差异，所以讲该病的遗传度很低——14%，也就是86%是外部其他因素，包括病毒在内。但是我们人体的绝大多数疾病，其遗传度是非常之高的。严格说来，任何一个病例都有家族史，只不过它有时显得深不见底，通常很难探查清楚罢了。

我给大家举例子。我前面讲过难产，那是典型的进化病。所有动物都不会难产。只是由于人类直立后脑容量大增，而母亲的产道，还是原先爬行动物的那个产道，因此"难产"是典型的进化病。再比如高血压。所有动物都是俯身爬行的，直立行走者仅见于人类。爬行动物心脏泵血，它的血流呈水平运动，因此即使血压很低，也足以保证各个器官所需的供血量。而人直立后，心脏以上部位，尤其是大脑，供血是垂直向上的，是以跟地心引力相反的对抗方式流转的，因此血压必须大幅度增高。而且人脑虽然只占体重的1.5%左右，可是由于功能太强，它居然需要代谢消耗血液中氧气和营养物质的20%左右，这就使得人类的血压必须进一步提升，才能保证最重要核心器官"脑"的供血和供氧。

要知道血压增高是个很麻烦的局面。我举一个例子，比如长颈鹿，它的脖子达几米长，然后上面架一个小脑袋，它的心脏要把血液泵到如此高昂的脑部，这个难度你是可以想象的，所以长颈鹿血压极高，心脏非常之大。即便如此，却仍然不能满足脑供血量的需求，怎么办？它居然演化生发出"动脉瓣"！我们人类只有下肢的大静脉上有"静脉瓣"。就是血液逆反地心引力回流心脏是非常困难的，只能通过腿部肌肉收缩所造成的轻微静脉压力，把它慢慢推动上行，所以局部有静脉瓣，一旦压力不够，静脉瓣膜随即被下行血液带动张开，以阻其逆动，使血液只能朝着心脏方向返流。就是说人类只有静脉瓣，而且只有下肢大静脉才有静脉瓣。可是长颈鹿竟然有动脉瓣，借以维持颈动脉的高压脑供血。

不过血压增高，会对血管壁造成持续性压迫及损伤，这就是我们人类晚年谁都逃不掉心血管疾病的原因。须知高血压不仅造成血管损伤，它还使得心脏泵出的阻力增大，逼迫心肌收缩力相应加强，从而造成远期心肌劳损，这也就是人类绝大多数最终都不免死于心脏病的原因，这是典型的直立进化病。

再比如腰腿疼。人到四五十岁以后通常都会发生腰腿疼。腰疼是腰肌疼痛，腿痛通常是膝盖关节损伤，为什么？是因为所有动物都是爬行的，它的体重是由四肢分担的，可是人类两腿直立。大家想直立这个姿势是怎样形成的，它不是单凭骨头就能撑起来的。你看一下人的骨架子，它是二百多块骨头不相连续的组接产物，你把它直接放那里，它一定瘫在地上，你得拿绳索或者铁丝把它穿起来、挂起来，人的骨架才能保持竖立状态。

那么人的直立靠什么？靠一系列直立肌群，比如腰部的肌肉始终保持一定的肌肉紧张度，医学上叫肌肉张力。保持肌肉高张力，你才能保持直立体姿。而所有的爬行动物，它们不需要长期僵守如此之高的直立态肌张力。我们是从爬行动物快速进化而来，因此直立会带来腰肌过劳，也使膝关节承压过重，这是引起腰腿疼包括膝关节损伤的基本原因，所以腰腿疼也属于进化病。

再比如笑。大家知道所有动物是不会笑的，你见哪只狗、哪只猫，它突然对你笑起来了，它一定吓傻你。所有动物都只会哭，长嘶不止地哭嚎。只有类人猿，比如黑猩猩，略微显示一点儿微笑的表情，样子还很难看。那么"笑"是什么呢？生物学家经过分析发现，笑不过是哭的一种变态，哭是痛苦反应，是把一腔气流长长地呼出来，形成的一种嚎叫态。笑是什么？愉悦的时候，把哭声斩成一节一节的短气流震颤，这就是笑。为什么所有的动物不笑，而唯独人类要笑呢？笑是一个进化病。

所有的生物，存在度越来越低，表达在繁殖行为上，就呈现出育后难度越来越高的倾向。试看最原始的单细胞，它一分为二，裂殖完成，而且子代和亲代没有任何差别，一出生就具有亲代的全部本领，因此它用不着亲代抚养照顾。到卵生动物，它先得排出若干个卵，然后用体温孵化十数天甚或数十天，这个难度大大提高了。而且小鸡小鸟需要亲代觅食饲喂，训练飞行，方可成活。最高级的动物是哺乳动物，像人类，居然要十月怀胎，孕后哺乳，经年教养，劳苦无休，而且生殖量还越来越低。比如，我前面讲鱼，它排卵上万粒，父母根本用不着关照，鱼卵产在那里，尽由其他水生动物当点心吞吃，虽然只活下来极小比例，鱼群绝不会灭绝；可越后面的物种，生育力越低，爬行动物一次只生十几个蛋；到哺乳动物，低级的胎生动物，比如狗，一窝能生七八个；进化到人，一窝只生一个，生个双胞胎还是稀罕事。

不仅如此，养育难度也越来越高。演至哺乳动物，亲代既要体内怀胎，还要产后哺乳。到人类，哺乳完了不算数，你还得继续抚养若许年，到文明阶段，你还得长期教育。早年的孩子、文明初期的孩子，七八岁就能帮父母干活了，放牛、放羊无所不能。今天的孩子快三十岁了，大学研究生还没毕业呢。你会发现在生物进化史上，育后的数量越来越低，育后的时间越来越长，育后的难度越来越高。这种情况是存在度衰减表达在生育系统上的现象之一。

那么大家想，当生物的子代越来越得依靠亲本的悉心照料才能生存，事情该怎么办？一定会发生某种双向改变，也就是子代要能够吸引父母的注意，亲代要对子代产生母性和父性的慈爱之情。你在单细胞那儿、鱼那儿是看不到母性的，母亲绝不关照孩子。越后演的物种，母性越足；而且越后发的物种，孩子设法吸引亲本关注的能力也越高。

那么人类的子代吸引母亲、父亲的关注，只有两个办法：第一、哭叫，所谓爱哭的孩子有奶吃；第二、微笑，他一旦能笑就促进了母亲对他的亲和感或亲近感，从而勾引母亲投入更大的精力来照料他。因此笑是弥补人类生殖力衰减、育后难度增大的一个非常规进化举措。它在人类文明社会中进一步表达，比如在原始时代，因为是自然经济，你不必跟外人常相交往，就能够安然生存，所以你用不着整天挂个笑脸。可今天商品经济，你得跟各式各样的人打交道，努力巴结讨好别人，于是你天天得挂着一副僵硬的笑容，身不由己地微笑、假笑或苦笑，整日里笑个不停，这是进化病与文明病的综合体现。所以笑是什么？——笑是人类生存状态越来越悲哀的一个变态反应。

我再举例子。牙病，它也是进化病。大家知道所有动物的头部状态是颌面部突出，而脑门扁平。比如猿和猴，它们的额部是后缩的，嘴巴是前伸的。由于它们吃的是又顽又硬的生食、生肉，咀嚼力要非常之强，因此它们的颌骨壮大，咬合肌发达。

而人类随着用火熟食常态化，吃的食物越来越柔软、越来越精细，咀嚼力相应越来越弱。于是两侧牙床萎缩，上下颌骨内敛，头颅随脑容量增大而向前扩展，这是古人类解剖学上一直显现的演变过程。但是灵长动物的牙，数量一点都没变化，上下牙各十六颗，总数三十二颗。在原来那个大颌骨系统上，分布这么多牙不成问题。如今颌骨萎缩了，人类的牙齿无法像过去那样有序排列，这就导致几乎人人都逃不掉牙病。据说西方人大都有自己的律师和牙医，前者是由于契约社会官司缠身，后者是由于进化带出的累累牙病。

甚至阑尾炎都是进化病。阑尾在植食动物那儿叫盲肠，它非常粗大，长约数米，其中滋养大量的细菌，借以分解草料、树叶中的植物纤维素。我们人类一点儿都利用不了它。这些纤维素被盲肠中的正常寄居菌群分解为葡萄糖，吸收作为代谢能量，这就是盲肠的功能。

随着人类大脑的发育占据了超量的血供、营养和能量，然则必须让自己身体的其他部分萎缩，以便于腾出心脏泵力和血液流量提供给大脑。反正总不能搞得没心没肺吧，于是只好把肠子的一部分缩减。好在这个时候人类吃食渐趋精细化了，于是原来庞大的盲肠萎缩成一个小拇指头大的阑尾，这个阑尾如今除了稍具一点免疫力外已经基本上没有消化功能。它只剩下一个作用，那就是任由细菌感染，让你在疼痛难忍之余去医院挨刀做手术。可见阑尾炎也是进化病。而且就连阑尾最终是否发炎都跟家族遗传有关，只要父母有人得过阑尾炎，孩子罹患阑尾炎的几率明显偏高。

总之，我们所有的疾病，本质上讲全都有进化畸变的基础铺垫，因此它是人类疾病的第一大源头。请记住我前面讲"所谓的正常生理只不过是病理畸变进程的叠加化、有序化和系统化，病理过程才是生理现象的底层代码"这句话的含义。所以，一切疾病首先是进化病。

疾病分类之二：文明病

当我讲人类所谓的现代疾病都是进化病、都是文明病的时候，我说文明是快速发展的，而我们的有机体是千百万年，甚至上亿万年才进化而来的。我的意思并不排除在文明期里人体仍然在进化，但是这个演进的速度根本赶不上文明发展的速度。

比如我第一节课讲，所有人类都是从非洲迁徙过去的黑人，四万年间低太阳照度的地方，人的皮肤白化了、鼻子变高了，这是文明化过程中发生的变异演化；再比如我们人类的消化道免疫屏障，在短短数千年、上万年的时间被破坏了。大家知道所有动物都是就地进食，它有些动物甚至能吃腐烂的食物，叫腐食性动物。你喂狗怎么喂？你把一块肉扔在地上，狗吃了绝不会拉肚子。可我们人类为什么不行？食物稍有不洁或腐败，我们就会得严重的急性胃肠炎，是因为我们在十万年到三十万年前学会用火了，文明化以后保洁措施更是层层加码，因此我们进食的细菌量大大降低，在这个时间里我们的肠道免疫系统变成一个多余的东西。于是消化道免疫屏障逐步退化，意思是退化性基因突变会被选择认可，所以我们今天稍微遇见一点被污染的食物，就会上吐下泻，这是在动物界看不到的怪象。

再说说乳糖耐受。游牧业民族的人，包括西方人，他们在数千年来习惯于喝牛奶，于是他们对牛奶中乳糖的消化就有了一系列适应性的基因突变与之匹配。而我们中国人自古从来是不喝牛羊奶的，纯粹的农业文明也没有这个奶源，于是国人体内大多缺乏一种乳糖酶，牛奶中含的乳糖我们就无法充分消化，所以中国人乳糖不耐受的比例偏高。

我的意思是说，即使在短短的文明期，进化过程也还在进行，但是你的生理进化过程、基因突变积累过程与文明发展速度根本不匹配，这种不匹配就造成全面"失适应"。你的有机体本来是面对自然界产生匹配性生理适应关系的，现在突然改变生存环境，特别是这个文明生存生态在极短的时间内持续剧变，让你彻底失去适应性调整的机会，由此带来的后果谓之"全面失适应"。这就是第二类疾病的来源，我把它叫作"文明病"。哈佛大学有一位教授名叫丹尼尔·利伯曼，他也发现了这个现象，他把这一类病统称为"失配性疾病"。

我下面继续讲讲文明缔造的疾病。请大家注意，人类在文明化以前，疾病数量是非常之少的。也就是古人、采猎生存时代的人，他们很少得病。我举一个例子，有一批西方医学家到巴基斯坦北部喜马拉雅山南麓考察一个一直保持原始生活状态的部族，这个部族人种叫"罕萨人"。这批医生跟罕萨人长期生活在一起，持续九年至十一年，发现罕萨人基本上还是采猎生存方式，尚未完全进入农牧业文明。他们只得三种疾病：第一外伤，比如打猎、追击动物，摔伤了，骨折了；第二沙眼，轻微的沙眼一般不造成明显不适，我们绝大多数人都有沙眼，不用治疗；第三白内障，因为那个地方是雪地，阳光中的紫外线反射量较高，所以成年人白内障的发病率较高。仅见这三种疾病，从来没有见过其他疾病，它说明什么？说明人体在亿万年进化适应的过程中，在自然生态条件下，它基本上是一个有序匹配关系，它的潜在的畸变病理状态是不被调动的，大体上是合拍运转的。而文明生态情况就决然不同了，我们今天的生存方式跟自然生存格局完全是两码事。

我下面举例子。比如吃盐，盐可谓人类的第一大毒品。你见过哪个动物能吃盐，它总不会跑到海边晒盐去吧？在陆地上，盐池、盐湖是非常稀有的。个别动物在那个地方舔食一点盐，那是很偶然的事情。那么动物为什么不吃盐就可以生存呢？是因为所有生物体内，包括单细胞体内全都含有一个原始盐分，也就是我们通常所说的0.9%生理盐水的那个含盐量。原始海洋本来是不含任何矿物质的纯净水，它覆盖在地球表面，逐渐溶解地表岩层中的盐分。由于原始海洋没有经过河流的冲刷汇聚，它起初溶解出来的岩石盐量是极低的，大致只有0.9%，所以最原始的单细胞生物，其细胞内液的盐分就是0.9%。

随着陆地出现，河流不断冲刷地表，今天海水的含盐量已经远远高于0.9%，最高已经达到3%左右。不过今天所有的水生鱼类，你看它体内仍然是0.9%生理盐水的体液状态，为此它的肾脏必须具有一种极强的能力——排盐！所有异养型生物，就是取食其他植物和动物的生物，都在进食的过程中顺便保证了0.9%的盐量摄入，因此它永远不会缺盐。

可是人类文明化以后，由于农业劳动极为艰辛，人体出汗量大增，对盐的需求也相应提高，超出我们在非文明状态安适生存时的消耗量，于是人类得开始吃盐。一旦加盐调味，这个进程就逐步发展，导致我们的摄盐量越来越高。而摄盐量的多少跟血压的高低成正相关。在血液中有两种渗透压：一个叫胶渗压，一个叫晶渗压。所谓"胶渗压"就是白蛋白之类的胶体，提高血液的渗透压。所谓"晶渗压"就是盐类的晶体，提高它的渗透压。于是在毛细血管中，血液盐量的增加，会导致血管外部的水分进入血流，血容量增加造成血压增高、心脏的负荷增高。所以进盐量高对人体是有很大损害的，而这完全是一个文明病。吃盐引起了一系列疾患，包括高血压、心脏病等等，而且造成肾脏排盐负担加重，也是导致肾病高发的基础原因之一。

再比如吃粮食的问题。请问哪个动物有粮食吃？我们人类大规模食用粮食，也不过就是三五千年。人类农业文明虽然有上万年，但早期仍然以采猎为主，粮食只是辅助性食品。随着农业文明全面发展，垦荒量越来越大，森林退得越来越远，采猎资源近乎丧失，主食变成粮食。大家想想，我们的消化系统和营养配置系统，在千百万年中从来没见过粮食这个东西。我们今天突然食入大量的高能精食——碳水化合物，它给我们带来严重的麻烦，比如我前面提到的糖尿病等。而且粮食中含有谷胶，食入后会使人体血液的黏稠度增高。血液黏稠度增高主要由两个因素造成：第一吃粮食，第二吃肉。

我现在接着谈吃肉问题。大家想我们虽然狩猎有上百万年时间，可是野生动物体内脂肪是非常少的。我们今天的肉食来源都是人类豢养的动物。你把一只野猪解剖开看，它的堆积性脂肪不超过5%，顶多不超过10%，它如果长得满身脂肪胖乎乎，怎么逃避天敌？因此所有野生动物身上是很少有肥肉的。可是你把野猪变成家养猪，它整天卧在猪圈里等现成，结果肌肉萎缩、肥膘横生，于是你今天吃肉，跟你上万年前吃肉是决然不同的局面，脂肪量大增。脂肪分解成大分子脂肪酸和甘油吸收入血，它也增加血液粘稠度。引起血压改变有四个要素：第一，心脏泵力；第二，血管弹性；第三，血容量，我刚才讲渗透压增高血容量就会增多；第四，血液粘稠度，血液黏稠度升高，血流阻力就会加大。粮食中的谷胶、人工豢养动物的肥肉脂肪，食入后都会导致血液黏稠度增高。

要知道血液黏稠度增高，是一个多么大的基础性危害。我们所有的血管，能进行营养交换的只有毛细血管。毛细血管细小到肉眼看不见的程度，必须在显微镜下才能看清，它是由一层血管内壁细胞围绕的一个具有半通透性的管道。通过这个地方，氧气与二氧化碳交换，营养物质和代谢废物互相交换。它的细度有多高？只能穿过一个红细胞。在这么细小、血压极低的微循环系统中，血液黏稠度增高将会导致整个毛细血管微循环的速度降低，从而引发供氧量和供能量立即下降。

什么叫呼吸？你在肺部的呼吸，最终通过毛细血管才达至细胞，形成细胞呼吸。也就是毛细血管把肺部交换的氧气输送到细胞，如果毛细血管中血流速度减缓，则输氧量减少，代谢废弃的二氧化碳不能及时返回血液，在细胞内外积聚。二氧化碳是什么？加水就是碳酸，于是微循环受阻之下的所有组织酸化。现在我们见到大量的文章讲酸性食品、碱性食品，说吃碱性食品好，吃酸性食品不好，那都是胡说。因为我们吃的食物在血液中会被一个缓冲系统的化学反应调整为血液ph值7.4左右，它跟食品带来身体酸化没有任何关系。血液中含有一种物质叫碳酸氢钠，你吃碱进来它释放氢，拿酸对抗；你吃酸进来，它就释放碱基来中和；所以说食品导致机体酸化或碱化是毫无道理的。但是血液黏稠度增大，造成局部微循环不畅，一切组织的营养交换都在微循环系统进行，由此造成缺氧以及二氧化碳积聚，机体组织随之酸化。

　　大家想想为什么我们人类活着的时候，身体不会腐败，而一旦死亡，几天之内尸体就会腐臭甚至液化？是因为死后心脏停止跳动，组织中堆积的二氧化碳不再被血液收回，于是整个机体快速酸化，外来的细菌，包括体内原有的正常寄居菌立即开始分解细胞组织。我讲到这儿大家应该听明白了，如果不良食品导致你的血液粘稠度增高，则在某种程度上近似于你的身体尸体化，近似于你的身体全面酸化，这就是感染病和传染病在文明化以后大规模发生的原因之一。要知道"罕萨人"即使遭受外伤，伤口被细菌感染的几率都是非常之低的。

　　我们再看传染病。大家想想细菌是什么？单细胞生物。单细胞生物是什么？是我们的太祖宗！哪有爷辈滥杀儿孙子嗣的道理？所以细菌对我们或者对后发生物，原本的伤害程度是非常之低的。而且大家再想一个道理，我们一般情况的传染，比如感冒，你的反应是什么？咳嗽、打喷嚏、轻微不适，这才是病毒或细菌侵袭你后的正常反应。为什么？因为这些微生物是为了扩大繁殖存活量才来占据你的身体，只有通过轻微的打喷嚏、咳嗽之类，它们才能把自己播散给其他宿主。

　　如果你得了传染病，你立即就死掉了，那么细菌跟着你同归于尽，它不是白玩吗？所以人类即使受到细菌、病毒感染，他的合理反应一定是非常轻微的。细菌和病毒让你做出的所有反应，只是为了更有效地传播它自己而已，绝不想把你致死。

那么什么情况下才会发生烈性传染病？是因为我们业已高度文明了，人口高密度集聚，叫作城市化生活，变成"人类动物园"了，人跟人接触过于密切，以至于任何一个病毒或菌株，它变成致命的烈性传染病原体，其传播速度反而更快，它即使把你整死，它在高密人群的互动之间照样能够有效播散，于是它开始提升毒力，或者说，它提升毒力的变异过程显现为有利选择。可见烈性传染病的发生、大规模瘟疫的发生，是基于人类城镇化高密度生存的某种微生物适应性反应，因此它也是典型的文明病。

这种情形其实很普遍，你如果在农村生活过、饲养过动物，你就会发现，你把动物以半野生方式散养，它们从不得病。比如我曾去陕西秦岭深处一个叫老县城的地方，看见当地人养牛，他们到秋冬天就把牛群放到山野林地里去，这样不用储备草料，这些牛像野牛一样自然生存，然后到了该犁地、该配种的时候，或者到了该宰杀、该买卖的时候，才前往深山里到处寻找它们。这些牛从来不得病。可是一旦把它们圈养起来，它们立见发病，口蹄疫、牛瘟等乱七八糟的传染病全来，为什么？密集化的群聚饲养，特别适宜于细菌、病毒近距离传播。所以我们通常所说的传染病，包括烈性传染病，它在很大程度上都是文明生态的产物。

我再举例子，近视眼。要知道人类过去是很少有近视眼的。今天非洲有一个民族，叫马赛人，过的还是原始生活，在非洲靠打猎放牧生存，他们的正常视力最高可以达到8.0，你那个1.5的视力表对他们来说简直就是一张废纸。而且人类古代很少见过近视眼现象。我们在中国古书上看到司马光曾经自述，说他晚年视力下降，书要贴到鼻子跟前才能阅读，这算是最早的近视眼记录了。它只见于专门做学问、整天看书的人，眼睛过度疲劳所致。

可是今天，近视眼不仅是读书人的专利，它在小学生中间就已经大规模发生，有些孩子甚至还没上学，近视眼就出现了。

中国近年来统计小学生的近视情况，发病率竟达40%左右。他们还没有读多少书，未曾造成眼肌疲劳，从而导致屈光不正，怎么会得近视眼呢？这完全是现代文明病。它是三个因素促成的结果：第一，视距变化。人类在文明化以前，像野生动物一样生活在广阔的原野上，那时我们的视距是多远？我们可以看见十公里以外的树林、三十公里以外的群山，这就是我们的正常视野。可是我们今天的城市高楼林立，你的视距变成只有几百米乃至几十米，你始终处在近距离强聚焦状态，即使你不读书，你的眼肌也是持续疲劳的。

第二，色谱混乱。我们的视觉是在丛林中形成的。我在前面哲学课上讲过，我们人类的视感光，是在400纳米到760纳米之间，这一段是可见光。对这段光谱中间部分的色觉反应是绿色，什么意思？也就是我们眼睛最适应的颜色是绿色，因为我们亿万年都生存于绿色的丛林之中。可是我们今天进入水泥建筑的城市，一眼望去全是灰色，这个色觉偏差会造成我们的视力损伤。

第三，光谱偏差。古人是没有电灯的，他们所有的光线来源都是日光。可是我们今天大部分时间，即使白天绝大多数时间，都是在室内学习或办公的，借用的光源全是人造的灯光。灯光的光谱和日光光谱是有很大差异的。即使有一种电棒被称名为日光灯，意思是说它的光谱跟日光比较接近，其实也有极大差异，紫外线量偏高，你长期在它底下工作会引发渐进性白内障。至于其他各种灯具的光谱，与日光的差异就更大了，这也会造成视觉损伤。

也就是说，我们今天的近视眼、视力下降，从8.0下降到1.5以下，甚至变成0.1，很重要的原因是文明环境造成的。再加上从小逼着孩子读书，完全违背身为动物的生活常态。人的视力原本是用来瞭望远处的宏观物象的，而你今天大量时间都在看那些微小的文字，诸如此类的文明逼迫和文明境遇缔造了病态的近视眼。

我们再看，即便是环境改善，也会给我们带来严重的麻烦。我举个例子，比如城市绿化、植树造林，大家可知道我们今天的"绿化"究竟是怎么回事？是全世界各个地方的不同物种互相交换，你今天的绿化植被，不是当地的物种。今天各个城市种的树、开的花，绝大多数是从异地移植过来的。可我们人类的免疫系统，都是针对局部地段的生物系列长期适应而建立起来的。比如，各种花粉，吸入体内都是蛋白抗原，当地固有的草木花果，你与之取得适应历时成千上万年，这些植物蛋白抗原，对你的免疫系统所造成的久远刺激和调适反应，构成了你的免疫适应。

而今你把大量的外来生物引入当地，各种奇花、异草，各类大树、灌木，包括小麦、玉米等，它们撒花扬絮，随风四散，充斥于空气之中，令人无可躲避。于是你的免疫适应匹配发生问题，这就是哮喘病和过敏病的来源。要知道古人是很少有过敏性疾病的。比如哮喘病，它是非常可怕的，邓丽君就死于哮喘引起的窒息。是什么原因造成的？两个原因：第一，环境改善，使得当地原本不具备的蛋白抗原，对免疫系统造成不恰当的刺激与致敏；第二，过度洁净。我们今天的生活环境被人工清洁，甚至被喷药消毒。大家要知道，人类是在一个细菌病毒丛生的自然环境中生存和进化的，我们的免疫系统是与之相匹配的。今天出于种种原因，我们的环境被无休止地消毒、无节制地净化，从而导致细菌病毒存量改变，各菌群之间的相互抑制关系发生紊乱，也就是微生物生态环境遭到破坏，进而引起人体既成的免疫系统陷于某种退化失调状态。这个日益加剧的过程为我们缔造了大量的过敏性疾病，包括哮喘病，甚至包括一系列在医学上称之为自体免疫性疾病的新病种。什么叫"自体免疫性疾病"？就是自己的免疫系统，把自身组织蛋白当作异物加以排斥，由此产生的自毁型排异反应，叫作自体免疫性疾病。这类疾病数量很大，包括慢性迁延性肝炎和肾小球肾炎，包括风湿性心脏病和类风湿关节炎，包括硬皮病、红斑狼疮等等，这些奇病怪灾的来由其实都跟我们现在的环境改善有关。

我们再看有关信息过载的麻烦。人类的神经系统是在丛林生存中形成的，也就是我们的神经感知系统所匹配的信息量，是我们当年生活在丛林中的那个信息量。文明化以后，信息量大增，我们的前半生全部都用来学习，以求学会整理大量的信息，我们今天更是沦落于网络信息的巨量轰炸之下，这就造成神经系统负荷过载、压力过强，加之生存紧张度升高，焦虑心态无从缓解，由此缔造了今天大批量的心理疾病乃至精神分裂，所以癫狂和疯病也是典型的文明病。

再看避孕技术带来的问题。现在妇科疾病非常之多，其中包括五花八门的妇科肿瘤，比如乳腺癌、宫颈癌、子宫癌、卵巢癌等等，它有一个很重要的原因，竟是由于今天的妇女生孩子过少、避孕过程太长造成的。我不是说多生孩子是好事，我只是在讲这个人为控制的非自然状态必然引发的后果。大家知道古代是没有避孕技术的，一旦性成熟而婚配，女人就不断地怀孕生孩子。怀孕期间，雌激素和孕激素的交替波动立即平复。而且产后哺乳初期她是不排卵的，哺乳一停甚或未停接着又怀孕。所以正常情况下、自然状态下，妇女一辈子来例假来月经，顶多几十次。各位可知道今天的妇女，由于避孕不连续生孩子，总共月经来多少次？四百多次！什么叫月经？雌激素和孕激素互换分泌，引导子宫内膜肥厚备孕而又徒然剥落所致。那么在正常生理状态下，这种性激素的高峰值波动次数是非常之少的，而今天它是近乎每月一次地在大幅度颠簸，从而造成性激素以及体液激素系统的全面扰动和紊乱，这是现在发生大量妇科疾病乃至妇科肿瘤的重要原因之一，所以这还是文明病。

我讲到这儿，其实只举了极个别的例子，可谓万不及一。但你已应可以想到，在文明化以前，人类的疾病是很少的。而文明化以后生态环境跟人体的适应匹配关系发生变化，才调动出原来不显发的那些进化病，因此文明病是在进化病基础上的

八、人体哲理浅谈

一次大爆发、全面失适应性大爆发。我们今天的疾病种类有多少？居然有上万种之多。而远古时代顶多有十几种疾病，而且是非常轻微的疾病。这是疾病的第二大类。

疾病分类之三：医源性疾病

第三，医源性疾病。什么意思？医院和医生给你捣鼓出来的疾病。我前面讲过，任何科技行为都会造成生态环境和生存形势发生快速异变，从而造成人体与之失匹配、失适应。而医疗操作是科技这个人为产物直接尖锐地介入人体的过程。因此，一切医药保健行为，同时就是某种或轻或重的戕害过程。

我绝没有诋毁医学的含义，人类迄今的医学发展，它是顺应着人类进化病，也就是人体作为最衰败的有机体所潜含的疾病，以及文明病被大规模调动，而必然产生的对抗措施。所以医学、医疗、医药，它们对人体自会产生一些健保效应。而且医学的进步使得人类的婴幼儿死亡率大大降低、平均寿命显著提高，也使得人类的生存伤痛、疾病苦痛有所减低，着实功不可没。所以我首先承认医学进步的正面价值，并确认它也是一个自发的或自然的生存反应。

但是，从深层上讲，任何医疗过程同时又是一个戕害过程。这话是什么意思呢？由于进化过程就是畸变病理过程的叠加化和系统化，因此人类的生理波动本身应当属于正常现象。也就是你的生理状态，不可能永远保持平衡。平衡是相对的，不平衡才是绝对的。你的生理状态其实始终是波动的，这个生理状态的波动，令人偶然感到不太舒服，临床上谓之"不适"。请注意，"不适"并非"不健康"，它恰恰是一个正常态势，是人体在生物演化的过程中所形成的那个失稳生理系统进行自我调节的表现，完全不需要人为干预。也就是一般所谓的疾病，人们大多数情况下认为那是病态的东西，实际上只不过是脆弱有机体生理波动的常态。

我举例子。比如什么是发烧？所谓发烧，是因为你感染、炎症而致体温增高，体温增高有助于免疫系统被激活，它是引导免疫效能提升的一个正常反应。因此，如果是低烧，体温在38.5摄氏度以下，你是用不着处理的；你如果及早地退烧，反而会削弱你对抗疾病的免疫力。

再比如咳嗽？它是由于你吸入了异物，包括感染了致病微生物，你的气管给大脑传递一个信息，大脑指令胸肌、膈肌快速收缩，用急气流把这个异物喷出来，这叫咳嗽。它是一个呼吸系统的保护机制，如果你只是轻微咳嗽，便立即用药止咳，其结果是什么？结果是异物滞留不被排出。

再比如腹泻，什么是腹泻？是因为你吃的食物里有毒素，对于这个毒素，肠道立即分泌大量液体将其稀释，同时把它排出体外，这叫腹泻，所以它完全是一个保护机制。如果一旦腹泻你立即止泻，后果是什么？这些毒物不免被吸收进入血液，引起毒血症；如果是细菌感染，会引起菌血症。所以它是保护机制。一般情况下你用不着处理，除非你腹泻太过严重，以至于造成脱水和电解质平衡紊乱，这个时候你才需要适当用药。

再比如疼痛，我前面讲过它属于保护机制。炎性疼痛、局部发炎红肿、温度增高、有渗出，干什么？稀释毒物。温度增高，免疫力增加。局部的炎症实际上是免疫系统与感染病源的第一线战场对抗，这都是人体的保护机制。所以说临床上的大多数医疗干预，如果把握不当，它反而都是对我们正常生理波动下的保护调节机制的损害。

我再举例子。比如小孩不吃菜，孩子们为什么不爱吃菜？是因为儿童的肝功能发育不全，而所有蔬菜中都含有毒素。想想蔬菜是什么？不就是草叶或植物嘛。人类把野生植物的一部分通过人工选择培育成蔬菜，你可知道植物是怎么演化发展的吗？植物在进化的过程中，草食动物要吃植物，于是植物就要设法抵抗食草动物对它的伤害。怎么抵抗？让自己的体内不断地产生毒素，使得植食性动物，包括各种昆虫轻易不敢吃它。但是这类动物总不能饿死自己，于是它们就相应地加强肝脏解毒功能，因此植物和植食动物之间的关系简直像是在进行一场持续性军备竞赛。如此这般经历亿万年的进化，植物或蔬菜中的毒素急剧增加，而动物肝脏的解毒能力也接连提升，双方达成适配共进态势。小孩、婴幼儿，他们的肝功能发育不全，解毒能力低下，因此吃菜对他们来说相当于某种程度的中毒反应，因此就会觉得蔬菜的口味不佳，从而拒绝吃菜。而你长大了以后莫名其妙地反而特别喜欢吃菜，其实是由于你的肝脏解毒功能此时已经跟植物中的毒素之间达成了匹敌或融洽关系的缘故。

我再举例子。比如妊娠反应，妇女怀孕头几个月，会发生诸如恶心、呕吐、厌食，甚至血压增高等不良反应，此谓之妊娠反应。为什么？我刚才讲过，你吃的所有食物都是含有毒素的，对于成年人来说，你的肝脏是能够解毒的；可是对于小小胚胎，它对这些毒素格外敏感，因为会对它造成伤害。因此，怀孕早期的妊娠反应其实是对胚胎的保护机制。如果妊娠反应不是非常的剧烈，不影响母亲的生命安全，妊娠反应是不能随便处理的，不能随便让医学介入。如果胡乱治疗，你可能消除了那个看似病症的不良反应过程，但却反而使胎儿中毒，造成胎儿畸形或者造成胚胎损伤。此时不让你吃饭、倒让你恶心呕吐，是因为这个阶段，胚胎对食物中的毒素耐受力很差，而在这个阶段胚胎极小，需要的能量极低，因此你若干天进食不足，甚至全无进食，对胚胎发育没有任何影响。

我讲这些是想说明什么？是想说明我们通常所谓的疾病，其实是生理正常波动调适的保护机制，而你如果不恰当地让医学介入、让医疗介入、让化学药品介入，反而会给你带来巨大损害。而且大家要知道，我们所得的绝大多数疾病，都是有自然病程的。所谓"自然病程"，就是这个病在某个时间段以后会倾向自愈。比如感冒，它的自然病程就是七至十四天。病毒侵入机体，免疫系统数天以后开始产生应激反应，然后免疫过程慢慢把病毒压抑排除，你的感冒症状随之消退。可是如果你在这个时候去服用大量的药品，这些药绝不治病，要知道感冒这个病，人类是根本没办法治疗的，因为感冒的病原体是病毒，人类至今还解决不了抗病毒的问题。即使今天有少量抗病毒药物，副作用远大于杀灭病毒的效力。

那么你吃的药是什么？叫"对症治疗"。发烧了退烧，头疼了止疼，仅此而已。它们并不给你治病，只是缓解你的症状，可是这些药物本身却含有大量的毒素。你本来不用吃药，七到十四天也自愈了。你吃了药，你以为是医生给你治好的，你还得感谢他，可实际上他给你吃了一大堆毒药，而且是完全可以不吃的毒药。此举为你三个月或半年以后再得一场更大的疾病做好了铺垫。

过去的医学界还是比较老实的，医生知道这些病治不了，也知道这些症状不用治疗，他会用拉丁文开处方给你安慰剂。什么叫安慰剂？就是看起来像是个药丸，但实际上只是一粒淀粉豆，里面什么药都不含。你全然不知内情，乐呵呵地吃下去，心理上获得了满足和安慰，自然病期届满，身体随之康复。但由于安慰剂不赚钱，今天已经没有哪家药厂愿意生产它了，结果本来不用治的病，你不知道，非得找医生不可，医生本来想给你安慰剂，但是没货，给你的全是毒药。所以，治病过程变成一个巨大的戕害过程。

要知道所有的药物都是有毒的。我在前面讲过，只要是苦味的东西，都是对人体有损害的东西。今天的化学药物甚至可能没有苦味，因为人类在自然界中碰不到这种东西，相应的苦感味觉都还没有形成，它对人体会造成更大的伤害。所以看待任何药，你首先记住它是毒药。再比如抗菌素，什么叫"抗菌素"？它是一组细菌，为了保证本菌群占有必要的空间范围与资源领地，各细菌会分泌出一些内、外毒素，即内毒素或外毒素，使得其他菌种不能接近它，这就是抗菌素。最早发明的青霉素，就是青霉菌的外毒素。

那么抗菌素是怎样产生药理效用的？它主要通过两个途径：第一，损坏其他单细胞的细胞膜结构。大家知道细胞内部是一团浆体，它的整个外层屏障系统，全凭磷脂双层结构的细胞膜。细胞膜一旦受损，细胞体立即解构、液化。抗菌素的第一个作用就是破坏细胞质膜，第二个作用则是扰乱细胞内部的蛋白合成代谢系统。须知抗菌素并不能分辨哪些细胞不被它的毒素所伤害，它只是不允许任何异类单细胞靠近自己。所以当你使用抗菌素的时候，它不仅是在摧毁你所要治疗的病菌，而且同时对你的所有体细胞造成某种程度的损害。

请想想这个损害有多么严重。你动辄使用抗菌素，等于动辄对你全身的所有细胞进行一次冲击性攻伐。而且还有一个更大的麻烦：生物的进化是通过生殖代际表达的，也就是说它的变异过程是在生殖系统上一代一代传递的，由于细菌的增殖速度极快、增殖周期极短，最短二十分钟就发生一次分裂，因此细菌变异适应的能力和速率远高于人体。处于抗菌素环境中的病菌一般都会快速变异，以取得适应，这就是耐药性或耐药现象的来源。而且，细菌被某种抗菌素杀灭，就等于被自然选择或人工选择淘汰。然后基因突变导致对这个抗菌素有耐性的细菌才能够保留存活。你不断地使用各种抗菌素，甚至广谱抗菌素，等于借助人工选择筛选出超级细菌，也就是对任何抗菌素最终都产生了耐受性的细菌，这叫超级细菌。所以人类使用抗菌素的未来恐怕是非常危险的，它必将缔造出任何抗菌素都全然失效的特殊病菌。这就是大规模使用抗菌素的后果，它既对你当下的身体细胞造成些许损害，又对你未来的生存前景造成重大威胁。

我在这里只讲了很少的一点例子，至于医疗与医药方面的其他损害，我们后面慢慢谈。现在姑且从头梳理一下。大家看，人类一切疾病的根基，是由于生物进化过程就是畸变与衰变之病理过程的系统化，因此所有疾病的第一基础是"进化病"；随着人类文明的接续发展，外部适应性环境发生文明化剧烈变迁，致使原来由进化病达成的那个脆弱的生理平衡与之失匹配，我称其为"全面失适应"，由此调动潜在进化病的全面爆发，这叫"文明病"；文明产物之最尖锐的一端，直接作用于人体，继而造成文明病中最率直、最锐利、最苛毒的那类损伤，叫作"医源性疾病"。这就是人类所有疾病的总谱系。

请大家把这个部分听懂。你把这些东西弄明白，你才知道人体是什么、疾病是什么。在这个逻辑序列下，你才能恰当地处理医疗保健问题。你动不动往医院跑，这是一件很荒唐的事情。有一批西方的学者，曾经对多地医院体系的总效用做过一个临机调查：1973年耶路撒冷的医生举行罢医，有一个月不予接诊任何病人，这批学者随即调查耶路撒冷周围的殡仪馆，结果发现这一个月死人数量减少50%；三年以后，1976年哥伦比亚首都波哥大，医生罢医五十二天，有人调查周边所有的殡仪馆，结果发现死亡人数下降35%；同年，美国洛杉矶医生怠医，所谓怠医就是一般的病不看，但是对于急诊病例继续接诊，大概一个多月，结果洛杉矶周围殡仪馆的送尸量减低18%。

这一组数据着实令人错愕。若然，请你想想，你随便就往医院跑是干什么去了？几乎无异于找死去了！我绝没有诋毁医院的含义，我只是想告诉大家医源性疾病的严峻程度。我讲这些是想说明，你唯有在这样一个自然物演序列上，你才能看清人体是什么、生理是什么、病理是什么、疾病是什么。你把这些东西在基础理念上搞清楚，在哲理高度上整明白，我们后面所有的问题才有讨论的余地。好，我们今天上午的课到此结束。

中医的基本素质：守护原生态

我们下面略谈一点中医、西医问题和养生保健问题。

我在这里谈中医，不谈细节，只谈"逻辑梗概"以及它的"文明史定位"，这一点，我事先声明。关于中医，在中国是一个非常敏感的话题，通常会引起很大的争论。中国近代史是一场屈辱的历史，然后中国现代史是以否定传统文化为开端的。不清理传统文化，中国的第二次社会大转型，即从农业文明向工商业文明转型就非常困难。因此，在那个阶段，中国的时髦文化形态表现为对传统文化的全面否定，这在当时是有道理的，但是也在很大程度上委屈了中医。

我们先看一下民国时代。当时整个学术界，包括那些文化巨匠，他们对中医的普遍评价基本上都是非常负面的，直到现在也大抵如此。比如鲁迅，他就说"中医不过是一种有意或无意的骗子"；比如郭沫若，他说"国医治好的病，反正都是自己会好的病"，然后他又说，"中医和我没缘，我敢说我一直到死绝不会麻烦中国郎中的"；李敖他说，"中国历史上根本没有真正的医学"，所谓中医只不过是"巫医"而已；严复认为，中医缺乏实际观察和逻辑推理，将中医、中医药归为风水、星象算命一类的方术；陈独秀说："中医既不解人身之构造，复不事药性之分析，惟知附会五行生克、寒热阴阳之说"；梁漱溟，他算得民国时候的新儒学派，对中医都不给好评，他说"中国说有医学，其实还是手艺，十个医生有十种不同的药方，并且可以十分悬殊，因为所治的病同能治的病，都是没有客观凭准的。"……

我们会发现，近现代的学者，对中医基本上都持否定态度。我前面讲了，这是因为近代社会转型，不得不清理批判传统文化的时代氛围所致。

那么，究竟应该给中医一个怎样的评价才算恰当，我眼下只在逻辑的梳理上做出大致说明。首先，我们要确认，中医不是科学。我一说这句话，大家就会觉得我是要攻击中医了，别搞错，我更愿意攻击科学。要知道，人类文化的底层、人类文化的主体全是非科学，科学只不过是近代以降的一种思维方式，或者说是从古希腊哲学延续过来的一脉现代思维方式和学术范式，它在人类的总知识量中只占极小比例。

人类数千年文明史大都处在前科学时代，也就是哥白尼以前、牛顿以前的时代。那时人类的文化生存，或者说人类的文化维护生存效应，由什么来承担？全都由非科学一肩挑起。因此，非科学文化才是人类文化的主体。并且相对于科学文化而言，非科学文化通常更柔和、更舒缓，而科学文化倒显得十分暴烈，比如它足以造出毁灭人类的原子弹等等。因此，我们一定要在人类文明史和人类思想史上搞清楚科学与非科学的关系——人类文化的主体是非科学，科学只不过是人类文化发展到近现代的一个塔尖状或尖端状存在形态。

中医无疑是人类最原始的医学，是科学时代以前的医学，它当然属于非科学。所以，说中医是非科学一点都没有诬蔑它，在某种程度上还是抬举它。如果一个人特别迷信科学，偏要把中医说成是科学，那么他反而把中医搞成伪科学了，那才是真正糟蹋了中医。那些科学崇拜狂者，或者说是科学教的信徒，他们评价中医，要么拼命地把中医往科学上附会，要么就攻击中医，只有他们才会走向这样两个极端。所以请记住，中医是非科学，这是最恰当的评价。不要把它装扮成伪科学，这是善待它，或者是不至于作践它的一个特别需要小心的雷区。

说到底，中医实际上是什么？它是人类最原始的医药保健体系，它的高明（其实是"低明"）和美妙正在于它的原始性和幼稚性。请大家听懂我的这个思路：人类早年文明化以前，或者文明初萌之时，文明病尚没有大幅度调动，人类基本上没有多少疾病，险恶的暴病更是少之又少。由于人体是一个衰变进化的产物，因此他的生理波动，是一个不断发生的过程。波动失衡是常态，稳定平衡是非常态。因此轻微的生理波动，或者在症状上、感觉上，产生轻微的不适，是人类这个生命载体的一般正常状态。

那么，古人只在这个状态上有所谓的生病。于是人类早年在寻求食物的过程中，也就顺便寻求相应的医疗处理和草药筛选，这叫"神农尝百草"。亦即农业发展过程，同时就是医药行业的发展过程。所以中国自古"药膳不分"，吃饭和吃药是一回事。他所说的"药"是什么？全是自然界现成的东西，绝不需要化学提炼，因此它跟当时人类的自然生态相匹配。

请注意，我前面用过一个词项叫"文明生态"。我说人类的有机体是亿万年根据自然选择，形成的一个"病态畸变平衡系统"，他面对自然界是相对适应的。他面对自然生态而潜行进化，疾病是不被调动的；但他面对文明生态、非自然生态，各种进化病根就会被大规模调动，原因是"全面失适应"。

在史前原始阶段，文明尚未暴涨起来，我们人类的生存方式与野生动物无异。那个时候，人体的生理运行是动态平衡的，疾病显发的情况非常少见，偶有病情也比较缓和。中医在这样的"自然生态"下，以"自然方式"来对抗这个轻微的生理波动和不适，这就是中医早年对人体产生有效维护作用的道理所在，这也是中医的全部价值所在。当年中医所维护的是什么？不是治病，只不过是调节生理秩序！用今天的话说，只不过是调整免疫平衡。

所以你读《黄帝内经》，它会说一句话："不治已病治未病，不治已乱治未乱。"就是我不治你已经爆发的病患，我治你还没有调动起来的病前不适，这叫"不治已病治未病"；我不治你已经扰乱了的那个生理秩序，我治你尚未全面失衡的那个常态波动，这叫"不治已乱治未乱"。你大病兀起、乱象丛生，这不在我中医的观照范围之内。

再则请大家注意，我们把传统医学叫作"中医"是有失恰当的。严格地讲，它只不过是人类文明初期的原始低端医学之通例。我们看一个事实，试问"西医"从哪儿来？从古希腊、古罗马一路走来。审视一下古希腊、古罗马的医学，古希腊最著名的医生——希波克拉底，他曾经写过一本书《论风、水和地方》。他在书中明确讲："寄希望于自然"。也就是说自然对人体的扰动才是一切疾病之源，处理人跟自然生态的平衡关系，才是医生要干的事情。这和中医的看法岂不是完全一样吗？因此他行医看病，先看你的生活环境和当地习俗。古希腊哲学家恩培多克勒提出"水、土、火、气"的四根说、四行说或者四元素说，一直到亚里士多德都坚持这种看法，希波克拉底也抱以同样观点，他认为，人就是由自然界中的这些基本物质构成的，因此他把人体又分成四种状态，叫作"体液学说"，他说人体是由"血液、黏液、黄胆汁和黑胆汁"构成的，四种体液在人体内的比例不同，形成了人的不同气质。他的这个说法被后来著名的古罗马医学家盖伦所继承。

盖伦要比希波克拉底迟上几百年，已经是公元二世纪的人物，盖伦借助于希波克拉底的"四体液论"以及"多血质、黏液质、胆汁质和抑郁质（也就是黑胆汁质）"的对应性称谓，作为人体生理或病态体质的分型方式，并运用与希波克拉底非常相似的"自然疗法"来行医诊病，由此建立了早期西方医学的理论及实践基础。

而且大家再看，公元二世纪是什么时候？是中国的汉代。要知道，中医真正成熟起来，时间就在两汉，《黄帝内经》实际上是汉代的作品。看看盖伦，他的治疗用的是什么？跟中医完全一样：植物药五百四十多种、动物药一百八十种、矿物药约一百种。你查阅一下汉代的本草记录，几乎连数量都完全一致，对照中国两汉时候的草药、矿物药、动物药，其物类及数量都如出一辙！

而且盖伦当年也用针灸，只是名称不叫"针灸"。其实人类古代没有针灸，所以你看，中国的古代叫"针砭"，"砭"（biān）这个字，左半部是一个石字偏旁，指带尖的石头。早年的针灸是什么？人类那时造不了金属针，就拿一块带尖的石头敲击穴位。要知道，盖伦也干这件事，情形似乎一模一样。我在讲什么？我在讲古希腊、古罗马的"中医"！这不是很荒唐吗？它不叫"中医"，它叫"人类原始医学"，请大家把概念搞清楚。

那么，为什么我们今天把它叫"中医"？它为什么具有了跟人类其他地方的原始医学不同的特征？其实这个特征就是不进步、不发展，让它一直保持原始禁锢状态或半原始、半禁锢状态，然后等到近代"西医"侵入中国，它才变成了所谓的"中医"。我前面讲中国文化是什么？是一个封闭地貌下的原始农耕基地。这个封闭地貌使得民族扰攘和文化交流发生阻隔，于是它就把人类最原始的文明思想和文化，在不受外来冲击和干扰的情况下，精雕细琢数千年而不辍，这就叫中国传统文化。我们也可以说它是人类原始文化的僵化态，我们也可以说它是人类原始文化的幼稚老成现象，如果不用这些贬义词，那么我们换成另一个说法：它是人类原始文化历经数千年精雕细琢的产物。

换言之，中医跟世界上其他地方的原始医学之唯一不同，就在于它经过了数千年的精雕细琢。所以中医在当年是非常合理的，而且它比世界上任何地方的原始医学都更精致、更发达，理论编织得更为清晰，积累的经验及其效果也更多、更好。尽管那个时代的思维方式是非科学的，非科学的思维方式只能处理较小的信息量，但请注意，那个时代本就是个信息量偏小的时代，因此当年的中医不管是从理论上看，还是从实践上看，它都跟当时人类的生存状况是相互匹配的，是恰到好处的医学，有效地维护了人类高度文明以前之数千年东亚居民的健康生存。

其实科学这个思维范式，它也同样不是真理。我前面课上一再讲，人类永远得不到真理，科学只不过是能够处理更大信息量的一个思维方式或学术范式，仅此而已。中医照例算不得真理。面对今天大信息量的社会演动，面对文明的恶性发展，面对文明病的大规模烈性调动，中医随之失匹配，随之显出式微衰落之态，当不是理所当然？！这就是中医的历史定位，我想我已经说得很清楚了。这就是我对中医最基本的看法。

可是我们也必须承认，这个"自然疗法"，这个跟原始生态相匹配的医药体系，只能是在那个时代、那个生存环境下，它才适当、它才有效。希波克拉底把它称为"自然疗法"，这是对"中医"或者对"人类原始医学"最恰当的表述。因为人类当时生活在自然生态中，于是对应的就是轻微的疾病和生理波动的不适，于是对应的就是"自然疗法"。

中医里疾病分类怎么讲？讲的全是自然环境变化给身体带来的影响。那时的病种是很少的，你看古老的中医文献，它所涉及的病例，无非是自然环境波动造成的生理不适：比如"伤寒"，是指你受寒伤身了。今天西医上所谓的伤寒，那可是个烈性传染病，指由伤寒杆菌所引起的累及肝、脾以及肠道等多器官损害的重症，可能带来肠穿孔的致命后果。今天西医上所讲的伤寒，跟中医当年所讲的伤寒，完全不是一回事，请大家务必搞清楚。古代中医所讲的伤寒病，就是你身体受寒所引起的轻微不适。

再下来看"风湿"。古代中医所讲的"风湿"就是你受风吹了、受潮湿了，它跟今天西医上的那个"风湿病"可全然是两码事。西医上的风湿病是指乙型溶血性链球菌感染，由于该菌种的蛋白抗原跟人体自组织的某些分子结构比较接近，由此引起的自体免疫性疾病。也就是自己的免疫系统攻击自己的人体组织，比如心脏瓣膜、比如关节滑膜等，这是现代西医所说的风湿病。它是当年西医传入中国的时候，中国人用这些古老的中医名词翻译命名它所造成的误解。所以，今天西医上所说的风湿病，是一个非常严重的疾病，可能最终形成心力衰竭的后遗症。而当年中医所说的风湿仅仅是受风了、受湿了，是非常轻微的一类环境变化病。

再比如"温病"，无非是指暑热引起的不适；再比如"四时不调"，仅仅是因为季节变化带来的生理波动。诸此病名：伤寒、风湿、温病、四时不调，这就是早期中医所列举出来的疾病，你听一听，它算是疾病吗？放到今天，它都不是疾病，它仅仅是感觉上的不适和生理上的波动，是不是这样？这就是中医当年处理疾病的情形——实乃"未病"或"未乱"之情形。

请想想，你只是在生理波动、轻微不适的层面上处理，你处理的是什么？一个保健状态、一个维护状态、一个防病状态、一个免疫系统的调理状态，不就是这些最基础的养生动作吗？所以中医的伤害程度最低，奠基力度最高，它跟当时的文明初态相匹配，从而最有效地维护了当年人类的自然生存。

中医直到现在还实行"辨症施治"。西医上确定的一个病例，你让不同的中医医师或老中医去看，大抵一人一套说辞、一人一个处方。梁漱溟就讲这件事情，说仅凭这种乱象，中医就是胡扯。但你仔细想想，从遗传学上讲，每一个人是有其个体差异的。同样受寒了、受热了、受风湿了，每一个人的生理反应或者病理反应，一定是不完全一样的。在西医上确定的同一个病种，在中医上诊疗，各人开出的方子有所不同，不说明它混乱，恰恰说明它睿智，恰恰说明它对症，恰恰说明它照顾到了个体差异，不是如此吗？

所以，中医的种种弊端，你今天视其为荒唐，但回到数千年前中医起初发生的那个时代、中医维护原始健康的那个时代，它不是最合理、最适宜的一个维生系统吗？

我在这里讲的意思是，首先搞清中医的文明史定位，因为这个世界是流变的，而且是衰变的，因此中医处在最前期，它一定是衰变程度最低、扭曲程度最低、损害程度最低的。因此在某种程度上，是最好的一种医学。但是反过来，由于它当年是处理低信息量的一个经验模型，它的思维方式，跟我们今天科学时代哲科文化的那个思维方式完全不同。它是怎样的思维形态呢？可谓之"经验类比"模型。它跟哲科思维的那个抽象逻辑模型，完全不是一回事。很早以前，它那个理论模型有效地匹配了微恙治疗的实际需要，所以在当年，甚至在今天，你都不敢破坏它。你今天把中西医结合，把中医的理论换成西医科学理论，那么传统中医药行之有效的经验系统就会散架。所以今天中西医结合式的中医教学方式，在很大程度上反而损害了中医的学说框架及其实践体系。

大家想，人类在远古时代，尤其是中国特定的农业文明时代，他的思维方式是"经验类比"范式。他在这样一个模型下建立了整个中医的理论体系，你今天站在科学精密逻辑的角度上，当然觉得它非常粗糙，粗糙到荒唐的程度。比如中医讲白糖性寒、红糖性热，因为白糖像冰、红糖像火。其实红糖和白糖有什么区别？红糖就是比白糖多了一些杂质，你把红糖提纯就是白糖，所以这种说法，你站在今天的角度看，实在太离谱了，没有任何解释力可言。

例如中医又讲"肝主谋虑"、"胆主决断"、"脾主运化"，你今天觉得这种说法简直是不着边际。你的谋虑在哪儿？你今天知道都在大脑。古代中国人说"心里想"，古希腊人也这样说，为什么？人类那时候不知道思维活动在哪儿进行，发现身体其他部位都是静止的，只有心脏没完没了地跳动，同时发现人的思虑是没有片刻停顿的，于是就认定思想一定是由心脏支配的，全人类早年都这样看待，直到现在，我们平常也不说"脑里想"。

我们今天还说某人胆大、胆小，你的勇敢程度跟你胆囊的大小有什么关系？胆囊是贮存胆汁的地方，肝脏分泌胆汁，胆汁的分泌量很大，每天高达几千毫升。这些胆汁平时不需要，贮存在胆囊里并使之浓缩，仅在食入高油脂食物的时候，胆汁才会排进肠道，起到乳化作用。大家知道脂肪是不溶于水的，你把油倒在水里，油和水是分层的。你如果加入乳化剂，比如胆汁，它就会把脂肪乳化为溶于水的极小颗粒，于是油水混溶而变成乳白色的奶状液体，以利于肠道内膜吸收，这就是胆汁与胆囊的生理作用。它跟你是否决断、是否勇敢有什么关系？什么关系都没有。

脾主运化吗？古人认为脾胃是一个系统，其实脾跟胃一点关系都没有。那么为什么古人总是把脾和胃放在一起说事呢？从动物到人体，剖开肚子看，脾与胃在腹中的位置比较接近，仅此而已。我们今天知道脾脏跟消化系统没有任何关系，它是一个纯粹的免疫器官，根本就不是消化器官。所以你回过头来看，在当代大信息量之背景下，中医的理论几乎全是错的。

我们再往下看。中医讲"怒伤肝、喜伤心、思伤胃、忧伤肺、恐伤骨"，你乍一听似乎很有道理，也符合某些体感经验。比如你发怒了，你右肋下常会疼痛，刚好这是肝区，其实是因为你过度紧张，精神神经兴奋性增加，导致腹肌和肋间肌收缩痉挛造成的；比如"喜伤心"，你突然遇见一件非常高兴的事情，你可能会喜极而泣，状如伤心泪目；比如"思伤胃"，总是处在思考焦虑状态，人就容易消化不良得胃病，就像孔子患有胃下垂一样；"忧伤肺"，指多情善感、天性忧郁者，似乎肺就受到损害了，比如林黛玉；"恐伤骨"，突然碰见一件让你十分恐惧的事情，你就两腿发软，于是你觉得它伤及你的骨骼了。但实际上，这完全是一个瞬时体验或偶然经历，由此建立的经验类推模型，着实没有任何道理。

中医的理论架构，放在今天这个大信息量时代，已完全无法对应契合了，对比当代的解剖学、生理学研究，它立即陷入尴尬之局。可你不要忘了，它是当年低信息量时代的一个颇具贯通性和兼容性的理论模型。你如今站在另一处高点上，借用另一种思维方式反观它，它当然就显得比较拙劣且文不对题似的。

不过，中医的这套理论眼下虽然有些尴尬，但它毕竟积累了几千年的从医经验，精雕细琢数千年而不辍，于是它的治疗有效性、药物关联性及其对症引导方式，恰恰必须在那个看似过时的理论框架下运行。你破坏了那个理论框架，你也就把几千年经验积累形成的有效调用体系废弃了。这就好比多列书架架子上摆放着无数书籍，你要查阅其中某一本书，仅凭胡乱翻腾是行不通的，你必须借助于分类标签、纲目列表的索引，才能找见它。

同样，中医的理论虽然过时了，但它当年是一个经验有效匹配系统的条理与纲目，如果你把它的理论系统破坏了，它的经验调用过程也就紊乱了。这就是为什么章太炎和胡适都承认，中医不善言说，却能治病；然后他们还批评西医，说西医相反，口惠而实不至。

所以你听中医的很多说辞，觉得它荒诞不经，但治疗颇为见效。比如中医讲"脾湿生痰"，说你咳嗽多痰，是因为你脾脏受潮了，然后它选用所谓的"燥脾"药，祛湿以祛痰。脾脏跟你咳嗽、跟你呼吸道疾病有什么关系？用今天的医学理论衡量，这不是乱说一气吗？你咳嗽是因为你支气管内膜被细菌感染，然后支气管内膜的杯状细胞分泌黏液粘附异物，通过微纤毛逆向运动，再通过你的咳嗽气流把它冲出来，咳嗽就是这样一个保护机制。它与脾湿生痰完全不相干，但是它无碍于你把桔梗、贝母、杏仁、前胡这些作用于支气管病灶的药物调动出来，进行有效治疗。

中医讲"肺合皮毛"。说你发烧了，是因为"肺合皮毛"这个关系紊乱了。我们今天知道，这在理论上根本说不通，但是它一点儿都不妨碍你用银花、连翘、麻黄、柴胡这些解表剂去疏解体温。中医讲"肾生骨髓"，我们今天知道，骨髓跟肾脏也没有任何直接关系，但是它一点儿都不妨碍你用那些所谓的补肾壮阳药物去激发性欲。它的诊疗效用跟它的理论架构是自相匹配的，尽管它的理论体系相对于今天的大信息量科学逻辑模型，显得驴唇不对马嘴。

所以你如果站在今天的科学理论范式上攻击中医，处处都能击中要害，中医几乎没有招架之力。可你并不能因此就全盘否定中医，断定中医一无可取。

鲁迅的诋毁与中医的败坏

中医的原始启动，我前面表扬了它；但对于中医的后世发展，我也着实不敢恭维。这里不仅仅是批评中医，我是批评人类文明的发展过程就是堕落败坏过程，中医的变质只不过是它的伴随现象而已。

早年的中医，不是一个商业交换活动。我前面提到，远古时代，族人之间相互照料，用餐过程就是治疗过程，药膳不分。延至中古，文人学子大抵都懂一点中医，所以那时的乡绅知识分子家庭、士大夫家庭，本人或家人得病，通常自己会开方、采药以自治。如果找郎中来看病，医者开了方子，通常是要交给人家验方的，他为什么要让别人验方？是因为古代的文人士大夫都懂点中医，他这么做，是为了让病人家属知道他没有胡乱开方。

随着时代的发展，随着社会的败坏，随着商业化交易的发生，中医也难免败坏之趋势。何况中医一如中国传统文化，历来取保守态度，采信先贤之言，恪守古书之教，一本《黄帝内经》早成千年圣典，导致自身发展停滞，至多是原型微调而无所突破。然而文明病的调动过程却是一路挺进、不可阻遏，这导致中医面对越来越多的文明病、越来越多的烈性病，它其实已经没有应对能力了。我前面讲，它没有应对能力才是正常的，因为它当年的那个初态就是处理非文明病的素质。随着人类文明进入中世纪，人口密集度大规模增加，文明病也大规模出现，此时中医在相当程度上已经无能为力了。可是它又不甘于退出历史舞台，郎中们要找饭吃，于是他们就把中医搞的非常玄乎，把中医变成一门玄学，在那个老旧窠臼里弄出很多鬼名堂，以便于维系中医衰落的变局与危局。

鲁迅抨击中医是"有意或无意的骗子"，你不能说他全是诋毁。大家知道，鲁迅反对中国传统文化中的诸多东西，比如女人的三寸金莲、男人的辫子、父权的蛮横、专制的黑暗等等。他攻击中医也毫不留情，他说中医看病，处置不了就经常给病家开一个你无论如何都找不到的"药引子"。中医用药是需要有药引的，也就是寄望于通过某个玩意能够把药力导引至具体疾病的靶向上去。

古代中医的药引子，最主要的是什么？是酒。所以你看，医这个字的繁体字（醫），上面一个医，底下是一个酒字去掉三点水（酉，甲骨文中示以酒坛）。但是到民国时代，据鲁迅说，他家遇见的医方真可谓无奇不有。鲁迅的父亲久病不愈，鲁迅回忆他从小就经常出入中药铺子，那时他身高都够不见中药铺的柜台，他给父亲抓药不止，几乎耗尽家财，父亲终于还是不治而亡。医生竟然开出过这样的病方药引子，叫"原配的蟋蟀"，就是第一次结婚的那对蟋蟀，如果离婚了、续弦了则无效，即二次婚配不作数，这岂不令人啼笑皆非？

中医做鬼，在中世纪以后，在文明化发展的过程中，变的越来越玄乎、越来越诡异，为了掩盖自己的落伍和无能而无所不用其极，这也是一个不得不承认的历史事实。

你读一下《红楼梦》，可以看出曹雪芹对中医是非常熟悉的，他里面描写癞头和尚、跛足道人给薛宝钗开的一剂神药，名叫"冷香丸"。尽管中医药里实际上没有这个东西，但是曹雪芹能写出这样一副配方，足见他深得中医中药之精义，也深知其中可以操弄的鬼名堂。这个药方由四味药组成：白牡丹、白荷花、白芙蓉、白梅花的花蕊，也就是花粉那个部分，各十二两研磨，并用同年小雨节令的雨、白露节令的露、霜降节令的霜、小雪节令的雪各十二两混合。先把这四味药找齐就很难为了，如果今年小雨节令这一天不下雨，玩完；如果明年白露这一天没有露，又玩完；如果后年霜降那一天不降霜，则再玩完……这种故弄玄虚的方式，曹雪芹写出来，的确是对中医的巧妙讽刺。

这种装神弄鬼的过程是与时俱进的。你读《黄帝内经》，它还比较老实，望闻问切，缺一不可：望病人的气色；闻病人的声音；问病人的病史；最后才是切脉。中世纪以后，高明的医生已经不用"望、闻、问"了，光"切"脉就足够了，而且男人不可触碰女人的身体，给贵妇人看病，不能直接摸人家的脉搏，怎么办？手腕上拴一根丝线，牵出病榻帷帐而遥遥抚之，然后就说他摸见脉象如何如何，那不是瞎扯淡吗？所以说中医随着文明的发展，越来越做鬼，越来越堕落，实在所言不虚，想来它也逃不掉这个结局。

人类早年生态平衡，食料出于自然，病恙极端轻微，所以那个时候得病，吃药是很少的。你看看古代的医方，你翻翻古代的医书，一个药单底下总是写着"三副"、"五剂"之用量，到此为止，很少有没完没了、长期服药的事情。其实中药里面是有大量毒素的，在远古时代由于病患很轻，快速治疗，以毒攻毒，及时停药，这些毒性都是不表达的。

但是今天的中医中药变得十分可怕。要知道传统的中药是没有经过毒性实验的，今天西医所开发的任何一个新药，都必须经过二十六项动物实验，其中包括急性毒性实验和慢性毒性实验。急性毒性实验就是大剂量超百倍给小白鼠用药，看它的近期中毒反应。慢性毒性实验就是给小白鼠或者豚鼠不断地使用微小的正常剂量，即按疗效统计和单位体重配置的剂量，然后观察三年到五年，看它的远期毒性反应。此外还要做致畸实验和致癌实验，致畸实验就是给实验动物做一个受孕模型，再用药观察，看它是否会对胎儿造成畸形反应；致癌实验就是长时间注药，看它会不会引发细胞组织癌变。诸如此类的二十六项动物实验结束之后，还不能上市销售，接着分三期进行临床实验，精选病人，设对照组，一期一期逐步推开，人数由少到多，确保受试者安全，慢慢鉴别疗效和毒副作用，这样谨慎地验证一个新药出来，通常需要五年到十年以上才能完成。

古代的中医何曾做过这件事情？我前面讲过，任何植物都是有毒的，因为要抵抗动物来吃它，它就得不断地在自然进化的过程中增加自己体内的毒素，然后动物提升肝脏解毒能力，二者保持军备竞赛的平衡。因此所有的植物草药，甚至粮食五谷，都是有毒的，这是正常现象。何况中医还专门选用一些含有剧毒的植物、矿物和动物，比如蝎子、毒蛇之类作为药源，可是它从来没有做过毒性实验。

我在这里声明一下，近代科学的药物筛查和有效性的比照，中医之所以不做，是因为当年办不到，也不必要。我不是说中医当年就想糊弄人，我一再讲当年不必要，因为那个时候是自然生态，环境无污染，且疾病轻微，药物的服量少、时间短，致人中毒的概率极低。所以古时用药边试边看、偏于轻率，倒也无可厚非。

而今西医观察一个药物的正负效果，它是怎样进行的？叫作"大样本数双盲对照法"。我解释一下这是一个什么方法。先讲什么叫"对照法"，一个药物看它是不是有效，我直接设置一组病人，给他们统一服药，结果病情有所缓解，这是不算数的，因为你没有设立对照组，你怎么知道它不是自然病程的自发缓解？我必须另设一个对照组，把病人随机分成两路进行比照研究：一组病人用这个药，一组病人用安慰剂，让他感觉到他也像是吃药了，借以排除心理影响和暗示效应带来的干扰，同时观察非药物干预情况下的可能变化，这叫"对照实验"。

这还不够，必须再进一步，首先是"单盲对照实验"。我既然把病人分设两组，我就不能让这两组病人知道谁用的是安慰剂、谁用的是治疗药。因为如果病人知道自己的用药情况，比如知道自己用的是淀粉丸子，心理作用就会让他觉得一无效果。于是早期是单盲对照实验，就是病人不知道自己用的是什么药，以后发现这样不行，因为医生知情亦受干扰。医生知道这一组用的是强效药，那一组用的是安慰剂或对照剂，就会不自觉地产生某种主观倾向，一般总是偏向于说用药组的治愈率高。于是从"单盲"改为"双盲"，就是也不让医生知道这两组病人各自的用药区别，这叫"双盲对照实验"。

至此，研究条件仍未满足，因为如果参与实验的病人数量较少，那么在数学统计学上的分析就不能精确，因此它进而要求"大样本数双盲对照"，也就是两个对照观察组的人数量级要足够大，在数学上要有足够显著的统计学分析之差别，即借以判定假设检验结果的P值参数。想想这样的一个操作方式何等严格，这是今天验证某个药物有效与否的最基本的方法。

中医药研究何曾用过这些方法，而且它当年确实也不必要。于是中药里就含有大量的毒素，它在当年不显现，因为人们生活中污染级别很低、疾病很轻，吃药时间较短、药量较少。可今天我们的疾病烈度大大提高，用药剂量和用药时间也大大增加，这些原本富有毒素的药物开始彰显巨大的危害。我举一个例子，比如龙胆泻肝丸，这个成药方子中国已经用了几百年了，从来没有发现它是一剂可怕的毒药。直到前些年，它在中国医疗领域竟然造成数千甚至上万例肾功能衰竭。由于病人中长期服用龙胆泻肝丸，最终导致肾中毒，两肾功能全部被破坏。要知道肾功能衰竭是非常严重的疾病，因为肾损害是不可逆的。他只剩下两个办法来维持生命：要么一辈子坚持血液透析，每个礼拜都得通过外循环设备透析置换血液中的毒素，因为尿毒排不出来；要么进行换肾手术。否则必死无疑。

起初龙胆泻肝丸里有一味植物药名叫"木通"，后来天然木通越采越少，到民国时代逐步换成"关木通"。木通和关木通里都含有一种成分，叫马兜铃酸，关木通的含量比木通更高。马兜铃酸是剧烈的肾毒药，同时带来严重的致癌反应，主要是肝癌和消化道癌症。西方医界做了实验，致癌率极高，动物实验患癌率竟高达百分之五十以上。

我们只拿马兜铃酸这一个毒素做例子。现在调查的结果是，中药里竟然有五十六种草药富含马兜铃酸，有近百种中成药富含马兜铃酸。你今天处于疾病高发时代，经常需要长期大量服用中药，这里暗藏着一个非常可怕的风险——药物中毒。

在西方曾经流行一时的一剂中药方子，名叫"苗条丸"，导致西方一批病人用药以后发生癌症，最终查出来是这个中成药里的马兜铃酸造成的。比如中国治疗白癜风的一个药叫白蚀丸，会引起严重的肝损伤。再比如鱼腥草是一味常用中药，其中富含马兜铃酸酰胺，你如果长期使用则很危险。

云贵川一带有一种食品，名叫折耳根，我不知道在座各位吃过没有，口感非常奇特。我建议大家千万别吃，因为它含有马兜铃酸。英国药品管理部门曾经分析了中国的一个中成药复方芦荟胶囊，居然发现它的重金属汞含量超标上万倍，这个数据太惊人，我有点怀疑我看这个资料的时候是否出错了，也许是这个资料印错了。但至少证明在某些中药里富含重金属。

德国有一个机构，2005年组织了一项耗资数千万欧元的大型针灸临床实验，它分设两组病人，然后做对照实验。针灸实验一组按中医上所说的经络和穴位扎针，另一组不循穴位随机乱扎，然后进行大样本数统计学分析，结果没有显著差别，得出的结论是：针灸疗法及其经络学说缺乏依据。我不是说这项研究足以定论，我只是罗列一个事实。

那么针灸到底效果如何？经络到底是怎么回事？其实我们至今也说不清楚。从现代神经生理学上讲，有一种现象叫"放散干扰"，就是一个神经电脉冲发生的时候，如果你在它旁枝的另一个神经位点上给予刺激，那么这两个神经电脉冲就都会受到某种程度的扰动。我换成一个大家比较容易听明白的说法，比如你头疼，我在你的身体别处予以重击，你的头疼立即减轻甚或消失，即另一个痛感干扰了原有的痛楚。德国方面所做的这个实验，实际上就是放散干扰机制，它表明穴位针灸的治疗作用是可疑的。

穴位与经络是否真有其事？这是一个含混不明的问题。很多中西医学者借助现代科学手段，却从来没有找见经络存在的依据。我上研究生的时候学的是内科心血管，有一位同班同学研习组织胚胎学，他的导师给他指定的论文课题就是探寻经络的微观组织结构，使用最先进的技术方法和设备仪器，包括电子显微镜等来查找经络，结果他苦耗三年，一无结果，到头来未能按时毕业，最后只好另换课题，否则拿不到学位。曾听闻某位中医别有高论，他说经络就像山谷，恰因空旷无物，它才存在。这个说法很妙，可问题在于，我们在经络两边，也没有找见类似山体的证据。我那位研究生同学和导师提出各种假设，做了广泛研究，他们甚至想到"嗜碱性粒细胞或肥大细胞"是不是在经络线上排布，这个话题说起来非常复杂。总之是殚精竭虑，终于仍未找见经络。

我不是想攻击中医，我只是想说明，你用今天的科学范式面对中医的理论，面对中医的结构体系，面对中医现代医药效果的评价，它一定发生严重的冲突。既然中医在自然生态下只是调节人类的生理不适，那么它对现代文明病不具有治疗效力，或者不具有明显的治疗效果，就是非常正当的，就是理所当然的。

我举例子，当然我这些例子近似于开玩笑，因为这都是中国古代小说上的话题，不过它也能说明一点问题。比如《三国演义》里讲"三气周瑜"，说周瑜被孔明气死了。你如果读《三国志》，根本就没这回事，完全是罗贯中瞎编。人再生气也不会吐血，"生气"一词本就不确，它只是一种"恼怒的意念"，这意念会撑破血管？哪个人不发怒？你啥时候见过怒而吐血的？吐血是什么原因？是肝硬化导致食道下端静脉曲张，然后受损静脉破裂，才会有大量的鲜血吐出。周瑜如果吐血不止，表明他是肝硬化病人，跟他生气一毛钱关系也没有。周瑜该算是上等人物吧？如果中医中药有效，何至于让他肝病迁延。

再比如清朝第一任皇帝，顺治帝和他的宠妾董爱妃，双双得天花而毙命，中医能治吗？贵为皇帝也治不了。如今天花已绝，用疫苗从根本上灭掉了这个烈性传染病。再比如红楼人物林黛玉，你仔细看她的症状，曹雪芹写的非常精到，午后潮热、面色红润、夜间盗汗、咳嗽不止，什么病？一望而知是肺结核，中医能治吗？林黛玉该算是贵族名媛吧？整日汤药不断，到底还是治不了。直至上世纪五十年代链霉素传入中国以前，得肺结核病，那时候叫肺痨，跟今天得癌症一样，令人闻之色变，要么你自愈，要么你等死，中医是没有任何办法的。直到链霉素、异烟肼这些西药出现，这个病才得到有效控制。

所以，必须承认，中医对人类文明化以后调动出来的暴烈的文明病，它基本没有治疗效力，或者至少治疗能力偏差，此乃理所当然，也是基本事实。我们今天看到有些中医宣传，说他能治癌症，我觉得可信度很低。如果中医能治癌症，中国早就是无癌国度了，何必弄出个走私印度仿制药的"药神"来。须知攻克癌症是今天医学上的重大难题，到现在，世界上的任何医学，不管是中医、藏医还是西医，根本就拿不出像样的办法。

我简单说一下癌症。癌细胞也叫"间变细胞"，回想我今天早上讲"间变物种"，什么叫"间变"？中间演变的不确定状态是也。所谓癌症或恶性肿瘤就是高分化细胞比如上皮细胞、神经细胞、肝细胞、肌肉细胞等退变为低分化细胞的别称。它们最初都是由受精卵和干细胞发育而来的。最初的受精卵和干细胞等，我们把它们叫做作原始低分化细胞，把后来分化的高度变异的功能细胞，叫高分化细胞。生物进化的过程中，最原始的生物，比如三十八亿年前的单细胞生物，都是低分化细胞状态，在组成一个多细胞有机体系统的畸变过程中，细胞不断向高分化方向衰变发展。

我前面讲过，分化程度越高的细胞，其生存效力越弱，比如神经元细胞，它已经不能代谢脂肪和蛋白质，也没有再生能力。因此所有高分化细胞都有一种回归低分化状态的内在倾向，这就是为什么进化层级越高级、机体状态越复杂的动物，越容易发生癌症的原因。当然，现代癌症越来越多，也与文明生态失适、严重环境污染、核试辐射增大、免疫素质变态等等因素有关。

那么癌细胞是什么？从高分化细胞向低分化细胞回退过程中的细胞状态，叫间变细胞，就是从高分化阶段逆行于低分化阶段的中间状态。如果它完全回退到低分化状态，那就是恶性肿瘤、恶性程度偏高的癌症；如果它回退到中途，还没有落实到非常原始的位阶，它就是恶性程度偏低的间变细胞。

我说到这儿，大家应该听明白，当你说某人得了癌症的时候，癌症是有巨大区别的，有的癌症，恶性程度偏低，有的癌症，恶性程度偏高，因为它处于回退的间变位置不同，这就是今天癌症治疗非常麻烦，效果差异极大的原因。以至于一个日本的癌症医生、做了一辈子癌症专科治疗的医生，晚年给出这样一个总结，说但凡是治愈了的癌症，都是当年你不加治疗它也不会要命的癌症，但凡最终致死的癌症，是你不管怎么治疗都必死无疑的癌症，所以寻医治癌是白玩、是活受罪。

既然癌症是这样一个状态，其中有一部分确诊病人，肿瘤间变细胞的恶性程度偏低，他甚至会出现自愈倾向，这在一个大样本数的癌症病群中虽然几率不高，但还是时有发生的。所以某些中医说，他曾经治好过某种癌症，你可不要当真，这里面有一大堆问题：第一，癌症诊断是否准确，因为我们经常把不是癌症的病人误诊成癌症；第二，间变位置是什么，因为很多癌症你就是不予治疗，他也活得好好的，你认真去治，倒还把他治死了。所以对那些中医界玄里玄乎的说法，还是多一点头脑、多一点分析为好。

至此我们可以给中医做一个结论了。中医的利弊由其所处的原始地位注定，你若身不由己地进入了凶狠恶毒的高级文明状态，它就不免显得柔弱而幼稚；你若回过神来又想从面目狰狞的现代医疗体系中逃脱，它就悄然焕发出温良而含蓄的魅力和效力。概括言之，中医的效能取决于你的生活方式和生病级别，而不取决于你对它是否爱恨交加，或对它做出何种评价。

关于中西医治疗如何选择，我的看法是，你既不要迷信中医，也不要迷信西医。我的建议如下：第一，恢复自然朴素的生活方式，尽量远离任何形式的医药，不管他说得多么天花乱坠。第二，得了急重症，先找西医看，免得被耽搁，须知这类疾病大多原本就是西方文明或近代文明的产物，可谓解铃还需系铃人。第三，西医确定能治的病，先找西医看，如糖尿病、结核病、外科病等等；中医说起来什么病都能治，但也因此说不清它到底能治什么病。第四，小病微恙、不适难耐，找中医看，因为它原本就属于中医的关照范围，用其温和调理、安慰过渡之效。第五，凡西医不屑于理睬而你又感到十分难受的慢性症状，可以找中医看看，这才是中医的拿手戏，但必须兼以质朴生活方式的配合才会有效。（请注意，我这里的用词是症状，症状和体征是两回事。所谓症状，就是你主观感觉的不适；所谓体征，就是医生客观检查出来的异常。很多症状其实不是疾病，比如梅核气之类，你觉得你的呼吸道老有什么东西堵塞着，像这样的症候很多其实不是疾病，它只是生理波动的不适，或者是某种习惯性的癔病状态，其实根本查不出任何器质性病变。）第六，西医宣判为不治之症的绝症，不妨找中医试试，反正横竖都是一个结果，也许还能碰个运气。

大家听我这样讲，可能会觉得中医没用，其实我一点都不想说中医的坏话，我只是想告诉大家，面对诸多凶恶的现代文明病，中医确实显得太温柔了、太原始了，哲学上可归之于"载体递弱而其有关属性却代偿不足"之状态。

西医简史：与病态文明的趋势一致

我们下面简单看一下西医发展史，我用最粗略的方式做一个提纲性说明。

大家知道，古埃及人曾经大量制作木乃伊，也就是人死之后，将其尸体洁净化、干燥化，以备长期防腐保留。因为那个时候认为灵魂是轮回的，保留尸体躯壳，生命有望重生。要做木乃伊，必须把内脏全部掏空，既然有这样一番操作，按道理，古埃及的人体解剖学知识应该非常先进，可是我们在古埃及文献中，没有见到解剖学的任何研究进展。

中国，包括古希腊、古罗马那个时代的原始医学，我前面讲过都是自然疗法，使用的都是植物药、动物药、矿物药，因此它们的治疗方式是非常接近的。在远古时代，希波克拉底就可以做骨折牵引和开颅手术，传说华佗甚至发明了麻沸散，也已经能够做一些外科手术。

到盖伦，我前面提过的古罗马医学家，他实际上仍然还跟中医是一个对齐状态，只不过他在理论上有了更多的追究。比如他曾经用近似科学的方式讨论血液循环，他已经发现人体肠道中所有的营养是通过肠道血管吸收的，这些血管集束为"门静脉"抵达肝脏，从而意识到肠道血液携带营养进入肝脏，而肝脏是一个人体化工厂……这些东西他都有所发现。盖伦甚至发现心室间隔缺损，但是他解释不了血液是怎样运行的，他认为血液从肠道出来，经过肝脏，最终弥散了、被吸收了。

直到十六、十七世纪，比哥白尼那个时代稍晚，西方出现一个重要人物，名叫威廉·哈维，后人称其为医学界的哥白尼，他第一次揭示了血液循环的生理机制。大家注意，这个时间已经很迟了，我在这里想说明，中医直到中世纪还比西医要高明得多。当时，西方医学能处理的疾病是很少的，而且处理的方式颇为荒唐。比如大小病来了都是放血，认为是血中毒了。各位可知道华盛顿是怎么死的吗？得了一个未必严重的病患，找来医生，只会放血，一次一次、没完没了地重复操作，结果弄成大失血，硬生生把华盛顿整死了。这就是当年的西医，水平极差。而中世纪时候的中医已经是一个完善的治疗体系，所以直到十七世纪哈维出现以前，西医的总体状况着实不值一提。

哈维第一次研究血液循环，写了一本名著《心血运动论》。其实达芬奇早就已经发现心脏有四个腔：两个心房、两个心室，它们之间有一种运动协调关系。哈维研究发现，血液从心脏泵出，进入动脉，然后在机体组织间消失，最终莫名其妙地又从静脉返回心脏。当年看不到毛细血管，哈维在逻辑上推导，认为应该有某种微循环存在。请注意，这种缔造前导性逻辑模型的方式是科学活动的初步。哈维推想，动脉血液消失之处，必是一个连接并回返静脉的血循新源头。血液运行是以心脏为泵所进行的一个封闭循环系统，这个循环系统分为两个贯通路径：体循环和肺循环。只是他当时找不见证据，那个时候显微镜尚未问世，肉眼看不见毛细血管，他创立了这个构想，默然离世。哈维死后四年，显微镜出现，毛细血管终于呈现，哈维学说得到确证，这个时候人体生理学和医学才开始奠定在科学基础之上。

此后一系列新进展层出不穷。1816年发明听诊器；1846年发明乙醚麻醉剂；1856年巴斯德发现致病微生物，并首次发明疫苗；1895年伦琴发现X光；同时各种化学药物分头登上历史舞台，直到1928年弗莱明发现青霉素。可见现代医学乃是最近二三百年才开始逐步推展开来，迄今已成为一个相对成熟的庞然大物，也成为一个路径依赖的自运转体系。

我把中西医的总体发展脉络给大家做了一个简单交代，可以看出它们其实是一脉相承的，或者更准确地说，是一条脉络、两端各表的情形，东方自古一路滞蹇，西方近代顺延发力。抛开东西方文化的内质差别，它实际上表达的是这样一项自然规定：随着文明社会的自发演动，文明病必然被大规模调动，由此逼迫着医疗方式、医药方式也不得不相应地发生全面进化与变形。这场演变的前期留守形态就是所谓的中医，这场演变的后期表观载体就是所谓的西医。时至今日，我可以把它总结为如下状态：

第一，诊断精细化，以与文明存态的病种递增相适应。即是说，古代的疾病种类是非常之少的，诊治过程也就相应简易；今天的诊断方法变得日益复杂化，是因为文明进程调动了大量潜在的进化病，使得固有的隐性疾病呈显性发作态势。如今显发疾病的数量已经从远古时代的个位数迅速暴涨至五位数以上，于是你的鉴别诊断当然得精细化。

第二，治疗综合化，以与干涉疾病的手段增多相适应。因为很多文明病都是暴烈疾病，是古代不会发生的恶疾，你用一般温和的方式根本无法治疗，于是各种化学药物、手术切割、放射疗法、器官置换等层层介入和叠加，这叫治疗综合化。但这类治疗全都是损伤性的，都有不易觉察的副作用，化学药物会引起深度中毒，手术治疗会带来器官功能减损和机体平衡破坏，所以常常治一病而引出后面十病继发。比如你得甲状腺功能亢进，简称甲亢，他怎么治？他要把你的一块甲状腺切除，或者注入微量放射性碘，把一部分甲状腺组织破坏掉，但随之可能引起甲状腺功能低下，导致黏液性水肿、甲低型心脏病、畏寒、消沉、精神萎靡，甚至造成原有激素分泌系统的平衡失调。西医就是这种治疗方式，它会带出一系列你在住院当时根本无法预判的后果，所以它的整个疗程不得不综合化。

第三，药品化学化，以与病情发展的猛烈突进相适应。现代药物都是化学合成剂，其中很多都是自然界里不存在的人工产物，你的生理对它根本没有适应性。这些药物一方面帮助你祛除疾病，但另一方面有力地摧残你的生理系统。你急于治病，根本顾不及它对你的潜在损伤，治疗过程同时就是损伤过程和下一期疾病的铺垫过程。

第四，观念无菌化，以与粗暴手术的人体开放相适应。我们今天外科手术治疗不断，开颅、开胸、开腹，这些部位原都是密闭腔，细菌异物绝不能进入。一旦你做手术，立马对细菌微生物开放，结果不免引起各种感染，因此你只好用无菌观念来处理，变成一个非常复杂的高危操作系统。

第五，抗菌广谱化，以与耐药菌株的复合感染相适应。我们今天用抗菌素，越用把细菌变异速度催生得越快，细菌对药物的耐受性越来越高，原有的抗菌素逐步失效。于是你得选用越来越烈性的抗菌素，且抗菌谱系越来越宽，致使人类缔造抗菌素和细菌变异耐受抗菌素，两者之间展开一轮又一轮军备竞赛。人类最终必然失败，因为细菌的变异速度极高，适应性极强，而人类目前已经快把抗菌素的品种搜罗穷尽了。

第六，消毒扩大化，以与劣质脆弱的人工生态相适应。我们今天处处消毒，我们吃的大量成品食物中都含有防腐剂，这些东西都是毒药，可你今天能没有吗？古人怎么吃饭？地头上种的东西摘回去就吃，所以他不用贮藏，不必长途运输，也根本不需要冰箱。可是现如今，你吃的东西是几百上千公里以外的货物，它要经过运输、储存、批发、零售等一系列拖延，因此你从来吃不到新鲜食品。所以食品全部得经过化学处理、得经过防腐处理、得经过消毒处理，这使得你今天的食料中含有大量毒素，而你却没有任何办法逃避它。

第七，药物日常化，以与现代饮食的营养失调相适应。我们今天吃药跟吃饭一样，根本就缺不了。我举一个例子，我们今天一方面营养过度，因为食品中的能量富集度太高，比如小麦、大米等粮食，其中碳水化合物的热量远远超过自然产物的比例。你在古代怎么可能有这样充足的高能量食品？再加上你今天的劳动量、体力输出量极低，因此你的进食总量趋于缩减。你可知道一只猿类一天要吃多少食物？树叶、果实、肉类，一只成年猿一天要吃十到四十公斤食品。而我们今天，一个人即使保证一日三餐，才吃一点点精食物，由此造成既营养过度，又营养不良的悖反局面，是不是这样？矿物质、微量元素、维生素等明显缺失，所以你一方面能量入超，一方面还营养不全，那该怎么办？你只好补服维生素和微量元素复合剂，吃药成为必需、成为常态。可是你吃的这些药物都是有毒的，因为维生素是化学合成的，即使它在化学构型上雷同，它在提取方式上、合成序列中，毕竟是一个毒化加工过程。而且你以化学富集方式吃药，本来人体只需要微量摄入，你今天大量地或者集中量地给予，会造成冲击性或累积性中毒效果。因此你眼下想找见自然态的生理平衡，已经变得十分困难。

第八，医疗系统化，以与整个社会的健康沦丧相适应。我前面讲过，进化病、文明病由于全面失适应而被调动，今天人类整体已经处于亚健康状态，所以每个人都是潜在的病人。现在医院人满为患，是社会上拥挤程度最高的地方。大家知道古代是什么样子吗？叫游方郎中，医生敲着拨浪鼓到处寻找病人，都未必找得见；今天各大医院的病人能把医生挤破头。这是现代医疗对现代文明无可奈何的发展匹配状态。

所以当我前面讲你对中医和西医都不要迷信的时候，我的用意是说，中医，它是人类最温和的原始医疗保障系统，它在今天文明高度发育、疾病充分调动的情况下显得失效，它在高信息量时代显得低信息量失配，其所整顿的理论模型失去解释力，都是非常正常的。但当前所谓科学化的西医，它在给你治病的同时，也给你带来远比中医更大的损害，因此面对西医诊疗，你更要特别小心谨慎才对。

寿命问题与养生保健原则

如果大家听明白我前面讲课的逻辑关系，那么你就应该听出来，我说中医是原始生态匹配型，西医是暴烈文明匹配型，我对中医和西医均给以褒贬兼半的批判态度。

可能有人不同意我这个观点，坚持进步论观念，认为医学发展是人类的福祉。他可以拿出一个很强硬的证据——人类平均寿命大大延长。那么我下面就讨论一下什么是寿命。大家首先要明白，在生物学上，寿命是指生物的生殖交替状态或生殖接续规定，亦谓之"寿限"。我们今天把寿命问题可以分成两部分来谈，一部分叫"天然寿命"，一部分叫"科技寿命"。这话是什么意思呢？

我们先谈什么是天然寿命。人类在文明化以前，科技高度发展以前，平均寿命大约是三十九岁左右。当然这个寿命包括自然状态下，婴幼儿成活率极低，所以运气好的人活过中年，活个五六十岁，在古代也是常见的。但人活七十古来稀，平均寿命三十九岁，这才是人类真正应有的寿命。比如类人猿黑猩猩、大猩猩，平均寿命三十七岁，这叫天然寿命。

那么寿命的概念是什么？我为什么说它是生殖交替的自然规定？所谓寿命是这样一个意思，生物学上是指亲代成年性成熟之际，在其生育力最强的时段生出后代，把它们养育到性成熟那一天，"亲本"，也就是父亲母亲，你就得死亡，你必须让位，以便给子代留出生存空间。为什么？因为我前面讲过，生物的生殖潜能远远大于生物的现实生存量，也就是说生物生存最主要的受限要素是自然生存资源的多寡。父母亲本这一代，如果他盛年养育的孩子已经性成熟，他还赖着不肯弃世，那就意味着他要跟繁殖力更强、生命力更旺的子代争夺资源。那么这个物种在自然状态下就会处于延续劣势，就会被自然选择淘汰。

所以天然寿命，我再重复一遍，是亲代在生育旺盛期养育的孩子达到性成熟，亲代就得死亡，这就是寿命。

比如人类十四岁到十六岁性成熟，你的旺盛生殖期大约有十年，即至二十五岁左右，这个时段你生出孩子，再将其养到性成熟。就算你二十四五岁生最后一个孩子，到你三十九岁，孩子也十四五岁了，性成熟了，这就是人类平均寿命不足四十岁的原因。请大家听明白，如果这个时候亲代还坚挺不死，便会对该物种的系统生存造成危害，会导致这个物种快速灭绝。因为你已经过了最佳生育期，你的生殖能力减退了，你还在那里胡吃乱喝、苟延残喘，无异于剥夺子代儿孙的生存权。所以请大家理解寿命的含义。

但是，由于生物的生存环境不是一个平衡稳定系统，而是一个变数很大的波动系统，因此人类以及任何动物的生理功能，都是有大量储备的，这叫器官功能储备。我举个例子，比如你心脏的血液排出量，在正常情况下，也就是你静息状态下或轻微活动状态下，你心脏每分钟的排出量约为五升。可是你如果做剧烈运动，长跑、追猎、农耕、劳作，这个时候心脏每分钟排出量暴涨到三十升左右，增加五六倍，这个多出五升以上的倍数，叫心脏功能储备。我们所有脏器都有这种储备，比如两侧肺，把一侧肺切除，你绝不会出现呼吸困难。比如两个肾，摘取一个肾捐献给别人，剩下一个肾绝不会让你得尿毒症，这都叫功能储备。

人类的寿命也有一个预防环境波动的储备。我这样讲，在医学上不严格，我是为了让大家理解，你可以把它姑且理解为寿命储备。这个储备是不能随意调动的，就像所有的脏器功能储备，你是不能随意调动的一样。你如果总是处在功能储备的过度调动状态，你是在作贱自己。比如你拼命地长跑，整天跑马拉松，可能引发猝死的风险。也就是说，过度调动功能储备最终是一个有害的结局。

人类今天用科技方式大规模调动的正是天然寿命不该有的那个储备部分。表面上看是好事，实质上对人类这个物种构成远期危害。请想想，它必然使衰老人口的数量增加，使人类对生存资源的竞争更趋烈化，使人类文明的发展紧迫感更强。而且还有一个麻烦，大家可知道自然选择是怎样淘汰劣势生物的吗？它是在生殖期以前筛离淘汰，生殖期以后甩手不管。这句话是什么意思呢？所有的病患都与遗传素质有关，若在生殖期以前该病体被剪除，则可避免此病传给后代。所以通过自然选择，生殖期以前一些生理上不匹配的病态变异会被逐步剔除，这就是病理畸变发展过程的叠加化、系统化和有序化得以建构的原因。

反之，生殖期以后你得再严重的疾病，对物种的繁衍已经没有影响，因此也不在自然选择和自然淘汰的可行范围之内。这就导致所有生物，尤其是人类，出现"年老多病"的普遍现象。因为一般动物只要见子代性成熟，大多立即以死亡方式退场，这是它的天然寿限，可我们人类今天没完没了地调动寿命，于是那些不被自然选择所淘汰的疾病，在中晚年就大规模地发生。这就是为什么在三十五岁以后，也就是生育旺盛期产出的子代接近性成熟的时候，人类的各种疾病相继爆发的原委。事实上人类的绝大多数疾病的确都发生在这个年龄段之后。

那么，你延长寿命意味着什么？我见到西方学者赋予其一个专用名词，说的很贴切，叫作"病态延长"。就是天然寿命以后，你继续活着，活成了什么状态？无非活病痛、活受罪而已！此之谓"病态延长"。所以人类今天把寿命越提越高，也是疾病越来越多的原因之一。昨天有同学问我的死亡观是什么？我现在可以回答了，我可不想活得太长，我现在死不了，很遗憾，因为它是病态延长。

今天人类想尽办法延长寿命，这是一个非常荒唐的做法，这是一个反自然行为，具有终极戕害效果。请大家想想人类的寿命延长到二百岁、三百岁，而你三十九岁、四十岁以后就是疾病爆发期，你后面活着的时候都是病魔的化身，然后你还挤得那些年轻的生命没有立足之地。地球上爬满了病魔的承载体，这是一个怎样恐怖的局面，它何尝是一桩幸事？

好在我也有点不太相信人类能够无限地调动寿命，尽管有人说人类行将进入科学永生时代、返老还童时代。事实上，从古至今，在医学史上确切的资料里，人类的最高寿命从来没有超过一百一十四岁。所以，即便有一天疯狂的科学把人类平均寿命延长到某个不可思议的高点，请各位记住，它不是什么好事，它是人类行将灭亡的又一个指征。我说这段话，绝没有反对各位追求长寿的意思，贪生之念人皆有之，无可厚非，但它的基本含义就是如此。

我们下面讲养生保健的基本原则。此项内容完全建立在前面的那个逻辑脉络上，你必须听懂前面的课程，才能够理解其后之所谈，或者都不用我多讲，顺延推理就是了。

首先讲饮食作息原则。先说饮食，大家想我们是南方古猿的后裔，我们是植食性动物的传承，我们对于消化植物已经有了上千万年的适应，因此你的食品结构中最基本的层面应该是水果和蔬菜，叫作"果蔬饮食"。因为你对植物的适应期最长，与它最匹配。第二层是肉食，我们作为直立人，在农业文明发生以前，曾经有过长达上百万年的采集狩猎生存史，亦即肉食跟我们的生理系统有上百万年的适应期，所以肉食理应处在仅次于果蔬的第二层。第三层才是粮食，因为我们真正大规模吃粮食顶多五六千年，因此我们跟粮食的匹配关系太过仓促，我们的消化系统、代谢系统面对高碳水化合物的粮食，适应性最差。即使粮食无毒无害，但它与我们的适应匹配关系最薄弱，因此给我们带来最多的问题。我前面讲过，谷胶引起血液黏稠度增高，高糖引起糖尿病，这都跟粮食有关，这个演进理序是非常清楚的。

我顺便谈一下转基因食品。关于转基因食品，民间通识和科学界观点完全相反。专业学界认为转基因食品没有问题，科学实验长时间观察，做动物实验都是无毒无害的。可是社会上的反对声音极大，那么究竟谁对呢？我以为千万不要迷信科学家，因为科学是文明化罪恶的最大载体。科学家也是人，而且是最短视的人，是一个急功近利的既得利益群体。科学家的观点，只是按照当前科学思路与方法所规定的基本实验范式得出的结论，这些结论通常是临时的、切近的、短暂的。放在超出该学科局限的生物演化之大尺度上看，即便转基因食品没有任何毒害作用，由于它在自然界中根本不存在，因此我们人体生理跟它完全没有匹配适应的机会，仅凭这一点它就一定是有害的。就像我们今天享用粮食，粮食本无毒，但如果你以它为主食，就一定会给你带来麻烦是一样的。何况你还不敢保证转基因食品无毒，比如某些转基因食品可以抵抗病虫害，虫都不吃，人何以堪？所以对于专业科学家给出的所谓"科学结论"，我还是希望大家保持一点清醒的头脑。

我的道理很清楚，演化论的匹配关系，把这个东西搞明白，食物层级关系才能恰当地建立。不过我这样讲缺乏现实可行性，因为果蔬蕴含的能量太低，而且需要长个大大的盲肠才能消化蔬菜、草叶里面的纤维素，把它分解为分子量很小的葡萄糖片段。你今天没有盲肠了，只剩下了一小段不中用的阑尾，况且若要榨取草食中的些微能量，必须配之以巨大的进食量，所以你看那些食草动物天天低着头啃嚼不已，你能够天天坐在家里心无旁骛地吞吃蔬菜吗？

还有一个麻烦，今天的蔬菜全是农药、化肥，甚至增熟剂之类乌七八糟的东西催生的产物。今天的水果你都不知道它是怎样搞出来的，点染了哪些化学色素或生长调节剂。你吃得越多，中毒就越多。你不吃，你玩完；你吃，你照样玩完。这真是一件生死两难的事情。我只在逻辑关系上讲清道理，至于这种"无可奈何花落去"的堕落局面，恰恰就是文明进步的必然后果，对此你唯有被动接受。

另外，大家应该记得老子说过"味无味"。请问你见哪个动物吃饭需要调一点儿酱、醋、盐的？食品中加盐、加调料、加香精、加各种各样的调味剂，统统属于自作孽。你跟这些人工造物没有任何自然适应关系，这些东西起初是酿造的，现在越来越转化为化学配制，它的危害是不言而喻的。再则，请记住"不时不食"，这是孔子的原话。什么意思？不是时令作物不吃。孔子当年不完全是这个意思，可能是指不到用餐钟点不吃零食，因为当年还没有反时令的种植技术。我们今天的蔬菜水果，大量是在温室大棚中生产的，你冬天都能吃到西红柿和西瓜。要知道生物是跟着自然节令生长的，如果你破坏它的这个自然生长周期，它就是有毒的。

比如水果，它为什么成熟后是甜的、未成熟的时候是酸涩的？是因为树上长水果，本来的目的只为引诱动物采食，以求帮它传播种子。水果的籽核，动物是无法消化的，动物食后游走四方，在粪便中带出它的种子，帮它播散基因。所以水果长熟的时候，确实是甜美的、是有营养的。可是在此之前，它的种子尚未发育完全，这棵植物是绝不允许动物吃它的，所以它富集毒素，口感也特别酸涩。我讲过，只要是味觉不佳的自然产品，基本上全都是有毒的。也就是没有成熟的植物、水果里面富含大量毒性代谢中间产物，会对人体和动物造成严重损害。今天的大棚菜，它不是按照植物正常生长的自然节令培育的。而凡用人工方式，包括化学药剂、温室调控等把它催熟，它内在的代谢中间产物就会堆积，你吃这些东西是潜含着某些危险的，这叫"不时不食"，不是时令作物，不吃。

再一个"不尝怪异"。现在人们热衷创新已达利令智昏的程度，比如能生产出各种颜色鲜艳的蔬菜，我建议你最好别吃。要知道在生物界有一种现象，任何一个生物，不管是植物还是动物，如果它长得非常艳丽，它通常是有毒的。它是提醒它的天敌或者警示食物链上一级的动物不要侵犯它，这就是鲜艳的虫子、鲜艳的飞蝶、鲜艳的菌菇、鲜艳的植物之真正内涵。于是生物界就出现了一批擅于做鬼的模仿者，它体内其实发育不出有毒素的东西，但是它也把自己长得别具色彩以恐吓其他动物，生物学把这种情况称为"拟态现象"。我在这儿讲什么，我告诉大家特别奇异、特别艳丽的东西很可能是有毒的。所以如果今天有人创新搞出非常怪诞、色彩华美的蔬菜水果，你还是小心一点、躲远一点为好。

再则，当我讲吃肉要比吃粮食更好的时候，我指的是吃野生动物的肉，不过你今天猎食野生动物是违法的，是要坐牢的。什么意思？我前面讲过，因为野生动物脂肪量是很少的，而人类豢养的动物脂肪含量极高。野猪是几乎没有肥肉的，家猪却肥肉裹身；野牛体内罕有肥油，人养的牛，脂肪在红色肌肉里层层分布；同样，野羊瘦削敏捷，试试人养的羊，煮一锅羊肉，半锅都是油。所以你今天吃肉，可跟古人吃肉不是一个概念，你今天吃的肉，可能有相当多的成分会损害你，因为你吃的不是自然界的肉，是人工饲养的肉。今天有人说吃点肥肉有好处，不错，因为即使是野生动物的精瘦肉，它也含有一定比例的脂肪，而且人体需要一部分脂肪作为自己的能量来源。另外有一些维生素如A、D、E、K等，它们是脂溶性维生素，不溶于水，无法吸收，只有同时食用脂肪才能被有效摄入。这就是为什么常听人讲适量吃一点脂肪是有益的，此言成立。

可是你更得明白，在人类数千万年的进化史上，你是不可能大量吃肥肉的，因此过量食入人工豢养的含脂肪量很高的肉类对人体是有严重损害的。有一个事实可以确证，近年来某些医学家前往格陵兰岛考察爱斯基摩人的生活习惯与健康状况，发现这个种族的平均寿命明显偏低，很少有人活过五六十岁。很重要的原因就是他们捕食海豹。由于海豹生活在高寒区，肥胖有利于保持体温，再加上身体多脂肪也有利于水中漂浮，导致爱斯基摩人是典型的高脂饮食。所以当我说吃肉比粮食合适的时候，你也要小心，这跟说今天的蔬菜水果被毒化，你要小心是一个道理。

最后，请记住不能顿顿吃饱，每顿饭只吃六七成足矣。除非是青少年，身体正在发育，体育活动偏多；或者你中年以后劳动强度过大、体力支出过高，你才可以顿顿吃饱。一般人到中年以后，不但每一顿饭不能吃饱，而且不可一日三餐。现在还讲一日三餐是非常错误的。古人活动量有多大？那时一日三餐才成立。要知道你只要饱食终日，必将带来严重的不良后果。我前面讲过，所有动物，包括人类，都是在吃不饱饭的过程中进化而来的，因此找见饥饿感，是健康的第一要素。请想想你一天三顿饭，还能有饥饿感吗？所以中年以后的文职工作者，无论如何一天只能吃两顿饭。我建议大家，仅仅是建议，你要么不吃晚饭，要么不吃早餐。有人说不吃早餐会得胆囊炎或者胆囊结石，全是瞎掰。这两顿饭还尽量不要岔开，比如中午十二点，吃午饭；早餐在七八点钟，或者不吃早点，晚餐放到下午六七点钟。也就是说你有一顿饭跟下一顿饭间隔的时间一定要超过十六小时。干什么？找见强烈饥饿感。如果你一天之中不拉开足够的空腹时段，没有明显的饥饿感觉，你一定要出麻烦。为什么？因为你在进食以后，你的胰岛 β 细胞分泌胰岛素，而你只有在强烈饥饿之时，胰岛细胞才开始休息，胰岛 α 细胞开始分泌胰高血糖素，胰高血糖素不仅调动储存在细胞内的多余能量，包括糖原和脂肪，而且胰高血糖素的分泌时段是整个身体组织细胞的总修复时间。因此每天必须有真正的持续性饥饿，才是健康之本。请记住你是在饥饿中进化了上千万年，才来到这个世上的，所以你最适应的生理常态是经常保持适度饥饿。

下面我们讲一下作息原则。我前面讲过生物钟，好像是在老子课上讲过，说生物钟的形成源自太阳光照度的影响。人类过去是没有电灯的，也烧不起油灯，因为那个时候没有石油、煤油，烧的都是菜油，所以一般人轻易是不敢点灯的。人类是昼行动物进化而来，因此数千万年来，他的基本生存方式，即从昼行动物演化而来的全过程，都是"日没而息、日出而作"。就是太阳落山天黑了就睡觉，早上四五点天亮了就起床，足足睡够八个小时，我们的生物钟就是按照这个节律运行的。

我们今天由于文明化，制造电灯、制造电视，夜生活延长，很少有人七八点钟就睡觉了。我们的睡眠时间推迟、起床时间推迟，使得亿万年形成的生物钟被扰乱。有学者认为今天人类的大多数恶性病、慢性病，潜在的一个影响因素是由于作息时间失调导致生物钟紊乱造成的，至少它是重要因素之一。因此我建议各位，如果有可能，最好八九点钟就睡觉。不过我想即使我在这儿讲了，也是白讲，恐怕仍然没人能做到。

下面讲体育锻炼原则。"锻炼"这个词听起来很残酷，大家看看"锻炼"这两个字，锻是什么？炼是什么？锻是把烧红的金属拿到砧台上砸击，炼是把金属放在炉子里烧溶，这叫锻炼。古人是从来用不着锻炼的，他的活动量足够。但是今天我们高度文明化，全都是文职工作，坐办公室，活动量大减；然后吃的食品能量极高，造成严重的能量过载。因此今天你确实需要锻炼。但是，什么是最好的锻炼？我们今天生活在城市的人，锻炼方式最主要的就是进健身房，借助一大堆健身器械去活动筋骨。请想想自然界里哪有这些东西？你见过哪个动物在室内器械上玩的？你怎么找见锻炼的平衡，或者叫运动的平衡？即使有再好的教练，在健身房的诸多器械中，让他帮你寻找天然运动的机体平衡点，他永远找不见，因为这实在太复杂了。因此不待说，在逻辑关系上，你要寻找你在进化途中、在上千万年的过程中，自身基本的运动方式，这才是最好的锻炼。是不是这样呢？那么我总结一下，最好的体育锻炼有如下五项：

第一，游泳。为什么？因为三十八亿年的生命史，三十亿年以上全在水里，陆生生物只有四亿三千万年。三十亿年以上所有生物全在海洋里，后来即便是陆生生物，比如我们人类，胎儿时待在哪儿？在水里——羊水里。因此水对于生命最具有亲和力、最具有适应性，也因此首选锻炼方法是游泳。可是今天的游泳出问题了，你去江河里游泳，它全污染了，有人让环保局局长到河里游泳，说如果你敢在河里游泳赏你二十万元钱，环保局局长不敢下水。所以江河游泳玩不成了，你只好到游泳池去，可游泳池像下饺子似的，人太多。大家知道最脏的不是那个看起来浑浊的黄泥水，最脏的是人体分泌物，因为疾病的传染主要是通过同类宿主之间进行的。因此游泳池里就必须加入大量消毒剂，比如漂白粉、次氯酸钠之类。它是什么？是含氯化学剂，释放出刺鼻的氯气。氯气是什么？第一次世界大战最早的化学武器。所以今天你游泳，几近参与化学战，为此只好把游泳项目淘汰。

第二项，登山。大家想我们当年做猴子的时候，何曾生活在平原上，我们都是来自山林中的精灵，所以登山是个特别好的活动。它既远离城市，远离空气污染，又进入绿色植被环境。然后它的活动量容易调节，活动量不足你爬高一点、爬快一点，活动量太过，你爬低一点、爬慢一点。而且四肢平衡运动，身体所有肌肉，包括心脏、肺活量都充分匹配调动，是一个非常复杂的平衡运动形态，因此爬山、登山是个非常好的锻炼。

但是你得回想一下，你当年做猴子的时候怎么登山？你是四脚爬着登山，而你今天是两只脚登山，出问题了。你的体重本来应该落在四肢上，结果现在落在两腿上。而且下山的时候，你有上下两个冲力，上面是你的体重，下面是你脚底反弹的那个反作用力，两个作用力汇集在脆弱的膝盖上，会造成膝关节组织损伤。因此登山运动、爬山游玩，请注意一定要用手杖，而且最好使用双杖，力争做到四肢并用。若是单杖，两手应轮流交替，而且要让手杖真正用上力，下山的每一步都是手杖先行，撑起体重，随后脚才落地。双手持杖、四肢攀爬，这样登山才是良性锻炼。

第三项，走路。我们作为陆生动物，走路是最基本的运动，我们有五百万年以上直立行走的历史，因此它对我们的机体运动平衡和生理适应度很高。不过今天在城市里长时间户外步行有个很大的麻烦，那就是城市空气污染，汽车满街，你在城里走路或者跑步，呼吸的都是汽车尾气。所以我所说的走路，是指到野外徒步，而且要天天坚持，每日万步左右，具体该走多远、该走多快，量力而行。这对城市居民来说有些奢侈，不易做到。

再下来第四项，跑步。因为我们曾经有过相当一段时间处于狩猎生存状态，经常远途追赶猎物，所以跑步是我们适应了上百万年的一个运动方式。但是跑步同样有走路的那个问题，你在城市里跑步不免吸入更多的污染空气，因为这个时候肺活量充分张开，且呼吸急促，换气量明显增加，因此我建议跑步活动也到野外进行。

最后一项，是跳跃。我们做猴子的时候，就不断地在林间跳跃，跳跃是一个全身综合性运动。而且跳跃还有一个好处，就是你跳跃的时候，你的体重是你起跳的障碍，你必须对抗地心引力。因此在跳跃的过程中，你的神经中枢会对你的体重变化产生调节反应，久而久之使得你的体重回归轻盈状态。因此从某种程度上讲，跳跃会影响你的代谢节奏，重整你的代谢平衡，属于中枢性减肥的有效方式，因此跳跃也是一项较好的运动。

大家想想我这个讲法跟什么很像？跟中国古代的五禽戏很像。华佗曾经给古人创造了一套锻炼的方法叫五禽戏，其实就是模仿五种动物的活动方式，这是非常有道理的。而且对于锻炼，大家还要记住一条规定，那就是不能过量。要知道随着年龄的增长，我们的体力是不断衰减的。在自然状态下的所有动物，它的活动量随着年龄增长是逐步减量的。现在很多中老年人，时常参加剧烈体育运动，甚至参加马拉松长跑，认为这是保持健康的一个可行方法，这样做是不对的。随着年龄的增长，体力活动的强度要逐步降低，请记住"过劳者不寿"，现代人类调动的寿命最重要的就来自养尊处优。

就医原则简述

我们下面讲就医原则。不过我得提前声明，我的说法仅供参考。

首先，无病不检查。现在社会上风行体检，有病没病年年定期体检，我很不赞成。为什么？因为动辄体检有害无益。当前医学检测的种类和方法非常复杂，几百项、上千项指标数不胜数。而今天的文明人早就已经沦落为亚健康状态了，身体偶有不适、出现轻微的生理波动本属正常，是晚期进化的常态，你用现代检测的方式筛查，没有人真能完全健康。

而且，什么叫正常指标？它是一个统计学模型，在数学统计学上叫作正态分布，也就是它取大多数人的检测值作为综合指标。而每一个人是有个体差异的，在"钟型分布曲线"上可能处于两端位点，比如总有百分之一、二或百分之三、五的受试对象，他不在那个人为划定的正常范围内。但对他个人而言，这个不正常的参数才是正常的。所以正常指标是一个统计学分布数列，如果你看到自己的某一项检查不符合正常值，就立即去进行治疗，那表示你没有照顾到自己的个体差异，没有搞清楚什么叫正常指标。更讨厌的是，你发现化验单不正常，认为自己有病了，它会给你造成严重的负面心理影响，危害甚至比真有其病更大。

大家知道很多人得癌症，没检查出来以前活蹦乱跳，检查出来后，没过多久就死掉了，吓死了。我们去医院本来大多数都是白受戕害，你居然自投罗网，年年去检查，你不是硬把自己往死地里引吗？所以我的建议是"无病不检查"。就是你有什么症状，只对这个症状进行单项检测，比如突现右肋下疼痛，你怀疑自己得了肝炎或者胆囊结石，那么就只去做肝胆检查，比如肝功能化验、超声波探视，其他各项一律不做，这才是恰当的体检方式。

再者说，各种医学检查，相当一部分是有巨大损害的。我们且不说介入性检查、损伤性检查等，即便是无创检查，比如X光，你做一次透视，它的辐射量是你半年自然辐射量的总和。你拍一张胸片，所承受的辐射量是你一年以上自然辐射量的总和。所以很多检测项目，请记住它是会造成损伤的，是不能随便去做的。没特殊之必要、没不适之感觉，尽量不去做体检，这仅仅是建议。

第二，微恙不用药。小病小灾，根本用不着治疗，属于生理正常波动，人体会自然调适。切记所有药物都是有毒的，大多数情况下药物的毒副作用都可能大于疾病本身之害。

第三，小病不就医。很小的病症，自己稍微调整一下生活方式，它就好转消失了。把睡眠、饮食、作息节奏把握好，比看医生、乱吃药有效得多。因为绝大多数疾病是有自然病程的。

第四，大病不大治。我们今天的病人很恐慌，稍有一点不适就往医院跑，而且小医院还不去，全挤到大医院，寻求尽可能强势的医疗干预。但是大家要知道，医疗过程是非常危险的。现代医疗系统，请你记住它是一个商业系统。医疗系统变成商业买卖，你不能责怪它，你也是商业社会的一员。你干任何事都得挣钱，你怎么能要求医院和医生不图钱财呢？难道让他们全饿死不成？但是商业操作，它的目标就会发生偏移。所以即便得了大病，你到医院寻求救治，由于信息不对称，你可能遭受某种意想不到的严重伤害。

我举一个例子。现在有一种治疗冠心病的方式，叫心脏支架手术。冠心病乃冠状动脉狭窄导致心肌灌注不足与缺血，所谓冠状动脉就是营养心肌、营养心脏的血管，它因动脉硬化而变狭窄。你略微有一点心前区不适，就大惊小怪地跑到医院去了。一进医院，医生给你做造影，冠状动脉造影，让你自己看，你躺在床上，屏幕就摆在你眼前，告诉你，你看你这个血管狭窄75%，你一听，了得？75%都阻塞了！然后，他说需要放置支架，以撑开血管。你连床都下不去，他就开始给你塞支架了，而且尽可能多塞，不知凡几。因为一个支架的成本两三百，卖给你是两三万。

　　大家要知道，我们所有人从四岁开始血管就逐步硬化，到你五六十岁，没有人不是血管硬化，没有人不出现血管局部狭窄。血管内膜是非常光滑的，血液呈液体流动状态，但是又随时可以变成固态。比如你受伤了，血液在伤口局部凝固，从液态变成固态，阻挡血流、阻止失血。为什么能有这种变化？因为血液中有一套凝血机制，分十二个正反馈步骤，能快速把液态血液，变成固态的血凝块。这个激活过程的启动有一个要求，那就是血管壁光滑度遭到破坏。比如身体某部位受伤，血液流到血管破裂处，撞击血小板释放凝血因子，血液十二序列因子一层一层运转，很快让血液凝固。因此血管壁光滑是非常重要的，一旦血管壁受到损伤，血液立即会发生凝固反应。请想想你放一个支架异物进去，即便人造工序做得再平整，也不可能有血管内皮的那个光滑程度，何况它还是一个外来异物，免疫系统会对它产生排异反应，所以它具有非常大的潜在危险。一旦放置支架，正常情况下术后大约有15%的人会发生排异反应，从而造成这一支血管完全报废。就算你不在这10%到15%的人群中，自此你得终生服药、长期服用抗凝剂，也就是让血液的凝固过程持续被干扰，任何时候不敢停药，否则即命悬一线。

　　而你要知道人类从四岁就开始血管硬化，古人三十九岁大多归西，所以一般不会遭逢这种厄运。今天人类把寿命折腾得老长，所有人都逃不掉显性或隐性冠心病。由于它是一个漫长的自然老化过程，所以血管狭窄75%，绝大多数人是没有任何症状和感觉的。下游脏器和肌肉也不会发生严重的缺血和缺氧，它要进展到80%、85%、90%，你才开始逐步出现相关症状。而它要进展到这一步，大约需要十年、二十年，甚至三十年以上。你不懂这一点，75%就已经把你吓慌了，然后支架就放进去了。

本来这个支架可以二十年以后再放，你提前二十年钱交给医院了，麻烦留给自己了。所以看病，大病不大治，尽量取保守疗法，尽量对医疗介入保持警惕是一个非常重要的观念。

最后第五条，绝症不乱治。比如癌症，我前面讲过，至少在今天人类还没有找到有效地治疗癌症的方法。今天癌症治疗的方式非常残酷，先是手术切割，还得大面积扫荡可能已经有癌细胞转移过去的周边淋巴组织，接着放射治疗，再接着化学治疗。请想想治疗癌瘤是个什么情形。癌细胞是低分化细胞，相近于干细胞，它是生命力最强大的细胞，你的化学药物能够杀灭癌细胞，请问你的正常组织细胞能否耐受？所以化疗、放疗这些治疗方法，在理论上就不成立。你企图杀灭的癌细胞比你正常的所有人体细胞都强大得多，你要用那样的强力摧毁癌细胞，它对人体健康和正常细胞的摧残程度是什么样的可想而知，所以这是非常荒唐的治疗方式。

而且我前面讲过，癌症的恶性程度有很大差别，甚至有医学家认为凡是能治的都是不必治的，凡是不能治的，治不治都是非死不可的，所以对癌症究竟应该怎样处理，应该怎样看待绝症，这确实是一个非常值得考究的事情。我不想直接告诉大家应该怎么办，我只说一句话，如果我得深部内脏的恶性肿瘤，我是不会去治疗的。除了对皮肤癌、表浅癌做简单处理，除了对给我带来严重痛苦的癌症进行解除痛苦式治疗，我不会寻求癌症根治。当然这只是我个人的看法，不代表大家就应该这样做。人们现在去治癌症，其实给人类奉献挺多的。因为人类的医学是慢慢摸索着前进的，总得有人甘愿牺牲，让大量的人充做小白鼠，最终才能获得成功，所以你去参与治疗，确实是给人类做出了伟大贡献。

我们下面讲用药原则。

第一，首选老药，慎用新药。我们今天到医院看病，一般医生是怎样处理的？他认为最好的药一定是最新的药，科技程度最高，所以现在的治疗通常都是选用新药。可是请大家按我前述的逻辑想一想，什么药是最好的药？自然物品做药，当属最佳。因为你身体对它有过上百万年的适应，这就是使用中草药的好处所在。越老的药、越旧的药当然科技程度越低下，什么叫科技程度低下？就是越偏向于自然态，就是人为加工的成分越少，换句话说也就是跟你身体匹配度越高、适应度越高。什么叫新药？所谓越新的药就是科技加工介入越深的药，也就是自然界越没有的东西，也就是你身体跟它适应匹配关系越差的东西，是不是这个道理？所以我建议各位用药，但凡老药能治的病，绝不用新药。

首选老药太有道理了，比如拉肚子，能用黄连素，就绝不用氟哌酸，氟哌酸也叫诺氟沙星。要知道沙星类药物副作用极大，现在西方很多国家已经把它列为禁药，不准生产也不准使用，副作用太多，甚至造成跟腱断裂的残疾，虽然人数比例很少；再如发烧，我宁可用阿司匹林，尽量不用其他药。新药是有很高的潜隐性危险的，因为今天即使是西药，研发一个新药经过二十六项动物实验、三期临床观察，历经五到十年，药物本身的长远副作用，或者深在不易发现的远期副作用，医药科学界常常仍然看不出来、发现不了。

我举一个例子，二十世纪五十年代出现一个药品，专门治疗妊娠反应的，这个药的名字叫"反应停"。在临床上用了十几年，到六十年代以后才发现它居然会导致严重的胎儿畸形，叫"海豹胎"。就是孕育的新生儿，没有胳膊腿，手直接长在胸部，脚直接长在腹股沟部，胳膊和腿全然消失，生出来的孩子像个小海豹。发病量极大，始终找不见原因，后来追查，这些胎儿的妈妈全都服用过"反应停"，此时才意识到"反应停"引起严重畸形，该药从此被叫停。我讲这件事的意思就是想告诉各位，新药是具有巨大风险的，即使经过五年、十年的药物研究，很多深在的、潜隐的毒副作用，仍然不足以完全被观察到，这也是建议尽量不用新药的原因之一。

第二，首选缓药，慎用烈药。道理很容易理解：效力越强，毒力自然也越强。不是重病，何必选用烈药？到头来病已消退，药毒依然久久不散，犹如树欲静而风不止，徒然受害罢了。

第三，首选口服，次选肌注，慎用点滴。就是能用口服药则尽量不打针，因为口服给药过程是经过胃肠黏膜屏障梳理过的，它会把某些剧毒成分滞留在肠道内，然后分泌肠液稀释，使之排泄。虽然它吸收较慢、药效较缓，但是它对人体造成的直接冲击性损害较小。倘若病情实在太重了、太急了，那你只好选用肌肉注射，它虽然吸收很快，但毕竟脱离了胃肠免疫屏障的检测，也躲过了肝脏的降解祛毒流程，药物毒素全数保留，直接冲击人体各组织，并最终作用于唯一的排泄通道肾脏，造成肾功能损伤。最可怕的就是静脉输液，大家知道血液循环是一个格外纯净的密闭系统，也是非常敏感的脆弱系统，因为任何东西在透入血液之前早已经通过机体免疫关卡的层层筛查。你突然直接把药物、把液体输入静脉，药物的纯度稍有差池、液体的纯净稍被污染，你就会产生剧烈的全身反应。所以静脉点滴是一个绝不可常规使用的给药途径。今天你到各诊所去看看，连一个小小感冒都经常率然挂上输液点滴，你可要小心，这实在堪称"无知者无畏"的外行愚蠢之举，危害之大无以言表。

第四，短时用药，间断停歇。常听人言"是药三分毒"，其实这话说客气了，许多药表现得毒性悠长、终身为祸。无论是中药、西药，或者是治疗药、保健药，只要它不是惯用食品，你就对它缺乏远期适应。这些东西，人体未能与之建立通畅的排泄机制，即使微量服用，也极易造成体内潴留和毒素富集，因此有必要再度强调尽量缩短用药疗程的重要性。哪怕是得了慢性病，也须间歇给药，比如服药三至五天，间断十至十五天，如此反复循环，以利药毒清泄。对于中药，任何情况下都不应长期服用，否则后悔莫及。我这样讲，难免引来利益相关方的人身攻击，惟望各位同学自珍自重。

最后，第五，补药怪药，切莫乱用。因为所谓补药，其实你搞不清它是什么，医学界也没有人能说清楚它到底补到哪儿了。而且今天的保健药，它在食品范围里，几乎不受药业监管，也不进行严格的动物实验和临床观测，所以你服用它是相当危险的。怪药、奇药，尤其是挂着耸人听闻的名字，或者冠以科学专业术语的幌子，对于这类宣传更是不可轻信。譬如某些动植物激素以及据说是人体自身原有的活性物质，它们要么文不对题，要么就是促进幼体发育的阶段性产物，成年后它从体内消失，表明其已属多余，故遭弃除。如今你老了，反而强加进来，必致反常性的代谢亢奋，甚至引发神经、心率、血压等各方面的系统性波动和紊乱，弄出很多你预想不到的麻烦。具体有哪些药，我就不点名了。

下面我们讨论另一个题目，什么情况下必须就医。这个话题太大太复杂，涉及一大堆鉴别诊断的问题，我想两句话先总结一下。第一，小孩的疾病、儿科病。因为小孩身体发育不全，各器官功能平衡很差，有机体极易受到扰动，所以小孩如果出现明显的发病症候，需要及时就医。老人也是这个状态，如果你企求长寿，又不怕医院折腾你，可以像小孩一样处理；第二，如果你心中无底，不知道你现在得病的情况是什么，请你赶紧去医院。

我说这句话的意思请大家听明白，现代人恐怕都得学一点生理学医学常识，尽量不让自己总是处在恐慌状态。就像现代每个人都会开车，你就必须补习两门知识，第一，机械常识；第二，交通规则。是不是这样？既然这些东西现代人都得学，你凭什么不学一点生理学、病理学、医学基本常识，甚至生物学基本常识，这几乎是现代人必须掌握的一部分知识。因为文明状态下调动的文明病太多，因为文明状态下医药干预产生的麻烦和后果太难以承受，因此掌握一定的人体基础知识和医学常识，我认为是现代人的一个必修课。我建议大家稍微做一些这方面的学习，不用太多时间，你大致就应该可以处理日常面对的多见疾病，也可以应付日益增多的医疗困境。

然后，我说两点，有两个病你得经常自查自检，不去医院。第一，高血压；第二，血糖监测。由于现在生命超出正常寿限，而人的血管随着年龄的增长逐步硬化，血管弹性是血压变化的一个重要参数，血管弹性柔韧度越高，血压当然就越低；如果血管刚性化，同样的压力过来，不能通过血管扩张予以舒缓，所以血压就会偏高。现代人随着寿命的增加，几乎全都会得老年性高血压，高血压是一个非常严重的麻烦，因为血压增高会带来一系列不良后果。血压增高，心脏泵出就面临巨大阻力，心肌收缩强度相应提高，从而会引起持续性的心肌劳损，最终导致高血压性心脏病。而且血压太高会作用在血管壁上，造成血管内膜的进行性损害，接着又引发其他心脑血管疾病。

高血压发生早期，没有任何感觉，但它会悄然纵深发展。高血压和糖尿病这两个病是今天大多数人都会面临的危险，尤其是中老年人，这两个病最大的特点就是不露头角，一者显得红光满面，一者令人食欲旺盛，很容易被患者长时期忽略。一个人从血压增高开始，如果不加治疗和控制，平均寿命大约只剩十三年，所以中年以上监测血压是必须的，监测血糖也是必须的。

我前面讲过，仅凭你每顿饭吃饱，你就一定得糖尿病，我指的是二型糖尿病，它也没有任何不适之感，却会导致身体所有细胞组织损伤，所以你有两项检查得在家里做。第一，购置血压计，在家里经常量一量血压；第二，自备血糖检测仪。现在价钱很便宜，操作也很方便，隔一段时间做一次自检，手指上扎一滴血，插一个试纸进去马上就出结果。这两项检查在家里完成，中年以后定期监测。

而且如果血压增高，务必终生服药。有很多人不认可这一点，你要小心。因为血压高了，你吃药血压降下去了，血压一降下去，你停药，血压又迅速窜高，血压大幅度波动造成的损害，远大于血压持续增高。因此如果你未能坚持用药，而是不断地抽离，会造成血压大幅波动，这比你压根儿就不吃药还糟糕。只不过你用药得非常讲究，血压高你增量，血压低你减量，但永远不停药。尽管降压药也是有毒的，长期服用，比如三十年、四十年，可能会发生某种程度的肝损伤，甚至肝硬化。不过你想想，你五十岁得此病，耄耋之年才肝硬化，总比你五十岁得高血压，六十岁就偏瘫强多了吧。所以有些基本常识，有些简单检测，有些常规治疗是需要你自己把握的。

再一个注意外科病，我前面讲大病不大治。比如阑尾炎能不做手术，保守疗法能压下去尽量不做手术，除非你的工作特殊，比如总是出差，而且多在野外，那你最好赶紧割掉，免得你到那儿去得了急性阑尾炎，就近找不见医院，搞成阑尾穿孔。在一般情况下，能保守治疗最好，因为手术介入会带来一系列损害，比如肠粘连等等。所有的手术都是有危害的，请记住这一条。

但是外科手术的发明，人类医学的发展，确实解救了无数人的生命。要知道在古代得个阑尾炎是很难存活的，如果是急性阑尾炎，它很快穿孔，然后引起腹膜炎，死亡率高达90%以上。一个胆囊炎或者一个胆结石急性发炎，你现在去医院就是把胆囊切除掉。古代没法手术，没法救治，如果它穿孔，引起胆汁性腹膜炎，几乎100%死亡。古代甚至一个龋齿，也就是那个虫蛀牙，预后都颇为凶险。要知道龋齿是典型的文明病，在狩猎阶段、采猎阶段，古人类的化石尸骸上、齿槽骨上，牙齿很少见有龋腐现象。人类农业文明以后吃粮食，糖类物质粘在牙缝里，成为某些产酸菌的培养基，这些产酸菌长期侵蚀牙齿的珐琅质，引起虫洞样损害，医学上叫龋齿。严重者牙冠全部坏掉，只留一个牙根。现在考古学上看古人、农业文明的人，嘴里布满牙齿残根。要知道古代龋齿是会死人的，因为它接着就往下感染，引起齿槽炎，随后再蔓延至血液中，引起败血症，甚至引起脑部感染。所以现在的有些治疗，确实发挥着救命之效。故而凡属确定能治的病，尤其是急重症，及早进入医院寻求有效的现代治疗是必要的、是不能耽搁的。

　　尽管外科治疗在很多情况下确实有显著效果，但你仍需小心处置，不要动不动就寻求最彻底、最复杂的治疗。还有一类疗法叫"替代性治疗"，也很见效。比如有一种疾病叫"甲低"——甲状腺功能低下、甲状腺分泌的甲状腺素不足，甲低这个病会引起一系列后发症，包括心脏病，包括黏液性水肿。这个时候你每天服用甲状腺素片，只要用量合适，它会让你长期保持近似于健康的状态。重症糖尿病人使用胰岛素，也是这个道理。再比如中老年以后很多人会出现心动过缓，该病全名叫"病态窦房结综合征"，简称"病窦综合征"。窦房结是心脏电脉冲节律的正常发放点，随着年龄的增长，冠状动脉倾向缺血，窦房结最容易受到损伤，由于该部位释出的电信号不足，心脏异位兴奋点取而代之，导致病人频频发生心律失常，有些心律失常是非常危险的，古人对此毫无办法，常常因此猝死。现在很容易解决，装一个起搏器，用以代替窦房结，病状立即消除，所以这类替代性治疗是可取的。当然你得能够分辨清楚哪种情况采用哪种治疗措施，这需要你具备一定的知识。而且它的适用指征和治疗细节比较复杂，例如起搏器有各种类型，你得进行深入而专业的咨询，听取多个专家的建议，以免被个别医生所误导。

　　因此我建议各位学习必要的生理学和医学基本常识，它是现代人知识构成中不可或缺的部分，也是应对与日俱增的现代文明病的自主配套举措。

如何判断医院与医生的优劣

　　下面我们谈如何判断医院和医生的优劣。其实一句话就说完了，不以赚钱为目的，而以关怀你的健康为目的，这就是好医院，这就是好医生。

可我再说一遍，今天是商业化时代，你让人家医院和医生不挣钱，你凭什么？而且我首先得为医生说点儿话。要知道医生是这个世界上责任最重、压力最大也最辛劳的一个职业。所有医生，他连星期六、星期天都无法休息。如果他是住院医生，即便是周末或节假日，他早上也必须先去查房，把病人处理好他才能心安。

请大家想想，医生给你的服务是什么性质？可谓之"私人定制"。你在工厂里生产的东西，是大批量生产，从来不照顾任何个人。而医生给你的服务，是一人对着一人的服务，是典型的私人定制服务。他承担着极大的责任——生命之安危，他承受着极高的压力——救治之成败，如果诊疗失误，会带来严重后果。

此外，他工作量又极大，他的劳动是典型的复杂劳动。他要掌握的知识量极大，医学院上学的时间非常之长，在世界各国的大学中,医学专业的学习时间都是最长的。所以在西方国家，就医的费用是比较高的。比如在美国，一个医生给你看病一个小时，仅是诊断费用，也就是我们所说的挂号费，一小时平均三百美元左右。而中国医生的挂号费，过去是五分，现在是五块。五块是什么？你去钉鞋修鞋，他随便敲打两下都得十块，一个医生的劳动还不如一个修鞋匠。

然后医生还要为你承担巨大的责任，病没治好，你说你把钱花了，没有换回相应的服务。要知道医疗服务跟其他服务是不同的，不是你花了钱，他就一定给相应的回报。为什么？因为人体太复杂了，医学能解决的问题是非常有限的。

请各位记住，内科疾病真正能治疗的不到10%！ 90%的内科病其实是医生不能治疗的。所谓治疗都只不过是减缓病情、对症处理，医生治不了你的病是正常的。他如果所有的病都能给你治愈，他是上帝，他不是医生。所以现在中国的医生实在是太辛苦了，他得面对一个个认为有病包治的患者，万一病没治好，立即纠纷缠身。

门诊医生的工作量大到这样的程度，一天挂号四十到八十个。请大家想想八小时工作，一个医生真正给一个病人治好病，最少需要问病史、查体征、看化验，仅是诊断过程就得一个小时。也就是说正常情况下一个医生合理的治疗量，应是每天不超过八个病人，可今天各大医院一个医生承载着几十个病人的医疗量。这才造成病人的话还没说完，他把方子已经递到你手里了，你十分恼火。但这你能责怪医生吗？谁让你有个小病微恙都往医院跑，既害自己，还害医生。然后一旦出任何一点纰漏，你立即找医生的麻烦。本来不用做检验的，医生今天也不敢遗漏，心电图、X光，几十项、上百项检查单据没完没了。我儿子有一次得阑尾炎，竟然还有活体切片的肠癌检查，活检项目都在里面。为什么？因为他没有这个检查依据，万一漏掉了什么东西，你找他的麻烦，他无话可说。所以他无边际的过度诊断是你逼出来的，是他要拿到证据将来准备跟每一个病人打官司，谁知道哪个患者或家属突然犯神经病要找他的麻烦。

另外，医生的诊断费用太低，抵不住一个鞋匠，而医生和医院是要活命的。他怎么办？他当然只好靠大量的诊断辅助仪器、大量的化验检查，以及大量的药品来赚钱，于是出现过度检诊和过度治疗泛滥成灾的局面。其实即使在西方，医疗价格商业体系建立得相对合理的情况下，过度检验、过度治疗都是普遍存在的一个通病。何况在中国目前这个医疗体制下，你能只抱怨医生吗？所以我首先为医生说几句公道话。但我同时也要告诉各位，如果医生过度检查、过度治疗，会给病人造成严重损伤，因为很多检查是有危害的，过度用药、过度治疗更会带来无穷的恶果。

因此我下面略微讲一点儿判断医生好坏的指标，供各位参考。我绝没有要攻击医生的意思，我只是想告诫各位，小心医生伤害了你，虽然你也是医生的伤害者。

第一，看他是否危言耸听。好的医生，你有什么病他会缓和地告诉你，不造成过度的心理负面影响。我举个例子，你去医院检诊，听诊器一搭，他说你心脏有"早搏"，比如每分钟六十次心跳，本来每秒钟一次，有时某一个心跳突然提前，随后的心跳相应延时，这叫"早搏"。医生一惊一乍地说你有早搏，吓得你寒毛倒竖，以为自己得了心脏病。其实一般人每分钟出现不超过六次的室上性早搏，都属于正常现象，用不着大惊小怪。好医生是不必告诉你的，可是有些医生他会危言耸听，渲染这个症状多么危险，吓唬你去配合他的过度治疗、过度用药，所以好的医生是从容镇静的。

第二，是否依赖检验。其实我前面说的医生自我防御性检验都应予抛弃，真正合理的诊疗过程是绝不给病人乱开检验或化验单的。就诊之初尽量用物理检查，什么叫物理检查？比如看你心脏是否增大，不必拍X光片，用叩诊的方式就足以了解；比如你是否肝脾肿胀，不用查超声波，腹部按摩就可以探明。这是好医生。真正的负责任的医生，可有可无的检验一律不做，非做不可的检验慎重选择。不问青红皂白，不给物理体检，凡有任何疑点全都扔到实验室去，这是不良医生的表现。

第三，是否仔细问诊和检查体征。好的医生是要跟病人耐心对话的。因为人体疾病非常复杂，各种症状参差不齐，且受到诸多诱发因素的影响，所以问诊环节至关重要，不厌其烦地问询和听取病人自述的发病细节是好医生的一个基本特征。而且不光关注病人的叙述，因为病人的叙述是症状，是主观感觉，还要用周详的物理检查方式找见客观证据即"体征"，这个过程很烦难，从问诊到体检，查清一个病人大约需要几十分钟，这是好的医疗服务状态。

第四，是否开列大处方。好的医生用药是量少而精准的，在西方国家，药物花销所占的费用比例一般不超过5%。在中国，你的诊疗总费用里，绝大多数是药品和检验费用，这当然跟现行的医疗商业体制建立得不合理有关。但是大处方就意味着大毒害，大量的毒药巧妙配足大笔的金钱，这无异于谋财害命。所以好医生开药是非常谨慎的，用药量是严格控制的。

第五，是开新药、贵药，还是开老药、便宜药。我前面讲过越新的药、越烈的药，潜含的危险越大，好医生会尽量给你开老药、便宜药，力求低毒而又见效。当然现在有个问题，老药、便宜药不赚钱，药厂都不愿意生产了，所以你已经不太能找得见了，这事也怪不得医生。

第六，建议你手术时是否慎重。做任何手术都是有严格指征的，不是说只要外科能够介入，就可以随便去开刀的。手术治疗风险大，后遗症多，好医生多取敬而远之的态度。

第七，是竭力把你扣在医院还是给你更多回家保养的忠告。一心谋利的医院和医生，会很夸张地述说你的病况，尽量把你扣在医院，让你长期住院治疗，想出院很难。好的医生不是这样，他会给你讲明发病机理，并提出一些忠告，不需要医疗医药介入的，一点儿药不给，然后让你回家调养。因为绝大多数疾病是有自愈倾向的，是有自然病程的，是不需要医疗介入的。

第八，对一般咨询是话多还是药多。好的医生会给你把病理情况讲清楚，把发病的原因讲清楚，把治疗和保养的方式讲清楚。这是好医生的指征，话非常多，药物非常少，这是好医生。当然现在医生看病量太大，根本来不及跟你说话，甚至来不及听你说话，这也怪不得医生。

第九，对不治之症的病人家属，是如实相告还是临终再敲你一把。很多绝症就是没办法治，好的医生就告诉你，但是很多病人不原谅医生，说你这是判我死刑，或者判我家属死刑，逼着医生非要对不能治的病乱治。请各位明白人类绝大多数疾病，医生是无法处理的，绝大多数疾病是自愈的。少数绝症，人类今天的医学，甚至未来的医学都是不能处理的。医生如实告知你，说这个病无法治疗，请回家调养，请享受最后的一点儿安宁人生，这是好医生。什么病拉住你都说能治，不能治也说能治，临死以前还给你推荐五千块钱一支的进口药，那是敲诈，那才是坏医生。我们今天已经很难见到对病人如实相告的好医生了，这里很重要的原因是病人认为医生应该包治百病。

听到这个地方，你应该明白，一般的小病小灾就不要把它当回事，它是正常生理波动。如果出现你无法判别的症候，也不要直奔大医院，先找街区小医院，先听取一些基本的咨询，先进行一个简单的处理。如果是小病，越小治越好，社区医院看不了，他自会主动给你转院，此时再去大医院，这既对你好，也对医院和医生好，使大医院的医生能把时间和精力腾出来，着力关照真正的危重病人，你也免得做过度检查、过度治疗，这才是合理的就医方式。

总而言之，请大家听明白我在讲什么。我们的疾病源头和底蕴是自然进化的铺垫，万千疾病的大规模爆发是文明化的产物，医疗行为又是文明造作最尖锐而直接地作用于人体的过程，因此实际上有可能造成最大损害。请把这个逻辑脉络搞清楚。所以我对这节课做最后总结，只有八个字：边缘文明，远离医院。

好，我们今天的讲座到此结束。

课后答疑

同学提问：老师您好，关于您提到的保守治疗还是手术治疗，刚好，我有一个具体的案例想请问一下您。我父亲腰疼，常因此而卧床不起，医院诊断是椎间盘突出，建议进行手术治疗，您的看法是什么？谢谢。

东岳先生：课堂上我一直讲，具体问题我回答不了，实用问题我回答不了。我虽然是学医出身，但自研究生毕业，我就脱离医界了，已经有30多年没有从医了。我今天讲课只是在人体哲理的逻辑脉络上给大家阐明一个基本的、宏观的道理。具体的疾病大家最好不要问我。不过，针对你的提问，我可以简单说两句。老年腰腿疼，我前面讲过，属于直立进化病，即直立导致腰膝负荷过载，因此到晚年，大多数人都会患有程度不等的腰肌劳损或腰椎错位，但未必需要手术治疗。若是腰肌劳损为主，卧床几日就可缓解；即便是椎间盘轻微突出，平卧硬板床，尽量伸展拉长身体，持续数日一般也有可能复位，腰肌紧张痉挛随之放松，疼痛消失。须知严重的椎间盘脱出并不多见，临床上这类诊断多属夸大其词。手术风险难测，容易伤及脊柱两侧密集的神经根，而且术后效果并不十分确定，因此还是谨慎为好。

同学提问：老师您对中西医都不给好评，听起来中医损害稍小一些，但似乎又难以指靠。那么能不能谈一下中西医各自的前途是什么？

东岳先生：我之所以对中西医都持以中性而偏于谨慎的评价，是因为我对人类文明的不良趋势有所明鉴，而无论中医抑或西医都是文明化的产物，因此都需要加以提防和警戒。至于双方各自的前途，简单地说，中医的前途就是西医，西医的前途就是把人类玩完。进一步讲，中医没有"前途"，它倒有"后途"，不是说它可以倒退，而是说它只要固守阵地、拒绝变形，它就给自己留下了一方天地，就会受到许多人的长期青睐和迷恋，因为它所固守的是文明前期的温和态阶段，是人类机体的原生态基础。请大家想一想，现代西医目前正在朝哪个方向挺进？——基因疗法、基因编辑、体外器官培育、人工脏器移植等等，终而至于人机互联、智能机器人之类，是不是如此？这跟中医有什么关系？照此发展下去，结果会怎样？无非是人被异化、被取代、被消灭，勉强维持一段"人不是人，鬼不是鬼"

的短暂局面而终告结束。这就是中西医各自的前途或命运。

同学提问：我现在看到很多癌症病人的治疗挺有效的，但都不算根治。老师您认为将来攻克癌症的方向是什么？

东岳先生：我当然乐见癌症治疗有效。尽管治疗过程大多是白受苦，但若患者年轻，无论如何也应该坚持试一试。癌症之所以难治，就在于癌细胞是回退型低分化细胞，我课中一再讲，越原始越低级的东西越具有稳定性，即存在度越高；但我课中又讲，进化是单向度的，反动不成立，所以癌细胞并不能永存，它必将连带着有机体一并归于消灭。因此癌症难治而易死。基于上述，可以想见未来克服癌症的道路还很漫长，基因疗法都未必能够解决问题，因为每一个正常高分化细胞都有返回低分化稳态的内在冲动，至少我目前尚未看到一举根治所有恶性肿瘤的合理思路与方法。免疫靶向治疗也许是一条出路，眼下一部分患者能够长期带病活下来已经算是很了不起的进展了。

同学提问：老师您说保持饥饿感对身体有益，那么现在很流行的辟谷是不是好事呢？

东岳先生：我说的是适度保持饥饿感，注意"适度"二字。中国的道家与道教早在中古时代以前就提出辟谷之说是很了不起的，它导源于其反文明意绪，结果恰恰与达尔文的适应论相契和。不过"辟谷"的原意是"不食五谷"，也就是不吃粮食，而不是全面禁食。今天很多人辟谷，什么都不吃，持续十多天甚至更长时间，这个做法是不对的，它会对身体造成严重损伤，因为我们的所有体细胞即使在静息状态下也是需要一定的能量代谢和物质更新的。我的建议是，每周辟谷一天就好，长期坚持，必有良效；若欲持续多日，则应进食少许蔬果及肉类。总之，辟谷时间不宜过长，期间不能只喝清水干熬着，那样反而有害无益。

同学提问：老师，这里我想问一下，您的整个思想体系，包括《物演通论》这本书，是一个怎样的缘起，使您有了这样的思考、研究，并最终得出这样的结论？

东岳先生：我们最后一天课，大家会听到我对理论框架较详细的介绍。至于我为什么会产生这种想法，说起来其实是莫名其妙的。我自己其实也说不太清楚，我只能说当年上医科大学的时候，我就发现生物是弱化演化的，而不是越高级的物种，生存效力越强。只不过这个发现在当时看来，完全不符合生物学常识与达尔文学说，因此，我当年根本不敢去深想这个问题。以后呢，慢慢有了更大的阅读量，有了更深长的思考，才决定去尝试着证明它。整个过程是很偶然的，它是一系列机缘巧合造成的结果。搞理论的人，通常不知道他的想法是如何形成的。很多人把它叫灵感，所谓灵感是什么？无非是厚积薄发、久思顿悟的代名词而已。好，大家还有什么问题？

同学提问：我问一个关于书上的问题，您在《物演通论》第43章讲能量总系统部分衍生为质量物态系统的时候，讲到熵增量与信息增量成正比，或者说有序能量的递减与信息总量的递增成反比。前面那个正比我很容易理解，但是后面这个反比我就理解不了，您能帮助我解释一下吗？谢谢。

东岳先生：这是一个物理学问题。按照爱因斯坦的质能方程，我们这个物态宇宙、质量宇宙是137亿年前那个能量奇点转化过来的。能量的运动方式是熵增方式，首先你对热力学第二定律要有了解，所谓"熵"就是能量无效化、无序化的一个指标。在物理学上，在香农有关信息理论的研究中，就已经提出熵增量和信息增量成正比。那么有序能量的递减和信息总量的递增成反比，只是用不同的语言表述了同一个涵义，上下两句别无二致。

同学提问：想请教老师，目前世界各国都在提倡环保、呼吁减排，这会不会带来一种新的期望，或者带来不同的发展前景呢？

东岳先生：我来回答这个问题。首先应该承认，现在人类提出保护环境、提出节能减排、提出尊重自然，都是非常好的良性苗头，应予肯定。但我不得不说，仅此是不足以解决问题的。因为我们文明的总结构、总趋势没有改变，比如你不开汽车了，你改为骑自行车上班，可是你却坐飞机来听课，飞机的排量是多大？一架飞机乘客满员，平均每一个人消耗的油量以及排出的二氧化碳，是你独自同程驾车的九倍以上。什么意思？追求进步与发展的大势不改，日常做出的点滴努力无效！比如你把汽油车改成电动车了，你说这叫清洁能源，错了。电池造成的污染，也就是这辆新型汽车在生产、使用到报废的全过程中，它所造成的污染比汽油车不知大出多少倍，可能上百倍都不止，要知道一节1号电池你把它随便扔在地上，就足以污染一平方公里的地下水，一辆电动汽车相当于数百节、上千节1号电池，怎么能说是清洁能源呢？我的意思是说我们今天所做的一切节能减排、改善环境的事情都有道理，但不解决根本问题。这就是我讲既往人类的文明结构及其发展前途难以为继的原因，这就是我做基础理论，最后说我们人类得寄望于整个宇宙观、整个世界观的转变，从而缔造新一茬文明这句话的含义。也就是必须达成全人类的共识，让大家明白人类在自然界的位置，人类才能系统性地调整未来文明结构。如果它的系统结构和系统趋势是有问题的，你做的任何点状努力归根结底都是无效的。所以我给出两个相反的答案：每个人日常所做的保护环境的努力是值得肯定的；但非系统性处理问题的结果是终归无效的。

同学提问：先生您好，您提到罕萨民族，喜马拉雅的原始部落。他们只有3种常见的疾病，即外伤、沙眼和白内障，他们能逃过文明病和医源性疾病。但是他们能逃过进化病吗？因为他们也是直立行走的，谢谢。

东岳先生：我们说人类所有疾病的病理基础是进化病，我在前面讲过，它是一个经过亿万年畸变叠加并使之有序化的产物。也就是说进化病在没有文明调动以前，在没有文明化导致全面失适应以前，它只是一个潜在状态，而不是一个显发状态。比如我前面讲的大量进化病，腰腿疼、高血压等等，它一般都是要在相对年长的时候才会暴露。罕萨人处于原始生活状态，也就是处于原始寿命状态，因此他们只享受天然寿命，绝大多数潜在进化病还来不及展现就已经解体于无形了。这就是在罕萨人部落中基本上见不到其他疾病的原因。

同学提问：老师，我问一个问题，您说香的、甜的这些东西往往都是对人有益的，但是为什么很多苦的东西会让人上瘾，比如说香烟、毒品这一类的。

东岳先生：还包括苦瓜！因为人的生活习惯是后天养成的，你小时候的饮食习惯会影响你一辈子的口感和口味，这种东西没道理可讲，它完全是随机的生存境遇带来的零散烙印。所以，有一种说法，说但凡你想吃什么就是身体缺乏什么，这个话对一半——你在全自然态中生活，这句话成立！你在文明社会中建立了一些矫揉造作的习惯，这个说法就不成立！

同学提问：听您这节课，让人觉得人类的健康只会随着文明的发展而越来越沦丧，疾病种类也会变得越来越多，即使个人寿命倾向延长也无济于事。我这样理解对不对？

东岳先生：没错！看来你是真正听明白了。从更大尺度上讲，所有生物都逃不掉越进化、越发展就越衰败、越多病的命运，人类文明进程只不过是把这个自然过程加速且加剧实现了而已。从具体细节上看，人类的每一点进步都是自戕性的：生产力提高导致体力活动普遍下降；非自然食品导致营养状况日益失调；清洁式生活导致人体免疫力逐步减退；城市化聚集导致病毒细菌毒力增高；生物学实验导致怪诞病原体不断外泄；未来的人机互联导致脆弱的自然生理遭到破坏……诸如此类的问题不胜枚举。因此可以预见，人类的身体素质和疫情发展一定是越来越糟糕、越来越恶化的，对此需要早作预防，恐怕终于都防不胜防。

《易经》大略与应用概述

开题序语

好，我们开课，今天讲《易经》。

《易经》是中国传统文化自有符号表征以来的思想源头，因此是理解中国传统文化之根的初起思想铺垫。讲《易经》课，通常有两种讲法：我们在社会上见到的最普遍的讲法，就是把《易经》讲得极为神秘、讲得极其深奥，这个讲法有助于加固其神秘性，以便产生心理暗示效应和算卦功能。《易经》还有一种讲法，在社会上比较少见，就是不将其算卦之用作为主题，反而竭力去消解它的神秘性，也就是着力探究《易经》文化的发生学渊源。我们今天按第二种方式讲课，因为只有第二种讲法，才能让你知道《易经》文化在东亚中原大地上得以发生的根由。

《易经》确实是一个很神秘的远古思想张本。那么什么叫作"神秘"呢？首先大家要理解，一切神秘文化，甚或一切神秘现象，其实是由于信息量太低，你无法探知其究竟，才会产生神秘感。由于人类史前文明阶段信息量偏低，所以我们现在回头看人类原始文化之初态，其大多都处于神秘期，或者都表达为神秘状态。比如人类早年的文化都是神话传说，人类早年的历史都是童话般的史传。我再举个例子，比如改革开放以前的中国，比如今天的朝鲜，被西方称为神秘国度。它之所以神秘，是由于它孤自封闭，对外释放的信息量极低。总之，请大家记住，任何神秘事物皆是由于信息量偏低而产生的一种疑惑现象。

也就是说，对神秘取不同的态度，可能导出两种结果：一者是对由此引发的"神学"或"玄学"之崇信；另一个结果便是引起对此类无知的好奇、疑思与深究，即引动"无知革命"。前者止于浅层应用和思想僵化，造成"信主"或"信命"文化；后者纵深于本原探问和底层认知，造就"哲科"与"理性"思绪。因此我们今天讲《易经》，回归理性探究，追寻原始《易经》神秘文化的发生学渊源。

由于这个讲法跟一般谈论《易经》的流行做派大相径庭，别有意趣，因此我希望大家按照我今天讲课的方式重新看待和理解《易经》，也因此我今天讲课的重点绝不在算卦。

都说《易经》是一部天书，所谓天书就是看不懂的书。但《易经》之难懂，不是由于它过于高深，恰恰是由于它过于幼稚所致。什么意思呢？要知道《易经》是发生在东亚地区的前文字符号系统，也就是在中国三千三百年前，甲骨文都没有发生以前，最早最原始的非文字符号图例。我们今天人类的整个思想体系和文化建构，全部基于文字符号。我在前面课上讲过，只有文字符号的发生才能引导和促进思想的伸展。亚里士多德曾经说过，语言是思想的符号，文字是语言的符号，而人类的思想是在符号系统上运行的，因此我们今天看一个前文字符号，当下的思想跟它完全无法对接，这就导致《易经》文化变得晦涩不明。

而前文字符号是比文字更幼稚、更简单、更原始的符号。它所承载的信息量一定比文字系统小得太多，因此它绝不是由于过度高深而难以理解，反倒恰恰是由于它割断了我们的文字桥梁，使得我们和它的遥远意境难以沟通，由此造成《易经》变成天书，变成被今人看来显得格外深奥，以至无法探究的一个遗世文本。

我曾在第一节课上讲过文字与思想的关系，以及符号系统对东西方文化的影响，我请大家再进一步理解这件事情。要知道文字本身一旦发生，它就构成概念造型的基础和思想运行的通道。可是文字本身是有自己的内在规律的，也就是说文字并不直接就是思想。文字作为一个自发系统，它在运行的过程中，也会按照自己的内在结构要求而有所伸展和蔓延，以此构成文字对思想的反作用力。请大家听懂这一段，这就是为什么西方哲学经历了三个阶段，我在讲西哲课上讲过，第一叫本体论阶段，也就是直接追问外部世界的本原；第二叫认识论阶段，也就是当追问到一定程度的时候，意识到你所追问的世界都是你精神统摄内的世界，因此如果你不知道你的精神和感知怎样运作，你就没有资格追问外部世界，于是西方哲学从本体论转进到认识论；那么当代第三期哲学在西方发生了一个重大转向，叫"语义论转向"或者叫"语言论转向"。也就是西方哲人发现当你追问感知、精神以及思想是什么的时候，你自觉不自觉地都被框定于文字符号的结构序列之中，而文字符号是有它自己的内在格律和内在规定的。于是对语言和语义本身的追究，成为探询思想构造及其运行脉络的一个重要研究方向，这就是西方哲学的第二次转型，即进入第三期所谓语义论阶段的原因。

我讲这一段话是想告诉大家，我们当今的思想和文化全是在文字符号上运行的，当我们面对一个不在人类文字符号上呈现的原始思想系统的时候，它架构不清、内涵不明，由此产生神秘感和深奥感。请大家领悟我这段话的意思，它再度说明《易经》不是因为太过高深而难于理解，而是由于太过幼稚而难于理解。

我们今天的人类文明已经进入中年期。整个地球上的现代智人是在东非同时发生的，他们的文化分化是由于迁徙到不同地理物候条件之下，在原始时代对生存环境的分别适应造成了目前这种分野。所以全部现代智人，他们的总体智力水平其实

217

九、《易经》大略与应用概述

差异甚小。（其中），古埃及的象形文字五千五百年前发生，古巴比伦的楔形文字，或者类似于象形文字的符号系统四千余年前发生。东亚人在三千三百年前甲骨文尚未出现之际，其思想潜能或者智力发育水平与环地中海地区相近，但它没有符号系统，却面对的是同样复杂的世界，是以同样的智力覆盖纷纭万物。于是逼迫着它在文字符号无法成型以前，临机创造了一批前文字符号系统。这个前文字符号系统发生的时间，我们现在估计至少比甲金文要早上千年之久，也就是可以和古埃及、古巴比伦地区四五千年前的那个发生文字符号的时间大体对接，这就是《易经》符号系统的来源及其得以发生的原因。

由于《易经》是中国最底层的一个非文字符号系统上架构起来的最原始的思脉承载体，而我在前面的课上一再讲过，越原始、越低级的东西，越具有奠基性、决定性和稳定性，因此《易经》文化成为中国传统文化的最底层，它对中国后续整个传统文化系统造成重大影响。因此我们今天开《易经》课，目的不仅在于讲《易经》，而是讲人类思想史的发端、人类思想史发端之初面对的是怎样的生存问题，以及这些原始思想与原始生存格局的对应关系，只有把这些问题统合在一起，才能打造进抵《易经》的通衢。

我一再讲人类的任何文化都只不过是生存维护体系，都只不过是跟人类当时生存形势相匹配的精神覆盖体系。如果你要想理解《易经》，你就必须知道它对当年上古人类的原始生存具有怎样的维护效应。听懂这一点你才能理解真正意义上的《易经》文化。这就是我们这一节课重点不放在算卦上，而放在《易经》文化得以发生的渊源上的原因。

而且我们今天站在大信息量时代解读《易经》，会发现《易经》后来的算卦应用，其实表现出它的幼稚性。因此如果我今天稍微涉及一些算卦内容，你听起来感觉上像是我在否定它甚至是在嘲弄它。可我想再说一遍，我讲课是中性的，没有好与坏的评价,只有所以然的探究。当我对算卦做另外形式的表述的时候,其中不含否定和讥嘲的意思,我只是想说明一个低信息量的初级符号思想系统,在信息量逐步增大的时候,它会处于怎样尴尬的境地。

再则,我还想声明一点,人类今天进入科学时代,可我在西哲课上讲得很清楚,科学绝不是真理,它只不过是大信息量时代建构思想模型的一个基本范式。我再强调一遍,科学绝不是真理,而且科学今天也并没有穷尽世界上的全部知识。因此当我今天讲课的时候,当我今天评论算卦文化的时候,我并不排除算卦文化和《易经》文化中所可能包涵的其他解释,也就是我并不否定或者并不抵触《易经》算卦神秘文化的其他内涵。我今天讲解《易经》并不表明我把《易经》文化全部解释完毕,我说这段话的意思是,我给算卦和信仰留出余地。

《易》为五经之首

关于《易经》,请大家回顾,我在前面课上讲过中国文化中所谓的"经",主要是指被孔子整理过的文献,因此《易经》这个东西,最初出现的时候不叫《易经》,就叫《易》。春秋末期,传说孔子曾经研究和整理过《易经》,从此《易》这部典籍,才被后人命名为"经",所以一定要把"易文化"和《易经》剥离开来。

中国古代主流社会素有"五经"之说,我下面简单解释一下五经。

第一经就是《易经》。也就是传说中的"易文化"被孔子整理过的状态,我们后面专题讨论。

第二叫《诗经》。所谓《诗经》是周代各封国民间诗文作品的汇集，或者民间诗歌的编纂。传说孔子曾经整理过它、筛选过它，并且以它作为自己授徒的教材，因此被称为"经"。孔子对《诗经》有一句评价，他说"不学诗，无以言"。就是你不学《诗经》，你连话都说不好。这是什么意思呢？要知道人类语言和文字的发生，只有达到可以由诗人以"诗"的精炼方式加以表述的时候，这个文字才进入成熟、洗炼和优雅的阶段。

我举一个例子。大家知道俄罗斯这个国家，真正建国是非常之迟的。虽然它可追溯至九世纪的基辅罗斯，但是实际上它是在成吉思汗的军队占据那个地方以后，从俄罗斯公国逐步发展出来的一个国度。也就是说，俄罗斯真正建国是在十三世纪以后，也就是蒙古系统崩溃以后。因此俄罗斯的文字出现得很迟，是在立国以后参考希腊文才慢慢形成的。俄罗斯最初的语言文字古朴而粗糙，直到出现一位著名诗人普希金，俄文从此才精炼化、优雅化，变成一个真正的高级语文体系。这就是普希金在俄罗斯文化史上地位极其尊贵的原因。我讲这段话的意思是请大家理解，《诗经》的重要性来源于诗对人类文字符号的洗炼化和典雅化所起到的重要作用，这就是孔子以《诗》作为文学教材的原因。此为《诗经》。

第三部经叫《书经》。所谓《书经》是指中国古代的第一本书，名叫《尚书》。大家注意在远古时代，在先秦时代，你只要说"诗"这个字，就仅指《诗经》；你只要说"书"这个字，就仅指《尚书》。就像在那个时代，你只要说"河"，就仅指黄河，其他的河不叫河，叫"水"。比如"渭河"当年叫"渭水"，"洛河"当年叫"洛水"；你只要说"江"，就仅指"长江"，其他的江不叫江。因此古代只要说"书"这个字，均指《尚书》。那么它如何变成"经"了呢？是因为《尚书》之中，除少许传说中的夏商文献外，大多数是周初政府文告的记录。而我们知道西周早年周公旦"制礼作乐"，所以《尚书》中表达了礼乐文化的政治意蕴和思想来源。孔子的学说只不过是对周公旦礼乐实操文化的思想发扬与理论整顿，因此孔子当然就对《尚书》格外看重。该书因此成为孔子文化的基石，孔子对它亦有深入的研究，于是《尚书》变成《书经》。

关于《尚书》的重要性，我再多说两句。我前面讲过周代是中国真正意义上的封建社会之开端，周代的结束相当于中国封建时代的结束。那么西周早年是中国社会的传统政治文化基石得以奠定的关键，表达为"民为邦本"。也就是中国的"民本主义"思想就发生在西周初期与《尚书》之中。

我在前面课上曾经讲过"民本思想"与"民主思想"的差别，请大家回忆鉴别。《尚书》是中国早年政治文化核心理念——"以德治国"的第一个张本，要知道在那个时代以前人们还不理解"重德"与"政权"的关系，亦即还不理解道德伦理作为社会纽带的作用。《尚书》中最早整理并表达了法治社会出现以前"德治社会"的思想系统。我们在《尚书》中会见到这样的表述："皇天无亲，惟德是辅"；"天视自我民视，天听自我民听"等等。这种"以德治国、民为邦本"的思想，发生在西周早年，而最初把它张扬开来的就是《尚书》。所以《尚书》中这些话的意涵，我再重申一遍，不在于它宣扬了一个美好的道德观念，而在于它第一次明确提出法治社会问世以前，人类文明社会结构得以维系的原初纽带及其思想架构，这是它的价值所在，也成为孔子教学的最基本内容。

再下来就是《礼经》。所谓《礼经》其实分三个部分，也叫《三礼》。第一是《仪礼》，讲的是伦理原则和行为规范。我在前面一再讲过，今天我们把伦理原则和行为规范看作民间的普通道德形式，而在那个以德治国的时代，这些东西就是国家的政治道统；第二部分叫《周礼》，其实就是指周代的官制。可见礼不仅是一个礼序文化，它直接就构成当年的社会阶层关系；第三部分最重要，叫《礼记》，解释和阐发《仪礼》之精神，也就是礼乐政治意识形态的部分，因此它是整个这三大部分的灵魂，构成礼乐文化最重要的篇章。《礼记》中还包括《大学》《中庸》《乐记》等等，大家听听这些名字，就知道它在中国古代礼制文化中的分量。孔子对这些内容加以阐发，构成儒家学说的基本思想体系。这就是《礼经》。

第五，《春秋》。我在孔子课上讲过，《春秋》只不过是孔子所在国鲁国国史的书名，由于孔子用微言大义的方式对其加以修订，被孟子称为"孔子作春秋而乱臣贼子惧"。它后来成为规约中国政治社会生活的一个基础范本，因此也被奉为经典。

这就是《五经》。《五经》的排列关系，无论从重要性还是从时间序列上看，《易经》都排在首位。排在首位的第一原因，是由于它在时间上最靠前，而大家一定要明白在时间上最前端的东西，一定是对后面所有各项产生最大影响的一个泉源。我举例子，你读一下弗洛伊德的书，弗洛依德讲一个人的精神发育和张扬过程，对其产生最大影响的是幼年阶段的人生挫折，或者性压抑带来的心理变态。为什么你幼年期的任何挫折、任何精神压抑，甚至只是生理压抑，都会对你一生的心智发展和心理平衡状态造成重大影响？是因为越前端、越底层的东西，越具有奠基性、决定性和稳定性。

由于《易经》处在中国人、或者说东亚人的文化集成之最底层、最前端，因此它对中国后世文脉产生潜移默化的基础性影响。这些话是什么意思，我们在后面讲课中逐步展开。

《易经》源流及其初衷

我们下面来谈一下《易经》文本的渊源。

今天一提到《易经》，大家首先想到的就是《周易》。实际上我们今天拿到手里的《易经》稿本就是《周易》，它不是"易"

说的原本。《周易》发生在周代初期,我前面讲过甲金文发生在商代中期,而《易》又是甲金文发生上千年前乃至数千年前的亚文字符号系统,因此《易》绝不可能发生在周代,它要比《周易》古远得多。《周礼·春官·大卜》篇中有一段记载:"一曰《连山》,二曰《归藏》,三曰《周易》之法。"什么意思呢?就是说在《周易》以前还有《归藏易》,在《归藏易》之前,还有《连山易》。传说《连山易》和《归藏易》,也就是《周易》以前更古老的易学文本在汉代还有人见到过,但这个说法得不到确证。

所谓《连山易》,它在中国古代,也被称为伏羲时代的《易》,或夏代的《易》,这当然都是传说。我们今天对最早的《连山易》之所知仅剩下一个标记,那就是它的首卦是"艮卦",艮卦代表山,大家知道《周易》的第一卦象是"乾卦",乾卦代表天。《连山易》的第一卦居然是艮卦,代表山的那个卦象,它说明什么?说明《连山易》表达的是对自然物类的崇拜。请各位记住,人类早年的思想发展基本上都在神秘文化或神学体系上开端。在神学期以前,在史前童话期,也就是人类的儿童时期,人类最早的崇拜体系和神秘文化表达为"拜物教时代"。所谓"拜物教",就是将自然万物的某一部分视为自己的血缘根基,这个东西在符号系统上,或在原始符号物象上就叫"图腾"。图腾时代就是拜物教时代,它是人类早年思想信仰体系的最底层。我们由此可以看出,《连山易》表达的是人类图腾时代最原始的文化与自然之对接状态。

所谓《归藏易》,古人也把它叫黄帝时代的《易》,或者把它称为商代的《易》。关于《归藏易》,今天也没有文本存留,也不清楚它是什么样子,只知道它的首卦是"坤卦"。我前面讲过《周易》的首卦是乾卦,坤卦代表大地、代表女性。由此给我们一个启发,《归藏易》发生在人类对生殖现象加以崇拜的时代,是"生殖崇拜时代"的思想表征。要知道人类在"拜物教"以后很快就进入母系社会的基本思想状态,即"生殖崇拜"出现。

在人类古代的物象符号系统中，可以见到大量象征着生殖崇拜的东西，它们表达的是母系时代生殖崇拜的文化意涵。

《礼记·礼运》中记载了孔子的一段原话："我欲观殷道，是故之宋，而不足征也，吾得坤乾焉。"我来解释一下孔子这句话的含义，他说我想知道商代的文化是什么，这叫"我欲观殷道"，因为把商朝也称作殷商；"是故之宋"，他说因为这个原因我专门到宋国去了一趟。我在法家课中讲过，宋国是殷商贵族遗民的封国，因此宋国保留了最多的殷商文物。"之"这个字的甲骨文是先画一个脚印，然后在底下画一条地平线

），什么意思？"之"这个字的古意是指从某地出发到别处去，所以孔子讲"是故之宋"，说我专程到宋国去；"而不足征也"，就是我到宋国走了一遭并没有觅得殷商文化之道；但是"吾得坤乾焉"，我只得到了一样东西，那就是"坤乾卦"，也就是我只得到了《归藏易》。而且他直接表明是"坤乾卦"，"坤卦"在"乾卦"的前面，跟《周易》显然不同。

再下来才是《易》的第三阶段《周易》。也就是被后人传说为文王演绎的《易》，故名《周易》。传说周文王在武王克商以前，曾经被殷纣王拘捕，把他扣押在今天河南汤阴一带叫"羑里"的地方，在监狱里大约囚禁了九年左右，然后文王在狱中重演了"易"，这就是《周易》的来源。请记住这个说法是非常荒唐的，经学界研究，我们现在可以肯定《周易》这个东西绝不是文王的发明。

中国古代有一种习惯，把任何重要文本都附会在某一个历史名人的身上。比如《内经》，中医的第一个系统文本，发生在汉代，但是它的书名叫《黄帝内经》，把它附会在黄帝的传说里，其中的《素问》篇就是黄帝跟他的医官岐伯的对话。可学界考证，《内经》其实是汉代的一个医学典籍，它跟黄帝没有任何关系。比如《易经》，它的传述部分，被附会在孔子身上，这都是

出于传播推广的需要。大家知道在传播学上有一个讲究，就是让名人出来做广告，比如今日之各种广告大都喜欢借助明星登场。为什么？它会造成最大的传播效应，古人因此也就把最重要的文书附会在名人身上。其实《周易》与周文王毫无瓜葛。

汉代有一个研究《易经》的著名学者郑玄，他在《易赞》这本书中说过一句话：“《周易》者，言易道周普无所不备也。”他的意思很清楚，他说《周易》不是指“周代的《易》”，而是指《易》之“周普”而足以包罗万象，也就是《易》文化可以覆盖一切人世变迁和自然现象，这叫《周易》。郑玄这个说法是很有道理的，大家想想《连山易》没有叫《夏易》，《归藏易》没有叫《商易》，凭什么《周易》就一定是周代的《易》，所以郑玄这个说法是有一定道理的。但是由于中国古时的学者大多认为《周易》就指“文王演《周易》”，包括唐代著名学者孔颖达也坚持此说，因此我们今天通常都把它理解为周代之《易》。

以上是对《易》文本的源流变故做一个简单交代。

谈起《易经》算卦这件事情，不能把它说成“占卜”，而要把它说成“占筮”（Shì）。要知道“卜”这个字，仅指用甲骨片进行预测的行为。也就是事先在甲骨片上打若干凹孔，然后在火上炙烤，热胀冷缩之下，甲骨片崩裂，出现各种纹路，再用这些个裂纹来做预测，这叫“卜”。“卜”是一个拟声字，甲骨片在发生皲裂的那一瞬间会发出“卟”的声响，因此叫“占卜”。

那么用《易经》起占叫作“筮”，何以如此？要知道《易经》中最原始的符号是“阴阳两爻”，所谓“阳爻”就是画一杠，所谓“阴爻”就是把这一杠在中间划断。它是先民在上古时代，没有文字的时代，把吃剩的残骨，或者从树上折下的断枝，摆在地上作为符号，以图解世界的那么一种情状。后来随着文明的发展，用吃剩的残骨或者折下的树枝作为符号工具使用，显然在《易》文化的推动过程中，从“两爻”之初现，到“八卦”、“六十四卦”之繁化，它不够用了，无力承载其复杂摆弄的功能了。于是人们就采集生长在中原的一种野草，这种草叫"蓍草"，蓍这个字发音念"Shī"。蓍草的最大特点是它的草茎呈四棱形，挺拔而坚硬。于是古人就把蓍草的草茎掰断，掰成等长度的分节，摆在地面或桌面上作为爻象卦象的符号。由于中国古代造字，我在前面讲甲骨文的时候讲过，凡是发同音的字通常含有相似或相同的内涵。于是就把用《易经》算卦叫"筮"，这个字也发"Shì"的音，对应的是"蓍草"，所以算卦绝不能叫"占卜"，而叫"占筮"。

下面我们开始进入《易经》文本或《易经》符号的讨论。我前面讲过，《易经》最初只有两个符号：一个"阳爻"，一个"阴爻"。它后来出现"八卦"、"六十四卦"，那应该是很久以后逐步发展的产物。中国古人形容《易经》符号"爻"的发生，有一个词用得非常之好，叫"一画开天"。说"爻"这一横之笔划，让人类从此把自身与天地剖判开来。

我这样讲，大家可能还听不明白这句话的分量，我换成黑格尔的一个表述。黑格尔讲，他说人类文明从什么时候为开端，从人类有了"自我意识"而起始。什么叫作"自我意识"？要知道所有的动物，它们也是有一定智能的，我们人类的智慧就是从动物的智能中逐步发育过来的。可是动物并不能把自身和自然剖判开来，或者至少不能把它们明确地划分开来。所谓"自我意识"，就是人类第一次有了明确的自知力或自我观，也就是把自己与外部世界对立起来，使自身和诸多对象之间从此产生了某种截然有别的紧张关系。

要知道，"自我意识"之达成，必须包含两个要素。第一，他得知道自己居然是一个独立的、别样的、自主的存在；第二，他知道外部事物或自然界是一个与自身完全不同，甚至跟自身对立的存在。大家想想，他之所以能够意识到自己是一个异样的存在，一定是因为他明白了自然存在的外置关系，并与自身形成了对立的状态。自己必须与之抗争，必须了解它、占有它、征服它。也就是必须给自然和人这两方都赋予全新的内涵，自我意识才能发生，是不是这样呢？这种观念开启了人类以"征服自然为己任"的文明进程。

请注意我说这句话的涵义。我前面讲过，所谓文明就是自然界不再直接给人类提供任何生存资料，人类的一切生活资料都必须全靠自己制备，我们把这种现象叫作文明。既然文明是这样一个结果，那么文明的开端当然是人类要把自己和自然分离开来，并且把自身和自然对立起来，以求征服和改造自然，至此文明才得以启动。那么改造自然和征服自然的这个动作的前提是什么？——是人与自然在观念中分离，这叫"自我意识"。

"爻"这个符号的出现被中国古人叫作"一画开天"，什么意思？这一画的问世，标志着东亚人已经把自我与自然剖判开来，形成明确的二元对立分析态势，我们把这个东西叫"一画开天"，或者叫"自我意识"。

我讲到这里，大家就应该知道"爻"这个东西、《易》这个东西，在中国文明史的开端上是一个多么重要的事件。

"爻"的观念刚一发生就呈现为"两爻"的表达：一个阳爻，一个阴爻。在古代文本中，尤其是两汉以后所有的《易经》注本中，都把"阳爻"讲成"浑然一体示天"。"阳爻"连续而无裂缝，如天空之平展，故有此喻；"阴爻"间断而不连贯，因此历来把它解释为"水陆二分示地"。说"阴爻"代表大地，因为大地上有海洋、有河流、有山谷，大地是不平整的，是有分有合的，这是我们通常所见的《易经》注文的表述。这个说法对吗？请记住这是两汉文人的命意、想象及引申之谈。

那么阴阳两爻最初到底是指什么呢？阳爻应该是男根之象，也就是男性生殖器的形意；阴爻应该是女阴之象，也就是女性生殖器的形意。为什么这样讲？近代很多学者，包括郭沫若都持这种观点，我以为此说成立。为什么？请大家一定要记住，人类在原始时代所面临的最为紧迫、最为重要、最为生死攸关的是如下三大问题：第一乃"生殖追问"，第二是"死亡追问"，第三叫"时空追问"。

关于死亡追问，我在前面讲过，我说所有动物对死亡都会表达出一种疑惑和悲伤的情绪，中国古代有一个成语叫"兔死狐悲"，即源于对此现象的观察。可是所有动物都无法理解和追究死亡。人类早年也将死亡视为一种极为神秘的事件，如此高贵的生命居然最终都得陷入死地，这当然足以构成人类的重大追问。这就是为什么在远古时代，全球各地的人们没有沟通，却都不约而同地提出"灵魂轮回学说"的原因。它表达的是人类对死亡的恐惧、对死亡的疑问，以及对死亡所包含的不详要素的重构与化解。这也就是为什么人类远古时代都极为关注丧葬文化。比如你到埃及去旅游，你会看什么？看金字塔，看木乃伊。所谓金字塔就是古埃及法老的墓葬，所谓木乃伊就是经过处理的尸体。比如你读孔子的书，其中特别重要的一部分内容也是丧葬文化，谓之"慎终追远"，他表达的仍然是人类古代对死亡的追问。

但是，在"死亡追问"以前或与此同时，人类还有一个更重大的追问，那就是"生殖追问"。我一再引述当代生物学的观点，即任何生物有机体，它只不过是为了增殖、为了基因的播散而建立的临时运载体。也就是一切生命生理运行的中轴均为生殖，这就是人身上最强大的欲望是性欲的原因。事实上，对古人而言，生殖不仅是一个极为重要和极为神秘的现象，而且是一个理解起来极具难度的事情。

试问什么叫生殖？即使是现代人，如果你没有学过医学，没有学过生殖生理学，你其实对生殖毫无所知。请大家想想生殖是一个多么复杂和奇怪的现象，古人根本无法理解复杂的生殖机制，他们会做出种种奇怪的构想。我举一个例子，你到俄罗斯去看看，它那儿最著名的工艺品是什么？——俄罗斯套娃。每一个人偶里面套一个人偶，内套的人偶里面再套一个人偶，这样由大到小、层层叠叠，套入的人偶越多，这个套娃就显得越高级。它表达的实际上是什么？是人类古代对生殖现象的一种解释。就是认为女人的身体里一定原来就有一个现成的娃娃，这个娃娃的肚子里还有一个娃娃，这个娃娃肚子里的娃娃体内又有一个娃娃，如此环环相扣，这才导致生育不绝。俄罗斯套娃表达的是最典型的人类古代对生殖现象的直观图解。

大家可知道生殖在今天生理学上的解释复杂到何等程度？我仅给大家举一个方面的例子：我们人体每一个体细胞里都含有四十六条染色体，试想一下，如果生殖细胞，也就是女性的卵细胞和男性的精子细胞，如果它们的细胞核内也都是四十六条染色体，那么它们组合而成的受精卵，以及由此孕育出来的后代一定是九十二条染色体，是不是这样？而且他后代的后代一定变成一百八十四条染色体，这般累进下去，每一代生下来都将是一个形貌大变的怪物。

因此所有发生两性分裂的生物体，它的生殖细胞都要变成减数分裂的特异胞体。什么叫"减数分裂"？也就是四十六条染色体被拆分为二十三条染色体下传，然后雌性细胞和雄性细胞进行受精，叫作合子细胞，重新恢复成四十六条染色体。这是一个非常微妙的现象，在生理学上迄今没有完全搞清这种"减数分裂"的深奥机制是如何达成的。可见生殖过程有多么复杂！古人能够感觉到生殖欲望的强烈躁动，却全然不知道它究竟是怎么回事，因此产生"生殖追问"顺理成章。

更重要的是，生殖问题在人类远古时代是一个关乎族群生死存亡的大问题。当代有一位著名的学者吴申元，他在一篇名叫《中国人口思想史稿》的论文中提出这样一项研究结果，他发现人类在远古原始时代，新生儿成活率不到百分之五十。而在旧石器时代，也就是农牧业文明没有发生以前，任何一个氏族族群，它的人口增长率居然是每百年才千分之一点五。

请注意这个概念，我在前面讲课讲过，一个原始氏族社群的人口通常不超过五十人到八十人，每一百个人每一千年，也就是十个世纪只增加一点五个人口。即便到了新石器时代，百年人口增长率上升为千分之四，一个氏族，假定它有一百人，每一千年也只增加四个人口。可见人类远古时代各族群的人口增长是一个何其之难、何其缓慢的过程。

而人口增长对于任何一个族群来说生死攸关，要知道人类的体力比大型野兽的体力低得多，人类早年农业文明没有发生以前，是采集狩猎时代，一个族群的男性集体协作，才能战胜或者猎杀一头野兽。如果人口很少，族群食物来源都会构成问题，捕猎过程会面临巨大风险。更重要的是，随着人类文明的发展，族群之间、氏族部落之间由于长期繁衍，尤其到农业文明发生以后开始大规模垦殖土地，各族群之间的领地越来越接近，发生冲突的概率逐步上升，这个时候各族群的人口数量就更为关键。因为古代族群人数的多寡是对外战斗力的第一指标。如果到族群之间、氏族部落之间已经发生高频率冲突之际，哪个氏族部落人口繁衍数量不足，它一定面临危局，甚或归于消灭。可见人类远古时代生殖事宜是一个多么重大且生死攸关的问题。所以请大家记住，《易经》最早表达的是"生殖追问"。

我们下面看文本记录。上述讲法绝不是我的猜测，而是回溯人类原始文明必然面临的最基本、最紧迫的生存问题之所考，这方面在《易经·系辞》中有非常明确的表述，说明战国、两汉时代的人，他们对这一点也有清晰认知。请看《易经·系辞上》中的原文："乾，阳物也；坤，阴物也。"古人把男性生殖器官叫阳物，把女性生殖器官叫阴物。如果你觉得我这样解释不够，因为阳物、阴物确实可以泛指一切阴阳载体，那么我们紧接着看下面一段话："夫乾，其静也专，其动也直，是以大生焉。"什么是"乾"呢？它在安静的时候也"专"。大家要注意"专"这个字，它其实是另外两个字的通假和字根。给它加一个提手边，这个字念"抟"（Tuán），什么意思？将一把沙子在手里捏成一团，这个动作叫"抟";再一个字是"团结"的"团",这两个字都是"专"这个古字根的后期转注字。所以说"乾"就是指男性生殖器,"其静也专"(此处"专"发音为Tuán),是说它在安静的时候是缩成一团的;"其动也直",它在兴奋的时候是勃大变直的,说得非常露骨;"是以大生焉",于是得以播下生命之种子。它随后讲:"夫坤,其静也翕,其动也辟,是以广生焉。"什么叫"翕"?闭合的意思。什么叫"辟"?张开的意思。它说女性生殖器官安静的时候,就是闭合的,兴奋的时候,就是张开的,"是以广生焉",于是得以生儿育女。请大家看看这段话,它直截了当地表述"乾——阳爻——阳卦"、"坤——阴爻——阴卦",首先指的是男女生殖器官,这是非常真切的生殖追问之直陈。

及至战国两汉以后,人们把最早的生殖追问不免模糊置换并逐步扩大成整个宇宙追问、自然追问,这个最原始的追问标的,才被阴阳普泛之说所掩盖。请各位特别注意理解我讲的这一部分,易文化发生的最初意图是"生殖追问"。

《易经》三法则

关于时空追问,我们后面再谈。我们现在先讲《易经》三法则。

大家注意"易"这个字是什么意思?中文"易"这个字,它的第一含义是"变易",是讲变化的。《易经》之所以取名为"易",是因为它要研究变化,我这样讲尚没有讲出深意,大家觉得太普通,我换一个讲法,各位才好理解。

要知道远古时代,人类的文化和智力开发水平相当于一个幼儿、相当于一个儿童。请想想你小的时候,你怎样理解世界?你看待这个世界一定是静态的。山山水水之景,你绝不会想到山是逐步发生的,它原来是海洋的底部海床,你会想到吗？你绝想不到。河流是不断变更河道的，人生是逐步延展而致衰老的……这些对于一个儿童来说都是无法理解的。孩子会认为世界是涌现的、是固有的、是静态的，是原本就成为这个样子的，是不是这样呢？因此人类在远古时代，完全没有意识到这个世界居然是变化的。当上古先民有一天突然理解和发现这个世界是经常变化的、是变动不居的，这会造成严重惊慌。为什么？请大家想想我们人类的行为依据是什么？我们的行为能力不断提高，凭什么？凭经验。就是我此前做的事情，给我构成的信息回馈、构成的经验积累，使得我后面的动作和行为效果更彰显、错误率更低，是不是这样？因此经验对人生来讲实在是太重要了。

可是如果这个世界是不断变动的，它就意味着经验无效。因为经验要有效，必须满足一个前提假设，就是我的"经验对象"是静态的、不变的，只有这样经验才有效。如果我的经验对象是瞬息万变的，那就意味着我此前的经验没有可重复性。这就是为什么随着人类文明的发展，随着事物演动速度越来越加快，当代人再想靠经验来处理问题已经决然不行了。经验非但不是你的财富，反而是你的陷阱。因为世界快速流变，你拿应付过去的经验应付流变的今天与未来，你一定跌到泥潭里去，是不是这样？这叫经验论无效。经验论无效的前提是什么？世界是流变的。所以请大家记住，当人类早年意识到这个世界居然不是静止的，而是时时刻刻都在流变的时候，它会造成上古先民的深心惊恐。这就使得任何一个还想把握这个世界、还想在这个世界中寻求自己生存之道的人，都不得不追问"变动"究竟是什么？什么东西引发变动？变动的趋势是什么？变动的规律是什么？找不见这些问题的答案，你就无法生存。因此《易经》的第一法则就是面对变动的意识而产生的根本追问，这就是《易》的第一法则——"变易"，也是"易"这个字的第一含义之来源。

我们下面解释一下"易"这个字，看看"易"这个字究竟是什么意思，它最初的来源是什么。东汉时期中国第一古汉字学家许慎，他在《说文解字》里讲："日月为易，象阴阳也。"由于许慎当年在汉字学上的奠基作用备受推崇，因此他的说法有力地影响了中国后人对"易"这个符号的字源解释。

汉代还有一个著名的易学专家名叫魏伯阳，他也认为"易"就是日月之象，什么样子？大家看（板书），上面画一个太阳，下面画一个月牙，许慎和魏伯阳认为这个字就是"易"字的来源。可是我们知道在许慎那个年代，甲骨文完全被埋没，许慎的研究依据只有金文和篆文。直到1899年王懿荣发现甲骨文以后，我们在甲骨文里始终找不见相关字符，因此很多学者就提出否定意见，有人认为"易"可能是蜥蜴之象，有人非之，莫衷一是。

我在这里略谈一下唐汉先生对这个问题的看法，他说"易"这个字在甲骨文中是这个符号（板书），先画鸟的一个翅膀，旁

边画了三撇（甲骨文　金文　小篆　楷体）。请大家记住，你只要在中文中见到这三撇，它都是抖动的意思，所以"易"是什么？一只鸟它的翅膀在抖动！唐汉先生认为这个字就是甲骨文中"易"字的出处。这个说法具有一定的道理，因为鸟在天上可以飞，在水里可以游，在地上可以走，比如野鸭，它最具变化的特征和适应环境的能力，因此认为这个字有可能是"易"的字根。

总而言之，古人缔造《易经》，它实际上的一个重要发端，是对"变易"的追问。

《易》的第二法则叫"简易"。"易"这个字除了"变易、变化"的含义以外，它的第二个含义就是"简易"。比如我们有一个常用词叫"容易"。那么"简易"究竟是什么含义呢？听懂我前面的西哲课，你就应该明白，人类用自己的思想把控世界，他唯一的办法就是把万事万物尽量简化处理，这种力求简约化的思维方式叫作抽象思维方式，这就是我前面一再讲，"抽象思维方能整顿最大信息量"这句话的意思。

我再举个例子。十四世纪英国有一个教士，被视为西方著名逻辑学家，此人名字叫"奥卡姆的威廉"（William of Occam），也就是奥卡姆这个地方一个叫威廉的人，这就是西方哲学上一个著名术语"奥卡姆剃刀"的来源。什么是"奥卡姆剃刀"？就是在逻辑学上但凡是可有可无的东西都应该将其削除，也被表述为"如无必要，勿增实体"。它的意思是在思想和逻辑建构中要简化再简化，但凡属于可以剔除的东西一律层层剥离，是谓"奥卡姆剃刀"。我在讲西哲课的时候把它叫"思维经济原则"，就像少花钱多办事一样，也叫"思维简易原则"。这是人类运用思想的最有效方法，也是最高境界。

我给大家举例子。人类使用"力"使用了数千年，要知道在农牧业文明还没有发生以前，人类就已经会用投枪或标枪了。可是在牛顿出现以前，人类从来不知道什么叫作"力"。尽管人类运用各种"力"已达数千年乃至上万年，直到牛顿才说清什么是"力"。他居然说两个物体质量的乘积做分子，两个物体距离的平方做分母，然后乘上引力常数，他说这个东西就是一切"力"的根源，这就是万有引力学说。他在分析"力"的动量上用了一个极简单的方程$F=ma$，即"力"等于质量乘以加速度。他居然用如此之简约的方式，只有三个字母加一个等号，用这四个符号就把"力"的本质全部表达出来了。牛顿总结了"力"的本质，其结果是工业时代喷薄而出，机械论系统随之成型，产业革命相继爆发，因此我们把工业时代也叫牛顿时代。

大家看这叫思维简易原则，它的力量何其之巨大。我再举个例子。我前面讲过，在达尔文以前，人类所说的万物基本上都是生命物质，因为无机物质的种类很有限，而生命物质包括灭绝物种有上百亿种之多，因此当年最有才华的学者、处理信息量最大的学者、最博学的学者是什么人？是生物分类学家。他们要把数万、数十万、数百万、数亿万的物种最终简化分类，按照它们的生物性状分类，编排为"界、门、纲、目、科、属、种"，也就是层层简化、共性归纳，借助于思维简易原则把控万物、把控纷纭的生物总系统。所以当年像林奈、像居维叶这些生物分类学家被人们称为中世纪以后的博物学家。可这个时候人类仍然对生命是什么几乎还完全不能理解。直到达尔文出现，他居然只用一条原理，中文只有四个字，叫作"自然选择"，就把生物来源是什么、物种分化怎样发生、生命如何演动至今等一系列问题全部澄清，生命科学第一次被奠定。达尔文学说最典型地表达了思维简易原则的效用。

大家再想想爱因斯坦。他在狭义相对论中整理时空相对关系的时候，推导出质能方程 $E=mc^2$，这个方程使人类第一次理解"物"是什么。人类从来不知道物质是什么，直到这个方程出现，人类才明白"质量"居然是"能量"的转化形态。"物"第一次有了一个像样的解。万物、有机物、无机物的通解，居然隐藏在一个如此简单的公式中，由此缔造了我们今天的电子时代和核时代，这叫思维简易原则。

可见简易法则何其重要，可见"简易"是思想工具中多么有分量的东西。因此我一再讲，一个人表达对某事物的理解，只需看他能不能把这个事物归结为一个最基本的原理，这标志着他对这个事物的通解程度，也是衡量他思维能力的尺度。这是《易经》的第二原则，叫"简易"。

我说到这儿，大家不由得会惊叹古人早在数千年前所达到的思想高度，他们居然意识到人类用思想把控世界要用这样一个奇怪的方式才能有效。

《易》的第三法则，叫"不易"。什么叫"不易"？不允许更动。这话是什么意思？前面讲人类要想把控流变就必须使用思维简易原则才能实现，那么要想有效地运用这个简化思绪，则由其导出的相关概念与命题就不能乱变。因为如果这些东西是不断变化的，是随意调整的，那么你对世界的变动就仍然无从把握，也就意味着你仍然面对的是变动不居的对象，是不是这样？既然你要用思维简易原则来把控它，那么当然你的简易结果或简化结论是要掌控流变，是要固化流变，是要解构流变，是要把流变的趋势确定，是不是这样？如果是这样，那么就是说你这个把控世界的简易原则或原理，自应是不可动摇的，其中的推导演绎流程是不允许变动的，这叫"不易"。这就是一切扎实学术以及科学的力量所在。

大家知道神学、哲学、科学是人类经历的三大思想阶段。到科学时代出现一个非常重要的规定，就是任何一个科学原理，它必须对它所要解释的诸多对象具有通解性，也叫普解性。它不允许在其解释范围内出现反例，只要有一个反例出现，该原理立即崩溃。因此科学的一个重要指标就是严格检验，不得变动，稍有变动即告崩溃。比如牛顿的学说把控宏观世界的物体运动全部有效，没有任何例外。可是随着微观物态出现，法拉第发现电磁电流，人们随后发现了电子以及其他种种粒子，微观世界逐步展现，引力必须是大质量物体才能发挥作用，对于微观粒子、原子，引力没有丝毫作用。那么微观世界的运行规律是什么？牛顿的学说全然失效。于是爱因斯坦相对论问世，他的相对论能有效解释微观世界的运动，同时又有效地兼容宏观世界的力学运动体系，于是牛顿经典力学理论几近崩溃。它今天还被使用仅仅是因为它简单方便而已，而不是它还代表真确性和精确性。这说明什么？说明一个原理它要能够有效地把控事物，该原理本身不允许调整、不允许更动。如果一个学说遇见了任何反例，它就调整自身，则说明两点：第一，这个学说严谨程度大成问题；第二，这个学说解释事物归于无效。我们经常见到这样的学说，动辄改变论说方式，然后自称"放之四海而皆准"。请小心，碰见这样的学说，通常它会误导你。这叫"不易"。

当我讲到这儿的时候，你就会发现古人建立易学所要运用的思想原则、所要把控事物的那个深度，达到了怎样的水准。我不是说它业已高明到我今天讲解的这个深度，很多东西大抵是在不自觉中自发展开的，我只是说古人的智慧近乎朦胧地猜测到他所要面对的问题，以及面对这些问题的基本处理原则，仅是如此也已经十分超拔、令人惊叹。这就是《易经》作为思想文化整顿工具的原始力道所在。

《易经》三要素

上面讲了《易经》三法则，我们下面讨论《易经》文本三要素。

大家要想读懂《易经》，一定要把握《易经》的三项内涵：第一叫"象"；第二叫"数"；第三叫"理"。《易经》的基本推导方式是"以象组数，以数推理，以理释象"。我这样讲大家很难理解，我下面分别展开讨论。

所谓"象"，就是指《易经》的符号全都是具象符号。我在第一堂课讲中国古代象形文字，说它们都是具象符号。我讲人类原始时代各族群，它要么没有文字，但凡有文字者，都是从象形文字开端。那么"易"符号它是人类的前文字符号，它当然一定是具象符号，这叫"象"。比如"两爻"，是男阳和女阴的具象符号；比如八卦，全都是非常具象的符号。

乾 ☰　　离 ☲　　震 ☳　　艮 ☶

坤 ☷　　坎 ☵　　巽 ☴　　兑 ☱

请大家看这八卦。第一卦象叫"乾卦"，它用三个阳爻表示，它代表男性、代表天、代表太阳，后来代表"阴阳"的"阳"。大家看，如果它代表天，它表达的十分具象，因为天是完整的、是没有裂缝的。第二卦是"坤"，坤卦由三个阴爻构成，它代表女性、代表大地、代表月亮，后来代表所有"阴"的概念。以它表示大地是恰当的，因为大地水陆两分，河流断裂，山谷劈开，都是有断象的。第三卦为"离"，它代表火。你看这个图象，当下看不出来它像火，可是如果你把它竖起来，它是火苗窜动的一个半抽象符号；第四卦名"坎"，它的原始含义代表水，后来有些地方也用它代表月，我们在这里引出它最早的含义，代表水。看这个符号，你不太容易理解它怎么是水，我把甲骨文的"水"字再画一遍（板书），这个符号就是甲骨文的水

（ ）。你再返回来看这个坎卦，如果你把它竖起来，是不是刚好是甲骨文描摹河流的半抽象符号。第五卦"震卦"代表雷电，它用底下一个阳爻代表地平，用上面两个阴爻代表阴云密布、电闪雷鸣，因此它仍然是非常具象的符号。第六卦叫"巽卦"，代表风，它用上面两个阳爻代表阴云密布的天空，用底下一个阴爻代表风的流动，所以它仍然是非常具象的风的标识。第七卦叫"艮卦"，它用底下两个阴爻标志着石块堆垒，用上面的一个阳爻代表山峰的高度，所以艮卦代表山。最后第八卦是"兑卦"，兑卦代表泽，沼泽的意思，它用底下两个阳爻代表地平、代表地面、代表地壳，用上面的一个阴爻代表水纹波动。所以八卦全都是非常具象的符号。因此大家记住，《易经》的所有符号，首先都是具象的图示，它用每一个具象标识，表征人体或自然界中的某一个大的类别，由此类比推演以阐释和理解世界。

《易经》的第二要素乃"数"。要知道人类智能刚一发生，文明刚一出现，人类就要计数。狩猎打了几头动物，部族有多少人口。所以计数是人类文明一开端，随着语言的发生就随即出现的一个基本智力活动。但是，"数"是太复杂的一个系统，随着信息量的增大，随着人类智力的提高，"数"在古希腊时代、在毕达哥拉斯那里，它已经发展成一个相对完整的逻辑系统，

我们把它叫"数论"。由于中国始终陷在具象符号和实用关怀之中，因此它的这个精密逻辑系统没有展开。那么"数"在不被逻辑数论系统充分揭示的情况下，就会显得格外神秘。而人类早年用《易》来推测事物，他需要这种神秘性，甚至需要加固这种神秘性。

我来讲一讲"数"的神秘。如果你不能理解数学的逻辑关系，"数"一定表现为一个扑朔迷离的、紊乱而有序的系统。它的有序表达为它被规定，它的紊乱表达为你无法把握。比如你拿阴阳二爻做成三爻卦，你只能做八卦，你绝做不出第九卦，它在数学上排列组合的极致就是八，这是一个非常奇怪的现象，古人很难理解。我再举例子，随着八卦的发展，后来人们把两个八卦堆垒起来叫"重卦"。重卦是六爻卦，那么六爻卦你只能做六十四卦象，你绝不可能做出第六十五卦。因为两爻排成六列，它在数学上的排列组合的极致就是六十四。像这种奇特的现象，古人无法理解，所以古人就会把"数"视为某种神秘的天启。他认为在这些具象符号中，"数"代表了某种神秘的自然指示，于是"数"本身的神秘性就表现着天地神明的力量。因此在《易经》中点缀的"数"是解惑《易经》的关键，但你千万不敢把它跟"数论逻辑"以及今天的"数学应用"混为一谈。它是人类早年在对"数"捉摸不透的情况下，有意无意间玩弄的一种玄学游戏，而不是一个缜密贯通的思想系统。它只不过是以简单图符的分型列组或者具象类推的比拟隐喻进行迷幻预测的一个粗疏工具。

我给大家举例子。《易经·系辞》中有一段话："天数五，地数五，五位相得而各有合。"什么意思？古人把十进制的个位数分成阴阳两列。所谓天数就是阳数，也就是我们今天在数学上所讲的奇数：一、三、五、七、九，所以说天数有五；它说地数也有五，地数就指阴数，指今天数学上的偶数：二、四、六、八、十；它说"五位相得而各有合"，是指你把阳数与阴数或天数与地数五位统合起来，这就是整个数字系统。它然后接着讲："天数二十有五，地数三十，凡天地之数五十有五。"什么意思？你把一、三、五、七、九加起来，得二十五；你把二、四、六、八、十加起来，和是三十；你再把天数、地数，也就是奇数、偶数一总加起来，二十五加三十是五十五，这就是这句话的含义。它只是借用阴阳两分的神秘方式，对"数"做了一番简单的分类概括便戛然而止，再未见有任何数理逻辑上的其他进展。然后它直接运用阳数和阴数来表达"爻"的位序，比如阳爻通称为九，比如阴爻通称为六，所以你看六爻乾卦，它指示爻位是这样表达的：它把下面叫"初九"，然后从第二爻开始依次叫"九二"、"九三"、"九四"、"九五"，第六爻叫"上九"。所以你只要看见"九"这个数字，就指阳爻。它把阴爻通称为六，所以一个六爻坤卦，它不说底爻是什么，它说"初六"是什么，然后"六二"、"六三"、"六四"、"六五"，最后是"上六"。这就是爻辞的代称方式，都用数字来编排。但其后并没有什么要紧的计算，只剩下泛泛的类比。

三爻卦分组重合起来形成六爻卦，在易学上叫作"重卦"。它的发生显然要迟得多，到《周易》已经主要是六爻卦了。六爻卦由两个三爻八卦构成，它的下面叫内卦，上面叫外卦，算卦时不同的场合有不同的解释。这都是大家要了解的基本情状，也就是"数"的概况。

《易经》的第三要素就是"理"，它是对由"象"和"数"构成的符号系统进行宇宙论和自然学阐发。随着时代的演进，"理"的部分不断变化，也不断繁琐化，详情我们后面再谈。总之，我重复一遍，"以象组数、以数推理、以理释象"，构成了中国人早年图解世界的基本方法和体系。

我们下面谈《周易》文本。它其实是由两部分构成的，前半部分叫《经》，后半部分叫《传》。所谓《经》，就是商末周初王室的祝巫所进行的占筮记录，它早年根本没有从战国到两汉时期的那个宇宙论解释部分,只留有具体的筮录文字。我举例子,比如泰卦和归妹卦的六五爻辞,它讲一个占筮记录,叫"帝乙归妹"。帝乙是谁?殷纣王的父亲。如果按部族联盟轮流执政的格局看,他们之间可能不是父子关系,只是殷纣王前面的那个主政者叫帝乙。所谓"帝乙归妹",这个爻辞所记述的是帝乙或其女儿的婚姻事件;再比如既济卦的九三爻辞,说"高宗伐鬼方,三年克之",所谓高宗,是指武丁或者武乙,它记录的是这样一个事件:高宗当年讨伐鬼方,鬼方是中国西北部的蛮族部落,此战用了三年时间才得以完成。显然这个爻辞最初没有任何哲学阐发的含义,而仅仅是一条筮事记载;再比如升卦的六四爻辞,原文是这样的:"王用享于岐山"。一望而知,这个王一定是指的周文王,因为周文王的父辈和祖辈还没有称王。它讲文王来到岐山这个地方,曾在此举行祭祀活动,这显然只是一个具体事件的记录,别无深意。

我讲这些,是想说明《易经》的前半部分《经》,其实是商末周初王室占筮记录的存留。随着人类对自然的认识越来越深入,以及人类文明的发展——文明进程就是信息增量进程,到了战国和两汉时代,人们需要用它解释更宏大的自然现象和更复杂的社会事务,于是就出现了《易经》文本的第二大部分,叫作《传》,也就是其哲学部分,或者是我所讲的广义哲学的理论部分。这个部分由七篇文章组成,这七篇文章就是《象传》《彖传》《系辞传》《文言传》《说卦传》《序卦传》和《杂卦传》,由于前三传分上下篇,所以总共是十篇文章,被古人称为"十翼"。大家要注意,《传》的部分其实都是战国到两汉时代的作品,它跟当年的占筮记录是完全不同的处境与思境。传说这"十翼",也就是这七篇撰文,都是出自孔子的手笔,但现代学者研究发现,它们其实大多是两汉的文风。有学者认为,《系辞》文字古雅、思绪严谨,这一篇有可能是孔子的落墨,不过也仅仅是可能而已。

《易经》后来被传得奥妙非凡,似乎深不可测,可在当年创作《易传》的人看来并不如此。战国、两汉时期，人们对《易》究竟是什么，出自何方神圣，并没有完全神秘化。我们在《易经·系辞下》中见到这样的表述："易之兴也，其于中古乎？"它说"易"兴盛于中古时代，站在两汉，站在战国，中古时代就指我们今天所说的远古时代；"作易者，其有忧患乎？"它说记录易书的人，是面临了某种困惑，面临了某些麻烦，因此寻求答案。它一点都不怪诞，它是为生存探索解决之道，这才是易文化的本原。它又讲："易之兴也，其当殷之末世周之盛德耶？当文王与纣之事耶？"它说《易》的兴起，是商周朝代交替之际，商代不合时宜的旧思想被周代以德治国的新理念所置换、所取代的历史遗文，说是文王与纣王发生冲突的寻根索引。可见做《传》的人、做《系辞》的人，他们认为《易》所体现的不外是解决实际生存问题的初衷。这种表述非常朴素而实在。但是随着时日迁延，《易传》往后的解释，就变得越来越复杂、越来越神秘。我们现在剥离掉后人附会的部分，回归它原有的文化本态，才能理解《易经》。

我前面讲过，我说《易》要解决的是什么？首先解决"变易"问题，所以《易经》中会出现一系列研讨变化的卦象与注释。我举几个例子，请大家看下图：

卦象的变化

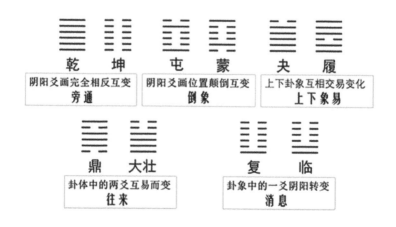

这些只是最常用的部分。第一组叫"旁通"。它是拿"乾卦"和"坤卦"做比较，也就是这两种卦象，它的每一爻全是相反的，此谓之旁通；再一个是"倒象"，比如"屯卦"和"蒙卦"，把"屯卦"倒转过来，就成了"蒙卦"，这叫"倒象"，就是把两个八卦组合的六爻卦，完全倒置形成的卦象关系，用以类比某种相对彻底的变化形态；第三组叫"上下象易"，比如"夬卦"和"履卦"，前者的内卦——乾卦，是后者的外卦，后者的内卦——兑卦，是前者的外卦，即是上下两个三爻卦象互相转换，重新排列；第四组叫"往来"，比如"鼎卦"和"大壮卦"，它实际上"鼎卦"最下面的一爻与最上面的一爻互换，就成了"大壮卦"，反之亦然，借以表示局部变化，是谓"往来"；第五组叫"消息"，比如"复卦"和"临卦"，大家看"复卦"，最底下是一个阳爻，上面全是阴爻，那么到了"临卦"，出现了第二个阳爻，我们后面还会看到其他相关卦象，表现为一个阳爻一个阳爻的逐位上升，或者从下到上一个阴爻一个阴爻的渐次变形，它把这种现象称为"消息"。大家注意"消息"这个词的原意，这个词在中国古代，就是今天"消长"的含义。就是阳气不断上升，或者是阴气不断上升的表达，此消彼长，循环往复。你看，它用这些卦象的组合变化，具象类比各种各样的自然物候现象。

我讲到这里，大家应该很清楚，古人用类比方式解释自然或社会的变化，显然是一个非常粗糙的思想模型。我们今天解释事物变化，比如流体变化、比如生命变化、比如物理变化、比如化学变化、比如社会变化等等，你绝不可能只用几个半抽象符号略加比照就把它通解。你一定得做详尽细致的分析，找见具体的多因素关系或共通的统一动因，进行精密复杂的推理运算，才能解释清楚它的变化。可古人就用如此简单的符号类比方式，对应万千变局，它既表达着在低信息量的条件下把握变化的实际需要及其必然形态，又表达着人类早年不得不采用具象符号类比思维的尴尬和困局。

算卦之初：时空追问

关于《易》变成《易经》，我前面讲过，跟孔子研读过甚至整理过它有关。相传孔子五十岁以后学《易》，而且把他学《易》的心得传给了两个弟子，一个是子夏，一个是商瞿。《史记》记载，子夏好理未得道，商瞿善用而传世。也就是子夏关心《易》的学理部分，不研究应用部分，商瞿把《易》这个东西做成了一个应用系统。而且还说，孔子当年把《易》研究得很深，曾经为商瞿算过一卦，商瞿久婚不育，人到中年，约三十八岁尚无一子。传说孔子给商瞿算卦，说他晚年多子，果然三十八岁以后，商瞿连得三子，有古书记载说商瞿连得五子，证明孔子算卦很准。商瞿后来把他的这个应用部分传授下去，就形成了汉代有名的"京焦易"，也就是焦赣传于京房之一脉。大家知道后来有著名的"京房十六卦变"，这些部分我不再多讲。

那么，究竟孔子对《易经》有多少研究，其实我们是说不清楚的，现在讲孔子曾经研读过《易》，根据的是《史记》和《汉书》中的记载。《史记·孔子世家》录有"读易，韦编三绝"之寥寥数言，意思是说孔子翻阅《易》书，竟然把编结竹简的牛皮绳都弄断了三次，这叫韦编三绝，可见孔子学《易》是很仔细也很经久的。再看《汉书·儒林传》中的记述："孔子……盖晚而好易，读之韦编三绝而为之传。"即"十翼"之文传乃孔子所作的说法，源出于此。但是大家要注意，班固提及孔子晚年学《易》，前面用了一个"盖"字，"盖"这个字在古文中是"大概"的意思，表达的是或然性的概念，也就是说孔子可能学过《易》，班固并不能肯定。

在《论语·述而》篇中，孔子曾说："加我数年，五十以学易，可以无大过矣。"我们一听这段话，就应该知道，孔子所言大抵是四十多岁，他说老天如果再让我多活几年，我到五十岁开始学《易》，那么我将来就不会犯大错了。可是大家要注意，这段话在古文献中是没有标点符号的，因此有学者认为，这句话不能作为依据，因为很有可能是把标点符号点错位置了。换一个断句方式，也可能是"五十以学，亦可以无大过矣"，就是我五十岁以后才开始学习，我至少不会再犯大错误了。所以借这段话证明孔子当年深入地研究过《易》，仍然不足为凭，只能说孔子可能研究过《易》。我们基本上可以比较肯定地说，《易》的传文，不是孔子的手笔，或至少不是全部皆为孔子所作。

我们下面看看算卦的初衷。"卦"这个字，很值得仔细推敲。我们今天一讲算卦，大家立即就想到算命这件事情。可是古人算卦原本是想干什么？我在前面讲过，人类远古时代面临的最大问题有三项：第一，生殖追问，此关乎部族生死存亡；第二，死亡追问，即对神秘的死亡现象之探究；第三，时空追问，就是困惑于时间和空间。我们今天觉得时空问题很平常，其实不尽然！我给大家举一个例子，人类的一切追问，我们都可以把它归结为时空追问，这句话什么意思？试问，什么叫时间？什么叫空间？这真是一个太复杂的问题，因为我们就生活在时空之中，物质或物态是不断变化的，可视为身外之存在，但时间和空间却永远纠缠着我们，连意识与灵魂都无法超脱于它，因此人类的一切学问、一切理论，在某种程度上都可以归结为时空探问。

古希腊有一个哲学家芝诺，我前面提到过，他曾经质疑运动与静止，实质上涉及的是时间和空间的关系。到了近代古典哲学，休谟讨论人类的知识无效，怎么讨论？他说因果论不成立，因为你所说的因果，只不过是在空间和时间上的排序，你是在时空表象上加以追索，这才达成了因果关系，然而时空本身尚属疑窦，因此因果论不成立。也就是说，你必须首先搞清什么叫时间、什么叫空间，其他各类问题才有探讨的余地，可是时空之玄难此前没有人能予以破解。

随后康德出现，鉴于休谟的论述使得人类的一切知识均告落空，亦即一切知识都不成立，于是康德才追问人类的知识何以建构，这就是康德先验论哲学的重大贡献。我在西哲课上讲过，你翻开康德的著作——《纯粹理性批判》，他从哪里入手？他居然从回答时间和空间是什么开始讨论。他说时空只不过是"先验直观形式"，说客观上有没有时空我不知道，时间和空间只不过是我们的一个在经验以先就被规定的思维平台和感知模式，由于有了这个先天派生的主观框架，一切感知才得以达成，显然康德是从时空的性质为何而发起追问的。

大家再想牛顿的学说究竟是什么？直到爱因斯坦之后，人们才明白牛顿经典力学其实是一个时空追问，叫"绝对时空观"。爱因斯坦的相对论探讨的什么？叫"时空相对论"，时间和空间，包括物质与时空具有某种统一的内构关系。可见我们人类所谓的一切学问，说到底都是时空追问。至少迄今以前，人类的一切学问都是时空追问。这就是为什么在先秦时代，有诸子之一子名叫尸佼，史称尸子，他给中国人仅留下一个词汇，就足以彪炳史册，这个词汇就是"宇宙"。什么叫"宇宙"？可不是指物质实体。"宇"，四方上下谓之宇，指空间；"宙"，往古来今谓之宙，指时间，所谓宇宙就是空间和时间。尔后佛教传入中国，用了一个词代替宇宙，叫"世界"。什么是"世界"？世——家世、人世，指时间；界——地界、国界，指空间。大家想想这些词义，我们说世界、说宇宙，居然都说的是时空。

为什么时空问题如此让人类不断追问？是因为时空问题最令人困惑。我举个例子，你今天看时间很容易，到处都是钟表。电脑上、手机上的时间显示每一秒都在闪动，你觉得计时不是问题。可请你想一想古人怎么计时？这实在是一个太困难的大题目。敢问，所谓"一天"怎么划定？你只能依据太阳出没，区分白昼与黑夜，从而把一天裁成两段。但是白天你要参与各种活动，你怎么精确计时？你只有一个办法——看太阳的位置。

太阳早上从东边升起，慢慢运行至顶头，叫作"如日中天"，你知道是正午了；然后夕阳西下，你知道傍晚来临。可大家想想，如果是阴天，看不见太阳，这个时候你长途跋涉去捕猎，走到数十里外的远方，你怎么计算时间？你怎么知道你该回归营地了？这个时候你会很头疼。你找不见时间，大阴天走在荒野上，即使是现代人，如果不戴手表，问你时间，你也一定陷于茫然，是不是这样？所以古人要想计算时间，在"天"（指"一日"）这个计量范围内都不是一件简单的事情。而且即使有太阳，到中午前后，由于东亚处在北半球，冬季太阳在南边环绕，到夏天则相反，太阳移到头顶，甚至偏北一点。这个时候看太阳也没用，你连东西南北方向都无法辨认，你在没有任何地标的空旷荒野上，怎么确定时间？你知道此刻是中午的哪一个时段吗？你真是无法确定。

大家再想，更困难的是什么？年。你怎么计算"年"？古人在很久以后才发现，"年"居然是一个周期循环。人类在远古时代是搞不清"年"这个东西的，所以"年"的本意是魔鬼。及至发展到相当晚近之时，人们才知道一年是一个循环周期。可在远古时代你怎么确定一年的开端和终结？你怎么确定下一个周期的起点？你如果找不见它，农业文明根本无法展开。因为你找不见节气，也就找不见耕耘、播种和收获的时间。要知道古人探寻一年的开头很不容易，中国古代年的起算时间竟然至少有过三次变化。最早曾经定在大约9月份，后来大约在11月份，直到中古时代，年头才定在正月，也就是现在阳历的1月到2月之间，可见古人要确定一年的时间周期有多么困难。

好了，讲到这儿，我问一下在座的各位同学，请你设想处于原始洪荒时代的古人在没有任何仪器的状态下要确定"年"之节点，你现在能拿出什么办法吗？你一定茫然不知所措。那么古人怎么划定"年份"呢？他必须垒一个高耸的土台，相当于设立一个"测日影器"，再测量太阳的投影，这句话什么意思？我以中原为例，东亚处在北半球，太阳大致总在南边运行，我确定一个季节，比如寒冬的某一天，查看太阳在中午时分投下的"正影"——这个影子不偏斜，如果不是正午，阳光洒下的影子会向两边倾斜。我找见正影，然后测量这个影子的长度。最长的投影一定是在什么时候？冬至，这时太阳走到南回归线，影子自然最长。影子最短一定是什么时候？夏至，这时太阳走到北回归线，于是影子最短。我确定了太阳的一个运动周期，也就是日投影长度的一个变化轮回，我是不是把年的周期节点就找见了？这就是古人确定年度周期的基本方法。

我们下面来看算卦的"卦"这个字（板书画图），先画两个

土块（ 甲骨文 金文 小篆 楷体），右边添一个卜形符号，这个字就是"卦"。你先看懂左半边，把两个土字摞起来，这个字念"圭"（guǐ），你如果现在查字典，大多数字典会误导你，它说"圭"是一种璞玉，这完全解错了，两个土摞起来，指古代堆垒的那个用于测度日影的土台，这叫"圭"。大家知道，现如今汉语中还有一个常用词"圭臬"，就是"标准或尺度"的意思，譬如说"以什么为圭臬"就等于说"以什么为准则"，该字的字义就从这儿来。

大家再想，到了中古时代，中国人制造了一种计时器取名叫"日晷"，"晷"（guǐ）的发音与"圭"相同。可见算卦的"卦"，它的左半边实际上是画了一个测日影的土台。好，大家再看右半边这个"卜"，其实不是"卜"字，这个符号就是直接描摹了用于测量日影的那个标杆！刻有测度线的一支标杆！这两个东西合起来叫作"卦"。可见"算卦"最初是算什么？算时间！这才是"时空追问以维护生存"的基本状态，这才是易学算卦的原初含义。

请记住，当年的时空追问，关乎原始族群的生死存亡。所以我们讲任何文化，你要想理解其意蕴或渊源，你就必须探明该文化现象与生存结构的匹配关系，做不到这一点，你就永远

理解不了人类的文明、文化进程究竟是怎么回事，你也就永远理解不了人类的任何文化思想成果究竟深意何在。

"时空追问"续：八卦方位图

我们下面看一个东西：

这张图，凡是算卦或研究《周易》的人都很熟悉，叫"伏羲先天八卦方位图"。这个东西在今天算卦时已经很少用了。今天算卦用的，主要是"后天图"。可是这一张图，却比"后天图"要早得多，所以古人就把它出现的时间标定至传说中的伏羲那里去了。

那么，这张图究竟是什么含义？请各位先看懂它的方向标注。这张图的南面是乾卦，代表天，因为站在北半球，天的最亮处总在南面，因此它是一个天象图。它的下面，也就是北面为坤卦，代表大地。大家注意，它的东面是什么？离卦。我前面讲过，离代表火，在这里代表太阳。它的西面是坎卦，我前面讲过，它代表水，在这张图中代表月亮，这是一个典型的天象方位图。注意这个图的名字，就叫"方位图"。它在干什么？指示空间。我前面讲了，算卦首先是算时间，我们下面讲空间问题。

人类问世之早年，请大家想一想，他们怎样生存？人这个猴子，突然从树上掉下来，变成直立人，他们已经不能在森林里获得食物资源，所以在直立人阶段，他们的主要求存方式，我曾经在前面讲过，叫作采集狩猎生存方式。采集指摘取植物，狩猎指追捕动物。采集的量是非常有限的，因为树木结果多在秋季，是被时间限定的，那么狩猎活动就变成了最主要的食物来源。

古人在一片荒原上要追击动物，他怎么解决方位问题？要知道今天到处都是方位指示器，到处都是路标，你觉得辨别东南西北不是问题。可请你设身处地想一想，古人身陷荒原之中，他怎么辨别方向？今天你开一辆老旧汽车，突然来到西北地区某一个荒漠，你一定迷失方向，因为人不是鸟，他没有用地球磁极辨别方向的先天能力。因此，在一片荒原中寻求方位，是一个非常重大的问题。而人类早年怎么寻求方位？只有天象！对不对？早上太阳从东边升起，我把太阳的那个方向确定，在我营地周边做一个地标，标出太阳所示的东方。下午太阳落山，再把西边标注出来。冬天中午时分，太阳偏南，我在中午时分看见太阳的方向，我就知道南边在哪儿。其实只要找见一个方向，其他方向都会顺应产生。

可大家想，如果是阴天，中午前后，或者上午到下午这一段时间，撇开天麻麻亮的早晨和天色发黑的傍晚，只看日间在外活动的这一段时间，你怎么找方向？你怎么测空间？你怎么回营地？太阳被乌云遮盖，四望寥落，完全迷失。你只剩下一个办法：在一片稀树草原上找一棵老树，然后观察树皮，因为东亚处在北半球，太阳总在南边运行，南面的树皮不断受到太阳的炙烤，因此东亚地区、北半球地区，所有荒原上能够充分接受日照的老树，南面的树皮会增厚，皲裂会加深。好了，这算你找见方向了。

可大家再想想，如果你所处的这个草原上居然没有一棵老树，你怎么办？你马上迷失方向。我再问一个问题，如果你在森林里打猎，森林里的树木是受不到阳光普照的，南边的树皮不变厚，你怎么办？不要说古人，就是现代人，让你进入密林，你一定要记住带一把刀具，走几步就要在树皮上砍一个刀印，否则你进去几百米，你就出不来了，是不是这样？所以古人寻找方向是一件非常困难的事情。

如此为难的事情，它却是人类生死攸关的大问题。大家想，狩猎活动是一个怎么样的过程？是一个长途追击动物的过程。你走到很远的地方，如果迷失方向，你怎么回归氏族部落的营地？我举一个例子。生物学家曾经探讨过一个问题，说世界上现存九十六种猿类，全都长满体毛，只有人类不长毛，被命名为"裸猿"。那么，人这个猴子为什么不长毛呢？这是个很明显的问题。于是生物学家反复探讨，一直找不见原因，早年曾经的解释是这样的，说是因为人类生育难度较高，因此他必须脱毛，以便让自己比较好看一些，有性的诱惑力，这是人类变成裸猿的原因。

这种说法有一定道理。大家知道，在生物进化史上，越低级的生物，生殖能力越强，越高级的生物，生殖能力越低，表达的是存在度的下倾。比如单细胞，每二十分钟分裂一次，它是指数增长，裂殖量极大；到鱼，它一次排卵成千粒，所以鱼的父母不用照顾鱼子，任由其他水生动物把鱼子当点心吃，鱼照样大量繁殖下来；卵生动物一年顶多生几十个蛋，然后孵上两三窝，一窝出来十几个崽子；然后到哺乳动物，低等哺乳动物一胎生五六个、七八个，比如狗；到人，一胎只生一个，生个双胞胎还是稀罕事。所以动物越进化，生殖能力越低，于是越高级的动物，就越需要性的吸引力，越需要两性彼此具有更强烈的性魅力。以至于越高级的动物，发情期越长。比如人类，天天发情，而动物一年只发情一两次。

有鉴于此，认为性诱惑是人类脱毛最关键的因素，似乎也说得过去。有人还列举了许多更生动的例证，比如所有动物都是背交，因为它是爬行动物，一个动物只能趴在另一个动物的背上性交，人类直立以后，是面对面的性交，于是就缺乏了目视臀部的肉感，这就是女性乳房发育的原因。要知道母亲给孩子喂奶，用不着乳房胀大，你看类人猿、黑猩猩、大猩猩，它们没有那双庞然而醒目的乳房，孩子照样有奶吃，故而认为乳房增大是模仿臀部的肉感。再比如人类为什么变成厚嘴唇，而且还是红色的？所有灵长类动物都是薄嘴唇，你看猩猩或猴子，嘴唇大都是很薄的，那么人类为什么发育成厚嘴唇？是为了模仿雌性的阴唇，由于雌性阴唇在发情期是变厚变红的，因此人的嘴唇也就演化得红艳艳的，这是为了互相吸引，面交的时候能够显得性感。这些说法很有意思，所以过去一度公认人类脱毛变成裸猿，也是出于性吸引的需要。可这里发生了一个问题：如果你是猴子，有一只异性猴子突然把毛脱得一块一块的，像斑秃一样，你会觉得它美丽吗？实际上它一定显得其丑无比，所以这个解释显然不成立。

那么，人类为什么会变成裸猿呢？说来惟有一个原因：人类进入狩猎时代，他没有动物跑得快，只剩一个办法能捕猎到动物，那就是长途追击，直到把动物撵得吐血，他才能抓着动物。

大家知道，动物中跑得最快的是豹子，每小时达八十公里以上，可是豹子从来不长途追赶，它总是潜伏起来，等猎物走到跟前才突然猛扑出去。为什么？除了我前面讲过剧烈运动不免过度调动心脏储备功能，还有一个原因就是，在长途奔跑的过程中，豹子的体温会疾速上升，最终导致豹子猝死，因为它浑身长毛，体温无法疏解，所以豹子是绝不敢长途追击的，尽管它跑得最快。

人类没有豹子跑得快，也不比大多数动物跑得快，他要想追上那些四脚飞奔的动物，他怎么办？只有一个办法——长途追猎，他要想长时间快跑，一定面临一个问题，体温怎么疏解？于是大量长满体毛、不耐长跑的直立人逐渐被淘汰，只有那些发生了基因突变，导致斑秃越来越多、皮相越来越丑陋的那些脱了毛的直立猴子才能存活下来，这就是人类变成裸猿的原因。再如人世间越来越多见的秃顶现象，其实也与文明人用脑过度，脑组织耗能日增、头颅部产热升高有关。

而且，人类脱毛以后，他原先用于长毛的那个皮下组织也就随之退变，叫毛囊萎缩，于是腾出地方给另一个皮下器官发育，这就是汗腺。要知道所有动物都是出不了汗的，或者出汗能力很低，因为汗腺不发达。比如狗，它到夏天为什么总是把嘴张开，把舌头伸在外面？因为舌头和口腔不长毛，能够帮它疏散体温。再比如，汉代为什么从西域进口汗血马？不是这个马流血，而是它流汗，大多数马分泌汗液的能力不足，而水的比热较高，容易带走体温，所以这种擅长出汗的马就能够长途奔跑。那么同样，人类的毛囊萎缩、汗腺发育，变成裸猿，他才可以长跑无虞。所以古人全都是马拉松运动员，足以把动物追赶得吐血，他才能狩猎成功。

我讲这一段是想说明什么？是想说明人类在狩猎采集时代的基本生存状态。请大家想想，你得马拉松式的远途追击动物，如果你迷失方向，是个多么可怕的事情。你跑出去数十公里，然后你找不见归途，回不了营地了。况且食肉动物、各类猛兽经常是夜间出来活动，晚上黑影幢幢、绿眼莹莹，落荒者势必陷入险境。此外还有一个问题，男子全都跑出去狩猎，只留下妇女、儿童和老者守在氏族部落的营地里，倘若男性群体夜晚未能按时返回氏族营地，那么所有妇孺老人全都面临严重危局。因此，古人远途追猎动物所面临的第一大难题，是要能找见回归营地的方向，可见时空追问生死攸关。是不是这样？

古人寻求空间方位，他怎么操作？早期只有看天象。虽然

253

九、《易经》大略与应用概述

那时人们一般生活在自己的领地范围内，但领地再大，也有不足之嫌，哪怕它的半径达数十公里，也有偶然突出远行的必要，你想把周围的地标完全摸清，那是相当困难的。比较容易的做法就是晚上观察天象，然后拿天象跟地势地貌对接，才能慢慢建立部落的广域方向感，这就是"先天八卦方位图"指示的全都是天象的原因。

好，我们下面再看这张"文王后天八卦方位图"。这张图，后世算卦用的很普遍，但大家要看懂这张图当年是干什么的。

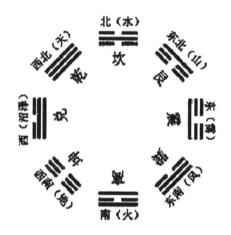

我们先看这张图的方位布局，它的南面是"离卦"，仍然代表太阳，表达南天最亮的情形。但是各位注意，它的北面已经改了，不是"坤卦"了，而改成"坎卦"了。"坎"在这里代表水。这个"坎"是什么？我前面一再讲，中国原始文明发生在中原地区，以河南为中心这片地区，这个"坎"指黄河。大家知道，黄河刚好从河南北边流过，我们今天还以黄河南北来划分河南、河北两省。所以它的北面指黄河，显然此处已经不是指示天象，而是指示地标了。

大家再看它的西面是什么？是"兑卦"。我前面讲过，"兑卦"代表沼泽。东亚中国大地，最大的沼泽区在哪儿？在西部，就是我们今天所说的青海西藏交界处的那个三江源。中国所有较大的河流——黄河、长江、怒江、澜沧江，全都从那个地方发源，它是以帕米尔高原积雪融化作为源头的。因此，中国最大的沼泽区始终在西边。中国古代最早的一本地理学著作——《山海经》，就已经提及"大泽"，就用"大泽"这个词，指的就是中国西部。可见这张图发生的时候，中国先民居然已经对东亚大陆的整个地貌，包括西部最大沼泽区的地貌有所了解了，这让我非常吃惊。

大家再看东面，恰好给出的是"震卦"。站在中原，它的东面指向哪里？沿海地区。由于沿海地区水汽蒸腾活跃，降雨量大，云层厚积，雷电现象频繁发生，因此特选"震卦"代表东。它表明，中国先民在这个方位图出现的时候，已经越过了看天象辨别方位的阶段，已经对大部分东亚陆海的地理地貌和气象物候特征，有了相当程度的了解，所以它仍然叫"方位图"，只不过从"天象方位图"改为"地标方位图"罢了。

因此，请大家记住，《易》作为原始文化的雏形，它当初是要解决人类生存面临的基层困惑，也就是对关乎人类生死存亡的基础问题必须予以解答。因此，它当年不得不着力于生殖追问、变易追问、时空追问，这些追问如果得不到回应，古人就无法生存。古人面临这些重大的基本生存问题，相应的文化追问出现，相应的文化答案出现，这就是易符号、易卦象乃至易文化的原初发生学之道理所在，听懂这个部分，是听懂《易经》文化发生之渊源的关键。

大家听我的课，从第一节课开始，我就一再讲文化是什么。我说文化绝不是花里胡哨的东西，文化就是生存本身，就是智性动物的求存行为体系的总和，此谓之"文化"。所以凡属人类生存皆曰文化生存，一切生存现象皆成文化现象，而所有文化一定是其生存结构或生存形势的匹配系统。只有在这个意义上，你才能理解文化是什么，你才能理解文化发展以及文化变形为什么会发生，你也才能理解原始文化当年的基本涵义，这是读懂《易经》这本天书的唯一可靠方法。

《易经》对传统文化的奠基作用

我们今天上午重点讲解了《易经》的文化发生学渊源。我们今天下午重点讲《易经》的历史沿革和文化影响。

《易经》作为一种远古文化和思想现象，它最初的作用是在维护人类原始生存、解决人类原始追问这样一个大课题的背景下发生的。之后随着历史的发展，《易经》文化出现了太多的变形。唐宋以后，《易经》几乎变成了一个纯粹的算卦学问，而且算卦的方式也越来越扭曲、越来越复杂。

先看这张图，它叫"八卦手相图"。它把《易经》的数序，也就是八卦的数的关系放在了左手的食指、中指和无名指上，然后可以进行掐算。大家知道再往后出现了"金钱卦"，跟我今天上午讲的那个"筮"已经完全不同。那么掐卦是怎么操作的呢？

巽四	离九	坤二
震三	五	兑七
艮八	坎一	乾六

大家再看一下这张"八卦数理表"。中古时代以后，有人把八卦的卦象序列在数字上做了一个编排和规定。比如"巽卦"代表4，"离卦"代表9，"坤卦"代表2，"震卦"代表3，"兑卦"代表7，"艮卦"代表8，"坎卦"代表1，"乾卦"代表6，中间空格设定为5。大家听听，这个编排显然是毫无道理的，因为我们前面讲乾是阳爻，本应该拿9标注，可它在这里却变成了阴爻的6。那么为什么要这样？为了可以任意地编列数字。

　　请大家把这个数理表的神秘结构方式看明白。我前面讲过，古人觉得数很神秘，为了造成算卦的暗示效应——什么叫暗示效应，我们后面另谈——他就把每个卦象与一个数字对应，做出某种特殊的安排。大家看这张表格的排列方式，你在横向上相加得15，你在纵向上相加也得15，你在两个对角线上相加还得15。他有意识把它做成这样一个神秘的对称结构，以表达数里面所带出的"天启"的力量，这其实大都是后人附会的结果。

　　我前面一再讲《易经》是五经之首。由于它是东亚人整个思想文化的最底层铺垫，因此它对后世发生的其他思想和学说，全都产生奠基性作用和贯通性影响。比如，由于《易经》方位图一般以南向为上位，因此中国古代的方位图和今天西方的地图是相反的。今天我们使用的西方地图，上北下南、左西右东，但中国古代的方位图，它是上南下北、左东右西，刚好完全相反。

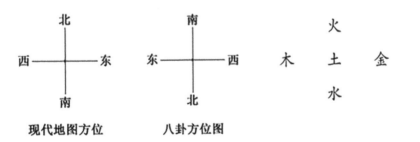

現代地图方位　　　八卦方位图

　　到战国时代出现"五行学说"。五行学说发生以后，它也要跟中国原始《易经》方位图对应。于是五行的"金、木、水、火、土"就按照《易经》方位图加以排布，在具象上和直观上排布得十分合理。比如火处于南，水行于北，木长于东，金藏于西，土位于中，跟中国的地理物候条件和地理分布关系十分相符。南方偏热，故示以火；北有黄河，故示以水；草木花果较利于生长在温暖潮湿的东边，故示以木；金属矿物多埋藏于中国的西部，故示以金；中原是中土农耕发祥之地，故示以土。这种排布都是随着《易经》的图例而发生的。

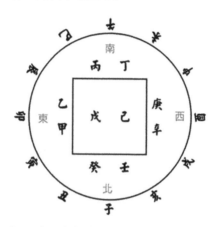

众所周知，从远古到中古，甚至直到鸦片战争以后，中国计时单位用的都是天干和地支，叫"干支系统"。那么"天干"大家都很熟悉，十个字：甲乙丙丁戊己庚辛壬癸。地支十二个字：子丑寅卯辰巳午未申酉戌亥。那么"天干地支"为什么在中国成为计时和标注方位的重要符号表达系统呢？是因为天干的十个字和地支的十二个字从来不分离。我们讲天干这十个字，是商代轮流执政或轮流主持祭祀活动的十大部族各自的工具图腾符号。那么地支这十二个字为什么总是连在一起？地支这十二个字究竟是什么含义？过去中国古汉字学对这个方面一直很困惑，当代古文字学者唐汉先生对它有一个系统的阐述，颇具解释力，我稍微做一下介绍。

唐汉先生认为地支这十二个字之所以始终连在一起不分离，是因为它们表达了一个产妇生孩子的全过程。那么我们下面就看一下这十二个字在甲骨文中展示的形意关系（板书）。地支的第一个字"子"，甲骨文就画了一个孩子（　甲骨文　金文　小篆　楷体　），这个字就是"子"，它作为第一个

字,标定着这 12 个字是跟产子相关的一系字序。第二个字"丑",我前面讲过这个符号，繁体字中的又，在甲骨文里是画了一个

手的图像,金文把这个字加画成握拳形态（甲骨文 金文 小篆 楷体），这就是"丑"。它代表什么含义呢？观察过新生儿的人都知道，婴儿刚一出生都是两手紧握的，这是新生儿降临于世的突出特征，跟人死亡之时的表现刚好相反，人死了是两手松开的，所以叫"撒手人寰"。"寅"在甲骨文中表现的是一个人的运动方向，以箭头标示，中间画一个方圈代表产道，或者画两只手以示助

产接生（甲骨文 金文 小篆 楷体），这个字就是"寅"，表明孩子从母亲产道分娩而出的过程。"卯"在甲骨文中是这个形象

（甲骨文 金文 小篆 楷体），什么意思？孩子生出来，随后二三十分钟，胎盘顺着脐带从产道被慢慢牵出，把孩子和胎盘并列摆放在产床上，这就是"卯"这个字的来源。

再看"辰"字，先画一个石刀（古人没有剪刀），旁边画

一个人，用他的两只手捉住石刀（甲骨文 金文 小篆 楷体），干什么？割断脐带，这就是"辰"这个字的初形。"午"，我在前面讲课的时候提到过，"午"这个字和"玄"在甲骨文中是同一个符号，画的就是孩子的脐带、割下来的脐带

（甲骨文 金文 小篆 楷体）。大家看"巳"的甲骨文,画一个孩子,

但是没有把他的手脚画出来（甲骨文 金文 小篆 楷体），这是什么？这是孩子生出来以后，用襁褓、用一个小棉被子将婴儿裹起来的形态，这就是"巳"。"未"，它在甲骨文中画的是这个符号

（甲骨文 金文 小篆 楷体），这是孩子满月前后解开襁褓，孩子手脚都能够挥舞蹬动的形象，这就是"未"字的源起。

我们再看"申、酉"二字。"申"字是这个符号

（甲骨文　金文　小篆　楷体），什么意思？女人生女孩叫"申"。大家回

想我曾经在老子课上讲"牝"（甲骨文　小篆　楷体），我说"牝"
是画一个牛角代表牛体，旁边画一条牛尾巴，在上面打一个指
示符号，代表母牛生殖器。意思是揭开母牛的尾巴，可以看见
母牛生殖器。如果挡住左边的牛角符号，右边剩下的就是"匕"
（或"尻"）这个字的来源。在"匕"字的底下再打一个指示符
号，就成为表示女人生女孩的"申"字。孔孟之后，中国人一
定要生了儿子才算满足、才算实现传嗣有成。可是大家一定要
知道，人类在远古时代、在母系社会时代，传宗接代最重要的
是什么？是要生女孩，因为只有女孩才能生孩子，男人的用处
很有限。比如养鸡，你总是养一大群母鸡，只养一只公鸡，因
为只有雌性才具有生育能力。所以一个氏族部落，女人的多
少、女孩的多少才是最紧要的事情。因此在那时，女人生女孩
是最值得庆贺的一件事情，于是就有了"申"后面的那个字
"酉"。酉这个字在甲骨文中实际上就是画了一个酒罐子（酒坛）

（甲文　金文　小篆　楷体），这就是酉这个字的来源，后来加个三点水
转注为酒字。什么意思？女人生了女婴，整个部族为之饮酒庆贺，
是为"酉"。

最后看"戌、亥"，我们先讲"亥"（甲骨文　金文　小篆　楷体）字。
"亥"这个字是什么？画一个人，把他的雄性生殖器官画得很长，
这个字就是"亥"字的来源。它的意思是什么？生了一个男孩。
所以大家注意在中国古文字中，"孩子"的"孩"这个字仅指男孩，
不能叫女孩，只能叫女儿。"亥"是指男孩，生了男孩在远古时
代只有一个好处，那就是强壮勇武，于是特意标定一下他的作用，

这就是"戌"字（甲文　金文　小篆　楷体）。"戌"是什么？先画一个人，
旁边加画一柄古代兵器——戈，在其手握的地方打上指示符号，

这个字就是"戌"。它表明生出来的男孩只有两个作用,拿着武器要么捕猎,要么打仗。这就是"子丑寅卯辰巳午未申酉戌亥"等地支12个字的意蕴。

我要重点说明的是,为什么中国人要把这10个从来不分离的字"天干"和12个从来不分离的字"地支",作为计量计时计方位的数字单位?要知道人类早年是没有阿拉伯数字的,也没有数位数列,这就是为什么人类早年的数学都是从几何学推演过来的原因。中国古代在没有数字标号的时候,最重要的计量"10"和"12",就用天干和地支代表。

现在的问题是,为什么"10"和"12"这两组数字特别被古人看重?是因为我们人类在早年,计数方式全都是十进位制,全人类都是如此。即使相隔遥远的各地区、各种族之间不加沟通,人类早年也全都使用的是十进位制,为什么?要知道十进位制是一个非常糟糕的数位编制。在使用十进位制期间,人类从来缔造不了智力延伸的工具,这句话什么意思?要知道人类文明早在上万年前就已经有了制造工具的能力,大家注意人类制造的工具全都是体能的延伸。比如锄头、标枪、起重机是胳膊的延伸,牛车、马车、汽车是足力的延伸,望远镜、显微镜是视力的延伸,电报、电话是耳力的延伸。可人类近代以前从来没有能够缔造出脑力延伸的工具,也就是人类从来造不了计算机。原因很简单,全怪十进位制。直到十七、十八世纪二进位制发明,计算机才随之出现。那个时候的计算机不是电子计算机,是手摇机械计算机。但人类终于第一次缔造出脑力延伸的工具,它到今天成为我们信息文明时代最重要的工具,原因仅仅是发明了二进位制,可见十进位制是一个非常糟糕的东西。

但问题在于,全人类古时为什么全都用的是十进位制?说起来十分可笑,是因为我们人体只长了10个手指头,因此古人计数扳着指头算,算到10,没得可扳了,只好回过头来再数第二遍,这就是十进位制的来源。请各位想想你怎么教孩子认数,不就是扳着孩子的手指头走过来的吗？因此人类在幼稚阶段缔造十进位制，就是因为我们长了10个指头。由于十进位制是早年人类算数的基本进位方式，因此天干这10个总是被捆绑在一起的字列，就被人们抽取出来，作为一个重要的计量单位沿用至今。

我们下面再看地支。地支是12位数，为什么12这个数字特别重要？不妨看一下，一年是12个月，一天在中国古代是12个时辰，就用地支这12个字标示。西方后来传入中国的叫小时，比中国的时辰短了一半，所以叫小时辰，简称小时。24小时，是12的倍数，1小时是60分、1分钟是60秒，又是12的倍数。人类在计时上为什么总是离不开12呢？说起来也非常简单，就是人类在远古时代发现最简单的纪年方式就是直观看月亮有多少次盈亏，结果发现有12次，这就是12这一组数字在人类文明史上显得特别重要的原因。于是天干、地支这两组从来不分离的字符就成为中国计量、计时、计方位的重要符号系统。

中国古代有一个说法叫"甲子"，什么叫"甲子"？天干的第一个字"甲"，地支的第一个字"子"，把天干地支并列起来一一对应循环一周，如果不发生重复，你试一下，只能是60，这叫"干支循环"。所以在中国一个甲子满数就是60，如果指年份也就是60年，是谓"干支历"。"甲子起算"的概念在中国非常重要，就跟这两组字序有关。人们把60岁叫作"花甲之年"，也是从这个"甲子数列"引申出来的称谓。

中国古代甲骨文的发生，到阴阳五行学说的出现，再到历法乃至地图的沿革，都跟《易》的方位指示有关，亦即与国人在《易》的初创时代之"时空追问"有关。由此可见《易经》文化的粗朴内容及其思想方式对中国后世的影响。

《易经》学说从最初的阳爻和阴爻，后来演变成"阴阳辩证"的基础观念系统，也就是演变成一种宇宙观体系，这是典型的辩证逻辑或辩证法思维方式。关于辩证法和辩证逻辑，我在西方哲学课上讲过，此处不再重复。但大家可以理解，中国由于地貌封闭，在近代以前几乎没有遭受过外部文化的大规模侵扰，很少发生对外文化交流，所以它会把自己最原始的思绪完好保留并精雕细琢。这个过程就将《易经》中最早的"阴阳两爻"转化为"阴阳思绪"、转化为完整精细的"阴阳辩证学说"，它在相当大的程度上塑造了中国后世文化的呈现形态。

《易经》对中国传统文化起到了一个基础性的铺垫作用，它因此在中国文化中处处表露，甚至达到这样的程度，如果你看不懂《易经》，弄不明白《易经》的阴阳观念，你可能都读不懂中国地图。我举个例子，中国在地理位置或地貌地形上讲阴阳，叫山南水北为阳、山北水南为阴。什么意思呢？因为东亚处于北半球，太阳总是在南边运行，所以山的南坡向阳。可是如果面对一条河流呢？由于中国的地势西高东低，所以中国的河流都是向东流的。那么你如果站在河流的南岸，你可不敢认为你在阳面，恰恰相反，河流的南岸是阴面。为什么？因为你面对河流，你站在河流的南岸，太阳是照在你的背部的，或者南岸陡峭，南岸的水边反而是太阳照不到的阴面，所以水北为阳，水南为阴。也就是说水的阴阳定位跟山麓刚好相反。

须知中国古代的地名有些就是这样确立的。比如洛阳，什么意思？就是它建在洛水北岸，所以叫洛阳。大家知道洛阳在周代早期不叫洛阳，叫洛邑。为什么？因为当时建了两座城池——王城和成周，分布在洛水两岸，无法以"阴阳"区分，所以叫洛邑。之后洛水南岸的城池消失，只剩洛水北岸的部分，于是改名叫洛阳；再看韩信的出生地淮阴，它为什么叫淮阴呢？是因为这个城镇建立在淮水南岸，所以叫淮阴；我再举个例子，商鞅变法九年以后，当时的秦国另建了一座新都城，这就是著名的咸阳。它为什么叫咸阳呢？是因为"咸"这个字是"全部"的意思，比如汉文中有一个成语叫"老少咸宜"，意思是某个东西对老年人、少年人都合适，因此所谓"咸阳"就是"全阳"。

大家看一看咸阳这座城市建造的地方，它在陕西关中北山的南坡之下，又紧邻渭河的北岸。北山的南坡是阳，渭水的北岸也是阳，从山、从水，无论哪方面看都是阳，所以叫咸阳。

我讲这些话的意思是说，中国的《易经》成为中国所有文化的底层铺垫，你如果对《易经》搞不清楚，你对中国文化的相关内涵及其表述方式，会有种摸不着头脑的感觉。再比如日月星辰、四季轮替、节气更迭、时辰变化，中国人都是拿阴阳区分的。最典型的是中医，大家知道中医的基础理论，就是阴阳辩证。它对"阴阳"讨论到这样的程度和细节：脏腑、经络、药石、疾病，全分阴阳。你如果搞不清《易经》的阴阳观念，中医你是根本无法解读的。

甚至中国古代的一些政治学概念都跟《易经》有关，比如中国古代把皇帝称作"九五之尊"。为什么皇帝是九五之尊？它实际上来源于《易经》乾卦的"九五爻辞"。我前面讲过，如果全是阳爻，那么最底下的叫"初九"，第二位爻叫"九二"，然后"九三"、"九四"、"九五"，最上面叫"上九"。乾卦的第五个阳爻叫"九五爻"，九五爻辞是什么？其中用词乃"飞龙在天"。中国古代认为皇帝是"真龙天子"，于是便顺着这个爻辞的说法而直呼其为"九五之尊"！也就是"九五之尊"这个皇帝的称号，完全是来自《易经》。

《易》也跟中国所有的文化观念相关——天尊地卑、男尊女卑、君尊臣卑……所有的尊卑关系由此确定；此外像刚柔人性、气运起伏、阳界阴曹……所有这些概念也都是在《易经》阴阳观念的基础上建构的。再者，中国古代的"经"可以分两路：一路是孔子整理过的文献；一路是道家的重要典籍。"儒家五经"我前面讲过，首经是《易经》。道家三经号称"三玄"，第一经竟然也是《易经》！这三玄就是《易经》、《道德经》（老子书）和《南华经》（庄子书）。难怪《四库全书总目提要》中会说这样一段话："易道广大，无所不包……皆可引以为说。"可见《易经》文化成为中国先秦及后世所有文化的基础铺垫系统，因此多少学习一点儿《易经》课程还是必要的。

河图、洛书与十二辟卦图

我们下面看一下河图、洛书。

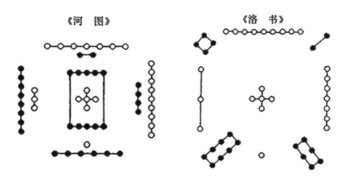

我一提起"河图洛书"，懂得《易经》或者拿《易经》算卦的人就一定知道，它们是《易经》一个重要组成部分。《易经·系辞上》记载："河出图，洛出书，圣人则之。"河图、洛书在后来的《易经》算卦文化里，被说得很神秘，什么"龙马浮图、神龟贡书"等等，倒像是煞有介事。

那么河图与洛书，它们的原始文化初意究竟是什么？这是一个值得探讨的问题。在讨论这个问题以前，我想先说一个题外话。大家知道《易经》在远古文化中，只起到或者主要起到我今天上午课上讲的那些文化引导和文化维护效应。它当年一定是十分简单的，是关于生殖追问、变易追问、时空追问的符号系统，但是随着后世的发展，它变得越来越复杂、变得越来越神秘、变得越来越无所不包，这是一个非常奇怪的现象。

民国时期有一位著名史学家，此人名字叫顾颉刚。顾颉刚这个人生于书香门第，从小熟读经史子集。等到上大学的时候，他提出了一个震动文坛的疑古学说，他本人则是中国民国时代"疑古学派"的开山者。我先解释一下什么叫"疑古学派"？就是质疑中国古史传说或文献记载的学派。它的对应学派叫"泥古派"，"泥"这个字是"拘泥"的意思，也就是虔信中国古老文化流传的那一派。

顾颉刚提出了一个说法，叫"历史层累说"，什么意思呢？顾颉刚说他从小到大遍读中国的史书，发现一个很荒诞的现象，就是越古远的学说和文献，记载的东西越少，后人可说的话反而越多；越晚近的历史记录越详，后人可说的话反而越少。那么为什么远古时代记录在案的东西偏少，后人可说的话却颇多？是因为没有文字记载作为约束，他尽可以随意胡说！他凭借想象，信口道来，后人据以为真，继续发挥，如此层层臆造、以讹传讹，这叫"历史层累说"。

我认为顾颉刚的这个看法是很有道理的，就是某种文化越古老，后人可以添油加醋乱说一气的余地就越广阔，从而特别容易造成对原始文化层累纷纷，造成对原始文化的遮蔽效应，造成对原始文化探究根脉的难度。所以大家一定要记住，对人类原始文化追根究底是一件极具难度的事情，因为你要拨开各种乱七八糟的"层累迷雾"，只有这样才能透视其本意初心。

"河图洛书"就是一个典型的层累系统。被现在和中古时代以后参与算卦的人说得天花乱坠、神秘无比，但实际上它们究竟是怎么回事呢？近代学者研究认为下面两种情况的可能性较大：第一，有少数学者认为它们是当年西周第一任宰相周公旦建立洛邑陪都的城建草图之遗存。我前面讲过周公旦是周武王的弟弟，武王克商以后仅仅两三年就逝世了，他的儿子周成王年龄幼小，周公旦辅政，实际上是周公旦主政。由于当年周朝的主要敌人在中原，也就是商朝所在地河南，因此周公旦必须把自己的行政军事之主要力量放在河南，于是修建了中国历史上第一座陪都，并在镐京和陪都之间修筑了第一条大直道，史称周道。建立陪都洛邑的时候，传说周公旦在洛水两岸规划草拟了两个城建图，这就是河图、洛书最早的起源。之后这两个城建图被人们用《易经》的数理方式加以篡改排布。这是一种看法。

第二种看法认为河图洛书是天象、星象的简缩图或缩略图。我更倾向于第二种看法，什么意思呢？大家要知道人类早年确定方位，我在前面讲过最重要的是观察天象。由于时空追问生死攸关，而早期古人尚未展开远行，局促于氏族领地的狭小范围内生存，无法在广大的地理地貌上确定方位，因此只能依靠观察天象以代之。这就是为什么人类最成熟、最完备的原始学科是天文学的原因。

大家知道古人对天文学的研究达到了相当高超的程度。比如中国早在远古时代，就已经把赤道、白道、黄道，包括二十八星宿全部整理完毕。所谓黄道，用今天的话说就是地球绕着太阳公转的运行轨迹，古代是地心说，所以也就是太阳绕着大地周旋而投射到天球上的那条路线。所谓白道，就是月亮绕着地球运动的那个轨道。所谓赤道，就是地球表面最长的那个自转圆周线。二十八星宿是按某种天象划分的二十八个星区。这些了不起的成就居然全都是在古代完成的。

西方照样，早在公元二世纪，古希腊著名天文学家托勒密就创立了系统而周密的地心说，影响西方至为深远，直到十六世纪欧洲现代科学划时代的第一先驱哥白尼，仍然是依托并改造托勒密学说，才在天文学领域有所突破。西方迄今还在流行的星座体系也是早在中世纪前后就已全部完成，所谓星座就是把恒星排布在天空中的固定方位一一画出，以便于在天空中建立对星区方位的了解。

在天空中寻求方位，这是一项难度甚高的事业，今天的人如果视力正常，未得近视眼，在没有光污染的环境下，你在晴朗的夜空中至少可以看见两三千颗星体。远古时代人类的视力要比今人好得多，比如现时还生活在非洲草原暂且没有进入农牧业文明，或者刚刚进入农牧业文明的马赛人，据当代生理学家研究，他们的视力大多在5.0以上，最好的视力达到8.0，我们一般人根本没法想象。所以古人的视力非常之好，他们在晴朗的夜空中可以观察到七八千颗星。请大家想想，地球是自转的，天上所有的星都在转动，古人居然将数千颗星区分出恒星和行星。所谓恒星，就是在夜晚的一个固定时点，它在天空中的位置永远不变；所谓行星，就是在任何时段观察，它所处位置都是不断移动的。古人肉眼只能看见五颗行星，这就是水星、金星、火星、木星、土星。各位设想一下，古人并不知道地球其实也是太阳系里的一颗行星，我们今天知道行星和地球一起绕太阳公转，由于轨道的距离不一样，行星在天空中的运行是不规则的，忽前忽后的，所以古人要想研究行星的运动规律十分困难。

大家再想恒星，我们今天知道宇宙是大爆炸形成的，所有的恒星都以极高速度向远处飞奔。但是由于跟人类的视线呈并行关系，所以你在地球上看高速远离的恒星，看到的是始终不动的定象，于是古人把它们叫恒星。在恒星满天的背景中，行星呈不规则运动，是个非常难以解释的现象。所以托勒密要把天轮分成"均轮"和"本轮"，用十三卷数学篇章加以计算，才大致解释清楚天空中星辰、太阳与地球的相对位置。可见当年人类要把天文学搞清楚有多么不容易。

那么为什么古人对天文学如此关注呢？最重要的原因是要确定方位。这里的关键只有一个，就是必须找见一颗方位永远不变的星。大家想地球不停地自转，某一颗星要永远在天球上不动，只有一个可能性——那就是它必须恰好位于地轴对应的方向，也就是要处于地球自转轴的轴端位置上。好在的确有这样一颗星，这颗星我们现在把它叫北极星。由于它太独特也太重要了，因此中国古人称其为紫微星，大家知道中国视紫色为非常高贵的颜色，以至于皇帝的宫殿取名叫紫禁城。不过这颗紫微星也就是北极星，它在天空中是一颗照度极低的暗星，在肉眼可见的几千颗星体中，它亮度微弱、毫不起眼，默默混同于辽阔天际，令人难以寻觅。这就是为什么北斗星在中国变得格外突出的原因。

北斗星在西方属于大熊座。古代中国人取其中七颗亮星，把它看作一个勺形，命名为"北斗"。我们一说"北斗"大家就知道是指示方向的。近年来正在集群发射的那个中国的卫星导航定位系统就叫北斗系统。那么北斗星为什么在中国显得特别重要？是因为七颗北斗星组成的那个勺形，其勺口第一颗星叫α星，第二颗星叫β星，你在这两颗星之间画一条连线，然后伸展到五倍远的地方，所指示的那颗暗星就是北极星。

为什么在西方星座中，大熊座一点都不显要，而被人看重的是仙后座？是因为在环地中海地区，大熊座也就是中国的北斗星，一年大部分时间，大致有三个季节，它都处在地平线以下看不到。而北斗星在中国一年大部分时间里都能够在夜空中看到。因此在环地中海地区，最重要的是仙后座，因为仙后座在西方大多数时间都能见到。而仙后座中有五颗亮星，构成一个W形。你把仙后座中间三颗星连接成一个平行四边形，从这里引出一条直线伸展到五倍远的地方，所指示的那颗星就是北极星；或者在仙女座的α星和仙后座的β星之间画一条连线，伸展出去五倍远的地方，就是北极星。

我讲的是什么意思？就是人类古代观察星象，早期的主要目的是解决时空方位问题。古人必须在数千颗星中找见具有方位指示性作用的一组或多组亮星，然后把这些相互关联的星群做成星表，这叫星象缩略图，它在古代是很有意义的。这个东西被后人、中古时代以后的人，将其按《易经》数理关系重新编排成一个神秘的图案，这就是学界认为的河图洛书之来源。当然后来河图洛书逐渐变成算卦方面的重要工具，我前面讲过这是层累效应的结果。

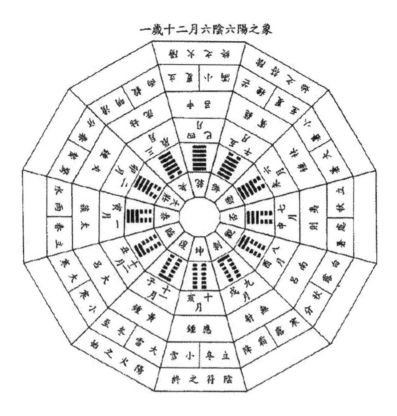

一岁十二月六阴六阳之象

　　好，大家再看这张图，这叫"十二辟卦图"。这张图在中古时代以后的算卦中作用极大，很多算卦过程都要用到这个工具。可是这张图最初究竟是干什么用的？我们首先要把它的发生学渊源搞清楚。"十二辟卦图"实际上是早年中国人解释历法，解释节气和做气象预报的一个图例。

　　大家知道古代的时候是农业文明，农业文明靠天吃饭，气象学是一个非常重要的事情，也就是对气温、对降雨、对气候变化加以预测，这个东西对农业文明太重要了。据说古人用这张图进行天气预报，在中原某一个固定地方，准确率几乎可以达到百分之八十左右，这是非常高的准确率。我们今天挂着卫星星云图，地面上建立成千上万个气象站，天气预报的准确率大概无论如何也超不过百分之九十五。而古人用这张图做气象预测，准确率可达到百分之七八十。他怎么做到的呢？他首先把一年三百六十天分成七十二候，每五天一候，这就是我们今天还把"气象"叫"气候"的原因。什么意思？你要想对一个复杂的系统加以理解，你必须把它拆解成为若干细小的单元加以观察和分析，你才能把它研究清楚。我举一个例子，给你一幅画作，在旁边摆一张不透明的纸，让你把这幅画尽可能逼真的临摹在那张纸上，你怎么做？你只有一个办法，那就是在两张纸上等比例打格，你打的格子越细密，临摹的画就一定越逼真。因为你一回只需描摹一个小格里的曲线，它立即显得清晰而明了，不至于让人眼花缭乱，无从着手。

那么古代的时候，中国人把一年三百六十天分割为七十二候，然后在中原某一个固定地点观察每一候的气象变化，如此观察记录数百上千年，请想想它会是一个怎样的经验积累成效。这种经验积累当然能使你在任一时间节点，精确预测一候天气的大致变化情况，即统计学概率分布，是不是这样呢？我举个例子，比如"二十四节气"里有一个节气叫清明，早年它其实曾是一个候的称呼，也就是仲春之际，现在阳历的三月底四月初，有五天时间站在中原某地，经过数百年上千年的观察，发现在大多数年份里，头两天总是下雨的机会较多，而后两三天天气放晴，雨后晴朗空气格外清澈，故名之"清明"。可见古人借此可以精确地预报天气。

这种事例并不稀奇，我们在《三国演义》里就见过诸葛亮借东风。实际上中国古代文人士大夫，凡是有较高文化的人，除了经史子集以外，一般还对两样东西非常熟悉，第一是中医，第二就是《易经》。所以中国古代医生给文人家属看病，通把方子开出来后通常都要交给这个文人过目，叫验方。他为什么要让文人验方？是因为所有文人基本上都懂一点儿中医。诸葛亮借东风，实际上是古代文人，或者至少是大文人都能把握的一种现象，用的就是这个"十二辟卦图"。这张图是对多年观察积累的气象资料进行详细的统计学分析，形成有利于天气预报的一个基本工具，这才是"十二辟卦图"的发生学渊源。

请大家细看这个"十二辟卦图"，它当年已经达到相当高的水平。我们今天知道一年最重要的四个节点叫夏至、秋分、冬至、春分。为什么？是因为地球转动，地轴与地球轨道面有一个近似66.5度的倾角，它是反复移动的，这就使得一年内太阳光线的直射点有规律地在南北回归线之间运动，这就是四季变化的来源。那么当太阳走到北回归线上，这个时候就是夏至，也就是北半球夏天的真正来临。为什么夏至一个月以后才是最热天？是因为夏至之际，阳历6月22号左右，冬天冷却的大地还没有被完全晒热，虽然夏至以后太阳已经南移，但地表积蓄的热量开始散发，所以夏至以后过一段时间才进入三伏天。所谓春分和秋分就是太阳回归到赤道线上，这就是春分和秋分的精确计时。冬天的来临以冬至为标志，大约在12月22号，这个时候太阳到了南回归线，对北半球来说距离最远，因此冬天开始。同样地，冬天最冷天不在冬至当时，因为此刻夏季蓄积在北半球的地表热量还在继续释放，所以要在冬至以后将近一个月才进入三九天。这些知识大家可不要认为全是现代天文学的成果，它在中国《易经》中就早有表达，在十二辟卦图上就已清晰标示。

请大家看冬至，图中它对应的是什么卦象呢？是复卦（☷☳）。这一卦上面全是阴爻，底下出现了一个阳爻。它说明什么？说明古人非常清楚，虽然这个时候还没有到最冷天，太阳却走到了最南边，也就是今天所谓的南回归线上，太阳自此要开始北移了，阳气要回归了，所以它标注以复卦，仅见一阳。大家往后看，出现两个阳爻，这是临卦（☷☱）；三阳，这是泰卦（☷☰），也叫"三阳开泰"；四阳，这是大壮卦（☳☰）；五阳，这是夬卦（☱☰）；逐步走上六阳乾卦（☰☰），此时是立夏。大家接着再看，夏至是姤卦（☰☴），上面五爻全阳，底下一爻是阴，这个时候太阳走到北回归线上，夏天最热的时段还没有到来，但古人知道阴气将至，太阳将逐步南移，于是你看，后面一卦一卦，阴爻渐次增加，最后再回到冬至。

我们会发现早在中古时代以前，"十二辟卦图"上就把冬至、夏至明确标分，表达着中国古代气象学和天文学达到极高水准。它不是在体感温度上说话，而是在太阳运行的方位和动向上诠解，这种水平不能不令人惊叹。之所以会这样，是因为农业文明需要对气象学有全面深入的了解，如此农耕活动才能真正有序地展开，这才是"十二辟卦图"最原始、最重要的文化作用。

对《易经》思想格局的现代评议

大家再看，这叫"六十四卦方圆图"。它把六十四重卦先排成一个圆，代表天，再排成一个方代表地，用它标示中国古代"盖天说"，也就是"天圆地方说"的宇宙观。

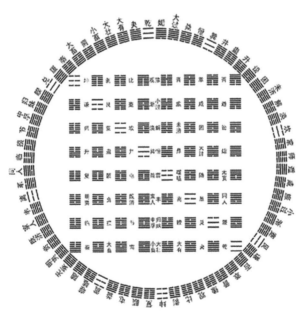

当然这个排布，它有易理方面非常复杂的关系，后人用它算卦，也做了非常玄妙的解释，我们暂且不讲算卦。大家看它实际上是一个表现宇宙观的易经先天图，可别称为"盖天说宇

宙观易卦排布图"。

我们再看六十四重卦。我前面讲过用八卦排成重卦，即两个三爻卦合成一个六爻卦，下为内卦，上为外挂。它的这六爻重卦，全部是用八卦的名称合成命名的。比如"大有卦"叫"火天大有"（），就是上面一个离卦，底下一个乾卦，叫"火天"，这个卦叫"大有"；比如"雷泽卦"叫"归妹卦"（），这个卦上面是一个震卦，下面是一个兑卦，叫"雷泽归妹"，这就是六十四卦的重卦建构方式。

好，我们就简单做这么一点说明，我不再多讲。我们下面稍微谈一下卦象、卦辞及其易理关系。

我们先看周易的头两卦，乾卦和坤卦。由于时间有限，我只讲几个卦象，以便于大家理解《易经》对中国文化的影响，不管是有利的还是不利的影响。在易理或易传中，乾卦代表天，代表阳；坤卦代表地，代表阴。到孔子时代以后，这两卦出现了重大分化，谓之"天尊地卑、男尊女卑"。

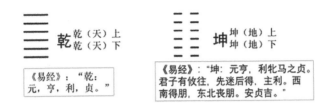

可是大家看一下它们的原初卦辞，这两卦早年只是为某些具体事务进行算卦的占筮记录，所以本来没有相对吉凶之别。我们看卦辞原文：乾卦卦辞这样写，说"乾：元，亨，利，贞"。"元"就是元初奠基，"亨"就是亨通，"利"、"贞"就是算卦结果有利、主利，也就是一个吉卦。

大家再看坤卦，它的卦辞《易经》上是这样写的："坤：元亨"，跟乾卦一模一样。然后接着说："利牝马之贞"，也就是算这一卦是为了一个卖马的人，如果他去卖母马，有利。"君子有攸往，先迷后得，主利"，说你卖马走得很远，你先会失去生意，找不见市场，之后你会有所收获，"主利"，这也是一个吉卦。"西南得朋，东北丧朋"，我在前面讲甲骨文的时候讲过，"朋"就是一串货币，说你在西南这个地方卖马，那个地方人的购买能力强，你能赚钱；"东北丧朋"，说东北方向的人购买能力差，那个地方可能本身也产马，所以你到那里卖马赚不了钱。然后讲"安贞吉"，说你得这一卦总体是安好的，卦象是吉利的。

请大家注意上述卦辞，乾卦和坤卦基本上都是吉卦，并没有尊卑、凶吉的明显差别。但随后发生分化，到周代后期、春秋时代，孔子宣扬礼制文化，把原来的占筮记录另作了礼义性的解释，讲"天尊地卑"，于是就有了凶吉不同的别样的分辨和涵义。《易经》的《象传》，也就是两汉时代的人物在做《传》的时候就讲："大哉乾元，万物资始，乃统天"，把"乾卦"标在非常重要的地位；然后"至哉坤元，万物资生，乃顺承天"，也就是"坤卦"沦落至顺承乾卦的卑微地位。大家注意，这都是后人随着社会形势改变所给出的变态解释。

我举个例子。我前面讲过由于老子代表的是商朝氏族部落文化，他推崇"小国寡民"的社会生态，代表人类母系氏族社会的思想，因此老子跟孔子对男、女，天、地之尊卑的解释刚好相反。大家看老子怎么讲，他说："无名天地之始,有名万物之母。"请注意"始"这个字和"母"这个字都是代表女性的，也就是"阴"反而占据优势。老子又讲："谷神不死，是谓玄牝，玄牝之门，是谓天根。"这段话我在老子课上讲过，它是对"道"的最高赞许，仍然是用雌性或雌性生殖器官来表述。老子甚至在《帛书》中高度推崇女性，原文生动直白："天下之交也，牝恒以静胜牡，为其静也，故宜为下也。"(《老子帛书》二十四章)老子做了一个很形象的比喻，他说天下男女交欢，"牝恒以静胜牡"，牝代表雌性，牡代表雄性，他说女性总是安然静处，所以她一定胜过男性。男女交合，男性在上面不断地运动，很快就射精阳痿了，而女性在底下永远没有个尽头，所以最终总是男人败下阵来。他下面接着说"为其静也，故宜为下"，他说由于女性总是安静的，且处在下位，因此她才具有无比的优势。

我讲这一段是想说明什么？是想说明后人对《易经》的解释，对尊卑的解释，随时代的不同而不同，随时代生存结构和生存形势的变化而变化。因此大家注意《易经》后来的哲理解说，也就是"易传"的部分，跟《易经》最初作为占筮记录的含义大相异趣。

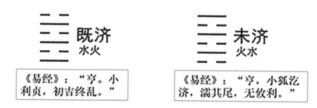

我们下面再看"既济"卦和"未济"卦，在六十四卦中，这是最末两卦。所谓"既济"就是"完成"的意思,所谓"未济"就是"未完成"的意思。既济卦是第六十三卦，大家看这一卦，它当年的卦辞，也就是算卦的筮辞是："亨，小利贞，初吉终乱。"就是算卦的结果属于小吉小利，其走势呈现为起初有利而终于不利，这叫"既济卦"。大家再看"未济"，也叫"火水未济"，上面是一个离卦，底下是一个坎卦。它的卦辞是这样的："亨，小狐汔济"，就是说一只小狐狸要涉越山东的济水，看似通顺；"濡其尾，无攸利"，说把小狐狸的尾巴打湿了，到底还是没能渡过济水，所以这一卦不利。前面说"未济"就是"未完成"的意思，已到六十四卦的最后一卦，却说没有完成，那就只好从第一卦乾卦开始再行循环。

　　大家听懂我的意思了吗？这叫"周"！老子讲"周行不殆"亦应与此有关。也就是中国《易经》由于一开始建立的就是辩证思维观念，所以它是一个圆周运行方式。大凡读过黑格尔的书就都知道，圆形循环的这么一个思维模型是典型的辩证思维模型。到最后一卦，它讲没有完成，表示六十四卦并不是一个线性顺序，而是一个圆形结构，于是又从首卦开始重新运转，这个辩证思维方式贯通中国整个哲理系统。所以中国古代从老子到后世，所有文人不断地讲下面这些话，"周而复始"、"原始反终"等等。《易传·象》中讲："日中则昃，月盈则食，天地盈虚，与时消息。"它说太阳走到中间就一定会偏西落下；月亮最圆满的时候，一定是月亮逐步从盈到亏的开端；天地万象不断转换，随着时间而消长，叫"与时消息"。《易传·系辞》中讲："一阖一辟谓之变，往来不穷谓之通"，又讲"穷则变，变则通，通则久"，这都是典型的辩证论证方式。凡此构成中国的基本思维模型和基本宇宙观，都受到《易经》卦变循环的影响。

泰卦
地天泰

《易经》："泰：小往大来，吉，亨。"

《易传·象》：天地交而万物通也，上下交而其志同也，内阳而外阴，内健而外顺，内君子而外小人，君子道长，小人道消也。

否卦
天地否

《易经》："否之匪人，不利君子贞。大往小来。"

天地不交而万物不通也，上下不交而天下无邦也，内阴而外阳，内柔而外刚，内小人而外君子，小人道长，君子道消也。

我们下面看两个很有名的卦象，叫"泰卦"和"否卦"。二者相对而立，后来被引申出非常复杂的含义。泰卦的卦辞是"小往大来"，意即付出小、收益大。我们看看《易传·象》中的说法："天地交而万物通也，上下交而其志同也。内阳而外阴，内健而外顺，内君子而外小人，君子道长，小人道消也。"这段话什么意思呢？它说你如果得到这一卦，"天地交而万物通"，自然诸事都和合顺利；"上下交而其志同"，君臣之间关系通达；然后"内阳而外阴，内健而外顺"，内里很有原则，外面很圆润；"内君子而外小人"，内里是一个刚健的君子，外面表现出很平和的状态。君子之道长进，小人之道消退，这是"泰卦"。

大家再看"否卦"，卦辞说"不利君子"、"大往小来"，意思是正道衰微，小人得势，损益失衡。《象传》中讲："天地不交而万物不通也，上下不交而天下无邦也，内阴而外阳，内柔而外刚，内小人而外君子，小人道长，君子道消也。"就是说见此卦则时政不通、人际不和，国家都要崩溃；为人内里很阴柔、很阴险，表面上却表现得很阳光、很刚正；总之是小人猖獗、邪气上扬，这是"否卦"。

大家注意这个时候的阴阳关系，也就是乾卦和坤卦的位置变化，已经透漏出非常多的含义。它们居然可以分别代表天和地、内和外、顺和逆、刚和柔、君子和小人。而且下面的内卦是优势卦，上面的外卦是弱势卦，所以乾居内是泰卦，内卦代表君子，而坤居内是否卦，内卦代表小人，也就是上位卦不具优势。不过，随后的情形会为之一变，等一会儿讲到下面，你会发现内外卦的关系又颠倒过来了。

我在这里首先想让大家明白，到战国、两汉以后，中国早年《易》的爻辞、卦辞或者传辞，已经变通为一系列复杂变态且漫无边际的随意解释，而且这些解释所依据的基本原则和逻辑理序完全陷于混乱之境。

鼎卦
火风鼎

卦象的具象性：以"鼎卦"为例。
（"五味杂陈，一鼎调和"之谓）

咸卦
泽山咸

蛊卦
山风蛊

渐卦
风山渐

卦象的随意性：以"咸卦"、"蛊卦"、"渐卦"为例。（咸卦示"少男追少女"；蛊卦示"长女追少男"；但至渐卦，原似应为"少男追长女"，却成"山中有木，风吹林成"之谓。）

　　为此，我们再看几个颇为有趣的卦例。大家先看"鼎卦"（）。这一卦为什么叫"鼎卦"？其实是由于这个卦的名字叫"火风鼎"，它上面的卦象是"离卦"，代表火；下面的卦象是"巽卦"，代表风；所以叫"火风鼎"。之所以称作"鼎卦"，是因为这个卦象本身就是一个十分具象的"鼎"的样子。大家看古代的青铜鼎，上面是一个煮东西的釜，下面有三条腿，然后在底下扇风烧火。大家再看"鼎卦"，它上面的"离卦"，代表釜的部分，即被加热或集中热量的部分；下面一个"巽卦"，而巽卦下面那个阴爻，刚好像是鼎的三条腿的具象描写。下面扇风点火，热量集中在上面煮肉，所以它是一个非常具象的卦象。你得到这一卦，它会说"五味杂陈，一鼎调和"，意思是说你在这个锅里填入了水、肉、香料、盐等乱七八糟的东西，最初尝它不是滋味，你慢慢拿温火煎煮，它将会成为一锅香喷喷的食物。它预示你起初的局面是紊乱的，你看不清前景如何，你得慢慢地熬时间、熬火候，只要坚持不懈，最终必有所成，这算得一个吉卦。一望而知，它的基本思路不是言之有据的逻辑推导，而是具象类比的对号入座。

　　我们再看，这一卦叫"咸卦"（），也叫"泽山咸"。它上面是个"兑卦"，代表泽，下面是个"艮卦"，代表山。那么既然叫泽山咸，我们应该想象为"山中涌泉"才对，可这一卦为什么叫"咸卦"呢？"咸"是什么意思？在这里，它已经不是"咸阳"的"咸"的含义了，它在字形上和"感"这个字相近，感情的"感"，就是在"咸"的下面加一个"心"，所以这个地方的"咸"是"感"的通假。它的卦义突然变了，上面这个"兑卦"不代表泽了，在这个地方代表"少女"；下面的这个"艮卦"不代表山了，在这个地方代表"少男"；总体表达为"少男追少女"。因为少男追求少女是一个符合中国传统观念的正常感情关系，因此称之为"咸卦"。

大家再看，这一卦叫"蛊卦"，谓之"山风蛊"（䷑）。上面是一个"艮卦"代表山，下面是一个"巽卦"代表风。它为什么是"蛊"，"蛊惑人心"的"蛊"？蛊在中国古代是指一种毒虫，传说可以用来暗害他人，投入之后即侵入人体神经系统，使之发生神经错乱、精神失常，这叫"蛊"。在这一卦里，"艮卦"不代表山，代表"少男"，"巽卦"突然也不代表风了，转而代表"长女"，因此这一卦是指"长女追少男"。由于中国古代认为大龄男人追求年轻女子无碍，一个老女人倒追年轻的男子简直类同蛊惑，因此这一卦叫"蛊卦"。

接下来这一卦叫"渐卦"——"风山渐"（䷴）。它上面是一个"巽卦"，本来代表风，又似可代表长女；下面是一个"艮卦"，本来代表山，又似可代表少男。按前面的讲法，那么这一卦应该是"少男追长女"，可它突然又反转回来了。它上面的"巽卦"在此就代表风，下面的"艮卦"在此就代表山，这一卦的解释是"山中有木，风吹林成"之谓。你懵圈了，完全不知道这是怎么回事。而且大家注意在"咸卦"和"蛊卦"中，上位外卦是优势卦，下位内卦是劣势卦，呈现出下位追求上位的态势，跟前面讲的"泰卦"和"否卦"，内卦是本质主导、外卦是假象从属的关系也颠倒了。我想说明什么？中国的《易经》在中古时代以后被不断层累，以至于各个符号的指谓已经没有了明确针对性，它竟然可以任意指代、任意替换。

甚而至于在唐宋以后，很多易学家，他居然可以在需要自已签名的场合不必写字，只画一个卦象足矣。也就是唐宋以后，易学上已经把爻位卦象玩弄到这样泛化的程度，上万中国字全都可以归在这六十四卦中。大家知道人类的任何符号是必须具备明确针对性的，我们把这种符号概念之内涵与外延的清晰界定，叫作"定义"。讨论任何一个问题，你用的任何一个词、一句话，你首先必须定义，然后才能讨论，否则别人永远无从知悉你到底在说些什么。

请大家读一读牛顿的著作，也就是最著名的那本经典力学书《自然哲学的数学原理》，前四十页左右几乎全是定义，即对他使用的每一个词项的内涵和外延作出精确标注。但是中国的卦象到中古时代以后，却流于随意性和任意性的泥淖，谁都可以把任何含义带入六十四个卦示中任加图解，从而使其完全失去了符号的可定义性，结果不免造成严重的思想混乱。

我们下面对《易经》做一个简单的现代评议。请大家首先听明白这节课的分段，我前面把重点主要放在《易经》文化得以发生的渊源上，讲它在远古时代的文化维护效应及其历史合理性。我接着讲《易经》文化对中国后世整个传统文化的奠基性影响作用，大家应该能听出来我总体上对它是取肯定和赞许态度的。但是我下面不得不说，《易经》文化随着后世的层累，逐步发生变形和变质。我在西哲课上曾一再讲，我说人类文明进程就是一个信息增量进程。人类的任何一个思想系统无非是对当时信息增量的整顿，所以人类的任何思想成果都不是真理，只不过是不同信息增量的自洽梳理模型。那么《易经》作为人类远古低信息量时代的一个思想类型，它本应随着信息增量的发展，而相应调整或转换其思维范式。可是它却固守原有的象形符号和类比图解体系，只在其中内旋扩充，而不发生外部碰撞和交流，从而使之逐步僵化，这就是《易经》文化终于无法突破自身之局限所必然带来的后续结果。

我们看一个小故事。明末清初，《易经》文本被欧洲传教士翻译到西方。当时德国有一位著名哲学家，就是我前面反复提到过的莱布尼茨，莱布尼茨这个人对中国文化高度推崇，他见到《易经》后惊叹说，中国人居然在数千年前就已经发明了二进位制。今天我还见到有些研究《易经》的学者这样讲课，这个讲法对吗？显然不对。莱布尼茨是按照西方抽象思维方式看待《易经》的，而且要知道二进位制数学的第一发明人就是莱布尼茨。莱布尼茨刚一发明二进位制，计算机，我指的是手摇机械计算机随后立即出现。

我在西哲课上讲过英国经验学派、德国唯理学派，莱布尼茨是德国唯理学派的典型代表。因此莱布尼茨的抽象逻辑能力极强，他是跟牛顿同时发明微积分的人，是二进位制数学的创始人。所以他用他的思维方式看《易经》，竟然把《易经》误解为二进位制，他完全搞错了。如果《易经》在数千年前就是二进位制的精密思绪，中国应该早在周代以前就已经发明手摇计算机了，可事实上根本没有这回事儿。实际上中国古代文字中"算数"的"算"这个字，它的古字不是今天的这个样子（板书），而是这个字（祘）。这个"祘"是什么？古代的"祘筹"！《易经》最初是用折断的树枝作为"爻"来表示符号的，它另行延伸的摆放方式使之变成中国的计数工具。早年做算术的时候，就拿这些小木棍相加减，叫"祘筹"。以后为了简化形式，定为横摆一个代表5，竖摆一个代表1。分别摆出两组"两横三纵"的图标，就是"祘"字的雏形，也就是"祘筹"、"筹码"这些词汇的来源。所谓"运筹帷幄"，就是在军帐里就能够进行战争力量对比的计算，诸如此类的用语均源于此。请大家把"祘"的本字再仔细看一下，它是什么？中国的算盘就是按照这种设置祘筹的方式发明的，是不是这样？所以它绝不是二进位制，它是典型的十进位制，由此推导出来的不是计算机，而是十进位制的算盘，所以我们说莱布尼茨一定搞错了。

《易经》把所有符号具象化，以类比隐喻的方式思考问题。

我在前面讲课的时候反复讲过，我说符号具象化会产生一个重大的麻烦，就是符号的表意被事先框定，形成直观化、狭隘化和僵硬化的模式。抽象符号系统为什么成为人类后来使用的最主要的概念和思想载体？我们近代的几乎所有文字或非文字符号，包括数学符号，包括计算机编程符号，全都是抽象符号。是因为抽象符号可以滤掉具象中的诸多属性，从而只将其内的普遍属性、本质属性抽取出来加以形式化推演。这使得任何一个符号都可以采集和表达相关对象的共性信息，也就是让所有符号可以准确地、有针对性地统揽和整顿更大信息量。这就是抽象符号的概括力度、思想整理力度远大于具象符号的原因。

我举个例子。几何学家欧几里得，他其实是哲学家，为了证明柏拉图的"理念论"，他居然用世界上不存在的抽象的点、线、面，用五条公设加五条公理，从不言自明的逻辑极点起步，以最抽象的方式进行纯逻辑推演，居然推出平面几何四十八条定理、四百七十六项命题，后人几乎加不进去任何一个东西，完成了黎曼几何之前几何学上的全部逻辑推导序列，成为后世数学发展的重要基础。他是纯抽象演绎，却达成异乎寻常的学术成就。大家设想，如果当年欧几里得把抽象的点、线、面变成具象指标，比方以点代表人、线代表天、面代表地，然后去类比推演，就像中国人总是讲"天、地、人"三才说那样来讨论几何学，天下还会有几何学和数学的逻辑形式系统吗？

所以这种具象符号的束缚，这种在原始具象符号内不加突破，反而不断在内部层累化、繁复化、纠缠化，它造成的结果是文化发展道路的封闭。当然我这里绝不是在批评谁，我只是在讲中国传统文化的特质，在一个封闭地域里自弹自唱、自得其乐，它必然带来的是对老旧文化的精雕细琢和玄幻搬用，这是《易经》文化在中古时代以后所形成的基本思想格局。我们讲课重点讲思想与文明的关系，理解这一点，我们下面才好讨论有关算卦的问题。

算卦的前因与后效

我想大家很容易发现，中国的符号系统，不管是易学符号，还是甲骨文符号，其初始意图全都是用来占卜算卦的。也就是说在中国，早年的符号系统都用来做预测，为什么会这样呢？这是一个必须探究的问题。大家想想人类缔造学问是干什么，人类掌握知识是干什么，都是为了把握未来。由于这个世界是流变的，因此人类要想把握这个世界，掌控这个世界的未来，他就必须有一种预测的眼光。

大家再想想所谓近现代学术在干什么？科学在干什么？它为什么总是要总结规律？我在哲学课上讲过，一切规律、一切科学、一切学术都不是真理。人类所说的规律，永远都是主观规律，你够不着客观世界，因此人类的一切学说理论总是最终被证伪。人类的思想模型不断转换，文明由此推进。为什么？信息量不断增大，原有的模型不能容纳，而一切思想模型都是主观模型，都不代表客观规律。可人类为什么不断地要找规律？包括今天的科学重点都在这个方向，为什么？是因为人类的一切文化知识其目的都是把控未来，因此易学与甲骨文刚一发生，它就立即被用来进行预测，实在是一件太合理、太平常的事情。

再加上东亚文化，由于农业文明人口爆涨，人际关系、资源关系紧张，因此它特别务实，特别急于得出结论，特别急于拿来应用。"学以致用、知行合一"成为中国文化的主基调。于是乎中国古代的任何符号一出现就用来预测，并在实用上寻求落实效果，这大抵也是我们的祖先尤为偏好占卜、算卦的原因之一。

而且大家还应细想，把握未来的过程是什么？在哲学上叫判断，在日常生活和工作中叫决策。你凭什么做判断？你凭什么做决策？凭信息量。是不是这样？事实上人类早年信息量极低，不足以借此进行判断和决策，那该怎么办？这当然是一个严重的问题。我给大家举一个例子。氏族部落发展到后期，农业文明开始，氏族部落人口爆涨，领地边缘挨近，冲突随之发生，两个部落之间产生地界冲突，形成利益纠葛，这个时候战争出现。族长、全族人面临重大决策，是战还是逃，是决死还是迁徙，这关乎全族人的命运，可是没有任何相关信息。

自古就讲"知己知彼，百战不殆"，人类今天打仗怎么打？侦查、派间谍，甚至放卫星。可大家想想古代没有卫星，你也派不了间谍。氏族部落是血缘群团，大家全是熟脸，突然来了一个生人，不用问你就是间谍，立即斩掉你的脑袋，所以打仗之前顶多知己，绝难知彼。可开战与否却是一个现时必须拿出的决策。刘伯承说过一句话，他说"五心不定，输得干干净净"。这句话什么意思？就是对一个将军来说，当他需要做出决策的时候，他优柔寡断拿不出意见，可能比他乱做一个决定还可怕。必须马上临机行令，却没有任何信息可以依凭，没有任何情报可以获得，这是一个怎样危险和令人恐惧的局面！因此人类早年必须找见信息量不足的决策辅助工具和决策辅助方法。

请大家听明白我在讲什么，在远古时代信息量偏低的状态下，算卦占卜实在是太有道理了，太有必要了，因为非此不足以生存！这就是人类早年文化让神婆巫师占据前台、让神秘预测成为主流的原因。要知道不仅东方如此，西方照样。什么星相学、催眠术、占星术、看面相、查手相、摸骨相等等，其实都是在做这类事情。所以我提请大家牢牢记住，人类远古时代动不动就占卜算卦，寻求预测的简单落实，具有当然的历史合理性，这是其一。

其二，国人早年认定这些符号，不管是易符号，还是甲骨文，均为天赐的符咒，代表神意与天启。因此当年的占卜、占筮，具有某种极其重大的精神动员作用。要知道古代是冷兵器打仗，双方手里的武器是无差别的，全都是一根木棍，或者顶多掺和一些石器，战争的胜负取决于双方的人数和士气，甚至士气还高于人数，以少胜多的案例屡见不鲜。如果这些符号、这些卜筮、这些预测代表的是天启，无论做出迁徙或者战斗的决策，它都会起到重大的精神支撑作用和统一调度作用，这叫"动员效应"。这是当年预测学问得以展开的第二个原因。

动员这件事有多么重要，我举一个例子。1939年9月1日，希特勒进攻波兰，挑起第二次世界大战。两个礼拜以后，苏联从东边进军，与德国一起瓜分了波兰，形成第二次世界大战之开局。怎么回事呢？是因为纳粹德国骤然崛起，斯大林深感不安，于是就想和英法等西方国家联盟扼制德国，结果英法对德国采取绥靖政策，目的是想把德国这股祸水引向苏联。被逼无奈之下，1939年8月，斯大林和纳粹德国达成了一个《苏德互不侵犯条约》。这个条约后面附带了一个秘密文本，就是如果发生战事，双方以预先商定的界线共同瓜分波兰，以便于苏联获得安全缓冲地。由于跟纳粹德国签了这样一个合约，斯大林始终认为德国不会侵犯苏联，他也轻易不敢做全面的军事动员，认为如果过早进行动员，反而会刺激德国。要知道从1939年第二次世界大战开打，到1941年6月22号德国进攻苏联，在这段时间里斯大林得到大量情报，知道德国有意进攻苏联。

斯大林的一个重要间谍组织，以佐尔格为首，在驻日使馆工作期间甚至已经了解到德国进攻苏联的确切日期。大量情报送到斯大林案头，斯大林一概置之不理，或者至少不敢展开全面军事动员。结果导致德国在6月下旬进攻苏联，刚开战短短一两个月竟然灭掉苏联空军飞机的百分之九十，苏联西线的一二百万军队变成德国俘虏。苏军著名战将朱可夫当年失去与西线部队的联络，只好开着一辆吉普车到前线去寻觅视察，为此险些遭遇被俘。大家可以看一下朱可夫的回忆录。苏联在德国进攻的头几个月惨败，以至于斯大林极为沮丧，有一个礼拜时间不见露面。我在讲什么？我在讲失去动员是个多么可怕的局面。

请大家想想，算卦占卜在人类早年起到了低信息量环境下辅助决策的作用，又具有战前动员的功能，或者具有做任何事情的动员功能，它是何等重要的事情。因此我反复强调，请大家理解人类远古时代最早的符号，在东亚都表现为预测学，实在是太合理了，太有必要了。可是随着人类文明社会的发展，随着人类社会逐步超血缘化，随着信息量的增大，到公元前六世纪，《孙子兵法·用间篇》中已经出现了这样一段话："先知者不可取于鬼神，不可象于事，不可验于度，必取于人，知敌之情者也。"这里的"先知者"就是指优秀的将军，所谓"象于事"就是算卦，所谓"验于度"就是看星相。请大家看清这一段话，也就是到公元前六世纪，距今两千五百年以前，真正明智的人都已经知道不能用占卜算卦的方式来决策了，因为物换星移，时过境迁，远古时代的有效手段，或者至少是必须借助的手段，已经不可继续沿用。

我再给大家举两个例子。十六世纪以后，英国新教徒，在英国叫清教徒，在国内受到迫害，他们开始大量迁徙到北美洲。由于此处的地理物候环境和英伦三岛有很大区别，致使他们面临严重的生存困境。当地的印第安人热心帮助他们，所以到今天美国还有一个别致的感恩节，他们感恩的是什么？是当年和印第安人一起感谢上帝之恩许，实际上是感谢印第安人。可是随着欧洲人迁徙到美洲大陆的人数越来越多，逐步蚕食印第安人的领地和利益，导致欧洲白人和印第安土著终于发生冲突，于是欧洲白人开始集团化、国家化、军队化地消灭印第安人。再加上欧洲人所携带的美洲未有之病毒、细菌和烈性传染病，导致后来美国大陆上百分之九十以上的印第安人遭到灭绝。

到十九世纪中叶，美国人开始反省，觉得自己这件事做得太缺德了，于是划定某些领域来保护印第安人，白人不得随便侵入，让残存的印第安人保留自己原有的采猎生存方式。随后有文化学者发现，保留领地的印第安土著出现了截然不同的两种结局：一些部族在短短几十年间很快星散了，国家给予的保护领地根本无法维系，而另有一些印第安部族在其领地上长存不衰。于是这些学者就着手研究，想弄清为什么保留领地会发生如此截然不同的后果？最终发现那些快速星散的部落，他们打猎的方式是追猎，就是追踪动物的足迹、行踪、粪便进行捕猎。比如打鸟，在黄昏时分守望鸟儿归巢的飞行轨迹，然后找见鸟巢下手。由于这些方法踏实有效，而他们手里又拿的是现代化武器，枪！因此很快就把领地上的动物打绝了，从此食物断绝，只好进城打工，部落就此星散。同时又去研究那些坚持不散的部落，发现他们打猎的方式不是追寻动物踪迹，而是占卜。而且占卜的方法跟中国的龟甲占卜方法非常相似，看裂纹走向，这表明中国古代的龟甲占卜可能远远早于甲骨文。占卜这个东西没个准头，因此靠占卜去打猎，总是打不着，至少打不绝，于是动物长存，部落随之长存。它说明什么？说明占卜算卦最大的特点就是算不准。

　　看另一个例子。大家知道东北这个地方土匪文化兴盛，过去把土匪叫胡子，说胡子文化兴盛。为什么会这样？是因为清代早期女真人，也就是满人从东北入关，入主中原，之后他们把山海关锁死，东北变成满清统治集团的祖庭所在地，不允许汉人进入。于是诺大的东北空空荡荡、人烟稀少，要知道当年的东北是包括整个东西伯利亚的，是比今天的东三省大得太多的一片土地，到清代中期居然常住居民不超过数万或数十万人，由此带来一个严重的后果，就是俄罗斯帝国日渐强大，逐步向东发展扩张。有资料显示，当时俄国只派出二百多个高加索士兵就占领了中国一百六十万平方公里的东西伯利亚。而且接着开始蚕食东北，这使得清廷马上意识到如果再不允许汉人迁居东北，则整个号称龙兴之地的东三省都会丢掉。于是开关通行，移民实边，允许内地汉人北迁，这就是著名的"闯关东"事件。临近的山东、河北一带，没有土地的贫苦农民才会冒险闯关东。我在前面讲课讲过，顺经线向上移民，由于纬度差别较大，文明传播极其困难，因此原先处于山东、河北一带的农民所积累的农耕经验，来到东北全部失效。比如春播的时间得往后移，如果你未摸清这一点，播下的种子全不发芽，这就导致早期闯关东的人们大量处在饥饿之中，东北生存局面危殆。于是很多人只好落草为寇，东北各山头胡子文化兴起。此患一直延伸到1948年前后，林彪打赢辽沈战役，还要腾出部分兵力剿匪，《林海雪原》中杨子荣等人的故事，就讲的是这种事情。

现代有一批学者研究东北的胡子现象，发现东北各山头上的土匪出现两种全然不同的结局：一般山头上的土匪维持不了几年或十几年就散伙了，极个别山头上的土匪啸聚一方、长盛不衰。事后发现快速星散的那些山头上的土匪，他们打劫的方法是什么？派哨探！在山下道路的两端派出暗探，看到有富商经过便快马飞报，然后土匪群起抢劫，一抢一个准，很快把这条路打绝了，没有任何商人再敢经由此地通过，于是他们财源中断，只好散伙；再研究那些长期不散的胡子群团，发现他们不派哨探，他们打劫的方法居然是算卦，算卦总是算不准，于是打劫的收益细水长流。原因是算卦的概率是个定数，就像长期围聚打麻将者的输赢概率是个均值一样，假定算卦冒碰得着的几率是百分之十，而商人走这条山路遭劫的成本比绕路可能要节省百分之二十，那么商人精算之下就仍然宁可冒险走这条路，于是土匪的财源不绝，山头亦很稳固。它说明什么？算卦最大的特点就是算不准！

要知道过往的先人他们做任何事都要占卜算卦，他们算卦的水平要比今天的人高得太多太多。这就像写书法，古人全拿毛笔写字，看似随手挥毫，实则是最好的书法。请大家看一看古代最著名的那些书法作品，譬如王羲之的《兰亭序》、颜真卿的《祭侄稿》、苏东坡的《寒食帖》，哪一个不是信笔草书，错墨斑斑，最终却形成有情有致、有生命、有灵魂的书法瑰宝。现代人用硬笔钢笔写字，偶然提起毛笔想写书法，不过矫揉造作而已，你永远写不过古人。联想古人做任何事情都先要占卜算卦，尚且算不准，现代人算卦占卜还有什么准头可言吗？

那么为什么有时我们会觉得算卦很准呢？今天的信息量很大，我们可以对它试做一点点解释。我承认，个别算卦精准的情形，我们在很大程度上说不清楚，也许它还有我们今日之科学无力加以探讨的玄机。我再声明一遍，我给算卦和信仰留出余地。我下面只不过是用今天的信息量对算卦为什么让你觉得特别准的心理现象加以解释。

你觉得算卦特别准，首先是因为它是大概率预测，加上虔信暗示效应。这话什么意思？比如你老婆怀孕了，你找人算卦，他随口胡说是一个男孩或者女孩，他就已经说准了百分之五十，因为人类只有两性，你生出一个性错乱的二尾子的可能性非常之小。他如果算准了，你到处宣扬；他如果算错了，你蔫了、不说话了。这就像股市，据现在统计，参与炒股的散户，赚钱的人不超过百分之十，不赚不亏的人大约有百分之二十，亏钱的人足足占百分之七十。可是只有那个赚钱的人，报社、电视台才会不停地采访他，他一时名满天下，好像人人都能变成杨百万似的。而那些亏了钱的倒霉蛋没人理他，信息得不到传播，所以你总觉得股市是个赚钱的地方，可你真要小心，其实去了大多是赔钱的。所以大概率说事儿是算卦的基本方式，因为我们关切的问题大多都是些大概率事件。

第二叫虔信暗示。就是你非常虔诚地相信这个东西，它就会对你产生强烈的暗示效应。这个话是什么意思？我给大家举个例子。临床上有一种病症叫Hysteria，过去把它翻译为"歇斯底里"，现在用了一个较文雅的词把它叫"癔病"，它通常发生在没有文化的中年妇女身上。比如农村家庭夫妇吵架，女方受到强烈的精神刺激，她突然眼睛看不见了，到医院检查没有任何器质性损害，有经验的医生马上明白，她得的是"癔病性目盲"。怎么办？高明的医生就会问她的家属，这个人最迷信什么，家属告诉他她最迷信德国。于是医生抽一针生理盐水，给病人讲，说这是从德国进口的专门治瞎眼的特效药，一针打下去，她立即看见了，这叫"暗示疗法"。大家想想暗示效应何其之强，它居然可以使一个人从瞎眼状态瞬间转变为复明状态。

暗示效应绝不是少数人的特质，它是笼罩全体人类的一个精神心理现象。比如我前面讲人类的一切文化、一切学说、一切知识都不是真理。可你的感觉是什么？——我们的知识就是真理！你如果相信神学，神学就是真理；你相信佛教，佛教就是真理；你相信基督教，基督教就是真理；你相信科学，你会觉得科学就是真理。它实际上根本不是，可你感觉真确无疑，为什么？你被它暗示了。所以人类的一切文化现象在很大程度上都是心理暗示效应。我在讲什么？我在讲我们觉得算卦很准，更多情况下是在大概率预测和虔信暗示效应的基础上产生的心理幻觉。

我再给大家举个例子。我上大学的时候，是文化大革命时期，我上的是工农兵大学。那个时候我学医，学西医，讲究开门办学，边上学边下农村为工农兵服务。我们的中医教程刚刚开课，还未超过二十个学时，整个中医课大约120学时。刚开课我们就跑到偏僻的农村腹地，到一所县医院跟老师一起边坐诊边学习中医。我们班的中医老师是一位女老师，长得非常漂亮，三四十岁了看起来像个二十多岁的少女，而我二十岁的时候胡子拉碴，看起来足足有四十岁以上。我和老师对坐在门诊，结果农村病人排队全挤在我这边，说我是省城来的老中医，搞得老师十分尴尬，只好悻悻离开。这下我慌了，因为我的中医根本还没怎么开学呢！而且病人不允许你问话，大家知道中医讲"望闻问切"，切脉是最后一举。可是农村病人认为面对一个好中医是不用说话的，只需切脉就病情全知。而我那时候把三个指头搭在患者手腕上，什么感觉都没有，大家想想我该怎么办？我立即选用大概率问题开始对话，我看见病人黄干腊瘦，我就说你吃不好饭吧？他如果能吃好饭，他还用得着跑医院？于是病人的话比我还多。我看见病人满脸焦虑，我就说你睡不好觉吧？睡不好觉是病人的大概率事件，病人随后竹筒倒豆子，把该说不该说的都说了，基本病情我已了然。当时我只会背两个汤头，一个四君子汤，一个六味地黄汤，其他中药我当时根本拎不清，所有病人来了都是这两副黑汤，好在这两副药，有病治病，无病健身。由于病人坚信我是省城来的老中医，暗示效应强烈，于是大多数病人的病情迅速好转，我在当地被传为神医。

大家想，我如果去算卦，仅在这两项上操弄，是不是照例会变成王半仙？算卦准还有另外两个原因，即"模糊表述"和"定向联想"。比如你到庙里去抽签，你看看那些签词全都是模模糊糊的一首诗，它一定是表述含混的。比如有一个签词名字叫"俊鸟出笼"，什么是"俊鸟出笼"呢？你被你老婆打出家门了，可算俊鸟出笼；你被单位开除或解雇了，也算俊鸟出笼；你出国了，还算俊鸟出笼；你从这个城市迁徙到那个城市了，仍算是俊鸟出笼。总而言之，你的任何一个动作都可以囊括于此项词义之中，因为它的表述是没有边界的，你任意联想，无不应验。倘若你随后气运上升，你会觉得这一卦很准，准在哪儿？准在它的模糊表述和你的定向联想上。

不仅中国如此，西方照样。大家知道中世纪后期，法国出现过一个著名的预测家，此人名字叫诺查丹玛斯，在西方，人们把他传为神人。他写过一本著名的预测学著作叫《诸世纪》。你看一下他的那本书，全是模模糊糊的四行体诗。大家再想想中国古代的《推背图》、《烧饼歌》，不都是这类语焉不详的诗，或者是怪模怪样的一幅画嘛？然后你去定向联想。比如说你十八岁这一年做了一件事情决定了你的终身命运，说你三十二岁这一年遇见了一件倒霉事，说你二十三岁这一年遇见了一件幸运事。请想想人生中你做的哪一件事情不影响你的终身命运？要知道你做的每一个决策，其影响之深远都是你无法想象的。请问你哪一年不遇见上百件好事，或者上百件坏事？它说你二十三岁这一年遇见好事，三十二岁这一年遇见坏事，你拼命去联想二十三岁这一年，找见一件好事不容易吗？三十二岁这一年找见一件坏事不容易吗？年年你都遇见好事也遇见倒霉事。这叫定向联想。正是这样一些心理效应构成算卦很准的一系列错觉，此乃当今的心理学研究早已揭示的普遍现象。

当然我也得承认，我们确实偶然会遇到算卦极准的某些特例。我们眼下并不能完全解释清楚，就我们今天的信息量和知识范围来看，我大概可以将其分为三类情况作以简单说明。

第一，"巫态返祖"的生理基础。这句话什么意思？请同学们回忆我在孔子课上谈到过"巫"，我说巫是远古时代直感敏锐似可通天的女师。要知道所有动物，它们的感知频谱宽度，它们的感知敏度，也就是感官或感觉敏锐度要比人类高得多。比如鹰的视觉是人类视觉敏度的上百倍，一只猫头鹰它在夜间目视一尺雪下的一只老鼠窜动所带动的表面雪粒的震颤，它都能看见，飞过去一把就能从积雪里把那只老鼠抓上来，可见它的视觉敏度何其之高。

另外，大多数动物的嗅觉敏度更比人类高得无法比拟。例如狗，你把人类勉强能闻见的气味分子稀释一万倍以上狗都能闻到。绝大多数动物，它的求偶过程是通过嗅闻异性的体味而达成的，异性同类离它尚有数十公里甚至上百公里之远，它居然都能闻见。生理学家研究发现，在人类的恋爱关系中也会出现这种现象，常见一个丑男娶了一个靓女，或者一个丑女嫁了一个俊男，生理学家研究怎么会出现这种情况，结果发现是因为两人各自均被对方的体味所吸引，他们其实并不自觉，但无妨爱得死去活来，这叫"气味相投"。今天人们频繁洗澡，把体味全洗掉了，所以恋爱的成功率大大降低。

我在讲什么？我在讲动物的感知通道在感官层面上比我们人类的频谱宽得多、敏度高得多。我再举个例子。我们人类的眼睛只能看见波长四百纳米到七百六十纳米这个光谱范围内的物体。四百纳米以下是紫外线，七百多纳米以上是红外线，我们人类完全看不见。可是生物学家研究发现大量的动物，比如猕猴、燕子、蜜蜂，它们是能看见紫外线的。蜜蜂采蜜为什么能够寻找到细微的花粉，是因为花粉颗粒对紫外线有强烈折射。在一个暗室中给猕猴做实验，打出 X 光，人类是看不见的，猴子会躁动不安，表明猴子能够看见波长比四百纳米短得多的光波。

这说明什么？说明动物的感知频谱宽度远比人类为大。为什么会这样？是因为人类随着大脑皮层的发育，他获得较少的感官信息就可以通过理性整顿做出恰当判断，为了节省生物能量，他在进化的过程中会把多余的感觉敏度消除掉，所以人类的感官敏度远比动物为低。但是人类在幼儿阶段，由于大脑皮层尚未充分发育，理性思维尚未训练调动，他的感官敏度相应较高，我们在生理学上把这种情形称为"返祖现象"。它不是高明，反而是低明，是一个更原始的状态，这就是所谓的"特异功能"。

要知道大多数孩子都有特异功能，比如他能看见红外线。你小的时候应该也能看见，只不过你以为所有人都能看见，你不当回事而已。有个别孩子偶尔得以表达出来，比如某人患上了体表浅层肿瘤，由于肿瘤细胞代谢率较高，肿瘤局部体温升高，放散出来的红外线量偏大，碰巧被个别孩子看见了异样的红外光晕，于是人们就说他有特异功能。其实这不是特异功能，是一种返祖现象。随着年龄的增高，逻辑能力、理性能力提高，人们的这种特异功能、返祖功能、感知敏度过高的功能会逐步退化丧失。偶尔有个别人，他居然把这种返租功能保留到成年，这种人通常处于深山老林里，接受教育的程度较低，一般只有这种人才能终生保持此类原始功能。

当然有些人经过高等教育，某种特异功能仍然被保留。比如他的嗅觉能力超强，比如他的听觉敏度极高，或者还有某些其他我们不知道的潜隐功能。就像鲸、海豚能听见次声波——16赫兹以下的声波，我们人类是听不到的；蝙蝠能听到20000赫兹以上的超声波，我们人类也是听不到的。鲸和海豚需要次声波，是因为次声波在水里面的传播距离非常之远，有助于它在茫茫海洋之中寻求配偶；蝙蝠需要超声波，是因为超声波在黑暗环境中易于反射回波，有助于它在视觉缺失的情况下捕捉飞虫。那么某人可能具有某种极特殊的功能，比如也许他能听到次声波，那么他捕捉信息的通道都跟我们不一样，他会借此获得我们一般人根本无法想象的超大信息量。也许由于这些奇怪的、我们今天说不清楚的因素，使得某些人算卦极准，或者预测力极强，他甚至不学《易经》，都能做出某种常人无法企及的判断，这可能是个别人占卜算卦精准的原因之一。但不用多说大家就明白，这种人属于凤毛麟角，一定是难得一见的。

第二，易学积累的算卦经验。这话什么意思？请大家回想我刚才讲十二辟卦图，我说拿着这张图在一个固定的地方可以做精确的天气预报，它不是你学《易经》就能达到的，你必须将历经几百年、上千年积累的关于七十二候的气象统计学资料全部掌握，然后把它跟《易经》联系起来，才能起到这个作用。那么如果某人既懂《易经》，又对其背后隐藏的大量经验有所收集和学习，他才有可能做出我们常人做不出的精确判断。你不妨仔细看一下《易经》，它的爻辞和卦辞，其实里面大量表达的都是占卜师、算卦师的人生经验。

我举个例子。比如乾卦，它有四条著名爻辞，我把这四条爻辞说一下，一个叫"潜龙勿用"，一个叫"见龙在田"，一个叫"飞龙在天"，一个叫"亢龙有悔"。它讲的是什么？它说你气运不好的时候，人生处于低谷的时候，你要像龙潜在深渊里一样蛰伏起来，是谓"潜龙勿用"；随着你气运的上升，叫"见龙在田"，龙从深渊里浮升到地表了；你的气运继续上升，叫"飞龙在天"；当你气运达到最高点的时候，物极必反，你该倒霉了，这叫"亢龙有悔"。人生从来不是一条直线，人生历来是波折的。这一段爻辞说明什么？说明算卦师在其中代入了自己的人生经验。如果一个学《易经》的人，把《易经》数千年来积累的人生经验都记在心中，把它背后的知识也深加领悟和学习，他当然会赋有常人所不具备的未来判断能力，他根据你的性情气质就会对你当下的境遇做出某种大体预测。

第三，面相手相的关联基因。此话怎讲？大家知道什么叫基因，就是遗传因子的基本单元，就是最小的遗传因子，就像量子这个概念，是能量的最小单元一样。但是基因并不总是以基因的方式下传，它常常出现"并联基因遗传"。

而且大家还要知道，我们人类的一切生物素质都跟基因有关。我举个例子，有生物学家研究蜜蜂群体的一种疾病叫"腐臭病"，也叫"袭蛹症"，就是蜜蜂的幼体"蛹"被细菌感染而腐烂。有一位生物学家，他的名字可能叫罗森比勒，他观察发现蜜蜂群体面对腐臭病有两种反应：有些蜂群任由腐臭病漫延，在蜜蜂蛹巢里传播，导致该蜂群最终灭亡。而另一群蜜蜂，它们有一种能力，能把那些腐臭发病的蛹拣选出来，并扔到蜂巢以外，他称其为"卫生型蜜蜂"。于是罗森比勒就把这两种蜜蜂杂交，杂交的结果全是不卫生型，这说明什么？说明卫生型基因是隐性基因。于是他就把这些杂交过的蜜蜂再回交，也就是让子代再跟卫生型蜜蜂的亲代交配，回交产生的子代蜂群分成三类：第一类是卫生型，第二类完全没有卫生行为，第三类则是折中的，即能找到染病的幼虫，揭开它们蜂巢的盖子，但到此为止，不会把幼虫扔出去。这个时候罗森比勒立刻想到，第二类蜜蜂也许是拖出病蛹的行为能力不全，于是他就帮着揭开腐臭病蛹蜂巢的蜡盖，结果有一部分蜜蜂随即把这些病蛹拖出去了。我讲这一段说明什么？说明蜜蜂的种种行为细节都是被基因规定的。

请大家记住我们人类的每一种疾病，甚至我们人类每一个体的性格、气质、思维倾向都是遗传的，都是被基因规定的。我举例子，比如拿破仑五十三岁死于胃癌。近代有学者研究说英国将拿破仑流放到圣赫伦那岛后，在他的食物里长期少量放入砒霜，把拿破仑毒死了。可医学家研究发现拿破仑的父亲也是五十三岁死于胃癌，就是说拿破仑的胃癌连发病的时间，都跟乃父完全一样，它表明那个导致他得胃癌的基因，调节此组基因的时间密码子都是遗传的。现在可以确证拿破仑不是被毒死的，英国人的投毒量没有把握精准，导致毒效未显而病魔先行了。我再举个例子。海明威是自杀而亡的，大家会觉得海明威是文学家，文学家都是多血质，情绪波动比较大，所以他自杀了。可是医学家追踪发现海明威的父亲、海明威的哥哥，斗大的字都不识两筐，照例是自杀而亡，可见连忧郁自杀都跟遗传有关。

我们人类的体态、性格、生理反应等等都跟基因有关，而基因在传递的过程中通常是"并联遗传"。我举例子。比如中国戏剧讲究描画脸谱，其实西方文化也看面相，它是有道理的，也就是一个人的面相，一个人的手相，它经常代入一个人的性格基因在其中。我再举个例子，我讲课动不动举例子，因为举例子容易让人听明白。大家看喝酒，我们通常有两种反应：一种人喝酒脸红，一种人喝酒脸白。医学家研究发现喝酒脸红的人行为方式比较和缓，喝酒脸白的人行为方式通常比较峻急，这里面没有好坏之分。请大家记住，一个人做事和缓，他做好事、坏事都和缓，他和缓地做坏事会做得更深广，所以这里面没有好坏之别。

那么为什么会出现这两种情况呢？是因为这个性格基因，行为和缓或行为峻急这一组基因，与支配小动脉血管括约肌的乙醇受体基因并联遗传。你之所以喝酒脸白，是因为基因决定动脉小血管的括约肌碰到乙醇就收缩，导致后面的毛细血管网不被灌注，于是脸色发白；你之所以喝酒脸红，是因为基因决定了小动脉括约肌碰到乙醇就扩张，毛细血管被灌注，因此脸色发红。

所以请注意，喝酒脸红的人在大量喝酒的时候会发生低血压，需要小心。喝酒脸白的人，由于小血管收缩，血压会增高，因此如果是高血压病人就比较危险。总之，乙醇受体基因通常并联着行为基因、性格基因，比如刚才提到脸红的人做事和缓，脸白的人做事峻急，我前面也讲过和缓峻急不代表好坏。但是做事峻急的人，给人的感觉不舒服，做事和缓的人，给人的感觉很妥贴，于是红脸代表忠臣，白脸代表奸臣之类的说法就这样出现了。

我这里讲什么？讲并联基因，一个面相基因和一个性格基因偶或是并联的。我再举一个例子。我们手上有一条非常细微的手纹，叫婚姻线。这个特殊的手纹有时会和一个性格基因并联遗传，这种性格叫"柔韧性格"，就是这种人做事情非常有韧性。为什么把它叫桃花线、婚姻线？是因为大多数人追求一个女孩，女孩看不上他，说一句"癞蛤蟆想吃天鹅肉"，他大受侮辱，从此不理对方，这场恋爱终止了。可有柔韧性格的人，你再骂他都不走，他今天给你送一朵玫瑰花，明天给你送一盒巧克力，最终任何女子都逃不出他的魔掌，这叫"好女怕缠夫"。有这种柔韧性格的人是非常厉害的，而这个行为基因和一条手纹有关系。

我再举例子。临床上有一种疾病肝硬化，病人肝功能损伤，胸部周围会出现蜘蛛痣，也就是一个红色的痣点，旁边有许多细丝纹，像一只蜘蛛趴在胸上。它实际上是肝功能受损不能灭活雌性激素导致毛细血管扩张的产物。看到蜘蛛痣立即可以判断，病人接近于肝硬化或者已经肝硬化。可是我们在临床上偶然会发现，有些人肝功能完全正常却也有蜘蛛痣。医学界曾对其中个别人随访，结果十年二十年以后，这个人果然肝硬化了。它说明什么？说明蜘蛛痣的基因和肝功能免疫系统有并联关系。大家知道在中医上，甚至在西医上，我们经常会通过一些体征预见一个人未来的病况。比如中医通过看耳相，大致就能说出你将来会得什么病，这其中的某些看法确实是有道理的。

中国古人对这些东西颇有研究。如果某人对这些东西深加掌握，然后他又能借助于现代生理学或病理学知识对其加以筛选，再配合上《易经》的卦变关系，他当然会只见你一面，大致就知道很多你自己都不掌握的信息，但大家想想具有这样能力的人何其之少。因为古人所说的这些东西大多数都是乱讲一气，你要在这类乱七八糟的杂谈之中找出个别居然说准了的事情，且能把它筛选出来作为判断依据，难度何其之高？你得有多少古文化知识和现代分子遗传学知识，这个问题才能够辨析解决。所以个别人算卦较准确实有一些我们今天可以解释的合理成分，虽然我们解释不了的更多。

但是请大家想一点，如果一个人预测事情精准，具有极高的事前判断力，他还用得着给你算卦吗？要知道我们所有人做判断、做决策，正确率通常都达不到百分之五十，大多数判断都是错的。只不过你的某一个正确决策，会覆盖或弥补此前错误判断的损失。如果一个人能够事事判断无误，能够对未来有精确预测，他还去给别人算卦？他当地球球长都来不及。

我举一个例子。比如某人有精确预测能力，他拿一百块钱去炒股，每天都找准涨停板的股票，只需要两年，他就可以把自己的一百块钱变成数亿元资金，不信你算一算。我曾经见过一个报导，说某人拿四万块钱炒股，短短数年时间赚钱达四亿之多。有记者问他，他怎么会有这么准的眼光，他说我并没有什么预测神力，我只不过对K线图有一种特殊的悟性，并且擅于长线持股。他并不能做到事事算准，尚可用四万块钱短短几年赚数亿元，想想如果一个人遇事总能精确预测，他还用得着摆地摊去算卦吗？

而且大家还要注意为什么做实务工作的人，比如当官的、比如经商者特别倾向于相信这些东西？是因为他们的工作性质太复杂了。做实务工作的人，你要拿出任何判断和决策，都有成百个因素在影响着你，你要想做出一个正确的决策太难了。而且就算你今天做了一项决定，你认为是适当的，你都不知道若干年以后它的远期效应到底如何，它很有可能把你带入另一个陷阱。反之，你今天做了一个决策，近期看是错误的、有损的，结果远期却把你带上了一条光明前途，这种情况比比皆是。

所以中国古代有一句成语"塞翁失马，焉知非福"，什么意思？世事多变，难以逆料，任何决策在相当一个时段内，你都无法判断它是正确的还是错误的，这还姑且不说决策影响要素太多所构成的麻烦。而文人的工作其实相对简单，他只需在概念和逻辑链条上单向运行，因此他用不着这些东西，所以真正的学者，迷信算卦的人一定很少。而实务工作者、官员、商人更倾向于相信，是因为他们的工作难度太高了，决策难度太大了。但是大家要注意在今天高信息量时代凭借这样的东西作为决策依据，你很容易受到误导。请记住《孙子兵法》上的那句话——"不可象于事"。

我并不否认《易经》今天在算卦上仍然有用。比如"中性决疑"，两边的信息量相等，这个时候你左右为难，而你又必须决策，不能等待，此时你找一些辅助决策手段，找一些你信得过的人给你算一卦也不失为一个好办法，它至少比你优柔寡断要强。但这相当于你猜钱币的正反面，即与抛钱币帮你决断的成败概率基本相等。我的意思是说在大信息量时代，还运用人类远古低信息量时代的决策辅助方式可能有问题，但也仅仅是可能。如果你身边有我今天不能解释的高人，我绝不否定他们。

我再说一遍，人类今天的知识并不能有效解释世间的一切事物，因此人类经验上和历史文化上积累的所有东西效用长存，且信从者长存。这像是一种无谓的妥协，但也是永恒的事实，因为越原始、越低级的东西一定越稳定。

中西古今比较：博弈论的决策模型

上个世纪西方数学界出现了一门学问叫博弈论。这是一个纯数学的学科。我一说纯数学，大家就应该想到它是一个抽象的精密逻辑产物。博弈论讲什么？讲一组局中人，各自可以采取行动，并且谋求得到盈利的策略关系。它居然是拿数学计算的，而不用古代具象类比的粗糙方式处理预测问题，结果达到极高的学术水准，成为今天数学领域的一个重要分支，成为指导现代决策行为的基本方法，在相当大程度上能够精确地做出决策预判和决策分析。

我在这里略微举几个例子。先看"智猪博弈"（引自《身边的博弈》董志强 著）。

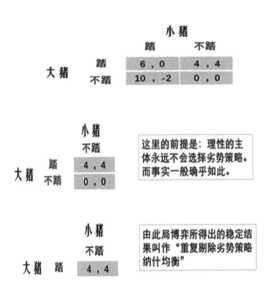

"智猪博弈"模型

		小猪	
		踏	不踏
大猪	踏	6 , 0	4 , 4
	不踏	10 , -2	0 , 0

		小猪
		不踏
大猪	踏	4 , 4
	不踏	0 , 0

这里的前提是：理性的主体永远不会选择劣势策略。而事实一般确乎如此。

		小猪
		不踏
大猪	踏	4 , 4

由此局博弈所得出的稳定结果叫作"重复剔除劣势策略纳什均衡"

局中关系是这样的，说有两头猪，一大一小，共处同一猪圈，内置一个踏板，猪只要踩压踏板，相反方向的食槽里就会落下10个单位的饲料，那么大猪小猪会怎么行为呢？设定不管大猪或小猪，无论谁踩这个踏板都要消耗两个食物单位的能量成本，也就是得 -2 值。如果大猪小猪都去踩动踏板，然后跑到对面去吃食，由于大猪动作快，它能吃到8个食物单位，而小猪只能吃到两个食物单位，即大猪的净收益是6，小猪的净收益为0；如果只是大猪去踩踏板，小猪守在食槽边上不动，大猪返回来吃食，那么大猪会吃6个，小猪会吃4个，于是小猪大猪的净收益都是4个食物单位。如果小猪去踩踏板，大猪守在食槽边，那么小猪回来，大猪把10个食物单位全吃完了，小猪的收益是 -2，大猪的收益是10。在这样一个对局中，小猪一定采取不去踏板，静候在食槽边的策略，而大猪只好去踏，因为大猪不踏收益是0，大猪去踏还得4个收益，所以小猪、大猪在经过一番胡乱折腾之后，最终各自一定采取最有利的行为策略，此谓之达成"纳什均衡"。

纳什这个人，是美国上个世纪一位著名的数学家。所谓纳什均衡，就是指局中每个参与者所采取的策略相对而言都是最优反应。要知道任何生物，它在一个博弈群体中都必定选取对自己最有利的决策，纳什均衡是在经验过程中逐渐对撞出的结果。这种博弈决策过程，我在这里是形象地讲，而不是用数学语言讲，专业上它是能够进行数学精算的。它可以给所有弱势者一个提示，比如你是一个小企业，你就不要去做广告，你就不要去做复杂的研发，因为你做广告等于帮着同行大企业做宣传；你投资创新，大企业立即追随，并快速占领市场，最终可能让你血本无归。你实行"小猪不踏板"的策略，肯定对你是最佳选择。而大企业必须做广告、必须进行长线研发和创新，否则它难免陷于被动，这是一个老谋深算的博弈关系。

再者，这种博弈论精算，在很多事情上具有深刻的解释力。我举例子，看看恋爱博弈。大家知道人类的恋爱过程是非常复杂的，男女之间存在着一系列微妙的互动关系，为什么会发生如此复杂的纠葛？是因为高等动物历来就有两性博弈。我前面讲过生物有机体只不过是基因播散的运载体，鸡只不过是鸡蛋缔造更多鸡蛋的工具，所以任何生物，它的有机体是不断死亡、代代抛弃的，只有基因永垂不朽。而任何中高等生物群体，看起来仿佛没有多少智力的生物群体，它的两性之间一定是博弈状态。原因在于越高等的生物，育后难度越大，且雌性动物必须承担主要责任，进至哺乳动物，怀孕都在雌性体内，喂奶也由她独自进行，父亲没法取代。即是说繁殖育后的负担天然转嫁到雌性身上，于是在这类动物里两性博弈就变得越发难缠了。

生物学家研究发现（引自《自私的基因》理查德·道金斯

著），两性之中必然分化出如下四种类型：雌性生物大多表现为"矜持高傲型"，也就是让雄性动物不断地追求她，上刀山下火海，绝不轻易嫁给你。干什么？她必须筛选出"忠贞不渝型"的雄性，因为只有筛选出这样的配偶，她才能保证做父亲的将来会协助她养育后代。但是在雌性群体中，一定有少量的"放荡淫乱型"个体，她们碰见雄性就乱交，一时间生出的孩子超多，比矜持高傲型播散基因的效果更强，所以短时间看放荡淫乱型雌性会暂时居于优势。但由于跟她来往的不免大都是"薄情寡义型"雄体，交配之后就率然跑掉，所以她育后难度增高，育后成活率下降。这个博弈的结果，长期来看自然会使雌性中的矜持高傲型上升，放荡淫乱型被淘汰。大家设想，由于雄性不用管哺育后代的事情，所以雄性中一时得势的一定是薄情寡义型，他最容易把自己的基因播散。但是由于他不协助雌性抚育后代，因此终将面临越来越多的矜持高傲型雌体，而他又没有耐心保持对雌性的持久追求，于是其婚配失败率倾向增高，导致最后占优势的仍然是忠贞不渝型雄性。

生物学家竟然可以做出精确的计算，发现不同动物的雌雄两性中，上述四种类型各占多大比例。比如人类雌性中矜持高傲型占百分之八十多以上，放荡淫乱型超不过百分之十几。说起来放荡淫乱型最能招惹男人，可为什么男人们又总是鄙视这种女人，就是因为这个生物进化传统造成的。而雄性中薄情寡义型大约占百分之三四十，忠贞不渝型大约占百分之五六十，这都是可以精确计算的。

我再举例子。在任何一个生物群体中，同种生物一定分化出"鹰派"和"鸽派"，也就是强势生物个体和弱势生物个体。我们一般人会认为，强势者也就是鹰派一定获得更大的收益，刚开始是这样。但是大家要知道，鹰派随之就会遭遇同是鹰派的竞争，鸽派永远不挑战鹰派，它见到鹰派就躲避。而鹰派之间会竞争格斗，最终导致鹰派反而遭遇损伤，收益转化为负值。

在这个博弈过程中，任何同种生物包括人类在内，其鹰派比例一定占百分之二十左右，鸽派一定总体上占百分之八十左右，形成二八格局。

这种东西可以精确预测，而且它告诫弱势者，千万不要卷入竞争。它也同时告诉强势者，你的预期收益跟鸽派大致相等，会达成纳什均衡。因此强壮者、强势者你想躲避竞争都躲避不了；弱势者、鸽派者你最好不要参与激烈的正面竞争，这是你恰当的博弈策略。尽管个别强势者最终可能赢者通吃，但别忘了他当初采取强势鹰派策略的时候，他的事前预期收益其实和鸽派均等。

研究这些问题，变量参数可以根据条件变化而随时调整，最终做出数学上的精确预测，这叫博弈论。我想说的是什么？博弈论是发生在上个世纪西方数学界的一门新学科，它所讨论的前瞻预测问题或策略学建构达到精密逻辑水准。它跟人类古代对事情的预测，不管是西方的算命星相，还是中国的占卜问卦，所达成的切合效果完全不同，它是人类使用哲科精密逻辑体系的后续产物。它发生在20世纪，是由于人类逐步进入信息时代，用原始的预测方式显然无效，于是精密逻辑必然引出博弈论数学体系，成为今天广大学术界的一个前端研究工具。而且可以预见，未来大数据时代的决策模式更将朝着这个方向迅猛发展。

须知西方自古也有星相算命这些东西，但它基本上不登大雅之堂，因为西方工商业文明无法用这些原始的、低信息量的决策工具来应对，所以便与中国形成截然不同的格局。中国直到中古时代，文人士大夫都是要研究《易经》的。各位去中国的寺庙里，你会看到算命的、抽签的堂而皇之现身其间，你在西方的教堂里绝对见不到这些东西，因为在工商业社会的主流文化中，这些东西无法让人信服尊重。这表明随着总体信息量的增加，你的文化表现形态以及思想整顿模型必须跟进，你用原始低信息量的思想方法处理问题，犹如形成侧枝盲端，或如走进了死胡同，它会使你与时代不相匹配，会给你造成某种行为决策能力的损害。

因此如果你面对复杂问题的决策，也就是大信息量的分析研判，劝你千万记住，务必运用理性的精密逻辑体系进行工作部署，它才是跟这个时代相匹配的行为决策系统。我这里没有褒贬之别，我只是告诉大家，人类文化随人类文明阶段、随人类生存格局和生存形势的前展而变迁，随信息量的增加而演动。一种文化处在封闭僵化状态之下，不随时代递进，一定是这个文化跟当时的生存结构相匹配，譬如《易经》文化在中国持续数千年，是因为东亚地区的生存结构一直停留在农业文明阶段。直到1840年以后中国的农业文明体系才被打破，我们才逐步迈入工商业文明，因此固有的文化形态一直完好保留。可你今天正深陷于剧烈的、激进的工商业社会转型之中，它需要相应步调的文化转型，请大家深切理解这一点。

我们最后做课程小结。

我首先揭示了《易经》文化的发生学原理，并高度肯定其原始生存文化效应。我接着讲明它是中国广义哲学思想的源头，有力地影响了中国儒道两家的"道论"之伸展。所以你如果听懂我的课，你应能听出我对《易经》历史合理性的首肯。同时我告诫大家中国的《易经》文化和中国的儒家文化一样是典型农业文明的文化体系，是低信息量时代的一个决策手段和辅助模型。因此在今天进入工商业文明的时候，它会显得相对幼稚而不匹配。中国传统文化处于前神学时代，前神学文化与哲学思辨文化的非典型接续形态就是《易经》的一个基本特点。

今天我们激烈地跨越工商业文明，迈入信息量超大的全新时代，原本的那个低信息量的处理工具或思想方法显得相对过时，这是正常的跃迁更替现象。人类的文明进程，不是人类选择的结果，如果这句话成立，那么人类的文化进程也由不得人类选择。我并不是讲哲科文化就好，中国传统文化就不好，我没有褒贬之意。我只想重申，不必讨论好坏，请理解你的文化形态不由你随意选择，它是一个历史进程的必然产物。你只有把自己的文化组合和现实的生存形势相匹配，你才能具备基本的文化适应性。

总而言之，我提请大家听懂我在讲什么，"软态文化属性"与"硬态文明结构"必取匹配格局。人类的一切文化就是生存体系本身，也就是生存形势流变的适配系统。深刻理解这一点，你才能理解一切人类文化的本质。

课后答疑

我们下面留出时间给同学们讨论提问。

同学提问：先生你刚才提到"侧枝盲端"，结合未来文化你能不能再讲一下这个概念。

东岳先生：这个话题后面课上我会详谈。简单地说，就是按照达尔文列出的"进化树"来看，有些物种在主干上生长，有些物种在侧枝上运行，前者具有继续演化出新物种的前程，后者变成演化盲端，成为一个个终止点，就像一棵树上的无数旁生枝节，繁复蔓延，花叶茂盛，但无论怎样也不可能变成主干，亦即失去了发展壮大的前途。中国的易学算卦、西方的星相预测以及人类原始各族群都有的种种巫术等等，就属于文化学上的侧枝盲端，这些东西不可能形成新文化的增长点，不具有统领或整顿更大信息量的思想功能，因此才会停滞于原位而层累纠缠。

这里有两点需要说明：第一，首先必须理解，人类的文明与文化不是我们选择的结果，而是一个自然规定进程，由此形成发展主干。第二，任何一棵树都必然疯长许多侧枝，它们也并非毫无用处，总体上还是扩大了树冠，使之采集到更多的阳光与能量，所以各自虽然远离了主干的成长方向，却也功效卓然，未可砍伐。

同学提问：先生您好，看见《易经》教材后面有"堪舆学"课件，想听您简单讲述一下。

东岳先生：我们今天的时间有点少，所以关于风水的话题，我没有时间讲了，我在这里只做一个简单说明。"风水"也叫"堪舆"，西汉早年《淮南子》说："堪，天道也；舆，地道也。"堪舆学即天地之学，但是实际上"风水"不过是古人"相宅"的学问。如《尚书》记载："成王在丰，欲宅邑，使召公先相宅。"所谓"相宅"，有阳宅和阴宅之分。阳宅指建城、筑房，所要解决的是地貌、山形、水流、坐向的问题；阴宅指坟墓、陵建，所要解决的是防水、借势、木石取材和愿望延伸的问题。总而言之一句话，"风水"跟《易经》一样，它早年的发生是有其需要和道理的。古人如果不讲究风水，当年建立原始部落就会形成巨大的麻烦。大家想想先民选址定居，必须临河而居，否则水源是一个问题，可临河而居，动不动就会遭遇洪水泛滥带来的灾难，因此，他既要临河，又要选取高地。并且古人建房必须向阳，坐北朝南，因为太阳总是在南边运行。多说一句，阳光照度对人的情绪都会造成影响，所以每到冬季天气阴晦，人特别容易发生抑郁症。再者，古人居住在荒野空旷之地，他必须寻求安全，绝不能把房子建在密林的周边，这会招致猛兽或者异族的侵犯。古来认为"事死如生"，选墓地必须考虑下挖防水问题、地标借势问题、木石取材问题以及死者的遗愿得以延伸的问题等等。所以，古人相宅看风水，自然不能不特别谨慎和考究。类同于我讲《易经》，最初发生的时候是为了解决一些原始追问，即与生存相关的基本问题，此外别无玄机可言。然而，不可避免地，后来风水也同样出现层累效应，中古时代以降，它被玄学化、神秘化，后人编造了很多牵强附会的东西，把它弄得颇为复杂，这在很大程度上背离了原始堪舆文化的历史初衷。对此我不再多讲，大家参照我讲

《易经》的方式，就可以大致理解它的发展概况。

同学提问：先生，在你说的那个性别战争里面，你提到过雌性中矜持高傲型占多数。但可怕的事情是当前区块链去中心化，竟然提出一个概念，叫分布式女友和男友的组合，那个东西一旦被接受，最终放荡淫乱型会大幅度上升，然后薄情寡义型的雄性也会跟进暴涨，人类的繁衍生存会受到很大的挑战。这是不是也符合先生所提出的递弱代偿原理？这是我自己观察到的，我也潜移默化地接受了这些思想，看来挺可怕的。

东岳先生：我刚才讲两性博弈，那些个参数比例针对的是人类传统生活模式下的男女状态。要知道博弈论是一个非常精确的数学模型，在不同的生物种类中雌雄两性的相关比例都是不一样的。因此请记住，博弈论作为精密逻辑的计算方式，是要根据不同的群体、不同的环境、不同的物种，或者同一物种比如人类进入不同的时代等，相应引入不同变量才能做精确计算。那么今天人类已经进入性解放时代了，为什么会如此，我在孔子课上讲过，人类的核心家庭正在逐步崩溃，人类的两性关系正在发生巨变。如果有人提出今天乃至不远的将来，男女两性中放荡淫乱型和薄情寡义型的比例可能会上升，我不持异议。它标志着人类传统家庭结构正在趋于解体，它是人类生存形势恶化的又一项指标。因此我可以肯定地说，尽管今天的人类表面上更开放了、更文明了，但是它意味着人类的生育和生存前景将会出现重大麻烦。

同学提问：先生，刚才讲博弈论，说那个小猪选择的时候，我其实在想如果我是那只小猪的话，即使是白跑，我可能也会选择去跑。因为我锻炼了身体，强健了体魄，我下次就有可能长成大猪。所以如果这个猪是有自由意志，或者是有某种精神属性的话，这个计算是否还成立？还有纳什均衡，它对个体行为的预测，与对工业化大规模群体行为的预测，是否一样有效？

也就是说，在不同的信息环境下，在不同的奖励机制下，它是否一样适用？因为信息环境可能会有小的社区，小的社区会有小的规定。

东岳先生：我试着回答你这个问题。如果你是小猪，你总是去踩那个踏板，我相信你一定饿死。我再说一遍，踩那个踏板是要消耗两份食物单位的能量的，如果你反复去踏，大猪一定不去，它一定会把饲料吃光，因此你一定会被饿死。请牢牢记住，任何生物主体，或者说不管智慧高低，任何有基础判断力的生物主体，永远不会主动选择劣势策略，这是注定的。如果你要在某个场合下选择劣势策略，你就必须加入一个使劣势策略优势化的变量，也就是这个计算中你必须加入另外的参数，所以你的这个问题并不表明博弈论不成立，只表明你没有关照更复杂或更具有强迫性的条件。我再讲一遍，博弈论是一个数学系统，它对群体决策和个体决策都是有效的，只不过你讨论个体变量的时候，如果你是讨论一个群体之内的特殊个体，你就要代入太多的参数，它的数学计算会变得非常复杂。有关这个话题，如果你的数学基础足够好，希望你去阅读不是科普版的博弈论，钻研博弈论数学全系列，你的这些问题是有确切答案的。如果你不用数学精密逻辑，你可能理解不了引入过多参数是什么概念，仅此而已。

同学提问：东岳先生好！我的问题是这样的，您刚才的教材里有提到那个"非典型接续形态"，所以我想知道"非典型接续形态"，它是主干文化还是属于侧枝盲端，然后文化主干的发育不良是否导致农业文明向工商业文明转型迟滞？而精密逻辑是不是也会出现层累效应？

东岳先生：刚才讲课我不愿意多讲这个部分，因为我特别担心给大家一种误解，就是让人觉得我在褒扬西方文化，贬低中国文化，所以一旦讲这类话题我总倾向于模糊化。我再强调一遍，我讲课没有褒贬含义，我只讲所以然。但由于人类的文字和语言早已带入褒贬意味，因此你听起来特别容易产生误解。我说《易经》是前神学文化和哲学思辨文化的"非典型接续形态"，什么意思？中国文化处在前神学期，它没有真正发育到"神学期"、"哲学期"和"科学期"，这些都是鸦片战争以后被西方用强力灌注进来的一脉文化。但是人类的文化和文明是不由人类选择的，也就是中国文化的潜质中只有一条发展通道。既然如此，那么它的文化演变就必然有一种朝向哲科文化迈进的冲动和内涵，或者比较容易产生这类萌芽或旁枝。《易经》文化就是前神学文化和哲科思辨文化之间的"非典型接续形态"。仔细看《易经》是什么？虽不是神学，但又有神秘性；也不是哲学，但又是中国广义哲学的基础。因此它是非典型神学和非典型哲学的一个变态交汇。请各位想想我这个表述是不是很恰当呢？中国文化中缺失了神学阶段，它一定会要求某种形式的补充，这就是我在课件中所说的下一段话，也就是神秘文化、佛教、道教这三样东西的总和，构成中国神学期缺失的非典型性填空，它的道理已如上述。

哲科文化主干当然也会有层累问题和转型问题，但它主要表现为一个被规定的成长序列。它的滋生漫延同样会带来一系列麻烦，而且同样会逼迫着自身不得不发生相应转型，我所谓的"后科学时代行将来临"就是指这一点。有关这个问题更系统的讨论，请大家关注其后的"中国文化衰落"与"人类文明的趋势与危机"这最后两堂课。

同学提问：听了老师几堂课，明白了很多，对一些问题、文化以及文明的产生，这些深度本质的东西有很多的了解。但是同时带来一个困惑，我觉得精神无处安放，确实如此，困惑很大，请您解释一下，接下来该怎么活着。

东岳先生：如果你原来的文化认知让你有稳定的精神寄托，

通过听我的课反而陷入迷乱，我前面讲过这恰恰是有效学习，它标志着你的精神文化结构将会升级，你今天的迷惑是你未来清醒的前奏，所以你应该祝贺自己，只不过它需要你继续学习。

好，大家还有什么问题？

同学提问：东岳老师好！我问一个问题。今天您一开课的时候说我们人类的文明现在是处于中年期的这样一个状态，我很好奇是哪一些因素或者指标，让您做出这样的一个判断？

东岳先生：我为什么讲人类文明现在进入中年期？大家可知道此前人类文化的主体特征是什么？是积极情态，甚至是过激情绪，总称为"积极文化"。就是追求进步、追求真理、追求发展、追求超越。西方如此，中国照样，尽管相较之下中国像是保守论文化，但占主流的是儒家，而儒家取积极态势，只有道家一脉、老庄学说是真正的消极文化，但历来不占主流，只形成淡远的背景，算不得中国传统文化的主体特征。然而，我不得不说，这个积极文化的大势行将结束了，工商业文明走到今天，人类已经面临生死存亡之大限。在文明和文化表现为积极进取的数千年中，人类就像一个小孩逐渐长大，那个时候他需要积极进取，需要多多地采集能量，从而促进身体生长和发育。可人到中年以后，他一定表现为意志渐趋消沉，体能日益下降，活动的频率和活动的强度倾向降低，这是人类晚年的生理保护机制。人类文明积极运行已达数千年甚或上万年，如今面临重大的麻烦，它标志着人类的下一期文明必将转换为消极文化态势。请注意我这里所说的"积极"和"消极"是中性表述，没有褒贬之意。我只是根据人类今天的发展态势断定人类已不可能再像过去一样走狂热鼓噪的积极之路，否则人类一定面临无法处置的灾难。从这个意义上讲，我现在敢于断言人类文明已经走入中年期，也就是走入类似于生理学上从积极到消极的拐点。

同学提问：先生，想请教您如何读书，在无用空间的时候您答疑，提到了马基雅维利的读书方法，你非常认可。我们这堂课后就只有一次（上课）机会了（注：线下课每次连续两天）。全国同学包括跟您在一个城市的我，以后大概率相望于江湖。在此即将毕业之际，恳请先生能够再分享一下您博览群书的方法，授人以鱼不如授人以渔，让我们在当下懒与乱的社会环境下更好地求存，谢谢。

东岳先生：关于如何读书，我建议大家上福州无用空间网站，调出我在该书屋为《物演通论》做答疑的那些讲座，其中有一部分我讨论了如何读书，我在这里只做最简单的说明。我觉得读书最重要的是要读好书，因为读书就是跟作者对话，你读什么样的书就等于你交什么样的朋友，就等于你受什么样人的影响。因此，一定要读思想性强的书，它才真正能够给你带来思维训练和知识能力的提升。而那些书通常是比较艰深的，读它可能不会给你带来愉悦感，它需要你认真精读。所谓精读，就像读数学书一样，一个小时你能读两三页，就已经算读得很快了。这种读书方式比较痛苦，但是你只有进入那个状态，才能进入高端思维训练。

但是，我在这里也想补充一个相反的话题，我并不要求或者并不提倡大家过多、过深地读书，为什么？因为读书会损坏一个人的行为能力，使人变成书呆子。因为读书是在纯逻辑上运行的，它是思想训练，而世界并不是按照人类的逻辑线索铺展和运行的。人类运用逻辑只不过是尽量把握和对接这个世界体系，你不断地读书，你会在逻辑系统上建立一个线性的思维习惯，它跟你的日常决策行为方式会有很大出入。因此，自古以来，读书人酸腐而不成事，就是这个原因。所以我并不主张大家或者并不强求大家读太多书。但是，我主张大家学习，怎么学习？你得根据你的工作和生活状态，以及既成的生存格局决定你的学习方式。学习为什么非常重要？大家想明白一点，你的人生只有短短几十年，你真正有行为能力和思考能力，至少在你7岁甚至是十几岁以后，到你五六十岁以前，短短三四十年，你用这三四十年能积累的知识和经验，大家想想那有多么得微小。什么叫文化？它是大约上千亿人累积数千年经验和知识的总和。学习是什么？在短短几年、几十年时间里，把上千亿人所积累的文化倏然转移于自身，请想想它是一个多少巨大的赋能过程。

所以，学习就等于让自己的精神在空间和时间上扩展到一个尺度巨大的能量场上，因此学习太重要了。如果一个人，他不能活到老学到老，他没有自学的能力，或者是没有这份兴趣，则他绝难有所成就。

因此，我说了两个相反的观点，读书太多有可能损害你的行为能力，我的意思是说对于各位务实者而言，千万不要读死书。对于做学问的人来说，最重要的就是读死书、认死理，要执着于一个问题方向钻研，论证到底，千万不敢分散精力、活学活用。但是，另一方面，我又要告诫各位，如果你不学习，你将苍白得像一个动物，因为你等于放弃或远离了人类文明和文化，而人类一切文明生存都是在文化思想总汇聚的基础上才能爆发代偿力。

好，大家还有什么问题？

同学提问：先生您好，《物演通论》第54章，您讲到空间是物质失存于高度势位的失位性存在方式，时间是物质失存于高稳势态的失稳性存在方式。我的问题是时间与空间的延展与存在度和代偿度有什么样的对应关系？请先生指点一下。

东岳先生：显然你是认真读书的人，像这么专业的哲学话题，我在这个普通讲课上，要想三言两语说清是比较困难的，建议你搜索一下无用空间的网站，看看我在读书答疑会的讨论，我在这里只做最简单的提示。

人类的时空观永远是一个主观模型，客观世界的时间和空间是什么状态，我们永远不知道。我们的时空观是随着我们生存形势的变迁而变迁的。它的属性分类叫广延属性，因此我们在逻辑推导上可以把时空观视作一个代偿变量。而且我们可以断言，时空观一定是随着人类生存度的衰减而不断更新的，它绝不会是一个固定概念。事实也证明，从古希腊的泰勒斯、托勒密到休谟、康德再到牛顿、爱因斯坦，人类的时空观在短短两千多年里发生了一系列的变化，它表明人类的时空观是各个阶段之主观思想模型对广延属性的解释系统。我在《物演通论》第54章所讨论的，就是当今比较新的一个别样的时空观，所谓"失位"与"失稳"，都是人类存在度下降在时空广延属性上的代偿动摇存态，它们的更深含义是什么，你得继续读书。

同学提问：先生您好，您在讲儒家那门课的时候提到"情境评价"和"终极评价"。情境评价是以自己的主观情境作为评价尺度的评价；终极评价更多的是站在是否能够维护人类或者是文明生存的角度来进行的评价，您提倡的是终极评价。我想问的是衡量"终极评价"的尺度或者标准是什么？比如人口、经济水平或者是科技水平，或者是其他的什么？比如说，中国的历史上有过很多次少数民族入驻中原的事件，像"五胡乱华"等，它对当时的民众和文化其实都是一种损害。但是如果从一个更长的时间来看，它又代表民族的融合。对于这种情况，终极评价应该如何来评判？想听听看您的观点。

东岳先生：这个话题我也同样会在最后一天的课上讲解，我在这里只做一个说明，顺着你这个问题做一个说明。我一再强调，我们头11天课都是在直观现象层面的解说，都不足为凭，都是浅薄之论，大家要想知道这个世界为什么这样运行，人类的思想为什么这样发展，人类的文明为什么这样突进，人类文明的趋势究竟是什么，都得期待第12天，也就是最后一节课。

终极尺度绝不能在现象层面上讨论，它得在哲学最底层上讨论，你刚才举的那些例子仍然是历史现象上的例子，它距离终极尺度还非常之远。你这个问题的答案我将在第12天的课上回应，当然它的前提条件是这节课你要能听懂，这个难度是比较大的，大家最好做一点预习。

九、《易经》大略与应用概述

佛教宗旨及其文化影响

开题序语

我们现在开课，我们今天讲佛教。

佛教是外来文化，它对中国的整个社会文化、精神体系浸染极深，殊可一谈。回顾我前面的课程，我讲东亚大陆是一个封闭地貌，中国文化的主体以中原文明开端和塑成的农耕文明为主轴，以北疆游牧文明为补充，形成了华夏文明的基本构态。由于它的封闭地貌，它有充分的时间和空间在长达数千年的时间里对自己的原始文明及其思想系统精雕细琢。

由于这个特点，所以外来文化对它的侵入便显得稀少而精炼，因为它有充分消化偶然侵入的异样文化的时间。佛教代表印度农耕文明的另一种形态进入中国，它以慢慢流淌、层层渗透的方式，对中国固有的农耕文明加以强化、加以补充，相互融会贯通，以至于形成中国传统文化儒、释、道三足鼎立之一足，以至于你今天如果不了解佛教，你就无法理解国学思想的某些精髓。我讲这一段话的意思是想告诉大家，这个独处的古老文明，它面临罕至的外来文化冲击所特有的一种姿态。

我举一个例子。大家到埃及，到叙利亚、伊拉克这些地方去走一走，它们属于环地中海文明，处在开放地貌之中。在人类的远古和中古时代，异域民族扰攘频繁，文化交流或者叫文化冲击不断，因此它们消化某种外来文明和外来文化的时间、空间、精力都非常有限。试看一下埃及，埃及在5200前出现法老王朝，这就是所谓的法老时代，稳定持续2000余年，因此，埃及文化的底层是法老文化。但随后古希腊人侵入、古波斯人侵入、古罗马人侵入，接着到七世纪以后，阿拉伯人侵入，到近代拿破仑侵入、法国文化侵入，到现代英国侵入。因此，你今天到埃及去看它的整个文化状态，层层叠叠形成紊乱分布，它的文明构型多少显得有点支离破碎。因此，关于埃及文化的近现代样式，我给它取个名字叫"多发性文明紊乱综合征"，它是这样一种状态。

可中国文化全然不同，自成体系、长期延续，偶有外来文化侵入，大多屏蔽、少数渗透、深入融合，形成互为一体的结构系统。因此佛教文化对中国的影响巨大，它是中国文明史上第一次真正意义上的外来文化冲击，但它却绝没有促成中国社会的转型或变形。

请大家回想，我在孔子课上讲，中国社会仅有过两次社会大转型，佛教进入中国没有促成社会转型，它反而造成中国固有文明形态的深化。我们再看第二次外来文化冲击，那就是到近代交通通讯条件提高，1840年西方人——英国人，以鸦片战争的方式强力突进中国。大家注意，它跟当年的印度文化冲击完全不同，前者是流淌与渗透，后者是颠覆与置换。它在短短百十年的时间里，就把中国固有文化全部冲散，它代表着农耕文明后续发展的方向，以断裂、颠覆的方式刷新了中国原有的文明文化体系，从而构成中国文明史上的第二次社会大转型。

所以，我们了解佛教，就能对文化冲击、思想交融、社会变型这些人类文明史上非常重大的文化现象，做一个活体解剖标本来看待。也就是说，佛教的意义不限于对中国文化的影响，大家可以把它视为人类文明交融进程中不同形态的一个呈现样式，或者一个分析话题。这是本节课大家要特别注意理解的隐含思路。

由于中国农业文化的一个基本特点就是偏向于追求实用、偏向于功利落实，因此佛教进入中国，被功利主义操作所带动，使得佛它在中国的弥散普遍运行于浅层。要知道所有宗教都有两个相反相成的特点：一个是极度拔高，以至神圣；一个是极度降低，以至庸俗。拔高才显得它神圣，佛教有一句话叫"天上地下，唯我独尊"；而降位庸俗化会产生一个效果，即使其在下层社会广泛传播。因此佛教在中国的世俗化流布，导致佛教的独特思绪常常不被理解。

当然，这个世俗化的过程，是任何宗教得以扩散的有力手段和方式，但它也造成人们对佛教思想的精髓难以把握。所以，我们今天讲课，大家注意它的标题叫"佛教宗旨及其文化影响"，也就是我们的重点只讲佛教原教旨，只讲释迦牟尼的原初学说架构，而不涉及它那个经过历史层累的庞大体系的细枝末叶。

佛教这个课，本来应该是非常耗时的一节课，上佛学院你得上好几年。我们今天只有短短一天时间，所以请大家集中精力理解我所要讲的佛教宗旨，也就是佛教思想的核心，以及佛教对中国文化的影响。

从哈拉巴文明说起

要想讲清佛教，我们首先得对古印度文化的塑成做一个基本了解。大家都很熟悉，印度处于南亚次大陆，它的原发文明是典型的大河文明。我一说大河文明，大家应该立即想到农业文明。印度河、恒河是塑造印度农业文明的基本地理条件。但是大家要注意，印度的农业文明和中国的农业文明有一个重大区别，就是印度所处的南亚次大陆这块地方，与西方环地中海文明具有相对比较便利的沟通条件。

大家看，从印度的西边，比如今天的巴基斯坦向上北行，恰好就是现代智人往欧洲迁徙的高加索通道，向西翻过伊朗高原就是一马平川，直达环地中海边缘。所以，当年亚历山大大帝征服环地中海周边，打到最东边的地方就是印度，可见印度和环地中海地区的沟通条件何其充分。这就使得印度农业文明，成为人类在远古时代，即与地中海文化，乃至古希腊半工商业文明，过早进行交汇的一个独特文化现象和独特文明实体。也就是说，印度文化是远古时代农业文明和半工商业文明、环地中海文明、古希腊文明的一个融汇杂交性产物。由于这个特点，它构成人类数百种原始文明的第三极。

我在前面课上讲过，我说东西方文明最具有两极性。东亚华夏文明是人类农业文明最精致的一个典范，环地中海地区以古希腊为代表，是早期工商业文明的一个异端、一个典型、一个极点。那么，印度古文明就是古代仅有的第三极文明形态。它的极性表达为东西方文明的远古交融系统，这是理解印度文明的一个重要的关键点所在。

1922年，国际考古界在印度河流域发现了一个重要的古遗址，这就是著名的哈拉巴文明。它发生在公元前2500年，距今4500年。它竟然达到了这样的高度：它已经有了象形文字，刻在印章上的象形文字；它已经有了规划完整的城镇建设，它的城镇建筑居然是火烧砖材料。你到商代殷墟那个地方去看一看，中国古代都是土木建筑，火烧砖建材在中国是很晚才出现的。而且它有公共浴室；它甚至有致密的地下给排水系统……而这些东西全都发生在4500年前，比中国农业文明的信史时代还要早上千年，其主要原因就跟它的那个特殊地理交汇条件有关。

这个最早发生的哈拉巴文明，才是当地真正的土著文明。我讲到这儿，大家可不敢认为这就是印度古文明的源头。大家回想第一节课，我在课上讲50多种野生禾本科植物，据现在考察，印度连一种都没有，可见印度的农业文明不是起始于印度当地培育的作物，它很可能是从两河流域传过去的。所以，即使是印度的第一茬哈拉巴文明，这个土著文明本身也一定受到了环地中海文化和文明要素的影响，但我们姑且把它看作真正最原始的印度当地本土文明。它的地下给排水系统能够在那个时代形成，令考古学家十分吃惊，以至于有学者认为，后来古罗马城中的给排水系统，可能都受到它的某些间接影响。

到公元前1500年，就是1000以后，这个文明却突然消失，当地原住民，甚至都被雅利安人种所置换。我一提雅利安人种，大家应该立即想到这也是西亚与欧洲人种的一支，这个过程表现了南亚次大陆通过高加索通道和西向黑海里海通道，跟整个环地中海地区交通条件的方便程度。因此，印度非常容易发生人种扰攘，而今天的印度人早已经不是远古时代的印度土著。伊朗人同样如此，今天的伊朗人也已不是当年的古波斯人，伊朗高原和印度完全连在一起，亦被雅利安等各色人种置换，这就是为什么今天伊朗人虽然信仰的是阿拉伯人的伊斯兰教，可是它却是什叶派，跟以阿拉伯人为主宗的逊尼派形成强烈纷争局面的原因之一。

正是这个人种扰攘过程，最终造成印度的种姓制度。所以，首先了解印度文明的地理形成条件和特质，是大家了解后续我们所要讲的佛教内容的前提和关键。

佛教被接纳的社会文化因素

我讲了在公元前1500年，雅利安人逐步侵入南亚次大陆。300年以后，也就是公元前1200年，由雅利安文化和印度土著原始宗教文化融合而成的一个新文化发生，这就是著名的印度吠陀文化体系。《吠陀》实际上是印度古代的一个诗歌集子，从其中的内涵，我们就可以看出，它兼具东西方两种文化的特质。

我们把吠陀文化的基本分类看一下。

第一项叫"内明"。所谓内明就是追问灵魂的学问，这个东西在中国原始文化中是不存在的，它是一切神学和宗教文化的基本追问。

第二项叫"声明"。所谓声明就是音韵学，也就是拼音学这个东西，在中国早期文化中也根本不存在。所以大家注意，印度的文字，包括梵文，隶属印欧语系，也就是它是跟欧洲文字同归一脉的拼音语系。而中国的文字属于汉藏语系，它跟拼音语系完全不相关。

第三项叫"因明"。所谓因明，用今天的话说就是逻辑学，也叫因明逻辑，这个部分中国古代本土文化中也没有。在这些个不同成分下面，还有两项，分别是"工匠明"与"医方明"，就是手工技术和古医学这两样东西，这倒是中国自古就有的。

我们看看它的五项内容，就可以发现它是典型的东西方文化，在远古时代，公元前1200年间的一个典型交合体。

到公元前10世纪，婆罗门教随之诞生，它以《吠陀》为经典，以《梵书》《森林书》《奥义书》诠释之，统一整合了多元的旧有宗教，出现了以"梵"为最高层次，以"梵天""湿婆""毗湿奴"为具体形态的三大主神，再有专职的祭祀阶层，然后以"吠陀天启""祭祀万能""婆罗门至上"使教义和教团组织体系化，这就是婆罗门教。

婆罗门教形成的同时，种姓制度彻底固化。大家知道，印度社会分四大种姓，这类层层种姓的发生，其实跟印度南亚次大陆对外开放、民族扰攘，人群迁徙而致层层覆盖有关。

我们下面简单看一下它的种姓制度所形成的宗教和血缘凝合结构的关系：

最高阶层、最高种姓叫"婆罗门"，他们就是僧侣集团，具有对婆罗门教的解释权。在西方、在印度，第一等贵族历来是僧侣，因为控制精神者才能控制人身，最终控制全社会，这跟中国古文化缺失宗教，直接用父权、王权来控制族群是全然不同的。所以在欧洲中世纪分三个等级，最高等级乃僧侣；第二等级才是贵族；第三等级就是平民，这个阶层包括后来兴起的资产阶级，所以把资产阶级革命也叫第三等级革命。

那么，在古印度，婆罗门是具有宗教解释权的僧侣阶层，是真正的精神控制者，因此他们处于最显赫的地位。大家想想，今天伊朗的政权结构，总统上面有一个精神领袖，是国家最高领导，仍然是这个结构的遗存。

第二个种姓，也是第二阶层，叫"刹帝利"。他们掌握武力，是武士阶层，因此是世俗政权的组成者。

第三个种姓叫"吠舍"。他们掌握经济资源、土地资源和从商资源，于是他们构成经济社会的主体，形成第三等级。这前三个种姓，婆罗门、刹帝利、吠舍，基本为后来的人种以及雅利安人所垄断。

最低种姓叫"首陀罗"，他们一无所有，既没有宗教精神解释权，也没有武力或经济资源的垄断权，绝大多数是普通农民甚至是佃户，这些首陀罗的主体，可能是当年印度土著人的保留。

这四大种姓区分得十分严格，各种姓之间不得通婚。如果发生血缘混淆，那么就会被排斥为一个更低的等级，叫"贱民"，也叫"不可接触者"。他们连首陀罗都未可归入，只能做那些常人所不屑的玷污灵魂的肮脏工作，比如屠宰、抬尸等等这样的事情。

这就是在印度吠陀文化基础上建立的婆罗门教。在婆罗门教中，以及其后发生的印度耆那教里，我们都会发现"灵魂转世、因果报应"之类的学说。我讲到这儿，大家就应该明白，佛教中的诸多内容实际上受到婆罗门教以及耆那教的深刻影响。

由于婆罗门教形成了严格的组织体系、阶层体系，表达为种姓体系，因此它具有极高的社会建构性，或者叫社会建设性。它是东方农业文明之血缘组织传统与西方宗教哲理系统两者的融汇和强化体系，因此构成一种极具压迫力和稳固性的社会文化结构。

任何具有社会建设性又有压抑作用的文化，它一定需要一个对冲文化体系，以使之缓和，或与之抵抗，佛教即由此发生。

我先解释这句话的含义。譬如中国主流文化是儒家学说，亦可谓之儒教。儒教讲尊卑有序、等级分明，借以建立严密管控的阶级社会，因此儒教极具建设性，因此儒学始终是中国的国学、国教。但与之对应的就是老庄文化，老庄学说在中国起到的是"解构作用"。请注意，儒家学说起到的是"结构作用"，即建设性作用，而老庄学说却对其具有破解性效应。所以你会发现，道家学说和儒家学说强烈对立，道家学说主张出世，主张游离于文明社会之外，因此它不具有建设性。它在社会中广泛流传、历久弥新，是因为它起到了某种消解儒家"尊卑等级社会压制"的舒缓作用，这就是解构文化体系的独特社会功能。

那么大家想想，婆罗门教极具压制性，它以血缘种姓的方式所造成的那种压抑感，远比中国儒家尊卑体系的压抑感沉重得多。因此当然也会出现一个解构文化体系，并且同样以宗教形式来形成相应的对抗力量。这个解构文化体系的必然发生，就是佛教得以诞生的因由。因此，佛教最初的发生，你不可视其为释迦牟尼的突发奇想，它是印度社会文化结构体系的必然导出。

因此，我们会发现，佛教处处对抗婆罗门教。比如它用"缘起说"打破梵的"第一因论"；它用"诸法皆空"冰释"吠陀天启"；用"八正道"消解"祭祀万能"；用"众生平等"破除"婆罗门至上"；……总之你会发现，它在每一个点上都是婆罗门教的反动。

我讲到这里大家也就应该想到，既然佛教是这样一种特质，那么它一定不具有建设性，因此它最终不能成为主流文化。果不其然，从公元前6世纪，佛教兴起，到公元后4世纪，佛教在印度逐步衰落。公元4世纪笈多王朝时代，婆罗门教复兴，佛教逐步衰退，至公元8世纪到12世纪，佛教在印度几乎完全消失。今天的印度教是以婆罗门教为主体，以耆那教、佛教为补充，以其他各种杂化的多神崇拜作为边缘性填空，构成今天的印度教。佛教曾经也在印度昌盛过一段时间，这是一个特殊原因造成的。

实际上佛教最初发生的时候，佛陀是非常寂寞的。他的僧伽组织，也就是他的僧团系统人数极少，处处遭到排挤，佛陀当年在世的时候，只能低调传徒，门庭冷落，一点都不荣耀。因为那个时候，婆罗门教为主体，想想它是婆罗门教的对抗体系，要在当年的印度生存发展有多么困难。所以佛教的名望仅限于印度北部，即今天的尼泊尔附近，也就是释迦牟尼的家乡附近，但纵使在那个地方流传，也受到极大的压制。

佛陀圆寂二三百年以后，印度进入孔雀王朝。孔雀王朝第三任君主阿育王，他本人是首陀罗出身，注意他是第四种姓，因此他天然对婆罗门教反感，遇到佛教，大感兴趣。阿育王以铁血方式第一次统一印度，然后他以这样的军政强权在印度普行佛法，佛教才短暂兴盛，在印度一时占据主导地位。后来佛文常说之一语"放下屠刀，立地成佛"，指的就是阿育王。

我们前面算是对印度文化和佛教文化得以发生的社会学原因做了一个简单交代，下面我们讨论另外一个问题。大家知道，中国的唐代，它所建立的政权不完全是汉人的政权，隋唐是魏晋南北朝后期之北朝人物建立的政权，所以它主体上是胡人建立的政权。唐朝最著名的皇帝——唐太宗李世民，他身上至少有3/4以上的血统是出自鲜卑人。由于唐朝统治阶级主体不完全是汉人，因此他们不尊奉儒家主张"夏夷之辨"的说教。儒家学说里把中国人叫"夏"，把野蛮人、游牧人、外族人叫"夷"，对此二者是严格区分的，谓之"非我族类，其心必异"。所以在儒家文化里，夷人、蛮族是被强烈歧视的。那么到唐代，这个东西被打掉，甚至在相当一段时间，唐朝的国教都不是儒教，而居然是道教。这个话题，我在前面老子课上提到过，因此唐朝就出现了一种极为开放的心态，对任何外族、蛮夷、胡人的文化全部接纳，这就是大唐时代得以缔造盛世辉煌和中国君主时代最高峰的原因之一。

于是在唐朝，可不仅仅是佛说，世界各地的思想、文化、宗教纷纷进入中土，比如从波斯传过来的袄教，也叫拜火教，比如伊斯兰教等等。大家知道，在唐代中期之西域发生过一场著名的战争，史称"怛罗斯之战"，唐朝将军高仙芝，率领两万多人，有说是三至五万的军队，跟刚刚兴起的阿拉伯帝国，古代称为大食帝国的军队，在中亚相遇，结果唐军大败，最终导致伊斯兰教把原来早经佛教濡染的新疆、甘肃河西走廊，也就是中国西域一带彻底伊斯兰化。大家看今天的莫高窟，里面全是佛教文化遗迹，但今天那个地方及其周边全都是信仰伊斯兰教的回民，就是因为这个缘故。

而且在唐代的中期，基督教也曾传入中国，当时叫作景教。1623年，也就是在明代晚期，出土了一块石碑，今天还竖立于西安碑林，这块碑的名字叫"大秦景教流行中国碑"。你读一下它的碑文，当时基督教在中国也是广为传播，形成相当普泛的影响。

可是奇怪的是，我前面提到的所有那些东西，最终全都逐步消失，以至于我们后来提起基督教，都说是明末清初的传教士带入中国。而袄教、拜火教在中国几乎连遗迹都没留下，伊斯兰教被边缘化，唯有佛教突入中国并与中国文化全面融合。

这说明什么？说明文化交融不是可以无条件进行的。换言之，佛教一定得具备两种基本特质，第一，它与中国本土的思想文化体系产生了某种互补作用；第二，它与中国本土固有的思想文化体系不存在太大的冲突。这是佛教于诸多宗教和异类思想进入中土以后，唯一保留并得以长期渗透的基本原因。

我们下面就看一看，佛教对中国固有文化体系产生互补作用的四个方面。

第一，佛教的宇宙观和逻辑论，弥补了中国上层思想领域的空缺。这句话什么意思？我前面讲课一再讲，先秦时代是中国传统文化的奠基期，可自此以来的所有贤哲全都关心人伦社会学问题，几乎没有任何人关心自然学、宇宙论的问题，惟有老子在《道德经》中以非常单薄的不足两千字探讨道论，而且老子学说的重点也不在道篇，而在德篇。所以，中国传统文化中，宇宙观的学说极为欠缺，即使在高层文人士大夫领域，它也未免流于疏失。而且它还欠缺一个东西——逻辑论，中国传统文化历来没有逻辑学的内容，所有问题一律散点式讨论，这在中国高层文化系统中构成一个重大缺陷。而佛教的宏大宇宙观和谨严因明论，填补了中国上层思想领域的这两大空缺。

第二，佛教的人生观和处世论，弥补了中国本土下层思想领域的空缺。这句话什么意思？我前面讲诸子百家都只关心人伦社会学问题，那么按道理中国最不缺的就是处世论，就是人生观。可是由于以孔子学派为代表的儒家文士自命为君子之道，把君子以外的民众统称为小人，因此在世俗界、在下层民间，众人受到的是蔑视、是侮辱，不可能借此铸成他们人生观的建构基础。而佛教众生平等的思想和学说，无异于代入一场人生观和处世论的全面翻新，使普通信众得到极高的尊荣，由此填补了中国下层社会人生观和处世论的实际空缺状态。

第三，佛教的教规约束和组织体系，弥补了中层国教架构松散的缺陷。这句话又是什么意思呢？我们前面讲过，人类早年文化即使不直接表达为宗教形态，其实也一定包含着宗教功能和宗教色彩。比如儒学，中国人自己乃至外国人都把它称作儒教，中国人讲"三教合一"，就是将"儒、释、道"相提并论，可见儒学在中国起到的作用类似于宗教。可是中国的儒教却没有教团组织，没有仪轨约束，因此它的社会组织状态涣散。它把自身的类宗教学团组织后来融汇在中国的官僚系统之中，形成士大夫阶层，形成中国社会政教合一的模糊体制。那么，佛教的传入给中国带来教团组织和教规约束的范本，这就是后来东汉末期，中国产生自己唯一的土著宗教——道教，成为其仿行创建的参照模本。所以你现在看道教，它只是名称有别于佛教，除了庙号、教理、服饰等略有不同，其他外部形式如道观建筑、宗教组织、法事方式、教团活动、仪轨程序都与佛教极为相近。显而易见，道教是学习佛教僧团组织结构而形成的中国土著宗教体系。

第四，佛教的压抑、消极和禁欲学说，适宜于中国农耕稳态社会的需要。我前面一再讲，农业文明需要家族国族集体协作，在每一亩土地上精耕细作方得温饱，因此它不主张个人权利，不提倡自由平等，因此农业文明本身极具压抑性。表现为个性消溶，性情呆板，千人一面，众口一词，所有人从青年到壮年，他要想伸张自己的独立意志，那是完全不可能的。在一个复杂的血缘压制体系下，你绝难有任何创造性思维，你的一切奇思妙想都会被视为异端邪说；你也绝难有任何创新性举动，你的一切标新立异都会被看成离经叛道。佛教比中国文化更加压抑、更加消极、更加禁欲，而且它可以渗透到每一个人的灵魂深处，这无形中适应了农耕社会的稳态氛围之需要。

它说明两点：第一，农业文明需要压抑和禁欲。因为人口膨胀，人际关系、资源关系格外紧张，只有处在压抑和禁欲状态，人们才能安宁生存。因此佛教的这些素质是对中国文化的有力补充和强化，它加剧了中国原有农耕文明相对压抑、相对消极和相对禁欲的深度。第二，它也表明，印度人的生活困苦和强制状态远大于中国。它是农业文明的压抑本态，再加上种族扰攘的那一重侵犯和迫害之叠加，因此印度文化的压抑程度就比中国文化更为深沉，它表达着古代印度人的社会生存苦难，可能更大于中国人。

我前面讲了这些内容，大家才能真正理解佛教文化跟中国文化的相互关系，以及佛教思想为什么能够突入中国并与之相融。

佛教堂奥的逻辑台阶

我们下面讲佛教大观。佛教创始人名叫乔达摩·悉达多，也就是后来的释迦牟尼。大家注意，他的出生年代是公元前566年，到公元前486年圆寂。我前面讲过，孔子是公元前551年生人，胡适考证老聃可能是公元前570年生人。请看悉达多的出生时间，刚好介于老聃和孔子之间，可见他们完全是同时代人。

乔达摩·悉达多出身王族，他的父亲叫净饭王，实际印度梵语原意是"纯净的大米"，中国人把大米叫饭，所以翻译为净饭王。那个时候印度没有统一，分裂为无数小邦国。净饭王所统辖的这个小邦国，处在今天的尼泊尔境内，名叫迦毗罗卫国，悉达多即是迦毗罗卫国的王子。他的母亲叫摩耶夫人，生出悉达多仅七天以后就逝世了，我们今天可以很清楚地知道，她死于产褥热。后来佛教中有一个专用名词，叫"摩耶之幕"，意思是指"屏蔽真实世界的帷幕"。

由于乔达摩·悉达多初生丧母，净饭王仅得这一个儿子，不免宠爱有加、百般呵护，所以我们可以想象悉达多自幼生活优渥。他还很小的时候，他的父亲曾经找过一个外道算命先生来给小王子看相，大家注意，我只要在佛教课上提"外道"二字，就是指佛教以外的其他宗教。前面讲过，佛教发生以前，印度已经有婆罗门教、耆那教等各种宗教，这些宗教文化里都有神秘宿命成分。一个佛教没有产生以前的外道算命先生来给净饭王的这个小王子算命，算命结果是说，此子将来或成明主，或成教宗，意思是将来他要么是一个英明的君王，要么就是一个宗教创始人。这使乃父大为恐慌，因为他原本指望这唯一的子嗣将来能够继承王位，绝不愿见孩儿出家搞宗教之类的名堂，于是就把他圈禁在王宫之中，因此悉达多居然在成年以前，从来没有出过王宫，他根本不知道世俗人间的生活样貌。

直到19岁这一年，他才第一次走出王宫，这就是著名的"四门游观"那个典故，也就是他走出王宫，到外城的各个城门周游，第一次目睹贫老病死、人间苦难。我们可以用一个词来形容他的感受，叫触目惊心。什么意思呢？我们正常人，从小就生活在普罗大众之中，社会中的各种现象我们早已熟视无睹，一个人从小在王宫中封闭生活，成年以后才第一次看见社会底层的惨状，大家可以想象，它给当时的悉达多造成怎样强烈的心理冲击。

所以悉达多四门游观之后，回到王宫，从此迷迷糊糊陷入一种精神怅惘状态，他实际上进入了冥想，开始思索人类的苦难。直到29岁，据说他有一夜看见自己的众多妻妾睡姿丑陋，于是毅然决定出家。这说法当然是不能成立的，他一定是因19岁触目惊心地看到人间苦难，反复思索不得其解，于是决定出家修行，以寻求救世之真谛。

出家之后，他流落荒野，历经"忘我冥思"、"少女献食"、"以身饭虎"，就是他快饿死了，有一个少女飘然来到他身边，给他送饭；另一次他在密林中打坐，一只老虎扑到他眼前，佛陀认为他已经没有活命的希望了，决定用自己的肉体饲喂老虎，结果老虎又扭头离去，叫"以身饭虎"。最终"菩提苦禅"而得正果，自此"顿悟成佛"。就是说他苦思若干年不得正觉，最终偶尔在一棵菩提树下冥想七日，骤然开悟，成全佛教。这都是最简单的叙述，故事细节我们不再多讲。

我下面解释一下"释迦牟尼"这个尊称的来源。"释迦"是乔达摩·悉达多的族名，也就是他家族的名号，意思是"能仁"，既有仁爱之心又有能力的含义；"牟尼"是当时印度梵语，翻译过来乃"寂默"的含义，是对在山林中修道而获得成就者的通称。这就是释迦牟尼这个称号的来源。

释迦牟尼的称呼很多，比如佛陀。"佛陀"这个词，最初魏晋前后翻译过来时叫"浮屠"，其含义是"觉者"，就是有所觉悟的人。我一提"浮屠"，大家会立即想到中国佛教界流行的一句话，叫"救人一命胜造七级浮屠"。"浮屠"在今天已特指寺庙内的那个佛塔，但实际上它就是"佛陀"当年的音译，以后转而形成佛祖之专称。

我再说一遍，获得正觉者即为"佛陀"，这个概念很重要，我们后面还会讨论。再有"如来"这个词，大家读《西游记》，它把佛陀始终叫"如来"。什么是"如来"？要知道，我在前面课上讲过，中国古代没有复合词，在佛教传入以前，复合词很少。中国古代也没有"真理"、"真谛"这些词汇，这些词汇都是佛教用语。那中国古人怎么表述"真理"这样的概念呢？用一个字——"如"。"如"这个字，应该说用得很恰当，因为我们通常所说的真理，就是指主观与客观相符。"如来"的完整词义就是"真理之现身"。佛陀还有很多其他称呼，比如"世尊"、"天尊"、"沙门瞿昙"等等，这些称呼都指释迦牟尼。

佛陀获得正觉之后，讲经49年。有传说佛陀顿悟参透世事，一时决定自杀，寻求解脱，被一个婆罗门教士劝阻，该教士得知他的看法，深感惊讶，建议他传布思想形成教派，于是佛陀后来历经数十年传法授徒而不辍。

佛陀在世讲经期间，他的诸多弟子做过笔记，录其言说于桦皮、贝叶上。佛陀灭寂以后，他的资深弟子也叫上座部比丘，第一次对佛经加以结集。由于听过佛陀讲经的人很多，其他小沙门们觉得遗漏颇多，于是后来又多次汇总，由此形成佛经文献。

佛教文献总称"大藏"，它由三个部分构成，叫"经、律、论"。所谓"经"，就是佛陀本人讲过的原话，在印度梵语里叫"修多罗"，被中国人翻译为"经";所谓"律",就是修佛所必须遵守的戒律,这是第二部分文献;第三叫"论",所谓"论",就是对经和律所进行的阐发和诠释之文献。"经、律、论"三部分文献构成的佛教全书,总称三藏或大藏经。

佛陀涅槃以后,其学说体系传承上千年,不免发生层累效应,也就是后人不断地在上面附会篡衍。因此,当今学界对佛教经文的重新梳理,认为绝大多数经文皆属伪托。学界最确认的经文,我不是说仅有这一部,而是确认度最高的原始经文是《阿含经》。

要想迈入佛教思想宗旨之堂奥,我们必须首先阐明两部分内容,那就是有关佛教的基本"出发点"及其逻辑导引台阶"四圣谛"。

先看佛教系统的出发点。佛教的出发点是为解决人生观的问题,通常用六个字总结:"了生死,灭苦悲"。它跟西方宗教——犹太教、基督教、伊斯兰教大相径庭。西教的出发点是宇宙观,所以你打开《圣经·旧约》第一篇"创世记",讲上帝六天创造世界,它的目光是外向的,它是以建立宇宙观为起点,然后寻求人生观跟宇宙观的契合。而佛教反过来,它的目光是内向的,它从人生观开始追问,最终引出与之相呼应的,而且是逻辑体系缜密的庞大宇宙观,这是东方农业文明的典型思想特征。请大家想想,我讲中国先秦时代,没有人关心自然学和宇宙观问题,诸子百家全都关心的是人伦社会问题。它说明农业文明的压抑格局,致使所有人首先面临对自己人生的疑惑和诉求如何看待、如何解释这个严峻问题,因此佛教的出发点跟所有西教完全不同。

佛陀讲过两个典故,叫"见月忽指"、"登岸舍筏"。什么意思?佛陀说我的佛教就是那个月亮,它的终极目的就是解脱——解脱人生一切苦厄,如果你达到了那个目标,你尽可以忽略佛教的其他所有内容和教义,亦即你可以忽略指向月亮的手指,这叫"见月忽指"。佛陀又讲,他说我的佛教学说及其修证体验,只不过相当于你渡河所用的一个皮筏子，如果你已经抵达彼岸，你没有必要过了河还把筏子背在自己身上，这叫"登岸舍筏"，或者叫"登岸弃舟"。这都说明，佛教的基本素质是要解决人生观的问题。我再重复一遍，注重并落实于"了生死，灭苦悲"，这是理解佛教学说的一个关键点。

好，我们下面讲"四圣谛"，简称"四谛"。我先解释一下什么叫"四圣谛"？佛教学说是一个极为华贵的逻辑体系、极为缜密的思想系统。它跟中国先秦时代散点式讨论问题、没有任何逻辑推导和逻辑串联关系的治学方式完全不同。因此，你要登入佛教思想之堂奥，必须首先跨过四个逻辑台阶，没有这四个逻辑台阶的铺垫，你是进不了它的正堂的，这叫"四圣谛"。

我们下面看它的第一圣谛，谓之"苦圣谛"，也可以简称"苦谛"。佛教的用语和讲法非常晦涩而复杂，现存的佛教文本，大多是汉末、魏晋南北朝、直到隋唐时代的古文风的表达。所以佛教文献的字词运用独具特色，既有外来文化重塑概念的思想华彩，又有中国古代文字本身的悠远韵味，因此，我若用佛教语言讲课，在今天听来会显得稍微有点别扭，所以我换成当下比较容易理解的大白话。

"苦谛"是什么？人生本身就是苦难！我这样讲根本讲不出佛家的深意，我再追加一句话：一切生命都是苦难！我这样讲还不足以表达佛教的意境，我得再补充一句话：一切存在都是苦难！这叫"苦谛"。我这样讲，可能在座的大多数人都不肯接受，觉得人生多美妙、多欢乐，怎么突然这儿讲起"人生本身就是苦难"。我只能说，如果你觉得人生快乐而美好，这标志着你的人生体验十分浅薄。大家想想，你的人生是一个什么状态？你一出生就面对莫名的刺激，大哭而临世；你所追求的生存目标最终只不过是一个坟茔；在你的人生中凡事十有八九都不顺心；你必得历经种种磨难——肉体痛楚、精神困顿、经济拮据、政治压抑等等，方能勉强走完一生。一切欢娱和快乐，其实都只不过是下一茬儿苦难的引诱剂。

佛家讲"苦"讲得很深，它绝不用微言大义一语带过，它不是这种表述方式，它非常逻辑化，深入细分，层层推进。它讲人生叫"生老病死，忧悲恼苦"，前四个字表达你的肉体苦难，后四个字表达你的精神折磨。它还有一个讲法，叫"生老病死，成住坏空"，这八个字有两层含义：前四个字表达身内苦痛，后四个字表达身外麻烦，就是你做任何事，乍看以为做成了，随后你觉得它似乎可以保持得住，但很快它就开始溃破，再接着归于大空；"成住坏空"这四个字还表达着生命以外的某种更普遍的含义，因为我前面讲，佛教讲的苦谛绝不仅仅是指人生，它讲人生本身就是苦难，推进一步，一切生命都是苦难，再推进一步，一切存在都是苦难，因此，"成住坏空"还包括一切存在的苦灭状态。

佛教的讲法实在是太深刻了。我举一个例子，我们今天有了大信息量，才知道什么叫"生命"。"生命"是由130多亿年前的那个能量奇点演化而来，它最初爆发为基本粒子，基本粒子介乎于能量和质量之间，因此被称为"量子"，因此会出现"波粒二象性"，它的波动形式代表它的能量态，粒子形式代表它的质量态；随后进入原子态；再进入分子态。分子物质比如花岗岩，它用不着具备各种感受器官，也用不着具备复杂的知觉能力，更用不着具备人类的理性思维。它为什么没有这些东西？是因为越原始的存在，稳定度越高，是因为它足以安然稳存。我们人体的质料跟它别无二致，同样是由夸克和电子组成的，可到此段位的物态已经极度弱化，从分子编码进入单细胞，从单细胞进入有机体，从原始机体进入中低层动植物，最终进化成我们这种脱了毛的猴子。

我们在一路演化的过程中，生存难度越来越高，生存状态越来越恶化，我们不得不调动各种感知能力，去捕捉外部的依存条件。由于我们过度弱化，不得不躲避来自四面八方的无数损伤，于是我们的神经建构必以"趋利避害"为原则。趋利极为困难，因为你得在一个竞争结构中索取，不得不极力追求维系自身存在的任何微小利益；避害也极为困难，因为文明过程就是人祸取代天灾的同一过程，所以你将永远在与日俱增的人际社会损害中挣扎。它使得你的生存，不免在种种不可控的波动、折磨以及不确定的摇荡、受损的过程中进行，这真是一个充满苦难的经历。你感觉快乐，是因为你临时得到了些许利益，快乐感只不过是让你努力趋利的一个刺激和调动方式；你感觉痛苦，是因为你获利总是不能持续，是因为你要面临重重折损，因此你以痛苦和恐惧的方式来逃避伤害。

人生就是在这样一个复杂的、麻烦的，本来应该是多余的、无谓的，但却由不得你选择的这么一个折磨系统中运转。这是因为你的存在度实在太低了，你实在太弱化了，你实在不具有存在的资格，而你又不得不去追求存在——如此勉强的衍存状态，我们给它另取一个名词叫作"生存"。

所以佛陀把它表达为一切生命皆为苦难，而人类是苦难的最高体验者。这个说法完全成立，也着实通透。如果你能跟花岗岩对话，跟分子物质对话，它一定听不懂你所说的苦难是什么含义。但即便如此，佛陀仍认为连花岗岩都是苦难，因为一切存在皆为苦难。如果你想理解为什么分子物质都不能摆脱苦厄，请研究一下物理学上的布朗运动，显然它们也不得安宁，所以佛家所说可谓深刻。

既然人生乃至生命乃至一切存在全都是苦难，那么，佛教的下一个逻辑追问必然就是要讨论苦难的根源，这叫"集圣谛"，简称"集谛"。我们用大白话表述，叫"苦难植根于欲望和贪婪之恶习"。它为什么叫"集谛"？我在前面讲甲骨文的时候讲过，中国古代凡是发同音的字，通常都具有相同的内涵，这个"集谛"的"集"，其实是"恶习"的"习"这个字的转音。

我再重复一遍，所谓"集谛"，就是追究"苦谛"之源的必然的下一层逻辑追问。佛家讲这些东西讲得非常之细，讲"三毒"、

"三业"，我就是这样讲，也只讲了它最梗概的部分。你若打开佛书，遍阅经论，会发现其内容杂多，伸展得无边无际。

所谓三毒：贪、嗔、痴。由于你有贪欲，因此你欲望繁盛，而且难于实现，难以满足。贪欲不得满足和实现，你必然怒火丛生，这叫"嗔"。"嗔"有两种字体，一个是这儿写的口字边加一个真，它的意思是发怒而口出粗言；还有一个"瞋"字，是目字边加一个真字，它的意思是发怒而睁圆双眼，贪而不得必然嗔（或瞋）。"嗔"后所达成的心境必然是"痴"，痴就是"无明"，就是你不知道这个世界的真相。所以佛教讲，苦谛的根源在集谛里，分此三毒。

接着它讲三业。大家注意，"业"这个字在佛教里是一个非常重要的概念。你要想参透佛教，有三个字必须深刻理解。第一，空；第二，业；第三，缘。那么，"业"在这里是什么意思呢？"业"这个中文字，在甲金文时代，特指悬挂古代乐器像编钟、石磬的那个木条挂板，以后泛指身外之作，此谓之"业"，比如事业、功业、业绩等。所以，把"业"这个字翻译过来，应该承认译得非常准确。佛教认为这个世界的本真是"空"，你所说的世界是你"作业的产物"，换言之，你的"作业"达成了什么？缔造你的世界！它分"三业"，即"身、口、意"。所谓"身"，就是你的任何一个行为都给你作出"业"；所谓"口"，就是你说的每一句话都成为"业"；所谓"意"，就是你心里的每一个动念都是"业"。这叫"三业"，也叫"作业"。

我讲到这儿，大家应该会觉得奇怪，我们今天小学、中学强派给学生的那个东西叫"作业"、叫"功课"，我很诧异这些佛教词汇怎么跑到学校里去了？而且佛教讲，如果你没有经过认真的修为和修证，你所作的业必是恶业，所以也叫"作孽"（发音近似）。现在给中小学生派发大量的作业，那可真是作孽。

由于"业"是佛教所谓的世界得以派生的来源，所以佛教讲"业"讲得非常之细，可进一步划分为"业障、业缘、业力"。

所谓"业障"，就是你身口意所作的那些个业，构成了你的世界，这是一个虚相世界，用我们今天的哲学语言，叫假象世界，但它却蒙蔽了你的智慧，此即"痴"或"无明"，它使得你被隔离于实相本真世界之外，因此叫"业障"；它又用"业缘"一词，就是你所说的世界是你作业的结果，你的作业缘起了、引出了你的相应的世界体系和世界观念，这叫"业缘"；再者，你所作的任何一业必有后报，必成因果链条，这叫"业力"，或者叫"业力因果"。所以理解"业"这个字非常重要。

那么我们再回过来看"三毒"。佛教讲，你如果要想解除苦谛，做到"了生死、灭苦悲"，你就必须进入某种"戒"的状态，后面我们会讲到"三学"，即"戒、定、慧"，因为你的苦难来源于"贪"，"贪"是一切苦难的根本，而后引起"嗔"，引起"痴"。可大家想想，"贪"是什么？"贪"是物质演化过程中总体倾向于逐步弱化、逐步分化的产物，分化使后衍存在者由一变多，残化重组而成万物，于是各不同物类之间的依存度越来越高，也就是世界越来越碎片化，碎裂出去的任何一个部分，都是你必须占有的生存条件，这在哲学上叫"依存"，亦即你必须把外部分化的世界体系统作为你的衍存依赖要素。

我举一个例子。在原子阶段，一个带有正电荷的质子，它只要捕捉到一个负电子，就可达成自身结构的圆满态。我一说到这儿，大家就应该想起此乃氢原子，化学元素周期表上的第一号元素，可见它的贪欲是非常之小的，只需要一个电子足矣。发展到分子阶段，任何一个分子必须牵拉多个原子，才能构成自身的化学键稳态，它的贪欲随之增高。这是因为万物是一个分化状态，是一个碎裂状态，是一个残化过程，因此越后衍的物类和物种，它对外部的依存条件就一定越多，这个逐步增加外部依存条件的过程就叫"贪"。是不是这样呢？

大家再看，从分子态进入细胞态，我们把它叫生命阶段的起源。什么叫生命？一个更复杂、更脆弱的分化组合结构！在生命以前的原始结构，例如原子阶段的放射性同位素，它甚至是向外释放能量的；到分子阶段，它处在能量平衡状态，其化合键合成所需的能量，也就是打开化合键所释放的能量。可唯独从生命开始，它要维持自身这个结构，则必须不断从外面获得物质能量的摄入，我们把这个过程叫作"新陈代谢"。这标志着该后衍存在者对外部物质能量的依存度进一步提高，这个依存度不断上升、存在条件不断增量的自发过程，不就是我们所说的贪欲暴涨的现象之源吗？

所以在生物进化的过程中，越高级的物种，依存条件越多，对外索取越复杂。在人类的文明进程中，文明程度越高，人类的各种需求就越多，人类的贪欲就越旺盛。我讲到这儿，大家应该明白"贪欲"是什么了吧？它居然是一个自然进程！你如果是人，你就一定处在这个自然进程中依存条件量最大的位置上，换句话说，你就一定处在贪欲最高的状态上。如果你没有这份贪欲，你就不能成其为人，你就没有资格生而为人。佛陀讲，这就是你苦难的来源，他要让你消除这个苦难的根蒂。请想想这是何其困难的一件事！他让你退回到原子态、粒子态、奇点能量态，这样你才能弃绝贪欲，这叫"修"。

关于佛教，如果我用今天这样大信息量的方式讲述，你便可知道释迦牟尼探底之深。所谓三毒：贪、嗔、痴，这是佛家认为最需要根除的一个起点。言及于此，请诸位不妨反省一下，你到庙里，今天大多数人到庙里都干什么去了？求财、求官、求色、求福，全是祈求实现贪欲去了，这简直无异于公然在佛陀面前作孽！所以我建议各位以后进入佛寺应该只做一件事——祛除杂念，静心礼佛。

佛教堂奥的逻辑台阶（续）

我们前面讲了苦谛和集谛，我讲集谛是苦谛必然引出的下一个逻辑台阶。那么集谛之后再下一个逻辑台阶自当是要追问"灭苦集"的情状,这叫"灭圣谛",简称"灭谛"。可表述为"灭度苦集,达至觉悟"的境界。

此处讲灭掉"苦"和"集"即苦难以及苦难的根源,所能达到的那个状态和境界,这里最重要的概念就是"涅槃"。"涅槃"这个词是佛教上非常重要的一个专用语,什么叫"涅槃"?社会上大多理解都有误差,比如我们经常见到这样的说法,叫"涅磐重生"、"凤凰涅槃",或"凤凰浴火,涅槃重生"等等,这些用法全是错的。

什么叫"涅槃"?我还用大白话讲:下辈子绝不做人!我这样讲显然未足究竟,我再深入一句:下辈子绝不做任何生命!我这样讲还不够彻底,我再追加一句:下辈子什么都不做,进入大空境!这才叫"涅槃"。可见社会上通常对"涅槃"的理解偏差甚远。

涅槃分"有余涅槃"、"无余涅槃"和"无住涅槃"等等。我在这里只解释最重要的几个概念。首先讲"无余涅槃",就是任何人,包括高僧大德,他终生修佛直到寂灭,也就是死亡,才能修到的涅槃境界,这是高僧大德终生苦修方能达到的果位,这叫"无余涅槃";所谓"有余涅槃",仅指佛陀肉身尚在之际,已进入涅槃境界,叫"有余涅槃";所谓"无住涅槃"需多说几句,大家知道佛教最初是小乘,所谓"小乘",简单说就是自行修持以超度生死。它传入中土以后,因为儒教主张积极入世,于是佛教在中国转化为大乘,所谓"大乘"就是独善其身之外还要普渡众生。自从佛教大乘化以后,出现一个概念叫"无住涅槃",意思是指佛陀本人虽然已经没有肉身存在,但仍可以涅槃状态而继续普渡众生,此之谓"无住涅槃"。

所以"灭谛"表达的是修佛所及的最高境界,当然这个境界绝不是轻易可以达成的。于是下一个逻辑台阶必然是要追问怎样才能修至灭谛?这就是"道圣谛",简称"道谛"。它的含义是"修持、戒欲以升正觉是摆脱苦难的唯一出路"，这叫"道圣谛"。换言之，所谓"道圣谛"实际上是在讲修为，也就是在讲修佛。但佛教逻辑缜密，它讲"修"和中国孔子讲"修"，如"修、齐、治、平"即"修身、齐家、治国、平天下"，其所涉及的"修"的内容和方式完全不同。孔子讲"修"，君子之道，寥寥数语，没有"修"的概念层次，缺乏由浅入深的层层推进。而佛教讲"修"，讲得极为细致，讲"三学"、"六度"、"八正道"等不一而足。

佛教之修首先讲"三学"，所谓"三学"——戒、定、慧。所谓"戒"，戒除贪欲，或者戒除贪嗔痴，亦即"戒三毒"。我前面讲过，戒贪难度何其之高，它几乎要让你把生命修回到无机物类乃至能量奇点的前质量状态。所以大家注意佛教所讲的"戒"，绝不仅仅是我们一般人所讲的那些个简单的戒律。它在概念上走得极深，它同时表达了佛教的一个社会诉求：弃离文明，戒绝红尘。这就是我在前面讲课的时候一再强调，人类远古时代对文明发展总体上都取负面看法：基督教的"失乐园"、老子的"小国寡民"、孔子的"克己复礼"，都是让你倒退，都是让你回退至文明化以前，都是对文明社会的批评，都是对文明进程趋势不良的警告。

我在孔子课上讲过，我说今天的文明枝繁叶茂，现代人已经看不清文明的全貌和文明的趋势了。古代文明是一个小小的幼芽，它的全貌一望而知，它的发展趋势一清二楚，所以远古学者对人类文明大体都取批评和批判态度。佛教是对文明的一个有力的抵触，它的反文明素质非常深刻，几达极致，所以它的"戒"，不仅是指一般表层的戒律，而且指向戒绝文明社会的一切信息、一切物质欲求、一切生活方式，是谓"苦海"。

有此非同寻常的深"戒"之后，你才能进入"定"。所谓"定"，就是把自己的身体和灵魂确定在不受文明尘世骚扰的状态，你在这个状态下才能"修"，你在这个状态下"修"，你才能达成"修证"。所以大家注意，佛教的"修"是一个非常复杂的递进概念，它先讲"闻、思、修"。所谓"闻"，就是听佛教的道理；所谓"思"，就是理解思考佛教学说的逻辑关系；所谓"修"，是以自己的肉身去修得正果。处于"闻、思"这两个阶段表明你还没有进入修佛的全真之境，你还在佛门之外。我在这里声明，我不是佛教徒，我不是佛教的信仰者，我只是把佛教作为一种人类远古文化现象加以研究的学者，因此我只停留在"闻"和"思"的阶段。我给大家讲佛学，可谓"佛外说佛，法外讲法"，不入正门，未得真传，请大家谅解。

即便进入"修"的位阶，也要先讲"修为"，修你的行为，修你的三业；再讲"修持"，在"定"的状态下有精进地修；到此还没有结束，最后叫"修证"，证明的"证"，就是你不能做"逻辑证"，你必须做"修证"，你得拿自己的生命去修出正果，因为逻辑证太肤浅。而你要进入这个"修"的状态，你必须首先戒掉文明社会的一切物质和信息干扰，戒除一切文明红尘的纷扰，你才能进入"定"的状态，才能进入纵深的"修"。你达到"修"的最高成果状态叫"慧"、叫"觉"、叫"悟"，此谓之"三学"。

它又讲"六度"，第一度叫"布施度"。我们通常很容易把布施度理解为给别人施舍一点钱财、施舍一点好处，这样理解是不行的，佛家所说的"布施度"，是指我不仅不从外面向内有所攫取，我反而从内里向外不断有所释放，叫"布施度"。我一讲到这儿大家就应该想到，这简直是一个反生命的难度。因为生命本身就是靠从外部攫取物质能量，才能维系自身的新陈代谢式存在。什么时候是向外释放的？分子态以前，比如原子向外释放能量，蜕变为同位素，这才叫布施，这才叫向外释放。所以佛教所讲的"布施度"，是一个极深刻的概念，绝不是某种小恩小惠的小动作。然后为"持戒度"，这里的"戒"，我在前面讲过，绝不仅仅是不杀生、不偷盗之类的浮面戒律，而且是戒绝一切文明红尘的纷扰。

再下来是"安忍度"，曾经一个台湾学者告诉我，说"安忍"

这个词实在不成立。"忍"是心头插一把刀,"忍"如何能"安"?可佛家讲的就是"安忍",绝不是我们一般所讲的"忍受"。因为"忍受"是一种不安的状态,"安忍"则要求忍而安之。比如你走到大街上,有人突然朝你脸上吐了一口恶痰,你不但不发火,你安然抹掉它,乐呵呵地给对方行礼,视之为一次修行的机会,这叫"安忍"。这还只是"安忍"最普通的一种表现,可见"安忍度"也绝非易事。接着是"精进度",也就是你只有达到了这前三度,达到了三学里的戒和定,"定"的状态也叫"禅定",所谓"禅定"就是没有任何杂念,思想和精神形成一个全空的通道,你才能够进入修证的精进过程,这叫"精进度"。之后"禅定度"随之而来,就是精进到一定高度,你能进入禅定状态,也就是整个思绪、整个人生完全临近大空境,是谓"禅定"。

最后乃"般若度","般若"这个词是梵语的音译,最初把它翻译为"智慧",很快就发现翻译错了。因为中国人所说的智慧是指一个人很精明、能钻营,擅长于为自己攫取利益,而佛教中所讲的"般若",恰好是中国式智慧的反面,它绝不执着,绝无贪念,绝不在这个世界上竞争。在中国的传统文化里根本就没有这个概念,于是只好用它的音译,叫"般若"。达到这个般若度,你才能抵达性空,你才能进入涅槃,你才能消除"痴",是为"慧"或"有明"的最高正觉境界。

所谓"八正道",分别为"正见、正思、正语、正业、正命、正精进、正念、正定"。它层层深入,涉及"闻、思、修"与"身、口、意"以及"戒、定、慧"的渐进关系,细节我不再展开。各位有兴趣的话下来自己去看书,你姑且可以从字面上理解它。

大家注意我讲到这儿,只讲了"四圣谛"。我前面一再讲你要想理解佛说之堂奥,必须首先经过四个逻辑台阶,也就是说你现在还没有进入佛教大统的正殿,这四个逻辑台阶才把你引向佛说宗旨的门槛。

略论佛教宗旨

我们下面讨论佛教宗旨，也就是佛教思想的核心。

佛学核心用四个字可以总结完毕，即"缘起理论"，或者用三个字概括叫"缘起说"。它的最完整表述见于《阿含经》，由20个字组成："此生故彼生，此灭故彼灭；此有故彼有，此无故彼无"。这就是整个佛教学说的全部思想中轴。

大家回想我昨天讲易经课，我说人类思维的最高原则叫"思维经济原则"，或者叫"思维简易原则"，即任何一个学说或思想，它最终一定总结为一个最简单、最核心、最高拔、最具有普解性的抽象表述，一个基本原理。那么佛说的最基本理念就是这20个字。

什么意思？这世界原本是大空，你所说的世界是你作业派生的产物，这叫"此生故彼生"；你的任何一个业，身——做出的任何一个行为，口——说道的任何一句话，意——心里所生的任何一个动念，都会立即给你创造一个世界面，也就是创造一个看似为真的世界幻象或虚相，只有通过精修消除这个业障，你才能回归大空实相。这叫"此生故彼生，此灭故彼灭"。

再下来，"此有故彼有"——你作的任何业都是不由自主的一个连环牵累效应，一个业作出去，下一个业必定跟进，由此环环相生，构成你的宏大而繁复的世界，这叫"此有故彼有"；"此无故彼无"——你要在这个环环相生的虚相苦海之中寻求超脱，就得层层苦修，渐渐觉悟，借此剪灭业缘，由以重返空境。

所谓"缘起"是什么意思？"缘什么而起"之谓。它的浅近概念有点接近于我们今天所说的"引起"，这叫"缘起说"。比如缘A起B，缘B起C，依此类推，以致无穷，这叫"此生故彼生"或"此灭故彼灭"，这叫缘起学说、缘起理论。从佛教的角度看，它是在推究一切存在的终极发生学原因，因此具有极深的开创整个宇宙观的缔造力。这个层层业举缔造的虚相世界，叫"因缘和合"。

所以佛教这个学说体系一旦出现，立即达成某种创世效应，可谓之"时、空俱在；人、世并呈"。所谓"时、空俱在"，就是指时间和空间全部发生；所谓"人、世并呈"，就是说人间世界和物质世界同时显现。亦即从人生观出发，从人的"业"开始，最终推导出宏大的宇宙存在之因果脉络。

我讲到这儿，大家一定会产生一个疑问，既然世界的本相、实相是大空境，怎么会有我？我怎么会作业？我的作业产生了虚相，产生了宇宙，产生了世界。既然世界的本真是空，我何从作业？这显然是一个逻辑矛盾。

请注意我前面谈过佛教讲究的是"闻、思、修"，即如果你仍在思考这个问题，尽管你的思境还算比较深入，可你毕竟只在"思"的阶段，你其实尚未进入"修"的阶段。我前面讲过佛教认为"逻辑证"太浅薄，你得用自己的生命去"修证"。所以在逻辑上它虽然似乎是个悖论，但如果你"修证"深彻，此悖论自当消除。

至此，佛教学说从人生苦难到世界大观全部发生，饱满呈现。那么佛教的说法成立吗？我们下面做一点解释。佛陀说你所谓的世界都是你作业的结果，都是你的业障。大家细想，这说法其实是很有道理的。每个人的世界一定是不同的，比如你如果是一个官员，在政坛上厮混，那么你看这个世界永远是一个权势系统，是一个层层相依的权力架构体系；如果你是一个商人，或是一个企业家，那么你看这个世界永远是一个市场体系，永远是一个价值网络系统。是不是这样呢？再者，如果你是一个学者，那么你看这个世界永远都是一些概念的组合。古希腊哲学家认为你所说的世界都是假象，我在哲学课上证明过它的确全是假象。那么真相何在？全在逻辑概念之中，此谓"理念论"，此谓"理念决定事实"。所以对于真正深入的学者来说，世界只不过是一个概念体系。

我再举例，如果你是一个真正的数学家，则世界全是数。我见到过一个非常高明、造诣极深的物理学家，我跟他讨论任何问题，他立即给我拿出来的都是一系列数学方程，所有问题在他那里都展现为不同形态的数学模型。请想想毕达哥拉斯说"世界乃数"、"万物皆数"，在数学家眼里，世界无非就是"数的集成和运转"，不是如此吗？所以你所谓的"世界"，就是你的"业力世界"，就是你作业的产物、就是你的业障，应该说佛陀表述得是很实在也很充分的。

佛教讲这个世界，分为"虚相、实相、法相"。它说你所执念的世界都是你作业的"虚相"，请注意"虚相"这个词就是我们哲学上所说的"假象"；佛教上所说的"实相"，就是我们哲学上所说的那个"本真"，或者康德所说的那个"自在物"；佛教上所说的"法相"，就是根据你修佛达到的高度和层次，所必然导出或相应呈现的不同视界或世相。你的修佛果位越高，世界就越逼近于"实相"，你的修佛果位越低，世界就越呈现为"虚相"。这种修法状态，影响或决定着世界状态，叫"法相"。请想想说得多么深刻。如果你听懂我的那节哲学课，你就知道我们所说的世界永远是我们的主观世界。

请回顾一下我在哲学课上讲视觉是什么，你把光量子即光这个能量错觉为明亮，这就是你的视觉，你还把光的波长错觉为颜色；你的听觉是什么？你把振动波的能量，错觉为轰然作响的声音。如果你的眼睛就是一个光谱仪，如果你的耳朵就是一个振频仪，那么这个世界的本相有可能是无声无色的。你能想象那个无声无色的世界是什么样的吗？所以你所说的世界都是你作业的产物，不是如此吗？

佛陀说的何其之妙。佛经上有一句话，叫"万法唯心"。我们今天使用的唯心主义、唯物主义这些词汇，最早就发生在佛经之中，"唯心"这个词就来自佛经。所以佛说着实深刻，它居然在2600年前就能在哲思的高度上，达成对世界认知如此之深入。而且大家想我们除了视觉、听觉、嗅觉、味觉、触觉以外，再也没有获得外部信息的其他通道，如果这五官之感又全都是主观感知规定性本身覆盖在外物上的扭曲产物，也就是我们感知世界的任何一个瞬间，都是对世界的主观重塑，那么我们的一切知识，就一定都是主观知识，我们永远够不着客观世界，这是哲学上的说法。

我再强调一遍，这不是佛学上的说法。即使按哲学上的说法，既然我们的一切知识都是主观构造，都是先验规定性的扭曲，那么请记住，所谓宇宙观、世界观就绝不是客观世界的反映。也就是说任何宇宙观或者世界观，都一定是一个思想模型，或者我们称它是一个感知模型，再或者我们称它是一个逻辑模型，仅此而已。

是不是这样呢？一定是如此。我在前面讲哲学课的时候谈到，我们身处的这个世界，从人类今天获得的知识上看，目前可以假定它是相对稳定的。比如太阳系，它要发生任何重大变化需要100亿年以上的时间（之后变成红巨星、白矮星、黑矮星等）。可在短短3000年的文明史中，我们的宇宙观至少发生了五六次大改变，盖天说、地心说、日心说、绝对时空说、时空相对论，此外还有神创说。它说明什么？说明我们的宇宙观不是客观世界的反映。如果它是客观世界的反映，则我们的宇宙观应该100亿年都不发生明显变化。它能够如此快速地转进，证明我们的一切宇宙观都只不过是一个主观思想模型。

我在哲学课上还讲过，我说这种主观思想模型之所以不断变换，是因为宇宙物演进程和人类的文明进程本身就是一个信息增量不断扩大的进程。因此我们的思想模型不得不常常被突破，不得不常常重新建构，我们的文明形态追随着逻辑变革而层层推进。

佛教宗旨续论

什么人才配称为思想家？如今"思想家"这个名号被乱用，什么阿猫、阿狗都可以变成思想家。

那么我今天给思想家立一个严格的定义：凡人皆有独到之一见，而所谓思想家，乃必具创世之构思者也。这句话什么意思？就是任何一个人，他都可能在某一个领域有独到的见解。比如他是政治家，他对当下社会的政治问题有自己独到的分析；比如你是企业家，你对经济的运行有自己独到的想法；比如你是一个普通学者，你对你所研究的某一个领域有独到的纵深。这是人人都可能做到的事情，但这些人绝不是思想家。所谓思想家，是指他能建立"创世之构思"，也就是他能做出一个宇宙观或世界观模型，只有这种人才叫思想家。

大家一定要知道，在人类文化史上，可以称得上思想家的人实在是寥若晨星。迄今看人类之总体，从14万年前智人发生直到今天，有人类学家统计，从这个世界走过的人数，包括逝世之人口至少已经超越1000亿以上，其中可被称作思想家的人，绝不超过20位。

我举例子。我前面讲过中国传统文化是前神学时代的遗存，而西方文化历经神学时代、哲学时代、科学时代。西方曾经应该也经历过前神学阶段，只是由于环地中海地区的开放地貌，他们自古过度交流、不断激荡，于是产生了进步论的基本观念，继而把自己最原始的思绪快速扬弃，这就是在西方文明信史上只保留神学期、哲学期和科学期的原因。

中国由于地貌封闭，原始时代未能经历其他人种的扰攘及其思想的冲击，缺乏与异质文化的交流，于是才使文明最早期的那些思想得以保留。再加上象形文字在中国一直延续，它像一个保险柜，把人类远古初萌的观念意识锁定其中，因此中国文化终于保全了人类前神学期的智慧结晶。

下面我们看看在这四大分期之中可以称得上思想家的人。前神学期只有一个半人，老子为首，因为他有道论、有德论、有宇宙观、有社会观，因此算得一个思想家；孔子只能算半个，因为他只有社会论或人世观，没有宇宙观。儒家学说，我在孔子课上讲过，它经过后世学者不断深化，直到宋明理学时代才完成从血缘到泛血缘、再到拟血缘的全程锻造，才进入"天地万物，本吾一体"（王阳明）以及"民胞物与"（张载）的境界，才完成宇宙观。所以在孔子当时他只能算半个思想家。

神学阶段可以称得上思想家的人，计有释迦牟尼、说不上名称的犹太教创始者群体、耶稣、穆罕默德。到哲学时代可以称得上思想家的人，我们也只能举出四例：最早建立"理念论"世界模型的柏拉图；集古希腊哲学之大成的亚里士多德；作为西方近代古典哲学之开山者的笛卡尔；完成知识论体系的康德。到科学时代，我们同样只能列举四个人：哥白尼、牛顿、达尔文、爱因斯坦。他们缔造了全新的世界观、全新的宇宙观，只有这样的人才能被称为思想家。

请想想我们今天的宇宙观，叫"现代宇宙论"，它的基本思想从哪里来？从爱因斯坦的相对论中来，所以我们说今天是爱因斯坦时代。这种能够创建世界观思想模型的人，才叫思想家，可见出现一位思想家有多么稀罕。这也就是王阳明曾经抱有一个被时人看来太过荒唐的理想，他居然自幼立志要做"圣贤"。须知圣贤高于任何人，高于皇帝，高于一切显赫一时的各界名流，为什么？因为中国人所谓的圣贤，就是指思想家，至少其中的个别人有望成为思想家，或大多有望助力于思想家。作为思想家者，必须能够缔造全新的宇宙论模型，也就是必须能够促成人类世界观的转型，此乃何其不易之伟业。

我给大家举例子，我说一些大家比较容易理解的、比较切近的科普话题。譬如温度，我们人类的"温度觉"只有效分布在摄氏零度上下正负40度之间，高于摄氏40度，你已经闷热难耐，你的温度觉基本失效；低于零下40度，你已经冻得麻木了，你的温度觉也失效。因此你所能感知的这个世界的热力范围，就是这几十度。可你知道宇宙中的总体热量或温差范围是一个多大的比值？往上几十亿摄氏度，上端顶在哪儿，迄今说不清；往下叫绝对零度，所谓"绝对零度"就是指在这个空间中没有任何能量。它具体是多少呢？零下273.15摄氏度。也就是说即使在一个结冰的房子里，在摄氏零度的冰点之下，那里还有273.15摄氏度的热量。它完全超出我们人类温度觉的感知范围。你要想知道热力世界的状态，你用自己的感觉体验，根本探不到它的边界。你想建构它的全系统，就凭你一般的感知和尝试，你永远无可企及。

我再举个例子，试看人体的稳态"位置觉"。大家知道我们每个人都是能够感知并掌控自身的体位变化的，比如你闭上眼睛，你的身体稍一倾斜，你立即就会觉察，即使完全没有参照物。这是因为你的内耳有一个主管静觉的微型器官，叫作"前庭"，它非常灵敏，足以让你保持直立体姿平衡，甚至你高速奔跑都不会摔倒。倘若没有它，且不要说跑步、走路，你连站立都不可能。然而你虽然具备如此敏锐的器官，你却对宇宙天地的剧烈运动毫无所感。

大家知道地球自转的速度是多少吗？地球最长圆周40027公里，那么换算一下，一天24小时，地球转动了4万公里，平均每小时1660公里以上，每分钟27.7公里，每秒钟460米，你倒是浑然不觉。而况地球还在围绕着太阳以更高的速度公转；至此还没有完结，太阳系还在围绕着银河系旋转；再进一步看，银河系还在围绕着更大的星系团旋转；叠加起来的速度有多高你都无法想象！可你通过你灵敏的前庭半规管却对它毫无知觉。你可以用惯性力来解释，但也足以说明你感官的迟钝，以及你想认识和把握这个世界的难度。

我再举例子。我们看这个世界是平面的，所以早期的几何学家欧几里得所做的几何是平面几何。你能想象这个世界是曲面的吗？直到十九世纪黎曼提出曲面几何，整个数学界还在嘲笑他，而黎曼也拿不出更多的证明，他只是在逻辑上推想如果空间是个曲面，几何学将会发生哪些变量。比如一个三角形的内角之和不会等于180度，而是大于180度。黎曼几何最初发明的时候是遭到整个专业数学界排斥的，因为所有人都感觉我们这个世界是平直展开的。直到爱因斯坦提出"空间弯曲"理论，就是大质量的物体会导致时空曲折，因此光不是直线运行而是曲线运行，尽管光仍然走的是两点之间最短的距离，但它已经不是欧几里得的那个公设。因此有人说爱因斯坦的相对论简直像是只有外星人才能创造的学说，它完全超出了我们一般人的感知范围和基本常识。

请大家想想一个人要建立宇宙观、世界观，他的前提是什么？他居然不能相信自己的感知，他居然在怀疑常规感知之余，还要探求感知不能企及的整个超验领域，他得让自己的思想远撒在常人感知之外，最终却又要拿出一个天衣无缝的诠释体系去修正感知，这是何等的难度？这是何等的深刻？这是多么不凡的思境？只有具备这种异禀和能力的人，我们才可将其称作思想家。

而佛陀就是人类神学时代思想家的代表，我们只有在这个深度上才能理解佛家学说之奥妙。佛说系统讲"三相"，叫"无动作、性无常、有堪能"。我解释一下什么叫"无动作"，大家看犹太教、基督教、伊斯兰教，讲耶和华、上帝或者真主六天创世，这叫"有动作"。佛陀没有创世的动作，所以大家注意佛教是世界上唯一一个无神论宗教。它没有神祇，没有缔造世界的那个全知、全能、全善的人格化载体，也没有渲染超然物外的神秘力量。什么叫"佛"？"达成正觉者"即为"佛"，所以佛教是一个无神论宗教。你所说的世界是你作业的产物，世界本身是大空境，没有神的造作，只有作孽者的造作，这叫"无动作"。

下一个，"性无常"。说这个世界没有规律，你所说的规律都是你作业的总结，请想想佛陀说的何其透彻。我们今天知道我们永远得不到客观规律，我们所说的一切规律，包括科学规律都是主观规律。因为我们的宇宙观、世界观都只不过是一个不断变化的主观思想逻辑模型。你的规律是在这个思想逻辑模型中总结而成的，它怎么会是客观规律呢？所以我们人类的所有学说和理论最终都逃不掉被证伪的结果。而佛陀早早就讲"性无常"，没有客观规律，至少你人类永远够不着客观规律。

最后是"有堪能"。中文里"堪"这个字和"能"这个字含义是很接近的，这种翻译方式是典型的魏晋时代的用语方式。所谓"有堪能"，就是讲业力因果，就是你所作的业必将产生某种连续反应作用，呈现为某种有功效的回馈系统，这叫业力因果，这叫报应，这叫"有堪能"。

佛家学说讲"蕴、处、界"之三科，这就是著名的"五蕴、六处、三界"，我们后面在教义部分再谈。佛教讲"四大皆空"，哪四项？"地、水、火、风"四者皆空。我一提这"四物"，诸位应该立即联想到一个人，即古希腊哲学家恩培多克勒。我在讲哲学课的时候谈到过，恩培多克勒提出"四根说"，他说这个世界是由"土、水、火、气"这四样元素构成的。听一听，佛陀的"地、水、火、风"，与之完全是一回事。请注意佛陀要比恩培多克勒时间在前，它说明什么？说明恩培多克勒的"四根说"早在公元前五世纪以先的古希腊就发生了，恩培多克勒只不过是被历史留存下来的记载者和表述者而已。当然，有可能是佛陀反过来影响了古希腊亦未可定。

而且，我们从这里可以看出佛说与环地中海思绪之间的互动关系，两者甚至在诸多细节上，包括哲思方式上都有处处贯通的痕迹。这就是我在前面讲"印度文明构成人类远古东西方文化荟萃之一极"这句话的含义。而佛教把这种远古文化荟萃之结晶最终带入中国，从而为中国的整个底层文化思想系统注入新风，甚至全面改造和渗透了中国传统文化。换言之，它是以极具思想穿透力、极具逻辑功力、且背负着一个宏大宇宙观的那种力度切入中国，尔后渐渐扩散，层层浸染，终于形成中国传统文化极为丰厚的根基之一。

略论佛教教义

我们今天上午重点讲了佛教宗旨，也就是佛教思想的核心。我们今天下午讲由此引申的佛教教义及其文化影响。只有在深刻理解佛教宗旨及其核心思想的基础上，才能更好地理解相关佛教教义。

下面先讲业力因果。我今天上午讲了"业缘、业障、业力"，讲"业力"是有因果报应关系的。业分为三"身、口、意"，由此产生相应的戒律。此外"业"还分"善业"与"恶业"，通常讲的"十善业"，也就是"十戒律"都有什么？头三款叫"不杀生、不偷盗、不邪淫"，此三者是身业，我不用多解释，意思都很明显，所谓"不邪淫"就是不近异性、不近女色，可能有人会说所有人都不近女色，人类不是绝种了吗？问题是能终生修佛者少之又少，这是身业。看口业，它的善业表达为四项：一乃"不妄语"，"妄"指没有根据，不妄语就是不说没有根据的话，不做无稽之谈；二乃"不两舌"，就是不见人说人话、见鬼说鬼话，不翻是非；三乃"不恶口"，就是不说粗话，不说脏话；四乃"不绮语"，就是不说好听话，因为通常给别人说好听的奉承话是为了实现你的某一项贪念或欲求，这是口业。

再看意业，也有三条，叫"不贪欲、不瞋恚、不邪见"。贪而不得则怒，大家注意这个"瞋"，目字边一个真，指发怒而眼睛睁圆，这里的"恚"是抱怨的意思，就是不怨天、不尤人。我们一般人遇见麻烦就会怨天尤人，总认为是别人的不对、世道的不好给他造成的，这是因为你"痴"，你"无明"，你把世界看作真相所致。最后"不邪见",所谓"不邪见"就是不相信佛教以外的任何其他学说和思想理论系统。我们讲佛教是最宽容的一门宗教,但即便如此,佛教也不承认佛家学说以外的别样见地,而同样视之为"邪见"。

佛教讲"业必受报",就是你做的业一定是会给你带来报应的。"善业"就会有善报,"恶业"就会有恶报。佛教讲"报",讲得很细致,也讲得很深远。它最起码有三个讲法:叫"现报、生报、后报"。所谓"现报",比如你刚做了一件坏事,出门就让汽车把你撞残废了,这叫"现报";所谓"生报"就是你的恶业报到你的下一世,比如你生的孩子是个畸形,比如你自己的来世充满灾难;还有"后报",所谓"后报"指八万劫以后,那个报应还在等着你。大家注意佛教所说的"劫"是一个时间观念,佛教一般把劫分"小劫、中劫、大劫"。一小劫84000年,一中劫大约3.3亿年,一大劫大约280亿年。有人说现存的宇宙发生于137亿年前,刚好是一轮大劫的半程,可见佛教所说的时间观念是个非常宏大的时空尺度,这在人类古代是一个很难想象的事情。

佛陀思境宽广。大家知道中国古代讲世界的发生,谓之"盘古开天地",也不过就在女娲、伏羲之前不久。基督教曾经有位教士在17世纪讨论上帝创世的时间,他做了一个莫名其妙的计算,也不过推到公元前4004年,距今不过6000余年。而佛陀说"劫"居然说到数亿年乃至数百亿年这样的时段,可见其时间跨度之深广。

这里佛家讲的戒律只是我们最常提到的十戒。佛教的"戒",讲法很多:五戒、八戒、十戒等等。它还有一个最充分的说法叫"具足戒",算下来大约有256戒甚至更多。要做到"具足戒",你才能真正戒绝红尘。

佛教讲"五蕴皆空"。什么意思呢?"五蕴"指什么?——色、受、想、行、识。它要回答的问题是什么?——无我。佛教认为世界的实相本真是大空境，那么也就没有我，你所说的"我"只不过是色、受、想、行、识这五种虚相的因缘和合。佛教讲"六根"，也叫"六处"，指"眼、耳、鼻、舌、身、意"。我前面讲过我们人类获得外部信息唯有的通道就是五官：视觉、听觉、嗅觉、味觉、触觉，再加上由此五官获得信息所形成的意识，这就是"六根"，所谓"六根清净"就指的是这"六识"。它的对应物叫"六尘"，也就是"色、声、香、味、触、法"，对应前面的"眼、耳、鼻、舌、身、意"。

　　佛教的"五蕴皆空"，因此有两个程度不同的解释："我"是怎样达成的？其实本来"无我"，你那"有我"的感觉纯属种种假象的合成。浅里说，首先你所谓的"有我"，是因为你有"识"，你有所认识，而我们的"识"，我前面讲过它都是虚相，都是假象；尔后"缘识起行"，有了"识"你就有了行为，既然你的"识"都是假象，你的行为当然也是空幻；继之"缘行起想"，你的"识"和"行"构成你的思想，既然前两者都是虚幻，那么你的"想"当然也是虚幻。所以按佛家的说法，笛卡尔说的"我思故我在"是不成立的。当你有了"识、行、想"，于是又缘起了"受"。这里的"受"包括感受，更包括受纳，也就是你的贪欲有所实现，有所收纳，有所攫取。前面都是空，"受"当然也是假象；最后是"色"，佛教所说的"色"不是指女色，而是指一切有形物质。这里特指你的肉身，你有了前四样东西才能确认你的身体存在，确认你存在。如果前四样都是虚幻，那么你的身体也就是一个幻象。这是往浅里说。

　　往深里说，佛教不仅有"六识"，它还有"七识"和"八识"。第七识叫"摩那识"。所谓"摩那识"说起来很复杂，我们讲简单一点，叫"我识"。就是你的眼、耳、鼻、舌、身，你所有的感官之所以能够获得信息，其实是因为根子里有一个虚妄的"我"存在，有一个对"我"的执念的维护和对"我"的诉求的实现，那些"五感六识"才会发生。因此这是一个深藏不露的、处在意识背后的主宰，此谓之"摩那识"；还有第八识叫"阿赖耶识"，

"阿赖耶识"解释起来更加复杂，我们在这里做最简单的解说。它也叫"藏识"，就是你在"色、受、想、行"的过程中，由此形成的"业"的种子深深地埋藏在"识"的最底部，它是很难消除的。也就是你要深入到第八识——"阿赖耶识"，你才能消除业障、洗刷孽缘，才能澄清身心而进入空境，达致涅槃，这是非常之难的。从"阿赖耶识"这个地方出发，"色、受、想、行、识"就有了更深一层的解释，叫"以识入胎"。就是你上世之前所作的"业"深藏在第八识"阿赖耶识"那个地方，它会"缘识入胎"，来到下一层的你之中，也就是潜入你的来世，成为种子。然后再次"缘识起行"，启动你来世的"行、想、受、色"，又开始新一轮"我在"、"有我"的循环，这叫"五蕴皆空"。大家注意理解这些东西的关键，要理解"缘起说"。

佛教讲"三界六道"，所谓"三界"乃"欲界、色界、无色界"。那么什么叫"欲界"？就是你的欲望和欲念构成的世界。我举个例子，所有人学习知识是为了什么？是为了获取某种利益。比如学习科技知识是为了获取某种力量，获取某种物质，获取某种能量，因此你所有跟欲望相关的东西构成了你的世界总体或知识总体，这叫"欲界"；所谓"色界"就是一切有形世界，比如山山水水，比如天地万物；所谓"无色界"，这个说起来有点复杂，佛教的解释非常艰涩，我在这里举个例子。比如今天讲我们这个宇宙，人们所能探察到的物质，恒星系和行星世界，它们实际只占宇宙物质总量的5%，另外95%是物理学界迄今都找不见的暗物质和暗能量，这有点近似于佛教所说的那个"无色界"。当然佛教绝不是这个意思，佛教的"无色界"实际上就是"摩那识"和"阿赖耶识"所组成的那个你自己都够不着的黑暗的深处。

三界下面分为"六道"，"六道"并不是三界之外的东西，而是三界之内的层次，这叫"三界六道"。大家知道你如果没有修到涅槃境界，你就会不断地在"三界六道"中轮回，这叫"苦海无边"。这六道之第一道，也是最高道，叫"天道"，什么叫

"天道"？做最简单的解释，就是你寿长八万劫，少苦高德。不是说你没有苦难，因为你还在六界中轮回，还在苦海之中，只不过你的苦难较少一点，它有点类似于中国道教中所说的成仙。当然其实完全不是一回事，我只是比喻。

第二道乃"人道"。就是你前世的作业，善业还做得不错，又回到了人间。各位今天能坐在这儿听课，证明你上一世大致还不坏，于是又轮转回来了。所谓"人道"，寿约百岁，苦乐相间。大家注意我前面讲人生本身就是苦难，这里的"苦乐相间"绝不是说人生有苦有乐，这里的"乐"仅仅指苦难的引诱剂，只不过是苦难纵深施行和伸展的一个临时阶段或者一个引导阶梯。比如你追上了一个美女，癫蛤蟆终于吃上天鹅肉了，可你没想到结婚以后她是个悍妇；比如你发了大财，正沾沾自喜，结果随后遇见强盗被掠夺了个精光，这叫"乐"——"悲从乐来"的"乐"。"乐"一定给你带来更大的麻烦和苦难，这叫"苦乐相间"。

再下来是"阿修罗道"，简单地说就是"欲界下层天"。跌到"阿修罗道"你就进入了欲界的底层，你的基本表现是嫉妒、怀恨而好斗，受尽这种恶劣情绪的折磨。我很难具体地说它是什么样子，大约有点像在政界厮混的当官的人。大家知道当官是非常痛苦的，因为你不能实行你的独立意志，你的上级再蠢，他发出的指令就是你的意志，你都必须予以执行，因此你不免时常处于深感窝囊、极度压抑又心生怨愤和妒忌的那种状态，你不免会想尽办法去颠覆他、取代他，从嫉恨而进入好斗，所以为官生涯确实是很痛苦的。

再下来叫"畜生道"，就是你下一世流转到非人之众生。佛教讲得很细，分为兽道、鸟道、鱼道等，一层一层深入，一点一点剥离，也就是你下辈子做牛做马之类。

再下来叫"饿鬼道"，所谓"饿鬼道"，简单地讲叫"贪财无餍足，求人形丑陋"。佛教数落"饿鬼道"之辈，说他的贪念之大、欲望之强用这样八个字来形容，叫作"腹大如山、咽细如针"。说你欲壑难填的大肚子像山一样庞然，可你吞噬财物的那个咽喉通道却细如针孔。意思就是你欲望极高，而实现欲望的路径偏偏又极窄。我说不清它是什么样子，做一个不恰当的比喻，就像刚才我讲当官，下面我讲从商，其实他们都在人道，我只是举例加以参照。这饿鬼道略有点像经商者或企业家，大家想做商务、做企业的人，挣钱再多，永远都觉得不够，因为扩大再生产是一个必须的强迫，挣钱越多的人、生产规模越大的人，一定是越缺钱的人，所以向银行贷款的主要群体就是他们。马克思在《资本论》里专章讨论资本家"节欲"的问题，就是资本家其实不得不精打细算、节俭有加，因为他们对金钱的需求是出于资本膨胀本身的压力，这叫"饿鬼道"。我只是随便做比喻，大家别当真。

最后一道叫"地狱道"，也就是落入地狱中去了，其状曰"纯苦而无乐，难逃诸刑罚"。关于这个地狱道，我们通常讲是18层地狱，佛教的讲法可复杂多了。它分"小狱、中狱、大狱"，有学者计算，按佛教所讲的分层，地狱至少108层，最底下一层、最深一层的地狱叫"无间道"。它的含义是受刑罚折磨永无间断，这一道也叫"阿鼻地狱"。前些年香港演一个电影叫《无间道》，我横竖都没看明白它到底是什么意思。

我讲到这儿，你就应该发现，佛教学说同样没有逃脱"历史层累"之宿命。我昨天讲《易经》，提及它越到后世，可说的话反而越多，亦即被解释得越复杂、越玄妙。佛教也同样，在上千年的积累中，在后人不断地解释、发挥和伪托之中，佛教学说变得越来越纷繁，离佛教宗旨思境越来越远。大家想想诸如这类地狱说，我们到处都能见到，在任何宗教中，甚至在日常生活中我们都能见到。包括但丁写的《炼狱》，你看看人类的各种文学演绎，跟佛教全然无关的领域都有地狱之说。所以这种东西到底是不是佛祖所言的真经，大可怀疑。

好，我们下面简略说一下"十二因缘"。"十二因缘"讲起来有点复杂，我做最简单的解释。理解"十二因缘"，重点仍然在于理解"缘起说"。它是讲你所说的世界，你在"三界六道"中的轮回，其实就是这十二因缘的流转，所以也叫"流转门"。它从"痴"开始，也叫"无明"，由于你"无明"，由于你不能把这个世界看空，由于你认为这个世界真在，由于你对这个世界有执念，所以"缘痴起行"，请注意"缘起"，于是你才有了意志和行为；然后"缘行起识"，这样你才有了意识，有了"六根六尘"；然后呢，你由"识"进入了"名色"，"名"指心理，"色"指肉体，于是你有了身心总体；"缘名色而起六入"，所谓"六入"，即"眼、耳、鼻、舌、身、意"；有"六入"你就有了"触"，也就是身外的感知；有了"触"你就有了"受"，苦受、乐受、不苦不乐受，各式各样的感受和受纳；有了"受"你就有了"爱"，对三界事物的贪爱，大家注意佛教认为"爱"是贪的一个表现形式，所以有人说佛家讲大爱，这都只不过是世俗传播佛教的一种浅层说法而已；接着又"缘爱起取"，也就是你有了贪爱，你就有了攫取之心和攫取动作，它讲得很细，分"欲取、见取、戒禁取、我语取"等等，是什么意思呢？就是顺着欲望去取、顺着眼见去取、顺着戒禁去取，就是表面上看是"戒"，实际上"戒"只不过是一个幌子，"戒"实际上变成了"取"的一种变相的方法，还有"我语取"，用自己的语言去索取，这些东西都讲得非常之细；然后"缘取起有"，于是有了各种各样的东西，叫"欲有、色有、无色有"；然后"缘有起生"，从此又进入"三界六道"；最后"缘生起老"，进入老死，这叫"流转门"。

反之，你如果要"此灭故彼灭，此无故彼无"，你如果要修佛，你如果要消除这些业缘，那你就得从同一方向修为，从化解"无明"或"痴"开始，进入"明"的状态、"觉"的状态、"悟"的状态，然后你才能逐层消灭"行、识、名色、六入、触、受、爱、取、有、生、老死"，这叫"还灭门"。

佛教讲"三世因果"，就是"前世、今生、来世"，这叫"三世"。它的"三世因果"也镶嵌在这个十二因缘中。也就是你由

"无明"引起"行","行"引起"识",这里讲的"识",含"阿赖耶识"、"以识入胎"的"识",于是你从前世进入今生,即"以识入胎"进入二世。然后你通过下面一层一层走,走到"爱、取、有、生",这就是你的今生。然后呢你从今生又继续轮回,进入你的来世,再转至"老死",如此循环往复、永无止境,这叫"三世因果"。我在这里只做最简单的说明,有兴趣的同学读一读佛经,它的讲法要比这深入得多。

佛教讲所有的东西都讲得非常之细致。比如佛教讲"布施",它会讲得非常到位,我们只是粗略地解说。比如它讲"颜布施",这算第一个,这个"颜"是颜色的"颜",就是你给别人一个笑脸都算布施;它还有第二个——"言",语言的"言",叫"言布施",就是你给别人说一句祝福话,也叫布施;它还有第三个——"眼",眼睛的"眼",叫"眼布施",就是你给别人一瞥慈祥的眼色,也叫布施。所以它讨论任何一个问题都分得非常之细,走得非常之深,我们在这里只讲了基本梗概。

佛教讲"无明至妄",就是由于你"痴",你不能把这个世界看空,你把世界的虚相都看成实相,或者说你把世界的假象都视为真相,你眼见为实,那么你就离佛界很远。我前面讲过即使是哲学,眼见为实也离哲学很远,哲学的前提是眼见为虚,佛教同样。但凡你把世界看成如实状态,那就是你"无明至妄"的结果。佛教讲"因缘",讲"果报",也就是你做恶业你就得恶报,你做善业你就得善报,它还讲"果位",所谓"果位"就是你修佛的高度,修行达到的位置。

佛教讲"菩提"、讲"般若"、讲"涅槃","般若"、"涅磐"我在前面讲过,我在这里稍微讲一下"菩提"。"菩提"这个词中国最早翻译成"觉悟",因为所谓"佛"就是"觉者"。但是随后发现中国人所谓的"觉悟"全然是别一种含义,在汉语中用"觉悟"这个词,比如说一个人悟性很高,是指这个人很聪明,会钻营,对人情世故看得很真切,长袖善舞,见解诡异,具有超常的社会行为能力,能给自己攫取更大的利益,这叫"悟",

它跟佛陀所说的"觉悟"刚好相反。佛家所说的"觉"、所说的"悟"，恰恰是要把这个世界看空，绝不在这个世界上执着，绝不在这个世界上拼搏，这才是佛家所说的"悟"，这才是佛家所说的"觉"。它是"中国式觉悟"的相反，在中国文化中根本没有这个概念，因此只好回到原来的梵语音译上，叫"菩提"。

佛教讲"染"和"净"，所谓"染"，就是你受到了污染，所谓"净"，就是你得到了净化。什么叫"污染"？你看这个世界是真实的，是有常的，是有我的，是不苦的，那么你就是受到了"污染"的状态。你如果看这个世界是不真的，是无常的，是无我的，那么才叫"净"，也就是你得到了真正的清净。

佛教讲"三法印"。我解释一下"法印"这个词的含义，佛陀讲经49年，他后来发现很多弟子误解他的学说，甚至把他的学说引申到非常荒唐的方面去，于是佛陀定出了佛家学说的最基本纲要。对于这些基本纲要，佛陀这样表述："必得符合诸此法印者，方为佛说。"大家知道"印"，印证、印章的"印"，"法印"就是佛系学说的确认纲要。佛陀甚至说，如果我本人所讲的东西不符合这等法印，即使佛说，亦为误谈。

那么这"三法印"是什么？叫"诸行无常印、诸法无我印、涅槃寂静印"。也就是你要理解佛家学说，最重要的第一步是要知道这个世界全是虚相，是作业的结果，是没有业缘之外的真存的，当然就更没有规律可言，因此这个世界是"无常"的幻象，这是第一"印"。

第二是"诸法无我印"，为此你得深刻理解"业"这个概念。表面上看，"业"的前提似乎是"有我"，然而一旦你认为"有我"，你就把佛说误解了。所以你必须意识到连"我"都是个虚相，都是"五蕴皆空"的因缘，都是"色受想行识"的产物，所以你必须看到"无我"，所有的法相中都要达到"无我"，这才是佛说的重点所在。

第三叫"涅槃寂静印"，就是你只有进入大空境，你才知道佛祖在说什么。"寂静"是大空境的情状表达，"涅槃"是达至大空境的修为境界，这叫"涅槃寂静印"。

有人认为可以列为"四法印"，若然，则"第四法印"其实应该摆在最前面，叫"诸漏皆苦印"。就是你的业缘体验，你对人生的看法，你对世界虚相的真切理解乃一切皆苦，苦海无边，回头是岸，这是"四法印"说法中添加的一印。我提请各位注意，要想理解佛教，至少我此处说的这四项，你必须有深刻领悟，佛教本身的基本教义你才能把握。

我再说一遍：诸漏皆苦印、诸行无常印、诸法无我印、涅槃寂静印。佛教讲"修持自证、灭度生死"，就是你只有修为、修持，直到"修证"，通过修而证明空境，你才能"灭度生死"，你才能解脱自身。大家一听就知道这是典型的小乘教。小乘教中讲西方净土、极乐世界。在这里大家不要误会，以为真有此神圣之地。佛教的宗旨是空，所以但凡说"西方净土"、说"极乐世界"，你可千万不敢理解为有一个真实的净土和世界，它所说的净土和极乐世界其实是指你的心境，是指你把自己的心境修到性空涅槃状态，那才是极乐净土。

佛教讲"慈悲喜舍、利乐众生"，大家应该一听就明白这是大乘教。所谓"慈"就是我在老子课中讲的那个"慈"；所谓"悲"不是指你如何悲伤，而是看见别人悲苦而与之"同悲"；所谓"喜"不是你自己喜乐，而是看见别人欢喜而与之"同喜"；所谓"舍"就是我前面讲的布施度，我前面讲布施度讲得很深，大家可以再去回想那个讲法，在这里说浅一点，就是于日常行为上广施善缘、救苦度难，这显然是大乘教。

佛教与哲思

我们下面略看一点佛教的经文。

《阿含经》中讲："若见缘起便见法，若见法便见缘起。"就是你如果理解了"缘起说"，你就理解了佛法，你理解了佛法的标志是你理解这个世界是"缘起世界"，也就是由"业"而引起的虚相，你回归到大空才见佛法。《摩诃般若波罗蜜经》中有一句话："如实知一切法，故名为佛。"也就是你如果懂得了佛法，修证了"缘起"，那么你就是佛。所以我在前面讲，佛教是一门无神论的宗教。"佛"不是指佛祖本人，尽管大家把他尊称为佛，那是因为很少有人能够达到这个境界。实际上你如果能修到那个程度，修到那个正觉圆满、涅槃寂静的高度，你就是佛，任何人修到这个程度皆为佛，这就是佛教的无神论的表达。

《金刚经》中有一句话："不应住色生心，……应无所住而生其心。"这句话什么意思呢？我们正常人一般是外部给一个刺激，我们才会有一个动念，才会有一个意识反应，这叫"住色生心"。我讲过"色"是指外部有形事物，这是最正常的人类精神反应。可佛教认为如果这样，你就在业障虚相中被纠缠，你就在红尘俗世中打滚。它说"应无所住而生其心"，就是你由"戒"入"定"，到了"禅定"这个状态，外部已经不再给予你任何信息，你反而"生其心"。这个"生其心"是指什么？是指有了"正觉"，有了"悟"，理解了大空境，临近了涅槃态，这叫"无所住而生其心"。它跟我们正常的心理反应恰恰相反，所以佛教有一个词，说你进入这种禅定状态，叫"非想非非想"。什么叫"非想"？就是你的思境完全是空的，是"无所住"的情状。但是这还不行，你还得"非非想"，就是"并非什么都不想"，因为"觉悟"也是一种思想态，这叫"无所住而生其心"。你在"禅定"中，在什么都不想的无杂念静修中，最终有了觉悟，有了正念，这叫"非非想"，所以佛教的"修"是至深而奇妙的。

佛教中用诗歌的方式阐述佛理，用一个专门的字叫"偈"。佛经中最著名的一偈是这样说的："一切有为法，如梦幻泡影，如雾亦如电，应作如是观。"就是你如果看这个世界是有形的，你对它是有执念的，然后你在其中是有所攫取、有所贪求的，这叫"有为法"，如果是这样，那你就离佛还很远。你要看这个世界如梦幻，如泡影，如朝雾，如闪电，世界全是虚相，只有这样你才能进入修佛状态。所以《心经》中有一段话："色不异空，空不异色；色即是空，空即是色。"就是说你所看到的一切事物，其实它的本真都是空。

佛教讲"现法喜乐"。所谓"现法喜乐"，就是佛教允许或迁就在严格的佛法规约下过好世俗生活，也就是所谓的"在家修行"，在家修行者有一个专门的称呼，叫"居士"。大家想想佛教讲"戒、定、慧"，一个居士过正常世俗生活，然后还要修佛，它的难度一定是极高的。因为在世俗生活中，在红尘喧嚣里，要戒绝一切纷扰，戒绝外部信息，这是很难做到的，所以以居士形式修佛要达到极高果位难乎其难。因此佛教的原教旨是主张"出世修道"的，也就是要在远离人世的地方出家修佛。所以你看佛教的寺庙通常都建在深山老林里，远离红尘，以便戒修，从而最终抵达明慧。

佛教所倡导的修佛绝不是一种逃避。在日常生活中，我们经常见到一些人，由于遭遇重大的麻烦和人生的苦难，尔后出家为僧。比如失恋了，比如得了一场大病，比如发生了一次车祸，然后从此开始虔诚信佛，这像是逃避，尽管也可以视为一种指引。须知佛教绝不是逃避红尘苦难的地方，因此修佛之举，它是"以苦治苦"。你真正出家修佛，难度是非常之高的，它决不会让你在其中享乐。比如它连饭都不叫你吃够，它一天只进一餐，它连觉都不让你睡足，它做法事，晚法事在子时，11点到1点，早法事在寅时，3点到5点又开始了，所以修佛是个非常苦的过程。那么出家修佛，寺院已经建立在深山老林、远离俗世的偏僻之地，它仍然觉得不够安静，因此佛教还有一个更深的修法，叫"闭关"。所谓"闭关"就是在远离寺院的一个更隐蔽的地方挖一个小山洞，或者建一个非常狭小的草庐，小到这样的程度，你在里面都站不起来，都躺卧不平，只能在里面打坐，唯有一个柴门可供他人出入。你面壁若干年月，每天由一位小沙门通过此柴门之一孔，给你递入一钵餐食，这叫"闭关"。大家知道达摩祖师曾经在少林寺一次闭关竟至九年，这真是一件苦不堪言的事情。

我举一个例子，比如在监牢中，对于入狱后还捣乱的犯人，给他施加一项最严厉的惩罚是什么？关小号！把他独自关押在一间小囚室中，然后把光线、声音都完全遮蔽掉，这种没有任何信息输入的被隔绝状态会导致人类神经系统受到严重损害。要知道我们的神经系统是在具有一定信息接入，或者说是在具有一定信息载荷的情况下进化而来的，完全缺失信息刺激，这叫"不可承受之轻"。有犯罪学家研究发现，一般如果持续关小号一个月左右，大约30%的人会发生心理错乱，时间再长的话，约有50%的人会疯掉。所以你千万不要随便去尝试闭关，它需要一个逐步纵深训练的过程，你随便去操作小心把自己搞疯。这是一个以苦治苦的修行方式，难度极高，要让自己进入到真正"戒定慧"的状态绝非易事。

好，我们下面再略微看一点佛教的经文。《杂阿含经》中讲："当知若诸众生所有苦生，一切皆以爱欲为本。"就是你有贪爱，你有欲望，那么你的一切苦难就无法终止。《四十二章经》中讲："天下之苦，莫过有身，……夫身者，众苦之本，祸患之元。"说天下所有的苦难，莫过于你有一副多余的皮囊，它说你若看重你的身体，那么你的欲望、苦厄就无法消除。《别译杂阿含经》中用这样的一些言词形容，叫"革囊盛粪"，它为了让你看空自我，便说你的肉身只不过是一个装满粪尿的臭皮囊。它又讲"庄严宝瓶，内盛屎尿"，说一个人看起来道貌岸然，其实剖开一瞧满肚子不过屎尿而已。它竭力诬蔑你的肉身，以便于你埋头进行精神升华。《法华经》中讲："三界无安，犹如火宅，众苦充满，甚可畏怖，常有生老病死忧患，如是等火炽燃不息。"它说你的人生就像住在一个失火的房子之中，你天天被它煎熬，如果你不能修佛而达至超然解脱之境的话。

我讲到这儿，很容易给大家一种误解，以为佛教就是哲学。

我今天上午讲佛教宗旨，引用了很多哲学观念，目的是为了让各位理解佛学思想的深奥和透彻，但大家千万不能把佛教理解为哲学。因为佛教强调的是"由信而知"，而哲学和科学强调的是"由知而信"，什么意思？佛教要求你首先确信它，也就是信仰它，然后你才能修证它，真正深知它的内涵，所以它是以信仰为前提的。哲科思维恰恰相反，它是以怀疑为前提的，有了怀疑才有探究，有了探究才有知识，有了知识我才确信，或者我才半信半疑地取信。这是哲学和科学的基本状态，因此哲学和宗教是两码事。

请注意区别宗教是"由信而知"，哲学和科学是"由知而信"，因此佛教讲的不是逻辑上的"求证"，而是"修证"。佛教中有一篇经文，名叫《佛说箭喻经》。该经文中记载了一件事情，说有一个外道鬘童子，就是信仰佛教以外其他宗教的一个结扎着特殊头发样式的年轻人，有一次向佛陀提出了十四个哲学问题，借以请教或刁难佛陀，这就是著名的"十四无记"。我顺便把它念一下："世有常、世无常、世有常无常、世非有常非无常；世有边、世无边、世有边无边、世非有边非无边；命即身、命异身；如来死后有、如来死后无、如来死后亦有亦无、如来死后非有非无。"他提出的这"十四无记"，是典型的哲学问题。

我为什么讲它是哲学问题？我们看其中的四条这样表述，叫"世有边"、"世无边"，什么叫"世有边"？这个世界是有限的；什么叫"世无边"？这个世界是无限的；"世有边无边"，这个世界既是有限的又是无限的；"世非有边非无边"，这个世界既不是有限的，也不是无限的。大家听听，"世有边，世无边"，这些问题的提出，如果你读过康德的书，便知这恰恰就是康德讨论四项二律悖反的第一项。

康德曾经讨论过一个特殊问题，他说把理性运用到极致一定会发生悖谬之结果，这叫"二律背反"，也就是我们今天通常所说的悖论。康德这样证明，他说你说世界是有限的，在理性的极致上这个说法成立，因为你所看到的所有事物都是具体和有限的，你从来见不到无限的东西，因此说世界是有限的成立；但是，把思想调动到尽头，你说世界是无限的也同样成立，为什么？因为你想如果这个世界是有限的，那么在那个有限之外是什么，所以只有说世界是无限的，似乎才能通融有限。所以康德证明人类把理性运用到极致，一定产生矛盾，此谓"二律背反"。那么这位鬘童子给佛陀提出的这十四项哲学问题，佛陀怎么对待的呢？不予回答。佛陀很高明，他知道运用人类的理性逻辑是不可能解决这个世界的终极问题的。

我讲到这儿，大家应该能够回忆起我在讲西方哲学课的时候曾经提到的哥德尔定理，请大家回忆那个部分。就是人类的理性、人类的感知、人类的逻辑是有天然缺陷的，因此他永远不可能回答真正终极的问题，或者他永远不可能把问题推向无边无限的极点。佛陀深知此道，因此不予回答。这也表明你要理解佛家，你就不能在"逻辑证"上进行，你得用生命去"修"去"证"。

我们下面再看一点原文。《金刚经》讲："须菩提，南西北方，四维上下虚空，可思量否？"须菩提是佛陀的一个弟子，佛陀问他说你看东西南北，四方上下全是虚空，你能想象吗？《金刚经》中又讲："凡所有相，皆是虚妄。若见诸相非相，即是如来。"他说的"相"就是你所看到的事物，他说你看到的所有的事物皆是虚相，皆是虚妄，如果你能悟出"诸相非相"，即看起来是实在的东西，其实全是虚幻，那你就得到了真谛。所以我在这里强调，一切深刻的哲思，一切深刻的宗教，甚至一切深刻的学说和理论，包括科学在内，前提条件都是眼见为虚，而不是眼见为实。

佛教传入中土：冲突与融合

佛教的这一套思想最初进入中国，由于其学说华彩纷呈，一时间迷倒中国所有文人。

大家可以想象，中国古代讲儒学，讲"君君臣臣，父父子子"，讲血缘，讲伦理，全都是人世间眼见为实的浅证。突然进来这样一脉理序深彻、光芒四射、令人眼晕的学说，一时间文人士大夫趋之若鹜，佛教之传入给中国思想界带来巨大震动。如果我这样讲不能使大家感同身受，我换一个话题，先讲一下近代西学突入中国的情形。

大家想想在西方文化进入中国以前，中国人何曾知道世界居然是我们今天的那个观念体系。我们主张眼见为实，我们主张学以致用，我们所说的世界就是看得见的山山水水，我们所说的世界就是人伦道德结构，就是皇权官僚系统，就是君臣父子孝道。西方文化在1840年以后进入中国，它竟然告诉你世界上的一切物质都是由你看不见的原子、分子、基本粒子构成的；它居然告诉你，你的身体、你的生命是由你眼睛根本看不见的细胞、肽链、脱氧核糖核酸构成的；它讲一切事物居然是可以拿数学计算的，一切事物都不过表达为一组方程，而且可以表达到极为精确的程度，甚至可以精确预测。中国人在原有的知识体系里从来没有想过，世界居然是可以这样对待的，它极具解释力、创造力，并且最终可以验证，故谓之"实证科学"。这种看世界的方式一下就把中国传统文化全部冲垮，中国文化迅速崩溃和衰落。请设身处地地想一想，西学东渐给近代中国学术界、思想界、知识界造成怎样的震撼和冲击。

那么你再回望两千年前佛教传入中国的情形。面对中国原有的那个粗糙而局限的人世观、人伦观，突然进来如此异彩纷呈、如此光芒四射，展现出如此宏阔的"大千世界、时空劫数"之宇宙观，而且还有如此缜密的逻辑推证，如此深探的思维方式，想想它对当年中国文化界的冲击。因此自从佛教传入中土，便对中国文人士大夫阶层造成强有力的震撼，这就是佛教一经播散，立即感动四方，最终逐步地全面介入中国固有文化体系的原因。由于它跟中国文化有互补作用，同时它华彩遍溢，因此一时间迅速渗透中国社会之各层各界。我讲到这里大家应该能够体会到当年佛教进入中国的状态。

下面我们就来讨论佛教之传入对中国文化的影响以及与中国文化的冲突与融合。

据有关史料记载，佛教是在东汉中期传入中国的。相传汉明帝有一天晚上做梦，梦见西方有金人，第二天上朝就和大臣们谈及此事，有大臣回奏说西方确有真人，而且有真经。于是汉明帝派遣专使到西域请来佛僧，白马驮经，抵达洛阳，建立中国第一个佛教寺院，这就是著名的白马寺。为什么把佛教的教堂叫作"寺"？是因为汉朝的外交部叫"鸿胪寺"，外交部部长后来叫"鸿胪寺卿"，由于是外交部官员请来的最早的外国客人，因此"寺"相当于是年的"外交部招待馆"，自此以后就把佛教的修院称为寺院。

我讲到这儿大家就应该明白，虽然史书记载佛教是东汉中期汉明帝当朝之时才由官方正式引入，但汉明帝做一梦，白天和他的大臣交谈，为臣者竟然能告诉他西方有真经，足见佛教早在汉明帝朝议之前就已进入中国，否则他的臣子怎么能给他提出那样的奏对和建议呢？所以佛教流入中国应该比汉代中期还早一些。

佛教传入中国，并不是和本土文化全无冲突。因为任何一个异域文化，它要是跟当地文化没有多大区别，那也就证明这一脉文化没有什么独到的特点，它也就不可能造成冲击效应。所以佛教进入中国，它是要跟中国文化折冲磨合的。比如佛教传入以后，要求出家者必须削发、剃度，而中国人讲"身体发肤受之父母，不得毁伤"；佛教不允许结婚，叫"不邪淫"，而中国孝道文化讲"不孝有三，无后为大"；佛教不允许它的教徒跪拜除佛祖之外的其他人，而中国人自古跪拜尊长、跪拜皇帝等等。因此佛教进入中土，它是跟中国文化在某些方面多有冲突的，也因此它一定会发生某种程度的变形。我们在佛教经卷中见到这样一经，名叫《父母恩重难报经》，一望而知这大抵是中国人伪托的佛经。

最初，佛家学说颇显深奥，难于理解，这就像西方科学近代传入中国，国人是很难接受的一样。比如原子物理学、核物理学，比如数学、化学，比如力学、桥梁建造学等等，它都是中国当年派出留学生到西方深入学习，获得学士、硕士或博士学位，然后回国当工程师、当老师、当教授，如此四处传扬，刊登文章，进而流为新式学堂的教育科目，这才逐渐广为接纳、深入人心。大家想想民国时代，最著名的所谓大师们，其实都只不过是在各个不同专业上，把西方某一门专科学透，然后介绍到中国，便在这个特定领域成为翘楚。他未必是自己真有什么重大建树，却在中国现代史上成为名震至今的学术巨擘，其实他们只不过是传入和介绍了西方文化而已，其之所以被誉为大师，实在是由于西学思想太难理解了。

佛教传入中国也同样如此，中国人早期根本就无法理解佛教所说的那套思绪，所以早期诠释佛教、翻译佛经都借用的是中国传统概念。比如《四十二章经》中讲："世尊既成道已"，把佛祖"成佛"说为"成道"，用老子"修道"，道教"修仙"这样的方式来表述佛教，这完全是错译、误译。因为中国"道教的修"和"佛教的修"完全不同，我们后面会稍微讲解一下。比如讲"转四谛法轮，而证道果"，仍然用中国道家的"道"的概念来解释佛家的佛法概念。像这样的话语文字很多很多，我不再列举。我们从这些译文中就可以看出，当年佛教传入中国，即使是文人士大夫，要理解它都非常困难，即使是当时的高僧大德，翻译它都不能译述准确，甚至找不见恰当的单字或词汇，可见佛教理解起来有多么困难。

故此佛教必然被中国文化所折冲、所改造。佛教原旨偏于小乘，由于中国主流文化是儒家体统，而儒家思想偏向积极，主张入世，所以佛教进入中国之后渐转大乘化，于是在佛教中就有了"以出世法做入世事"的说法，就有了"不二法门"的经卷（见《维摩诘经》）。所谓"不二法门"系指"世、出世不二"，也就是说"入世"和"出世"是一回事，用这样的方式来融合或变通佛教要求出世修佛的含义。我们由这里可以看出佛教传入中国，它在义理融通上也是有相当难度的，需要经历很长时间的逐步磨合。

佛教传入中土以后，便快速弥漫。它跟中国农耕文化于精神上十分契合，对中国农耕社会保持稳定产生巨大效益，因为它更消极、更禁欲、更压抑，所以它在中国广为传播，获得四方拜服。从上层文人士大夫的经文研修，到下层民间俗众的功利求佛，渐渐演成普世思想系统而笼罩全民。从此佛教在中国历经千年而不衰，它在印度本土反见数百年后就趋于式微了。至中唐时代，佛教文本的译经量就达九百六十八部，计四千五百零七卷，明清以后更达到五千卷以上而不止。今天在世界上求取佛教文献，保存最完善的就是中国，你到印度去反而找不见了，这就表明佛教文化对中国文化影响之深远，尤其表明中国传统文化对佛教文化的接纳之诚恳。

我下面简单讲一下佛教宗派。要知道佛教在印度是没有宗派的，大家注意"宗派"这个词，它就是佛教专用词，即"宗教分派"或"宗教派别"，此谓"宗派"。佛教在印度只有学派和部派之分，没有宗派，因为印度的那个吠陀文化底子，使得印度人在婆罗门教的基础上发生佛教转换，理解起来没有中国人那么困难。佛教传入中国而随之发生宗派，主要有两个原因：第一，佛教太过深奥，当时中国的文人士大夫，死活都琢磨不透它。这就像早期西方文化进入中国，物理学、化学、数学、几何学、社会学、生物学、伦理学、心理学等，令中国人一片茫然，大家不得不分门别科，一点一点地去学习、去研究、去介绍、去翻译，而且还常常出错。佛教传入中国早年也是如此，它进来以后，即使文人士大夫介入其中，开始琢磨它、翻译它、解释它、散布它，但是大家达不成深刻而统一的理解，于是出现种种分歧，就像面对一个庞大而复杂的陌生体系，人们各站一端，径自描摹，犹如盲人摸象，谁都拿捏不全、述说不透，于是不同宗派油然而生，这是宗派发生的第一个原因；

第二，佛教在中国弥漫开来以后，佛寺、佛院处处搭建，善男信女大量进入寺院修佛，有很多信众把自己的财产土地都贡献给佛门，贡献给寺院，于是寺院就有了大量的教产。我举个例子，比如南北朝时期有一位梁武帝，他是非常好佛的，修佛很来劲，作为皇帝，居然动不动就出家了。大臣看皇帝出家了成问题，于是拿国库里的公帑把他从寺院里赎回来，刚赎回来他又跑了，于是大臣再拿国库里的钱去把他请回来，如此反复三次不止。这个梁武帝可实在太有名了，菩提达摩最初来到中国就谒见了梁武帝，武帝虽然向佛，却跟达摩交谈不洽，所以达摩最终从岭南一苇漂江来到少林寺，引出此番故事者就是这位梁武帝。

我再举个例子。北宋之王安石可谓中国的著名文人和政治家，他晚年信佛，临死以前把他家的房产土地都捐给了佛寺。大家想寺庙教院有了大量的财产，财产大到什么程度？北京有一个寺庙叫潭柘寺，它建立在南北朝时代，潭柘寺最兴盛的时候，它的庙产和土地不仅占据北京西部的郊区，而且延伸到河北省乃至山西省。如此之大的教产当然也就成了宗派得以加固的原因。各宗派之形成，既维护自家的信念和偏执，同时也维护自有的巨额财富。

佛教传入中国如此轰动，如此热潮，它曾经使得各地大量青壮劳动力出家修佛，还使得作为农耕文明之基础的大量土地流入寺院，这当然会对中国正常农业经济生活和农业经济秩序带来重大干扰。再加上它在理念上跟中国文化取得融通，需要很长时间的折冲。所以从南北朝一直到晚唐，中国至少出现过三次灭佛事件，这就是历史上著名的"三武灭佛"。我讲到这儿大家应该能听出来寺院其实也并不清净。

佛教宗派在中国非常之多。人们熟知的像天台宗、华严宗、

373

十、佛教宗旨及其文化影响

净土宗、禅宗、律宗，此外还有俱舍宗、成实宗、法相宗、三论宗、楞伽宗等等不一而足。其中对中国佛教影响最大、汉传佛教最成势力的是禅宗。

禅宗：佛教中国化之大宗

我们下面谈一下禅宗。

禅宗是中国汉传佛教的最大一宗。禅宗的基本佛理依据，来自佛经上记载的一段话："释尊拈花，迦叶微笑，直指本心，见性成佛。"最重要的是后面这八个字，叫"直指本心，见性成佛"。什么意思呢？就是每一个人本心中就有佛性，只不过是被世俗的红尘所遮蔽、所污染，如果你能扫除这个俗尘，你就是佛。

佛陀的这个讲法，最初唯一的解悟者是迦叶，迦叶因此成为佛说禅宗之第一祖。禅宗有印度禅宗和中国禅宗，在印度不叫"宗"，叫"禅说"，以迦叶为首席代表，此后又相继出现二十八师祖。及至传入中国，其第一宗师就是我前面提到的那位和梁武帝相见的菩提达摩。

菩提达摩到少林开始创立禅宗，后来经过慧可、僧璨、道信、弘忍，直到慧能，禅宗大体上宣告完成，所以慧能被称作禅宗六祖。要说禅宗，我们就不能不讲慧能其人，因为禅宗终于发扬光大，以慧能为最重要的影响者。慧能是岭南人，贫苦不识字，少年时候外出打柴，偶遇一个僧人念经，他听来深有所悟，于是追随僧人入寺出家。

慧能很小入佛院，进不了正式的教团，于是在寺庙中做一些杂役，比如破柴、踏碓等等。所谓"踏碓"，就是在一个石舂子中间，放上带糠皮的稻米，然后踩踏一个杵杆，使其通过反复敲击而脱除米糠。慧能起初来到寺院的时候，由于还是个小孩，体重都压不动那柄杠杆，只好"腰石踏碓"，就是在腰上绑一块石头才能压起用于捣米的长木槌。他在佛寺里服行杂役的同时，听五祖弘忍讲经，脑洞大开，深得佛法，此足以见得慧能之悟性非凡。

五祖弘忍晚年想找衣钵继承人，于是让众弟子各作一偈。弘忍最出色的大弟子名叫神秀，提笔就在佛院的墙壁上写了一偈，我前面讲过，以诗歌形式表述佛法叫"偈"，神秀的壁书如下："身是菩提树，心如明镜台，时时勤拂拭，勿使惹尘埃。"大家听一听，还算挺深入、挺空性，意境也挺好吧。慧能不识字，看到神秀的偈文就让旁边一个小童读给他，听罢慧能觉得他可以作得更好，于是随口念出一偈，由一位官号张别驾的文人也书写在墙壁之上。

我们看一下慧能的偈词："菩提本无树，明镜亦非台，本来无一物，何处惹尘埃。"显然慧能的偈文更接近于大空。五祖弘忍过来看视，说"皆未得法，皆未见性"，然后用鞋把它们全擦掉了。到晚上五祖弘忍走至慧能的碓房中，在石臼上敲击三下，慧能深解其意，于半夜三更来到五祖弘忍的方丈，弘忍亲授佛法和衣钵，慧能由此成为六祖。弘忍同时告诫慧能，让他赶紧离开佛院，远避他乡，因为神秀在众弟子中的抱团势力极大，慧能倘若还逗留佛院会造成严重冲突。可见佛院里、寺庙里，也是尔虞我诈之氛围。

慧能自此迁到南方，隐姓埋名。神秀北上，在中国北地传布禅说，当时深得武则天的赏识。据说武则天曾经有意请神秀来做国师，神秀推诿，不敢从命，提说我有一个师弟名叫慧能，较我见识深彻，故而无颜接受国师之号。此后慧能声名鹊起，遂现身于中国南方传布禅宗。二人南北呼应，终致禅学大兴。

慧能对中国禅宗的发扬光大起到了重要的推动作用。我只举一例，前面谈到，只有佛陀讲过的东西记录下来才可称之为"经"。请注意慧能讲过的东西在中国也叫经，这就是著名的《坛经》，可见慧能对汉传佛教的影响之大。

慧能所谓的禅宗，跟既往其他各宗派的主要区别在于“直指本心，见性成佛”，简称“明心见性”。也就是说，他把过去修佛的那个渐修、苦修方式，转化成顿悟方式。我一讲到这儿，大家就应该能听明白，中国人特别欣赏禅宗，是因为禅宗乃取巧之道，至少有取巧之嫌。当然我这样讲不是污蔑慧能，慧能有一段话专门对此作出说明，他说“非上上根器者，不入此门”。就是你如果没有绝顶之慧根，你是修不了禅宗的，所以慧能的本意不在于取巧，但它能够在中国风靡一时，却与国人善于取巧、急于功利之夙性有关。

佛教传入中国，对中国文化造成深彻的渗透和影响，我们下面举一些例子。

第一，由于印度梵文是拼音文字，所以在印度文化中就有音韵学的成分。因此佛教传入以后，中国第一次出现拼音，当然不是指上个世纪中叶起用的现行罗马字母拼音，而是指中古已有的反切拼音。什么是反切拼音？大家看一下康熙字典，那上面标注的就是反切拼音。

中国人过去学文化，必须进私塾、拜老师，你是无法自学的，因为没有字典，没有拼音。一旦有了拼音，中国文字和文化便可以自学、可以普行。大家想，中国过去处处都是方言，不同地区的居民说话都是不同的方言，找不见文字的统一发音。秦汉前后，有辞书之祖《尔雅》，算是当时的雅言，据说为孔子教学所推崇，可视作古时的普通话。以后随着朝代的更迭、首都的迁转，官话不断改变。有了拼音，中国文字才逐步有了统一发音的依据，而且第一次有了可以借之自学、自研的这么一个工具和通道，它对中国文化在民间的推展起到很大的促进作用。

第二，佛学传入中国，导致中文字义得到较大拓展。大家知道人类的思想文化都是在文字符号上承载的，人类社会的信息量是不断增大的，信息内涵也是不断迭代的。如果文字本身随着信息量的扩张而膨胀，则文字量、词汇量就会倾向于变得无穷之大。而且如果各种知识是不断升华、不断增进的，那么相关文字的含义也就一定会不断地被充实、被变更。所以佛教传入中国，使得中国古代文字第一次有了异样文化的字意拓展，使得中国文字符号本身的意境得到提升。

我举一个例子，看"缘"这个字。中文的"缘"字，"因缘"的"缘"字，其本意最初仅指衣服的边缘。而随着佛教传入，"缘"这个字竟然成为一个哲学理念，所以就有了一系列与之相关的意解，比如缘起、缘生、有缘、随缘、结缘、惜缘等等。总之佛教文化传入中国以后，中国出现大量的新语汇，中国语言文字被大大丰富。

佛教传入中国，此后才开始有大量的复合词出现。大家看看我们现在经常使用的词汇，有相当一部分都是佛教用语，比如我前面讲作业、功课，这都是典型的佛教用语。比如真实、世界、自由、平等、方便、解脱、慈悲、忏悔、心地、境界，这些词汇居然全都是佛教词汇。民国时期著名学者梁启超，仅根据一部佛教词典统计，就发现佛教给中国贡献了三万五千多个新词汇，也就是说如果没有佛教传入，中国人今天说话都很困难。可见，佛教传入给中国语言的丰富化带来了多大的影响。

第三，佛教对中国的文学艺术造成深刻影响。要知道艺术的发展，它本身绝不能太求实、太写实。比如报告文学，它基本上成不了文学，算不得艺术，真正高雅的文学一定是虚构的。而它的虚构既要落实于现实，又要高拔于现实，这叫浪漫，或者叫浪漫主义文学。中国文学艺术中这种超拔于现实的思境，的确得益于佛教不少。

众所周知，一部好的文学作品一定要讲空灵、讲意境。大家读一下《红楼梦》，倘若其中没有这种空灵感，没有超然物外的意境，该书绝不可能如此之动人心魄。而且佛教思想的引入对中国整个艺术界都产生重大影响，比如中国的国画，从汉末历经魏晋南北朝，直到唐代以后，与佛教之逐步振兴同步，中国的写意画，也就是文人画，才开始大规模的发生，才进入成熟阶段。再比如中国的诗词，尽管在先秦时代有屈原的《离骚》，在汉代有《汉赋》，水准也相当之高，但是中国诗歌发展的最高峰是唐诗宋词，二者都受到佛教意境高拔的影响。

再比如佛教的石雕艺术，中国的石雕艺术几乎完全是佛教引入的结果。在佛教传入以前，国内没有规模化的石雕，有泥俑、有陶俑，泥俑做得很粗糙，陶俑做得相当不错，比如兵马俑，但是并不普及。而石雕在中国古代佛教传入以前显得非常粗朴，我建议各位有空到汉武帝陵墓即陕西茂陵去游览一下，它旁边是霍去病的坟墓，在那儿建立了一座茂陵博物馆，里面留下了一批西汉早年的石雕，其中有一个石雕叫卧虎，简直就是一块原石、一块有棱角的粗石，然后在上面刻几个线条，命名为卧虎。我绕它转几圈，都看不出它是只虎，我不是说它不好，它十分古朴，但也太过粗糙。佛教传入后，才把石雕从浮雕到全雕带入中国。大家今天到云冈石窟、龙门石窟，你见到各种高度逼真的石雕像，那都是佛教带入中国的。当然我们也可以想象印度的石雕文化深受环地中海地区、古希腊石雕艺术的影响，回想一下古希腊的石雕，比如掷饼者，这些东西都是通过佛教间接传入中国的。

第四，佛教不仅对中国文化处处渗透，它甚至改造了中国的经学，也就是中国的国教都被它改造了，这就是"宋明理学"。朱熹改造过的儒家学说为什么取名叫"理学"？是因为佛教的因明逻辑深刻地影响了中国人解读经学的方式。所谓"理学"，它的核心叫"理一分殊"，什么叫"理一分殊"？我前面讲过思维简易原则，要知道儒家学说，比如《论语》，它是散点式讨论，你找不见它的纲领。佛教的"因明逻辑"带来了重新整顿经学的方法与通道。所谓"理一"，就是用一个最基本的原理，作为思维简易的总纲；所谓"分殊"，就是这个最基本的纲要表述能够普解下面的各类相关问题，从而纲举目张。这种用逻辑因明整顿散点式儒学讨论的治学方式叫"理学"。可见中国的经学、国教、儒家学说，都被佛教所影响、所重整。因此从某种意义上讲，你如果理解不了佛教，你也就理解不了中国文化本身的总体大观和深入细致之处。

我前面讲佛教，大家会感觉到我对佛教高度赞赏，实际上我还是希望更客观、更平实，尽量不带褒贬地说明一个文化现象。佛教对中国也不全是正面影响，它也给中国带来许多负面影响，比如佛教的消极出世，大大加强了中国固有文化的消极倾向和压抑素质。大家知道西方宗教，比如基督教，它是偏于积极的，而佛教和中国文化总体上是偏于消极的，因此它对中国的整个文化氛围造成了不易察觉的颓势影响。

佛教虽然将"因明逻辑"带入中国，但是佛教的逻辑素养不具有对象抽象性和实证性，什么意思？我们前面讲，只有抽象思维才能最大程度地整顿信息量，而它一定是要对对象的最基本属性加以抽象，才能构成抽象的内涵。佛教的逻辑抽象是没有对象属性的、是讲缘起性空的，所以它的抽象是非实体抽象，这种抽象本身不具有逻辑推导的前提，因此也就不具有实证性。

大家知道哲科思维发展出科学，是因为它有这个对象抽象性和可实证性，这两点才使得科学最终成立。佛教传入中国，它不但不具有这种对象抽象性和可实证性，反而把一般的哲学称为"戏论"，游戏的"戏"。它认为一般哲学逻辑的纵深探讨都是谬说、都是遮诠、都是戏论，所以它很难发展出与近代工商业文明相衔接的哲科思维体系。它反倒被中国的理学家，比如朱熹这些人所利用，包括王阳明，最终成为中国"名教学说"的一个整顿工具，在中世纪加固了儒家学说对中国思想界的控制。禅宗的顿悟，改造取消了佛教"因明渐修"的这个历程，加剧了中国微言大义的倾向。

佛教在中国发展为极具功利的民间思想行为，进一步加剧了中国文化浅薄实用的倾向。这都是佛教带给中国的消极文化影响、负面文化影响。

下面我们再进一步深入讨论这个问题。在讨论这个问题之前，我先稍微谈一下藏传佛教。现在有很多人认为藏传佛教是佛教的真宗，这个看法是不对的。藏传佛教是佛教传入西藏以后的另一个变形体系。公元七世纪佛教传入西藏，此前西藏这个地方是有自己的土著宗教的，名为"苯教"。公元七世纪以前，西藏分为两大部族，一个叫象雄、一个叫吐蕃。吐蕃部族到七世纪出现了一个著名政治人物，这就是松赞干布。松赞干布作为吐蕃族的首领，使得吐蕃雄强起来。松赞干布最初做藏王的时候，做吐蕃王的时候，苯教势力强大，吐蕃王实际上被苯教教团组织架空，因为苯教高级教团组织有约束王者的实权，也就是藏王任何指令要发出，都必须经过苯教教团组织的批准。这使得松赞干布受到严重制约，很为不满，于是他通过两路婚配引入佛教。一路是从中国娶文成公主带入汉传佛教，一路通过尼泊尔娶另一个公主，叫尺尊公主，带入印度佛教，然后开始在吐蕃族内推行佛教。最初目的是为了抵制苯教对政权的干扰，由此佛教逐步在吐蕃人群中播散，苯教势力被消解，松赞干布最终掌握实权，统一西藏。

在佛教文化还没有深刻浸染西藏以前，吐蕃族势力强大。佛教起初进藏的时候，它并不是纯净带入，而是要跟西藏当地固有的土著宗教，包括各种喇嘛教进行折冲与综合。到八、九世纪，演成"宁玛派红教"，到十四世纪演成宗喀巴创立的"黄教"等等。所以藏传佛教并不是真正印度佛教的原样挪移，这一点大家要有所理解。

佛教对西藏的影响有多大，我们看一下历史上的松赞干布时代。吐蕃统一西藏之时，可谓势力悍勇，吐蕃人强势勃发、积极进取，佛教那个时候还没有濡染西藏人的整个心性。所以在政权统一之下，当时的吐蕃王国到处扩张，在唐代的时候，吐蕃军队竟然动辄就打到京师周边。唐朝首都在长安，吐蕃军队曾经攻入灞桥这个地方，即灞河边上。各位不妨到西安去看一下，灞桥今天已经处于西安市区，也就是吐蕃军队居然可以动不动就威胁到唐朝心腹。而且当年的吐蕃人，把自己的势力从西藏高原逐步扩展到整个青海、四川西部、甘肃南部，几乎占据中国国土现有总面积的四分之一到五分之一。这就是为什么中国政府前些年和逃到印度的达赖喇嘛谈判，希望与他协商合作。达赖喇嘛表示他愿意回来，但是提出一个要求——恢复大西藏，就是西藏、青海、川西、甘南，全部归他自治，结果双方谈崩。那么达赖喇嘛的依据是什么？就是当年吐蕃王国强盛时候的那个状态。

可是后来，随着佛教对西藏的深刻浸染，对西藏人乃至西藏民族性的气质重塑，吐蕃强势民族居然历经千年销声匿迹，直到20世纪50年代初，毛泽东派军队进藏，西藏还是原始奴隶制社会，呈现一片颓废衰竭之局。它表明什么？表明佛教的消极心理影响和压抑文化覆盖有多么巨大的力量。

那么佛教传入中国，不能说它对中国没有同类影响。我举一个例子，当然我这样举例子可能不确切，你找不见直接因果关系，我们只能朦胧地说，这是一个很奇怪的现象。1840年鸦片战争，英国人只不过派来了几十条破船、四五千士兵，加上后来增援的不过一万多人，居然把诺大的有几亿人口的中国打得落花流水，从此进入半殖民地时代。几亿人面对别人几千过万士兵，居然造成这样一个结局，实在令人惊诧，令人唏嘘！

我举一个对照的例子。非洲有一小国埃塞俄比亚，第二次世界大战以前，意大利墨索里尼派遣军队，进攻侵占埃塞俄比亚，要知道发展至二战前夕，武器先进的程度较之鸦片战争之时已完全不可同日而语，飞机、大炮、坦克、机枪无所不有。如此强势的意大利法西斯军队，一支现代化欧洲装甲军队进攻临近不远的一个非洲落后小国，埃塞俄比亚死活不肯屈服。它的皇帝叫海尔·塞拉西，号称非洲雄狮，带领埃塞俄比亚军队和民众用冷兵器与之对抗，当然不是对手，埃国政府被迫迁移英国，但到底不曾投降。最终，二次大战结束后，埃塞俄比亚复国。

我在这里讲什么？讲诺大的中国和一个非洲落后小国在近现代战争中的表现竟有如此之大的反差，不能不说这其中暗含着某种文化影响要素在发挥作用。任何文化对其载体之人格乃至民族性的影响，潜移默化之间都会造成深不可见的濡染与变塑。

各宗教的差异与信仰的本质

下面我们稍微比较一下佛教与中国唯一的本土宗教道教之差异。佛教是印度文化，尽管传入以后被中国文化所折冲，但是它和中国的道教在内质上仍然有很大区别。诚然道教在诸多方面学习了佛教，但是道教的基本素质和佛教全然不同。道教以"黄老思想"为根据，以"老子道论"为最高信仰，承袭战国以来的方仙术，也叫方仙道，形成多神崇拜。它追求什么呢？叫"长生不老、得道成仙、济世救人"，这是道教的宗旨，简称"贵生保真"。

注意我在这里表述的是什么。世界上所有宗教，包括佛教，都是"修来世、重灵魂、轻蔑世俗体系"这样的文化意境。可道教反过来，它是"修今生、重肉体、同构现世体系"，所以它跟其他宗教，包括佛教在内，本质上是完全不同的。也就是说，它继续表达着中国文化"修实用、重功利、崇拜皇权体系"的深刻烙印。例如道教中玉皇大帝的"天庭"，和世俗的皇权朝廷完全是一个应合关系。它修的是长生不老，修的是今生本身的成仙成道，不是修来世往生，不是重灵魂升华，看重的是当世之肉体长生而不灭，所以它典型地表达着中国文化重现实、重功利的特质。

但是，道教跟佛教或者跟一切宗教，当然也有一些共同点，否则它形不成宗教。那么道教和佛教的近似点是什么呢？佛教讲"解脱"，叫"解脱一切苦厄"；道教讲"超脱"，即"超然于世外"。在这一点上，佛教和道教相通，也就是道教仅在超然性上类似于佛教或其他神圣宗教。我们从道教和佛教的比较上就可以看出，中国土著宗教和中国传统文化基本素质的契合关系。而且，由于中国传统文化本身不形成教团组织，不形成异类结社，因此，在中国历史上会出现一种非常奇怪的现象：但凡有宗教活动，它都不具有建设性，反而具有社会破坏性。

我们讲不管是西方的犹太教、基督教、伊斯兰教，还是印度的婆罗门教，它们都是具有建设性的，佛教相对比较缺乏一些。但是中国的道教、中国的宗教，历来不具有建设性，它反而具有叛逆性。大家看汉末的太平道、五斗米道，这是道教的前身，它们是造反组织；唐宋出现的导源于佛教净土宗的白莲教，到明清时代又形成造反组织；直到清末太平天国运动，它源自传入中国的基督教，仍然挑起了一场巨大的农民起义运动。也就是说，中国的宗教不具有社会建设性，反而具有社会破坏性。看看中国宗教起伏和中国社会动荡的关系，你不能说中国政府太过敏，这实在是中国文化的惯例。好了，我们讲这些东西，是想说明中国的宗教，或者中国的宗教思想跟中国文化的关系。我再度强调，中国文化的基本素质是前神学阶段的，它跟真正意义上的神学宗教文化，其实在兼容性上是有问题的。

我们下面简单讲一下西方宗教与佛教的比较。我前面讲过，佛教从人生观出发建立宇宙观，西方宗教——犹太教、基督教、伊斯兰教，面向外部世界先行建立宇宙观，然后才谈论人世问题。总体上看，西方的宗教偏于积极。它最初的起源是犹太教，基督教只不过是犹太教的一个分支，所以基督教教本《圣经》，前半部分《旧约》，乃犹太教教本，后半部分《新约》，才是基督教教本。犹太教、基督教都非常激进，你读一下《旧约》，上帝给犹太人以"应许之地"，出埃及过程，犹太人占领约旦河流域的土地，即"流淌着奶和蜜"的"应许之地"，耶和华协助犹太人——他的选民，灭掉周边七部族而立国。可见犹太教本身是极为亢奋的，是具有某种坚强的组织力道的。基督教是它的一个分支，是早期信仰耶稣说教的人，最终被犹太教排斥，尔后这些人开始在非犹太人中传播，可谓是经过改造的变形了的犹太教，这就是基督教。

大家知道，犹太教只承认上帝叫耶和华，他们不承认耶稣。耶稣说他是上帝的儿子，犹太教无论如何不能接受，认为它是邪教，认为圣母玛利亚未婚先孕是妓女。因此，虽然基督教从犹太教发源，但二者之间自始便形成强烈的对立，这也是弥漫在欧洲上千年反犹文化的一个起点。

尽管基督教脱胎于犹太教，它最终发展为跟犹太教形成对立格局的一个教派，然后又在欧洲分化出两路：一路称作公教，也就是天主教；一路称作正教，因为它主要在欧洲东部，在斯拉夫人中传播，因此也叫东正教。这构成基督教的主体。

那么大家再看伊斯兰教。公元7世纪，穆罕默德创立伊斯兰教。穆罕默德出身贫寒，成年以后给一个富商做帮手，这个富商不断地拉着骆驼和商队到环地中海周边经商，所以，穆汗默德在犹太教和基督教盛传的地方，深深地了解了它们各自的宗教思想和教义区别，然后回来创立了伊斯兰教。

我举一个例子，大家就可以看出伊斯兰教跟犹太教和基督教有多么密切的联系。《古兰经》的基本内容跟《圣经》十分相近，不仅如此，穆罕默德还特意把自己称呼为"真主的使者"。这是一个非常巧妙的名号，他恰恰避开了犹太教和基督教冲突的关键，就是基督教主耶稣说他是上帝耶和华的儿子，结果遭到犹太教强烈的反扑和抵触，穆罕默德很明智地躲开了这个陷阱，以"使者"替换之，虽非血胤却足以代表，这份机巧显然是来自他对犹太教和基督教之间的教义细分和观念冲突所具有的深刻认识。

穆罕默德这个人极为聪慧，也极为出色。有一个事实可以证明这一点，就是这个富商死掉以后，他的遗孀居然嫁给了她的下人穆罕默德，可见默罕默德当年一定是与众不同的。在这个富孀的大量钱财的支持下，穆罕默德创立伊斯兰教，然后以宗教组织方式最终建立了一支别具信仰的军队，第一次统一阿拉伯世界，由此形成阿拉伯帝国，也叫伊斯兰帝国，亦被中国古代译称为大食帝国。

伊斯兰帝国一旦成型，便集聚势力，迅速在中东地区扩展，不但灭掉伊朗，而且从东部突进到小亚细亚，即今日的土耳其，从西部突入伊比利亚半岛，即现在的西班牙，两路钳形攻势几乎吞没欧洲，从而与基督教形成强烈的敌对关系，造成基督教和伊斯兰教上千年的政治文化军事冲突。由于伊斯兰教最初建立的是政、教、军合一之组织体制，又以圣战方式统一阿拉伯，因此伊斯兰教的基因中就带有某种黩武而剽悍的特质，今天基督教世界对伊斯兰教的所有负面评价，都来自于此。

我们由此可以看出，在宗教作为主流文化的时候，它对一个民族、一个国家、一个人或一种集团会造成何其之大的影响，这种影响伸展到整个历史进程之中，上千年而不得化解。今天，整个阿拉伯地区和非世俗化的伊斯兰教国家，进行工商业文明转型一律显得相当困难，都跟这个宗教的强固势力有一定关系。

我再举个例子。欧洲近代从黑暗中世纪走出来，迅速蓬勃发展，一时成为世界中心，它是通过三件事情完成的：第一，文艺复兴，找回古希腊工商业文明之思想根脉；第二，科学思潮，古希腊理性文化所引出的科学洪流及其学术范式；第三，宗教改革，对天主教压制体系的柔性颠覆。大家知道，西方在十六世纪二十年代，发生马丁·路德宗教改革，是一件十分重大的事情。它早期有一个很小的诱因，就是古腾堡发明活字印刷术。过去雕版印刷《圣经》，发行量极低，因此，只有高级教士手里才有教本，才有《圣经》，解释权全部归天主教之组织高层。古腾堡发明活字印刷，《圣经》大量出版，民间人手一册，宗教改革的基础形成。尔后在欧洲中北部和西部，以马丁·路德为代表，发起了一场宗教改革运动。

这场宗教改革，起初看起来是个波澜不惊的小事件，不过就是反对天主教神父对《圣经》的解释权，提出"因信称义"，意即我只要信服基督教，我就可以得到上帝的救赎，这叫"因信称义"。过去是必须经过天主教教团组织才能实现这件事情。由于天主教教团体系严重腐化，于是宗教改革者们开始提出"因信称义"、"灵肉剥离"的新理念，其核心思想在于，每一个人自己完全可以直接面对上帝。它带来的实际文化变革效应是什么？是自由。欧洲人从此脱离了天主教的控制和压抑，精神得到解放，并由这项自由引伸出真正意义上的平等，亦即我们都是上帝的子民，均可因"信"而获得上帝的眷顾与爱怜，在上帝面前人人平等。

请大家想想，"自由、平等、博爱"就是资产阶级革命旗帜上的基本思想徽号，然后再由这些个可落实的新观念引出契约精神和勤俭文化，也就是所谓的"新教伦理缔造资本主义制度"。所以在宗教改革以后，资本主义才逐步在西方发展起来。请大家注意我在讲什么：一种主流文化造成强势覆盖，如果你不能颠覆它，你不能改造它，你就无法进行社会转型。或者，即使一时不足以置换它，但是你在内部可以修正它，可以解构它，都会释放重大的社会力量。

我举一个简单的例子，大家看北美和南美。北美——美国、加拿大，它们是当年英国清教徒建立的国家，主体是这些人。所谓清教就是英国流传的新教，也就是宗教改革的参与者，在英国被称为清教徒，他们进入北美，建立了美洲最典型、最精致的资本主义现代社会体系。大家再看南美，南美是西班牙占据的地方，西班牙的主体宗教是天主教，所以西班牙（包括后来的葡萄牙等）引入到南美的文化是天主教旧文化、旧思想。要知道，整个南美洲早在19世纪初叶，也就是1812年以后，绝大多数国家都纷纷独立，迄今已经200年左右，可如今，整个拉丁美洲各国基本上仍不能进入正常的现代社会。它们政治动荡、经济波折，总处在越不过中等收入陷阱的状态，社会民生不断发生问题，现代社会观念及其体制构形始终难以确立。这种分化格局竟然跟天主教和新教两种不同势力的侵入和弥散有关。

我们由此可以看出宗教文化的力道，也可以看出某种文化改造社会的效应。我讲这些东西，是想让大家理解，宗教思想曾经在人类中古时代乃至近现代所起到的重大文化覆盖作用和人格国格的濡染作用，它对人类社会文明形态的发育或变革势将继续产生有力影响。

以上部分我们就简单讲到这儿，我们下面讨论一些更深入的话题。

我讲佛教，大家还是要理解，我是中性表述，我不是佛教徒，我只是想告诉大家佛教的思想系统是一个什么状态。宗教是一个信仰系统，人们一提"信仰"就把它和宗教联系起来，但其实什么叫"信仰"，这个概念大家必须搞清楚，信仰并不等于宗教。

什么叫信仰？"确信状态"就叫"信仰"。人类的感知、人类的意识、人类的思想，越原始者，确信程度一定越高，越发展者，确信程度一定越低，这是递弱代偿原理在人类精神上的表现，甚至在我们的感知结构中都如是表达。比如感性，它是最稳固的，你看树叶子永远是绿色，几亿年不会变化，所有禀赋视觉的动物，所有能够分辨颜色的动物，看出去都是一个样子，非常稳定；到知性，也就是到选择判断，它已经高度游移，颇难确定；而到理性，也就是推理模型、学说见解之类，它已经不断震荡，层层迭代，全然没有任何稳定性可言。因此，人类进入文明各阶段以来，越后发的学说，证伪速度越快。

既然越原始的感知方式，一定是越稳定的感知方式，那么我们就可以把这种确认稳定状态的感知，统统称之为信仰，而不必把它说得多么高大上。比如一头狼看见一只羊，它绝不会问这羊是物质的还是精神的，这是狼的信仰。大家想想，如果我不讲哲学课，你是唯物主义者，你认为世界一定是眼见为真的，一定是实实在在的，那么这个唯物主义观念就是你的信仰，哪怕你不自觉。所以，任何一种确信无疑的精神状态，本质上都属于广义的信仰范畴。而由于一切感知越处在低级位阶，它就一定越处在稳定状态，因此我们经常讲，宗教信仰束缚力极强，其实它表达的是低级感知或低端思想模型的稳定性，这是我想给以说明的第一点。

第二，信仰未必只是福音。今天很多人讲，中国社会思想混乱，中国社会道德崩溃，是由于中国人缺失信仰，我对这个说法持怀疑态度，因为信仰本身未必带来良好的社会结果，信仰未必全是福音。我举例子，儒学在中国叫儒教，它是中国人数千年的国教和信仰，到近代，它给中国社会带来巨大损害，你看鲁迅是怎么形容它的？他说翻开历史书，只见满纸都是仁义道德，仔细看完，只剩下两个字：吃人。大家再想想，天主教曾在欧洲造成一系列严重罪恶，人们的思想、言论自由完全被剥夺，甚至成立宗教裁判所，压抑一切学术活动，布鲁诺被烧死，伽利略被软禁，缔造千年黑暗中世纪，直到宗教改革。它本身腐化到何等程度？大家读一下卜伽丘的《十日谈》便可窥一斑。它最终竟至于出售赎罪券！就是你只要给教会交钱，你就会得到救赎，贪婪敛财已经到了无耻和露骨的程度，这也是宗教改革的起因之一，所以信仰未必是福音。

我们再看今天的塔利班，什么叫"塔利班"？它的原意是"伊斯兰教的学生"，这个组织坚守伊斯兰原教旨主义思想，形成一种极端势力，形成恐怖组织的巢穴。所以说信仰就是福音，就能拯救世界，这说法大可怀疑。

第三，宗教并不能救世。大家一定要知道，宗教是什么？它是人类文明早期信息量偏低的一种思想模型和意识形态，它绝不是真理。我再说一遍，它只是人类文明早期信息量偏低的思想模型，而不是真理。我举一个例子，人类在宗教时代，中国在佛教、儒教时代，那时候人们想飞，怎么飞？全给自己安一个大翅膀，然后从高处跳下去，结果摔死了事。今天的科学同样不是真理，但它是对大信息量的整合，它居然可以把上百吨的金属扔在天空中飞行。大家知道，大型运输机，它的机身自体的重量，加上它运载的货物量，甚至可将若干辆坦克塞入其中，上百吨的金属竟然在天空中高速飞行，速度、航程远超过任何鸟类。科学也不是真理，但是它却达成如此效应。这说明什么？说明宗教本身并不是真理，它只是人类在信息量较小的古代必然产生的一种文化思想现象。

我一再讲，任何文化一定要跟人类当时的生存形势相匹配。说宗教包括佛教能够救世，相当于说旧文化可以解决新问题，这怎么可能？想想宗教，自己都在逐步式微，它连自己都不能拯救，它怎么拯救世界？大家再想想，人类越原始的时候，人性越淳朴，以前课上讲过，文明程度越低，人类越善良，文明程度越高，人性越败坏。在人性尚未彻底败坏的古代，宗教都没能拯救人类，反而眼睁睁地看着人类文明一路堕落，时至今日它高度败坏了，突然又说只有它才能够挽狂澜于既倒，这在逻辑上不通。因此，宗教不能救世。

请各位牢牢记住，新问题、新事件、新麻烦、新时代，它需要新思想才能处理，才能匹配，尽管新思想也不能根本救世，但它一定会随着人类生存形势的流变发展而悄然产生，并终将形成与时俱进的新一茬文化主流，这一点也请大家千万想明白。所以指望宗教救世，认为佛教可以使今天的乱世得到恢复，纯属幻想。

我前面讲过，人类的感知一定是越来越飘摇的。神学时代，人类处于信仰维系阶段，感知是十分确定的；哲学时代起疑，有了惊异，才有了追问，这是典型的亚里士多德的表述；到科学时代，提倡什么？笛卡尔以降，西方近代古典哲学首倡怀疑一切，怀疑精神才是今天科学时代最重要的基本创新前提。所以，人类的感知过程，是一个从确认状态逐步发展，向疑思状态和飘摇状态一路前行的进程，也就是信仰状态或确信状态逐步趋于摇摆和消逝的进程。而且，人类任何一个时代的知识，或者说任何一个时代的信念，一定是随着人类生存形势的流变而发生内容更替的。因此，人类的思想文化内涵一定是不断变动的，我称其为"逻辑变革带动文明发展"。

我讲到这儿，大家就应该明白，人类的精神发育同样显得趋势不良，也就是它的总体演运倾向是越来越失稳、越来越茫然、越来越不具有确定性，亦即知识的可靠性在渐次丧失。想想看，这是多么可怕的事情！从这个意义上讲，如果你还有信仰，或者我们改换一个用词，如果你还有信念，因为信仰和信念都是指某种确信状态，那么它会给你带来某种定力，使得你相对不至于过度摇摆，但它也会给你带来另一重麻烦，就是导致你思想僵化，导致你处于难以接受新信息与新观念的状态，优点本身就是缺点。而人类逐步走向信息量越来越大、思想模型重整速度越来越高、知识系统越来越缺乏确定性的状态，是一个由不得人类控制的自然进程。我们站在这样的高度回望人类思想史，足可清晰地看到人类精神运动的方向。

我们下面简单讨论一下佛教思想的人格浸染价值。大家要知道，所谓人格，所谓人性，我说不清楚它的比例，不过至少可以这样简单地说，大致一半是基因决定，一半是文化决定。越高等的动物，它的精神、它的人格，或者叫动物格，后天文化塑成的要素比例越大。也就是说，一种文化对人格，乃至鲁迅所说的民族性，会造成有力的塑型作用。我们一般意义上所讲的人格，其实也主要是指文化人格。

由于佛教具有极为超拔和深刻的思想基础，因此我们在社会上会见到佛教文化缔造的两类人格。第一类我把它称为"超然出世或悠然自安的稳定型凡庸人格"。什么意思？超然出世：不在社会上竞争、不执着、不执念;悠然自安：不抗争、不激奋、不瞋恚。由此形成一种比较沉稳、似显平庸、自甘处于社会下层的生活状态。这是我所看到的最幸福的人群，他们欲望偏低，精神状态平稳良好，心理极为健康，活得十分快乐，尽管他们大体倾向清贫。

请大家搞清楚，人类的幸福跟外在占有的物质量没有太多关系，幸福快乐是一种纯粹的心理感受。我在前面讲过，它至少需要具备三大基本要素，我在这里稍微展开一下。

第一，悠闲。你整天忙着敛财，整天在社会中竞争，忙得死去活来，哪有时间享受人生？所以悠闲是幸福的第一要素。想想古人，我一再讲，越远古的人类，其实生活状态越安宁。人一定是缺什么才喊什么，古人绝不用编个什么幸福指数，你今天这样做，是因为文明进程疾速发展，人口密度和工作紧张度越来越高，你的幸福感遂被挤压无余，你为此才需要到处寻觅那业已丢失的美好体验。我前面讲过，农业文明早期，一年只种一料庄稼，充其量只忙播种与收获的两个月，对于古人来说，悠闲是天然具备的。

第二，寡欲。就是你没有强烈的欲望调动，你才能平心静气地品味生活。大家想想，古人一定是寡欲的，因为农业文明早期人口很少，每一个人凭自己的体力拓荒，顶多开垦几十亩地，然后用最原始的粗放方式耕种。人与人的体力差别有限，谁比谁也强不了多少，所以早期农业，家家的收成基本是一样的，它绝不会刺激和调动欲望。工业时代，贫富悬殊，即使你是百万富翁，但眼睁睁地看着旁边有千万富翁、亿万富翁，老婆、孩子照例骂你无能，搞得你仍不免惭愧而紧张。文明程度越高，欲望调动越强烈，而时时处于无边欲望的躁动搅扰之下，还谈何幸福与快乐？所以寡欲是幸福的第二要素，所以中国文化，老庄哲学，历来讲究知足常乐。

幸福的第三要素乃为融入自然。大家想，原始农业文明基本上在田野里劳作，尽管它跟狩猎时代相比，离自然已经有了一点差距，但跟我们今天的城市生活相较，它是非常接近于自然的文明形态。我们人类的身心发育是在丛林中作为猴子的时候，经过上千万年进化而来的，因此我们从视觉上、听觉上、身体上和精神上，都是处在自然状态下才能得到最美好的感受，才能达成最舒适的身心匹配关系。因此，"融入自然"是幸福的一大要素，这也就是为什么你今天到野外踏青旅游才会给你带来快乐的原因。

远古时代，这三大要素全部具备。那么今天谁还能再被赋予如此奢侈的三项条件呢？在中国，只剩下佛教徒。由于他们不在社会中执着奋斗，因此他们比较悠闲；由于他们不羡慕财富，因此他们比较寡欲；由于他们脱俗修佛，不管是做居士还是做出家的僧人，大多都在山林之中或者经常出入山林，所以他们融入自然的程度也比一般城市文明人高得多。这也就是为什么，我周边看到最欢乐的人，多是佛教徒。

而且大家要知道，我们人类的神经系统，是我们在丛林中做猴子上千万年而逐步形成的。各位想想，你当年在丛林中生活的时候，有多大信息量？今天进入工商业文明后期，进入信息时代，你今天接受的信息量，是你原先进化形成神经系统所能承载信息量的数百倍、上千倍不止，如此巨大的信息超载，造成神经系统和精神系统的严重损伤，这就是今天心理疾患和精神失常不断发生的原因，以至于很多西方人不得不经常光顾心理医生。严格讲来，所有现代人都处于高度紧张、高度焦虑、信息负荷过密过重的异常状态，每个人的一生都有某一个阶段濒临心理紊乱状态、心理疾病临界状态或者说半疯癫状态。因此，你每天静静地打坐一会儿，即使达不到禅定状态，达不到非想非非想的那个深度，你只需每天打坐二十分钟，让自己的神经系统解除超载、静息片刻，至少对你也是一种有效的精神疗养。

好，我们再看佛教的圣洁高拔，也塑造第二种人物，我称其为"超然入世或悠然抗争的稳定型伟岸人格"。注意它与上述第一类人群之间的对照关系，前者是"超然出世"，后者是"超然入世";前者是"悠然自安",后者是"悠然抗争";前者是"凡庸人格",后者是"伟岸人格"。也就是你处在佛教的高拔状态,或者思境升华的状态,哪怕是非佛教的、近似的精神格局,只要你是超然入世而又悠然抗争的,你就处在一个极高的思想境界上,你将会获得别具一格的力度。

我给大家举例子。在人类政治史上,出现过一种非常罕见的政治家,它的典型代表就是印度的圣雄甘地。尽管甘地信仰的是印度教,但我前面讲过,今天的印度教里渗透着相当成分的佛教精神。大家想,所有的政治家全是以恶抗恶、以暴力对抗暴力,相对于这一层政治人物,哪怕是一流政治家,比如华盛顿,比如克伦威尔,比如列宁,即使是这些最伟大的政界巨擘,他们跟圣雄甘地比较起来,都立即沦为二流政治家。想想圣雄甘地的奇特作为,他居然提出"非暴力、不合作"的政治方针,最终赶走了英国殖民者。大家要知道,当年的英国作为世界头号霸主,号称"日不落帝国"。所谓"日不落"就是英国的殖民地遍布全球,统治疆域之太阳永远不下落。当年英国的强盛程度,跟其他国家的悬殊程度,远大于今天的美国。须知美国称霸以后,曾经面对过苏联的抗衡,呈两霸争强态势;随后接着面对中国,今天中国已经成为令美国非常紧张的一个国度,在GDP上相差无多。而当年的英国,它的气势鹤立鸡群,远远高于其他列强的实力。印度作为英国的殖民地,它如果要想通过自己的抗争获得独立,几乎没有任何希望,而圣雄甘地竟然用独特的"非暴力抵抗"与"不合作运动"的政治行为方式,最终把大英帝国赶出印度。

可能有人会说,这里还存在诸多外部因素使然,包括第二次世界大战导致英国元气大伤,不得不借助印度人参战,而以其独立作为交换条件等等。但是大家要知道,任何一个政治家,在任何国度内,他如果要发动政治有利的行为,都一定会寻求各种外援。美国独立战争受到法国的支持,中国红色革命受到苏联的支持,试问哪一个政治家仅靠自己的国内力量就能够完成其政治业绩？所以把这些因素都抛开，圣雄甘地赶走英人，实现印度的独立，确实是一种极为别致和极有力度的操作。这样的政治家仅见于印度，可见佛教的或宗教的超拔素质所造成的人格力量之非凡。

我再举个例子，经济界的天才乔布斯。大家知道，乔布斯这个人是信从佛教的，曾经专门到印度求经，当然他走错地方了，他应该到中国来才对。乔布斯曾经在某大学发表演讲，他讲过这样一句话，他说"我假定每天都是我生命的最后一天"，这是典型的佛教思想，是"了生灭苦"之超拔意境的换位表述。他又说一段话，他说我作为企业家，目的不是求取利润，而是改变世界。资本的最基本要求是什么？就是不断地追求效益，追求利润最大化。所谓资本，就是能够增值货币的货币，所以资本家的天然冲动是追逐利润。可乔布斯不是这样，他的目标不在于此，而是更为高拔，结果他成为当代企业家中最具有创造精神的顶尖人物。

我想说明什么？说明精神高拔何其重要。我特别反对家长给孩子说这样的话，说你一定要好好学习，要不然将来连饭都吃不饱。你如此苦口婆心又如此小器地一番训导，就等于为孩子设定的学习目的仅是求得混饱肚子。请记住，一个人即使努力将自己的人生目标和精神维度提升到追梦的高点，一般情况下他也顶多实现十之二三，倘若某人的意志所向一开始就只局限于衣食无忧，他最后很可能弄成惨淡度日的结局。所以，精神超拔是一个非常重要的人格素养和行为前导。这是我在讨论宗教问题的时候，顺便对既往任何一种文化体系为何都必须具备某种程度的精神高扬之气质，断不可猥琐于眼前之现实，所给出的简要注解。

我们最后对这节课做小结。首先，你要想理解佛教，你一定得理解印度古文明是东方大河文明与环地中海文明的原始交融产物，由此形成人类数百种古代文明中的第三极；第二，佛教传入中国而扎根，与其农耕文明的一致性有关，它在某种程度上补充了华夏传统文化中神学、哲学文化的缺失，故而得以大行其道。

佛教和佛学因此成为神学信仰文化与哲学思辨文化的非典型接续形态。由于它是非典型形态，因此它在印度早亡，在中国变形；由于它是非典型接续形态，因此在佛教之后得不出新的思想文化伸展，从而致其逐步衰落。大家注意我这句话的意思，典型的神学思脉是有可能导出理性思辨的，试看古希腊毕达哥拉斯学派，同时就是毕达哥拉斯教团，它的宗教曾经引申出一种追究终极的深思探问和精密逻辑；我们把今天的欧洲文明叫基督教文明，直到近代的牛顿，他还在探究上帝操控世界的方式，著作定名《自然哲学的数学原理》，也就是基督教文化里暗含着某种思绪延展的余量，其中埋伏着哲科文化生长的前途。

而佛教没有能够在其中或其后衍生出与之息息相关的以它为土壤的新文化、新思想，并且足以代表和推动人类社会的发展，没有！这表明，佛教本身的非典型状态，使得它不具有文明再生、思想发育的前程。我这里没有任何好坏褒贬之意，我只是想告诉大家，我讲课讲的是"思想与文明之大观"，我们讲佛教，讲的是佛教思想跟人类文明生态的关系以及人类文明增长的关系，所以请大家听懂我这样的总结，充分理解文化与文明的匹配，理解文化分化的不同命运、不同前程、不同影响。你只有理解这些东西，你才能理解人类文明和人类文化的发展趋势和发展方式，你才能理解所谓"文化生存"的精髓。

尽管我讲佛教并没有产生新思想，但佛教绝不会轻易衰灭，因为越原始的文化越具有稳定性。因此，佛教、基督教、伊斯兰教等，所有宗教必在人类未来的文明发展中长存不逝，反倒是哲学文化、科学文化会快速衰变。也就是说，人类的宗教文化影响将长期存在，同时伴随快速闪灭的新文化、新思想与之并进。我们可以预见科学时代行将结束，我们也可以预见，即使到后科学时代，即使到工商业文明以后的那个未知时代，宗教系统都仍然是人类文化中无法剔除的思想要素，此乃文化精神之发育趋势的注定宿命。

好，我们今天的课程到此结束。

课后答疑

下面留出时间，同学们讨论提问。

同学提问：东岳老师您好，我想问一下，就是佛教的"三法印"，您是怎么解读它在佛教中的这种推动作用的？

东岳先生：任何一个复杂的思想系统，任何一个高深的思想系统，其实人们理解它都是非常困难的。因此一个学说、一个理论出现，被大众误读，这在人类文化史上是普遍现象。佛陀深知这一点，因此他设立"三法印"或"四法印"，就是强调他的思脉主干是什么，精神基点是什么，这是一个非常高明的做法，颇为值得后人学习。我的《物演通论》被很多读者做出种种我自己根本听不懂的解读，各式各样的误解纷生，以至于我不得不在福州无用空间特地办一个讲座，专题讲解《物演通论》的"五印一纲"，谓之"正印"，借鉴的即是佛教的"法印"之说，目的只为澄清物演学说的基点和主干究竟是什么。不过，我在老子课上讲过，曲解是理解过程的必然伴随产物，甚至是一个学说不断被层累化和丰富化的前提，佛教体系今天表现得如此庞杂而纷纭，如此广博而普适，其中既有诸法印的主轴加持之作用，也有误读者的旁征涣化之贡献。是不是这样呢？

同学提问：先生，基于您的"递弱代偿"理论，事物或文化越低级，则越具有奠基性、决定性和稳定性。那么递弱代偿原理产生于今天这样一个农业文明已然没落、工商业文明行将没落的历史节点上，它的前世文化是昨天讲的《易经》，包括后面的儒、道，又加上今天的这个佛教，想问一下，前面这些过往文化的奠基性作用，对于递弱代偿学说产生了哪些影响？

东岳先生：我在《物演通论》第三版的封底上，曾经做过一个简要说明，我说《物演通论》之学说和递弱代偿法则的总结，是基于中国传统文化天人合一的理念，并借助西方哲学思辨逻辑的工具而达成的，它无疑是东西方文化交融的产物。我在《知鱼之乐》里也做过说明，我说我的学说同样不是真理，《物演通论》里我也反复强调这一点。而且由于越高端、越先进的学说，其证伪速度势必越快，因此我的学说被证伪将是一件为期不远的事情，这一点我也承认。而且由于人类思想文化进程与自然弱演分化进程相一致，因此人类未来的总体思想状态一定是越来越纷乱、越来越离散的，人类达成统一认识的前景越来越小。因此我的《物演通论》及其"递弱代偿学说"，我认为它将永远都是小众文化，影响有限。我只希望，它对以加速度态势身陷重大危机的后人，能够稍微起到一点启迪和警示作用，以便提前采取某些预防性的系统变革措施。

同学提问：老师您好！您今天提到了佛教里面的三个阶段是"闻、思、修"，您主要是在"闻"和"思"的方面做得非常深入。我想请教老师的是，您觉得佛教里面讲的"果位""涅槃"是否真的存在？如果真的存在，您在研究的过程中，是否曾经有冲动想要去"修证"，自己去实证一下，然后让自己也能够摆脱无明，摆脱生死轮回，获得大智慧，不再困惑痛苦，你也不需要再为递弱代偿理论，为人类的未来担忧难过？谢谢老师。

东岳先生：首先，我承认佛陀非常深刻，他对人生确有洞见。因此我特别想进入涅槃境界，至少下辈子绝不做人，做人实在是太痛苦了！不过，如果你听懂我讲课，则应可体会我并不确认佛说就是真理。而且我在课里讲过，我说佛教思想不具有对象抽象性和实证性，也就是它不具有整理当今时代大信息量的这个能力。我一再强调，一切信仰、一切学说、一切理论都不是真理。那么按照今天的信息量，如果纯学理地讨论，恐怕得承认佛教学说有太多问题。比如它说宇宙的本相、实相是大空，我们今天无论如何无法证明这一点，因为即使宇宙不以现有的形态存在了，它也不会变得一无所留。再说它的起源决不是无中生有、空中生有，它是从作为自身前体的能量奇点爆发而来的。所以，我们今天无法确认这个宇宙的真相是空，这和我们今天所谓的"能量与质量总体守恒"这个说法不统一，和我们今天借助于更大信息量所整合出来的结论不一致。而且佛教还有一个很明显的问题，它说用感知通道不能把握它的真经。我承认人类的感知是有缺陷的，人类的逻辑是有缺陷的，但是我们人类只有这一条感知通道，我们没有感知以外的通道获得内外信息。佛教说不能通过"闻"和"思"获得深知，而要通过"修证"，用自己的生命去修，才能"修"得真涵，可什么是"生命之修"？它相当于说我不用感官、不用理性，却要获得最深在的感知内容，这在今天无论如何都无法得到证明，因为我们确实没有感知以外的任何其他通道获得信息和知识。这都跟今天我们在大信息量时代对这个世界的理解相矛盾，而且它是不能自洽的，也不能他洽和续洽。所以就佛教学理而言，我不能全面接纳它、认可它，我只是想，2600年前的释迦牟尼，竟然能够达到这样的思想深度，能够建立这样的思想体系，实在令人惊叹。而且他所给出的那个最终善果——解脱，实在让我太欣赏也太向往了。

好，大家还有什么问题？

同学提问：听完你的课，我有个疑问，就是佛教产生于印度，但是它不适合印度，这个说法我听得有点莫名其妙，这是第一个问题；然后第二个问题是，现在中国的僧人和尚，开着宝马车，拿着苹果手机，过得蛮奢华的，那我就感觉说，现在中国地面上流传的佛教，是不是已经变质了？

东岳先生：你的第二个问题我不用回答，佛教在中国大规模堕落，这个现象我们不用讨论。我讨论你的第一个问题，你理解错了。我一再讲，佛教是印度文化的产物，是当地多神教的补充和对冲体系，佛教绝不是不适合于印度，它恰恰是南亚次大陆的农业大河文明与环地中海地区的哲思文化交流的产物，所以它一定是印度土壤上独具的教派。我只是讲，佛教最初的发生有对抗婆罗门教的涵义在其中，构成印度的一个解构文化，而任何解构文化由于不具有建设性，因此它在当地不能形成主流。我只是这个讲法，不是说它跟印度不相适应。比如老庄之说，它在中国也是一个重要的思脉，可是它基本上不入主流，因为它在中国扮演的是解构文化的角色，是对儒家文化之建设性及压抑性的消解和缓冲，所以老庄学说在中国很少成为独尊的国教和主干，而儒教始终占据前台。但你不能说老庄学说不是中国的文化土壤造就的产物，或者说它跟中国文化不相容，它的解构文化素质恰恰是其文化环境的必然产物，请听懂我讲课的这些部分。

同学提问：先生，您好！您讲到西教和哲科思维对社会经济发展的促进，使得西方工商文明相对旧中国的农业文明更强势地存在，以至于近代中国饱尝落后的恶果。那么在生存效价减弱的大背景下，是否更先进的代偿效力，会导致更强势的物质占用，从而使弱者更快地衰弱，这个表面上显得更优势的存在，在递弱代偿的大尺度逻辑下，是否更容易演变成下一个阶段愈加失稳的存在？

东岳先生：你显然是认真读过我的书。我想这样说，在《物演通论》第二卷"精神哲学论"中，我讲人类的精神发育、文化发展只不过是感应属性的代偿发扬。西方哲科文化，它比农耕文化和神学文化更先进，包含的信息量更大，更具有代偿力度，它标志着进入这个文化状态和文明阶段的载体，处在生存度更弱的状态，亦即处于存在度更低下、更流失的位相。所以我一点都不夸奖哲科文化，我一点都不赞美工商业文明。但是人类的文明和文化是一个自然进程，由不得你选择，由不得你把控它的快慢，人类从农业文明必然进入工商业文明，它不是我们选择的结果。那么人类的文化从神学文化、农耕文化必然进入哲科文化，这也由不得我们选择。而且，我们可以预见，哲科文化和资本主义工商业时代一定是一个较短命的文化和文明形态，它缔造或者伸展进入的下一期文明，是一个更失稳、更短命的文明，这个趋势不会改变。这就是我一再表明"进步论"或曰"进步优势论"不成立的原因，所以我一点都没有对哲科文化表示赞赏的意思。请读懂该书的第一卷，我在其中反复讲一组概念，叫"有效代偿"与"无效代偿"，即一切代偿随着存在度递减之同时，补足了"存在阈"保持常量，就这一点看，它显得有效；但一切代偿终究不能回补存在度的流失，因此归根结底全都是无效代偿。请理解这一部分，这个问题就明了了。

同学提问：老师您好，我想请教一下，在佛教里面，有一些高僧大德，最后会修成肉身的菩萨。有没有一种可能，比如说佛教里面有某种通道或者工具，可能在未来向我们证明多维空间、多维宇宙之间存在有某种通道？或者是我们现在科学发展的这个程度还不够，比如最近很多关于量子科学的理论被拿来诠解佛教的一些理论，我想听听老师如何理解这里面的一些事情，谢谢！

东岳先生：我最近见到很多这样的说法，包括用量子学说来解释佛教、解释哲学，但是我很难认同。首先，佛教是不是有法力，是不是有神通，修佛的人是不是能够有不朽之肉身等等，我只能说信则灵，不信则不灵。要知道，信神的人是会看见神的，比如西方基督教徒，很多人说他见到过天使，我想他恐怕是幻觉吧。所以宗教的东西、神秘文化，都有一个很重要的特点，叫暗示效应，它的表现方式就是信则灵，不信则不灵。所以你如果取信的态度，它就存在，你如果取不信的态度，你就找不见实证，这是它的通例。至于用量子力学来解释佛教，我最近见到某些科学家，搞科学工作的人还在这样谈论，我多少觉得有点愕然、有点荒唐、有点可笑。要知道，量子力学本身都还没有完成呢，量子力学研究能量和质量的转化过渡中间状态，它迄今连能量是什么还都没有回答清楚，它怎么可能通解世界？所以拿出量子力学的一点点东西，就想作为诠释一切的理论依据，实在还有些为时过早。

同学提问：老师您好，刚才您说到，人类思想的分化可能是越来越厉害，达成人类认知一致的可能性也会越来越小。我想请教的就是，在原始的三大宗教之外，未来的几百年是不是会呈现人类思想百花齐放的这么一个零碎的状况？如果说后资本和后科学时代孵化出一种新的思想，有没有可能是东方经典的儒释道元素加上西方哲科思维元素的再造，或者是一个完全不同的、脱胎换骨的新思想体系？

东岳先生：人类的文化一定是继承性延续的，这就像你要走到三楼，你必须经过一楼和二楼，你不可能一下跳到三楼上去，所以人类的文化是有接续性的。而且我也同意你的一个看法，人类未来的新文化一定是诸多既往文化的综合与延伸，一定建立包括更大信息量的全新思想模型。接下来我想回答你前面最初的问题，就是由于自然演化过程或者物演弱化过程同时就是分化过程，因此人类虽然在未来文明的再造上有一个先决条件，那就是必须有新思想、新文化的铺垫，人类未来文明才能够有序建构，但是由于分化演动的这个铁律之规定，人类未来达成思想一致的可能性越来越小，因此人类未来建构新文明或者有序建构新文明的难度一定是非常之大的，它标志着人类今天的文明发展前途越来越危机，这也是一个重要指标。大家想，人类越原始的时代，思想越统一，比如中国统一在儒教上，比如西方统一在基督教上，比如阿拉伯人统一在伊斯兰教上；到哲学时代，哲学派别就变得非常之多，各执一端，歧义纷生，看看古希腊哲学，看看西方近代古典哲学，门派众多，争论不休；再到科学时代，各学科门类高度分化，任何科学理论只能解释不同专业的某一个狭窄方面，而且还不免被快速证伪，最终令人难获定见。所以人类总体上越来越难以达成思想统一的共识，此种情形完全符合自然分化律。这当然是一个非常麻烦的局面，因为人类要想建构一个新的文明体制，必须有一个比较统一的思想文化认同，而这个前景又正在消失，这就是我讲人类文明趋势倾向于严重危机这个话题的一部分涵项。

同学提问：先生您好，大乘和小乘之间的差异，我在听课的时候，就您讲述的过程中听得不是很明白，您可以再补充几句吗？谢谢。

东岳先生：其实严格说来，我今天讲课比较仓促，也不算精确。我讲大乘是佛教传入中国以后，被中国儒家学说积极入世所影响，但实际上，佛教本身在释迦牟尼那里就已经暗藏了大乘的思想根脉，所以佛陀不断讲经，力求渡人。显然佛陀布道绝不只是为了寻求自身解脱，否则，他应该在顿悟成佛的当时就采取自隐或自裁的行为才相宜。故此大乘佛教也不能说完全是中国文化熏陶的结果。但是你仔细听佛教文化的出发点是什么：了生死、灭苦悲，想想这个出发点，它更贴近于小乘，这是很明显的。

好，我们今天的课到此结束。

国学及国运衰落的原因与轨迹

开题序语

我们今天讲中国文化的衰落。

公元1000年前后，也就是公元10世纪前后，中国当时处在世界文明的前列，总体经济实力也名列前茅。随后，成吉思汗携带着中国的高技术，通过欧亚大陆桥，以优势姿态打开了步入世界的大门。

然而至第二个千年末，也就是公元19世纪前后，中国社会却又居然沦为最衰弱、最落后的样板，而且几近亡国，同时中国文化也走入末路。即便后来国势复升，似乎也是西学东渐的结果，中国传统文化从此一蹶不振。我们今天得回答一个问题，何以会有如此之大的落差？为什么中国近代文明快速衰落？这个问题往深里讲实际上就是要回答什么叫近代文明史？什么叫现代化？

我们谈这个问题，不免得再次讨论东西方文化的比较。这个话题之所以在近现代的中国历来成为文化界最关注的重大课题，就是因为中国的社会转型逼迫着这个问题必须得到回答。

我们下面先讲一下所谓"国学"的概念。"国学"这个称呼是非常不恰当的，因为世界各国都有自己的国学。而且大家要知道中国在近代以前，在1840年鸦片战争以前，从来没有过"国学"这个称呼。那么什么叫"国学"？我觉得对这个问题回答最好的是北京大学一位名叫李零的教授，他用一句话进行了概括，他说所谓"国学"就是"国将不国之学、不中不西之学"。什么叫国学？就是中国衰败、中国传统文化破碎，国人又不甘于如此，于是把传统文化捡拾起来、重整一番，然后高高举起，自我解嘲式地表白它还没有彻底沦落，这个东西叫作"国学"。

而且它早已经丧失了中国传统文化的内在精髓和外部架构，它实际上是国人从西学角度对传统文化所作的全面反观。因此今天讲国学的人，你看他的视野，包括我在内，全都是站在东西方文化比较和东西方文化综合的态势上加以研讨。因此李零又说它是"不中不西之学"，这个说法是非常恰当的。所以请大家记住，我们一旦说"国学"两个字的时候，我们其实就是在讲中国传统文化的衰败，这两个字就是"衰败"的同义词，是无奈之情掩饰不住的别样流露。

鸦片战争以后，至19世纪末，中国兴起洋务运动，当时的领军人物冯桂芬、张之洞提出"中学为体、西学为用"，那么这个概念，即所谓"体用之辩"，它表达的是什么？就是想用中国文化对抗西方文化的侵入，结果洋务运动以失败而告终。以1895年中日甲午海战的失败为标志，洋务运动结束，"体用之辩"退潮。此后全面清理和抛弃中国文化的思潮涌动，这个时候"国学"才真正显形。20世纪初身为同盟会会员的章太炎，在他的一本著作叫《国故论衡》中，首次提出对传统文化，或者说对破碎的传统文化重新整理。

"国故"这个概念就是最早的国学概念的来源，之后我们把"国故"这个词又分为两部分，一部分叫"国学"，一部分叫"国粹"，其实两者早年没有区别，我们现在把它们区别一下。所谓"国学"就是中国传统文化中的思想部分，所谓"国粹"就是中国传统文化中的思想成分以外的那些应用部分，包括陶瓷、京剧、昆腔、诗赋等等。

如果我们把眼光放大，放在世界文明的格局上，什么叫"中国传统文化"？什么叫"国学"呢？我们可以这样定义它：古代主流的"地缘封闭性农耕文化"之总称。其实中国传统文化代表的是人类历史上最典型、最系统、最精致的农业文明文化体系，这就是所谓中国传统文化或者国学的基本内涵。由于该农耕文化当年是世界文明的主流，普行于全球各地，所以被地理条件区隔开来的原始农业文明群团，相互之间在不同程度上是可以通融交流的。

那么什么是"西学"呢？就是与"国学"对立的那一面，可定义为：古代非主流的"环地中海开放型复合文化"之特称。所谓"西学"实际上是环地中海地区的交流态地貌，加之局域性农业生产条件不佳，从而荟萃于古希腊的半农业、半工商业文明，这个东西最终发育为今天的西方文明。所以我再强调一遍，它是古代非主流的一个异类萌芽，所谓文艺复兴的回潮，表明典型意义上的"西学"，实际上是人类文明史的一个特定阶段，古希腊现象只不过是某种孤立的预演而已。

我这样讲，有助于大家首先在宏观上把国学和西学、东方传统和西方文化之起源分辨清楚。它的实质内涵其实不是"国学"或者"夷术"，也不是"东方"或"西方"文化的差异，它的实质含义是"农业文明"和"工商业文明"的代名词，这一点各位务必要理解透彻。

人类文明演化史大观

我们下面看一下人类文明演化史的概况。

大家知道中国史学界流行一句话叫"崖山之后无中国，明清之后无华夏"。这句话听起来是很有道理的，所谓"崖山"是指南宋与蒙古的最后一场战役"崖山海战"，南宋最后一个皇帝在战争中投海而死，南宋王朝覆灭。它说崖山之后就没有中国了，因为是蒙古人打掉了中国，而蒙古当年不属于中国，所以在元朝，中国人真是做了一次亡国奴。而且由于蒙古人是落后的游牧民族，他打掉了当时最先进的宋代文明，统治中国达八十九年以上，所以当年的中国可谓亡国了，这是"崖山之后无中国"这个说法的来源；所谓"明清之后无华夏"，是指在元代以后，明清时代都继承了或者部分掺杂了元朝文化的特点，尤其到清朝，第二次是女真人再度侵入中国，使得故国原有的文化发生了很大的异变，中国传统文化或华夏自成文脉之样貌出现了一些色差，因此被说成"明清之后无华夏"。

我举一个例子，比如韩国人到现在都认为，他们才是东亚文明的正统。为什么？因为满清没有侵占朝鲜半岛，你看朝鲜近代李氏王朝穿的服装，还是明代的样式，所以他们认为自己才是东亚文明真正的继承者，而中国早就把它丧失了。但实际上这句话大成问题，因为这句话里包含了一个潜台词，意思是说中国文化是被外来游牧民族的入侵破坏掉的，这个说法根本不成立。

请大家想想，什么叫中华民族？什么叫华夏文明？早在先秦时代，匈奴袭扰介入；秦国、秦朝，与西戎混居；再看汉代，直接就是南蛮子楚人建立的王朝；接着南北朝五胡乱华；之后唐代是鲜卑人和中华土族的混合血统统治中国；然后元代蒙古人、清代女真人。我们所谓的中华民族历来是东亚北疆游牧族系和中原农耕人群相互融合的产物，这才是中华民族的本源。所谓华夏文明，实际上是以中原农业文化为主体，历经游牧部落不断冲击为其注入血性，这才造就了华夏族裔的坚毅气质与久远气数。什么意思？农业文明是典型的和平劳作，游牧文明和农业文明的冲突才使得中国农耕社会的文化基因里，始终保持着既有文质彬彬的"文"的一面，也有勇武刚烈的"质"的一面之双重性格，后者是华夏文明中不可或缺的部分。所以说东亚游牧业文明灭掉了中国传统和中国文化，这个说法是不成立的。请牢牢记住：夏夷融汇，方有国族。

那么中国文化的衰落，如果不能归因于游牧民族的侵入，归因于什么呢？我们追究它的根源，追究到哪里去呢？一言以蔽之，农耕文化势不可挽，也就是农业文明自当退潮了！大体来看，它跟中华国运之起伏一致，即周、秦、汉、唐乃为上升期，宋、元、明、清乃为下降期，此与农业文明的气运消长完全吻合。时值工商业文明来临之际，农业文明的衰败之局就已经注定，这才是问题的根本。

我再谈一个问题。我前面讲"夏夷融汇"——"夷"指游牧民族，"夏"指中土汉人，这个"融汇"过程构成中华民族和华夏文明。当年蒙古人侵犯中国，之后，中国文化把蒙古人的文化部分同化，而蒙古人又突进到东欧，打遍整个阿拉伯地区，也就是打通了欧亚大陆桥，在某种程度上行将占据整个世界岛。中国似乎有了一次在近代史前端引领潮流，以最雄厚、最强势的方式建立国际新格局的势头，可它为什么反而此后一路衰败？这是一个重大课题。

我先解释一下"世界岛"的概念。大家看这个地球百分之七十以上被海洋覆盖，大陆面积仅占百分之二十九左右，各大陆板块分裂，接在一起的只有欧亚非大陆。从地球的全貌看，欧亚非大陆可以被视为地球上最大的一个岛屿，这叫"世界岛"。

20世纪初叶，1902年英国有一个著名学者，他是地理学家，也是地缘政治学家，名叫麦金德。他首先提出"世界岛"的概念，目的是想讨论一个变换视野的新观点，叫作"陆权论"。大家知道公元1500年前后，真正意义上的"世界史"才开始出现，此前只有分立的"地方史"或"国别史"，而且西方所谓的"近代史"也由此发端，那么它最初是以什么方式登场的呢？是以蓝色文明的崭新姿态豁然亮相的，也就是西方人打通了远洋海上通道，近代世界史由此得以展现。上个世纪初麦金德质疑"海权论"可能是一个历史偏见，认为"陆权论"理应崛起。他说世界上最大的中心区域就是欧亚非大陆，他称其为"世界岛"，并断言谁占有了世界岛，谁在今后将统治全世界。

他接着又讲，他说世界岛的中心是从伏尔加河到长江、从青藏高原到北极，这一片地区的占领者最有可能打通世界岛，并终将主宰世界。麦金德这番议论在上世纪初刚刚提出的时候，曾经有力地影响了两次世界大战的战略定位，后来相继爆发一战和二战，当时的战略家们眼睛都盯着以东欧这片地方为开拓点的战略前沿，部分原因即与此有关。

那么我们回顾一下，当年元蒙恰好把世界岛的关键点打通，所以中国曾经应该最早具备挺进世界的猛烈势头，可是后来的局面完全不是那回事。元代以后，中国反而一路衰败。所以我们得重新分析一下"世界岛"这个说法是否成立。

我们先看一看整个人类文明史在世界岛上的演变。首先，人类原始文明就是在欧亚非大陆的中纬度轴向分布地段开始启动的。大家回想我在前面第一节课上讲过，人类农业文明是在纬向上，也就是地图纬线的方向上传播的，而在经向上，也就是地图经线的方向上较难扩展。在远古时代，现代智人迁徙到古埃及、迁徙到中东、迁徙到欧洲、迁徙到东亚，辗转于整个世界岛的中纬度一带，这个世界岛确实曾给人类早期文明发展提供了一个最广阔的地理舞台。

但是大家要注意，随后麦金德所提出的"占据东欧、占据世界岛中心，极有可能统治世界"这个说法，从此再没有实现过。大家想想公元五世纪，西罗马帝国灭亡，东罗马帝国兴起，它恰好位于东欧这个地区，结果东罗马帝国自己根本没有拓展力。大家再想，蒙古帝国于十三世纪如风卷残云般打通世界岛中部，结果却快速退潮。

再往后看近代史，像中东、像东欧、像俄罗斯、像东亚之中国，历来都处于世界岛中心或临近中心地区，结果它们全都没能扮演近现代文明的启动者这个角色，它们也都没有真正成为世界文明新浪潮的引领者。到头来，我们发现反倒是在世界岛边缘的国家多有成为文明的拓展者。比如原始时代的古希腊，它虽然接近世界岛的中心，但是从陆地范围上看，它却是一个边缘地带，处于巴尔干半岛，属于爱琴海文明；再比如近代的荷兰和英国，是最早发动资产阶级革命的国家，它们都处在世界岛边缘，或者欧洲大陆的外围。我们再看，二十世纪真正雄起的美国，它并不在世界岛上，它站在远隔于两洋的美洲彼岸，反而成为世界第一强国。

可见，麦金德的"世界岛"之说不成立。今天还有人提出中国将在世界岛上兴起这个说法，好像我们兴起或不兴起跟我们的地理位置有关。请大家千万注意这个视野是非常肤浅的，真正导致一国一地崛起的是什么？甚至连蓝色文明都不是近代列强勃发的主因。很多人说哥伦布发现新大陆，欧洲各国近代展开海洋文明是它们作为强国崛起的最根本的原因和标志，这个说法是不对的。各位想想最早引领蓝色文明的是谁？是葡萄牙和西班牙，它们曾经短暂强盛，随后迅速衰落，今天只不过是老牌帝国主义的边缘国家。

大家再想整个人类文明被什么引领？它跟征服面积没有任何关系，它跟你占据地球哪个位置也没有任何关系，它取决于你有没有新思想、新文化。也就是虚性的头脑永远强大过实性的地缘关系，飘渺无形的思想永远强大过经济、财富、土地、人口这类有形实物的力度。我举一组例子，请想想八千年前人类只有百分之一的人务农，百分之九十九的人还处在采集狩猎生存状态，结果前者引领了后来的世界文明潮流。请记住人类历来是百分之一引领百分之九十九！大家再想三百年前全世界不到百分之一人数的工商业者在英国，结果引领了如今业已席卷全球的整个工商业文明；大家再想想三十年前全世界不到百分之一的人在网络上游戏、在网络上运行，结果他们缔造了当今的信息时代。

我在这里想强调什么？强调思想的作用，尤其是新思想的力量。为什么世界岛中枢地区之各古大国全部衰落，它们不但不是兴盛之源，反而是衰败之根，是因为它们是旧文化的守护者、是旧文化的遮蔽者、是旧文化的被羁绊者。因此它们不但不能引领文明，反而一路衰微。国史长，绝不是优势，因为国史长代表着你旧文化的蕴积深厚，因此我们述说自己的国史，居然用"积贫积弱"四个字来形容。

请大家记住，这是形容中国近代之国运最典型的一个词汇，就是你的国史长，长在什么上面了？长在积累贫困和积累弱势上去了。换言之，一切你在外观上、实体上所能看到的优势都是虚假的，你在思想上、文化上看不见的那个无影无踪之优势才是真正具有拓展力量的锐性成分。所以归根结底取决于谁领新思想、新文化、新文明之时代风骚，唯有立此巅峰才可望占据人类文明的"世界岛"。这个"世界岛"不是指地理位置，而是指文明的覆盖与增长。这是一个非常重要的关键概念，你要想理解什么叫近代文明、什么叫现代化，请从这儿起步入门。

中国文化的原始性与前期性

下面我们谈谈中国文化的原始性与前期性。我在前面讲课就提过，我说中国文化和文明处于前神学期。可能有人认为"文化"和"文明"这两个概念尚需要界定一下，为此我做一个简略注解。

什么是"文化"？我们人类的感知属性的总称叫文化。什么是"文明"？我们的感知能力最终表达为生存性状的外部物质结构，我们把它叫文明。我说得更通俗一点，思想与意识的虚性层面叫文化，思想文化最终表达为工具体系和社会构态，叫文明。这样讲比较简单，虽然不够严格。

那么我讲中国文化处在前神学期这句话什么意思？你看西方史书，它说人类只经过三个阶段，或者三种文化期。第一，神学时代；第二，哲学时代；第三，科学时代。可是中国文化不卡在这三期里，中国文化处于西方文化神学期之前，所以我把它叫"前神学期"。我在这里做一个说明，绝不是说西方人没有经历过前神学期。我前面讲课一再讲，由于环地中海地区是一个开放地貌，开放地貌就导致周边各族群交流过度，交流会导致思想屏蔽的打开，从而造成快速进步，于是产生了两种结果：第一，他们文化的基调叫"进步论"，而中国文化的基调是"保守论"；第二，他们确实快速进步，快速进步就会把原始的前期文化扬弃掉，也就是置换掉。因此在他们的显学文化中，就只剩下了神学、哲学和科学这三个分期。

我再强调一遍，不是他们没有经历过前神学期。而中国文化是人类原始农耕文明之初，在东亚局限环境中最早产生的意识与观念，再经过其后数千年精雕细琢而不辍的一个产物。由于地理地貌封闭，它对起始形成的文化不予翻新、不加扬弃，也就是不让它们在快速进步的过程中消逝无余，因此它就把最原始的思想胚型保留了下来。再加上它一直使用人类的第一茬象形文字，这些符号本身从来都没有发生变更，而象形文字就像一个保险柜，把人类最原始的思绪锁定于其中，从而使得唯独在中国保留了经过整顿、经过琢磨的神学期前之思想文化系统，这就是中国文化在世界文明史和文化发展史上的别致定位。只有理解这一点，才能理解中国传统文化的根脉与源流。所以我们可以把它在演化史上表述为这样一种特殊分期，谓之"准神学、亚哲学、古儒学"的综合情状，这也是"前神学文化"的基本特点。

"准"这个字就是行将达到的意思，譬如校官与将官之间有一级军衔"准将",大校上面是准将,准将上面才是少将,所谓"准将"就是接近于将。那么我在这里讲"准神学",就是中国文化处在神学之前的相邻状态,接近于神学而尚未企及神学;再说"亚哲学",是指它有一脉广义哲学思路,却没有进入狭义哲学状态;所谓"古儒学",主要以老子为代表,包括作为老聃弟子的孔子及其诸子百家继承发扬的中国典型农业文化之总和。这三者构成中国前神学文化的总体样态。

我们也可以把它在形象上说成是这样几种表现形式:叫"天地崇拜、祖先敬仰、人伦关注",即,崇拜泛自然神,而不是崇拜上帝人格神;敬仰先祖,祭祖如祭神;注重人伦关系,疏离仰望星空的自然追问。这就是中国文化的传统形态。

所以,中国古代的天地崇拜,一开始就表达为《易经》中的一系列表述,比如"一阴一阳之谓道",它所说的"道",是对天地运行之道的模糊猜想,而不是人格神创造世界的明确指认;它又讲"阴阳不测之谓神",它所说的"神",是对天地的敬畏及其不可测度的神秘感。再看许慎,东汉时期中国最早的汉字学家,在他的《说文解字》里曾经说过一句话:"人所归为鬼。"他说鬼神这个东西是什么?什么叫鬼?"归"与"鬼"同音,暗含同源的意思,特指一个人死后回到他初来的那个地方,此谓之"鬼"。大家注意,中国的神就是自己的祖先,中国的鬼也都是生于人间的逝者,这就是中国的鬼神概念,它们与高高在上、缔造宇宙的那个超世俗神灵全然不同。很明显,如果按照西方典型意义上的神学观念来衡量,中国文化自古便是无神论。

要知道中国人的无神论,在西方人看来是不能理解的,为什么?西方人认为中国人没有追究终极。我举一个例子,如果你到火星上,或者你到月球上,突然看见了一架飞机,你会怎么想?你一定不会想这个飞机是天然形成的,你一定立即联想火星或者月球上曾经来过人,或者来过神,飞机一定是精心制作出来的东西。这样一个复杂系统,它绝不可能自然演成。那么我们古人看见这个世界运转有序、构造精巧，其有序和精致的程度远大于一架飞机。白昼太阳照耀，夜晚月亮替你照明；大地上有水，天空还会降雨，给你提供滋养，使万物得以茂盛生长；人这样一个美妙绝伦的生命体，居然在这个地球上可以猖狂地表达自己的一切意图……如此纷纭、精致而有序的世界，你居然不会思考它的终极因？你居然不去追问它来自何方？因此西方人认为无神论表达的是人类远古时代的蒙昧，是缺乏思想探究能力，从而失之于终极追问的浅薄表现。这也是西方人对无神论者一直取轻蔑态度的原因之一。

不言而喻，西方人完全不能理解中国的前神学文化。要知道中国不是无神论，它是有神的，只不过它的神是自然显现的，是平坦过渡的。它有两个神系，第一叫"祖先神"，他们认为自己的先祖就是神明。请大家想想中国古代神话传说，我们人类的祖先是这样一系走过来的，叫盘古开天、女娲造人、伏羲开智、炎黄文明。也就是从天地剖判一直到文明生发，全都是由我们的祖先神缔造的。而且可以看出，越前面的祖先，威力越大；越后面的祖先，能力越小。最早的祖先盘古是足以开创天地的，女娲是造人的，伏羲随后而运智，到炎帝、黄帝只能开启文明了，他们对天地既成之规制已经毫无办法了。这里就表达出中国"祖先神"思绪里，一开始就埋藏着"保守论"，即由祖先神引出保守论的肇端，也就是越远古的东西越好，越前在的先人越有力量，这是第一神系。

第二叫"自然神"。我在前面讲过，中国古人认为神就是泛自然体系，从商末周初开始，这种思绪就已经出现，统称为"天"。你读《尚书》，中国古代最早的一本书中就有"上帝"这个词。我们后来把西方的"God"翻译为"上帝"，实际上是借用了一个古老的原有词汇。只不过中国古代的"上帝"这个词，不是指"God"那样的人格神，而是指"天"。所以中国古时还有"下帝"，"下帝"这个词指谁呢？指祖先，指我们前面的已经死去、已经归天的伟大的先祖。也就是中国自古认为自然界总体就是神，以"天"为代表，以"人"为延续，因此我们保持"天人合一"的思脉。所以请大家记住，我们的"天人合一"这个思想，其实来自中国的第二神系——自然神论。

这种思绪绝不仅仅见于中国，东方大致上都具有这个思维特点。比如印度的佛教，我在前课中讲过，我说印度这个地方受到远古西方文明的冲击，它的人种都被雅利安人或西方其他各类人流所置换，因此它的婆罗门教是有人格神的。但它的佛教在很大程度上表达了东方农业文明的特点，你看一下佛教，它是无神论的，"佛"是指有正觉者，而不是指一个天外神主，所以佛教讲"空"、讲"相"、讲"业"、讲"缘"，却从来没有讲过一个有动作、造宇宙的神。可见这种没有超自然人格神的状态，其实是整个东方典型农业文化的共性。

关于中国的无神论，你今天回过头来看，它在某种程度上比西方的有神论其实要高明。我举一个例子，科学走到当代，我们现在知道比飞机复杂上万倍、上亿倍的东西，例如我们人体，例如动物的眼睛，居然都不是神造的，居然都是自然界演化过来的。这已经是被各生物学科确证无疑的事实，它证明了中国古代无神论的那个思绪成立，复杂事物不需要神造，它会在自然中演化而来，只要给它足够充分的时间。这叫什么？这叫"低明"。我过去一再讲，我说中国文化绝不能用"高明"这个词来形容，因为它处在人类文明和人类文化的原始最低端；但我又强调，原始低端者好比种子，它包含着一切后发规定性，任何最原始的东西，它里面必定潜藏着某些有待绽放开来才可窥见的内质要素。因此中国文化不表达"高明"，却表达"低明"。也就是它在其低级位点上，蕴蓄着未来无限发展的可能性。要知道人体、眼睛、复杂的器官系统、精密的大脑结构，人类今天尚且不能研究通透，更不要说创设它、缔造它。而所有这些无一例外都是自然界慢慢演化过来的，你只要给它亿万年时间就行。

这个演化过程今天人类已经可以模拟应用了。我举个例子，眼下人们做人工智能或机器人，提升其效能的最好方法，就是借用这样一个机制，在一具人工智能机里输入一套程序，叫作"随机变异淘汰选择程序"。就是让这个机器在运行中持续地发生不可控性差错，相当于自然界里生物基因随机突变，然后设定一个选择淘汰程序，对所有的异变进行淘汰或微调，这又相当于做出某种定向选择，即以迅捷的人工选择方式让人工智能快速增进，这是今天AI发展的重要前沿技术之一，它所运用的就是类似"无神论"或曰"无意识主导"的自然进化模型。大家注意我在讲什么？我在讲中国文化处于人类文明的最低端，但它不是不可理解的，它保持了一种独特的"低明"状态。

我们下面再讨论一个相关问题，我称之为"生物社会的智化接续"。大家要注意西方文明，由于它丢失了前神学期，由于它地缘开放、过度交流、快速进步，导致其最原始的思想观念无法得到完整保存。所以当它的显性文化出现的时候，便只剩下"神学期、哲学期、科学期"这三种过渡形态。而"前神学期"，它不仅彰显了东亚封闭文化一贯终始的特性，而且还给我们留下了一脉痕迹，好让我们追踪人类文明的起源，见证它完全是从动物社会中延展出来的。我们中国社会早年的文化生存构型，居然栩栩呈现为动物社会构型的原样继续。

我给大家举例子。中国早年的社会生态，乃至孔子文化，我在孔子课上讲过是典型的亲缘社会构型，也就是血亲社会构型。孔子说教的所谓"君臣父子"之礼序，就是以家族为中心的血缘宗法文化体系。要知道动物社会全都是血缘社会，我们人类的血缘社会及其血缘社会文化，不外就是猴子王国、狮子王国那类生存状态的智化再现和直接传承，其间没有任何飞跃。

大家再看，孔子讲"男女大防"，孟子讲"男女授受不亲"。它跟动物社会的乱伦禁忌一脉相承，只不过动物不会说话，没有将其表达为"不孝有三，无后为大"罢了。另外国人讲究的"不

417

十一、国学及国运衰落的原因与轨迹

孝有三，无后为大"，表达的是什么？表达的是动物社会的聚合标的，或生物生存的第一原则，叫作"增殖第一原则"。我在前面课上反复讲过，我说一切生命都是围绕着性增殖为中轴而运转的。我们的有机体、我们的肉体不断被抛弃，它只干一件事，保证基因下传。一旦基因传递实现，父母就得死亡退场，这叫正常寿命。所以，生命体的存活核心就是确保性增殖不致中断。我们中国文化念念不忘"无后为大"之训诫，说家族最重大的事情即为生儿育女、传宗接代，俨然就是动物生理结构以及动物结社生存的首要追求。

孔子文化中讲"夏夷之辨"，"夏"指中原人、华夏人；"夷"指外来蛮族、游牧民族。什么叫夏夷之辨？它跟动物的领地社会如出一辙，跟动物种群必须明确领地划分，必须对同类物种有一个自我与非我的明晰判别完全一致，是它的人设式继承或人格化言说。

再者，中国社会的权利结构是什么样子？历来是谁拳头大、胳膊粗、谁有军队，谁就建立政权，叫"暴力强权政治结构"。要知道这跟西方文明化以后的权利结构完全不同，后者叫"契约社会"，就是大家有一个立法形式的契约关系，然后经由民众选举，给你授权，你才有权。西方的任何政党都是不允许有军队的，都是不允许使用暴力夺取政权的。那么为什么中国社会政治、社会管理体系历来是暴力强权形态？请你看一下动物社会的狮子王、猴子王是怎么当王的？它们绝不会讲契约、讲选举，它们一定是谁拳头大、谁膂力大、谁就称王称霸！是不是这样？所以中国社会的政治结构也照例是生物社会、动物社会强权结构的继续，一直到今天还是如此。这表达的是什么？低级而无间断的自发延续。

再看，中国的文化认为"眼见为实"。我讲西哲课的时候，我一再讲理解西方哲学最起码的出发点是"眼见为虚"。想想谁"眼见为实"？动物一定眼见为实！一只狼看到一只羊，绝不会问这个羊是一个虚相概念，还是一个实体对象？它绝不会问这个问题。所以中国文化也表达为动物"眼见为实"的直观操作求存体系。总而言之，它处处都体现出人类原始文明与生物社会构态的自然承接关系。

生物社会发展到后期，高等动物如灵长目动物，包括一部分哺乳类动物，其结群方式呈"王权母系制"，也叫"雄王母系制"，就是雄性做王，但社会是由雌性维系的。最典型的是狮子社会，其实猴子社会也是那样。人类社会早年亦恰恰如此，某位男性长者做领袖，但整个社会却是母系社会，完全是生物社会的直接过渡。西方远离甚至断掉了这一层，于是也就遗失了自己的史前文化和原始记忆。因为古希腊工商业化了，早在公元前六世纪，百分之七八十的人便以个人自由的单体形式流落到整个环地中海地区，亲缘社会完全被打散。所以你在雅典文化构型中，你在古希腊哲学家那里，基本上见不到有关血缘结构的讨论。

大家想想它把动物式的血缘社会结构全都抛弃了，它怎么可能找见自己的来路？我前面讲它的契约社会、选举授权，这些东西的出现是因为没有了血缘宗族体制，自由个体怎么会接受随便站出来一个人用强权统治他？因此它必然走向民主制度，而民主制度一旦发生，它就把自己跟原先动物社会的联系彻底切断了。而且，它一旦走上工商业道路，就必须充分地调动智能，这种过度的、超越式的智能潜力之调动，建立"眼见为虚"的哲科思维体系，又使它把人类早年"眼见为实"的文化环节丢失了。

所以，中国文化的原始低端性恰恰表达了它的自然连续性。而人类文明的自发连续过程其实从来就没有中断过，即使在西方同样没有中断，它只不过是由于环地中海地区过度交流、过快进步，将此扬弃，形成了一段远古文化的遗失与空白而已。

略论"天人合一"与"人文关怀"

我们下面谈"天人合一"与"人文关怀"。

我如果把前面这部分讲清楚了,大家就应该听明白当中国讲"祖先神"、讲"自然神"的时候,它必然讲的是"天人合一",也就是"天"和"人"是一回事、是一个系统。祖先既是人,又是神,天地都是他们劈开的(盘古),人身都是他们捏造的(女娲),文明也是他们创立的(炎黄),可见"自然神"和"祖先神"是一回事。既然我们的祖先就是神,就是造物的自然与自然的造物,而后人又不可能超越前人,只能依附于祖先的创造和庇护生存,那么我们当然跟自然界是不能分离的一体,"天人合一"就由此而来。

大家千万不要认为"天人合一"是一个非常"高明"的思绪,它其实是非常"低明"的思绪,我们先看它的表述。《易经·说卦传》有一段话最典型地表达了"天人合一"的连续性,原文这样说:"有天地,然后有万物;有万物,然后有男女;有男女,然后有夫妇;有夫妇,然后有父子;有父子,然后有君臣;有君臣,然后有上下;有上下,然后礼仪有所错。"这里的"错"是"措施、措置",或者说是"摆放"的意思。它从天地讲起,逐步推出万物→人→夫妻→父子→君臣→礼仪文化与文明,这是对"天人合一"一脉演化之步骤所给出的非常系统的阐释。

我前面讲中国前神学文化就是自然社会或者动物社会的智化延续,想想上列这段话与之对应得何其之好。但是我再说一遍,你千万不要认为它是"高明",你翻开古文献看看,你会发现它非常低级而粗率。汉代董仲舒讲"天人合一",他怎么讲?他说天上出现一个什么异象,若是不吉之象,则预示着君王治理天下出现了失误,这叫"天人感应"。你今天听了一定觉得很怪诞,事实上中国古代的"天人合一说"经常流于荒唐,可当年人们真诚地相信,皇帝为此要下"罪己诏"。但是它又表达了一种"低明",也就是你站在今天回过头来看"天人合一"完全成立,成立在哪里?听我明天的课(指下一节讲座"人类文明的趋势与危机")。

我曾提及黑格尔讲过的一句话,他说自我意识是人类文明的开端。而我当时也讲了,我说所谓自我意识就是把人和自然界明晰地剖判开来。所以西方文明一开始,它就是征服自然、追求真理这样一个思路,这确实是西方文明的开端。但中国不是,中国一开始并不完全将自然界跟人分割开来,二者是紧密联系在一起的。所以按照黑格尔的看法,东方文明状态不佳,或者东方文明处在朦胧状态。

东方文明为什么讲究"天人合一"?是因为人类在采猎生存时代和农牧业文明初期,完全陷于靠天吃饭的境遇,采集植物、狩猎动物、耕种庄稼,你是不是得看老天爷的眼色?古代没有发达的灌溉系统,如果上天不给下雨,农业活动根本没法展开,所以凡是农业文明必是靠天吃饭。一个文明如果靠天吃饭,它就不能说征服自然、战胜自然的狂言,它只能寻求对自然的适应,保持对自然的敬畏,甚至仰赖对自然的乞求,这就是中国自古祈雨敬天的原因。你到北京看一下天坛,它就是这种文化的产物,所以中国的自我意识不明、天人合一理念,其实正是农业文明的典型思想形态。

请注意我们今天全盘西化了,我们很容易用西方人的思路批评中国文化。可你落实在中国原始农业文明的这个基点上,你才能理解它当年的合理性。

我再举例子,譬如血缘宗法。中国社会自古讲血缘,中国社会自古是宗法社会,所谓宗法社会就是血缘等级社会,这叫"君君臣臣,父父子子"。这个文化道统我前面讲课一再讲,它是人类从原始氏族时代的采猎生存方式过渡到农业文明之时的一贯社会构型,该社会构型最有力地调动了集体化劳作的效率,不使发生纠纷，血缘天然和谐，由以建构在稀缺土地上精耕细作求得温饱的生存结构。因此血缘宗法社会结构是农业文明得以生存的基石。既然是这样一个文明生存体系，它当然不会去仰望星空，它当然不会去纵深探问跟我们眼见为实的东西不相关的其他问题，于是它就没有了西方早年古希腊的那一脉追问自然的思绪。它的追问自然只满足于天时地利、人伦稳定。因此西方善用"law"这个词，即拿理性来统摄自然规律以及人间法律，这一脉思路当然也就不会产生。因为宗法结构是"爷爷管父亲，父亲管儿子"，用不着law，用不着法律，天然有序，而且是血亲温情下的有序，它当然把一切理性的法律原则全部湮灭掉。

大家再想"尊卑有序"的意涵。爷爷天然高于父亲，父亲天然高于儿子，这种位阶关系在一个血缘宗法结构中不用人为设计，它就是自发有序的。既然有了这个尊卑级别，所有人都遵奉这个天定序列，那么再把家族血缘关系扩大到整个社会结构上去，君王就是父王，臣民就是人子，每一个人都严守自己的社会地位，就像儿子绝不敢超越父亲一样，社会当然稳定。它是人类最原始的维稳状态，而且它确实是最稳定的社会结构。

我一讲中国社会稳定，有人就会置疑。我曾经听到一个说法，说西方民主社会才稳定。比如英国1688年光荣革命建立君主立宪制度，迄今已经过去了几百年，制度纹丝不变；比如美国两百多年前制定宪法，到现在也没有变过，顶多只有宪法修正案，非常稳定。有人做过一个统计，他说人治的决策失误率至少是千分之三，民主社会不断地选举、改变领袖，纠错机制很强，因此从理论上计算，民主制度可以延续逾千年。而专制制度、人治制度由于无法纠错，按千分之三以上的出错率计算，它的任何一个政治体制和朝代都超不过两三百年。

你表面上听，他说的非常有道理，可大家要注意这个说法只是个表观现象。实际情况是中国农业社会稳定几千年而不变，被称之为"超稳定、超震荡结构"。"超稳定、超震荡结构"这个说法不好，不足以表达问题的本质，我换一个说法，叫"表震荡，里稳定"。我们细究表里之别，中国社会从表面上看是反复震荡的，骨子里却是极为稳定的，几千年间王朝不断更迭，但是它的社会政经结构从来不变化。任何造反者推翻原来的政权系统后，他自己又当皇帝了，原来的社会结构不发生任何变更，所以它是"表震荡，里稳定"。

大家看西方，它是"似稳定，超发展"，我们或者把它叫作"表稳定，里激变"。就是你看它表面上的政治体制是稳定的，但它骨子里的经济文化构成是激烈变化的。请大家想想美国独立战争的时候它是个什么样子？今天美国的科技发展又是个什么样子？这种科技发展所引动的社会暗流在它那个政治结构的表面上并不显现，内里却深深酝酿和积蓄着未来人寰的变革力量。因为它保持了一个自由焕发的结构体系，它在那层薄壳下面维护并刺激每一个人的自由发展。结果它的创新能力极强，它快速地掀动着人类的智能跃迁，最终一定突破原有的体制结构，导致人类社会发生巨大变形。当那个巨大变形来临的时候，它的震撼力、它的颠覆性，也就是天翻地覆的程度，我们最后一节课上再略予提示。

我再说一遍，中国传统社会是"表震荡而里稳定"。西方近代社会是"表稳定而里激变"，这才是各自的实质性表里关系。

好，我们再讨论一个问题，谓之"人文关怀"。我见到很多学者讲中国古代文化，说中国自古就有人文主义精神，由此证明中国社会比西方社会先进得多。什么意思呢？大家知道西方社会从公元纪年起直到中世纪结束都是"神文主义"精神，即神是最高的标榜，人只不过是神的造物和神的奴仆，神学压抑了整个人性，这叫黑暗中世纪。所谓文艺复兴，是找回古希腊的人文主义精神和理性主义精神，请大家记住这两个词组。

所以有中国学者讲，中国自古就是人文主义，孔子从来不谈鬼神。我为什么说他讲错了？因为中国古代的所谓人文主义精神，你看看它的内涵，你精深分析，它其实是"人伦社稷关怀"。我一提这个词语，大家就应当想起我前面的讲课：中国社会是农业文明，农业文明每亩地上的产出较之采猎时代大为提高，导致人口随之暴涨，人口暴涨造成人际关系和资源关系格外紧张，于是所有人来不及分出智力关注自然、仰望星空，只能把全部精力都用于关注人伦社会问题，这叫中国的人文关怀。所以请大家记住中国古代的"人文关怀"，它的对应词不是西方的"神性至上"，而是古希腊的"自然关注"。

我讲过古希腊是半农业、半工商业文明，工商业文明是"跨区域获得资源"，不像农业文明是"限局域获得资源"，因此它的生存条件相对宽松，再加上工商业创新制作需要解放思想，需要格物知识，于是它出现了对自然学和人类智慧的探讨这一脉思路，这就促成狭义哲学与博物学的诞生。这一脉思路才是跟中国古代思路可以彼此拿来相互对照的另一方面。因为中国从来没有过"神学当道"的东西，从来没有"神性高于人性"的这一系文化，因此中国的"人文关怀"从来跟神学无关，而西方近代人文主义精神是为打破基督教的约束，这个东西跟中国古代的人文关怀完全不在一个平台上。

如果我们硬要摆一个近似的平台比较，那就是古希腊"狭义哲学的自然关注"。所以必须把中国的"人文关怀"对应于古希腊的"自然关注"，才能恰当地进行参照讨论。它跟西方近代的人文主义精神根本不在一个层次上，不在一个可以对比研判的平面上，这也是大家要特别注意的。你只有看清这一点，你才能理解这两种文化和思路的各自导向及其最终结果的差异，这就是"人文关注"最终引出中国的技艺文化，而"自然关注"最终引出西方的哲科思维和近代的科学思潮，这都是要明确加以区分的。

我们下面谈另一个问题，叫"文化之功能在于维护其载体之生存"。我前面讲课一再讲，人类的一切文化都只是为了维护其载体的生存。我觉得这样讲其实仍不透彻，我还说过一句更深入的话，我说人类的一切生存都叫"文化生存"，文化绝不是一个花里胡哨的东西，它是人这种智性动物的基本生存状态。

我举一个例子。人类早年都有死亡追问，所以人类早年的原始文化经常跟"丧葬"这个主题分不开，在古埃及，金字塔、木乃伊，都是处理尸体和丧葬的问题。孔子学说的一个重大成分，叫"慎终追远"，也关乎丧葬文化。但是大家看一下丧葬文化的实质是什么？它一方面表达着人类理性开始追问死亡和生命的本质，另一方面表达着一种生存维护效应。比如我们中国人，特别是中原人讲究落土为安，人死了埋入土里，才是对死者最大的尊重。可是大家看世界上其他地方，比如西藏地区、比如尼泊尔北部，那些地方都是天葬，天葬的方式是我们汉人根本无法接受的，它要把尸骨剁碎，然后摊开饲喂鹰鹫，场面极其残忍，令外来者看不下去。

可为什么我们是落土为安？为什么他们是天葬？是因为人死之后，尸体是不能随便抛撒的。文明化以前，那个时候人类跟动物一样数量极少，偶有尸体，不用处理，未及腐败便被虫兽分食。可是农业文明以后人口暴涨，尸体量也大增，而且农田的拓展把森林赶往远处，在人类的聚居区是没有动物帮助清理的。这个时候你把尸体暴露在外，尸体腐烂会成为细菌寄生体，进而会带来大规模的传染病。好在中原有厚厚的黄土，可以将其深埋地下，以消除对活人的危害。

反观西藏等地之所以实行天葬，是因为那个地方位于喜马拉雅山麓，土层极薄，甚至没有土层；即便有土层，也是冻土，常年的冻土根本无法挖掘，尸体也就没有办法埋入土下。于是只剩一个办法，那就是尽快地让鹰类把这些尸体吞食。为了能让尸体在没有腐化以前就被鹰类消除，所以他们要把尸体剁碎投喂。看起来很残忍，其实非常仁厚。他们在干什么？维护生者的生存环境。所以大家一定要明白，任何一种文化现象，任何一个文明举措，归根结底是维护当时的人类生存的，或者说是跟当时人类生存的具体情状相匹配的。

我们再谈一个问题，中国古书《礼记》里记录一种叫作"庙制"的东西。我前面讲过，"庙"、"寺"、"观"是不同的命名，佛教称寺，道教称观，中国所谓的"庙"就是指祭祀天地和祖先的处所。古时庙堂修筑是有层级规制的，此谓之"庙制"。它讲"天子七庙，诸侯五庙，大夫三庙，民祀于寝"，这话什么意思？它说天子、周天子，也就是王室之中可以建七座庙，中间那个庙是祭祀上帝的，也就是祭祀天的，两边两个庙是祭祀远祖的，再两边两个庙是祭祀近祖的，最边上两个庙是祭祀直系亲属比如父母的，这叫七庙。到诸侯是五庙，也就是各诸侯国君可有五个庙，中间那个庙祭祀远祖，他已经没有祭祀上天的资格了，然后两边两个庙祭祀近祖，再两边两个庙祭祀自己的直系长辈。而到了大夫，也就是诸侯下面再低一级，他仅可有三庙，分别祭祀祖宗、父母。降至老百姓，则已完全没庙了，他只能在寝室卧房里的某处摆设牌位，以供先祖。

它表明什么？表明中国社会在每一个细微的制度上，连祭祀自己祖辈这样的琐事都讲尊卑有序，立下严格规矩，不得有任何僭越。它在干什么？它在竭力固化阶层，也就是在观念和文化的点点滴滴上，都要让每一个人安于自己的社会地位，以泯灭任何非分之企图。

我在前课中讲过，人类原始社会与动物社会无异，起初都是以两性分化作为结社之本，构型简单而平展，是谓"亲缘社会"或"氏族社会"。不同之处在于，动物社会始终由每一个个体之体质层面的分化构合而成，它偶然也可能变得比较复杂，例如我讲的膜翅目社会、蜜蜂社会，但一般不会。人类一旦文明，情形为之一变。人类的体质状态除两性分别外是天然平等的，每个人的体力和智力差异很小，凭它也构不成复杂社会，因为社会结构必须借助个体残化才能达成。人类早年的社会分工程度很低，也就是智质残化程度很低，然而随着智力调动和智能分化的逐步展开，每一个人便都会自觉努力地朝上流社会奔腾，于是文明社会秩序从此倾向于紊乱化。为此权贵们只好运用强力，借助于天然已经具备的血缘层级把人类分级、分等。这样分下来，众人仍不安于现状，接下来就在文化观念上再加以固化，让你绝没有非分之想。它要想把你压抑在自己的固定阶层上，它就必须在文化的点点滴滴上给你灌输，使你麻醉，让你不能越位而动。一旦越位，中国古代有一个专门的词叫"僭越"，那是非常严重的罪过。总之它在每一个点上，都要把你导向"天命"意识和"认命"文化。

所以中国自古"天命观"泛滥，每一个人心里都是认命的，倒霉了就说自己命不好。大家看孔子的直率表述，他说"死生有命，富贵在天"；他于《论语·尧曰》中原话讲："不知命，无以为君子也。"他在干什么？强化你的天命意识，强化你的认命思维，借以维护社会稳定。所以请大家记住，任何一种文化现象或古老说辞，它当年都是维护其载体生存的。

下面我们再谈一个问题，我把它叫"低端奠基层漂移"。这个话有点复杂，我解释一下。按照递弱代偿原理，我总在说一句话：越原始、越低级的东西，越具有奠基性、决定性和稳定性。但是大家注意这个低级的、奠基性的东西，它仍然不免是漂移的，这种漂移是非常可怕的。比如人类远古时代是两性结构社会，它从动物的血亲社会演化为人类的氏族社会，由人类的氏族社会演化出中国后来农业文明的血缘社会和血缘社会文化。不过有必要看一下"性"这个东西是怎么来的？从生物史上讲，三十八亿年前没有雄性，叫"孤雌繁殖"。雄性大约发生在五亿七千万年前的古地质寒武纪时代。那么为什么雄性后来会发生？这是一个值得探讨的问题。说起来，它纯粹是因为生存形势越来越恶化所致。我一旦说这句话，大家就应回想我前面讲课总是讲"人类文明进程是一个恶化进程"，请注意在人类文明进程之前的自然进程其实也同样是一个恶化进程。

要知道早年单细胞生物的时候，大多数单细胞生物是自养型生物，也就是太阳光一照，它们通过光合作用就可获得足够的能量来源，因此它们是不需要竞争的。所有的单细胞生物平铺在海洋表面，平等接受太阳普照，比如蓝绿藻，它们之间没有竞争关系，完全用不着竞争。随着生物进化，逐渐发展出多细胞融合体，从此生物界出现"物种分化"，并出现"种间竞争"和"种内竞争"。这是生存形势恶化的表征，请大家记住"竞争"现象或"竞存"关系是一个恶化格局、是一个生存紧张化格局。一旦竞争开始，这个时候哪一类生物突变出一种更具有爆发力的性别，它便会占据优势，雄性因此而来。

由于雄性具有强肌肉和爆发力，在后生生物社会之全序列和人类文明社会之原始期，都是雄主外、雌主内。雄性动物在外面抢掠食物，雌性动物在家里养育孩子，人类早年也是男主外、女主内。请大家听明白我在讲什么，人类古代社会奉行"男主外、女主内"是天然合理的。可为什么今天女性不承认这一套了，要讲妇女解放了，要讲女权主义了，是因为人类社会的竞争更恶化了、更激烈了，以至于连女性都得进入社会竞争场，于是女权主义兴起。它标志着什么？标志着人类和女性的不幸。是不是这样呢？生孩子还得你，男人总不能替你怀孕。可你既得负责人口的生产，又得负责物质的生产，你受到了两重压迫，承担两重社会义务。然后你很高兴，你很得意，我在书中把它叫"戕害型快感"或"自戕欣快效应"。我声明，我绝不反对女权主义，因为这个态势是自然给定的，就是生存形势一定是趋向恶化的。因此我们可以想见，今天的家庭主妇算是幸运者，但迟早有一天你在家里是待不住的。我在讲什么？——低端奠基层漂移，朝哪个方向漂移？朝不良方向漂移！朝失稳方向漂移！

这种漂移是不断发生的。比如"感知漂移"，所有动物早年直接拿感性解决问题，到我们人类不行了。我们从眼见为实进入眼见为虚了，我们感性不够用，只好祭出知性，再祭出理性，才能解决生存攸关的信息增量整顿问题，由以导致人类的一切后发知识倾向于越来越失效，证伪速度越来越快。所以我说西方哲科思维造成智能的过度调动是有害的，我并不对此过度表彰。

我再举例子，试看"观念漂移"。我们人类早年持有天圆地方的盖天说，我们看大地是一个平板，天空是一个穹隆，这跟动物看世界的方式是一模一样的；可我们一直这样做不行，维持不了我们的生存，于是地心说出现，地心说是要拿数学计算的，否则地心说是没有办法指导农业文明的；之后又不行，于是日心说出现，它完全超出了我们眼睛对这个世界的看法。太阳分明从东边升起，从西边落下，它分明绕着地球转，而我们偏偏要费心解释为地球绕着太阳转。为什么？工业文明接受不了地心说，地心说启动不了工业文明；到此还不够，我们又发生时空观的变形，先是牛顿的绝对时空说；接着进入爱因斯坦的时空相对论或时空弯曲说。也就是我们会发现，我们的观念也是漂移的，朝着越来越虚缈、越来越玄幻的那个方向漂移，今天已经发展成超弦理论、平行宇宙之类的无边奇谈了，已经走到至小不可见、至大不可及的思想极致了。为什么要追究那些不着边际的问题？因为不追究那些东西就说不清我们当前的知识所必然带出的更多疑问。结果我们越来越飘忽了，我们越来越找不见自己了，我们甚至越来越说不清世界是什么了。因为面对平行宇宙说，你永远无法证实、无法检验，广义逻辑永远不能通洽。这叫观念漂移。

大家再看"法统漂移"。人类早年全都是"以德治国"，我讲过人类处在直立人以及智人阶段，总共有几百万年是"以德治国"。可今天我们的社会进入"以法治国"，而且我们的法统构成是日益严密化的，我们的法律条文是不断细致化的，以至于举手投足、吃喝拉撒，无不被严加管制，垃圾要分类，吸烟要分区，否则立即遭罚；甚至于我们走在街上该走哪条路线都被规定死了，名曰人行横道，名曰交通法规。这叫法统漂移。

然后是"权力漂移"。人类早年权力在血缘氏族之内；后来权力跑到了国君皇室手中；今天又大喊主权在民。看来权力也漂移了，只是越来越说不清到底谁有权。

再者便是"财富漂移"。大家想想所有动物的财富在哪儿？就在自然界里，因此所有动物的财富分布是大体均等的，是各取所需的；接续于此，人类早年的财富配置也是相对平衡的，虽然尔虞我诈的贪婪黑手日渐伸长；而今天财富越来越转移到少数人手里，贫富悬差迅速拉大；财富形态也越来越虚缈，以至于数据信息变成了新型财富或资产的另类载体。显然，一切都在漂变，它的总称是"生存结构或生存形势漂变"，它将漂向何方？我们放在明天的最后一节讲座上专题探讨。

人类文化的演进脉络

我们下面讨论一下人类文化的演进脉络。

首先，我们看一下人类文明发育的必然性与偶然性这个问题。表观上看，我们很容易认为世界上所有的事物，尤其是各种人文现象全都是偶然的。我们觉得任何一个东西的发生，直观看去都是随机的，包括我前面讲课，比如东方社会为什么形成典型的农业文明？是东亚的封闭地貌这个偶然因素造成的；比如古希腊文明为什么会那样独特地发展？是环地中海的开放地貌这个偶然因素造成的；比如禾本科植物56种，33种都分布在两河地区，这是偶然的。所以我们很容易用偶然观来看待文明发展脉络，可是大家要注意，直观上和常识上的看法通常总是错的。我们一定得明白，所谓偶然态都是必然性导出的，这句话是什么意思？

这个世界是分化演运的，我明天课上会详讲，这个世界的弱化演进过程就是分化演进过程，弱化等于分化、等于残化。

当宇宙从"存在是一"的那个能量奇点分化出夸克、量子，分化出各种粒子，这个时候夸克遇到轻子，或质子遇到电子，它们绝不摇摆，断无游移，因为没有第三项，即没有其他的分类项，因此呈现"必然依存"态势。或者说质子遇见电子必然形成氢原子，它没有选择，它也绝不会失之寻觅。可是等从最基本粒子发展出更多粒子，乃至92种天然元素，一个原子碰见另外91个原子的随机概率变成1/91，是不是这样？好了，92种天然元素再分化出近千万种分子物质，一个分子物质邂逅另一个分子物质成为几百万分之一的概率。也就是说，随机性更强了，偶然态更明显了。而当分子物质再演化出数十亿种甚至上百亿种生物的时候，一个生命在某段时间里遇见另一种生命的概率变为百亿分之一，更成偶然态了，但是这个分化态本身却是必然的。所以听明白我在强调什么？我在强调越晚近的东西，越后衍的东西，越发展的东西，越呈现偶然态和漂移态。换言之，这个偶然态本身，是被它后面的一个必然性素质导出和规定的。

从学理上讲，从纵深追问的角度上讲，你不能漂浮在这个偶然性上，否则你就永远看不懂这个世界。你必须脱离直观的、肤浅的见识，进入"偶然态本身是怎样必然衍出的"这样一个探究状态，你才能理解世事。听懂这一段非常重要，因为我们前面的所有讲课几乎都是在直观偶然态的事实陈述上平铺直叙，它很容易给大家造成误导。所以我们下面再讲所有问题的时候，虽然涉及历史部分的内容仍像是偶然事件的涌现，可是你必须知道后面尚有一个支配要素留待发掘。

我想再讨论一个问题。我前面讲，我说人类的感知系统无非是一个识辨系统。就是我们必须把不同的物类分辨开来，因为我们要对太多的分化条件逐项依存。如果我们看外物是囫囵一体，我们就无法生存。比如我们把连续变量的光波长，会在感官上至少分成赤橙黄绿青蓝紫七种色觉，使之显得截然有别，但实际上它后面的波长是连续无间的。

因此我在这里需要强调一点，当你在实际操作层面着眼，你看这个世界是不连续的，而且你必须在不连续的观感上才能找见相应对策，这一点儿都不错，但你必须明白它的深层是连续的。"自然界里没有飞跃"，这句话是达尔文说的。万物是从低级到高级，从简单到复杂，一脉演化过来的，中间没有任何断环，没有任何断点，我这是从理论深层上讲。大家一定要注意，当我们讲课的时候，我们力求探入理论深层和思维极致，当我们实操的时候，我们必须在直观上把万物分离识辨开来，这两者运用的思路是不同的。所以你得在你的学习过程和日常工作中把这两点之间的关系打理清楚。

我举例子。生物界呈现上百亿个物种，当然包括已经灭绝的在内，这是生物学家做出的统计测算，我们现在可见的生物类别大概只有几千万种了。你看生物的每一个具体物种，它们是各自分离的，是不连续的，而且检视其进化过程也像是间断的、跳跃的。我后面讲进化树，你同样会感到它似乎是非连续性的，但它在本质上、在深层里其实是连续一贯的。

比如你从基因层面上看，生物进化是连续变异状态。我们人类跟单细胞生物的基因同型率大约是40%，跟扁形动物大约是50%，跟脊索鱼类大约是60%，跟脊椎爬行动物大约是70%，跟哺乳动物大约是80%，跟灵长动物大约是90%，跟类人猿、黑猩猩、大猩猩大约是97%。请注意它不是以十位差数进化的，而是在每一步演动中，或者说在每一个包括已灭绝物种的基因突变之间，连0.001%的丝毫间断都没有，是一点一点地进化而来的，完全连续。

保持这个连续性视线，是看待一切事物乃至人类文明历史的必备眼光。比如我们人体有一个咽喉交叉，就是我们的气管和食管在咽喉部形成前后错位，口腔到食道，鼻腔到气道，两路通道之间形成一个很麻烦的交叉。于是在咽喉处不得不嵌入一个结构名叫"会厌"，就是当你产生吞咽动作的时候，当你从口腔把食物吞咽至食道的时候，你有一个会厌软骨，它必须翻下去，把气管遮蔽，让你不至于把食物吞咽到气管里去。这个结构是很脆弱的，人随着年龄的增长，第九对颅神经即舌咽神经功能退化，会厌的这个机能偶或失灵，于是你一不小心就可能将异物吞咽到气管里去了。这种事情时有发生，比如陈独秀晚年就是这样呛死的。可是为什么会有这样一个蹩脚的咽喉交叉呢？居然是因为数亿年前的鱼，它是从腔肠动物进化过来的，鱼体最初只有一条管道，就是从鱼嘴到肛门这一个长腔，它的呼吸是通过鳃进行的。可是发展到两栖动物和陆生生物，已经不能靠"鳃"呼吸空气，只好让新生的肺逐步下沉到胸腔，气管和食管随之形成交叉。于是给我们带来动不动被呛死的风险，这是因为进化的连续性造成的。

我再举个例子，性别。我们今天在大略上看生物只有两性：雄性与雌性，在人类就是男性和女性。其实当初不是这样，要知道性别是从雌性逐步向雄性发育过来的，因此在很多低等生物，性别竟可以多达40余种，你都无法想象。比如，有一种海马叫大腹海马，这种海马是雄性怀孕的，不是惯常的雌性育后。再比如，我们人类的性，表面上看是两性，但实际上我们的性别是在这个进化通道上排布的，因此我们会见到两性人，就是一个人既有卵巢又有睾丸。而且每一个男人的雄性化程度是不一样的，有的男人特别阳刚，而有的男人多少有点雌性化；每一个女人的雌性化程度也是不一样的，有的女人特别阴柔，而有的女人多少有点雄性化。这是因为各人在性别这个长轴上的演化位点不同，是他们在这个连续变量中发生的异位排布造成的。

我再举一个有关文明的例子，因为我们讲课是讲文明进程。文明进程的这个连续性，你也是逃不掉的。比如我们是从农业文明进化到工业文明的，我们这个转型非常困难，农业文明的滞重性极强。所以你看西方它继承古希腊，早年它的农业文明发育就相对薄弱，于是它的工商业文明体系今天就展现得极为典型，或者叫非常极端。而我们的文明形态就会兼具此前文明的某些特征。比如我们的政治形态是威权体制，这是农业文明的产物；但我们的经济形态今天走向了自由市场。这种政经交叉，跟前面我讲的咽喉交叉其实是一个道理，它表明的是什么？演化连续性，你洒脱不掉过去的东西对你的牵制。这一点你理解了，你才会明白人类文明的分型以及它发展的典型性或非典型性的缘由。

好，我们下面再谈一个问题，"进化树"与"侧枝盲端"。大家注意这个自然进化过程，如果我们把它放在直观层面上看，也就是分层的、分型的、分类的、偶然的这个层面上看，它确实是不连续的。我再说一遍，操作层面和直观层面都是不连续的。我把话题变换展开，拉近、拉远反复探讨，是为了让大家理解我们面对的世界何其复杂。大家看一下达尔文给出的进化树，万物的进化就像一棵树那样在逐渐延展，什么意思？我只拿生物阶段讲，其实非生物各阶段譬如前在的无机界或后衍的人文界也是如此。最初单细胞生物在地球上独自存在20亿年，它是一个分化程度很低的状态。我前面讲过，所谓"自然律"就是"弱演分化律"。真菌界、植物界如此，动物界也是如此。鱼并不能直接演化到最高端才分出一个权枝，骤然弄成人、鱼两界的怪相，它是从鱼中的一支两栖变种开始起步，在海洋和大陆的交界爬上滩涂，演成陆生动物最早的一族，而鱼本身还在原先那条水生生物的主脉上发展。之后随着两栖动物继续变异，又会出现另外一种局面，也就是其中演化的某一新生点会从一个旁枝上，会从一个侧枝的边缘上发生。作为其前身的鱼反而在这儿形成一个断头，也就是典型的鱼或鱼的极致于此停滞不前，并不会再往上演进。那么两栖类往外分衍，渐成爬行类动物，但它自身又不免形成一个断头。我把这个断头喻为"盲端"，我把中间分化出来的这个旁枝叫作"侧枝"。

请大家看清楚（板书），自然的演化进程是在"侧枝"上不断发生、节节增长的，也就是你把自己持久地放在一条枝系或一个方向上连续延展到极致，你不免会走到一个死胡同里去，走成一个断茬或盲端。只有不断分化，另辟蹊径，好比在两栖动物行至尽头之前，就提早生长一个侧枝，像陆生爬行动物那样断然登岸，方能开创别一番生机，蹚出别一路前途。而爬行动物照例还会走到尽头，它又是一条死胡同，除非在爬行动物的一支上再演化出新的侧枝，这便是其后的哺乳纲、灵长目乃至直立人、智人的层层演运路径。概括言之，生物和万物的演化，直观上形似一株进化树，而进化树表现为不断分化的侧枝蔓延，各个“侧枝”发展到尽头都是“盲端”，从侧枝中间某一个点上才能引出另一条侧枝，由此一路生长，最终达致人类种系及其晚级社会。

我讲这一段非常重要，什么含义？比如鱼，其中一个侧枝演化成两栖爬行动物；比如恐龙它灭绝了，卵生爬行动物这一脉再没有任何重大发展，但它其中一个非常小的翼龙这一支，最终演化出今天万千种鸟类；再比如灵长目动物，它不断分化发展，但灵长目动物并不是直线演进，它不断生出侧枝，侧枝走向盲端，然后它的侧枝中间某一个点长出直立人；直立人再分化，其中某一个类别变成智人……。

我讲这些是想让大家理解社会历史的演化，动辄就会走入死胡同，新文明常常是在你意想不到的某一个点上突进展开的。请记住发展到极致或发展到典型态，未必就是方向和出路。我说这句话的意思很明确，就是你不能指望直线发展，你不能指望一个事情一路高歌迈向永恒，这在系统分化中不成立。大家知道灵长目动物、猿类动物，它都是在树上或者在丛林中生活的，非洲大峡谷这个地方，由于地貌变化、气候变化，出现了稀树草原，有一批不幸的猴子流落到森林褪化消失的边缘地带，恰恰是出于它们的那种狼狈状态，才孕育出了直立人和智人，所以我们不能指望一路挺进达成正果。

我最后顺便再讨论一个问题，叫“主流衰丧”与“异端突起”。这个话什么意思呢？人们通常都生活在主流世界中，包括主流意识形态，包括主流文化形态。比如，我们今天的主流思想形态是科学思维，主流经济形态是商品经济，等等。可你一定要知道世界的演动、人类的发展、文明的运行通常不在主流脉络上增长，反而是在某个非主流的节点上跳进，我们把它称为"异端"。中国自古有一个成语叫"异端邪说"，对这个东西是横加排斥的。可是要知道人类的文明发育，甚至世界的物质演化，基本上都是从异端展开的。

我给大家举例子。比如一张化学元素周期表，从第1号到第92号天然元素，再到第118位其他元素，并不是由首列氢元素直接缔造出生命，也不是依序编排而演化为生命，反而是在中前位碳元素之处萌动，最终发展出来了浸入碳的有机化合物与生命化合物。说起来碳元素是最不圆满的一个元素，它的外壳层电子数只有4个。大家知道所谓化合现象，就是原子外壳层电子的交换互联现象，如果你是6个电子，你夺取别的原子的两个电子，你就构成外壳层电子的满足数，外壳层电子的满足数是8，这叫氧化反应。反过来，如果你只有两个电子，你给别个原子当电子供体，你也能完成从原子到分子的升级，这叫还原反应。可大家看碳原子，它恰好有4个电子，作为供体，它显得太多；作为受体，它又显得太少，它像是最残缺、最失落的一个原子另类，但它却是整个化学分子层面上前途最广阔的代表。它从原子生长到分子，从分子生长到有机分子，从有机分子生长到生命系列，简直是一路凯歌，气势如虹。我在讲什么？我在讲碳元素它在原子里乍看起来特像一个残缺不全的异端，结果它前途最为远大。

我再讲一个例子，落地猿。我刚才讲过所有的猴子都偎在树上得意洋洋，唯独有一支猴群凄然坠地，这不是它们选择的结果，而是地理变化导致丛林消失，它们身不由己地刚好落在了稀树草原上，这个晦气的遭遇成为直立人得以发育的必要条件。它们在猿猴种群里肯定是最别扭、最异端的那样一帮倒霉蛋，到头来却只有它们前程无量，我等其实全都是从树上掉下来的猁狨，如今却昂然坐在了课堂上。

我们再看古希腊。我前面讲所谓国学其实不应称为国学，它不外是人类古代主流农业文明的文化体现。而古希腊当年是蜷缩一隅的非主流工商业萌芽，彼时地球人全都处于农业文明存境之际，它简直就是明晃晃的一个异端，所以它也极其微弱，难得立足，竟然在公元前4世纪悄然覆灭了，可是它却代表未来。

我在这里强调什么？强调异端为何不可小觑，强调主流历来是由异端演化而成的。倒是相反，如果你看见某个东西目前业已成为主流，则标志着它可能行将衰丧了。不过对于种种异端，你得放长眼量加以分辨，异端通常在两极上表达，亦即在统计学的正态分布之两端表达：一端空有其壳，毫无内力，终不免瞬间闪灭；一端嫩芽锐长，特立独行，将毅然变身为下一期主流。我在这里想强调的是，执迷于当下，你将视距短浅；执着于主流，你将丧失未来。但也请各位特别留意，我在这里绝不是一味地夸奖异端，赞美进步，因为越失稳、越残缺才越有前途，故此一切潮流之翻转动迁，到头来都不过是要把我们引向日趋式微化的结局。

东方古老文明的足迹与宿命

我前面所讲的内容均属"世事之大观"。我们只有把眼光扩展到这样宏阔的层面上，把眼光扩展到区区数千年文明史的范围之外，我们后面讲具体的历史进程和中国文化的衰落大家才能听明白，所以我前面的讲课全都属于扩大视野之预先铺垫。好，我们下面讨论主题。

史学界有人把中国历史分为三大帝国：第一帝国指秦汉帝国，第二帝国是隋唐帝国，第三帝国即明清帝国，我先把这三大帝国的概况给大家作一个简单的说明。

秦汉时期，世界上只有两大集团：一个就是中国的秦汉帝国，一个就是古罗马帝国。当时世界的总人口，秦汉帝国占1/3，罗马帝国占1/3，剩下所有1/3的人分布在全球其他文明或亚文明族群之中。那个年代，曾经盛极一时的新巴比伦王国、古波斯帝国、印度孔雀王朝等等全都灭亡了，而其他后发国度尚未兴起。大家知道秦汉帝国是中国统一国势的奠基期，当时的中国强大到这样的程度，它足以影响整个世界格局。

比如汉武帝击打匈奴，逼迫中国北疆的某匈奴部族只好西移，迁往今日之东欧的匈牙利周边一带，这个"匈"的发音即与"匈奴"有关。然后匈奴人继续挺进到中欧，压迫当年中欧的日尔曼蛮族和哥特蛮族，南下灭掉了古罗马、灭掉了西罗马帝国，可见当年的秦汉帝国何其强大。

分开来看秦和汉，秦国以强力统一中国，由于它的强暴之力用之过猛——因为如果没有这个猛劲，它就不可能统一六合——致使这个烈化动势来不及收敛，于是该政权仅仅存在15年便骤然崩溃，此后汉帝国开始收揽中华文明。大家知道汉帝国对中国文化再造的贡献极大，按理说我们应该把自己叫秦人，把自己的文字叫秦字，把自己的文化叫秦文化，因为秦是中国第一个统一帝国，而且统一文字也是在秦朝。可为什么我们今天叫汉人、汉字、汉文化？是因为汉朝发生了五大文化运动，或者叫五大文化事件，对于中国文化存续起到奠基作用。

第一，过秦论。我一说"过秦论"，大家就应该想到贾谊。什么叫"过秦论"？检讨秦国和秦朝施政的过错叫"过秦"。就是西汉初年反省秦朝"马上打天下、马上治天下"的失误，于是建立了"柔和施政、无为而治"的国策形态，从而造就了汉朝前后历经400年的相对稳定政局。这是它的第一个文化贡献。

第二，拾遗校勘。大家都很熟悉秦始皇焚书坑儒，历史上把它叫"秦火"。要知道这一把秦火太厉害了，因为当时是郡县制，是中央集权，朝廷一旦发出指令，要求各级官员烧书，所有的书籍必被焚毁无余，大抵只有个别医书、农书能够躲过此劫。试想一级一级的地方官员严格从命，遍搜朝野，这把火会烧到什么程度？竟然把民间藏书全部烧完。你今天到山东曲阜的孔府去游览，会看到一个著名遗迹，叫鲁壁。传说孔门后代在遭遇秦火之时，曾把相当一部分古书封存在自家的照壁里才得以保留。汉代中期，有人发现了一册别致的《尚书》，据说就来自于此。其后《尚书》便有了两种版本：一个叫《古文尚书》，一个叫《今文尚书》。所谓《今文尚书》的"今"不是指现在，而是指秦始皇统一文字以后的那个字形书样；所谓"古文"就是秦初"书同文"之前使用六国不同文字所誊写而成的《尚书》。结果后来证明那本新发现的《古文尚书》纯属伪作。换句话说，鲁壁藏书是一个讹传，不是事实，孔家其实也没有能够避开这场毁书之灾。所以到汉代初期，中国先秦文献几乎丧失殆尽，好在秦朝只有15年命数，先秦时代的老文人还没有死绝。于是西汉早年就把那些老文人找回来，让他们依靠记忆背诵古籍，经过多方核对，使之约略复原，同时也将散落在民间的旧书残稿，哪怕是只言片语通通收集拼凑起来，这就是我们今天拿到手的诸子百家之先贤文本。可见汉代对中国文化的奠基和重整起到何等重要的作用，这叫"拾遗校勘"。

第三，独尊儒术。董仲舒向汉武帝提出"推明孔氏，抑黜百家"，从此中国之国教确立。

第四，司马迁作《史记》，以史学纵论的方式把中国的血缘道统进一步固定下来。我说这句话大家应该想到，所谓中国人都是"炎黄子孙"这个说法，就是司马迁在《史记·五帝本纪第一》中提出的。

第五，佛教于东汉中期传入中国，传统文化的儒、释、道之大体，至此完成。

我讲这五项，大家就应该听明白汉代在中国的文化再造和国基奠定上为什么一点都不亚于秦朝开国的份量。这个时候，第一帝国的中国生机勃勃，迈步走在上升道上，作为世界东方文明之一端与古罗马遥相呼应，成为全球文明最突兀而显赫的一支。

第二分期就是隋唐帝国了。由于隋唐帝国取开放态度，及至发展到唐朝早中期，它已然极其繁盛。繁盛到什么程度？唐太宗李世民进击突厥，把突厥人从中国的北部赶向西方，这就是今天土耳其那个名称首字之"突"音的来源。突厥人被驱离前往小亚细亚，时逢大食帝国也就是伊斯兰帝国刚刚兴起，突厥残部作为伊斯兰帝国的奴隶军得以保留。直到蒙古大军打掉伊斯兰帝国以后，突厥势力方才崛起，由此形成奥斯曼帝国的基础。大家由此可知唐朝对世界格局之影响达到何种程度。是时唐代中国开始跟伊斯兰帝国有所接触，彼此成为世界上最强势的两大帝国,尔后两者不期相撞,这就是著名的"怛罗斯之战"。由高仙芝率领的一支军队跟大食帝国在中亚开战，高仙芝惨败，三到五万军队全军覆没，导致中国西域即新疆、甘宁一带原来信仰佛教的教民全部改信伊斯兰教，这就是为什么你去莫高窟那儿看到的都是佛教的文物，而今天那片地区的原住民却都信仰伊斯兰教。这场对接产生了两个历史效应：第一，中国的文化和技术包括四大发明借以传入西方；第二，中国的丝绸之路从此中断。这是第二帝国。

再看第三帝国。它的中介或前导是宋衰元侵，即宋朝衰落、元蒙侵入，成为明清帝国走向末路的发端，也成为第二帝国向第三帝国转进的重要契机。因此我们有必要仔细探讨宋、元之情势。第三帝国明清时代，中国一路走向衰败，这个话题我们后面再谈。我在这儿只举一个例子，众所周知，清朝曾有一个似乎很值得骄傲的时段，那就是所谓的"康乾盛世"。可大家是否知道恰恰就在康乾盛世之际，西方社会的近代转型以及崭新思想全面生发。从哥白尼提出"日心说"到牛顿演绎"经典力学"，从洛克的《政府论》主张"主权在民"到孟德斯鸠的《法意》主张"三权分立"，再到亚当·斯密的《国富论》提出"看不见的手"建立自由市场经济的理论基础，一直到约翰·穆勒的《论代议制政府》，还有卢梭的《社会契约论》等等不胜枚举，这些重大思想之奠基在西方造成社会突进，恰好就发生于康乾时代前后，所以康乾盛世其实是中国彻底堕入颓势的一个时间段。深究之下，应该说，明清时代的败落以宋朝走到农业文明最高端而肇启，为此请你记住，茫茫然走到极致状态很可能正是最危险的状态。我说这句话隐含这样一层意思：人类今天的工商业文明也已走到极致，它标志着一个重大的社会历史转折行将发生。

那么我们先看宋代。有学者说康乾时期中国的GDP占到世界的33%，这个计算大致是成立的，因为那个时代离现在比较近，追查下来竟至于占据世界产值的1/3，确实有点令人咋舌，要知道美国最强盛的时候其国民生产总值只占世界GDP总量的22%。另有学者研究认为，宋代的时候，中国的国民生产总值竟然占世界GDP总量的75%，这个说法我不知道它的根据是什么，就我自己看觉得可能有点过分，但说宋朝社会的农商总值占当时全世界大约50%左右是不会相差太远的，可见宋代当年的经济力高到什么状态。古书上也有这样的记载："比汉唐京邑，民庶十倍"，就是中国宋时的富庶程度比汉唐最兴盛的时候还要超出10倍以上；它又用这样的话来形容当时人民的富足情状："走卒类士服，农夫蹑丝履"，说贩夫走卒的着装都像"士"所穿戴的华服一样，还说农民的鞋子都是丝织品；形容集市繁荣，古书上原文记为"通宵买卖，交晓不绝"，就是商品买卖不光白天进行，交易活动整晚上继续，直到拂晓时分都不消散；并且中国四大发明此时全部完成，还开始向西方输出。以至于著名英国汉学家李约瑟博士这样感叹："谈到11世纪，我们有如来到最伟大的时期。"

宋代不仅在经济上如此发达，在社会生活和政治格局上也达到相当的高度。我举一个例子，史书上记载隋唐时代，贵族和富人经常有食仆现象——就是请客吃饭，杀仆人以助兴。较多提及的是隋代豪商诸葛昂与高瓒比富，其中就有宰仆炫耀的这么一个故事。从唐代史书的点滴资料中，我们可以见到诸多高官或封疆大吏的食仆记录，比如著名的开漳王陈元光食仆。还有历史学家讲过一个传闻，我不知道他的资料来源是什么，讲得很生动，我顺便给大家复述一下，我声明资料出处不详。他说唐朝某位官员请客，客人看一个女仆摆放餐盘的手很漂亮，表露出羡慕的眼光，过一会儿，这两只被剁下来的手就蒸熟端上来了；有客人看一个女仆很漂亮，夸赞几句，稍后这个女仆被剥光蒸熟抬上桌来。这种令人发指的事件居然堂而皇之地发生在盛唐的官场交际之中。可是到了宋代，一位副宰相级的官员，他的家人打死了家仆，国家法律要追究。我在讲什么？我在告诉大家宋代社会业已全面显示出现代化的前兆。

我们下面看宋代以来的政治格局。

第一，宋代城市已由行政中心改趋工商中心。大家注意"城市"这个词汇，"城"和"市"是两个概念。中国的城市是先有城，后有市，就是先设定一个行政中心，由于它是政府资源的集散地，众人便向这个地方汇聚，人口密度随之增高，于是商品集市也相继在这个地方开始发生，此谓之先有城后有市。但是西方的城市是先有市，后有城，它是先有人在那个地方进行某种交易活动，吸引人流渐渐集中，然后逐步建立成为一个城市。

中国在宋代的时候，洛阳人口达50万以上，它的首都汴京，也就是今天的开封，有学者根据史料考察，认为其人口数量甚至在百万左右。要知道那个时候，世界各地5万人的大城市都是很少见的，可见宋代当年的城市化和工商业化水平达到何等程度。这样级别的超大城市，农业文明根本养不起，只有工商业文明才会导致规模化的城市出现。但是我再说一遍，中国是先有城后有市，行政优先，商务尾随，因此它的工商业格局其实是非典型的。

第二，宋代的文官政治和科举制度有力地抑制了"军国局面"

的发生。大家知道宋太祖赵匡胤他获得政权是因为"黄袍加身"，被下属将军们拥戴而坐上皇位的。因此赵匡胤建朝以后，他做的第一件事情就是"杯酒释兵权"，把所有将领自成系统的兵权都削掉，然后把军队牢牢掌握在朝廷手里。不仅如此，他还采取"重文抑武"的基本国策，也就是重视文官，压抑武官。于是就造成宋代有120万以上的常备军，却由于"兵无常帅、帅无常兵"，也就是将帅频繁调换，导致为将者和军队之间十分隔膜，进而导致宋军虽是当时世界上最大的常备军却屡屡打输战争。说起来宋朝面临的北疆压力异常之高——辽、金、西夏、蒙古分头崛起，因此它被迫建立庞然军伍，然终因管理不善而战无不败，先是北宋一溃千里，转守江南，继之南宋又被蒙古人攻灭，戚戚然退出历史舞台。

但正是由于赵匡胤的这套做法，使中国当年及早进入了"文官政治"，而文官理政是现代政治体制的一个重要标志。大家知道西方所有国家的国防部长全都由文人担任，而不会在将军里选取。而且宋代的科举制度也极为完备，它为建立文官政体奠定了深厚的人才基础。但是各位要注意我前面一再讲"侧枝盲端"，就是一个东西发展到极致鼎盛状态的时候，它却会丧失前途。

比如科举制度，中国的科举制度早在上千年前就已经步入成熟，它相当于今天的公务员考试制度。我在前面课上讲过，我说欧洲建立这个制度都在法国大革命以后才逐步实现，只不过是近代两百年内的事情。但是中国的科举制度却消灭了世卿贵族阶层，使得普通民众可以通过各种考试进入社会上流，参与国事管理，于是贵族抗衡势力被一扫无余。而英国和西方资产阶级革命的一个重要力量来源就是大庄园贵族制，也就是贵族对王权形成牵制。回想英国在1215年出现的大宪章运动，就是贵族封建主团结起来，跟英王签一纸协议，世界上第一部"宪法"雏形问世，同时第一次出现"王在法下"的局面。贵族对王权的制衡使得国家行政力量不至于过度压制民间活力，这是创立资本主义制度的第三等级——资产阶级，终于能够挺身抬头的重要因素。所以我在这里讲，宋代发展到那个高端，达致文官政治的异常早熟，反而成为中国社会后期发育的一个障碍。

第三，意识形态几近"现代化"。到宋时，中国社会的世俗文化生机盎然，没有官学之强控，也没有神学压抑，而西方这个时候还处在黑暗的中世纪，神性压抑人性。加之政权又温和化、文官化，于是中国民间意识形态的文化表达全部是书画宋词之类，轻松自如且不拘一格，而西方这个时候一切文化表达都是对神的歌颂，谓之"颂圣"。一时间中国世风出现以"人伦人欲为天理"的格局，所以它的整个社会文化风貌颇似现代化。

但是它却出现了一股逆流，我把它叫"朱熹现象"。朱熹之理学让儒家思想重新抬头，其意在整顿民间儒学的散乱局面。这番折腾反而造成中国儒教或名教更趋僵硬化和极端化——在朱熹那里叫"存天理、灭人欲"。朱熹能够出现表明什么？表明中国社会虽然已经初步架构了工商业文明前期的基础和底子，但其上层建筑还是农业文明的思想文化系统，这导致朱熹之学能够强势回潮，到头来终于还是勾销了中国世俗文化挺进的前途。

临于近代，也就是在中世纪后期，我们会发现西方和中国出现了两个悖反运动：西方文艺复兴，找回古希腊，结束黑暗中世纪，由此开始勃兴；中国在南宋时代，朱熹也找回自家古文化，结果中国现代化的萌芽被掐断。我讲这一点是想让大家特别关注"前存参考系"的分量，就是人类过去的那个旧文化对后世的影响，你都无法想象它是何其之巨大。

西方有一个业已丢失的前存文化种子——古希腊文化。它把这个文化找回来，居然驱散了整个中世纪的黑暗，迎来近现代的昌盛。中国也把自己的古文化找回来，却令中国宋代出现的工商业文明势头遭遇阻遏。我这样讲并不仅仅是在批评中国传统文化，尽管"旧学重炽"曾经的确让我们吃尽苦头，此中还有另一层意蕴：如果人类今天或者将来能够在更大尺度上换位解读"天人合一"之理念，那么中国早年的这些文化种子未必不能焕发新生，它也许预示着中国文化又多了一个"运行于侧枝而不走向盲端"的思路启发点。

宋代以来的社会经济格局

我们再看宋代的经济格局，宋代的经济形态趋向于商业化和货币化。大家要知道在宋代出现了一个非常了不起的事情，世界上第一个纸币"交子"发生在中国。我在讲孔子课的时候讲过，人类早年是"物物交换"。货币这个东西不是任何人预先设计的，而是商品种类日益繁多导致物物交换无法进行的产物，如果交换物类很简单，我只拿粮食换你的织布，没有第三样商品，货币永远不会发生。反之，当交换形态分化变多，成百上千种商品出现，物物交换已经不能互相满足，货币会自然发生。

货币流行之初，它作为一般等价物，其载体本身必须具备一定价值，而且必须是某种可均匀分割的稀缺物品。但是随着交易量的激增，这个载体的物质属性变得不重要了，它只是一个价值符号，把这个价值符号抽离出来使之流转，就足以成为交换过程的媒介，这是商品经济和货币经济高度发达才会出现的东西。纸币本身没有任何价值，不像早期的贝壳、青铜、黄金、白银，它只是个符号象征，居然能够换取万物，这在普通的农业经济时代是无法想象的。而我们今天连纸币这样的有形符号都即将消失了，进入电子货币甚至数字货币阶段，它标志着商品经济已然发展到像脱缰野马那样的猖狂和失控状态。那么宋代出现世界上第一枚纸币，说明中国当年商品交换的频度和商品经济的普及达到了非常高的程度。

我讲到这儿，大家一定会产生一个疑问，为什么中国没有顺势走向资本主义时代？我们今天讨论的全都是这个话题，我在这里想探询的是宋代出现了世界上最先进、最成熟的商品经济的某些元素，可是它却根本没有进入工商业文明，反而一路走向衰败，为什么？因为它的整个社会架构和文化体系尚滞留在农业文明的传统制约之中。

我只举一个例子。大家知道工商业文明对税收征管是非常敏感的，因为工商业生产的利润率是失稳波动的，而工商业又是靠利润收益来维持的。它不像农业自然经济，用不着关心有没有利润，反正所有产出是自己消费，只要能获得粮食，无论投入多大成本都可以忽略不计。工商业不行，商品制造出来是为了交换，倘若成本不能控制，利润率不能达标，工商业活动就无法进行。因此农业文明对税收不敏感，国家胡乱收税，人们一时是没有感觉的，直到发生灾情，饥荒骤起，农民才会造反。所以农业社会的税务粗放，任由政府随意操持，社会基层对此反应迟钝，也毫无牵制力可言。

可工商业文明不行。我举个例子，世界上最早形成资本主义制度的不是英国，是荷兰，荷兰1581年建立世界上第一个资本主义共和国。它在此前被西班牙统治60多年，荷兰人安之若素。由于西班牙后来要跟其他列强争夺世界霸权，需要积蓄战力，便开始向它的管辖国、附属国荷兰加征税赋，荷兰爆发起义，把西班牙人赶走，由此成立第一个资本主义性质的尼德兰共和国。

大家再想美国。美国当年的13个州是英国殖民地，初来者大多是英国移民，美国人承认英王是他们的君主，从来没有想过要搞独立，它为什么发生独立战争？是因为英国后来参加欧洲战争，财政收入吃紧，开始向北美13州殖民地征税。其实英国行事很公平，它当年向美国13州征税的时候，在本国英伦三岛也加税，可美国人因为这件事情不干了，于是独立战争爆发。

我讲这个是想说明什么？说明工商业文明在利润和税收上的敏感性。可你在中国，即使在商业社会出现纸币的时候，你都看不到这种"无代议不缴税"的格局出现。大家知道资本主义社会有一个最重要的规定，就是我所选出的代表，如果没有在议会里参与税收的讨论，我就不纳税，税务不是王权，不是政府的权利，是我纳税人的权利，我通过议员表达我的权利，协商出来的那个税额我才缴纳，这叫"无代议不缴税"。中国何曾有过这个东西？宋代"交子"出现，但是税收的问题没有任何社会制约可言，它说明什么？说明中国社会整体上的所谓资本主义雏形或者商品经济架构其实只是显现出了一点点微弱的闪光，它的整个系统根本没有达成。

我们再看产业状态。表面上看，宋代的产业规模，我如果抽取个别数据，你会非常吃惊。大家看，早在1078年左右，宋朝的钢铁产量竟然高达12.5万吨/年！ 12.5万吨你今天听起来很小，我换一个数字大家听听。1788年第一次产业革命，也就是从宋代的这个时候往后推迟700年，英国的年钢产量只有7.6万吨，只达到7个世纪前宋代钢产量的一半稍多一点，可见中国当年的工业生产能力何其之强。

而且在宋代的时候，甚至宋代以前，中国已经出现集约化大生产，最大的工厂居然达8000人之众。像矿冶、丝织、陶瓷、造纸、航海、造船，这些行业都是巨大的产业集团，看起来非常像近现代的社会化大生产格局。可是呢，它的所有产业都是官办为主，民间工商业受到压制。也就是它仍然是农业体制下崭露的工商业萌芽，农业体制下的官营商品生产其实不构成市场塑造的力量，结果导致中国工商业总体上表现为有规模而无实质、既先进却又萎靡的局面，其与真正的资本主义时代相距甚远。

我举个例子。1640年以后，英国进入资本主义时代。英国政府跟民间商业和民营工业的关系是什么？它不是主导者，它反而只是边缘参与者。英王居然要跟当时社会上效益较好的私营企业套近乎，想办法加入人家一点股份。

我再举个例子，荷兰和英国。两国分别成立各自的东印度公司。荷兰的东印度公司在现今的印度尼西亚，叫荷属东印度公司。所以近代史上，只要看见荷属东印度公司的称号，你就要知道它在印尼，不在印度；英国的东印度公司在今日之印度。什么是东印度公司？就是荷兰和英国的民间资本构成的大型联合集团公司，远征上万公里来到东方，在印度尼西亚和印度开拓殖民地，他们是有成立军队的权力的，他们居然还可以有某些外交权，这都是政府权力。由哪儿得来的？是荷兰政府和英国政府把自己的行政权利换算成股份给东印度公司，然后也在里面获取利润，这就是为什么东印度公司会拥有建军权与外交权。它说明什么？说明民营资本的力量强大到这样的程度，政府只能从旁促进、协助和参与之。而中国的工商业自汉代、宋代直至现代，政府都是经营主体，这就是为什么有人说中国迄今尚未进入典型的工商业文明阶段。

注意！我再说一遍，我没有批评的含义。我说过一个东西发展得太完善，反而会走入死胡同。所以我不知道中国现在不进入典型的资本主义究竟是好还是不好，我对此没有评价，我也不知道它将来的发展前途是什么。我只是告诉大家，你要是理解宋代的经济格局，你会发现它本质上离真正意义上的资本主义社会构型相距甚远，尽管它表面上非常灿烂而夺目。

我们再看第三条，宋代的海洋活动和对外贸易兴起。大家知道北宋覆灭以后，整个南宋龟缩在长江以东，这个时候政府财政收入陷于困窘，于是南宋政府鼓励远洋贸易，以至于中国在沿海地区建立了9个对外开放的港口，展开海洋活动：北边一直到青岛，当时叫"板桥"；中间到上海，当时叫"华亭"；下面一直到泉州、到海南岛。达到什么程度？当时国家财政收入的20%来自于海洋贸易，可是，它却在明代戛然而止，说明什么？我们不妨看一下东西方在此领域的操作方式，便可一目了然。

15世纪前后，葡萄牙作为近代最早开创蓝色文明的先行者，以靓丽的身姿登上历史舞台。该国出现了一个人物恩里克王子，他是皇族血脉，却没有去钻营争夺王位，埋头致力于开办一所半官方性质的航海学校，组织各种社会力量研发远洋技术，培养相关人才，并着手探索南下非洲西海岸的航路状况。因为当年奥斯曼帝国阻断了整个欧洲与亚洲的陆上贸易通道，而欧洲人必不可少的巨量香料只能从东方获得，所以他们就得找见从海洋进入东方的别一条线路。要知道那个时候造船水平低下，海况知识贫乏，远洋航行是一项前无古人的冒险事业。恩里克王子调动国家和全社会力量成立海洋学校，建立远洋船队，沿着非洲西海岸多次试航，最终绕过好望角，经由印度洋达到东方。比较一下，它跟民间零散的宋代海洋贸易，是一个多么大的差距。所以我们会看到，中国的前近代海洋贸易虽然可能比西方来得略早，但是它却不能兴起为划时代的历史大潮。

我再给大家举个例子。1492年哥伦布发现新大陆，他是怎样进行的？他是找西班牙伊莎贝拉女王提供资助，女王跟他签订一纸合约，目的是获取殖民印度的势力范围，为此承诺于哥伦布，说如果你能开辟通达东方的新航线，你可以享有哪些政治权利和财富分成，他是用这样一种方式奔赴远洋的。而中国官方总体上只关心取其税利，没有禁阻就不错了，谈何参与或协助。后来倒是大举参与，但情况更糟糕，那就是郑和下西洋，完全带着政治目的，其间根本没有拓展市场和资源的要素。因此中国宋代出现的工商业文明迹象，从表面上看似乎与西方近代工商业文明在某些方面有所重叠，实质上背离甚远。

我在这里再举一个例子。日本是一个东方国家，大家看一下明治维新以后，它在工商业转型上的种种努力和操作。首先它在文化上提出的口号是"脱亚入欧"，即彻底抛弃旧文化，抛弃来自中国的"唐学"；其次在政治上，明治政府向欧美国家派出考察团深入了解其宪政制度，并强迫各级官员乃至普通百姓全面学习西方。强迫到这样的程度，所有官员必须把自己的夫人和成年女儿带入舞场去跳交谊舞，就连这样琐碎的事情都要尽行模仿。它允许并且鼓励民间资本大力发展，不但不限制它、压抑它，反而扶持它、资助它，政府还对经营良好的私人企业给予巨额资金奖励。三菱、三井等公司就是在那个时代突发而起成为大财团的。其时有一个官员叫涩泽荣一，他原来在明治新政府的大藏省任职，后来辞官投身实业，居然创办了500多家企业，而且尝试开设银行，成为日本金融业的领军人物。而中国直到现在还"官商一体"，官方控制主要资源，民间资本如果真想做大，绝不可能不跟官员勾结，政府掌控着绝大多数资源，导致中国的民营经济始终处于一种很尴尬的局面。

我重申，此议不含好坏之评价，也无从判断这样发展的前景如何，我只想说明中国的工商业文明转型和发育何其困难。那么在宋代，在中国农商文明最初接替的时代，其历史发展会呈现一系列很奇怪的变态，你就可以理解它的渊源是由于社会基层架构和整个文化氛围根本没有真正发生转折。

我们再来看宋代的技术格局。宋朝已经出现火器，而且领先于世界。大家知道火药是中国发明的，有人说中国发明的火药只是用来放烟花了，这话其实是不对的。中国早在宋代就已经出现标准的火器叫霹雳炮，而且世界上第一种榴弹炮是金人发明的，叫震天雷。也就是金人受中国火药和热兵器的启发，最早制造了能够爆炸的炮弹。早期的铸炮，打出去一个实心铁球，凭借砸伤之效而破敌。后来蒙古军队能够征服世界，很重要的两个原因，一个就是他们利用了宋朝的高钢产量，做成拐子马，即侧击而出的战马都披戴铠甲；另一个便是使用多种火器，威震四方。欧洲中世纪以后也见马配铁甲，这都是从蒙古人那儿学过去的。

中国当年的造船技术也非常先进。先进到什么程度？在宋代后期至明代早期，中国已经出现"水密隔舱"。什么是"水密隔舱"？小船用不着这个东西，船体一旦做得太大，吃水线就会很深，海里的礁石埋在水下是看不见的，船越小，撞礁的概率越低，船越大吃水线越深，触礁的概率越高。再大的船一旦触礁漏水，不免立即沉没。于是把船身吃水线以下做成一个个隔绝开来的密封舱室，万一触礁，水只进入其中一块，不至于导致整个船体失去平衡，这叫水密隔舱。只有制造极大的航船，你才会产生这种想法，才会做出这种设计。

我举一个例子。泰坦尼克号邮轮为什么会沉没？是因为当年它作为世界上最大的客船，船长太骄傲，夜间高速行驶，撞上了冰山，居然把五个水密隔舱划破，致其倾覆。有学者计算，如果船速稍微降低一点，那怕只划破四个水密隔舱，泰坦尼克号都不会沉没。我们可以想见水密隔舱在大船制造上多么重要，中国早在宋明时代这项技术就已完全成熟，而西方直到18世纪才出现水密隔舱。

说中国当年的造船技术先进绝非虚言，你看一下郑和下西洋的那条宝船，可谓巨大无比。而且其他各方面技术都非常完备，包括火药、热兵器，包括指南针、罗盘，包括造纸、活字印刷等。大家知道火药是热兵器的来源；罗盘是蓝色文明的基本工具，没有罗盘就不可能远洋；造纸是整个人类文化勃兴的先决条件，而活字印刷在欧洲导致宗教改革。这些东西在中国宋代实际上全部具备，但是却没有带来任何社会变革的效应。

我们再看，我前面讲过技术是经验模型，哲科是思想模型，请大家注意这两者的区别。经验模型不改变思想，哲科模型是在思想变革或逻辑变革的基础上才能进行，这种素质决定了技术和科学对人类文化的不同影响力。大家想想中国的四大发明，全都是单纯的技术：指南针是偶然把恒磁铁悬浮起来，发现它总是指向南北，丝毫不涉及理论上探索地球磁极这个问题；火药是道家炼金术士，在长期炼丹的过程中弄成的意外事故；造纸和活字印刷更是典型的民间生产实践之产物，跟思想变形、逻辑建模没有任何关系，是典型的技术。而从古希腊以来的哲科思维，是通过思想变形才能引起技术操作变形。因此它首先造成的是思想文化的影响，其次才造成实操上的影响，这就是两者的区别。因此技术变形不引起文化变革，请大家特别注意这一点。

而且中国当年造船技术极为先进，但是它之所以不能真正扩展为一个蓝色文明，是因为它缺乏必要的天文知识或者天文思想，同时缺乏商业逐利的动力。我举一个例子，比如哥伦布为什么会涉险远洋？是因为当年的欧洲已迈入强烈的商业趋利时代，哥伦布要到印度去攫取黄金和财富，这是哥伦布远洋的首要目的。哥伦布出行，他有一个思想逻辑在前，就是"地球"这个概念。而中国古代的主体意识是"盖天说"，认为大地连同四海是一个平板。大家想哥伦布走大西洋一路西行，他的目标却是到东方的印度，他凭什么敢这样走？就是因为托勒密的地心说模型给他带来了这个启发。所以大家要注意中国在宋代就开始海外贸易，它最终未能昌盛，乃由于既缺失必要的逻辑模型，也缺乏必要的商业获利的动力。商业趋利这个动因在中国是被压抑的，在中国文化里，逐利是君子不为的小人之举，这都导致当年宋代的技术发展根本不足以造成思想与社会变革。

中国当年的技术非常高超，却没有商业社会的整合力。我举一个最典型的例子，大家有空到四川自贡去旅游一下，要知道早在明代正德年间自贡这个地方就已经能打上千米的深井。因为四川离海洋很远，食盐来源是一个严重问题，当地人偶然发现地下有咸水，于是设法掘井采水煮盐。他们居然可以打探上千米之深，把石油、天然气都打上来了，当年自贡人就靠开发地下的天然气去熬煮同样来自地下的盐水，钻井技术逐渐变得出类拔萃。要知道美国直至1859年，钻井深度才达到1000米以下，比中国迟了300多年。可是如此高的技术却动辄遭遇政府查禁，因为盐铁官营，其属不法私盐，结果非但不能发展，反而被视为犯罪行为。这说明什么？说明当年的技术，它根本就不可能展开为一个工商业系统，更不可能发育出一个新社会体系，整个政治框架对这些东西不但不鼓励，反而横加压制。所以即使技术在某一个点上有所突进，也丝毫无望成为整个社会转型的动力。

因此，我总结两点：第一，与思想不同，技术不能改变观念，因而历来不能成为变革社会制度的要素。第二，思想文化带动制度变革，制度变革才能带动社会系统转型。

由于有思想文化的变革，社会构型和制度体系就会变革，于是社会才能整体展现一个新时代的力量。大家想想，英国资产阶级革命以后，骤然成为世界霸主，其前提条件是它完成了君主立宪的"虚君制度"的设计和"第三等级"的民意伸张的铺垫。大家再想明治维新，小小的日本，原来完全是中国文化的承接者，它为什么在明治维新以后短短20多年就把庞然大物的老师之国中国打败？是因为明治维新以后，它开始全面学习英国的制度，天皇都已经"虚君化"，议会也已经建立，口号是"脱亚入欧"，虚心学习西方。以至于当年日本的精神领袖福泽谕吉说过这样一句话："满清之下，出100个李鸿章那样的革新俊杰也无济于事。"就是指中国在旧文化、旧体制之下，纵然出再多的干才、再多的人物，都没有任何前途。所以身为日本人的福泽谕吉，曾在他的著作中主张中国应该且必须推翻满清王朝。

我想说什么？我想告诉大家，宋代的技术发展，为什么没有成为中国社会的变革前提？为什么当初走在世界最前列，而随后却是国运衰落的分界点？我们不能只看表面现象。今天经常听到太多的人在表扬宋朝，他们越加表扬，我们就越发看不懂中国后来那个1000年究竟是怎么回事。

为此我们可以有比较地探究一下宋朝的发展困局。

第一，宋元夹在第二、第三帝国之间，而隋唐第二帝国极盛，本来正具有缔造世界格局的大好机会。

第二，欧洲内乱更剧，却未影响其进步，反而是拿破仑的征战传播了法国革命的思想。我这句话的意思是，不要说宋朝衰落是因为辽、金、西夏、蒙古等外族侵略战争造成的。须知欧洲的战争更剧烈，但是由于它的战争传播新思想，所以反而促成了欧洲社会的变革。

第三，穆罕默德建立的伊斯兰教和大食帝国，实质上是一个政教合一的军国体制，它虽因亚历山大的远征而曾经承接了古希腊的文化，却没能使之构成自身内在的精神素质，故此只能扮演欧洲文艺复兴运动之传薪者的角色。也就是说一个地区或一个民族即使接纳了新文化，如果它不能将其铸造为自己的主流思想，它也只起到给别人传递文化的通道作用，而它自身并不能得到跨越的机会。

总结下来，可以看出，文明的发展不与国家的一时强弱相关，而与内在的文化素质相关。换言之，思想才是决定性的力量，逻辑变革或观念更新才是文明演进的表观决定因素。

请注意，我强调了两重含义：其一，思想和文化变革才能引领社会变革；其二，表面上看文化和思想极为重要，但它仍然只是史实现象层面的浅显观照，万事万物之所以不断演进变化，还有更根本的终极驱动因有待探讨。

宋代以来的世界历史格局

我们下面看宋代以来的世界格局。

宋代以后，人类文明进入公元后第二个千年。先是蒙古人，从新型边疆民族去部落化而变成天之骄子；后五百年则由西欧航海国家独领风骚。史学家孙隆基先生做过一个说明，他说前五百年，支配世界的方程式或内在逻辑是："欧亚大草原＋草原铁骑＋东方技术"。由此形成第二个千年前五百年的强势力量。也就是说，蒙古军队借用东方的火器、装甲、毒烟，包括拐子马骑兵战术等，形成强大军事集团，突破世界岛中部，达致欧亚贯通的局面。这个期间的最大特点是不存在任何新思想的成分，文明形态不变。孙接着说，后五百年，支配世界的方程式或内在逻辑是："海权意识＋商利驱动＋航海技术"。由此形成第二个千年后五百年的强势力量。也就是造船技术、罗盘、火炮，尤其是对海洋拓展通道的认知以及工商逐利机制，形成强大殖民势力。这期间，文艺复兴涌动，失而复得的地心说，还有后起的牛顿力学，使得思想文化形态发生变化，文明形态发生变革，人类进入近代史。

孙隆基先生随后提出这样一个问题，他说在此第二赛程的暖身阶段，当时的中国已经以世界冠军的身份出现，后来连这样稳操胜券的事都不干，自愿放弃比赛。对于孙隆基的这个总结，我们可以提三个问题：第一，中国当时真的是世界冠军吗？第二，中国后来是否能够稳操胜券？第三，中国出局，是出于自愿放弃，还是出于被逼无奈？

我们看一下蒙古帝国。要探讨蒙古帝国，我们就得纵览史上各期的所谓"世界系统"，因为蒙古帝国是近代世界系统的前奏。大家都很熟悉，第一个世界系统是亚历山大帝国。亚历山大帝国在公元前横跨欧亚非，由于亚历山大大帝的老师是古希腊哲学家亚里士多德，所以古希腊文化对他濡染甚深，亚历山大打到哪里就把古希腊文化传播到哪里，这叫"希腊化时代"。因此，第一个世界系统——亚历山大帝国，起到了传播新文化，亦即传播远古别致异端文化或者前期工商业文明文化的作用。

第二个世界系统就是蒙古帝国。它横跨欧亚大陆通道，涵盖东亚、西亚、中东和东欧，它使中国的高超技术得以传播，并击垮了威胁西欧的伊斯兰帝国。但是，它没有带来新文化，因此也没有给自身带来变革的力量。

第三个大世界系统，就是近代五百年的海洋文明。由此开始真正意义上的世界史，也就是公元一千五百年前后，以哥伦布发现新大陆为标志，人类第一次有了真正意义上的世界史。

从近因上看，西欧是亚历山大和蒙古帝国侵扰的最大受益者。亚历山大帝国传播了古希腊文化，使得古希腊文化最终可以在西欧复兴。蒙古帝国主要给西方带来两项收益：一乃来自东方的技术和财富梦想；二乃削弱了伊斯兰教和伊斯兰帝国对基督教文明的威胁。

再看蒙古帝国的历史作用。当时，它打通了东西方的陆路通道，从东亚一直打到东欧地区，又从中东一直打到环地中海边缘，把整个伊斯兰帝国消灭。像马可·波罗事件就表明，当时的西方人和各种西方思想已经进入中国。同时元朝是最不轻商的朝代，并深化了南宋的海洋意识。元军的舰队规模颇为强大，不仅终于在海上灭掉了南宋政权，而且曾经侵犯日本，几乎让日本灭国。只是由于一场海上大风暴，才导致元朝海军覆没，所以日本人把它称为"神风"，到第二次世界大战末，还用"神风敢死队"的名号来壮胆。而且元朝使得中国的版图，扩展到华南的云南和西藏。

但是总体说来，元蒙造成的结果，是让中华文明和蒙古民族为西欧作了嫁衣裳。另一个受益者是突厥民族，由于元朝打掉了伊斯兰帝国，原来作为伊斯兰帝国之奴隶军的突厥人崛起成为小亚细亚和中亚的主人。而伊斯兰帝国受伤，也使得对西欧的威胁被解除。同时中国的四大发明以及种种应用技术传到欧洲，并且全面开花，大大促进了西方近代化的浪潮。不过由此也开始了一个很奇特的两极运动：世界的开放和中国的龟缩。它说明什么？——中国之不能借力于这个新时代的潮流，是因为它的传统文化缺乏内在承接力。

我们看孙隆基将上述问题再进一步细化：

第一，宋代前后，西方正处于黑暗的中世纪，此刻华夏奠基于唐宋之盛，本当一跃而登上现代构型的社会历史高台，何以反见一衰三竭？就是我前面所讲，宋朝在经济、政治、技术各方面处处领先，它当时跻身于世界文明的最高端，为什么突然间以此为顶点、以此为界点，而迅速趋向衰落？

第二，宋元以降的东方势力，借助欧亚大草原达成陆路通道的历史极致，又借助航海技术，最先迈出海洋通道的第一步，泱泱中国何以在占尽先机的优势中戛然而止？大家知道，从宋代的造船技术，到明初的海洋远航，中国均已遥遥领先。永乐大帝时期，郑和七下西洋，这是世界上最早的大规模远洋活动，但是这番绝世壮举并没有给中国带来蓝色文明，为什么？我们后面谈。

第三，至元末，当蒙古的世界系统散套，而西方海权尚未兴起之际，最有资格带头重组新世界系统的该是东方中国，但它为何却在关键时刻撒手不管？孙隆基提出的这三大问题，就是我们要理解近代史和现代化的关键问题。

我们看《清明上河图》，张择端的那幅名作，我们会看到中国民间小市场、小手工业极其发达，中国的工商业文明雏形略似具备，可是中国自古以来追求的是什么？叫"国富兵强"。它从来不追求"民富国强"，我在讲商鞅的时候曾经提出过，商鞅的弱民政策中，其中有一条叫"贫民"，就是不允许人民富足，所以它历来追求的是"国富兵强"，它达成的结果是"国富民穷"。

大家注意，我在这里说的"民穷"不仅仅是指经济上贫穷，可能到宋代，国民大抵已经不太穷了。这里的"民穷"，其"穷"字主要指国民自由思想能力和自主行为能力的穷困，也就是国家力量过于张扬，对人民散在的自由潜能横加压抑，这是造成整个辖区之社会发展趋于穷途的原因。也就是说，思想能力和行为能力的穷困，才是造成近代之中国未能顺利转型而保持隆盛的原因。

宋代以后，中国社会一路沿着农业文明惰性蔓延，使之最终凄然衰落。衰落在哪里？衰落在迷失前路！衰落在代偿不足！关于"代偿概念"我们以后再谈；关于"迷失前路"，我们只需看一下明帝国的倒行逆施便可了然。

自蒙古帝国系统散套以后，东方世界出现了一种后蒙古的逆反态势，可称之为"民族主义逆反"。比如俄罗斯，就是从基辅罗斯到莫斯科公国，直到蒙古军队撤离以后，俄罗斯国家才开始兴起，所以它算是一个典型的后蒙古产物。再比如伊朗，说起来伊朗建立了人类历史上的第一个帝国，叫古波斯帝国。但到公元七世纪伊斯兰帝国形成以后，波斯就被消灭了。直至蒙古军队打垮伊斯兰帝国，伊朗重新浮起，古波斯重新恢复，这个时候它已经被伊斯兰化了。不过它作为一个过往旧帝国的继承者，即便在伊斯兰化的世界里，它也是独立的一派——什叶派，跟主流阿拉伯国家的逊尼教派有所不同。

再则就是后蒙古时代的中国，也就是中国的明朝。大家要知道，明朝开国者朱元璋，他当年建立大明帝国时万民欢呼，尽揽人心，因为他打掉了一个奴役华人近百年的政权，打掉了一个外来侵略者，恢复了中华民族的尊严，叫作"驱除鞑虏，恢复中华"。大家一听这八个字，首先想起孙中山，其实它最早来自朱元璋。因此朱元璋当年建立明朝的时候，那的确是一次真正意义上的解放运动，足以令汉民族重拾骄傲。

可是明朝驱元以后，反见大踏步倒退，它从宋代的经济开放格局以及意识形态放松的开明局面，调头回退，形成中国社会一次非常奇怪的逆动。它实际上是全面恢复了华夏传统文化，我们下面就来看一下这场所谓的"民族文化复兴"是一种什么效果：

第一，它虽然容忍蒙古人、色目人的存在，但"夏夷之防"的意识重炽。大家知道，孔子学说讲究"夏夷之辩"，即有"非我族类，其心必异"这么一条东西在其中。明朝以后，这个观念被重新恢复起来，也就是从宋代的开放、开明状态回缩，至1499年土木之役以后，竟然恢复长城的修建，再次与其他游牧民族划割对峙。

第二，明太祖时期，也就是朱元璋建朝之初，就开始颁布禁海令。后来发展到"片板不得下海"的严厉程度，渔民的生计都被断绝。到郑和下西洋结束以后，朝廷竟然要求沿海十里以内的居民全部内迁，闭关锁国达到极致，以至于整个中国跟外界的交往沟通彻底隔绝，这种自我封闭的局面达到历史上前所未有的高度。

第三，海外贸易被禁，国际通商完全变形。这期间发生了几件事情，值得大家看一看。首先，郑和远航带领两万多部队，攻击并俘虏了苏门答腊的华人领袖陈祖义，尔后押解国内斩杀，理由是东南亚岛族举告陈祖义形同海盗。实际上这个问题需要深究，当年中国的沿海移民来到现在的印度尼西亚这一带地方，受到当地土著的欺压，弱势侨民不得不团结起来，抵制当地人对他们的侵犯，由此形成为一个准军事社团。郑和来到这里以后，为了跟当地建立良好的朝贡关系，我后面会讲什么叫朝贡关系，应当地政府的请求，率然扑灭了陈祖义势力。他不但不保护自己的侨民，反而竭力打压他们，结果造成深远的历史后患。不久西方列强侵入印度尼西亚，个别华侨为了寻求生存安全，只好依附殖民者成为内奸。这个事由，最终导致上世纪五六十年代，独立后的印度尼西亚掀起多次屠杀中国侨民的血腥惨案，最多一次致死几十万人。

而且"倭寇"变成了本国人侵略自己祖国的闹剧。这句话是什么意思？明代禁海以后，日本浪人时常侵犯明朝海疆。但实际情况是当年沿海地区的渔民，尤其是原来做海外贸易的人没有了活路，于是他们自发组成武装集团，一方面继续跟南洋通商，一方面抵抗当时的中国政府。他们雇佣了某些日本人参与以壮大自身力量，不断地冲击被禁的海防。比如明史上多有提起的汪直、徐海以及郑成功的父亲郑芝龙等，他们装作倭寇或者带领倭寇进攻自己的祖国，这真是非常荒诞而离奇的怪事。

此时中国的海外贸易竟然全被西方人所把持。包括中日之间的贸易，也由葡萄牙人接驳，即葡人成为中外远洋商业活动的中介，轻易地垄断了所有利润。我们可以看出，当年的海禁发展到如何严重的程度，这种倒行逆施是一个很别致的后蒙古中国政经现象。

第四，船队固然壮大，但却大而无当，海洋势头渐衰。我前面讲过，从南宋至元朝，中国的海上贸易是非常旺盛的，可是到明代，便完全萎缩了。我们很熟悉，明代早期的朱棣，也就是永乐皇帝做过的一桩伟业——郑和下西洋，现在被高度颂扬，说是人类蓝色文明的先声。郑和远洋确实展示了中国宋代以后的一系列航海技术的高峰：郑和的整个团队达28000人、62艘船只或战舰。其中最大的那艘旗舰，也就是郑和本人乘坐的那个宝船，长440尺，横梁宽80尺，有9个桅杆，单船可载千人以上。仅这一只船，就是哥伦布发现美洲新大陆所率整个船队之数倍的载重量。

可是如此庞大威风的船队，千里远航干什么？所做的两件事情全是政治目的，跟经商和近代远洋贸易活动毫无关系。第一，很可能是为了寻找建文帝。大家知道，朱棣是通过军事反叛，打垮了他的侄儿才夺得政权，而建文帝的尸首终未找到，所以他怀疑建文帝逃逸在某处，但四下搜寻不见踪影，这是他派遣近身太监郑和远洋出海的重要原因之一；第二，建立虚荣的"朝贡制度"。我先解释一下什么叫"朝贡制度"，有人把它说成是古代的国际贸易，这完全不着边际。所谓朝贡制度就是要求周边的或海外的国家，你只要承认我天朝是万国之国，尊我天朝为宗主，那么我就跟你建立一种特殊关系，就是你每年向我表贺进贡，但凡你进贡一分，我随即回馈十分，这叫朝贡制度。它纯粹是一个政治行为，跟商业贸易全然无关。

郑和下西洋就是出于这两个目的。所以多趟远航之后，失去经济平衡，最终根本无法支撑，从此不得不取消这类烧钱的壮举。然后转而大搞海禁，弄得民间远洋活动也全面停顿。中国在西方进入蓝色文明的前夕，彻底龟缩于大陆之上。我们由此可以得知，农业文明其实看不见蓝色通道的真正价值，因而无以远行，反倒倾向封闭。

清帝国是中国文化完善化的死亡标本

我们看下面的课件题目：清帝国是中国文化完善化的死亡标本。这句话什么意思？女真人入关占领中国，建立满清政权。这件事情表面上看是一次中国文化的沦丧，但实际上从满清第二任皇帝康熙帝开始，满人就自觉而认真地学习中国汉文化了。要知道康熙皇帝本人在汉文化方面达到的水准，被学界评论为远高于当时的科考士子。

也就是说，清朝立国以后，中国的传统文化得到完整接续，甚至发扬到最佳状态。我们分四点来谈：

第一，清代解决了历朝的第一外患。此话怎讲？中国自古有一个词组叫作"内忧外患"，我们先谈"外患"。从先秦、两汉时代的匈奴，到唐代的突厥，再到南北朝的鲜卑以及宋末的蒙古，然后一直到明末的女真，历史上华夏人、汉人一直受到北疆游牧民族的侵犯，形成中国自古以来的所谓"外患"这个概念。

但是女真人，也就是满人，当年是带着蒙古人一起侵入中国，亦即偕同北疆游牧民族一起进入中国，然后合并为大东亚国度。大家知道蒙古帝国以后，整个东亚大陆被俄罗斯和中国满清分割完毕。那么清朝建立以后，中国的边疆外患，也就是游牧民族对中华农业文明的持续侵扰这个问题被彻底消除。在鸦片战争以前，中国历史上第一次进入没有外患的时代。

第二，它也同时解决了各种内忧。中国历史上所谓的"内忧"主要由三个部分构成，分别是外戚、强藩、宦官。首先是外戚，所谓外戚就是皇帝的妻族，皇后这一族，或者宠妃这一族显露强势，最终把国家搅乱，最典型的就是汉代的吕后系统和唐代的武则天系统，这些外戚对国政的干扰是个非常严重的问题。大家知道东汉末年天下大乱，终而至于三国并起，都跟外戚有关；

其次是强藩，最典型的表现是唐代安史之乱，即为强藩所造成，也就是地方军区反叛中央。这个问题在安史之乱之后一直没有解决，到唐代中期强藩竟达几十之多，导致中唐以后一路衰落都跟强藩有关；再有就是宦官、太监。皇帝也是人，他也需要有人沟通，他也需要有人亲近，可是他地位太高，而中国自古以来的官僚阶层，就是科举考试选拔上来的文人士大夫阶层，他们具有"意识形态解释权"，对皇权形成强有力的制约，因此皇帝和官僚系统历来是有对立成分的。皇帝怎样抗拒官僚系统对他的约束，是为君者的一大难题。皇帝单人是没有办法和官僚系统对抗的，他唯一的办法就是借助自己身边的太监，通过重用太监来抵制官僚，这就是大内太监历来扰动中国政治的重要原因。在中国远古时代太监刚一出现的时候，这种扰动很轻，越往后越严重，到明代发展到最为不堪的地步。明朝的宦官已然渗透到各层部堂衙门，并掌控了整个特务系统——东厂、西厂的领导权，宦官还成为各地驻军的监察者，所以明代的宦官之祸乱是非常严重的，对明代政局的影响极坏，大家读一下明史，这些方面的具体细节我不再多讲。而到了清朝，诸此"内忧"全部解除。清代的宦官被严格限制，所以你在清代几乎看不到宦官乱政的事例。即使后来到慈禧太后，她的贴身太监小德张、李莲英等，也从来没有真正能够凌驾百官之上。

第三，清朝一代推行的"德治"最接近于儒家训诫，达到儒家化程度之最高点，连皇帝都谨守其教诲。清代的皇子、皇孙，自幼就以特聘的学者大儒为师，从小严格经受儒家文化熏陶，皇帝都不敢违逆儒家道德规范。他们勤勉从政，励精图治，达到什么程度？皇帝从来严行早朝制度，要知道皇帝上朝是一件非常辛苦的事情，想想每天早上四五点就得起床正衣，早朝时百官呈上奏折，提出问题当堂讨论，日复一日天天如此，从来没有休假一说。我们今天普通人，你还有个周末，逢年过节你还可以休假，皇帝从来没有星期天，也从来不能轻松过年，天天少不了早朝议政。清代皇帝厉行早朝到这样的程度，得病了都不缺席廷议。清史上只有一位皇帝例外，那就是慈禧太后的亲儿子同治皇帝。由于慈禧对他管得太严，连他晚上跟谁睡觉都横加干涉，搞得同治皇帝只好出去找妓女，结果染上梅毒，病情严重，这才导致临死前有一段时间未能早朝。其他皇帝得病都是轻伤不下火线，天天早朝不止，堪称励精图治。

我再举个例子，清朝从康熙到乾隆时期叫康乾盛世，中间有一个皇帝即为雍正。雍正皇帝在位十三年，真是辛苦极了。他为了维持自己的皇权，连对亲兄弟都杀伐果断。但是他确实格外勤政，大家想想皇帝每天批阅奏章是一个多么可怕的事情，天下百官，封疆大吏，还有专门的清流言官，所有人都要写出奏折，送达天听，可怜的皇帝全部要阅览。批阅奏折的工作量有多大？皇帝每天早朝归来便俯身案头，一直读到深更半夜还堆积如山。而雍正皇帝十分谨慎而专注，从来不把这些文牍只交由军机大臣去处理，全部自己亲力亲为。他在大部分奏折上用朱砂红笔仅写三个字"知道了"，偶然才对一些特殊的奏事批以大段文字，表达本人的意见。他执政短短十三年，居然光是朱批就有近五百万字！大家要知道我做文人写书半生，前后折腾了二十余年，到现在也才写了一百万字左右，可见雍正皇帝辛苦到何等程度，他简直是被累死的。所以清代的皇帝着实是非常勤政的。

我们反观一下明朝，对比之下，你就知道清朝皇帝的操行状态了。明朝是汉文化逐渐得以恢复、儒家德治观念相对来说比较薄弱的时代。虽然它推崇朱熹的学说，但从朱元璋开始，到明英宗以前，殉葬制度竟然在皇室死灰复燃！皇帝驾崩治丧，要把他亲近的嫔妃、宫女以及太监斩杀，与之一起陪葬。要知道孔子生前就反对殉葬，秦汉以后早已废止。而且明朝还继承了元时的庭杖制度，堪称斯文扫地。所谓"庭杖"就是大臣正跟皇帝讨论问题，稍不留神，龙颜触怒，立即把大臣当着朝廷百官的面扒光裤子打屁股，这种事情从元朝开始一直贯彻到明亡为止。然后建立诏狱制度，也就是特务制度，最初是朱元璋的锦衣卫操办，所谓锦衣卫就是护卫皇帝的近卫军团，后来变成特务组织，由皇帝直接发布命令，私下调查或囚禁官员。最终发展到任由太监主持的东厂随意执法，东厂作乱，又建立一个西厂，用以监察东厂特务的行动。官员们早上出门，晚上回不来是常事，莫名其妙就被抓到监狱，从此销声匿迹。

明朝中期出现一位正德皇帝，我想大家都很熟悉这个宝贝。他不安心于只做皇帝，整天换着花样寻乐子，还有很多怪癖。他的后宫妃子宫女众多，可是他对她们没有兴趣，却跑出去色眯眯地到处追逐民间的已婚少妇，看见哪一位民妇姿容俏丽，就想尽办法把别人笼络到他的豹房圈禁起来，所谓"豹房"就是皇宫以外专设的养有豹子的御花园，后来变成他如此淫靡行乐的长居之地。而且他动不动就自封为威武大将军，然后带军远征以为游戏，搞得文武百官不知道是该把他当作皇帝来迎送，还是变以将军的礼宾待之。这都是明代广为流传的趣闻。

再比如明熹宗好玩木工，据说他的木匠活做得极为精致，也极为专注，谁都不能打扰。于是那位著名太监魏忠贤，专拣此时前来向他报告政务，皇帝不耐烦，挥手任其自行处理，魏忠贤就这样逐步独揽大权。

还有那位嘉靖皇帝，醉心于修道成仙，长达二十年不上朝。到万历皇帝更严重，三十年不露面，以至于万历年间的一个宰相（内阁辅臣），为相十二年居然没见过皇帝，不断地上奏折，大多也被留中，最后上一道辞呈挂冠回老家了，率然脱离岗位皇帝也不追究……这都是明代皇帝的作为，大家对比一下，你就知道清代皇帝的勤政守德的确有些非同一般。

第四，清代学术是传统学问的总结账，儒、释、道及诸子百家普遍得以考究，旧学问做到了尽头。要知道，清代中国处于旧文化的最终清理状态，前后出现了一系列著名学派：朴学、汉学、乾嘉学派、浙东学派等等。这些学者把中国古代文献解注到极致，以至于你今天所能看见的有关古文献最好的注本，几乎都是中华书局出版的清人作品。

我讲这四条说明什么？说明清朝是把中国老旧传统文化做到完善化的死亡标本，也就是在清代中国文化发展到最圆满的状态，结果它突然死灭了。这说明什么？说明旧文化不足以开创未来，你在旧文化上琢磨得再精细，你也绝不会有出路。严格讲来，中国农业文明的气运或生命力并没有完结，大家设想如果整个地球上只有中国会是什么局面？想必我们今天一定还在帝制之下，农业文明一定还在有序延展。

但是人类毕竟是同一个物种，地球上一旦出现其他新式文明，它在代偿量上、在文化能力上突破原有的限制，交通通讯达到你不能隔绝的状态，中华农业文明代偿不足的缺陷自将立即显现。尽管你这个文化是最原始、最稳定的文化，但你一旦进入一个高代偿时代，而你自己不能进入这个发展通道的时候，你将面临猝然崩溃之局。我在这里想强调的是，我再重复一遍，旧文化做到再精致的程度，都不会有新出路，这是我们一定要总结的经验教训。

好，那么我们看一下中国文化的融合发展史：第一条脉络，在农业文明为主流的时候，我前面一开始讲课就提到，我说由于农业文明人口暴涨，社会结构是在人口高密度的基础上自发产生的，因此农业文明相对于游牧业文明具有极强的同化作用。从先秦一直到清代，游牧民族不断侵犯，由于他们的作战机动性强，骑兵战斗力强，中国社会屡屡被其取得政权，但是他们最终全都被华夏农业文明文化所同化，水到渠成，波澜不起。这是中国古代农业文明跟游牧业文明的一般关系。

第二条脉络，东汉中期佛教传入中国，由于佛教思想兼取环地中海文化的优长，因此到魏晋南北朝、隋唐以及其后的时代，它对中国各方面造成有力的冲击，扰攘折冲之下，汇入中国文化，形成儒、释、道三足鼎立之一足。外族文化第一次侵入中国，并且改变了中国文化格局，镶嵌之势，初露苗头。

第三条脉络，1840年鸦片战争爆发，西方工商业文明突入中国，中国文化瞬间崩溃。早期还以洋务运动之"中学为体，西学为用"的方式抗拒，随后根本无法坚持，到甲午战争以后全面瓦解。再到20世纪初叶，新文化运动的口号是"打倒孔家店"，终致中国传统文化的现状宛若化石之观赏而已。

我这个说法，许多搞国学的人肯定是很不高兴的，他们认为中国文化价值还很高，他们经常引述某些老生常谈，比如"中庸之道"、比如"和为贵"之类。可是大家要知道，中国文化极为庞杂，绝不是只有这么一点点东西，中国文化的主体，"君君臣臣、父父子子""血缘秩序""仁义礼智信"……这个庞大的、完整的文化系统，还有哪些东西可以在今天的实际生活中使用？还有哪些东西真正得以存留？

我们今天看中国文化，你翻来覆去地加以检视，基本上是取"古老文化化石"的那种观赏心态，你才能弄出些许兴味。你如果直接调动其中的任何东西来用，一定会沦为非常可笑的状态。请问"尊卑之礼"你今天还能用吗？请问"血缘宗法"你今天还能用吗？再请问"忠君"和"孝道"，你今天还能用吗？所以说中国传统文化早已全面沦落。要知道近五百年来西学涤荡全球，原来龟缩在欧洲西部的那一点点白人，在近代数百年里殖民了美国、加拿大、非洲和大洋洲，而中国从宋代以来到现在占世界人口23%左右，却始终局促于7%的可耕地上。

近代文明史上，发生过两个人力对比悬殊、结局悲惨至极的崩溃性事件：一个是1532年西班牙人弗朗西斯科·皮萨罗，带领168个骑兵打散了印加帝国八万军队，活捉印加帝国皇帝，导致印加帝国解体；另一个就是鸦片战争英国人开来几十条破船，只带四千到六千士兵，居然把当时有两亿多人的中华帝国打败，中国不得不敞开国门，从此进入半殖民地时代。

这种巨大的反差都是坚守旧文化的结果。因此请大家记住，文化发展受阻才是最可怕的事情。一个民族的荣辱取决于其文化之兴衰，人类的前途取决于思想与文化的导向，而不与你具有多少人口、产出多少财富或占据多大的地理面积相关。

人类文明与文化发展的干枝关系

下面我们讨论一个稍微有点复杂的问题，我们讨论一下人类文明与文化发展的干枝关系。

我在前面讲课的时候一再强调，我说人类文明只有一条自然的或自发的演运路径。从第一节开课开始，我就反复强调人类文明不是我们选择的结果，而是一个自然进程的表达。大家看人类文明是怎样走过来的，从"动物中级社会"过渡到"旧石器亚文明"存态，进而到"新石器时代"也就是"农牧业文明"开端，然后到"近代工商业文明"，再往后是"未来后衍暮期文明"。也就是说文明没有选择，我们的文明发展只在这一个通道上进行，它绝不是先贤或者智者规划设计的产物，它是一个不容选择的进程。面对农业文明的纷乱和困苦，人们当时做尽了选择，但其实只有一条道路或一个踏板，那就是工商业文明。尽管在各个历史时期，世界各地的国家分化形态、民族生活的表观形态似有差异，但一定总体上归结为农牧业文明和工商业文明，没有第三种文明。

相应地，虽然举世文化异彩纷呈、分类极多，但它也同样只有一条主干通道，因为人类文化就是人类文明的基础。我前面讲过，文化是思想与观念的虚性表达，文明是文化或思想的硬态社会结构化体现。那么，人类文化这条主干是什么？先是"前神学亲缘文化"，然后是"神学信仰文化"，再后是"哲学思辨文化"，以及"科学高分化文化"，最后是"后科学末世文化"，只有这一条文化演进的通道，此亦绝非可能随意选择的。

而且它的走势也是不断分化的，因为我前面讲的那个"分

467

十一、国学及国运衰落的原因与轨迹

化律"一直在起作用。故此人类史前的文化、最原始的文化相对比较单一，都是前神学的亲缘文化；之后到神学文化，信神的状态各有差异；到哲学思辨领域，讨论的问题就变得纷繁而复杂；到科学时代，我们今天已经分化出上万个专业了。但是它的总体线条非常清晰，干枝关系一目了然，形成进化树形态。

既然人类文明是不由我们选择的自然进程，既然我们的文化只是文明的基础适配系统，那么我们的文化发展、思想发展就一定跟我们的文明生存系统必须达成一个匹配关系。所以，我们会得出这样的结论：主干生长可缓不可阻。就是在这个主干通道上，你可以延缓下来暂时不发展，但你只要不完全阻断它，它就还有节节拔高的机会。最典型的是欧洲，在所谓黑暗的中世纪，神学一度压抑了哲科思维，但是并没有把它彻底泯灭，到文艺复兴以后，古希腊的种子回归，于是原来被压抑的东西，没有被彻底阻断的东西，展开为西方近代文明。反之，你如果把它折损，就相当于你种一棵树苗，把它从头部截断，那么这棵树从此长不高了，它只能从旁边胡乱生出许多岔枝，这棵树继续增高的前途没了。这就像中国宋代，它的初期发育还算不错，似乎有长入工商业文明的前景，但其文化的内在张力呈压抑态势，致使朱熹学说回潮，等于把中国文化发展的树头斩断，于是中国进入工商业文明的前途被彻底遏止，中国原有的农业社会结构得以维系，甚至逆反成为强势，比如明代那样。而且我们会发现，凡滞碍或偏离此文化主干者，社会增长和转型必然受阻，比如中国的社会发展受阻于前神学文化，比如中东各国受阻于神学期文化，它们迄今坚守伊斯兰教的一切解释系统，导致其国运之走向面临巨大挑战。多亏尚有地底下埋藏的石油资源维系了他们的现代生存，如果这个资源将来发生变化，那么后续的挑战势必更严峻。这就是连今天的沙特阿拉伯都不得不寻求工业化的原因。所以我们要再度强调，文明是自然进程的继续，由不得我们任意选择。

我们下面谈一下文化分期的各自特征。

前神学期，我们说它扶持人类亲缘社会生存。也就是人类文明早期，人类从动物亲缘社会转化成亲缘氏族群团或者部落邦联群团，以此作为建构农牧业文明的前提。这一期在中国的特点，在远古文化上集约体现于《易经》与《老子》，是为准神学文化与亚哲学文化的非典型表现形态。《易经》最初追问生殖，追问时空，是最原始的追问，逐步发展到两汉时代，变成中国广义哲学世界观体系的承载者，而老子"道论"是中国最早的亚哲学思脉。但是儒学最终成为前神学"亲缘宗法农耕社会"的压制性文化主流。我前面讲过准神学、亚哲学、古儒学，古儒学以老子和孔子为代表，老子学说之"道论"是宇宙观追问，"德论"是社会观追问，它的重点在"德论"，老子的学生孔子继承他的这一脉思绪，致力于在"人伦关怀"、"人道社会"的这个方向上发挥，典型的农耕压抑型文化由此得以集成。这就是前神学期中国文化的状态。

尔后是神学期文化，它抚慰和鼓励人类奋争，此乃神学文化的特点。它的表达式在毕达哥拉斯那里，奥菲斯教派激发了"数论"钻研，形成古希腊唯理论哲学的开端；到古希腊多神教，整个神界是最调皮、最活泼、最玩闹的人类的显现，于是形成自由论辩和哲学思辨的茂盛园地；到古罗马基督教成为国教以后，阻断古希腊哲科思路，从此逐步陷入黑暗中世纪。这就是西方神学期的基本文化状态。

佛教和道教后来成为中国神学文化的非典型表现形态。请大家注意，我为什么说佛教和道教是中国神学文化的非典型表现形态？是因为中国主体上一直停留在前神学期文化状态，由于它是准神学，所以它一定会出现某种神学思路。这个思路，一方面通过佛教传入，一方面通过东汉后期借鉴佛教建立的本土道教予以展现，它们都跟西方典型的神学文化有差别。比如佛教是无神论宗教，比如道教关心的是今生今世，跟西方宗教追问灵魂、追问来世、追问往生是有巨大不同的。所以它们不是典型的神学文化，而是神学文化的非典型表现形态。

大家重温我前面讲的两节课，我前面讲易经，讲佛教，我在这两节课的最后部分，给出一个同样的结论，说它们都是前神学文化与哲学思辨文化的非典型接续形态。什么意思？《易经》早年是原始追问，以后成为中国神秘文化的起点，及至两汉发展出广义哲学的宇宙观。佛教带入的是无神论的宗教，但是却把环地中海地区的那一脉哲学思路，以宗教形式导入中国。大家听我的佛教课最有味的部分是什么？是内里充满了深刻的哲学思辨。因此我讲易经与佛教乃为前神学文化与哲学思辨文化的非典型接续形态。

我在这里再强调一遍，我说中国是前神学文化，可概括为"准神学、亚哲学、古儒学"。你看中国的名家，甚至把古希腊哲学家提出的问题基本都点到了。也就是中国在前神学时代，它压制不住人类思维向高层升华，所以它的神学思脉、哲学思脉都不断地要冒头，但最终均未塑成典型状态，而是一个滞碍状态，这叫准神学、亚哲学、古儒学，这是中国文化贯穿于神学期的特点。

那么神学期奠定了西方哲科文化的基础。再下来的哲学期，可谓之"理性思辨淬炼，奠基科学前瞻"。它兴起于古希腊，然后成为文艺复兴之后科学时代得以生长的基因。它式微于哥白尼、伽利略和牛顿，也就是以哥白尼、伽利略和牛顿等人的学说为标志，哲学时代衰微，科学时代兴起，但它们是一个自然衔接过程。我举一个例子，牛顿的书名叫《自然哲学的数学原理》，他认为他在做哲学，他不认为他在研究科学，他认为他研究的问题就是古希腊人早期研究的自然哲学问题。而且你在他的书里不仅看到整个哲学思辨的那个基础，你还看到一个东西——神学！其第一推动力是上帝。他认为人类逻辑思境的极致是深入不下去的，那个地方的起点、归原点是上帝。但是你今天读牛顿的书，绝读不出宗教和哲学的味道，他已经在其中淡出这个意趣，也就是神学、哲学意趣淡化，凸出的是整个科学第一次系统化宇宙观的表述。所以我们看牛顿学说，就能体会哲学期跟科学期的紧密衔接关系。

科学时代表现为大信息量之分化处理。我在前面讲课一再讲，所谓人类文明过程就是信息增量过程，我这句话不够准确，严格地讲，整个宇宙物演进程就是感应属性的增益和分化进程，亦即整个宇宙137亿年的演化过程，就是信息量不断增大的同一过程。人类文明只不过继承了宇宙物演进程，所以人类文明一路表达为信息增量过程。由于信息量越来越大，原来的哲学思辨从博物学状态，也就是一个人可以掌握所有知识，发展到任何人都无法处理如此之大的信息量，于是出现分科之学。每一个人只能研究一个专业，而且分科越来越精细。它表达的是人类智力的分化继续，表达的是宇宙物演分化进程的延续。

我们把这个大信息量分化处理的高精阶段叫作科学时代。这个阶段的文化表达呈现出极大的社会代偿力度，以至于像英国发起的鸦片战争居然只开来几十条破船，就把农业文明最发达的中国打得惨败。它是一个极为暴烈的文化代偿形态，因此也将给自身带来严重的戕害后果，同时也带来某种相当紧迫的转型需要。我前面讲，文化一定是维护其载体生存的，如果一个文化最终显现出越来越大的戕害效应，标志着这个文化行将衰落了。因此科学的强大力度反而是它快速转型的内在驱动力，这也是我前后讲课不断复述"科学时代行将结束了"这句话的含义。

临末，就是后科学时代，它以"超大信息量的维护生存筛选处理"为基本方式。什么意思？科学时代任何信息整理成知识，只要能为我所用，都是人类力量的表达，都会被快速践行。可是到后科学时代，人类一定会对这个超大信息量进行筛选剥离，绝不允许所有的信息和知识统统展现在前台，它一定要有更大规模的信息采集量、更大规模的数据处理量，然后建立一个远比科学系统复杂得多的筛查模型，从而对一切知识理论进行必要的应用前检验，非此不能维护人类的未来生存。所以，我把它说成是剔除此前囫囵吞枣的戕害性信息和知见，并大规模或大数据式地重整人类文化与文明结构，这就是后科学时代将要展示的那个文化前途。

请记住，这个前途也是不容我们选择的，它必将很快到来。尽管它是更大信息量的整顿，因而一定表达出更严重的失稳性和动荡性，但你照例无从选择。

思想史与文明史的影响关系

我对前面所讲再做一点说明，我开题时说"异端终将取代主流"，举凡显现为主流的东西都是行将衰丧的东西；我在这里又讲"文化的干枝关系"，大家听起来会觉得矛盾，其实不然。因为诸多异端之中仅有一小部分有望代表未来，并必将变成主流，换言之，异端的价值在于它是"潜在的未来主流"，这两者一点都不矛盾。

比如哥白尼的日心说最初形成的时候，他连著作都不敢出版，他活着时是不是见到过付梓样书，迄今都考不定。再比如达尔文，他的学说最初面世的时候是典型的异端邪说，他说人是猿猴变的，这跟基督教说人是上帝制造的完全冲突，他在当时受尽辱骂。但他的学说今天是我们的常识，是生物科学的主流思维方式。所以我前面所讲的异端突起和我现在所讲的干枝文化，一点都不矛盾。

而且我们会发现，历史上大量的文化现象，如果它不代表未来，那么它都只是枝杈部分，没有伸展前途。比如中国的某些神秘文化，比如《易经》，它最终不可能成为当代的主流思想方式。我们很多过去的文化，像朱熹的学说，最初在宋代出现的时候也是非主流文化，但是它在明代虽然变成主流，到今天已经根本和主流文化不相关了。所以文化你必须分清楚，哪些文化和思想有可能是未来的指向，哪些文化不管它分支如何复杂，讨论如何纷繁，都未必代表未来。搞明白这一点是文化学习和思想鉴别的一个重点。

我再做一个评语或澄清。我说人类历史是一个不由选择的自然进程；人类文化的干枝形态也同样不由选择，其主干只有一条。以上仅作史实陈述，不含进步论观念中的褒贬之意，这一点我一再强调。也就是说，我并不认为中国宋代以后的社会文化无所进展是一桩坏事。从浅处看，它像是中华民族之不幸，但是从人类的总体发展看，人类进入高度发达的现代文化体系，对整个人类却是一个更大的不幸。因此这两者之间没有褒贬含义，仅属于事实陈述。

再则我对哲科文化不持赞美态度，反倒给以最有力的揭短和批判。大家回想我讲哲学课的时候，我说科学是一个具有戕害效应的最暴烈的文化。但并不因此你就可以轻视它、否定它、逃避它，因为人类文明和人类文化不由你选择，发展速度的快慢也不由你来定夺。我对儒学、易经与佛教的早期原发价值均给予高度评价，我讲儒家学说的历史合理性；我讲易经文化早年在预测学上的价值，低信息量辅助判断、鼓动士气效应等等；我讲佛教当年的深思内涵，讲佛教对中国文化的濡染，对它们我都是给予高度评价的。但我也绝不掩饰这类文化趋于繁琐层累与败落式微的侧枝盲端之貌，明确指出这些文化最终未免走向侧枝盲端，在它们的文化枝节上不能生出后世的主流文化。反倒是那个看起来最糟糕的哲科思维，至少成为工商业文明的主流思想方式，这都是毋庸讳言的。

另外我得做一个声明，我并非主张"文化决定论"，我只是想纠正"经济决定论"的失误。我们今天的基本观点认为生产力决定一切，可生产力的内涵是什么？是以思想变革、逻辑变革为先的！因此，我强调文化的力度，但我绝不是主张文化决定论,这一点大家一定要注意。它们实际上都只是表观现象因素，也就是经济、文化、政治各子系统，其中任何一项都不具有历史发展的决定性力量，这个话题我们明天再讲。真正的决定因素在哪儿，我们明天深入讨论。我现在只想告诉大家，在人类文明的表观历史进程序列上，文化的力量、新思想的力量绝不可轻觑。

好，我们下面讨论思想史与文明史的影响关系。我先说一个小话题，大家知道英国20世纪有一位很著名的汉学家李约瑟，他写了一本书《中国科学技术史》。他在这本书中说，宋元时代中国的科技处于世界最前端，他随后发问：这个曾经振兴一时的中国科学技术，它为什么最终快速衰竭，而没有成为引领人类近代文明的潮流？这个问题李约瑟本人不能回答，也被中国学界称为"李约瑟问题"。

这个问题的答案在哪里？请大家注意李约瑟的书名就定错了。我前面讲课讲过中国文化不产生科学思维，科学是哲学思脉的延展产物。中国古代文化是技艺文化，是以技术为主的文化走向,它根本没有科学思维这个底层，因此李约瑟的书名叫《中国科学技术史》本身就是个问题，如果他将书名定成《中国技术史》，"李约瑟问题"自然消解。

我再次强调大家要理解中国文化是什么，是东亚封闭地貌下农业文明不受其他文化冲击，把最原始的农业文明精雕细琢数千年，产生的一个典型集成，此谓之"中国传统文化"。这种文化它要维护农业文明，它就必须是一个"重德体系"，而不是一个"爱智体系"。因为农业文明会带来人口暴涨，人口暴涨会造成人际关系和资源关系极度紧张，因此它的整个文化就奠基在人伦道德关系的处理上，这就是中国文化的基本形态。于是它在思想形态上也就不能深入展开哲科思脉，而成为一个技术操作系统。这个系统无法在信息量更大的时候延续伸展，从而导致中国文化衰落。

请大家深刻理解"人类文明是信息增量的处理进程"这句话的内在含义。当我讲西方文化的时候，我把它说成是工商业思脉。古希腊由于特殊的地理环境，它一开始就是一个半农业半工商业文明，因此得以在雅典地区形成某种独特的思路系统。虽然古希腊只是一次小小的尝试，但这个思路系统从追究本体论开始，也就是从直观现象背后的那个追问开始，而后演进到近代古典哲学对人类思想形态加以研究，最终形成精密逻辑系统，形成对实体背后本真的追问和精密逻辑的数学处理系统这两个东西的汇合，构成我们今天科学的基本形态。

由于科学思脉能够最有效地处理当今的大信息量，因此它带动人类文化和文明一路进展。它最早期的形态是一个博物学式的纯逻辑的哲学追究形态，但在这之中孕育出了科学的种子。因此毕达哥拉斯的数论、欧几里得的形论、芝诺的悖论探讨、阿基米德的杠杆力和浮力研究、托勒密地心说的数学模型，这些东西成为人类近现代科学的基本工具或科学追问的前导形式。

大家听懂这就是西方文化思脉的启动之点，而科学表达的形态是以"猜想和证伪"为特征，也就是从一个"假设"开始进行"证明"。假设的开端实际上是一个逻辑模型猜想，而不是来自实践经验。这个问题很多人想不明白，认为纯粹的思想模型假设怎么能展开为后续的追索。但实际上，科学和哲学进程就是这样运行的。

我再重复一遍某些事实，比如哥白尼他当年提出"日心说"没有任何证据，他只是发现托勒密体系中存在一些破绽，只有把太阳移到中心，让地球和星辰都围绕太阳转，这些破绽才有可能消除。他没有任何证据，直到他逝世近百年以后三大证据才出现，这就是金星盈亏、光行差和恒星视差。再看亚里士多德，他当年所作的博物学和分科学讨论基本上全都是错的。例如他提出自由落体一定是重的东西下落速度更快，这跟我们的观察和经验一致，你做一个实验，一定重的东西先落地。但是，伽利略仅用归谬法和斜坡试验就把这个问题处理了，也就是他在逻辑上就把这个问题厘清了。他根本用不着爬到比萨斜塔上抛下大小两个球，如果他这样做，由于大小两个球的体积不同，承受的空气阻力不同，精确测量的话，一定多少还是有时速落差的。

再比如亚里士多德当年给出"抛射物为什么会不断地运动"的答案，那个时候根本还没有牛顿的加速度力的概念，于是亚里士多德是这样设想的，他说抛射物投掷出去以后，之所以还能在空中继续运动，是因为空气回流在后面形成推动力。站在今天科学的角度来看，这显然全是瞎掰，但是他有关自由落体的讨论、有关抛射物的讨论等，成为最终引出伽利略和牛顿对这一系列奇特问题加以探索的先导。

再比如1953年沃森和克里克提出基因的双螺旋模型，当时他们没有任何可观察的证据。它只是根据遗传的性质做出的一个逻辑推导模型,这个模型当年是无法验证的。直到若干年以后，隧道显微镜、包括X光衍射分形理论出现,相应的观察得以进行，这个东西才终于被证实。

我一再讲，科学是建基于逻辑模型在前、实践检验在后的系统，它是一个不断的猜想过程，然后又不断地被证伪，即不断地证明它是错的，通过这样一系列运作导致科学进展。至于它为什么全都是错的，我在哲学课上已经讲得很清楚。因为我们人类的感知不是为求真设定的，而是为求存设定的，因此我们的所有感知模型都不是客观本真的反映，这些命题其实在西方哲学中早就已经探讨过了。它是整个科学思脉的基础，中国人很难理解。因此我的讲课经常受到大家的质疑，很大程度上是这个思路在我们中国人的传统实践思路中很难建立的缘故。所以科学和技术的分野你必须搞清楚：技术是实践经验在前，事后找一个理论把它贯通起来；科学是逻辑建模在前，事后才在实验室中通过实践经验来检验；这是完全不同的操作方式。

因此，人类近现代的文化展开过程，都需要调动思想深处的精密逻辑运行，真正的新的文化缔造才能够成立。而科学和技术的效应差别极大，由于科学是软态试错法，是虚性逻辑操作，因此它变革速度极快，而且覆盖面极大；技术是硬态试错法，因此它的发展速度偏慢，而且它解决的是一个一个的具体问题，不能在思想层面上统辖其他相关问题，因此它的实际效力也偏弱。更重要的是，科学和哲学的思想模型会带动人类整体文化品质和文化内涵的转型，因此它在很大程度上会推动整个人类文明进程的转型。

我们看西欧，它通过"文艺复兴"拣回古希腊哲科思脉，然后通过"宗教改革"打破原有神学的强硬封闭，最终通过"科学思潮"达成深彻的认知革命，从哥白尼到牛顿，突破人类既往的思想局限，由此缔造新文化与工商业文明新时代。所以请记住缔造新时代的前提，是要有新思想和新文化。

那么，我们因此也就可以发现，东西方近代社会转型出现了截然不同的文化启动方式。西方近代文化转型和社会转型以找见自己的古文化之根、找回古希腊获得新生；中国近代社会文化转型以打倒自己的古文化、打倒孔家店、全面抛弃既成的传统文化获得社会转型，获得临时的拯救。它说明什么？说明东西方原有的文化内涵之伸展力度根本不同，这是大家要特别注意的。因此我在课堂上才会说人类文明是铺垫在逻辑变革的进程上，从表观现象上讲，理解这一点是理解人类文明转型的关键。

我们下面略微讨论一下中国文化被阻滞的一个重要原因。大家知道人类思想文化要得以伸展，有一个前提条件，就是个人的思想活动不受压抑、不受束缚，能够充分焕发、充分张扬，这是人类缔造新思想、新文化的社会基础。但是中国农业文明需要一个稳定的文化护持系统，中国的国教是儒教，而儒家宗师孔子本人，他表达过一层意思，他的弟子对此作以总结，叫"子不语怪、力、乱、神"。他还有一句话："攻乎异端，斯害也已"，他说任何异端思想一旦出现你就应该立即攻灭它，这样才能使其余毒和危害得到消除。可见中国文化对于一切新思想，在它的传统中都是加以排斥的。

可是，你仔细看一下古希腊文化，它恰恰是"怪力乱神"的总和。

先说"怪"。我给大家举例子，比如毕达哥拉斯居然用数来通解世界，芝诺居然用四项悖论来批驳时空运动问题，柏拉图竟也不厌其烦地专题讨论正多边体……大家想想这些东西、这些奇异的探讨，站在中国古代会显得是一个多么怪诞的思维方式。伽利略用归谬法和斜坡试验去专门研究自由落体问题，牛顿用平方反比定律来解释新的宇宙观，爱因斯坦用理想实验假定以光速运行，时间和空间将会怎样呈现……他们用这样奇怪的思想来图解这个世界，尝试对这个世界建立宇宙观新模型。这种思维方式在中国传统文化看来是极为怪诞的，可恰恰是这种怪诞不经的思维方式构成了我们今天的全部知识体系。

大家再看"力"。阿基米德早在古希腊时代就研究了杠杆力和浮力，甚至把其中的某些定理都已经推导出来。伽利略和牛顿就只一味地埋头研究"力"是什么以及它如何发挥作用，由以建构现代工业文明的启动点。这是"力"。

我们再看"乱"，古希腊文化可谓"乱至极致"。我举例子，毕达哥拉斯真心相信灵魂轮回，尽管他是人类数学的第一开山者，因此他会傻傻地说一句疯话："狗的叫声是某人的失魂在哀嚎。"然后你会看到赫拉克利特恰好不承认灵魂，于是他对应地另作一说："只有在地狱里才嗅得到灵魂。"他们的观点是离乱的，各自无休止地在歧异方向上争论。此外，古希腊一方面处死了亵渎神明、蛊惑青年的苏格拉底，另一方面它又允许苏格拉底的弟子柏拉图兴办学院，大肆宣扬苏格拉底的说教。再者，它既包容欧几里得和阿基米德去潜心做那些无用的学问，它也放任第欧根尼在光天化日之下，当众与其女友裸身交媾的讽世恶作剧。这些很荒唐、很糟糕的东西，这种发之于个人自由的乱局，在古希腊诸城邦处处呈现。而且即便在同一个人身上，也能看到凌乱的分裂，比如毕达哥拉斯和恩培多克勒，二人既是清醒的哲学家和博物学家，又是神秘的预言家和江湖术士。

最后说"神"。古希腊是多神教，人们欣赏众神的快活与放肆，为之编造出各种匪夷所思的故事，把自身的欲望移驾于天庭，让神的意志处处体现为人性调动的极致。而孔子呢，他在《论语·先进篇》中教训子路："未知生，焉知死"、"未能事人，焉能事鬼"，主张"敬鬼神而远之"，这都是孔子的原话。我们对照下来会发现古希腊是典型的"怪力乱神文化"之综合，而中国儒家传统农业文化的基调，却是"子不语怪力乱神"。

上述古希腊文化现象说明了什么？说明了思想的充分发扬以及人性的全面挥洒是一种什么场景。须知任何时代的思想创造若要具有深刻性和远期开掘力，则其必须具备文化多样的宽松氛围和言论自由的社会条件，此乃人类文化进展和文明发育的先决条件。

近现代文明形态的成因和条件

我们下面讨论近现代文明形态的表观成因和条件。讨论近现代文明，很少有人按我下面这五条纲要来讨论，我现在先做基本说明，最后我会解释我为什么这样切入问题。

我们先看第一条，谓之"以科学逻辑为先导"。我前面讲古希腊只不过是工商业文明一个萌芽态的预演，由于它在远古时代不是主流文明，也不构成主流文化，因此它快速湮灭。但是它却埋藏了一个先存参考系，这个参考系构成后来西方近代勃兴的思想种子。古希腊缔造了一系列独特的文化形式，在哲科思脉上奠定了一个基点，这个基础点最终形成近代西方蓝色革命和产业革命的启动点。

我举一个例子。大家知道哥伦布，哥伦布于1492年远航发现新大陆。他当年是为了去东方的印度，但由于他对古希腊托勒密的"地心说"非常熟悉，知道地球是一个球体，因此认为往西走也可以到达东方，于是他顺着大西洋一路西行。他到了美洲登岸，全然不晓得这是一块新大陆，自认为到了印度，故此称其为"India"，还把美洲土著人叫"Indians"（印度人），汉语将其音译为印第安人。哥伦布之所以敢于这般冒险，一个很重要的原因，是通过"地心说"，他已知地球是个球体。

实际上，托勒密犯了一个严重错误，托勒密当年计算地球的圆周时出错了！我前面在西哲课上说过，埃拉托色尼早在公元前就已经计算过地球的最大圆周长是4万公里，跟我们今天测算出来的40075公里非常接近。可是托勒密没有继承这个东西，托勒密自己对地球做了一个圆周估算，竟然只有几千公里大小，误差显著。可恰恰是这个错误鼓励了哥伦布敢于远航！因为哥伦布经过计算，发现按照托勒密的地球体量，他走大西洋到印度的距离会比绕过好望角的那个路程近得多，于是他鼓起勇气出发，虽然整个船队几乎为此而覆灭于半途，但最终发现新大陆。

我讲这些什么意思？我讲一个学说的价值不在于它细节上是否达到圆满精确，而在于它所引出的基本思路是否会撬动文明迭代的行为系统，所以思路指向才是关键。所谓的正确或精确，学术上可能意义不小，社会效应未必显著。

那么我们再看工业革命的启动。早在古希腊时代，就已经有人探讨过蒸汽动力这个问题，并且发明了相关的机械装置。我们知道第一次工业革命的启动，是以瓦特重新改良蒸汽机为开端的，所以我们有必要稍微谈一下瓦特。瓦特这个人，他的母亲出身贵族，文化教养良好，且偏爱数学。瓦特的父亲是一个造船工匠，后来自己建立了一座小型修船厂。瓦特小时候的教育深受母亲的影响，所以他自幼数学优长。中年以后，瓦特曾经来到格拉斯哥大学开设修理店，这期间他与布莱克教授和罗宾逊教授成为师友，在他们的影响下，瓦特居然读懂了牛顿的著作。

我前面课上讲过，我说牛顿的《自然哲学的数学原理》，它最初面世的时候，欧洲各大学物理系教授都不太读得懂，因为微积分方程是牛顿刚刚发明的。而到瓦特时代，他的数学功力居然使他能够读懂牛顿创建的经典力学原理。然后他在开设于格拉斯哥大学的这个修理店里着手改良"纽科门蒸汽机"。瓦特并不是蒸汽机的发明人，他只不过用牛顿学说的思路改良了原有的蒸汽机，从而启动了第一次产业革命。

瓦特这个人，史料上有的说他有三个孩子，有的说他有五个孩子。他当年十分贫困，几乎在英国待不下去，准备移民北美洲。不料自由市场经济居然给他提供了这样特殊的条件，起先有一个名叫约翰·罗巴克的企业家资助他研究，进行到一半，罗巴克破产了，另有一个企业家跟进，这就是著名的马修·博尔顿，他继续给瓦特以资助，使之不致半途而废，只是事前跟瓦特达成一个协议：研究成功以后你的技术归我独享，你占有技术股份就是了。于是瓦特才能把蒸汽机的改良工作坚持到底，最终和博尔顿建立蒸汽机制造厂，两人共同获得巨大财富，瓦特由此改善了自己的生存境遇。

我们从这里可以看出瓦特的学习能力、数学功力、对牛顿学说的理解力以及自由经济的资源调动力，这些共同构成第一次产业革命的前提和条件。我在讲什么？我在告诉大家科学逻辑如何成为社会发展的先导，这是现代化的第一表面动因。

从这个意义上讲，应该承认是牛顿学说启动了工业革命。因此后世西方有一个著名诗人名叫波普，他作过一首诗这样讲："自然和自然律隐没在黑暗中，神说'要有牛顿'，万物俱成光明。"

即用对神一般的礼赞方式赞美牛顿。我们反观中国，也有一个类似的赞美之词，它是奉献给孔子的，朱熹在他的书中引用过，叫"天不生仲尼，万古如长夜。"说如果老天爷不生出孔夫子，那么人类将永远陷于黑暗之中。大家看这两段颂词几乎如出一辙，但其差别在于，一个是在赞美新思想，一个是在赞美旧文化，两者的取向完全不同，于是两者的社会演化发展结果也就全然不同。

科学这一脉思路不仅在自然学上表达，而且在人类社会学的发展上，这一脉思路也得到延伸。我不知道能不能把它精确地称为"社会科学"，但我至少可以明确地说，科学思路深深介入了近代社会学。或者说，正是这一脉源远流长的哲科思路，才引出社会学上的一系列深刻变革。这就是我前面讲，"康乾盛世"前后，西方出现的一系列社会学著作，包括洛克的《政府论》、亚当·斯密的《国富论》、孟德斯鸠的《论法的精神》、约翰·穆勒的《代议制政府》、卢梭的《社会契约论》等等。也就是科学思路介入社会学理论体系，于是带来全新的社会构型之思想建模系统，最终引出现代社会制度的基本设计程序和方案。

我们由此可以看出，所谓近代化或现代化，所谓人类的农业文明向工商业文明转型，均是以科学逻辑为先导，这是第一条。

第二，叫"以系统分化为媒介"。我前面一再讲，宇宙物演史就是"分化律"的展开过程，所以，同样地，社会分化是现代化和近代化的一个重要表征。我们以荷兰为例，荷兰这个国家它的面积非常小，只有现在两个半北京大，人口只有一百万左右。16世纪中叶，荷兰的贸易量占全世界国际贸易总量的50%以上。大家知道日本人当年把西学叫"兰学"，就像把古代中国文化叫"唐学"一样。为什么称其为"兰学"？是因为荷兰最早深入到东方，日本人早期接触的西学，就是荷兰文化。日本第一近代思想宗师福泽谕吉，他最初就是学习荷兰语，之后才学习英语，所以日本人把西学最初称为"兰学"。

那么荷兰当年是怎样发展其社会分化系统的？我们先看一看它的大体线索。荷兰是低地国家，国土四分之一居然比海平面还低，所以它必须在海边筑起高堤才能保持国土的完整。因此它的农业文明开发是很困难的，只能早年就着手进行商业拓展。它初期最主要的商品只有一样，那就是海边捕捞的鲱鱼。有人发明了一刀切下去剖开鱼腹清理内脏的技术，因为那时候没有冰箱，鲜鱼要作为商品流转是相当困难的，臭鱼烂虾特别容易腐败，于是那时候鱼必须用盐腌起来才能长期保存，而要腌鱼必须把内脏处理干净。就是这样一个快捷剥离内脏的小小创举，使得鲱鱼变成非常畅销的商品。

荷兰人从此开始了远洋贸易。当年他们真是算计精到，竟然把船做成肚子大而甲板小的形态。要知道把船做成这个样子，船身是晃动不稳的，加之甲板面积狭窄，使得远航不能架炮。早年的商船是必须带炮的，否则难免不受海盗的劫掠。那么他们为什么要把船体做成如此别扭失常的形状呢？是因为当年的国际贸易，各国收取关税的方式是以丈量甲板的尺寸来计数的。于是他们将甲板缩小，却竭力把货舱扩大，使得商船的负载大大增加。

但是这种船不能架炮，就经常遭遇海盗打劫。荷兰人做了一番损益折算，发现被海盗打劫的概率不超过10%，而把船肚子做大加载的货物量超过20%，于是他们宁可偶然被海盗打劫，也不建造能在甲板上立炮的那种船。他们就用这样的方式避税，最终变成"海洋马车夫"，也就是变成首屈一指的远洋贸易大国。我前面讲过，荷兰是历史上第一个近代资本主义共和国。它还分化出第一个规模化的股份公司，这就是"荷属东印度公司"。大家想成立荷属东印度公司要跨越半个地球到达现在的印度尼西亚，其所需要的资金额度太大，远不是任何一个资本家或有钱人可以承担的，于是荷兰开创了世界上第一家股份公司，也就是通过社会集资，以占有股权的方式联合营运。

大家再想，绕行半个地球，万里远航，建立对一个陌生地方的统治，建立一个探险性质的原料基地和商品贸易桥头堡，如此艰难之大业，在头十几年间无法取得任何利润，投资人也没有任何回报，实属正常。而某些投资者很有可能等不了这么长时间就会陷于生计困顿，他就想抽回资金。可股份公司不允许回抽投资，于是相应地，它又分化出了世界上第一个证券交易所，也就是你的投资虽然不能抽回，你却可以把你的投资，也就是你的股份，通过证券交易加以变现。世界上第一个股票交易所就此出现。它一步一步的分化，分化出一个一个的资本运行模块。而且公司在运作的过程中会发生资金短缺或流动资金不足，这是任何企业的常态，于是荷兰继而出现了相应的信用制度，世界上最早的现代银行体系又从荷兰分化而出。

我们会发现，所谓资本主义社会形态，它在近代史上的展开过程就是"社会结构的分化"过程。请注意我在这里说什么？农业文明社会最大的特点就是长期处于"稳定不分化"状态。芸芸农夫铺满整个社会底层，皇权管理占据社会高位塔尖，社会结构始终保持农业生产体系的完整性或浑然一体状态，它本能地压抑工商业崛起，它是谨防社会分型的。可是你看工商业文明，从初期萌动一直到今天，它的发展方式是不断地分化，不断地让社会碎块化，让任何操作专业化。因此我们会发现工商业体制表现为社团分立、产业分工、学科分明，一系列分化裂变现象不断展开，同时保持结构系统的协调化和致密化。这是现代社会的典型特征，它的社会总模型是这样一种状态，叫"小政府、大社会"，就是政府可管的事非常之少，主要管战争、外交、公共服务等事项，整个社会生产系统跟政府无关，社会文化系统跟政府无关，社会宣教系统跟政府无关，所有这些东西统统由民间各分立社团、分立法人来进行。这种社团林立，分工复杂、专业化趋势越来越窄的分化格局，就是现代社会或社会近代化转型的基本表观形态。因此我们在各行各业都会看到持续不断的分化，公司会把自己的业务越切越细，而且倾向于把各种非主营事务撇到外面去交给专业机构另行承担。

现如今"专业化"这个词已经变得特别重要，以至于你的每一桩言行出错，别人都可能会说你"不专业"，相当于说你"瞎胡闹"，令人颇为尴尬。这是因为我们高度分化也高度残化了，已经没有人能够覆盖整个社会，不管是权力、文化、思想还是学科都已经高度碎裂了。分化演进是现代社会的重大标志，它不但在经济领域、文化领域里表达，它在人类社会政治领域也一系表达。比如人类早年是一元化君主制，权力都集中在君主手里，近现代逐步进入"三权分立"。"三权分立"之说其实表达得不充分，它的实际分化程度远比"三权分立"更严重，我在法家课上讲过西方社会权力的横向和纵向分化状态。未来社会的政治结构一定是比今天更趋分化的形态，它很有可能分化为全民普议制，就是代议制都无法进行了，不是从几千、几万、几十万、几百万人里选出一个代表在议会里充当议员、代表自己，这个东西很可能将来会消失。人民大众借助某种高通量处理体制直接主政，即每一个人直接表达自己的权益和主张，这叫普议制。此乃更严重的分化，它很有可能是未来政治形态发展的方向，以至于它将勾销公权力、勾销政府，这种可能性完全存在。也就是说我们会发现人类文明社会的发展过程是一个"以系统分化为媒介"的物演进程的继续。

我们再看第三条，叫作"以社会自由为前提"。在中国，"自由"这个东西通常被视为是少数知识分子的偏执，可在西方"自由"是整个社会的基本追求。农业文明没有对自由的诉求，为什么？我在前面课程中讲过，这里不再重复。但是工商业文明对自由的要求非常强烈，从古希腊人就提出自由的概念。古希腊最早的"梭伦改革"，其实质内涵就是对权力的制约，保护公民的自由，这是梭伦改革的总体出发点。直到欧洲封建时代，距今800年以前，1215年英国出现"大宪章运动"，也就是各封建贵族联合起来跟英王签订一纸协议，限制英王权限，提出"王在法下"。请大家注意《大宪章》是人类宪法的第一次预演。

即使在黑暗中世纪开端之时，基督教神学压抑整个欧洲，圣奥古斯丁在他的《上帝之城》这本书中证明上帝伟力无边，他都不得不开出专章讨论"自由意志"问题。可见西方对自由的诉求十分强烈，神性都不能压抑它。

到伊丽莎白一世，也就是英国行将进行近代产业革命、大规模工业化逐渐发展的那个时代，女王极为开明和宽容，她放开民间经济，王室绝不干预社会工商活动和思想文化活动。女王有一次去看莎士比亚的话剧，莎士比亚在话剧里有一句台词说"女人啊，你是软弱的象征"。女王在底下听着只是鼓掌，她丝毫没有觉得这就亵渎了她。

再往下看，到后来英国资产阶级革命爆发，英王查理一世坚持君主专制体制，为此他再度提出"君权神授"说，结果他成为西方历史上第一个被推上断头台的国王。大家要注意中国古代一直是"君权神授"说，从未遭到质疑。

到"光荣革命"的1688年，英国议会居然选择詹姆斯二世的女婿，荷兰的一个亲王，把他引回来作为英国王权的象征。然后在议会里达成《权利法案》，这就是"虚君制度"的开端，也就是"君主立宪制度"的开端。由此建立西方现代民主政体形态，世界上第一个现代议会民主制出现，引来工业革命的总爆发。

我们会察觉"自由"本身绝不是一个你爱不爱好的小问题，它居然是人类文化力量和人类生物能量得以充分调动的基础条件。讲到这里，我想说明一下什么叫"自由"。自由，是自然史的一个产物。我们且不说无机世界，我们先看有机世界。三十八亿年前单细胞生物的自由动量，也叫"自主能动性"是非常之小的。最早的单细胞动物能够运动只靠鞭毛，叫鞭毛虫。它的自主能动力也就是它的自由力度十分低下。之后的水生生物，比如脊索鱼类，它的自由动量远比单细胞鞭毛虫大得多。再往后，陆生生物快速奔跑、跳跃、飞行，从水下到陆地到空中全都有它们的影子，生物自由度不断提升。到今天，人类已然自夸"可上九天揽月，可下五洋捉鳖"，其自由量度进一步扩张。我们会发现，所谓自然史的物演过程，就是物质或物种"自由能动性"不断增高的过程。人类文明只不过是把这个"自由化动势"或者叫"自主能动性天赋"继续加以调动和扩大的过程。

在这个基础上，或者说在这个进化序列上，大家想想什么叫"自由"？你如果面对诸多依存条件，你就必须具备自由之素质。我前面一再讲宇宙物质的演动是进行性分化的，越后衍的存在者面对的依存对象越多。处于单一依存对象的时候，比如电子遇见质子，满天下只有这么一个依存对象，它便不需要自由，它随机碰撞的任何结果都是它的依存满足态。当对象渐趋无限复多化，你在单位时间只能选择性依存一个特定对象，这个时候才需要你在自由运动中，从被动迎取依存条件转化为主动寻求依存条件。是不是这样？这个"主动寻求依存条件"的动荡态势，即被我们命名为"自由"。

可见"自由"是什么，"自由"是一个自然进程，"自由"是物质存在度下降或物质存在度衰竭的拮抗性求存举措，或者说因为"分化律"，使得依存条件的占有变得越来越困难所必然导出的一个自发属性。它在人类文明社会中因此表达为一种极高的代偿力度，凡展开自由者，人类的创造能力充分调动；凡压抑自由者，人类的灵性禀赋也就被遮蔽；这就是自由力量之所在。由于人类的社会进程是被思想文化进程带动的，因此现代社会制度的设计，一定要保障民众的自由，而且首先是思想自由、言论自由和出版自由。只有如此才能焕发每一个个体的生物潜能，才能使每一个公民的社会活力得以调动和展现。所以，"自由"绝不是少数知识分子的偏私与怪癖，而是关系到整个人类文明化求存活动是否能够有序进行的基础问题。

纵观中国历史，除先秦时代由于天下一片纷乱，上百个诸侯国各自为政，当年的文人学者还稍有一点腾挪躲闪的自由，于是诸子百家蜂起，中国传统文化及其全部国学思想才在那个时代粗略奠基。此后中国历经了四个大事件，斩断了中国近代社会发展的前途。第一，秦始皇焚书坑儒；第二，汉武帝独尊儒术；第三，宋明理学对中国思想界的控制；第四，清代文字狱。这四大事件从古迄今压抑了中国的思想文化发展，导致中国在近代社会转型中面临巨大障碍。

我再举一个例子，1445年古腾堡发明西文的活字印刷。关于古腾堡的活字印刷是不是受到中国活字印刷技术的影响和启发，学界现在争论很大，多数学者认为两者之间没有关系，因为中国是象形文字，西方是拼音文字，字体组合与字型排列的方式大相径庭，而且也未曾找见关联影响的证据。我们姑且不讨论古腾堡活字印刷跟中国有没有关系，我们只看一下古腾堡活字印刷和中国活字印刷各自发明以后的那个结果和态势。从1445年古腾堡发明活字印刷半个世纪内，活字印刷机扩散到欧洲250个城市，所有印刷出版社全是民办，出版书籍量竟达1500万到2000万册之多。反过来看中国的数据，1045年毕升发明活字印刷，请注意比古腾堡发明活字印刷整整早了400年，结果直到1800年，中国书籍出版基本上还全都保持雕版印刷，活字印刷根本没有大规模展开使用。以至于出现这样荒唐的事情，元代著名农学家王祯，1313年完成的《农书》，到1530年全国仅存一本；明代宋应星在1637年完成《天工开物》这部著作，被誉为中国17世纪的工艺百科全书，它唯一留下来的版本是近代在日本偶然发现的。

我在讲什么？我在告诉大家同样是活字印刷，在中国出现比西方提早数百年，结果它没有带来任何社会文化效应。中国的出版事业依旧大受压抑，各种重要的著作由于出版量太低，以致完全消失或者几乎佚散。而古腾堡的活字印刷却在相对自由和宽松的环境里，因为那个时候德国虽然尚未进行资产阶级革命，但它是一个数百小封国林立的紊乱状态，因此它的自由度远高于中央集权体系，结果活字印刷机在整个欧洲仅用短短50年时间就扩散到几百个城市，出书量2000万册左右。这就是自由力度的展现，这就是社会管制宽松所引发的民间活力的蕴藏量，我们可以从这里看出有无自由的区别。

第四条，"以公平递减为代价"。我前面讲过财富漂移，讲人类文明史是一个财富从平均状态向少数人身上集中的历程。大家想想农业文明是什么？在农业文明早期，人口数量不大，那个时候每一个农民、每一个人开出的荒地，就是自己的农田。古人使用原始农具，粗放耕作，人均可以播种一百亩地左右，所以起初家家大都有几十亩地乃至一百亩地，直到中古时代以后人们还念叨着"三十亩地一头牛，老婆孩子热炕头"。所以农民不是无产者，农民是有资产的，被马克思称为"小资产阶级"。

然后近代发生社会转型，那么近代资本主义社会又是一个什么局面呢？资本积聚在少数人手中，绝大多数人沦为无产者。至此居然弄出一个庞大的新型社会阶层，叫作"无产阶级"。这是资本主义社会形成的两大前提条件。大家都很熟悉英国所谓"羊吃人"的故事，就是当年英国纺织机普及，纺织业机器化大生产条件成熟。原先所有的工厂只能借助自然动力比如风力，用风车带动机器，或者只能将工厂建在河边，靠水流带动机器。后来瓦特发明新式蒸汽机，经博尔顿的蒸汽机厂大批量生产，于是所有工厂开始改用人造动力，这才摆脱了风道和水道的束缚，从此可以在任何地方建厂，大工业时代来临。

最初英国的工业发展主要集中于纺织业，那个时候纺织业的主要原料是羊毛，由于纺织业带来巨额利润，原来种植农田的封建主和农场主就立马改弦易辙，把农田开辟成草场放牧、养羊，结果导致大量的佃农和农夫失去土地，这就是有关"羊吃人"的资产阶级早期原始积累的故事。它所造成的后果便是一方面资本在少数人手里积聚，另一方面大量的人群沦落为一无所有的无产者。

大家注意"无产阶级"是一个非常奇怪的现象。要知道在整个生物界还从来没有哪一个动物居然是无产者，再笨的鸟都会有一根树枝供它栖息。可人类文明化了，居然出现一个生命体没有任何资源、没有生产工具，甚至没有立锥之地的现象，这是现代大工业文明的一个基本特征。这种资本在一端积聚，另外绝大多数人变成赤贫无产者的局面，构成我们所说的资本主义社会。

我提请大家回忆我前面的讲课，我说农业文明是人类的第一场大灾难。我曾经援引赫拉利的表述，人类在采猎生存时代从来没有过大饥荒。大家想想那个时候人口很少，林木遍地，春夏秋三季都能采集植食，一年四季都能狩猎动物，所以那时从来没有过大饥荒，从来没有过大规模饿死人的现象。农业文明发生后，由于田地不断扩展，森林越退越远，采猎资源在眼前消失，人们只能依赖务农种地为生。农业活动靠天吃饭，其产出随自然降雨量而波动，但人口却是持续暴涨的，于是不定期的大饥馑灾情时有爆发。

而且农业社会人口密度必趋增高，社会结构相应复杂化，催生政府出现。政府一旦出现还另加一重税收的负担，农民本来指望在丰年攒上一点粮食，结果又被官税夺走。而且大家注意农民的耕作状态，他居然是整天弯着腰在地里觅食，完全违背了人类这个直立动物的正常生理行为方式，造成人类极为艰辛、极为悲惨的一个文明阶段。而工商业文明是继农业文明之后的另一个更悲惨的阶段，它竟然使绝大多数人沦为无产阶级。早期所有工人包括童工每天工作12到16小时，用马克思的话说，人变成了机器的附属品，活着的生命变成死物机器的奴隶，所有人的生存紧张度更高，人们挣扎在非自然的、囚牢般的、完全靠出卖劳动力为生的无助状态之中，绝大多数人沦落为动物史上未曾见过的贫困者或受困者。

所以文明进程实在不是良性的，而这个进程居然也是自然进程的表达。请大家想想，自然演化过程就是一个"一路失却公平"的递进过程，只是我们既往没有用这种眼光加以审查罢了。

我举个例子，三十八亿年前的单细胞，它们是很公平的，作为自养型生物，彼此共同接受太阳普照，仅凭光合作用即足以为生，谁也用不着多吃多占；等到多细胞有机体出现，其内部分化开来的各个组织器官所需的能耗和氧气供应，竟然也开始逐步出现差别，比如肌肉系统获得的能量就远大于上皮细胞；到高等动物发生，比如猿类和人类，脑组织必须享受特供，你看人类的大脑只占自身体重的1.5%左右，但居然要消耗血液氧含量和所摄物质能量的20%以上。

这说明什么？说明任何有机体的结构体系，都是越来越倾向于不公平的，在能量的分布上都是朝着不均衡的方向发育的。我一再讲，人类文明进程是自然进程的继续，所以，人类文明进程也就随之表达为财富分配越来越不公平的格局。

本世纪初联合国曾经发布过一个报告，其中披露，现在世界上一人之财富，世界首富的财富，抵得上六个贫困国家的年度财政收入之总和。报告又说，前500富豪的财富量，居然是4亿穷人财富总量的水平。报告还提出两组数据，它说2%的人拥有了世界50%的财富，另外有50%的人只拥有世界1%的财富。

我们会发现人类文明的进程是一个社会公平越来越丧失的进程，我再给大家举一个例子。19世纪末，美国曾经公布过一个有关当年贫富差别的数据，当时美国12%的人拥有90%的财富。我们换算一下，相当于1%的人拥有大约8%的财富。大家注意如今的统计是2%的人拥有50%的财富，即100多年前美国的贫富悬殊程度，也就仅相当于现在财富集中度的1/3不到。即是说，这100多年来贫富差距足足扩大了3倍以上。可见，文明的发展着实是一个"以公平递减为代价"的进程，这是第四个特点。

第五条，"以震荡加剧为动能"。请大家回想我前面一再讲现代社会"表稳定而里激进"。现代社会快速进步，思想文化、科学技术、生产业态均日新月异地迅猛发展，带来的结果是什么？是预告下一次社会转型将会急遽到来。它现在呈现一个什么状态？处处震荡！高度动荡！我给大家举例子：科学与技术革新速度越来越快，令人目不暇接，以至于新的科学理论或技术发明还没来得及验证和使用就被抛弃了；知识与思想的证伪速度越来越快，以至于我们今天很难有确定的知识，表达出某种程度的知识无效化；产品迭代及淘汰速度越来越快，创新势头一浪接一浪，行将导致产出无效化，你刚刚发明了一个新产品，还没等它推向市场，下一个迭代产品又冒了出来；市场震荡幅度越来越大，经济危机周期越来越短，生产复苏时间越来越长，以至于出现各种调控手段和资源调配流程趋于失效的倾向；信息增量暴涨越来越猛烈，大量的信息嘈杂混响成一片噪音，以至于你今天很难分辨哪些信息是可用的，哪些信息是误导的；还有，文化分歧浪潮日益汹涌，表现为信仰缺失、民意散乱，很难再有统一思想，人们各持己见，观点对立，舆论媒体陷于一片争论之中，不管讨论什么问题，网络上全是叫骂声；最后，政治内聚张力逐渐松脱，表现为全世界各国政局动荡，各种教派、各种主义、各种意识形态之间毫无沟通诚意，纷纷跌落于所谓的"文明冲突"之深渊。总而言之，可统称为"社会结构稳态持续沦丧"，这是第五条——以震荡加剧为动能。

这就是我对文明化、近代化、现代化，以及继农业文明之后的工商业文明发展所给出的大体评价。我为什么总结为这五大特征？我想再做一次说明，尽管我前面已经反复交代，这五条全都是"自然律"在人类文明社会的继续表达。我们一条一条再来回顾一下。

第一，以科学逻辑为先导。它讲的是什么？——"感应属性增益代偿"。我们只看生物史，越原始的生物感知量越低，越高级的生物感知能力越强。单细胞生物只有细胞膜上的受体可以用来采集信息，到扁形动物出现视觉，脊椎动物出现低级神经中枢，哺乳动物出现高级神经中枢，灵长目和人类出现大脑皮层、出现理性。我们会发现在生物38亿年的演化史上，信息增量和处理信息的能力不断提高。这个生物史上的感应属性不断增强的现象，在人类文明史上就表达为科学逻辑的先导作用。因此我一再说，科学逻辑只不过是处理了更大更多的信息量而已。

第二，以系统分化为媒介。因为自然万物是一个"分化律"的展现进程，于是人类文明也就以层层分化的方式展开，构成近现代资本主义的系统结构。

第三，以社会自由为前提。我讲所谓"自由"只不过是"生物能动性"的社会化别称。我们在生物史上会发现越高级的生物能动性越强，人类的自由诉求，其实只不过是生物史自然状态的继续延展。

第四，以公平递减为代价。在生物有机体结构序列中，越高级、越复杂的结构，内部能量分配的失衡比例就越大，它仍然是一个自然动态在文明系统中的表达。

第五，以震荡加剧为动能。越原始的生物越稳定，单细胞存在38亿年迄今未见灭绝，越高级的生物灭绝速度越快，表达为生存过程的失稳动摇情状日益加剧。这个现象在人类文明系统中继续表达，于是我们今天进入各方面都高度动荡的时代。

所以，请大家注意，当我总结这五条的时候，我是在揭示某种"自然律"在人类文明史上的贯彻效应。显然，上述所谈绝非赞美，上列各项绝非良性，其中流露出某种潜在的现代化危机。大家听我的课，乍一接触好像我是在赞美西方，赞美工商业文明，赞美第二次社会转型。别搞错！我只是事实陈述，绝不带褒贬意味。我在最后的归结上只想说明"所以然"，我不想说谁好谁不好，我绝没有批评中国文化落后的含义，我也绝没有赞美西方文化进步论的意思。我只是告诉大家，我们谁都违背不了的一个自然进程在文明序列中的继续贯彻。所以请大家听明白我的课，"只讲所以然，不论好与坏"，这是你理解人类文明史的关键。

好，我们最后对这节课做总结：

而今，我们把上列各项均已占全，尽管有人还觉得不够充分，觉得备受压抑——那是因为我们承受着新旧文化的双重折磨。

中国近代史就是一部传统文化衰落史，中国近代社会转型就是一次身不由己的文化转型，我们今天所遭遇的一切成功与困顿，概源于此。

这很难说是一桩好事，因为我们自己早已面目全非，而且还得在这个既定方向上，继续身不由己地进行一系列更猛烈、也更危险的升级。

问题的关键在于，我们为什么会身不由己？我们为什么要一往无前？我们究竟将奔向何方？

一切曾欲保全的东西都已经丧失，一切初衷良好的愿望都已然破灭，一切人为预设的理想都不免变质。世道何以如此之不堪？文明何以如此之演进？

下一讲，我们将去探究其原委，钩沉其底蕴，并揭示包括我们自身文明生存在内的一切事物乃至一切存在的本质。这就是明天的课程内容。

我们今天讲课到此结束。

课后答疑

好，下面大家自由讨论或提问。

同学提问：老师您好，在这个空间失位、时间失稳的自然坐标上，我们一路越走越远。而人类现在正在运用后衍高代偿属性的科技，比如大数据、物联网以及 AI，使得（我们貌似）回归到质子与电子的一点式触碰的状态，其代偿度最大的自为状态正在接近存在度最高的自在状态。而递弱代偿理论的出现，道破了天机，也将会作为一种新的代偿，加快这一进程，在不远的将来人类会利用这种代偿属性增益，获得巨大的经济以及政治力量并为之日趋疯狂。而高代偿属性会使社会结构趋于更剧烈的振荡状态。东岳老师可否为后来人提供某些促使其冷静下来的留言或建议，使其在那流变的自然坐标上，找到相对有利的定位？因为真正逐字逐句读您的书的人是很少的。最后我想说，您的书真的非常有趣。感谢您为我们这一代人创立了这个宏大的宇宙观思维模型，谢谢！

东岳先生：当今的高技术，像互联网、大数据、人工智能等等，并不能使我们回归于原始感应的一点式触碰状态，也不能使我们回归于高存在度的自在状态，因为在我们人类可经历、可预见、可实证的时空范畴内，宇宙之物演是单向度的，是没有回头路可走的，其他各种辩证循环的想象都不过是遥不可及的妄言而已。网络操作似乎只需点一下鼠标，但你面对的却是无边无际的信息嘈杂；大数据看似是信息规整，其实它是更多令人迷乱的海量数据得以分化的前奏；人工智能是人类高度自为的极端表现，其代偿力度有可能倾覆或取代它的缔造者。这种种亢进癫狂状况岂能与原始粒子简捷依存的清朗境遇同日而语。至于我对后人有什么建言，请找我的《人类的没落》一书读读，这个话题比较敏感，不合时宜，在本系列讲座中姑且避而不谈。

另外顺便提示一下，听你的问题之意，似乎认为我的学说可能会引起人类追求更激进的代偿，这也太偏离我的初衷了！想来读者以及后人应当可以领悟该著作的理论导向恰恰相反，它是警示而不是激励，是劝诫而不是鼓动。

同学提问：王老师您好，我是一名临床医生。当代医疗技术已经发展到能够大大延长人类的寿命，但也由于医疗技术的进步对人类的伤害，种种治疗造成进一步的后遗症。当代医学生物技术已经发展到证实血液异种工程技术能够逆转生物年龄，我想问当科学技术发展到能够使人或生物的意识摆脱依赖肉体负载的生存方式，意识将能够在其他生物体或物理载体上生存，这种方式是否还属于递弱代偿的所属范围？谢谢老师。

东岳先生：我在人体哲理课上讲过，个体寿命延长与人类物种的总体寿限之长短不是一码事儿，甚至可能是反向关系。意识摆脱碳基肉体，转移至硅基载体或其他什么东西之上，这都不外是感应属性增益的更高代偿阶段，它当然还处于递弱代偿的所属范围，而且是尤为危殆的终末代偿位相。我明天会专门讨论"有限衍存区间"，我也会专门讨论人工智能这个话题。所以，大家还是期待明天的课程吧。

同学提问：先生您好，今天提到那个文明形态的成因和条件，我想请教的就是，如果有些条件不成熟，会不会导致量的变化，尽管趋势是一定的？比如说如果"科学逻辑的先导"因素和"社会自由"都不成为质变的前提，那么"公平递减"的速度，以及"震荡加剧"的程度是不是会大大地降低？还是根本就无关紧要？

东岳先生：这些条件是互相促成的。严格地讲，我明天开课就是要回答一个问题，即多因素分析不成立。大家一定要注意我们在直观层面上、现象层面上讨论问题的时候，才会出现"因果律"。也就是我们一般感知表象中的因果律，当年休谟就已经证明它是大可质疑的。我们在直观层面上讨论问题，所有的问题都呈现为因果状态，但实际上这个方式讨论问题从根本上讲不成立。所以我们在哲学上，或者在真正深入的学问上，都要追究终级，也就是追究"唯一因"。在表层上才讲"因果"，比如"因为科学逻辑不发生因此近代社会发展受阻"，这种表浅谈法，我在讲课的时候一再强调，此皆为"表观因素"。也就是说它只在表面上成立，而于深在学理上不成立。明天的课将追究一切事物的本质，所以我说，我明天的课是这12天课程的总结，尽管它是最难听的一节课。

好，大家还有什么问题？

同学提问：先生好，最近有一个新闻，引起了全世界的关注。就是能够免疫艾滋病的基因编辑婴儿在中国出生了。有些科学家说，他污染了人类的基因，会让人类灭亡等等。都是一些负面的意见，一些科学家还联名发起投诉。那么从您的角度来看，这个事情是否真的如此严重？

东岳先生：好，我简单说一下。我还是那句话，明天的课会回答这个问题，但是我还是给你做一个简单的解释。我在前面讲课的时候就一再讲，人类的任何一个微小进步，站在远处看都是戕害性的，请注意这句话的分量。很多人理解为我思想反动，说我不主张进步。别搞错！我一再讲，我的学说是在探讨"自然律"。既然是自然律，就由不得我们来驱动，就由不得我们来支配，因此我没有任何反对或赞成之意可谈，亦即没有任何褒贬情绪可表。我只是告诉大家，这个世界是怎样展开和演进的。说到底，任何演化进程，都是存在度降低的进程，都是事物稳定度递减乃至失灭的进程。因此任何一个科学举动，在今天看来即便它是有益的，放在远处看也都必定是损害性的。我只能讲到这儿，证明过程见明天课程。

同学提问：老师您好，今天最后那个问题，我理解您是想告诉大家，就是社会律其实是自然律的一个演化结果。但其中"自由"和"公平"这两个词，其实我一直觉得是没有严格定义的。我想请问您，您在这里用这两个词是想表达什么意思？还是我们也不必特别顾及它们的具体定义，大概理解意思就行了？谢谢。

东岳先生：请注意当我讲人类文明的时候，我才用这两个词——自由和公平，对不对？我们在社会学上一定是这样讲的，而社会学上一定存在自由问题和公平问题，它们的社会学概念是众所周知的。但是社会学的概念太肤浅了。你把"自由"放在自然学上看，它实际上是"生物能动性"这个概念在社会学上的反映，这个东西才是"自由"的深层规定。"公平"问题在自然律上表达为越后衍的物质存在状态越失稳，即结构位差越来越拉大，结构系统越来越失衡，它在社会体制上则表现为不公平加剧倾向。所以你从社会学这个角度看，这些词的定义是模糊不清的，你转换成自然学，它们在定义上是非常清楚的。问题是你必须有这个转换。我们人类的现代文化是一个什么形态？人文学和自然学完全分开。认为人类跟自然完全不同，人类不受自然律的支配，这是现代学术的基本看法和范式。西方学界尤其如此，他们反对用物理学和自然学来解释人文现象。可中国文化原始状态的一个特有概念叫"天人合一"，我前面讲中国文化的"低明"主要就表达在"天人合一"的理念里。我的学说只不过是对中国古代天人合一低级思想的现代大信息量证明系统。你把这一点搞清楚，就是在现代学术领域，人文学和自然学是隔绝的；你必须把它们统合起来，从另外一个角度纵深整合而使之统一，给这些概念另外注入新的内涵，相关问题才可望得以明晰透视。

同学提问：先生您好，在文明的发展过程中，其实我们尝试过很多人为干预。比如说欧洲中世纪，基督教方面受到过一些这样的影响，然后我们目前在西部地区，可能对伊斯兰教也有一些文化思想的改造。我就想问一下先生，您如何看待这种人为的干预，以及它本身对文明趋势的发展是否会产生影响？

东岳先生：实际上所谓人类文明，我们也可以把它看作人为干预的产物。因为人类文明过程，就是人类通过自己的主观意志和主观行为建立的一个生存发展进程。所以我们很容易陷入一个误区，就是人类文明跟自然进程没有关系。我的意思是说，人类文明进程，表面上看每一个点都是人为干预的结果。但是人的意志、人的思想、人的行为、人的干预，其实都是某一个自然律的表达。这就好比猫儿具有捕捉老鼠的主观意志和行为能力，你不能说猫儿的生存状态不是一种自然现象。或者我换成一个马克思式的表达，马克思曾经有一个非常精彩的论述，他说"资本家只不过是资本的人格化体现"。我顺便借用马克思这个精彩的表述来说明人类文明是什么：人类文明只不过是自然物演在其临末阶段的人格化贯彻方式而已。所以请记住，当你看见任何人类的主观干预行为，你千万都不要认为这个干预会导致人类文明的走向偏离自然律，这是不可能的。

同学提问：先生您好，我想请教您一个问题，就是关于文化大革命，关于破四旧，还有打倒孔老二，当时的整个这样一个过程，您的评论和看法如何。

东岳先生：文化大革命比较复杂，也是一个比较敏感的话题，我简单说几句。我对1916年的新文化运动不持褒贬态度，如果按照中国人现在普行的西方观念及其进步论意向，那么我应该对1916年打倒孔家店的这场新文化运动持以赞赏态度。大家要知道，中国现代社会转型就奠定在打倒孔家店的基础上，如果中国不发生那场文化变革，不提倡科学与民主，何以会有今天中国的振兴？这是不可想象的。而当年开展新文化运动的时候，国共两党的态度是完全不同的。共产党高度支持，陈独秀的《新青年》就是这场新文化运动的主要喉舌；国民党持中立态度，蒋介石后来发起新生活运动，就是重提中国传统文化的"礼义廉耻"那一套，蒋本人特别尊崇曾文正公，这都代表国民党的思想倾向。所以，蒋介石到台湾以后，台湾对中国传统文化相对保留的比较多。由于中国共产党人是新文化运动的继承者，所以1966年文化大革命其实是新文化运动的变态继续和更激烈的表达。由于它掺入了某种政治人事斗争的别样内涵，由于它需要绕开正常程序从而调用和引导下层民众的力量参与，所以它表现得更汹涌、更凌乱。它其实是共产党人在近代文化取向上态度一致的表征。

关于文化大革命的评价，这个事情非常复杂，我们今天对文化大革命只用4个字总结，叫"十年浩劫"，这说起来有点可笑，要知道美国哈佛大学成立了一个中国文化大革命研究所，迄今30多年了，到现在还没撤销。这说明什么？说明中国文化大革命是一个新旧混杂、古今错乱的极为繁复的社会实践和政治现象。它是毛泽东在建立国家政权和官僚系统以后，反过来持刀解剖自身，认为新的社会主义官僚系统仍然是对民众的欺压，在排斥西方宪政体制的情况下另起民主之炉灶，提出大鸣、大放、大辩论、大字报的四大自由，所形成的一个不伦不类的民主运动。同时它也是一个专制统治者企图改造自己建立的社会构型，寻求乌托邦理想更加纵深的一次尝试，尽管其中卷入了"毛刘权力之争"的不纯要素。所以，这个问题太复杂了，引出的历史后果也不是一言两语可以讲清的。不过，有一个问题值得深思：一个人凭借自己的理想，强制带领着全民做一场善恶难辨、成败不定的社会实验，这件事情是否合理？道义人情是否成立？确实是一大堆问题。所以，关于文化大革命这个课题，尚需要后人严肃认真地研究和清理。我在这里只做最简单的说明。

同学提问：王老师您好，就是关于您的那个"递弱代偿"坐标系及其存在度和代偿度的图例，都是一个45度的取向，那么请问这个斜线是一个大概的估计，还是说是有一定的演算的？如果它进一步趋向下滑，那么是不是代表着那个存在度是永远可以推演下去的，它永远会趋近于零，但不会消亡？谢谢。

东岳先生：好，这个话题我们明天再谈。我现在先简单说一下，请注意我的那个坐标图，我在书中反复强调，它不是笛卡尔坐标，它只是一个坐标示意图，这是第一点。你读书的时候一定要仔细。第二，我前面一再讲，我所给出的递弱代偿之数理关系虽然是确定的，但它迄今尚引不出参数，所以这个坐标图只能是示意图。我在前面讲哲学课的时候，我说哲学和科学的一个重要区别，就是哲学属于科学前瞻，也就是当信息量不足的时候，提前讨论一个问题的状态叫哲学。那么我现在讨论的递弱代偿原理，在今天这个信息量下抽不出参数，找不见存在度和代偿度的具体变量，如果能找见的话，这本书就不是哲学书，而是科学书了。因此你提到的那条下倾线，将来究竟呈怎样的走势，还得等到信息量更大的时候才能确证，所以你的设想我不能完全否定。但不要忘记这条线段是有截止点的，是要碰到右端失存临界面的，而且"存在度趋近于零"的指标之一是时间标度，说流落到此者还可以永存，似乎难以想象，除非放眼整个宇宙做总体计量。地球人最好不要抱此侥幸。

同学提问：东岳老师好，您今天提到农业文明和工商文明实际上是一个自然律的先后演进。当今中国社会呈现的是一律多态带来的混沌，甚至有一些矛盾中的发展。其实历史上我们没有看到完全一样的参照，那当今中国社会是不是已经进入工商文明了？如果不是，那你也提到可能是迈向未来新文明的自然演进阶段。那中国是不是必须要经历这个工商文明，而不能超越它直接跨入未来的新文明？谢谢老师。

东岳先生：好，这个问题提得很好。首先大家想一个基本道理，你没有上二楼你就上三楼了，这可能吗？这不可能。所以我们要想进入未来的更高层级，我们不可能不走资本主义阶段。请大家注意理解，所谓"中国特色的社会主义"和"中国特色的资本主义"在概念上其实没有什么区别。但是我想借你这个题目另说一段话：我在前面讲课的时候，我说中国古代是人类历史上最典型的农业文明，因为东亚是个封闭地貌，不受异类文化的扰动，因此它可以把原始农业文明精雕细琢数千年。

然后，我又说西方文明就是最典型的工商业文明，它是古希腊文明火种的现代炽燃。但我没有说中国今天的社会转型是典型的资本主义，我没这样讲过。再者，我曾讲到"侧枝盲端"，这个概念里暗含了一层意蕴，就是你会发现任何新要素的增长点，常常不在最极致的典型态上发生。比如陆生生物是鱼类转化过来的，但它绝不是进化程度最高的那个鱼种转化过来的，它是中间状态的一族鱼儿爬上海滩变成两栖动物，才得以形成的。比如原子，它不是最后一位原子序数最高的那个元素发育成分子系列和生命系列，而是从中间那个最残缺的碳元素化合而来的。

我的意思是什么？就是中国当年是最典型的农业文明，结果它没有发育出资本主义，没有发育出工商业文明，它反而成为工商业文明的阻障。这暗含着西方今天是最典型的工商业文明，但它未必是人类进入下一期文明的那个增长点。我们在自然史上不断见到一个新东西的发生，不在极端完善点上开始，反而在中间变异端上显现。我说这句话的意思就是我在讲课的时候一再讲的，中国今天农业文明和工商业文明政经交叉，政治上表现出农业文明的专制威权形态，经济上表达为自由市场，这个非典型性的资本主义状态或者工商业文明状态，未必丧失未来。因此我不敢判定它是好事还是坏事，我说这句话的道理就来自这里。

所以我想说明一点，就是今天我们处在非典型状态的资本主义这个生存形势下，请大家记住，第一，你毫无办法，你躲避不开，因为发展是连续的；第二，你也不必悲观，不必失望，因为你可能恰恰跻身于未来新文明的那个变异节点上。

好，大家还有什么问题？

同学提问：老师您好，这两年我们处在一个自媒体的环境和语境下，我们能看到公众话语权正在上升。可能体现为一条微博，它就能够影响政府的一项政策，或者是官员的一张照片，它就能够抓出一个案件。同时，政府也在加大对民众话语权的控制，它可能会强化调整监管策略。您刚刚提到以后会出现政治分权，有可能不是代议制，而是普议制。我就想问，您怎么看现在这个互联网自媒体的语境下有关公共权力的发展趋势？以及目前这个情况是怎么形成的？想听听您的看法，谢谢。

东岳先生：这样说吧，一个对远期事物有所展望的人，一个搞哲学的人，他一定是把鼻子跟前的事情看不清楚的人。大家还记不记得我讲泰勒斯仰望星空却跌入枯井的那个故事？我就是那种盲然于切近的人，所以眼前的事情我是看不明白的，也是无从评判的。

但是我想顺着你的提问回答一个问题，请大家注意人类文化形态是怎样表达的。它在两条路上展开，一路激进求变，一路保守踟躇。请大家想想是不是这样，即使在西方，也既有自由党，又有保守党，两相抗衡，彼此掣肘。就是说人类文化一定在两方面同时延伸，一方面寻求变革，一方面囿于保守。在我的哲学里，寻求变革就表现为力争达成代偿增益以实现存在阈的满足，囿于保守就表现为万物求稳以维护存在度不要过快流失。

因此人类文化一定展现为激进和保守两个轮子共同旋转的状态。大家千万不要认为保守文化都是不好的，保守恋旧是人类文化中特别重要的一个素质，如果没有这个素质，可能我们今天早已玩完了。总之，自然进程中的递弱和代偿，在人类文化中必定表现为保守和激进这两种看似逆反的诉求一并存在，这就是人类的文化形态。所以当你今天看见政府着力于封杀网络言论，采取如此保守和蛮横的方式处理问题的时候，你拿我的这段话消消气。要相信，事物该怎样发展，终究是谁也挡不住的。

人类文明的趋势与危机

开题序语

我在第一天开课的时候就讲，我们这12天连续课程，归根结底是讲思想史与文明史的关系。

那么到今天这个阶段，借今天这个题目，我们对整个讲座系统做最后总结。我得说明一下，讲课不是著述，讲课是一句跟着一句，其间不允许有片刻时间的细思、推敲和停顿，因此严谨性根本无法保证，口误甚至硬伤也在所难免。再加上我现在垂垂老矣，智力严重衰退，以至于我这个原本语速偏快的人，说话都不得不放慢下来。原因是我无法在正常语速中整理言辞和思路，也就是智力衰退逼迫着我讲课的方式变得迟缓而滞涩。另外，随着年龄的增长，人的激情也会渐渐消失，可谓老迈昏聩，所以课程就显得越发沉闷了，请各位同学谅解。

相对而言，前11天课程，都可以视为表观现象之描述。其中所谓的原因，其实至多不过是诱因，甚至因果关系根本不成立。因为在直观现象层面上，出于多因素影响关系的纷扰，以及休谟所说的时空序位之迷失，就会导致任何因果关系的讨论，其实都可能是错乱的甚或是颠倒的。因此，大家要注意，前面的课程，没有全面深入地探讨问题的根本规定及内在逻辑，论述过程是比较浮浅的。

所以，严格说来，此前的课程基本上不具有学术价值，它们仅仅属于最后这节课的知识铺垫和逻辑导引。也就是说，本节课才是真经，才是真传。唯有它才能给出确实有证明根据的结论，尽管它仍然是粗略概论、框架之谈，要了解真正更细致的证明过程，大家还得去读书。

那么，我们根据什么来讲"文明演进的趋势"？显然，要想阐明大趋势、揭示总动因，绝不能靠妄猜或臆断的方式来进行，我们的根据源于一个严谨的哲学逻辑证明体系。

再则，这节课将同时回应与整个课程主题相关的下面两个问题：第一，注解贯通全系列讲座的思想主轴。也就是你听懂这节课，你就知道我前面讲的所有课程为什么会有某种跟其他学者看法不同的倾向性。第二，探讨人类文明运行趋势的基础理论。它的学术本态是哲学逻辑论证，因此它既难讲又难听。须知我们一般人的用智方式，或者在日常生活状态中的基本感知运行方式是在具象层面上运行的。而人类要想整顿大信息量，唯一的办法就是把充斥于具象中的无数芜杂信息抛洒掉，只把其中最基本的共有属性抽取出来，此谓"抽象"，然后加以精密逻辑整顿。由于已把具象中的大量信息筛除，用极简化的纯逻辑方式梳理疑思，结果反而能够有效覆盖更大层面上的实际问题。但由于这种用智方式跟我们通常的感知方式相差甚远，因此我们的接受度就很低，讨论起来就很困难，听起来也会非常枯燥。当然我讲这节课的时候，我仍然会尽量拉到具象层面上来借喻比附，以求通俗易懂。毫无疑问，这样严谨性就会有所丧失。

我的研究起点，就是最初我写《物演通论》的时候，我没有任何预设标的，也没有任何功利企图，未曾打算解决任何实际问题，纯粹是出于兴趣。我只是为了探问传统哲学的遗留问题，从来没有想要探讨"人类文明走向"这个热门话题。也就是说这本书写完以后，最终导出看待人类文明趋势的一个新视角，纯粹是这项无目的研究的意外副产品。

这种研究问题的方式，跟人们通常做学术的方式有很大区别。一般的学术理论都是面对某个具体问题加以研究，这种研究也不失为一种非常有益的工作，况且人类绝大多数学问都是处理实际问题的，它们构成人类文化成果或者人类思想系统99%以上的份额。然而，带着功利性、带着目的性去处理问题，有四项麻烦不可避免：

第一，主观导向的证据筛选。因为你有一个明确的目的，你总是瞄着这个目的去论证，所以你就会不自觉地关注有利于论证的证据，而会把不利于论证的证据忽略掉。

第二，眼界局限的片段证明。因为你要讨论具体问题，你就没有必要把视野拉得很大，去观照跟这个具体问题无关的其他方面，亦即眼界反而必须收窄，才能够聚焦这个问题，于是局限性就会发生。

第三，当下问题的流变尴尬。也就是你讨论的问题，本身不是静态的，它一定是动态的，因此当你正在讨论这个问题的时候，问题原型可能已经有所变化了。

第四，具体立场的争论格局。你站在不同的偏角面对问题的某一个方面，那么这个对象显现的状态就会不同。倘若别人换一个角度与你争执，便很难说孰是孰非。

因此但凡带着具体功利目的讨论问题的学问，从根本上讲都天然具有颇多缺陷。反之，没有目的性，没有功利性，纯粹为求知而求知，这样做下来的学问倾向于形成基础理论。

基础理论有四个特点：第一，大尺度。因为它不讨论具体问题，所以它可以面对今天人类的总眼界或总信息量来处理问题。第二，纯逻辑。因为它的尺度太大，信息量太多，所以它必须简化处理，必须把所有事物的表层直观属性尽量祛除。

我举个例子。万物都有不同的属性，比如这个杯子是蓝色的，这支笔是白色的，杯子是桶状的，笔是条形的，这都是其属性。但是如果这样讨论问题，那就是无穷无尽的变量分析，那么我该怎么办呢？我把它们一点一点抽离，最终看它们都只不过是"存在物"，甚至再把"存在物"都统统洒脱，一并视之为"存在系统"！万物所有的属性中最基本的属性就是"存在"，这就是古希腊哲学追问"存在论"的原因。也就是自从巴门尼德提出"存在"和"非存在"这组概念以后，亚里士多德把它表述为"哲学就是追问存在,而且永远追问下去"这句话的含义。因此，纯逻辑就是把事物具象中所有的属性全部抛洒掉，只把它最基本的那个"存在属性"拿出来讨论，这种极度简化的探问方式使得任何具象要素难以呈现，我们把它叫"抽象思维"、"理想逻辑"或"纯逻辑"。

第三个特点，简一原理。也就是它离开"因果论"的具象界面，寻求事物的根本因、第一因。既然是第一因，也就是唯一因，而有"唯一因"就不会有"唯一果"，就不会被"因果转化"或"因果链条"所纠缠，因此它一定扬弃因果关系的论证方式，从而避免休谟所说的因果论不成立这个麻烦。

第四个特点，超然普解。它虽然不直接面对任何一个具体问题加以讨论，但是由于它是对最基本属性的总括性探察，因此一旦研究完毕、证明完毕，它最终得出的结论，或者它的实际理论效应将覆盖所有事物，我们把这种状况叫"普解性"，这就是基础理论的重大价值和力量所在。

我在这里还得再提一件事情。我在西哲课上做过一个简略说明，我说"理念决定事实"，一般人都认为是"事实决定观念"。大家想古希腊为什么到柏拉图发展出"理念论"？他说"世界的本源是理念"，我们中国人很难理解这一点。那么我举例来讲。在远古时代，托勒密"地心说"盛行的时候，我们的理念是地心说的理念，结果是什么？我们看所有的事实都符合地心说，是不是这样呢？太阳从东边升起，从西边落下，分明是太阳绕着地球转。可是到哥白尼，理念变成了"日心说"，我们今天看太阳系全部是行星绕着太阳运行。事实还是同样的事实，可是事实在不同的理念下展现为不同的事实形态，因此是"理念决定事实"。那么如果基础理论变形，给你转换了一个新的理念，原有的世界景观将随之翻转，也就是原有的事实没有变化，但原有事实的排布方式全变了，这叫"理念决定事实"。只不过我们这里所谓的"理念"，不是古希腊人所说的那个不变的、不可分割的、永恒的绝对理念，我们这里所说的理念是指逻辑变革的新思想，也就是这个理念是不断更新的，是不断流变的，而不是绝对的。而"新思想决定新认知，新理念排布新事实"，这叫宇宙观，这叫基础理论。我们今天就在这个纵深极点上展开思境，在这个基础层面上讨论问题，我们在这里重新建构一个宇宙观理念模型。

问题的提出：疑思与猜想

让我们先从问题的提出谈起。我上大学的时候，学的是西医，起初上医学基础课，医学课程非常庞杂，有48门专业，所以医学院校在任何国家都是学期最长的。医学课里最重要的基础课是生物学，因为人类是从生物界演化而来的。我上大学的时候正值文化大革命期间，那个时候是学生管老师，改造"臭老九"（当时知识分子被称为"臭老九"），谓之"上管改"（上大学、管大学、改造大学），所以我们上学，老师从来是不敢给学生考试的。我们上大学没有任何应试的压力，这当然就导致不想学习的人尽可以去外面撒野，想学习的人也尽可以按照自己的意愿去自由读书。老师的课讲得好就坐下来听，讲地不好我就到图书馆阅览自习。那么要想了解人体渊源，我就得去研读生物学；

要想理解生物学，我就得去攻读生物化学；要想了解生物化学，我就得再深钻普通化学，也就是无机化学和有机化学；要想理解普通化学，我又得从深层学习物理学。用这样的方式，我逐步打通了自然科学的基本脉络。

在此期间，我偶然读到一篇生物医学论文，其中涉及物种灭绝问题。它没有做出任何结论，但是字里行间反映出一个现象，就是越高级的物种，其灭绝速度似乎越快，这当时让我非常吃惊，因为在此之前我已经读过达尔文的原著。我当时隐约产生一个想法：这个世界不是强势演动的，而是弱化演动的。只不过它太违反常识了！达尔文的学说讲生物进化越高级则适应性越强，越具有生存优势，叫作"适者生存"（survival of the fittest），这是当时科学界的普遍认知。而且在人文领域，也就是在社会学领域里，所有人全都持有"进步论"，无论西方还是东方、今天被西化了的东方，全部是这个观念，即文明历史越发展、越进步，人类越具备生存优势。因此当我有一个朦胧的想法，说这个世界是弱化衰变的时候，我自己都不敢相信。我当时觉得这是一个非常荒唐的念头，就把它放下了，但它总是萦绕心间，这就是假设和猜想的开端。

我们回顾一下我在西哲课上讲的几个话题。第一，逻辑模型变革的实质就是对新增信息量的整合；第二，新增信息量必然造成原有逻辑思想模型的破溃；第三，新模型的建立起始于弥补破绽的假设；第四，任何假设必须经由广义逻辑证明之后方得成立。

好，我们就循着这个系统继续讲课。当我在上大学期间有了这个朦胧的想法，我自己都不敢把它当作一个严肃的课题来对待的时候，实际上我不由自主地一直探索着这个问题。此后的读书、思考有了指向，历经二十多年以后，我才敢下笔写作。那么我们先看看既往逻辑模型的细微破绽引出的疑窦是怎样提出与展开的？

第一个问题涉及达尔文进化论。达尔文讲生物变异是随机的，但他从来没有讨论过一个问题，就是为什么物种演化的总体态势却是定向的？尽管在达尔文的论著中能看到他一再表述，物种是从低级到高级、从简单到复杂，从原始单细胞生物一直到灵长目动物乃至人类，整个演化的特定向度是一目了然的。那个时候基因学说还没有出现，变异的内在机制尚无法确定。关于变异的随机性和选择的定向性这两者之间的关系，达尔文在他的书中完全没有探讨，这是一个很明显的漏洞。

另外，达尔文认为适应性越强、越高级的物种，越具有生存优势。可实际上越高级的物种灭绝速度越快，灭绝范围越广，这又是达尔文没有讨论的问题。尽管达尔文书中辟有一个专题章节谈及生物绝灭，但是他却没有将其梳理成一个系统来考察。我想要么是达尔文当时没有意识到灭绝本身其实是有一个系统性的差别的，要么就是他有意无意地为了论证既成的主题而忽略和回避了这个问题。这些问题势必留下一个严重的破绽，使得达尔文学说在深层逻辑上处于不能圆满通洽的状态。

而且它还有一个缺失："自然选择"只讲外部条件对生物的影响，生物内部不断变异的失稳易扰现象，即它的内在驱动因素完全被忽略。

这三项缺陷使得达尔文学说出现了一个破绽，使得"弱化演化"的动态和达尔文"强势演化"的理论构成矛盾，就是"物种趋弱衰变、死灭速度加快"这个事实，达尔文学说不能解释，出现漏洞。

我们再看第二个问题。20世纪初叶，爱因斯坦根据其狭义相对论推导出质能方程式，即 $E=mc^2$，等号两边，一边是能量，一边是质量，说明质量和能量是一回事，是可以互相转化的。那么好，我们先看一下能量这边的基本态势。热力学有一条第二定律，叫"熵增定律"。所谓"熵"，就是热量有序程度的衰减值。熵增定律的意思简单说就是，在一个孤立系统中，任何能量一定是倾向于从有序状态向无序状态耗散的。它的精确意涵可用数学表述。我在这里做一个直观例举：比如你在一个密闭的房间中生一个火炉，这个房间的温度哪怕是摄氏零度，大家要知道绝对零度是–273.15摄氏度，也就是即使是一个零度的房间，这个房间中还有相当的能量。你如果在这个摄氏零度的房间里生一个炉子，这个炉子的热量会往整个房间弥散，而房间中那两百多度的能量绝不会往炉子里集中，这叫"熵增"。也就是能量从有序状态向无序状态过渡，或者从有效能量向无效能量损耗，使得能量势差消失，使得能量逐步进入不可做功的状态，这叫"热寂"，这就是"热力学第二定律"。

要知道热力学第二定律是被科学界视为确证性最高的物理定律。我前面一再讲，人类缔造的一切知识都是主观知识，人类总结的一切规律都是主观规律。那么关于热力学第二定律，我也不敢说它就是绝对的客观定律，但是包括爱因斯坦、爱丁顿等大科学家都认为，在所有科学定律里，它属于客观度最高的一项定律。

那么如果能量运动是一路衰变的，而质量在质能方程中又表现为能量的继续存在形式，那么所谓的质量态物质，亦即我们这个时空宇宙的基本物态，按理说也就应该是总体衰变的。可为什么在我们的直观范围，甚至像达尔文进化论这样的学术范围里却都是强势发展的？如果质量物态世界是强势演动的，那就一定呈现一个矛盾：要么我们把物质世界解释错了，要么质能方程不成立。也就是质量和能量根本无法贯通，这是第二个我们可以提出的疑点或假设启动点。

第三，人类一直认为文明社会高度进步只是福音，但从上世纪中叶开始，局面为之一变。20世纪50年代美苏核对峙出现；60年代美国生物学家蕾切尔·卡逊写的一本书名叫《寂静的春天》，揭示了环境危机；70年代学界开始关注资源危机，著名的罗马俱乐部在1972年提出了它的《罗马俱乐部报告》；到80年代明确发现系统性生态危机；到90年代气候异常问题被提上台面；21世纪初国际恐怖主义危机恶性爆发；尤其是目前的科技发展危机，包括生命科学和人工智能全面展开且头角狰狞……我们会发现人类文明越发展、越进步，在现实上人类的危机程度越严重，这个也跟我们过去所认为的"优势发展"之观念形成悖反。因此，"递弱演化"这个假设，从诸多方面看都像是一个应该严肃对待的问题。当然我们下面需要为之做出系统证明。

我们先看一下宇宙物演的可能方式。我们讲宇宙物质演化的状态，或者宇宙物质存在的强度，可以用五种方式来讨论。

第一，紊乱分布或随机演动。就是物质存在强度是随机的、紊乱的，如果这样考虑问题是个什么状态？实际上就是你对于自己面临的对象系列，没有做过任何比较和追究，它属于无脑结论。

第二，均等分布或均衡演动。就是万物的存在强度是一样的，是均等的。这个看法其实很普遍，"神创论"就是这样。

第三，波动分布或起伏演动。这是我们大家通常能直接感受到的，这就是辩证演动。比如人从出生到中年是生长期，中年以后是衰老期，事物总是波动演运。这是用原始质朴的辩证法看待问题的方式，相当直观。

第四，趋升分布或强化演动。这就是近现代以来最时兴的进化论观念，包括"达尔文主义"，包括"人类文明进步论"等。即越前进越演化，能力越强，越具有生存优势，越具有存在优势，这是学术界的主流看法。

第五，趋降分布或弱化演动。当我讲到这儿的时候，它还只是一个假设。

显然，前四种看法占据一般的和主流的观感。

我们得提一个问题，宇宙物质和物态为什么总是处在"弱演流变"之中？我们在做弱演假设的同时，需要先给出一组概念：

"存在效价"或"存在度",也就是我前面所讲的"存在强度"或"存在效力"。而且任何存在物,哪怕它是存在效价最高的存在物,它的存在度都不是十足的,它都有一个"追求存在"的问题存在。在我的书中表达为最高存在度也只不过是趋近于1,而最低存在度也不过是趋近于0。

我下面就对"存在效价"或者"存在度"这个概念给出定义,因为哲学上和科学上讨论问题必须概念明确、定义清晰。我先解释"存在效价","效价"这个词是一个生物学和生物化学术语,表明一个东西可以度量。"存在度"直接就是它的量化指标,这都是借用词。

什么叫"存在效价"或"存在度"? A.它是一切存在者的可存在程度的内在指标,或者说是一个有关存在效力的参数;B.它通过其程度或效力上的差异,决定着存在物的稳定性或不稳定性;C.从存在的失稳状态可以反映出它不是一个恒定的要素,而是一个自变量。

我讲通俗一点,也就是万物的存在强度是有差别的。如果我们排比整理其存在力度的差别或者存在效力的差别,即在弱演假设模型的基础上,逐项加以求证和分析,给它一个可量化指标,尽管今天我们还引不出具体参数,但是我们在初步定性之际可以设想它将来能够成为一个精确的定量指标。若然,则我们就在这个假设上展开问题的讨论。

我在这里首先要强调一点:"存在是一"或者"道生一"。这是远古西方哲人和中国老子各自说过的近似名言,这两句话如今在自然科学上是有很明确的论证的。20世纪后半叶,美国著名科学家默里·盖尔曼,夸克的发现者,曾经因此获得诺贝尔物理学奖。他提出惊人一问:万物都是由夸克和电子组成的,可为什么会有万物的差别呢?这当然是一个太重要的问题。我曾见到有人在网上争辩,说夸克和电子彼此编排,就足以组成万物,有如0和1可以在虚拟世界组成万物一样,不能因此证明演化的源头或起点归一。那我再深问一步:万物都是由奇点之能量组成的，夸克和电子也是由能量转化分化而来的，那么为什么初物内质完全相同，尔后却会发生万物构型的差别呢？

所以，第一，大家首先要建立"万物同质"的基本观念，就是万物的内质、万物的质料完全相同。我在讲古希腊原子论的时候就谈到过这个推论。第二，大家还要建立另一个观念——"万物一系"，即不但万物固有的内涵和质料是完全相同的，而且万物的演化只是物态的演化，由此缔造一系列连续无间断的形变。换言之，既然内在质料永远是同一的，都是由能量构成的，或者都是由夸克和电子构成的，那么万物就没有内质的区别。这样的话，试问万物还有什么区别呢？只有一个"壳"的区别。所以大家注意读我的书的时候，我反复讲所谓"万物"，你不如叫它"物态"，所谓"物的差别"其实只是"物态的差别"。可是物态为什么会有差别？是因为内里有一个跟质料无关的东西在演动，这个东西才是"内质"，不是"质料"的"质"，是"内在性质"的"质"。因此我的书中还使用一个自拟词叫"质态"，就是所谓物态差异一定是物质内部存在性质发生了变化的一个结果，或一个呈现形式。

而且大家要注意，我在《物演通论》第一卷中会引述很多科学事实，但你千万不敢理解为它是归纳总结。我前面课上讲过归纳法只能证伪不能证明，因此它不是归纳总结，它是假设建模之后的逐项求证，请注意它只是一个证明环节，或证明方式之一。人类思想的基本方法有纯逻辑、归纳法、演绎法，我的总体论述是纯逻辑的，同时借用"归纳求证"而不是"归纳总结"来揭示现象。如果是以归纳总结之法提出问题、得出结论，我就不需要假设。而且如果没有弱演之假设在先，我也不可能另辟这样一脉归纳的思路。再者，该书的第二卷、第三卷完全是演绎法，也就是在一个理论系统中，把纯逻辑、归纳法和演绎法通用，其间没有任何阻障和遗漏，才算是全面而有效的证明，才能说通盘证据成立。这里讲的有点抽象，大家将来读书的时候会有所体悟。

我们看20世纪自然科学的进展，形成的是"万物同质"和"万物一系"的这么一个结果。下面的课件图示显示的是《物演梯度示意图》。

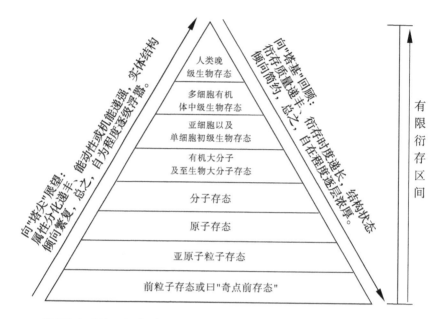

我再次强调它仅仅是示意图。我们会看到"奇点存在"在最底层，也就是能量存在，宇宙前存在，137亿年前宇宙物质的最基底部；然后是"亚原子粒子存态"，就是基本粒子和量子存态，它稳定137亿年；然后"原子存态"，也就是今天我们所说的恒星系，因为所有恒星都是原子存态，氢核占79%，氦核占18%，其他元素不超过百分之二三；然后是"分子存态"，比如行星，比如我们现在看到的这些物质；再然后是"有机大分子乃至生物大分子存态"，就是从无机分子到有机分子；再往后是"原始单细胞生物"，包括亚细胞生物，比如病毒；再往后是"多细胞有机体"，包括所有多细胞植物和多细胞动物；最高点是"人类晚级高智生物"。在这个演化序列上，你会看到越原始、越底层的部分，它在理论上以及现在科学能够证明的事实上，都是越底层的东西，其质量分布越大，存在时效越长，总体存在状态越稳定。

我在这里讲课务求简易化、浅显化，所以只用上述三个指标。有人曾提出非议，他说你凭什么讲有机分子大于生物总质量？整个地球表面完全被生物圈所覆盖，从单细胞生物、海洋藻类、地表菌类，到草木植物、昆虫、动物，再到70亿人口，总之，体量可谓大矣！你凭什么说有机化合物或者是生物化学分子的质量分布会大于各种生物之和？确实没有人统计过，在地球限定的范围内我确实不敢这样说。可是大家要知道任何一个理论得以成立，它必须普适于整个宇宙。你把眼界扩展到宇宙深处，我可以肯定有机分子量远大于生物存量。我举一个切近的例子，大家看一下土星和木星的卫星，其中有若干卫星表面覆盖的海洋居然完全是液态甲烷。而甲烷是有机分子，想想它的那个质量得有多大，这还仅仅是说太阳系以内。我们可以设想在太阳系以外，可能还会有更多富含有机物质却不具备生命演化条件的天体。另外尚有一些存在低级生命的行星，它们的综合环境可能演化不到高等生物或中等生物，它们只停留在单细胞生物状态，这都是很有可能的。比如生物科学家、天文科学家探查月球和火星上像是有局部冰层或液态水，立即就联想，它下面会产生某种单细胞生物。所以在整个宇宙中，这个梯度表是非常明确而可靠的。也就是你逆势看，越底层的东西，物类质量越大，存续时效越长，总体存在状态越稳定；反之，越顶层的东西，它在宇宙总质量分布上一定越小，存在时间一定越短，而且它的稳定性越来越丧失。

这里我们用逐项证明的方式，我并不寻求完整无余，我只寻求基本证明成立，然后由所有人检验，找见任何一个反例，我承认我的学说破溃，我相信你是绝然找不到的。也就是越底层的东西，存在效价越高，但是你会发现它的属性越低；而越高层的东西，它的存在效价越低，但它属性分化递丰，能动性或机能递强，实体结构倾向繁复，这个趋势是注定的。我们把这种存在效价一路递失叫"递弱"，我们把属性递丰叫"代偿"。这是一个最简化的物演梯度示意图。大家注意我在这旁边还画了一条线，划定了一个区间，我把它称为"有限衍存区间"。就是在纵轴上看，万物的演化只在此一区间内进行，这个话题我们后面还会涉及。

重点概念与名词注解

下面我们对一些重点概念做名词注解。

我们先说"属性"。要想理解"递弱代偿原理"，特别重要的就是要理解广义的"属性"词义。我见到很多人对"代偿"这个概念产生误解，他们把"代偿"理解为外来的"补偿"，那就大错特错了。"代偿"仅指一个东西自补自失、越补越失，或曰"内在自补且愈补愈失"，这叫"代偿"。而要理解这句话，关键就在于理解"属性"。什么在"代偿"？严格讲应该是"属性代偿"，即属性丰度在递进代偿。不是靠任何物质外面的一个什么因素和力量来顶替，是物质存在度一旦降低，它自身的相关属性会被调动出来予以递补。

当然这里就涉及一个问题，什么是"属性"？"属性"这个词是我们的一个日常用语。我在前面课上提到过，莱布尼茨讲日常语言不足以表述哲学，老子、佛陀亦有此意。因而我们日常所说的"属性"，在这里根本不能对接。比如这支笔是白色的，比如这个杯子是圆柱形的，这都叫"属性"，我们日常使用的"属性"大都在这些细节层面上呈现。可是我这里的"属性"不是这个概念，我所谓的"属性"要比这个概念广阔得多。它广阔到什么程度？我这样表述：一切你能感知的东西，或者一切可以言表的东西，都只是"物的属性"。

我这样讲可能大家还没听懂，我再举个例子。现代宇宙论说宇宙是从137亿年前的一个能量奇点状态爆发而来的，请注意

"奇点"是什么？即没有任何属性！由于它没有任何属性，而我们人类的感知只是对"物之属性的耦合"，这句话我后面谈，因此它居然无从感知，由于它无从感知，因此它居然无从言表，所以物理学把它叫"奇点"。它的意思是你没得任何话可说，你用任何正常的探知方式、研究方式、物理方式、数学方式，都找不见它的任何可表述之点，都对它没有任何可认知界面，这叫"奇点"。它说明什么？它说明物质存在度最高的时候，"属性"是全然不存在的。我是站在这个基础上来讨论"属性"的。那么，什么是"属性"？一切可以感知和可以言表的东西统称为"属性"。

我下面举几个例子，我把它们都叫属性，你想想它们是不是超越了一般语境的广义属性。比如，笛卡儿说过，物质实体的属性是广延，叫作"广延属性"。什么是"广延属性"？——时间与空间。大家想现代宇宙论讲奇点状态，说它连时间空间都还没有发生，可见时空这个东西只是物质最原始的广延属性的表现。再比如"能动属性"，我昨天讲过"自由"，万物的自主能动属性是逐步递升的。再比如"感应属性"，什么叫"感应属性"？一切物体之间可以互相发送信息并借以识别或由以依存的那个东西，叫感应属性。我们绝不要只盯住人类，比如物理学上提到基本粒子之间的强弱作用力，就是最早最原始的感应属性，比如到原子和分子出现电磁感应，直接用"感应"这个词，叫电磁属性；比如到单细胞出现细胞膜上的受体，到扁形动物出现视觉，叫视能属性或感性属性；到脊椎动物出现五官和低级神经中枢，出现识辨判断，叫知性属性；到灵长目和人类出现理性属性。也就是说，感应属性包括从强弱作用力到电磁力，再逐步发展壮大到人类的感知属性，我把它们总称为"感应属性增益"。换言之，我们的精神现象，竟然只是物质感应属性的代偿增益产物。我们人类的一切灵性和能力就来自物演存在度一路下降，感应属性随之递升，这个东西变成我们的"精神"、"感知"或"思想"等诸如此类的华丽称呼，甚至被命名为"灵魂"，其实它们都不过是同一种东西的别称而已。

再比如"结构属性"，想想"奇点"是毫无任何分化的前宇宙存态，所以它没有结构。一旦它爆发，一旦它演动，立刻出现夸克、轻子、玻色子，即演化就是分化，由此构成粒子结构。有结构的前提条件是要有分化，弱化进程同时就是分化进程，结构是属性，因为它可以言表，可以感知，而且它恰恰是借由感应属性以达成结构。大家想想，各分化体凭什么达成结构？凭各自之间能够通过属性的耦合与识别达成合一结构，所以结构也是属性。而我们人类的"社会结构"，其实就是一个"后发结构"，因此也是物性展演的自然表现。

请大家注意，我这里已经把时空、灵动、精神、实体全部表述完了。你可以言说的世界，其实无非是属性的总和。属性有万千之多，我说这支笔呈白色都是属性，大家想想属性可以丰化到什么程度。我用一句话概括：举凡你可以感知的和可以言表的全都是物的属性！所以我这个属性概念跟日常概念有极大的区别。

而且我说属性是派生性的，是因变量。我讲的这句话很重要。我们今天讲科技发达了，我们的代偿能力增加了，于是我们发生危机了。属性似乎是"因"，危机像是"果"，这搞反了。属性是因变量不是自变量，本性和存在度才是自变量，实际上是我们的存在度衰减了，我们的能力不得不相应与之匹配，由此派生更多属性。如果非要讲"因果"也得这样讲。严格说来，无论怎样倒腾，"因果"都是不成立的。我的意思是说我们很容易在日常讨论问题的时候犯错误。我为什么说它是因变量，请大家回到最原点上看，存在度最高的奇点是没有任何属性的，这个没有任何属性的东西，渐次派生了属性，所以属性当然是第二位的，不可能是原发性的。

下面还要再讨论一个问题。我们通常说"信息"这个词，什么是"信息"？其实"信息"就是"感应属性"，"信息增量"就是"感应属性增益"。比如最早的信息乃物理学上的强弱作用力；比如到原子、分子，其电磁感应就是电子发出负电荷信息、质子发出正电荷信息。随着物演分化度越来越高，信息量当然也就越来越大，所以当我说信息的时候，当我说感应属性增益的时候，我其实是在说某种自发现象或自然变量，它们在概念上完全是对等的。

我前面讲，属性的种类是无穷之多的，那我为什么在著作第二卷"精神哲学论"里，只探讨感应属性（包括人类的"感知能力"），在该书第三卷"社会哲学论"中，只探讨结构属性（涵盖一般的"实体存态"），其他属性都避而不谈，或者只一笔带过？是因为这两个属性是哲学史上一直追究的基本问题——"精神"是什么？"社会"是什么？而且只有回答清楚这两个问题，我们人类才知道自己是什么，因此我有选择地只讨论这两大属性：一个感应属性，一个结构属性，作为第二卷和第三卷的主题，其他属性无暇顾及。但是依照逻辑推理，其他属性都可以同样流畅地展现，你用相同的逻辑脉络处理就行了。所以请大家注意，"属性"这个概念一旦确定，其他所有概念随之清晰。比如什么叫"信息"？我们马上就明白，它是以宇宙生成之初的感应属性为契机的一个焕发状态，在某种程度上，"信息"与"感应属性"可以视为同义词。

我再谈一个问题。属性在我们日常使用中，一般只是表面的叙述，包括中国先秦时代的名家。比如公孙龙讨论"离坚白"，说石头有坚硬的属性，有白色的属性，那么什么叫石头？他觉得这个问题是一个说不清的问题；比如"白马非马"，他说马有形状的属性，有白色的属性，什么叫马？他依旧说不清楚。这都是在日常的表观属性上讨论，而我所说的属性概念完全不同，大大纵深。它竟然表述为一切可以感知和可以言表的东西统称为属性，这叫"二阶概念"。什么意思？如果你读过维特根斯坦的书，维特根斯坦在其《逻辑哲学论》里讨论了什么问题？讨论"概念追究"，讨论"语病治疗"。他说我们日常使用的概念是经不起推敲的，我们要想对任何一个概念进行真正深入的研究和探底，就会发现日常使用的概念不足以精确地表述问题。于是在哲学上，"概念"就分出日常使用的"一阶概念"与纵深讨论的"二阶概念"之别。人们通常的语病是在概念混淆的基础上发生的，而哲学是不断地探究概念深层，进入二阶概念的深度。实际上不仅仅是哲学，任何纵深追问的学问，包括哲学的后发形态或范式——科学，它的概念都是纵深追究的。比如"力"，牛顿最终把它探讨到引力和加速度那里去了，它跟我们通常理解的那个力的概念是完全不同的；比如"时空"，爱因斯坦已经将其探讨到更纵深的"时空弯曲"那个维度上去了。所以任何真正的学术拷问都表达为概念的深究和重建，这是大家要特别注意的，因此理解"属性"这个概念至为关键。

请注意，我说的代偿，是什么在代偿？仅指"属性代偿"，而属性竟然包括一切可感知的东西和可言表的东西。我再说一遍"代偿"的概念，太多的人对代偿误解，都是跑到属性以外去，认为其他一个外来东西的支撑就叫"代偿"，这完全理解错了。既然有"属性"，那么就一定有"本性"，可是，我们的感知和言表只针对属性，因此"本性"根本不在经验范围，是一个非经验的或者叫超验的理念。这个理念来自推导，来自纯逻辑的推导，它就相当于古希腊哲学要追究的那个本体，相当于物理学上的那个奇点，无可言表的奇点，相当于康德所谓的自在之物。它在不可经验的彼岸，但是它是借由我们可经验要素的逻辑推导得出的一个理念性概念。这个"本性"就表达为"存在效价不能十足且一往递失的根本规定性"。也就是存在度这个东西一开始就不得圆满，而且一路流失，这就是事物的本性。

我再强调一遍，"本性"的概念属于理念范畴，属于超验领域，属于推导所得，故而它没有具体对象，它不在可经验范围，当然就没有具像。因此我所讲的弱化演化，实际上只讲了一个弱演变量，而没有这个变项或变量的载体。我不知道它的载体是什么，我也不必要知道它的载体是什么，我只讨论一个具有根本规定性的致变素质或变量因素。而且大家注意，当我在这里说本体的时候，我再强调，它已经不是古希腊那个永恒的、不变的、不可分割的孤立本体。这个本体论转型了，它渗透于物演全程，渗透于一切存在体系之中，它本身就是流变的，或者说是衰变的，它本身就是分化的，就是可分割的，至少它导向分化和可分割。所以古希腊所说的那个"绝对本体"在我的哲学里表达为一系列"相对存在"的展开。

重点概念与名词注解（续）

我们下面谈一个概念：衍存。这是我的一个生造词。大家知道由于哲学探讨，它本身是在二阶概念上，在非日常概念上讨论问题，再加上我所涉猎的问题是此前学术界没有探讨过的问题，因此在人类现有语言中我没有既成的词汇可用，我不得不生造词。为了避免生造词，因为生造词太为难读者了，我尽量选用可以假借的词。比如"存在效价"，"效价"借用的是生物学和生物化学的一个术语，但我的意思跟它原来的意思不是一回事。比如"代偿"，"代偿"这个词是法学或病理生理学词汇，在法学上，例如父债子偿，儿子代替父亲偿还，叫代偿；在病理生理学上，例如脑内某处出血，脑局部坏死，其周边组织来逐步代替一部分坏死脑组织的功能，此谓"代偿"。我尽量借用这些词，但我必须重新定义，因为这些词原本的意思在我这儿根本不合适。例如，"代偿"的原意是指"外部补偿"，而我一再讲物质的演化是存在度递失，然后它以属性递补，是"内在自补"，且"愈补愈失"，最终呈替补无效态势，这个"代偿"没有一丝"外在补充"的含义。而况如果是"补偿"，但凡谈及"补偿"，就应有确实的功效，而我说的"代偿"仅为"虚补"，概念全然相反，所以我必须给它另做定义。

读我的书，一定要用心理解每一词汇的严格定义，务必搞清楚各个借用词的别样诠注。其实我本来应该在这个地方生造词，只不过生造词读者会觉得更别扭。但是有些时候你连借用词都无可寻觅，于是只好生造，比如"衍存"。什么是"衍存"？"自衍存在或衍生物系"之谓，就是万物乃一层一层内衍而出，最终演化成一个完整系列。我这样表述还不够好，我换成中文"衍"这个字的固有释义。你查字典，"衍"这个字，它的本意是"伸展、延伸和展开"。所以"衍存"这个生造词，它的重点就在于"内生性"和"自展性"，就是"物"是内生发育、一体演化、自身展开的，它强调的是这个内涵。我们既往所说的"存在"、"存在物"，它们要么是绝对的、不变的，要么就是外在的、旁出的，不能表达"万物同质"，也不能贯通"万物一系"。而20世纪自然科学把各学科的界限打破，特别是进化论思想，把宇宙万物展开为一个演进思路。"万物同质、万物一系"的观念，在20世纪整个科学系统大信息量的基础上全面展现，因此"衍存"这个概念油然而生。

我下面再谈一个问题。"代偿"这个概念我谈过了，它是一个借用词。但是它已经把代为补偿的外在性和补偿有效的状态，表述为内在自补，且愈补愈失。"代偿"是个非常关键的概念，虽然我的学说之根本在"递弱"，但是你理解这个学说的全部障碍在"代偿"，就是你最难理解的部分是"代偿"部分。而且所有人犯错误，包括达尔文进化论所犯的错误，包括我们说文明越发展越有优势这些错误，都是因为我们的着眼点全都在"代偿"层面。我们只看见生物能力越来越强，叫"适应性越来越强"，于是我们得出结论，说越高级的生物越具有生存优势。达尔文为什么犯这个错误？他只把目光停留在属性代偿层面上，他没有追究存在本性的递弱层面。我们为什么认为科技越发展、文明越进步，我们的生存优势越强？是因为我们只在代偿层面上看问题。所以真正最难理解的点都在"代偿"上，这一点大家要特别注意。

我下面解释两个词——"自在"与"自为"。古典哲学经常搬用这个词组，最典型的、使用最多的是黑格尔。但在西方古典哲学家们谈论"自在"和"自为"的时候，你搞不清他到底要说什么。放在我这个学说里，它们表现的实际上就是属性增益量度或代偿效价的差别。属性增益量度偏低、存在度偏高叫"自在"；属性增益量度升高、存在度降低叫"自为"。存在度越高，它越不需要属性来补偿自己的存在，它越不需要有"能力"这个东西，表现为"孤自无为即可安然存在"，这叫"自在"。存在度越丢失，你的属性和能力就越强，你的精神能力只不过是感应属性的增益形态，你的社会能力只不过是结构属性的繁化产物。你觉得你"能力"增强了，是因为你的存在度太低了，你得靠这些"代偿能力"维持自己的存在，这叫"自为"。此前像这样的大量哲学概念陷于混沌，说不清楚是什么，在我的系统里都非常清楚的给以表达。

我再简单说一个话题。我在讲课的时候粗略表述过，我说"存在度高"表达为三项指标：大质量、长时效、高稳定度。有听众反映说"稳定"这个词需要定义，因此你用"稳定"这个词不准确。他其实批评得很对。你如果读我的书，会发现我不是这样落墨的，我把它分述为六项：质量、时度、存在者的条件增量、异变速率、自在、自为。也就是我把"稳定"这个概念在我的书里表述为后四项，而不只简单地套用"稳定"一词，因为这个词在日常概念中有太多的混淆。

由于"代偿"是理解所有问题的关键和难点，因此我改造并重注了"代偿"词项的定义，除了简明地解说为"内在自补且愈补愈失"以外，我对"代偿效价"和"代偿度"再给予更严格的定义：A.它是一切存在物的可存在样态的外在指标，或者说是一个有关存在方式的参数；B.它通过其样态或方式上的差异，标示着存在物的能动性或依存关系；C.从存在系统的变态过程可以反映出它不是一个根本要素，而是一个因变量。这是相对于前面的那个"存在度"的定义而给出的"代偿度"之定义。

大家注意我的表述方式，我使用语言文字，都是在中文的原有意义上引申。比如我们在日常生活中一提到"变态"，意思就是贬斥某人某事有点失常、有点错乱，而我说的"变态"则单纯指谓"形态的变易"或"状态的改变"，这是中文固有之意，你千万别想着我一说"变态"就是嘲弄谁成了神经病；比如我说"人文"，在我的语义中它已经不是指日常对立于"神性"、对立于"神权"的那个"人文主义"的"人文"，我所谓的"人文"特指"人文现象"，或者全称是"人类文明现象"，"人文"是它的缩略语；比如我前面讲"理想"，我在西哲课上说，"理想"绝不是指某个乌托邦式的愿望，它的中文原意是"纯粹推理之想"……所以大家留意，你要理解我在哲学书中所表述的字词概念，必须得有最起码的文言古字修养，而不可一味沉浸于日常语言的泥淖中，被那些新奇怪异的附加含义所扰乱。

我们下面看这张图。

$$Cd=F(Ed)$$
$$Ts=Ed+Cd$$

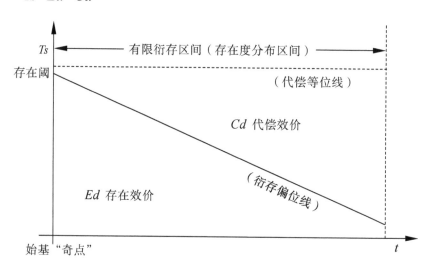

这张图出现在《物演通论》第34章。我先给出一个最简略的数学模型，说"代偿度"（Cd）是"存在度"（Ed）的函数，这是第一条；第二，"存在度"加"代偿度"等于"存在阈"（Ts）。这是一个最简单的数学模型，我们后面还会讨论。我再三强调，这不是笛卡尔坐标系,这是坐标示意图。因为哲学历来是提前探讨问题,叫"科学前瞻",也就是在信息量不足的时候预先提出问题并预先加以讨论,这就是它的目光深远之处。所以在今天这个信息量下,具体参数暂且还引不出来,当然也限于我的数学水平。看这张图,它的纵坐标表达的是存在的量效标度,它的横坐标表达的是存在的演化向度。

大家注意横轴右下方的 t,你在一般坐标上见到 t 就指时间(time)。可我专门另做一个界定,t 指什么?——"时间或前时间的衍运维",亦即"演动向度之指示"。我为什么要做这个说明?是因为在我大尺度讨论问题的时候,我的这个坐标系包含着时间还没有发生的原始起点,谓之"始基奇点"。在此位点上时间还没出现呢,因此这个轴向、这个 t 不仅仅指时间,它还包括前时间,即在没有时间的时候演运也在进行,只是我们无从感知罢了。因此它是"时间和前时间的衍运维",指示的是"演动向度"。纵坐标表达的是"存在量度",而存在的量度由两部分构成:存在的效价和代偿的效价。中间有一条下斜线,我把它称作"衍存偏位线",它表达的是存在度一路递失。请注意这是在137亿年大尺度物演史上没有反例的运行态势,存在度一路下倾,而且这个下倾过程在我们的属性考察上它还是加速度的,或者很可能是加速度的,没有参数我们现在说不准。那么如果是加速度的,它就可以在坐标系上表达成一个抛物线。所以我在《物演通论》第四版中把这个抛物线图附加上了,但它并不意味着那个线性关系完全不成立,因为即使是加速度,如果它是差额等比的或者它是几何级数的,通过坐标变换(比如取对数值)也可以表达成线性关系,而用这个线性图例更容易表述。

再看该坐标示意图上面的那一条虚线叫"存在阈",也就是英文符号 Ts 之所示,它是"存在度"与"代偿度"这两者的相加值,我亦称其为"代偿等位线"。就是说存在度丢失多少,代偿度则追补多少,两者之和永远是一个常量。大家还要注意,在其右端另有一条虚线，我把从左边的坐标纵轴到右边这条平行虚线之间的范围，取名"有限衍存区间"或"存在度分布区间"。它是一个非常重要的概念，我在后面会专门讨论。

下面谈谈"存在阈"的概念，我说"存在阈"在纯逻辑推导上"自必成立"。我换成大家比较容易理解的方式来解说。首先它是一个普适常数，也就是普遍适用的一个数学常量。在数学上，在物理学上，这种普适常量是很常见的。什么意思？存在度丢失多少，代偿度追加多少，代偿度的追加部分只是存在度减损部分的对应补偿。因此它在演动轴向上被拉成一条线，从一个起始点延展为一条等位线，并形成任何存在者得以存在的基准常量。我这样讲大家很难理解，我举一个例子，我们绝然见不到代偿度高出这个常量的状态，请问你见过一个会做四则运算的鱼或者一个会做微积分演算的猴子，你见过吗？你一定见不到。

万物的属性，感应属性、感知属性、灵动能力一定是渐次演进而来的，你见不到任何峰值波动。不仅没有高出这条阈线规定的任何范例，也绝对没有任何物类可以低于此项基准值而存在，万物一定始终保持在这个常数上。我下面的举例不够准确，但是便于大家理解。比如我们人类有一种疾病叫"先天愚型"（亦称"唐氏综合征"），孩子的智力发育只达到灵长目动物的水准，可是他的有机体结构，他的实际衍存位阶是存在度极低的人。他的感知代偿达不到人类的高度，这种孩子根本没法存活，即便父母精心呵护他都很难活到成年。为什么？代偿不足，代偿度达不到或者不能满足存在阈的要求，他就不具备或者不充分具备存在的资格。昨天讲课的时候，我说宋代以后中国社会文化不再发展，被农业文明的过度成熟和僵化所压抑，我说此属代偿不足，因此它快速衰灭也是这个含义。所以你会发现这条阈线规定得极死，你既见不到超越它的局面，我现在是具象地讲，在逻辑上我不用这样说就可以证明，你也见不到低于它的局面，一旦低落则立即失存，它表达为总是等值匹配的守恒关系。

我再举个例子，看看这种匹配关系的规定。比如蚊子，它的存在度较高，已经生存了上千万年，大家知道直立人只存在了三五百万年，智人到现在只存在了二十万年。所以蚊子的存在度或生存度居于高位，于是蚊子的智能判断力相应偏低，低到什么程度？夏天你把自己敞开让蚊子叮咬，蚊子飞来你就拍死它，蚊子大多不会躲闪，一根筋地拼命攻击你，哪怕九个蚊子被你拍死，第十个蚊子照叮不误。按照我们人类的算计，如果是持续性的损失大于收益，你必须收手，否则不免玩完。可是蚊子繁殖能力超强，表达的是存在潜力或存在度高拔，而它的繁殖期仅见于夏末秋初，错过了便无法弥补。它智力代偿低下，没有综合判断力，无法计较损益平衡，结果反而长存不衰。因为只要有一只雌蚊完成吸血，产卵量就达几百上千，大家想倘若蚊子像人一样聪明乖觉，发动进攻以前反复计较利害，如果成功的机会低于丧命的概率就裹足不前，想必蚊子早已灭绝了。是不是这样？所以它一定是匹配关系，就是它的低智状态反而是一种保护机制。请大家听懂我这段话，我在具象上讲其实不准确，但是有助于大家听明白，这就是那个常量阈值的规定性体现。

我下面讲"互补原理"。这个东西也来自物理学上的表述，我只是借用这种逻辑形式，因为哲科思维是同一个思维系统。可总结为：A.等效原理或等价原理，指存在度之所失必为代偿度之所偿予以递补，也就是补量和失量完全相等；B.非等效原理或非等价原理，指代偿效价之所得终于不能等同于存在效价之所失。什么意思？从表面量度上看，属性增益量是代偿增益量，是存在度丢失量的完整补齐，二者是等价的。但是代偿增益的这个东西，属性这个东西，它其实不能递补存在效价的流失，它只是对存在效价的虚性弥补，它绝不能实补存在效价本身，所以二者又是不等效的。由此引出下面最重要的一组概念——"有效代偿"与"无效代偿"。

"递弱代偿原理"概述

我们下面谈"有效代偿"和"无效代偿"，我在书中把它叫"佯谬"。"佯谬"这个词是一个当代物理学概念，比如波粒二象性。由于基本粒子是从奇点能量态转化或爆发为时空质量态的最早物质过渡形式，所以作为量子其介乎于能量和质量状态之间。于是它一方面显示为实体粒子状态，一方面又显示为能量波状态，这种物理学上的"波粒二象性"谓之"佯谬"。

我借这个概念说的是另一回事。既然互补原理有等效与非等效之别，那么必然引出"有效代偿"和"无效代偿"这个佯谬，也就是两者都成立。所谓"佯谬"就是看起来像一个谬误，但它实际上不谬。这个概念特别重要，读者出问题大都出在这个方面。

什么是"有效代偿"？就是存在度递失以后，物质内在的属性生发量增大。这个属性增益量弥补了存在度的丢失，使存在者回到"存在阈"这条普适常量线上来，从这个意义上讲代偿有效。比如一个先天愚型的孩子突然正常了，于是他能存活了，这个代偿有效；比如我们正常人智力代偿量足够，于是我们能够有效生存。但它又是无效的，为什么说它是无效的？因为它的补偿只是经由"属性"假冒替换上来的虚补，不能实补存在效价的丢失，因此它最终又是无效的。也就是你人类虽然能力越来越强了，可是你仍然衰变速度越来越快，你仍然存在度极低，而且将继续低靡下去。它一点都不能补足存在度，这个概念非常重要。

很多人在网上争论，认为这个说法不可接受，理由是人类跟其他生物完全不同，人类根本不在这个范围以内，人类的能力足以让人类永存，并且有望在整个宇宙中播撒人类的种子。可是大家想人类的智能是什么？是从单细胞膜上的离子受体，到扁形动物的视觉感性，到脊椎动物的判断知性，到灵长目动物的前体理性，然后到人类的高智状态。要知道生物学家给猴子、猿类做实验，比如让类人猿黑猩猩加强学习，充分调动其智力潜能。这些生物实验是非常有趣的，我建议大家抽空读一点儿相关资料。这些黑猩猩居然能够识别人类的符号概念，甚至能够做基本的算术加减，也就是人类的能力一点都不超拔，它完全是生物演化之连续变量的最后那么一丝多余的积累，一个点点滴滴的感应代偿增量。

如果代偿是始终有效的，那么在生物演化的38亿年里，就应该表现为越晚近、越高智的物种，它的死灭速度越慢，它的存在度越高。可实际情况不是如此，动物的能力越高，反而灭绝速度越快，能力提高丝毫无补于其载体存在度的一路丢失。人类就是它们的继承者，而且只是一个微小变量的继承者，人类绝不是超自然的存在。那么凭什么到人类这儿突然就代偿有效了？这个说法根本不成立。因此在逻辑上，在宇宙物演史上，没有任何反例。说到底人类只是这个宇宙进程的造物，是自然分化的一类，你凭什么说到你这儿就发生转折了？你有任何拿得出手的证据吗？完全没有！所以大家一定要注意理解上述概念是打破"人类独特"这个幻想的关键。

我们最后谈代偿的后果。我前面讲随着存在度的流失，感应属性相应增益。请记住我说"物"是一系演化的，生物和前面的非生物均是如此。它根本不是物的本质出现变化，它只是内在质料完全相同的演化，它只是物态的演化，它只是物壳的演化，所以叫万物同质，所以叫万物一系。那么感知代偿就是感应属性代偿的结果，即从电磁感应最终发展出感性、知性、理性，最终达成我们的精神存在。我们人类强大的智能，其实不过就是这个东西的代偿增益。这就是为什么我说高科技发展是损害性标志，它是你存在度疾速流失的产物，它绝不能维护你的存在。这是一个明确的外在可经验指标，就是只要你的这类能力增加，感应能力、感知能力、科技能力，只要你的这个东西增加，一定标志着你的存在度在下倾。

那么"能动代偿"也同样，能动属性从鞭毛虫开始，发展到人类的生物自由乃至社会自由，它一定表达着整个人类生存态势趋向于紊乱化。再看"结构代偿"，从粒子结构、原子结构、分子结构、细胞结构、机体结构、社会结构，如此层层叠加，形成一脉演化的格局。因此我在后面会讲，社会结构不是人造结构，它完全是自然结构化进程的继续，它完全是一个自然实体结构，本质上它跟花岗岩那样的顽石结构是一回事。这个结构系统的演化越来越脆弱，因此人类的社会代偿也照例无效，社会越发展越先进，就跟你能力越发展越先进一样，它是存在度倾跌的直接指标。

我们在宇宙物演全系列、大尺度上探讨，从根本上揭示了"人文现象"，也就是"人类文明现象"的自然存在之根据和发生学原理。我们说结构强度之变化，越低级越原始的结构一定越稳定，结构越紧固，即结构强度越高。比如物理学上有"高能物理"，什么叫高能物理？你要破解一个基本粒子结构，你必须使用上亿电子伏特的能量才行，可见这个结构强度极高；可如果你要打开原子核结构，比如你从原子核中轰出一个中子，你只需要几千万电子伏特就够了，这叫"中能物理"；如果你要改变原子结构外壳层的电子分布，你只需要几十电子伏特就可以把一个电子打出去，这叫"低能物理"。它说明什么？越原始、越低级的结构越稳定、越强固，越发展、越高级的结构越松散、越脆弱，尽管它变得越来越复杂、越来越繁密。

原子结构上面是分子结构。分子结构松散到何等程度？比如氯化钠，你只要放在水里，它立即发生电离，变成了钠离子和氯离子，它就脆弱到这种程度；到细胞结构，它居然没有外部物质能量的支持就维持不住自身结构，这叫"新陈代谢"；到有机体，它当然又比细胞结构脆弱得多，它是多细胞高分化的一个结构，于是出现生死轮替；然后到社会结构，它是人类和生物体质层面残化的至上结构。于是社会天天动荡，永无宁日，以至于你都不觉得它是一个实体结构，而我前面讲过它跟花岗岩这个实体结构本质上是一回事。所以我们会发现，自然递弱进程在"结构属性"上也一路表达，尽管结构形态越来越繁华，尽管结构功能越来越璀璨，尽管我们觉得自己越来越了不起，但我们照旧是一路走向弱化和失存，这个东西叫"社会进步"。是不是这样呢？我看恐怕是确定无疑的。

我们下面稍微讨论一下代偿效力的具体规定。

A.愈原始的代偿属性，其总体分布范围愈广，亦即它得以落实的普遍性愈大，局限性愈小。

这句话什么意思？就是越原始的那个代偿属性，它的代偿力度越高。我举例子，比如我们在感性上看植物都是绿色的，这非常稳定，尽管绿色是一个假象，可它永远不变，不仅对你不变，早在有色觉的中等动物那儿一直到人类，数千万年、上亿年间都没变过；可是到知性判断，它已高度动摇，常常难以抉择；到理性，人们得把所有问题整理成概念、理论、思想观念、逻辑模型，它不断地变更，不断地出错，证伪速度越来越高，这就是我前面讲的波普尔证伪主义科学观。它表达的是什么？理性越来越飘摇，它远没有低位感性或知性稳定。

再比如我们人类建立感知，总是借用最基本的属性来奠基。比如视觉用光谱，光是最原始的电磁属性；比如听觉用震动波的能量，震动波是最普遍的现象；比如味觉，试看酸味是什么？就是氢离子，液体中氢原子丢掉电子，只剩下一个质子，这个东西产生"酸"感，也就是动物和人类都用宇宙一号元素之氢核来建立酸的味觉……由于你用越原始的属性所建构的感应体系越具有普遍性，因为它在最底层，它统摄上面所有的属性，因此你的基础知觉高度稳定，因此你的感性远比理性强固得多。而且你会发现愈原始的代偿，其效力也愈强。表达在人身上，我举例子，这些举例都不够精确，我仅是随手拿出个例证便于大家理解，比如情感的冲击力一定强于理性，你如果感情受到刺激，例如你失恋了，你可能想自杀，但你绝不会因为做不出一道数学题，便大哭一场跳楼了。所以休谟说"理性只不过是激情的奴仆而已"，这话说得很好，因为情感是更低位、更低级的知性状态的表达。比如弗洛伊德讲"潜意识扰动显意识"，因为潜意识在下层，于是你的显意识不由自主地被它决定，你却不能自觉。

B. 愈后衍的代偿属性，其总体分布范围愈窄，亦即它得以落实的普遍性愈小，局限性愈大。

比如我们的理性，它发展的过程中信息量越来越大，于是不得不分科，导致今天任何一个科学家都只在他那个学科里是专家，脱离了专科他立即变成白丁。物理学者不懂心理学，天文学者不懂考古学，考古学家又用不着懂数学，我们变得高度偏执化、狭窄化。

而且愈后衍的代偿效力也愈弱。比如马斯洛讲五项需求层次论，他说人性中最根本的需求是生理需求，然后依次是安全需求、归属需求及尊重的需求，最后才是自我实现。也就是说你饭都吃不饱，你一定首先追寻食物，你性欲都不能满足，你不免心心念念牵挂着异性，你绝不会忙着去搞共产主义。也就是那个高层的自我实现之理念一定是最后位、最薄弱、最飘摇的，你随时都可以抛弃它的一个东西。而且它没有任何稳定性，你昨天是共产主义者，文革的时候你激烈造反，你今天是企业家，是资本主义的代表。这东西变起来非常快，因为它居于高位也临于失位，因为它是后衍代偿。

C. 由此导致，代偿扩展的内在要求愈来愈迫切（与A项相通），而代偿聚焦的外在效果却愈来愈尖锐（与B项相通），从而令代偿进程的实现概率倾向于逐步递减。

也就是说，后衍代偿越来越难以落实。比如人类现在的欲求越来越多样，科学学说越来越繁杂，能实现的欲望和能落实的技术其实是很少一个部分。而且这个代偿效应的递弱现象是被遮蔽的，请注意这一点很重要。就是说它虽然是一个弱态的代偿，但它经常掩盖底下的强效代偿。比如我们的人性可以遮蔽兽性，我们觉得人不是野兽，其实你就是野兽，古人早就明言："食色，性也。"你最基本的人性是什么？吃饱肚子、寻求繁殖，这两项是不是你最基本的冲动？这是禽兽就具有的素性，在你身上是不是最顽强的东西？你一天三顿饭一顿都不少吃，你说你是人，食色何来？但是人却觉得自己绝不是一般动物；比如理性可以抑制感情，我用最飘摇的理性强行压住情感的暴露，努力克制情绪对行为方式的误导；比如潜意识遭到压制，以至于非得弗洛伊德这样的学者才能将它深刻地调动出来；比如自我实现的虚幻理想，经常让你去干比跳楼还危险的事，例如你去参加革命、去献身牺牲，你根本不顾生理和生存需求了。这种遮蔽现象使得我们人类经常误以为自己是一种超自然的存在。

如果我把这种递弱代偿效应分别表达在三个领域，那么它就显现出自然存在的人种危机、精神存在的文化危机和社会存在的政经危机。这话究竟是什么意思，我们分五条来谈：

第一，衍存条件递增律。我讲过弱化就是分化，而所谓分化就是残化。存在是一，那么分化了，每一个分化体就相当于一个残化体。由于物质的本源是一，因此它就有一种内在冲动，总是寻求回归于一，于是属性随之发生，通过属性彼此找见其他残体以达成结构。我们把这些残化为外物的东西叫作"条件"。

我们会发现在物演系列上，越后衍的物质存在形态或者物种，它的依存条件越多。为什么依存条件越来越多？一个质子只要找见一个电子，依存条件就满足了，是为氢原子；一个氯离子找见一个钠离子，它就达成化合条件了，是为盐分子；到扁形动物，它的视觉只能看见相关食物，其他东西完全不在其视野中呈现；到人类，万物都成为自身的依存条件。为什么我们的文明化过程就是一个不断制造奢侈品，然后奢侈品不断转化成必需品的过程？是因为我们的存在度越来越低，依存条件越来越多，残化和分化过程才使物质形态显现成"外在条件"。所以大家注意我说"外在条件"的时候，不是讲物质本身的内质改变了，而是讲分化律缔造了"物态"和"物类"的裂变，也缔造了表观外部条件。因此在自然演进的过程中，我们会发现越后衍的存在者，它的依存条件量是越来越增多的。

在人类文明社会，它就表现为"经济与资源范畴的紧张或物欲张力上升"。也就是资源供给显得越来越不足，人们对各种资源的索取越来越广泛，人或者所有生物的欲望、贪念以及求存意志力倾向于越来越高。这都是那个分化律造成的，或者叫弱化分化律造成的。于是它使得依存基础更易于坍塌，你想你要有一大堆条件来维持你的存在，和你只需要单一条件就能维持生存，哪个更容易实现？比如原始单细胞，阳光一照它就逍遥自在，所以它稳定存续38亿年。而你今天需要万物支撑，直觉感官都囊括不了，只好拿概念、拿思想、拿理性去寻找缥缈的万物，结果你天天动荡无休，欲望不断提升，知识与日俱增，却永远不得满足。你的生存状态越来越脆弱，诸多条件中若有一个条件抽离，你立即面临危机。比如古人没有电，也没有任何电器，生活不受丝毫影响，而今天停电试试，所有人的正常生活全部打乱，手机信号、电脑、冰箱全部瘫痪，是不是这样？

第二，衍存感应泛化律。我前面讲越低级的物质存在，它的感应属性越低，在粒子阶段是最原始的强弱作用力；原子、分子是电磁感应；单细胞出现受体；扁形动物发生视觉；脊椎动物演成知性；灵长人类进为理性。你的感应属性越来越泛化、越来越增加，由此造成文明社会之"文化与信息范畴的紧张或智性张力上升"。也就是你今天没完没了的求知，你今天没完没了的学习，以至于爱好学习成为一种美德，其实它是衍存感应泛化律造成的。大家想想古代七八岁的孩子，种地去了，放羊去了，不学习照玩照活不误。今天你拒绝接受学校教育试试？你必须坚持长期学习，你努力学习是因为你倒霉了，而不是因为你高尚了。这是由于依存关系过于繁琐而致错乱，你得终生学习方可有效网罗生存资料。不过你学习越多不免又越茫然，因为知识增量正是信息泛滥的产物。所以你听我这个高品质的课听出的结果是什么？没有任何知识具备确定性！你从此堕入云里雾里，然后我还说这是最佳的求知状态。

第三，衍存动势自主律。就是自由动量越来越大，自主能动性越来越高，到人类文明社会表达为社会自由之诉求，叫作"行为与信仰范畴的紧张或自由张力上升"。也就是今天所有人的行为方式越来越离散、越来越分歧、越来越自由，人类的信仰越来越丧失，人类从神学期走向哲学期、科学期，离神学、离信仰越来越远。但它的实际结果是什么？它在文明社会中表现为"依存迷失"的概率增大，也就是你的自由能动性越高，其实你越不知道自己该干什么。所以能力越强、在社会上越能折腾的人，其实大多是越迷茫的人，所以他们才来天天学习、日日恶补。

第四，衍存结构繁华律。就是结构越来越繁化，从粒子结构一代一代叠加不止。大家注意宇宙物质结构不是不断地改变构型，而是在原结构上持续地进行堆垒叠加。粒子结构的叠加乃为"原子"，若干个原子堆垒在一起叫"分子"，无数分子的叠加组合叫"单细胞"，无数单细胞残化构合叫"有机体"，无数有机体残化整合叫作"社会"。所以我们会发现宇宙物演结构是层层叠加的，我把它称为"结构繁华律"。它使得"政治与制度范畴的紧张和社会张力上升"，这就是今天人类社会越来越动荡，政治怪象越来越频发，人类整体生存稳定度越来越降低的原因，可谓之"系统稳定性难以保持"。

第五，衍存时空递减律。也就是越原始、越低级的存在物类或物种，它的总质量越大；越后衍、越高级的物类或物种，它的总质量越小。请注意很多人认为，我们人类目前在地球上都70多亿了，总质量可不算小了，要知道在整个宇宙中，只有极小极小比例的天体有高智生物。比例小到连宇宙原子存态或分子质量的亿亿万分之一都没有，这叫"衍存时空递减律"。也就是你在空间上的质量越来越低，你在时间上的分布越来越短，由此造成"环境和人口范畴的紧张和生态张力上升"。你人口数量越增大，整个人类的生存紧张度越升高，环境破坏程度就越严重，人类的总体寿存就会越被压缩，亦即某一物类的常态质量过度扩张必将造成其衍续时间被相应挤压和缩短，是谓"质量物态的空间和时间分布趋于萎缩"。

总结以上各项，递弱代偿效应在我们文明世界里表现为"经济、文化、行为、政治、环境"等全面危机。概括起来，应该看到"自然存续危机"是总纲，因为无论人的身体、人的精神抑或人类社会都不过是自然系统弱演代偿的产物。

这个哲学思路，它是对古希腊哲学的回归和寻根，请记住古希腊哲学之初期恰好叫"自然哲学期"。这也就是为什么我说，西方哲学史的走向正显露出日益肤浅化、轻薄化和散乱化的原因。

"演化运动矢量"与"有限衍存区间"

下面我们谈"演化单向度"或"演化运动矢量"。

回顾一下前面那个坐标示意图，其中那条下倾线即"衍存偏位线"是单向度运行的，绝没有逆反的可能。我在前面讲课的时候，曾经说一句话引起哄堂大笑，我说有人说我反动，其实我的学说恰恰是在告诉你，为什么你想反动都反动不成。因为宇宙物质演化的基本动向是单向度的，是没有双向跳动的可能的，至少对于我们人类这种微弱的有限存在者而言，你千万不要指望它能够调头回转，辩证法在这个地方不成立。

我们也可以将其诠释为"演化运动矢量"，请注意"矢量"这个词项，"矢量"是个典型的物理学概念。物理学研究什么？

研究物体在时间和空间中的位移。在这个位移关系上讲"矢"和"量","矢"就是向度,"量"就是量度。我的哲学探讨的是什么?不探讨物体外在时空中的位移,讨论物存内质的演化方向和演变动量。请注意一个是时空位移,外在时空位移;一个是内质演化变量,这两者区别巨大。而在内质演化上讨论矢量或向量,这是第一次讨论物质演化的方向,讨论物质演化的量度,此前没有任何人在哲学上有过这种探讨。所以大家一定要读懂"物质演化矢量"的概念。

我们下面谈另一个重要关键概念,叫"有限衍存区间"。先秦时代的尸佼,作为诸子之一也被称为"尸子",曾经对"宇"和"宙"这两个字做过一个注解:"四方上下曰宇,往古来今曰宙"。"宇"这个字指空间;"宙"这个字指时间。所以说既往的宇宙观全是指代"时空观",这话一点都不错。我前面讲一切物理运动的研究,都是探讨物质在时空中的位移,牛顿的学说你可以理解为"绝对时空学说",爱因斯坦的学说你可以理解为"相对时空学说",都是单纯的时空理论。其实佛教词汇"世界"这两个字也是指时空,"世"指时间,譬如家世、人世;"界"指空间,譬如地界、国界。所以"世界"这两个字和"宇宙"二字的意思完全相同,均为时空概念。

可是康德曾经探讨过一个问题,他说时间和空间可能在客观上根本就不存在。他说时空这个东西只不过是我们的"先验直观形式",请注意"形式"这个词我前面讲过,感知方式、思维程式叫"形式"。时空是什么?不是客观存在,而是我们经验外物之际必须主观派生的一个感知平台。我换成大家比较容易理解的语言:由于我们的感知通道是封闭的,我们够不着那个客观世界,我们不知道客观世界上有没有空间,有没有时间,这个问题无法验证。对于康德的这种说法,你不能证伪,也不能证明,但是它至少成立一部分,也就是至少你的时空是主观的,而不是客观的。这个说法不排除外部有一个真实的客观的时空,但人类所说的时空永远是主观的。

大家想即使外部有一个时空存在，它也应该是非常稳定的，比如太阳系，太阳已经存在了50亿年，至少还将存在50亿年，100亿年间太阳系的时空状态大抵不会发生显著变化。可我们人类的时空观呢？它不断发生改变，短短5000多年就连续发生了五次大改变，盖天说、地心说、日心说、牛顿的绝对时空说、爱因斯坦的相对时空说或时空弯曲说，它说明什么？说明我们所说的时空是主观的，不是客观时空。而既往所有人探讨宇宙观，基本上都只局限于时空范畴之内，因此有一个巨大缺陷，那就是时空只是"广延属性"而已。我在前面讲过物理学现在证明，现代宇宙论证明，宇宙发生以前，那个奇点状态下时间、空间不存在，所以时空只是一个属性，它不是物质的内质规定，它是物演内质存在度本性的递衰带出来的一个属性。而你不管物本身的存在内质状态，只谈它的外在属性，你当然太浅薄了。我们这个学说是要讨论物存内质的变化怎样带出外显属性的变量，所以我把这个有限衍存区间叫作"非时空的有限衍存区间"。什么意思？就是即便将时间和空间抽掉，万物亦只在这个区间内存在。

好，我们再把前面那个坐标示意图调出来，大家看上部的区间标志，从左边的坐标纵轴到右端的那条垂直虚线，我把这一段叫"有限衍存区间"。什么意思？不管空间、时间客观上有没有，不管我们的主观时空如何变化，我们把时空这个概念暂且抛掉，世界万物只在这个区间内存在，这个区间以外没有任何东西。请大家看这个区间的左端是什么？是奇点。当然可能有一天我们突然找见奇点的一丝属性，则这个逻辑极点还会往前移，但它总有一个边界，至少你在感知上始终有一个边界，只不过这个边界稍微飘移而已。这个左端起始，就是存在度最高的状态，然后存在度一路下倾，存在度下倾才使得属性增益，而属性的集合才是万物呈现的样态，叫"代偿态"。也就是所谓"万物"，所谓"物类"，所谓"物种"，其实只是某种"代偿存态"，而且它一定在这个右边界上消停，也就是在存在度趋近于零的这条临界线上，往右边再也不会有任何东西存在。

我再度提请大家注意，尽管"区间"一词似乎已经有空间的含义，但是我还是希望大家把时空概念抽离，我讲万物只在这个有限区间内存在，这个有限区间以外就是"绝对的无"。莱布尼茨等多位哲人曾经问过一句话："为什么存在者'在'，而'无'却不在？"这就是答案。因此呢，我们能够探寻的最原始的存在，奇点存在，存在度最高，人类乃至人类的后衍物系，比如基因工程人，将来的基因编辑人，比如各种机器人，它也一定会在智能和体能代偿上发展到那个极致边界而终归消亡。

很多人坚信我们人类会永存，反问我说，你凭什么讲人类是最后一个物种？你怎么知道人类后面不会发生另一个比人类更弱化，或者代偿能力更强的物种？我说这个问题我不用哲学探讨，我只用生物学常识就足以回应了。大家知道任何新物种的出现，它必须具备两个条件：第一，地理隔离，同一个物种如果没有地理隔离，它的任何突变基因都会在本种群内通过性交立即播散和稀释，新物种永远不会发生；第二，它在地理隔离的基础上最终由于变异偏移度极高而产生生殖隔离，也就是这两个原本属于同一物种，后来被地理隔离，在不同自然物候条件下，自然选择方向不同，使得它变异积累，终于形成新物种。形成新物种的标志是这两个物种再碰合到一起时不能正常交配，或者正常交配以后不能生出正常后代，这叫"生殖隔离"，这时候新物种才宣告确立。

大家看今天还可能吗？显而易见，在人类这个物种后面不可能产生新物种了。因为今天已经成为地球村了，因为今天对地球人类来说已经没有地理隔离了。白人和黑人可以通婚，黄人和棕人可以通婚，地理隔离消失了，而且我讲过基因突变需要经过上百万年的长期积累才能产生新物种，而现代智人才存在了20万年不到，已见危机深重，灭顶之祸将临，他根本没有后面的那100万年供其慢慢地进行基因变异积累。所以人类的后面，再不会有一个超越现存人类的新型高智生物物种已成注定之局。

可能有人会说，基因编辑人现在已经试验成功了，或者人工智能造出的机器人，它的代偿度将来会比人类还高，何以见得它一定不能行稳致远？可你要记住，它代偿度增高，其实标志着它的存在度进一步降低。也就是你基因编辑了一个智能比当下代偿程度还高的人，以至于所有母亲不敢正常生孩子了，生出来的孩子相当于先天愚型，所有人都到工厂里去制造，就算到那一天，人类的智能在基因编辑的进展上大幅度增高，结果是什么？一定是更快速的死灭。什么意思？一个新的基因编辑技术出现，立即就把前面那一茬基因工程人覆盖掉了，它比摩尔定律还苛峻，越高级的技术产品其存在时度越短。机器人也同样，就算你有一天造出比人类智能高得多的机器人，它能力的提高标志着它的存在度极低，它会在我们工业系统上表现为这样一种状态，越高端的产品，功能寿期越短，是不是这样？即使撇开摩尔定律，这个趋势也是注定的。当它翻新的速度大到它刚一产生就被置换，比如一个高智生物编辑人刚一出现，基因编辑技术又提高了，立即把它淘汰掉，把它否定掉；比如机器人刚出现，另一个更高的人工智能制造出新一代升级版机器人，立即把它淘汰掉，如此一往会出现什么局面？我用庄子的一个词叫"方生方死"来比喻。也就是它有一天会达到这样的状态，它的先进程度或智能代偿程度高到这样的状态，它被迭代的速度快到这样的状态，它刚一被制造出来就立即被否定，这叫"方生方死"。而且它的质量总和一定是极低的，也就是你基因编辑的人刚育成了几个新个体出来，你智能制造的新型机器人刚生产了几台，又一茬新技术出来了，它们得被淘汰。因此它们的衍存质量一定是递减的，它们的存续时段一定是递缩的，最终达到方生方死，也就是刚一产生，随即陷于否决和死灭，这就到达了那条右端失存临界线。无论我们怎么考量它都存在，你往前怎么代偿它都存在，而且你代偿度越高，它一定显得越临近、越明确，它将被方生方死所验证。

我想大家应该能听懂我这一段话讲什么。很多人认为人类将来前途无量，人类的智能不断提高，人类通过基因工程、基因编辑制造出更高智的人，人类通过人工智能制造出更高智的机器，从而最终统治宇宙……这纯属胡思乱想，根本不存在这个可能性，因为它一定是质量递减、时度递短，直至以方生方死的理想形态碰到那条右端失存临界线。这也是为什么我们见不到外星人的原因。

我们下面谈一下外星人。为了让这个课生动一点，我会讲一些我的书绝不涉及的热门话题。物理学界有一个著名人物叫费米，大家知道费米是首先发现中子轰击的人，他曾提出过一个著名的"费米悖论"。就是费米追问为什么迄今还见不到外星人？费米的这个追问包含的意思是这样的，地球上产生人类，从几率上讲绝不可能独此一例，因为人类只不过是一个自然界的造物，只要自然条件达到这个状态，生命之演化就必然会推出智能物种。太阳系只是一个小小的星系，仅银河系就有2000亿到4000亿颗类太阳恒星。据天文学家观察估计，大约有5%至20%的恒星有行星环绕。各位算一下，拿最低数2000亿乘以5%的行星比率，这是一个多大的数量级？然后我们假定所有行星中只有1%是类地行星；我们再假定在类地行星中只有1%有低等生命，比如单细胞；我们再假定有生命的行星上只有1%有高智生物。你就这样一点一点把它往下推算，你知道学界给出的结论是什么？仅银河系就大约有100万颗行星上有类似于人这样的高智生物，100万！我们说少一点，10万！仅银河系，请记住银河系只不过是宇宙中数千亿个星系中的一个星系。大家想想虽然高智生物的总质量在宇宙中极低，但它的分布量何其之大，如此之多的高智生物，它们为什么没有来到过地球呢？

我再给大家说一组数据。据天文物理学家研究，137亿年前宇宙从奇点爆发，大约在爆发以后的17亿年到50亿年之间形成恒星。大家注意我说最迟50亿年恒星发生，而恒星里至少有5%存在行星。要知道太阳系行星出现的时间和恒星相较仅迟了4亿年左右，那也就是说诞生生命的可能性，是在宇宙爆发50多亿年以后就出现了。我这个话的意思是说，高智生物的演成时间最长可能足以提前几十亿年，比我们人类早几十亿年。大家要知道太阳系才50亿年，也就是宇宙爆炸80多亿年以后太阳系才出现。而50亿年的时候恒星系已经发生了，理论上比地球人早的高智生物，早在20多亿年甚至30多亿年以前就应该出现了，而我们人类文明才不过短短5000年，就是有思想、有文字符号才不过短短5000年，我们今天已经发展到自己快把自己玩完的程度了。它比我们早几十亿年，如果说它的能力是可以永恒提高的，如果说没有这条右端临界失存线，如果我们的文明不是拿5000年计，而是拿5万年、5亿年计，请想想我们的能力会高强到什么程度？我们早都可以到达宇宙任何一个地方了。这就是为什么有天文学家讲，说宇宙中的外星人，或者叫外星高智生物，到现在还没有可靠依据证明他们登临过地球，是因为宇宙中有一个"大过滤器"，说有这样一个东西阻挡了高智生物的星际往来。

　　什么是"大过滤器"？递弱代偿原理就是"大过滤器"。换句话说，任何一种生物都不可能超越此项法则而具备如此之高的代偿能力。请大家看看我们地球人类，我们今天连太阳系还没有走出去，我们今天还没有在太阳系内的任何一个其他天体上定居呢，我们已经快玩完了。我们今天连太阳系还没有走出去呢，我们已经高度危机且已面临灭顶之灾。大家想想它说明什么？我前面讲过如果一个学说或原理成立，它要在整个宇宙中普遍有效，它绝不能只适用于这个小小地球。那么我们可以推想宇宙中的其他星球，那些宜居星球上出现的高智生物，它也一定根本发展不到足以进行恒星际交流的程度，在这之前它的代偿度已经达到最高值，它的存在度已经低到趋近于零，它已经进入灭绝境地或方生方死状态。它根本无法进行或者说它的智能代偿根本不可能突破宇宙星系之间的距离和速度屏障，这就是外星人理论上无数之多，而迄今到不了地球的原因。所以人类千万不要幻想将来还能统治宇宙，得了吧，你只要能把地球统治好，甚至你只要能在地球上安居长存，你就已经很了不起了。

我讲这些是想说明什么？是用原理的解说和具象的例证告诉大家，我们得用一个全新的视角看待事物的内质演化，而非仅以宇宙时空的外在观照方式再造宇宙观。然后我们从这个新的宇宙观或世界观出发，我们才能看清自己的命运，我们才能展望社会的未来，我们才明白究竟应该做什么以及怎么做，我们才能知道人类下一期文明进程将凭借什么东西来作为长远建设的理论依据。

课程回顾与总结

我们现在做课程回顾。大家听我前面授课，我一直用"反进步论"的方式讲解，这跟传统上所有人讲历史是完全不同的角度。为什么？因为进步论是衰变论的翻版，因为进步和发展的趋势不良。因此我们用一种相反的宇宙观和相反的理论体系，重新解读人类文明史。我说"生存形势越来越恶化"，大家注意这句话的涵义，就是你的存在度不断递减。然后我说生存结构是关键，什么叫"生存结构"？不是指生产力、生产关系或经济基础、上层建筑之类，我一再讲它包括外在环境和你的内质状态，也就是你自身的存在度、代偿度和你所处的外部分化环境之间的总体匹配关系，我把这个自然存在的动态全系统称之为"生存结构"。

我反复提及"文明进程是一个自然进程"。请大家听懂，在这个坐标示意图上，人类文明史处于这条下倾线的最后那一点点，它只是这个自然进程的终末人格化载体，它只是这个宇宙物演序列之最后阶段的残弱衍存形态。所以我一再强调，人类文明是一个自然进程，而不是一个人为进程。

大家注意我的书名叫《物演通论》，但它最终回答的全是有关人的问题。第一卷"自然哲学论"讨论"人是什么"，第二卷"精神哲学论"讨论"人的精神是什么"，第三卷"社会哲学论"讨论"人的社会是什么"。为什么起始于探讨整个"物演"系统，最终却要落实在全程结尾的"人文"之点上？是因为你要想知道人是什么、人的精神是什么、人的社会是什么，你必须大尺度地看清全部自然演运的性质与趋势是什么。因为你不过是物演末端的那个载体形态，只有在这个大尺度上，你才知道你是谁，你来自哪里，走向何处。因此我讲人类文明进程是人性败坏的堕落进程，而一般人说人类文明发展，是各方面倾向越来越良善，人世间变得越来越美好。

请注意听懂我这节课，你才知道我为什么这样讲。我当初这样讲绝不是一个噱头，绝不是为了招致大家的一片笑声，绝不是哗众取宠。它是换一个眼光，换一个世界观重新看待人类在自然界中的境遇。要知道人类的一切文化知识和理论建树，最终都得归结于回答这样一个根本问题：人类在自然界的位置。

既往所有学说，令人类在自然界的位置处于最高端。今天我的学说，把人类在自然界的位置下拉到最低端。我这样讲跟大家的观感完全不合，所以我必须讨论一个问题，谓之"情境评价与终极尺度"。当我讲人类文明是一个越来越恶化的进程的时候，一般人是根本无法接受的。我见到太多的人反驳我，而我坚持"不争论、不说服、不苟同"的原则，我从来不跟人争辩，网络上我一概不回应。

为什么说文明是一个堕落进程，招致大多数人的反感和否认？是因为我们通常陷入情境评价。所谓"情境评价"，就是拿自己的经验与直感对日常所处的生活境况做概观评价。其实你根本不知道古人的情境，你也不知道比古人还早的动物的情境或单细胞的情境，反正你觉得你不想做猴子，反正你觉得你比古人活得好。

问题在于，你怎么知道古人活得不好？比如我在孔子课上讲，你今天的状态不叫物质生活丰富了，那叫生存成本提高了。你连悠闲都丢掉了，你的生存安全感越来越低了，古人没有这些操心。你怎么知道你的生活要比古人幸福？你不知道！你只是站在一己之角度，觉得以前的东西都不够好，这是典型的情境评价。而情境评价难免受到个人自身感官和生活经验的局限，要知道感官经验局限相当于动物认知局限，它是一个极其狭窄的、无法对照也无从评判的局限，所以它根本无效。

我们到非洲去，看见马赛人穷得一塌糊涂，居住的都是泥糊的矮屋，低着头才能勉强钻进去，却见他们天天载歌载舞、其乐融融。我看现代文明人，反倒没见有几个每天欢唱起舞的，倒是整日价愁眉苦脸。显然你根本不知道那种情境评价的局限有多大！

那么什么才是有效评价？——终极评价！也就是你必须拉开一个终极尺度，你必须找见万物存在的基本点。基本点是什么？存在度的高低！一切存在最重要的是什么？惟求存在！请大家读懂我的书，你如果读懂我的书你就会知道，不仅人类在求存，万物都在求存。如果万物不必求存，能量奇点为什么要衰变为质量物态？粒子为什么要进化为原子？原子为什么要进化为分子？分子为什么又把自己演变成细胞？单细胞本来活得好好的，存在度极高，它为什么要去把自己变成多细胞的脆弱有机体？因为存在度不能十足，因为它一开始就得求存，还因为求存只能以衰变方式进行。万物都在求存，求存才是最基本的规定。一切只为存在叫"惟求存在"，这是万物的天赋素性。

我前面开过一个玩笑，我说再穷困的人，活得再倒霉的人，很少有求死的，反而是表面上看似活得较好的人动不动自杀了

（尤以高度进步也高度焦虑的北欧与日本等发达国家居民为多），为什么？不是因为我活得不快乐我就不活了，怕死是出于我们的本性，是物的求存本性使然。因此人们活得再困苦，自杀都是一件很难做的事情，因为我们的本性是物的求存本性，这叫"终极评价"。

所以你若放弃情境评价，进入终极评价，你得如何衡量？看怎样才有利于存在！这个评价才是最关键、最彻底的。换在生物上，换在人类上，叫"怎样有利于生存"，这是第一标准，甚至是唯一标准。如果现代文明正在折损我们的生存气数，正在折损我们的存在效价，那么我们下一期文明将怎样再造？它绝不会是现在这个文明形态的原样接续，它一定得处理存在度递失的问题，尽管它不能阻断这个自然律，但它一定要尽量阻慢，或者使逼近于失存边缘临界线的速度减缓，这是下一期文明最重要的一个设计理念，一个基本逻辑路标，这就是"终极评价"的意义所在。

蒙昧于情境评价，确实是很荒唐的。我举个例子，我说科学时代是一个更暴烈的文明，很多人不同意，说科学时代政治柔和化了，法律人性化、理性化了，人类更有爱了，生存状态更优良了。可实际情况是什么呢？战争烈度越来越高了，从小部落战争直到发展成世界大战。人类早年的文化氛围是制作武器者自知害人也自觉羞愧，而今天制造核武器者是各国都大加表彰追捧的精英楷模和民族英雄。今天人类杀人的方式是操纵一架无人机，在电脑屏幕前动动手指头就把几千公里外的人炸得灰飞烟灭，跟游戏一样，它不更暴烈？基因编辑工程、人工智能技术几乎要把现存的自然人淘汰，它不更暴烈？所以我说你站在情境评价上无效，因此我说科学时代是一个更暴烈的文明。

我这里只是举了点滴例子，我可以列举无数例子证明我们这个时代越来越暴烈而不是越来越柔和，这叫"无效代偿"。大家注意今天物理学界在寻求"终极定律"，在编造"万物至理"。

从爱因斯坦开始，就想把四大作用力，即强作用力、弱作用力、电磁力、引力做成统一场论，物理学想寻找自己的终极真理。其实知识量越大，感知深度越高，标志着你的存在度越低，越逼近于死灭的极限。所以我把它叫"劫末之论"。大家知道佛教上有一个"劫末日"的说法。我在书里有一句话，叫"穷尽其知即乃穷尽其存"。当你觉得你得到绝对真理的时候，它标志着你的代偿度高到极致，它标志着你的存在度趋近于零。因此人类寻求未来生存，其出路绝不在科学层面，而在另外一个全新的宇宙观及其由此引领的全新文明体制。

晚清时候李鸿章有一个著名的说法，他说中华民族面临"3000年未有之大变局"。这个话分量非常重，概括得也非常好。我借他的话引申一句，我说今天的人类，全人类，面临自有文明史以来未有之大变局，而且是迫在眉睫、生死存亡的大变局。这话什么意思我们下午具体谈。人类既往的发展观、进步论以及与此相呼应的各类理论学说显然是不合适的，显然是顾此失彼的，显然是不代表未来的，我们得有一个全新的宇宙观和世界观支撑我们的未来。

顺便简略说一下"宇宙观"这个概念。我此前反复提到"人类文明是建立在思想家的思想通道上的"这句话，而我又讲"所谓思想家是有创世之构思者"，就是能够创造宇宙观和世界观的人才叫思想家。为什么宇宙观和世界观如此之重要？什么叫宇宙观、世界观？我说简单一点，任何一个动物，它在发动求生捕食行为之前，它首先得干什么？找见自己在自然界的位置。动物没有理性，它用直观来找。怎么找？比如一头豹子、一只羚羊，羚羊在低头吃草以前，豹子在选址潜伏以前，先得干什么？羚羊一定不敢直接吃草，豹子也绝对不能率然潜伏。它们一定先得仔细观察周围情况，在可见的整个视野中，它们得看清哪个地方是开阔地，哪个地方是乱石岗，哪个地方有障碍，哪个地方有悬崖，它们必须明辨四野。羚羊必须事先看好如果有动物袭击它有哪几条逃路，豹子必须在潜伏下来以前先算计它进行偷袭的各个角度，不至于使它在捕猎动物的时候愚蠢地跟在比它跑得更快、转身更灵活的羚羊后面傻追，这叫动物的世界观。没有这个世界观，动物的任何求生行为根本无从建立，它的任何具体努力终将落于无效。

人类的依存物已经是宇宙万物，因为他处于高分化的不利境地，他面对的是自身同质的大量残化体。于是他不能用粗浅的直观建立世界观，他得用理性思想和精密逻辑建立世界观。他建立世界观干什么？找见自己在自然界的位置。所以人类也同样，他只要找不见自己在自然界中的位置，他的文明系统就无法展开，他的任何求存举措都将失效。这就是为什么新型宇宙观和世界观缔造不同的新时代。

我给大家举例子。"盖天说"和"地心说"缔造农业文明，实际上是从采集狩猎时代到农牧业文明的早期，借用这两个世界观能够有效维护人类生存。人类农牧业文明是建立在这种宇宙观上的，非常匹配，所以这个宇宙观很稳定，一直不变，托勒密的学说因此持续了1400年以上。哥白尼的"日心说"和牛顿的经典力学缔造了什么？工业时代。工商业文明由此展开。大家再想我们今天信息时代、核能时代，建立在什么基础上？建立在以爱因斯坦相对论为基础的现代宇宙观之上，不是这样吗？可见只有转换宇宙观才能缔造新时代。

那么人类下一期文明当然需要有全新的宇宙观，既往的宇宙观全部关心的是外延时空，而我们现在需要观照事物内质。要知道在着眼于外在时空的过程中，逐步深入究察物性内质的倾向早已出现。比如生物学上的进化论，多多少少有一点探讨，探求生物性状的变异；比如爱因斯坦，他在研究狭义相对论的时候，连带推演质能方程，他已经开始探讨物质与能量的内部关系。但所有这些都没有系统化。我们这个学说是典型的全内质观照，它是既往世界观必趋纵深的时代体现。它能干什么？为我们未来的艰难求存铺垫逻辑通道。

好，我们今天上午的讲课到此结束，下午继续。

浅谈"精神哲学"

我们今天上午重点讲了递弱代偿原理的自然哲学部分，也就是《物演通论》第一卷的主题。我们下午重点讲人类文明的危机趋势和社会哲学论，属第三卷的部分。

我在这里稍微谈一下第二卷"精神哲学论"，大家应该还记得我在讲"西方哲学基础综述"这节课的时候，曾说过一句话：如果面对一个学说体系，你是站在下边仰望它，其实你很难读懂它；如果你能站在一个相对更高的位点上俯瞰它，那么你才能真正理解它。这话是什么意思？我们处在20世纪自然科学大信息量整合的基础之上，我们在这个史无前例的基础上建立了一个全新的哲学模型，这是一个新高点。我们站在这个高点上回望和俯视此前的哲学史之争论，会把它看得非常清楚。那么我们现在就来看看由我的哲学原理引出的有关精神哲学的全新讨论，大致弥补和解决此前认识论哲学的哪些问题。

首先，第一次找见精神的源头。大家知道在这以前的哲学只是专注于讨论精神与感知的作用方式及其规定性，从来没有人探讨过精神从哪儿来。那时候的哲学家潜在默认的状态是什么？是只有人类才具备精神，感性、知性、理性都是人类独有的禀赋。他们从来没有想到精神竟然是物质属性，是在137亿年宇宙物演史上逐步通过属性丰化发育而来的，从来没有人这样想过！因此既往的哲学家从来没有真正探明过精神的源头或源流之所在，这叫"精神发生学"。这个问题第一次有了一个答案，就是诸多属性中之感应属性的代偿增益叫"精神"。

其次，从"知的横向二元局限"到"知的纵向一元规定"。就是此前所有哲学家讨论"知"与"在"的关系都是在横向关系上展开，也就是始终打不破"知"和"在"的二元对立格局，即使寻求突围，站在今天看，化解方式也非常荒唐。他要么否定"知"，结果跌入"唯物论"之泥潭；他要么否定"在"，结果倒向"唯心论"之深渊。比如贝克莱，他没有办法把"知"和"在"的关系统一。包括黑格尔的"绝对精神"，说"在"只不过是"绝对理念的异化"。这些个讨论方式导致"知"和"在"的双双迷失，始终得不出真正有效的阐释和论证。

那么在我这个哲学讨论中，原来的"知"与"在"从彼此对立关系或横向二元局限，转变为直系演运关系或衍存维护体系，此谓之"知的纵向一元规定"。也就是当物的存在程度发生变化的时候，"知"的感应属性之代偿程度相应变化，"知"不是为了对"在"求真，而是对"在"的临时有效代偿。这就是我在前面一再讲，"知"不是为求真而设定，而是为求存而设定，这句话在哲学上可表达为："知"和"在"从二元横向分立格局变成反比函数式的一元纵向生成关系。这是第一次对"知"和"在"给出了一个系统量化模型。

第三，由此明确"'感应'或'感知'的耦合失真之求存依存本质"。大家注意近代西方古典哲学不断讨论，说"知难以求真"，但为什么"知不能得真"？康德说，我们人类的感知总是漂浮在现象界，自在之物被扔在彼岸，是超验的，是无法企及的。什么叫"现象"？康德无法细加剖析。但是在我们今天这个信息量上，我们可以很清楚地发现，所谓"现象"其实就是在感知代偿层面上"感应属性之耦合"。

我这样讲大家听起来比较费神，我换一个直观讲法。电子以它的负电荷，质子以它的正电荷，注意不是真空的孔道，而是两者各自都有彼此对应的感应属性，这两种感应属性互相感知。电子的负电荷只能感应质子的正电荷，质子的正电荷也只能感应电子的负电荷，对电子来说它永远不知道质子的形状、颜色、质量等其他的信息，因为它的感知是被它的特有属性规定的。如果我设定质子为客体，设定电子为主体，那么质子的感应属性就可以换一个称呼叫"可感属性"，电子的感应属性也可以换一个称呼叫"主体感应属性"。主体感应属性对客体可感属性予以耦合，耦合的结果是什么？是电中性！电子的负电荷永远捕捉不到一个正电荷，它在捕捉正电荷的一瞬间达成的是电中性。

我还举过一个例子，我说酸和碱，酸根去耦合碱基，如果我们设定酸是主体，碱是客体，那么这两个属性的对应耦合状态是什么？对于酸而言，它永远不知道整个碱分子的总体架构，因为它只能捕捉碱性（碱之属性），而且它在捕捉碱性的一瞬间，得到的不是碱而是盐，即酸碱中和的那个东西，这叫"感应属性耦合"。而耦合的一瞬间就扭曲了对象，此之谓"现象"。

由此可见我们的感知过程为什么总是漂浮在现象上，因为它是对应感应属性耦合的失真产物，之所以必须以失真方式实现感应，是因为这是最简捷、最经济、消耗能量最低的达成依存和求存效果的方式。因此我们的一般感知不免漂浮在现象界，这是非常生动和确切的表述。

第四，它进而明确了"知的上下限规定"以及"代偿满足即为真"。什么意思呢？"知"是有下限和上限的规定的，它的下限规定就是载体存在度，也就是那条下倾偏位线。存在度越高，感应属性或感知属性的代偿量越小；存在度越低，代偿属性和感应属性的增益量就越大；这是它的下限规定。它的上限规定，就是那个普世常量的存在阈，感知满足存在阈的有效代偿，即为"真"。"真"不是对客观事物反映上的本真，而是满足存在阈的代偿常量的位置，这就是"真"。它不是"真知"，但却达成"真存"。所以给出"知"的上下限规定，表明"知"只追求代偿满足，而不追求对象本真。

我们对此任何一个触点、一个时代，凡属代偿满足的"知"即称为"真理"，即称为"本质"，随后它的存在度又下倾了，于是它又失真了，它又不是本质了，它又变成现象，因此本质是不断漂移的。罗素曾经在他的哲学书中讲，人们从古希腊时代就开始探讨"现象与本质"的关系，2000多年始终说不明白它是怎么回事。至此才得以有效澄清。

第五，谈"可换位到不可换位之主体与客体"。什么意思？我们过去一说"主体"，此前所有哲学家一旦提及"主体"，立即指人，没有其他含义。于是主体和世界，也就是和客体，又处在平行横向上，呈现二元对立态势。可是我们把它在纵向上拉开看，"主体"是什么？主体最初就是"可换位的客体"。请大家想我刚才形容电子和质子，你如果指定电子为主体，那么质子就是客体，你如果指定质子为主体，那么电子就是客体，也就是说它们的主客体关系，在最初的状态是完全平等的，根本是一回事。换句话说，任何客体都具有感应属性，于是它也是主体。任何主体它都是一个自在体，因此它虽然有感应属性，它依然是客体。这就是主体的本质，即主体绝不是客体的对立面，主体就是客体本身。

但由于物质弱化演化，也就是分化演化，请注意这里有一个很复杂的表述，不仅在横向平面上分化演化，导致物类繁杂化，而且它同时导致"演化速度"分化，也就是"演化速率分化"。比如氦元素，由于它的外壳层电子分布圆满，于是它永远停留在原子阶段而进不了分子阶段，我们把它叫惰性元素。而碳元素由于极其残缺，它的代偿要求很强烈，于是它一径进入分子、有机分子直至生命等各个位相，就是说它们的代偿速率也会分化。

如果代偿速率持续分化，那么这一脉快速演运的分支，也就是不成其为盲端的这一枝，就会进入"不对称的主体状态"。比如"人"和一块石头，或者和一个氢原子，你跟它已经不在同一演化层级了，这个时候我们把它称为"不可换位的主体"，就是你是确切的上位主体，它是相对的下位客体，而且你会发现生出了某种"感知非对称现象"。比如鱼，它也是有感知的，可是鱼永远看不懂人，而人却相对能够把鱼看得更清楚一些，理解得更深一些，尽管鱼是人的祖先。因为水生鱼类其中只有一枝快速演化，而鱼的总体滞留于侧枝盲端，于是它跟自身的后衍存在者从原来对等的"可换位关系"变成"不可换位关系"。

由于人类的存在度一路下降，代偿感应能力不断提高，而鱼还保持在高存在度、低感应能力或者低感知能力状态，因此双方之间，他们的相互感知能度出现差异，我把这叫作"感应的非对称性"或"非对称感应状态"。沿着这个思路我们能够有效地解决"感应动向"问题和"感应动量"问题，并且能够回应究竟是什么因素以什么方式在推动着感知或感应属性的增长。

第六，讲"任何主体皆为盲存"。大家在读我的书的时候会看到这个很奇怪的概念，什么叫"盲存"？一切主体的感知，包括人类在内，不是为求真而设定，而是为求存而感应。它的感知仅仅达到存在阈的满足值，有效代偿实现，即为感知满足。再加上感应属性耦合才是感知之所得，而耦合过程一定是对"对象"的扭曲，因此对于任何一个主体来说，不管是最原始的可换位主体，还是像人类这样后发的不可换位主体，它（或他）的感知永远达不成真知，达不成对象所固有的那个客体本真。因此"对象"和"客体"是两个概念，"客体"是指你的感应属性尚没有覆盖在上面的那个存在，"对象"是指你仅仅抽取了客体可感属性的那个存在，这两者在概念上是不同的。因为这些原因，你的感知永远达不到事物的元在和本真，你永远处于盲然状态，尽管你觉得你有所知，尽管你觉得你是"澄明的存在者"，但其实你是"盲目的衍存者"，是谓"盲存"。这在我的书里也表达为"形而上学之禁闭"。

第七，我们清楚地知道了哲学史上"唯物论、唯心论和不可知论"三大派系各自的缺陷。所谓唯物论，它一定有一项不自觉的前提默认，就是它认为我们的感知是一个真空的孔道，也就是它没有意识到我们的感知居然是有规定性的，一切主体必须依靠自身的主观规定性，也叫感应属性，去对应获知对象的可感属性。对于非对应的其他属性或信息，它都是无效的。

因此唯物论在这一点上出现严重偏差。

那么唯心论，它也有一个严重的偏差，就是它虽然了解感知是有规定性的，但是它却不了解，感知仅为事物的属性，它居然把感知当作实体存在。西方古典哲学第一人笛卡尔，他说有二元实体，一个叫"物质实体"，一个叫"心灵实体"。可见他把感知当作一个实体来对待了，他根本不明白感知其实是物质实体的属性，也就是他对感应属性这个东西没有概念，这是唯心论的严重偏差和失误。

而不可知论，它也有一个前提默认，这个前提默认就是我们的感知本来就是求真的，因为它有这个不自觉的误区，它才会讨论"不可知"这个问题，如果它根本上就通晓我们的感知不是求真的，也是不可能求真的，则不可知论自然消解。

所以唯物论、唯心论、不可知论，各自都有一个前提偏差，或者有一个偏差性的不自觉默认，我们把这个黑暗底层厘清，三大派系其实都不成立，或者我们把"唯"字抠掉，叫"心物一体"或者叫"实体和属性一系"，这些个问题就能得到通解。

第八，说明人类的感知和精神其实是一个逐步演化的过程，而绝不是人类所独有。此前所有哲学家都认为，精神现象是唯有人类才具备的禀赋，搞错了。我们的感知是从物理感应→低等动物的感性→中等脊椎动物的知性→灵长高级生物的理性一路发展过来的，这些在我们的身体中完全沉淀，一层都不缺。在神经细胞和神经突触上，电磁感应的生物电脉冲构成我们一切神经活动的基础，这就是理化感应之所在，简称"感应"；再看我们的"感性"，它是从低等动物的原始感官派生出来的；然后我们的"知性"其实是所有脊椎动物全都具备，无一例外；最后我们的"理性"是灵长目以后发生的感应属性暴涨之极致。这就使得精神的来源非常清楚——表达为"感应属性代偿增益"，而且把感知史和物演史排布在137亿年的大尺度长轴上探寻并定位。

第九，解析"狭义逻辑"与"广义逻辑"概念。此前所有哲学家只要用"逻辑"，全都指"推理思维"这个狭义。可是我在前面西哲课里曾简单讲述过：你的视觉、你的感官、你的感性何尝没有逻辑？你的视觉给你输入的是一大堆光量子，你的听觉给你输入的是一系列振动波，你怎么把它们整顿成有声有色的世界图景？这就好比你给电脑输入的只是0和1，可是它最终输出的是非常具象的游戏画面，为什么？因为它后面有一个"逻辑编程"。那你的感性在视中枢、听中枢里面自当也有一个"逻辑"，只不过这个"逻辑"你调动不出来而已。所以我们说"理性逻辑"下面一定有一个"知性逻辑"，"知性逻辑"下面一定有一个"感性逻辑"，甚至"感性逻辑"之下还有一个"感应逻辑"，比如负电荷遇见正质子其实也是有一个最简单的逻辑关系的。这样我们就把"狭义逻辑"打通为"广义逻辑"。大家注意这个概念，为什么它特别重要？首先，它说明我们的思维能力不是无端发生的，它是一个渐增量；其次，它说明我们的感知通道虽然不能得真，但是这个感知通道以"依赖模型"的方式，可以达成和外界事物的"模拟性"或者"虚拟性"对应。所以我在书里会讨论"广义逻辑通洽"或"广义逻辑融洽"，也就是在广义逻辑系统中你的感性、知性、理性是充分融通的，是处于自洽状态的时候，这就是"正确"的第一指标。大家回想一下我谈"理论正确"的"三洽关系"。如果你的"广义逻辑失洽"，那么它就标志着你现在进入代偿不满足状态，在感知上就表达为"疑"，"怀疑"就出现，"怀疑"出现就得寻求新的信息整顿模型，使之再度达成广义逻辑通洽，从而重新抵近存在阈满足值，于是又获得一次"真理"。所以"广义逻辑"这个概念的提出，才有效回答了我们的"感知不真"却为什么"感知有效"，以及"依赖模型的实在论"为什么在虚拟对应关系上成立，这些重大难题才能得到深刻阐明。

　　第十，提出"非真感知的逻辑三洽"。也就是我们的感知不是真知，那么我们就永远得不到真理，然则我们凭什么来确定我们的感知有效？或者我们的感知正确？或者说代偿满足？唯一的标准就是逻辑三洽：一乃"自洽"，自洽包括两个概念，狭义逻辑自洽和广义逻辑自洽；二乃"他洽"，跟你尚且不能否证的其他逻辑系统通洽；三乃"续洽"，对新出现的信息量能够贯通整合而不发生矛盾。

第十一，揭示"真理的趋势是背离本真"。就是问为什么我们不是从相对真理的长河逐步逼近于绝对真理，反而是越来越远离了所谓的绝对真理。换句话说，感知发展进程不是越来越"逼真"了，而是越来越"失真"了。我在哲学课上做过一个简单讲解，我再在这里重复一遍：既然我们的感知不是真空的孔道，我们是通过我们的感应属性或者叫感知属性捕捉对象的对应可感属性，那么我们的感知属性量越大，捕捉对象的信息量才越大，是不是这样呢？电子感应质子，它的主观属性只是一个负电荷，主观属性极低，于是它捕捉的质子的信息量也就极低，只能捕捉质子的正电荷，质子的质量、形状、颜色，它都不能获知。那么后来演进到人类，视觉、听觉、嗅觉、味觉、触觉等感官感性一应俱全，知性、理性又顺势膨胀，如此之多的感知属性层层施加于对象的扭曲，你之所以捕捉的信息量增大，是因为你的主观属性量相应增大。而我们所说的"符合论真理"，其含义是剔除主观性而得到对象的客观纯真，我们把它叫"真理"，可你获得对象的方式偏偏是通过感知属性增量，也就是主观性的增量，才最终获得信息的增量，况且任何获知信息的过程，又是一个耦合扭曲的过程，因此从理论上讲，你的感知信息量越大，你的扭曲绝对值一定也越大，这样讲是不是逻辑上非常贯通？因此你的感知发展一定不是越来越逼近本真，而是一定越来越扭曲本真。这就是为什么我们人类今天的知识越来越迷茫，越高级的知识，越新的科学认知，被证伪的速度越快。人类感知总体趋向于迷惘化，就是由于这个原因。

第十二，阐明什么叫"意志论"，什么叫"美"。要想理解"意志"，你必须理解分化律在感应属性上的作用，也就是感应属性本身竟然被分化，分化为"感、知、应"，"感"与"应"分裂了。你感知到一个东西只是第一步，你到能真正依存它，还有一个极大的距离，而且这个距离会随着感应代偿的发展而越来越拉大。"意志"这个东西就是"应"的增益变态，即在人类身上"应"表达为与"感"相辅并行的代偿分化之另一面，"感应一体"变成"感应分离"，此乃"意志"之源。这话什么意思，限于时间我无法再予深论，请大家课后读书。

"感"与"应"随着属性代偿而逐步分离，与此同时我们的感知对象却逐步增多。我们在单位时间只能依存一个对象，但所有一时不能依存的其他对象都是我们的生存条件，我们既不能当时马上依存它们，也就是不能"应"它们，暂时又不能让它们完全逸散，这个"感而未应"的牵挂状态产生"美"，或者说，这个"感应失离"的心理投射叫作"美"。所以"美"仍然是一个物演求存的精神属性，而非某种人类独享的华丽奢侈品。它第一次从最深处说明"美"是什么，这绝不是一般的美学著述可以讲透的。像这样复杂的理论大家还得去读书。我在这里只是想表达，我们用递弱代偿原理的分化律可以明确地揭示精神哲学层面既往很难澄清的诸多复杂问题。

人类文明的趋势与危机

我们下面讲今天这节课的主题"人类文明的趋势与危机"。

这个部分实际上是在讨论《物演通论》之第三卷——社会哲学论。但我们把它先拉到直观具象层面讨论，以切合全课程的主题——为什么说人类文明趋势不良？

社会上一般人都认为人类文明进化过程中出现的问题，是由于我们的偶发性人为操作失误造成的，这是大多数、绝大多数、甚至99.99%以上的人的看法。而且大家还有一个共识，就是我们解决文明中出现的问题的最好方法就是进一步提升我们的能力，进一步提高我们的科学技术水平，然后才有望消解这些麻烦。提出的口号是"在发展中解决问题"，这是主流观念。

但实际情况根本不是如此。历史事实是人类解决问题的每一个步骤，同时就是危机加深的又一环节和积累过程，我把它称之为"系统性危机"。注意"系统性危机"这个概念，它的对应概念是"局部危机"或"危机个案"。就是我们一般人认为文明社会中出现的所有危机，都是个别人在个别时段，或者在某一局部范围，由于某种可以避免的操作失误而引发的。但实际上根本不是这回事，而是每一个问题的解决过程就是危机叠续的同一过程，就是未来危机的一个增量部分，这叫"系统性危机"。也就是你处理危机的每一个动作，恰恰成为促进危机、深化危机的具体手段和实现方式，由此形成"系统性危机"。

鉴于人们总是倾向于在局部危机和危机个案上讨论问题，遂使之成为主流认识和普遍误导。而我们专注于研究系统危机，就会发现此种危机是不可克服的，也就是你解决危机的每一个步骤和动作都是下一次危机的又一个积累要素。

我来给大家举例子，看看人类文明的进程如何成为危机积累的进程。我们先说农业文明带来的生态危机，农业文明一旦发展，开垦荒地，大规模砍伐天然植被，然后人口暴涨，又需要进一步拓展耕地，于是森林面积不断缩小以至消失，这实际上是环境破坏的最早开端。其实可能比这还早，我们只从文明启始谈起。大家注意人口问题和森林的关系，要知道森林消失，野生动物就会随之灭亡，环境的损害同时就是生态的损坏。农业文明早期人口很少，农业文明越发展，人口增量越大，到15世纪末16世纪初美洲新大陆被发现，玉米、土豆等高产作物传入欧亚非各地，导致人口进一步暴涨，全世界人口从4亿快速增长到数十亿。

汉代首都长安曾有一个皇家上林园，所谓皇家上林园就是皇帝狩猎的地方，域内包括现在西安南边的四个区县，蓝田、长安、户县、周至。这里森林密布，野兽飞禽品类繁多。有学者推测，当时这四县的人口不超过数百户，而今天每一个县的人口均在50万以上，森林、荒地几乎全部消失，这就是农业文明的发展景象。

大家知道唐朝最终迁都，从此长安城不再做首都，很重要的一个原因是秦岭北麓的植被尽秃，甚至进入秦岭深山数十里，所有森林被砍伐无余，以至于造成淡水资源枯竭，也就是作为城市水源的溪流干涸。那个时候还没有进入煤炭时代，长安没有柴烧，没有水用，百万人口根本无法生存，这是长安这个千年首都从此退出历史舞台的重要原因之一。可见那时候大规模的环境破坏已经相当严重。

我们再看黄河。在《诗经·魏风·伐檀》篇中，有一段话说："坎坎伐檀兮，寘之河之干兮，河水清且涟猗。"这里的"河"指黄河，也就是在先秦时代的中原魏国，当时民间诗歌里说黄河是清水河，到汉代它才被称为黄河。我前面课上讲黄河形成之初其泥沙含量就偏大，但即便如此也不至于浊若泥浆，其实是后来在文明进程中水土流失变得越来越严重才弄成这般模样。大家知道范仲淹曾经在陕北做过地方官，他的文稿中记载，陕北当年植被茂密，而今天全是光秃秃的黄土高原，我们从中可以看出早在中古时代，环境生态破坏就已达到怎样不堪的状态。而且有学者研究说秦汉以前黄河中上游每144年才发生一次大旱灾，到宋元之时每34年发生一次大旱灾，到清中期每5年发生一次大旱灾，到近代已经是十年九旱了。也就是生态破坏在农业文明的发展过程中一直不断积累，它绝不是今天才开始的。

我们再看300年来工业文明导致的环境污染。实际上人类的工业性矿冶污染很久以前就出现了。早在农业文明时期，比如青铜时代，青铜器被批量制造，贵族们使用青铜器皿作为酒器或餐具，而普通老百姓用陶瓦罐，结果贵族人士大多发生铜中毒，重金属中毒。这就是医学界有研究，说当年青铜时代的贵族生活条件优渥，寿命不增反减的重要原因。到铁器时代人类大量使用铁制品，又发生铁中毒，也是重金属中毒，要知道游离铁在血液中会导致免疫力损伤。所以各位一定要记住，妇女只在月经期常年失血的情况下才需要补铁，绝经以后切不可再服铁剂，男人如果没有献血，亦应避免这类补药，因为铁元素对免疫系统是重大伤害。虽然血红蛋白里含有铁元素，但那个消耗量极低，你日常使用的铁锅钢勺就已经补之有余了。

　　自从人类进入铁器时代，铁中毒成为常态。早期人们对此一无所知，直到近代才发现非洲人，比如非洲祖鲁人，常喝从西方进口的铁罐装啤酒，罐头啤酒，结果导致大规模的阿米巴肝脓疡爆发。非洲马赛部落人缺铁，服用西药补铁剂后阿米巴感染率从10%上升到88%。西方早年医术低下，治病时动辄搬出放血疗法，胡乱折腾一番，偶或似有显效，今天回头看它竟是有些道理的，怎么回事？失铁！通过失血减低铁含量！人体中的铁主要在血红蛋白里，放血的过程就是把铁排出体外的过程。这是中古时代以前西方放血疗法的唯一合理性所在。

　　我讲这些是在说什么？我是告诉大家，人类的工业污染早在农业时代中期青铜器和铁器时代就已经开始了。而到近现代，工业污染更是层出不穷，呈全面覆盖态势。人工材料、化学制品、稀有元素、电子垃圾、废弃塑料、生物毒素等等，已深度侵害了地球人类的自然生存环境，污染种类不胜枚举，无处不在。前面老子课上我曾讲过，人类早年从来没有垃圾，所有垃圾都是肥料。而现代这些东西你根本无法克制，你每往前走一步，一定带来新一层损害。你解决问题的过程，就是积累更大麻烦的过程，这叫"系统性危机"。

　　我们再看，人类早年烧柴燃火，柴火释放的是植物中的循环碳，它的碳排放量等于植物生长的碳回收量，所以地表和大气始终保持碳平衡，空气不被污染，温室效应也不会发生。而人类文明前进一步之后，开始烧煤炭，由此启动蒸汽时代。煤是地下蕴积的碳，它原来不在正常大气圈里进行碳循环，你突然把它调动出来，温室气体大规模排放。到此你还不满足，你进一步文明的表现是烧石油，内燃机出现，比蒸汽机高级得多，你觉得你进步了，可这个时候你释放的碳排量更大。到此你还不够，你又搞核电站，使用核裂变、核聚变的能量，你调出了质量中的能量，但是你永远不可能彻底处理核泄漏这个问题。可能有人会说，我们今后进行核聚变会非常干净，没有任何污染。别搞错！尽管表面上它似乎没有污染，但是你要知道使用核聚变，也就是可控氢核聚变，它需要几百万度以上的超高温，请想想它是这样一种异乎寻常的燃烧状态，而且其中80%的能量以超能中子的方式释放，也就是说它等于一个持续燃爆的巨型中子弹，不断在那里激荡轰炸，你稍有失控将是毁灭性灾难。如果有朝一日地球上到处都矗立着聚变核电站，那将是人类的又一场噩梦！也就是说你做的任何一项努力，表面上看是解决问题，实质上是更进一步地积聚和加剧问题。

　　这就是我在老子课上讲，人类文明的过程和步骤，是先释放一个小魔头，等它作乱了再释放一个中魔头，去治理小魔头，等中魔头又作乱了再释放一个大魔头去治理中魔头，这叫"系统性危机"。

　　好，我讲简单一点，我们下面看人类武器的发展。可以说人类文明的过程就是武器升级的过程。所谓武器，就是人类自己集团性残杀自己的一系列专用工具。它早年是冷兵器，之后变成枪炮之类的热兵器，之后变成坦克飞机这样的装甲武器，然后变成核武器，一层一层升级。大家一定要知道人类的武器和战争升级有一个不变的规律，那就是上一次战争临末使用的创新武器，一定是下一次战争一开端就使用的建制武器。

　　我给大家举例子。在日俄战争以前（日俄陆战在中国东北打响），重机枪已被发明，一挺重机枪每分钟可以打出去600发子弹。当时搞武器研发的军事专家们认为这个武器没有任何使用价值，因为消耗太多的资源，消耗大量的火药和铜料，所以认定它毫无意义。结果到日俄战争的时候，俄国人在旅顺口的阵地上摆了几挺重机枪，都不瞄准对象地扫射，建立火力网。一个机枪朝这个角度打，一个机枪朝那个角度打，而且谁都不用瞄准敌人，只建立密集的交叉火力网，导致在旅顺一个战场上，一个山坡坡面上死伤日本军队5万人以上。这是日俄战争尝试使用的武器，随后它就成为第一次世界大战最主要的武器，机枪、火炮高密度攻击，以至于战争双方谁都不敢抬头，士兵们只好深挖战壕，僵守对峙，形成历时4年的堑壕战。

　　第一次世界大战临近结束，坦克和飞机出现，最初上场的坦克，为什么取名叫"tank"？就是"大水箱"的意思。每小时行进速度只有5公里，极为笨拙。飞机最早是木制的，仅能低空低速运动，飞行员各自掏出手枪互相射击。就这么糟糕的武器，在第一次世界大战后期出现。大家想想第二次世界大战刚一开局是什么情形？希特勒的闪击战。坦克集团化出动，飞机编队远航，形成立体战争。大家再想第二次世界大战是怎样结束的，以美国给日本投下两颗原子弹而告终，所以我们可以料定，下一次世界大战刚一开始就是各国互扔原子弹。

　　很多人认可目前流行于军事界的一个理论叫"恐怖平衡"，说是各方谁都不敢扔原子弹，使用原子弹没有赢家，因此以后不会再有大战争了。这种想法未免有些天真。我给大家看一个例子：1898年波兰一个银行家叫Ivan Bloch，作为业余军事学家，写了一本书，书名叫《未来战争的技术、经济和政治诸种方面》。请注意他在1898年准确地预言了后来第一次世界大战的堑壕战，说如果将来要发生战争一定是持久消耗战，并且由此引发社会政治革命。各位看他预测得有多准，第一次世界大战就是堑壕战，就是持久消耗战，并且引发了一系列社会革命——俄罗斯二月革命和十月革命、德国魏玛革命等。但是，他同时预言，说由于重机枪、火炮出现将造成"恐怖平衡"，所以"我所预言的那一场战争将永远不会发生"。结果仅仅不到20年第一次世界大战爆发，它说明什么？"恐怖平衡"不成立！历史上曾经就有过"恐怖平衡"的说法，到头来却是"恐怖而不平衡"。所以人类很快将面临核大战的格局，如果把地球上各国现有的核武器都扔出来，将造成整个地球进入核冬天，也就是爆炸后的核灰尘将覆盖整个大气圈，即使你远离战场，你也逃不掉放射性污染的笼罩。想想这个战争的前景是什么？孟子说"春秋无义战"，如果让我说叫"天下无义战"。我们人类总觉得某些战争是正义的，那是因为你身在其中，难免立场偏颇。要知道蚂蚁也是有战争的，你不妨读一下达尔文的书，那么你看着蚂蚁战争，你会说哪群蚂蚁是正义的，哪群蚂蚁是不正义的吗？它只不过是一个生物学现象。人类的战争，只不过是这个生物学现象更暴烈的发展。不管你玩弄多少政治说辞或道德概念，什么正义不正义，其实"天下无义战"，它只能摧毁人类，而且确实行将摧毁人类。

要知道物理学家早在20世纪末就说过，如果得到浓缩铀，一个懂物理的人可以在街上购买零件就独自组装原子弹，所以"核不扩散"根本不成立。别说今天印度、巴基斯坦、朝鲜、伊朗要搞核武器，将来弄不好人人手里握有一颗核弹。就像过去被视为是高技术的半导体收音机，今天中学生在家里就组装了是一样的道理，所以人类危乎殆哉。

人类文明的趋势与危机（续）

我们再看由科学技术引发的与文明并行的系统性危机。

我在前面一再讲科学创新、科学进步，每一步都是戕害，这些我现在都不愿意再重复，我把这些话题都省略掉。我现在只谈一个问题：科学技术发达到今天这个程度对人类造成的可怕危局。我只谈三个例子。

第一个例子,人工智能。今天,关于人工智能和机器人,究竟它的发展对人类是有利还是不利,形成强烈争论。我先说一下在人工智能趋势研究方面或者预言方面最著名的一个人物库兹韦尔,他写过一本书名叫《奇点临近》,我建议大家有空读一下。库兹韦尔预测,他说人工智能技术将会经历三个阶段:第一个阶段是"弱人工智能",现在就处于弱人工智能状态,比如你的手机、你的汽车导航,这都是弱人工智能;他预测说随后进入强人工智能阶段,所谓"强人工智能"就是机器的智能和人等一,和人拉齐;再下一步叫"超人工智能",就是机器的智能远远超过人。库兹韦尔说人类的技术进展速度呈指数增长态势,对数学熟悉的人应该知道,在坐标系上指数增长是怎样一条先平坦而后陡升的曲线。因此他预测说人类从弱人工智能转进到强人工智能大约将于2045年、最迟2065年达成。请大家注意离我们现在只剩下几十年。他说按照指数增长,强人工智能一旦实现,也就是机器一旦达到跟人的智能水平一样高的时候,它将只需要三个半小时就跨入超人工智能,速度如此之高实在令人咋舌。

那么超人工智能是一个什么状态呢?机器人自己缔造更高智能的机器人。它将会把人类跟机器的智能差距拉开十几个乃至几十个梯级。我简单说一下"智慧阶梯"这个比喻,鸡比蚂蚁高一个梯级,猪和狗比鸡高一个梯级,猴子比猪狗高一个梯级,人比猴子高一个梯级。它居然只需几个小时就把它的智能拉开至比人高几十个梯级,它看你连猪狗都不如,也就是它在想什么你都不知道,这叫超人工智能,它居然是强人工智能在2045年到2065年之间实现后仅三个半小时将达成的效果。

关于强人工智能或超人工智能对人类是一个什么威胁,西方学界分成两派,65%的学者包括库兹韦尔的乐观派认为,人类从此进入永生不死并控制整个宇宙的时代,他说这是一个新的起跳的奇点式开端。另外35%包括比尔·盖茨、马斯克、霍金在内是悲观派。可是大家要知道不管是乐观派还是悲观派，他们都是瞎猜，他们都没有任何根据，凭什么乐观？凭什么悲观？那么怎样才能有效地判断或评价呢？我们必须有一个基础理论作为终极尺度。当"递弱代偿原理"这把标尺打造出来的时候，我可以断定它是悲观结局，也就是机器人一定对人类的生存构成巨大威胁。

有人写文章非常生动，讲这种威胁可能怎样兑现，我引用一下他的故事。他说即使你给机器人下的是善意的指令，它也照样消灭你。这就好比你对头发并没有恶意，可你剃头时还是把头发消灭了。比如你给机器人下了一个指令，只让它去画画，最高效率地画画，它很快就会把地球上的纸张用完，它怎么办？它立即大规模利用地球上的一切有机资源，包括人体材料来造纸。它把你全做成纸了。它没有恶意，它是完成你的一个善意指令，可你玩完了。有人很幼稚地说，机器人是我们自己制造的，我们把电源切断，它不是就没辙了吗？请你搞清楚，那时的机器人可能在三秒钟就找见一个新能源，何况它的预见能力远高于你，早在你想到之前它已采取了反制措施。有人说机器人是我们的造物，怎么会损害我们？请想想你是哪来的造物？你是灵长目的造物！结果你现在把猴子快消灭光了，你何曾对你的"造物祖先"尊重过？大家想想这个危机，如果库兹韦尔的预言可信，我们将在几十年以后面对一个我们根本无法抗衡的天敌。想想那种危局是个什么场面？

我再举第二个例子，我都不说远期的生物工程人、基因编辑人等等，我们只看当下生物技术的发展。今天在世界上成千个实验室里，都正进行着各种单细胞或亚细胞基因工程和基因组接研究。大家知道细菌都是单细胞生物，分为致病菌和非致病菌。我们人体的免疫系统是针对地球上既存的病毒和细菌产生适应性进化反应，历经几千年、几万年、几十万年甚至上百万年的接触，我们的免疫系统才得以健全，才防病有效。欧洲人发现新大陆，大规模消灭印第安人，其实真正用集团化战争方式杀死印第安人的数量有限，后来印第安人90%以上灭绝，主要原因是欧洲人带去了美洲不存在的病毒和细菌，像天花、鼠疫、霍乱等等，这些致病微生物在美洲原来是没有的，所以当地人缺失相关的机体免疫能力和免疫保护屏障，这造成印第安土著几近绝种。请想想大量科学家现在整天在实验室里操弄的那些单细胞基因工程或核酸组接试验，他们在做什么？在制造地球上原本不存在的病毒和细菌！万一你做出来的一个居然是致病毒菌，你不小心试管打破了，冲入下水道了，它开始在地球上繁衍，而它是自然界不存在的人造病原体，换句话说整个人类的免疫系统对它全然无效，它会带来什么结果？——灭绝性大瘟疫！并且不知道在哪一刻会突然爆发！这是令生物学家今天感到特别紧张的一件事情，这是生物技术发展的可预期后果之一。

大家再看第三个例子，核电站与核废料。我在前面讲老子课的时候提到过，人类无法绝对避免核电事故，也没法处理核废料。要知道一个200万千瓦的核电站每年产生30吨核废料，一个核电厂有效使用期40年，留下1200吨核废料，这些核废料只能包裹起来埋到地下，迟早泄露污染地下水，而地下水和地表水是交流的。大家可知道核废料伤人是个什么状态？10微克核废料就足以致一人死亡，换句话说，一个中等大小的核电站40年运行产生的核废料就足以杀灭1200亿人。

我们由此可以窥见科学技术进步现在给我们在每一个点上带来的威胁。人类迄今对这些东西还没有能力解决，而且我相信即使找见某种处理办法，也无非是换个花样重置另一种更可怕的恶魔和梦魇。我在这里讲什么？系统性危机的进行性积累！它绝不是你可以彻底解决的，它恰恰是在你逐步解决问题的过程中积累出来的。而我前面所讲的只不过是最尖锐、最刺眼的冰山之角。麻烦之处在于，这个过程看起来是非常温和的，我们似乎是在不断解决问题的，这是我们的直观感觉，我们丝毫体会不到如此处理当下问题的远期效应。我在前面说，人类的智力只能判断眼前的事物，他对生存所迫而不得不为的任何一项临时操作，其远期效果是什么根本看不清楚，于是就形成一个温和的趋势，这是典型的温水煮青蛙，我们就这样慢慢地被煮熟。有人讲，这说法不成立，水温高到一定程度青蛙就跳出去了。可如果这个煮青蛙的锅像宇宙一样巨大无边，请问你往哪儿跳？系统性危机、存在度趋降这是一个受制于自然律的趋势性问题，而趋势决定着未来。它的引申含义是：文明本身即是衰亡的指征，而且它的指向乃是不可变易的。也就是说你在现有的文明体制下，问题非但无从解决，甚至无法缓解。

我给大家举个例子，有人说我们现在节能减排就可以缓解这个问题。但是你在现行的进步论体制下，你在现在这个追求发展、高度竞争的体制下，其实你只能亦步亦趋。比如大家都不开汽车了，都骑自行车了，可是今天飞机普及化了，你总不能不坐飞机吧，可你知道飞机的排放量有多大吗？如果一架满员飞机往返北京与上海，平均每一位乘客的碳排放量相当于独自驾驶一辆小轿车从北京开车到上海走九个来回的排放量，只这一趟就全部给你抵消完了还不止。也就是说，即使你自觉地少开汽车，多骑几次自行车，可你坐一次飞机就前功尽弃，甚至排放量还更大。所以说在现行的这个体制下，你做的任何点点滴滴的努力总体上都无效。除非彻底改变这种社会体制，否则任何问题不但得不到根本解决，连表面缓解都做不到。

我们下面检视一下目前对这个问题的一般看法及其失误之处。

最常见的一种，多数人会认为这是由于人类文明程度还不够高造成的。说我们进一步提高自身的能力，就能解决这些问题，我前面一再讲这个说法不成立。有人举例说你看现在欧美国家环境污染不是解决了吗？当年英国伦敦是雾都，现在早都清亮了。可你要搞清楚它根本没有解决，它只不过是把重污染企业流转给了第三世界国家而已，不是这样吗？我们今天要治理污染，一定得把高污染企业慢慢转移到更落后的地区和国家，但整个地球的污染总量还是一直在增加的，所以那种表面上看似问题得到解决的说法根本不成立。

其次，认为科技能力不断提高就能化解所有问题，我前面讲，那不过是释放一个更大的魔头，等待未来更大的作乱；再者，有人认为是发展速度太慢造成的，说只要我们加快行动，让社会越来越进步这个问题就解决了。请回忆一下我刚才讲的，我们从农业文明进入工商业文明，我们的社会一直在进步，结果是什么？是我们的损害程度越来越大，到今天已经面临灭顶之灾，可见社会进步不能解决这个问题，只能加剧这个问题。另外，还有人就认为这不是问题，我们人类还有其他出路，包括霍金都持这种看法，说我们到外星上去殖民，殊不知这个想法是非常荒唐的。

我前面已经很清楚地讲了外星人来不到地球的道理。我再说几个数据大家听听，我们且不要说飞到更远的外星，我们人类今天登上月球，据统计把一个宇航员送上月球，他在月球上逗留一分钟就要消耗100万美元的地球资源！设若未来在火星上殖民，想想在月球上一个人待一分钟都要消耗地球100万美元的资源，那往火星上移民，你非得把整个地球资源掏空挖净，全都调转到火星上去，结果估计也只够把70亿人迁过去很小一部分，然后他们在那儿可能死得更快，这怎么会成为出路呢？

我们再看移居外星系，离我们地球最近的另一个恒星系叫半人马座，半人马座的阿尔法星C，也叫比邻星，大家注意这都是恒星。比邻星距离太阳最近，有多近？4.2光年，即光以每秒钟30万公里走4.2年。就这我们还不知道比邻星那颗恒星旁边有没有行星，就算有行星，有没有宜居行星、类地行星，这我们还全然不知道。我们就假定那个地方放好了另一个地球，按照今天人类火箭和卫星的最高速度，单程从地球飞到比邻星需要15000年到30000年。请注意我们的文明，指信史文明，有文字以后的文明迄今才5000年，你单程飞到那个地方要15000年以上。我说过有没有行星都不知道，这个前途存在吗？根本不存在。就像外星人来不了我们这儿一样，我们也到不了任何外星生存。我们今天连太阳系都没有走出去，尚未在太阳系的其他任何一个行星上殖民，我们就已经站在了悬崖边上，我们就已经面临灭顶之灾，所以移民外星根本不是出路。

我在这里用非常生动的讲故事一样的方式，给大家罗列了一些很直观的文明危机。请大家记住我下面的话，人类在原始时代虽然整体上看起来生存格外艰难，甚至经常吃不饱饭，但人类作为一个物种是非常安全的，不但是安全的，而且是快速增殖和积极发展的。我们今天高度文明了，却骤然面临灭顶之灾。我们过去根本意识不到文明进步居然是这样一个结果，我们也不知道文明最后发展成这样一个结果是什么原因。我们今天拿出基础理论，说是它必然导向存在度降低。

我为什么在讲老子课时，说老子是非常了不起的远古思想家，因为他最早敲响了人类文明趋势不良的警钟。只是老子的论证不成系统，出现诸多错误。我们今天做大信息量、大尺度的总体论证，发现这居然是一个自然律，我们越来越危机化，存在度越来越低，尽管我们的生存能力，也就是代偿度越来越高。我们的生存能力和我们的生存效力居然是反比关系。我们的生存能力越高，也就是代偿度越高，反而标志着我们的生存效力越低，也就是死灭状态越逼近。这种奇怪的现象我们过去一直无法察觉，更谈不上有所理解。今天当我们即将走到文明尽头的时候，我们才把这个问题的基础理论体系搞清，我们才知道它是一个系统性危机，我们才明白它是一个自然律的继续贯彻。这为整体人类未来的求存发展，提供了一个严峻的前程和全新的考量。

人文危机的源流与原理

我们下面进入"社会哲学论",也就是《物演通论》第三卷的理论部分。"社会"究竟是什么?其实人类原来一直没有搞清过这个问题。19世纪前叶出现一个哲学家名叫孔德,他第一次把"社会"作为一个实证对象来处理,"社会学"(sociology)这个学科随之问世。孔德这个人在哲学其他方面贡献不多,甚至有一些很荒唐的主张,想搞一个新宗教之类,被马克思大加嘲笑。但是孔德第一次提出"社会"可能出自这样一个线索:物理存在→化学存在→生物存在→社会存在。即他第一次站在朦胧的自然链条或物演进程上指谓"社会"是一个实体结构,是一个可以实证研究的对象,"社会学"自此而诞生,成为一个真正的学问系统。

及至上世纪70年代,社会生物学出现,代表人物是E.O.威尔逊。他的相关代表作名叫《社会生物学:新综合理论》。书中提出"生物社会"是人类社会的前体,提出人类社会是从生物社会演化而来的,就像人体是从生物有机体演化而来的一样。他当然有非常复杂的一系列论述,包括亲缘关系指数和利他主义方程等等。我们且不说他讨论的是否完全真确,但是他首次把人类社会放在生物社会的自然序列中加以探讨,破除了"社会"是人类缔造的一个结构,这个观念很了不起,尽管该学说有诸多缺陷。我在《物演通论》第三卷辟一个专章讨论,于此不做深谈。

那么什么是"社会"?概括言之,它其实是自然结构化进程的继续及其终末代偿形态。大家看看它的发生流程:粒子结构→原子结构→分子结构→细胞结构→机体结构→社会结构。我们从这个演化进程上可以清楚地看出它完全是一个自然结构,是一个自然结构趋于繁化的终末代偿实体形态。也就是说我们过去认为"社会"是我们人类编织的一个自选舞台，是人际关系的总和，这个看法完全不对。我们实际上只是一个自然结构中的组成部分。

我再重复一遍，什么叫"社会"？人类社会是从生物社会中增长出来的，生物社会已经存在了38亿年，因此你只盯住短短的人类文明社会期，你绝不可能总结出社会规律，即便临时总结出来，也一定是一个视野狭隘的误导。从大尺度上看，"社会"是38亿年生物体外残化演历的新一层结构序列。尺度再拉大，它是整个自然结构化进程，137亿年自然结构化进程的继续及其终末代偿形态。也就是我们把生物残化组成的那个结构或者生机重组结构，给它另取一个特殊的名称叫作"社会"。什么意思？我前面一再讲，弱化进程就是分化进程，分化进程就是残化进程，万物的演化是一路分化的，生物分化结构只不过是它的后衍阶段而已。我在这里列一个图表供各位参考。

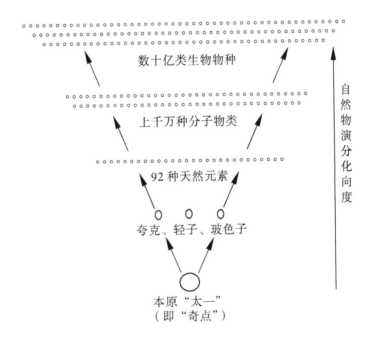

宇宙物演分化从太一奇点肇始，即从"一"演化出夸克、轻子、

玻色子，再演化出92种天然元素，再分化出近千万种分子物类，再分化出数亿万种生物物种。由于分化过程就是残化过程，残化者必得相互构合，这个东西叫"结构"。也就是粒子分化构合成原子，原子分化构合成分子，分子再分化构合成细胞，细胞再继续分化残化构合成有机体，有机体在体外再进行分化残化，它的整合结构叫"社会"，如此一脉延展。

　　我说一些具象的东西。单细胞其实是最圆满的生命结构，尽管相对于分子存在、原子存在而言，它已经高度弱化。于是单细胞随即向多细胞演动。要知道单细胞当年作为一个圆满的生命体，它最基本的功能就是能量摄取功能和增殖功能，也就是"食、色"这两个功能是合在一起的。单细胞一旦聚合，最早的聚合形态叫团藻，也就是单细胞围成一个单层的球状体，它一旦聚合立即残化。怎么表达？它的上半部分细胞只进行能量代谢，不再管增殖；下半部分细胞负责增殖，不再管能量代谢。而后细胞继续融合分化，出现上皮细胞、肌肉细胞、骨骼细胞、神经细胞等等，之后这些细胞分化再聚合，形成我们所说的组织，然后组织再分化聚合，形成我们所说的器官，器官再分化聚合形成系统，比如循环系统、消化系统、泌尿系统、运动系统等等，然后这些系统再分化聚合而成有机体。有机体一旦形成，它又在有机体的层面上开始残化。比如我在孔子课中讲过膜翅目社会，最典型的是蜜蜂和蚂蚁。蜂王就是一个能飞舞的雌性生殖器官；工蜂就是一个采蜜工具；雄蜂就是一个会飞舞的雄性生殖器。它在体外进一步发生性状分化，然后这些性状残化的有机体单独无法生存，只得对残化生机再行组合，这就是所谓的社会结构。那么到人类，我们在体质分化层面以上又展开智质分化，比如学术分科、社会分工，这是典型的自然分化进程在人类文明社会的继续贯彻。社会由此一步一步在日益残化的结构上纵深发育，终于形成越来越复杂、越来越致密的临末结构体系。

大家看这幅《属性与结构并行代偿的路径示意图》。

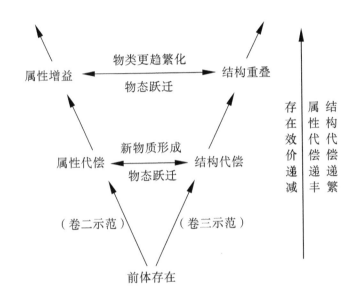

大家注意我第二卷讲"感应属性"，第三卷讲"社会结构"。我说感知属性是137亿年感应属性代偿增益的产物；我说社会结构是137亿年物质结构化进程的终末代偿形态。在书里它们表达为两个卷章，但实际上你要理解，它们是一回事。什么意思？一旦分化，分化者、残化者立即要发出相应的信息，这叫感应属性。有了这种信息的互相感应，它们才能寻求达成依存关系，这叫结构。因此属性或者叫感应属性，和结构实体其实说的是一回事，只不过观照的重点不同而已。试看前体存在，它在一条线路上是属性代偿，在另一条线路上就是结构代偿，两者是一回事，达成的是物态变迁，是新物质形成。比如从粒子结构到原子、分子结构，如果分子结构密度继续上升，达到细胞膜受体结构情状，那么细胞存态也就同时达成属性进程和结构进程之合一，两者完全是一回事。我们为了便于讨论问题，只好加以分类，大家一定要理解"属性"和"结构"是一系演化，是一个观照系统。

下面我们讲一些比较特殊的概念。大家听下面的课时一定不能忘记我反复强调的那句话：社会是一个自然结构，而且是自然结构系统的终末代偿形态。各位首先把这个理念建立扎实，下面的这些词义才好讨论。第三卷的内容相对比较好懂，我不用多讲，我只谈几个关键概念。我说我们这节课其实只是一个大略框架的阐释，细节你都得去读书，所以我只对大家比较难于理解的问题做出说明。

我提出一个概念叫"属境"，什么是"属境"？即"属性耦合依存境遇"之谓，它含"感应属性耦合"与"生存性状耦合"等多重意蕴。这句话什么意思？就是我们说一个东西的"属境"，其实跟说一个东西的"存境"，没有区别。我后面再谈"存境"的概念。我说"属境"的着眼点是"属性耦合结构的内部观照"，或者说是"属性载体盲存的自为场境"。这话听起来非常别扭，太抽象，我举例子。我说"社会"跟"花岗岩"是同样的实体结构，这个话你很难理解，会觉得它们怎么可能是一回事？我们觉得社会不是一个实体结构，它只不过是我们的属性得以展现的平台，是不是这样？我们各种能力的展现平台叫社会。我们无论如何无法看出社会是一个把我们笼罩在其中、我们只是其中一个组分的结构，我们很难体察这一点。

那么我举一个例子，大家就能理解"属境"的含义。各位设想一下如果你是一个原子，你怎样看待分子？你一定觉得分子不是一个实体结构，它只不过是我原子电磁属性的展现平台，是不是这样？也就是你站在原子的立场上从内部看，你绝看不出分子是一个结构。我们人类对社会也就是这种看法，我们觉得社会只是我们的一个活动场域，它根本不是一个压制和笼罩我们的实体结构。就像原子看分子结构，从内部观照上看，分子不是结构，只不过是原子的属性得以伸展的一个能量场，是原子的电磁属性得以展现的一个台面而已。你用这个眼光从内部属性结构的角度看，从底层观照的角度看，你就知道"属境"这个术语是要消解一个观念上的错误，就是你身在其中的这个平台场景,你很难确认其实你只是它的一个结构组分,这叫"属境"。

同时我又引出一个概念叫"存境",什么是"存境"?"属境结构的位相差别或位阶差别"之谓。也就是你不站在某个结构的内部观照,你站在一个结构的外部观照,你会发现每一个结构的存在度或者存在境遇是不同的。比如你纵向对比地看,分子结构就比细胞结构坚实简单,即存在度高;细胞结构就比有机体结构简单稳固;有机体结构又比社会结构显得实在而安稳;越后衍者其存在度越低。我们不站在任一结构内部的属性观照角度,而站在结构外面看结构本身的演化梯度。这个眼光的内外调换,就把"属境"概念变更为"存境"概念了。它是为了澄清"社会"是一个实体结构,而且是一个结构递弱化的系列产物,它是为了说明这个问题才引入的概念。

值此我顺便谈一下"环境"。我们一讲"环境",就是指身外之物,故谓之"外部环境"。可我讲"万物同质"、"万物一系",万物的内质是同样的,都是由夸克和电子组成的;万物是一系演化的,并没有外来的东西掺入。"环境"不在我们的身外,"环境"就是我们自身的前体存在,或者可以这样表述:它是"前体衍存者"对"后衍存在者"施加规定和影响作用的时空平台。这个话听起来有点费劲。我举例子,我前面讲物质的弱演过程,同时就是分化过程,它不但在物类上分化,在演进速度上也分化。比如说氦原子进入不了分子结构系统,停留在元素系统之位阶上,但是碳原子一路挺进,也就是它的演化速度和氦原子分化开来。其实"环境"就是我们的前体,因为我们都是从最原始的粒子存在态演化而来的。"环境"跟我们本来是一体,只不过由于分化速度的差别,它因逐步落伍而展现为前体存在,并进而对后向存在产生规定和影响。也就是如果我们换一个眼光,换成"万物同质,万物一系"、"第一性"即"第一因"的这个眼光,则没有内外之别,它既派生后衍存在者本身,也规定后衍存在者的种种属性。

我这样讲大家可能还是很难理解，我再比例子，我们只有多举例子才能说清。我们把空气叫环境，可各位是否知道地球原始大气是"还原性大气"，氧含量不到0.1%，今天空气的氧含量增加了200余倍达21%，这些氧从哪儿来的？它是我们的前体生物，即38亿年前的厌氧型单细胞生物呼吸产生的空气污染。它们吸入二氧化碳，呼出氧气，在30亿年以上的时间里把大气圈改造了。其后的后生生物全都是需氧生物，我们的呼吸，我们的氧化代谢，这些高能代谢属性，其实是我们的前体祖先给我们提供的平台，并规定了我们后来的有氧代谢存态。所以我说它既派生后衍存在者本身，也规定后衍存在者的种种属性。

上面说我们是需氧型生物，居然是这个直系祖先铺垫的环境逼迫所成。再比如喀斯特地貌，它是一个局部地理现象，但它实际上是远古珊瑚虫骨殖沉积的结果。它给我们提供了大地山川这个平台，我们把它叫环境，可它其实是我们的前体存在者。

我再举例子，植物构成我们的环境，我们叫它植被。要知道我们视觉的色觉，居然是被它规定的。我们的可见光谱，最中间的那个光谱频段所形成的色觉是绿色，它竟然是被我们的前体生物存在——植物系统、植被系统缔造和规定的。也就是你不在"万物同质、万物一系"的演化角度上看，"环境"是"外在环境"；你在"万物一系、万物同质"的演化角度上看，"环境"就是我们自身存在系统之前体，它在纵轴上跟我们属于同一个存在源流。

回想我上第一节课的内容，很多人说你这就是"环境决定论"，强调人类不同文明就是不同环境造成的。东方封闭地貌和原始农耕基地造就农业文明，环地中海的开放地貌和特殊的自然物候条件缔造半农业半工商业文明。我当时讲课的时候是外在多因素讲法。但如果你把"环境"归之于这样一个理论系统，把"环境"归结为单因素定义，它已经不是"多因素的环境"，而是"单因素的存在系统的展开"和"前在系统对后在存续的规定"，即属性的"一系规定"。这个东西的分化总体，加上你自身的存在度和代偿状态，叫"生存结构"。

请大家细想，当我此刻再说"生存结构"的时候，它已经不是指一个"外在结构系统"，而是指一个"内质结构系统"。既然"社会"只不过是对"生命物质残化"所达成的"自然结构化实体"另给的一个别称，我们把生命结构以前的结构叫"实体结构"，尽管我们针对生命以后、有机体以上的这个体外残化结构取了一个社交式别名，它其实也仍然是自然实体结构。我们给它起一个别称叫"社会"，仅此而已。

那么"社会"已经存在了38亿年，在这个大尺度上，38亿年的大尺度上，我们可以把"社会"另做分期。请注意，你讨论问题的尺度不同，你的眼界不同，你的分类方式就得相应调整。当人们既往讨论"社会"，只讨论5000年文明史的时候，我们把人类社会分为氏族社会、奴隶社会、封建社会、君主专制社会、资本主义社会、共产主义社会等等阶段。这是一个小尺度，只认为人类才有社会，你必然是这么个分法。可如果社会是包括38亿年来生物社会的总体，人类社会只不过是生物社会的后衍状态，则上列那个分法显然不成立，为此我们就必须另行分类。

我们把社会另做三期分类：第一期是"无结构或亚结构群化存态的初级社会"，或曰"初级隐性社会"。什么意思？就是单细胞生物社会。由于单细胞相对于后衍生物的分化或残化程度偏低，即相对比较圆满，而结构一定是残化组合，因此它的社会度很低。其实单细胞社会是社会的胚芽，但它却不展现出明确的结构，所以我把它叫"无结构或亚结构群化存态"。它是社会第一期，所以我把它叫"初级社会"。由于它不直接展现为结构，所以我把它叫"初级隐性社会"。事实上，单细胞生物早年形成的时候，地球上还没有陆地，完全是海洋，陆地4亿3000万年前才出现。从38亿年前到10亿年以前，单细胞生物以藻类形式全体分布在海洋之中，看不见明显的集团结构。但其实单细胞群落是有结构的，比如你用一个胶质营养基，像牛肉汤之类，然后你滴入一个单细胞菌种，它立即繁殖形成一个菌落，形成一个以母细胞为中心的菌落群。由于它没有显著残化和分化，每一个单细胞都是相对圆满的，即使堆积成一个菌落，它似乎也不是一个残化聚合结构，所以我们说它是亚结构或无结构，并说它是社会最早的萌芽。大家要注意，我们讨论任何问题都会在一个看不见的地方起步，就像达尔文要找生命的源头，必须从肉眼看不见的单细胞之处着手探究。这个初级社会存在历时38亿年。

第二个分期是"低度结构化群体存态的中级社会"或曰"中级潜在社会"。它指从单细胞以后的多细胞融合体开始，一直到智性生物人类之前，包括所有的动物、植物和多细胞有机体，它们构成的社会叫中级社会。由于这一期社会的生物体质残化状态相对较低，社会结构相对简单，所以我们把它叫"低度结构化群体存态"。它处于第二期，所以把它叫"中级社会"，由于社会结构化情况不明显，所以我们把它叫"中级潜在社会"，跟前面的隐性社会稍有区别。大家可以看到动物的社会结群现象是普遍存在的，比如狮子群团、猴子王国，最致密最典型的是膜翅目社会。实际上中级动物社会的分化形态复杂，包括单生相和聚生相。比如北极熊，比如豹子，它们平常就是独自活动，你不能因此说它们没有社会。因为它们有繁殖期，一旦进入繁殖育后期阶段，它们就从单生相变为聚生相，所以也是一个低结构度的社会态。中级生物社会历时5亿7000万年以上，比第一期社会的衍存时间短多了。

第三期是"高度结构化群体存态的晚级社会"或曰"晚级显性社会"，就是指高智生物社会，也就是指人类社会。人类社会由于智质残化极为明显，分科、分工极为激进，因此社会构态高度致密，社会体制格外复杂，并且随着文明发展的动态进程越来越复杂，而越复杂的结构必定越动荡。所以这个晚级社会结构迄今顶多存在了数万年，或者说从智人计起也就是十几万年，严格地讲它应与智人的文明开启同步。请注意这三者的时间比例，初级社会38亿年，中级社会5亿7000万年，晚级社会数万年或十数万年，它的趋势和特点是结构度倾向增高，衍存时效倾向缩短，结构稳定度递减，智能代偿指标上扬，社群能量耗散递升，成员依赖度与结构可依赖度反比互动，这是它的总体状态。

好，我们下面再讨论一个概念，没有这个概念我们就无法理解生物社会，更无法理解人类社会。我在第三卷提出一个新概念叫"生存性状"。大家在生物学上只见到这样的词汇，叫"生物性状"或"生理性状"。比如你体内细胞分化，分化成心肌细胞、肝细胞、肾细胞、上皮细胞等等，这些细胞形态各异，性状表达略有不同，此谓之"生物性状"。关于生物性状的残化，我在前面讲过，它构成有机体，是"机体结构"得以建立的基础。问题在于，如果我们停留于生物性状，我们将永远没有讨论"社会结构"的概念砖瓦。因为生物性状或者生理性状，它的残化只表达在有机体内部组合阶段，而我们必须找见超越于有机体的体外层面之残化，所以我们得给这个有机体层面的性状残化再建立一个新概念，这称作"生存性状"。什么意思？就是"生物生理性状在体外的集合求生行为功能表达"，或者我换一个表述方式，就是"生物性状或生理性状的外显体质残化表达"。它是囊括从"体质性状"到"智质性状"的继承性残化之总体概念，可简称为"求生行为性状"，即不是在有机体内部分化，而是在有机体外部层面上展现的生存行为性状残化，这个东西叫"生存性状"。

这是一个生造词，但这个概念极为重要，引不出这个概念，社会残化构合态势就无法达成，该问题的表述就缺一个必要基础。那么关于生存性状，我们又可以分两路来加以探讨，一路叫"体质性状"，一路叫"智质性状"。体质性状比较容易理解，就是在有机体层面上的行为性状残化。我这样表述可能还不够具象，我再说得直白一点，比如前面多次提到的膜翅目社会，它的生存性状在体质层面上高度残化，蜂王就是一个雌性生殖器官，工蜂就是一个采蜜工具，雄蜂就残化为一个会飞舞的阳具，于是它们残化构合，这叫膜翅目社会。

在动物中级社会阶段，社会构合基础就是体质残化。由于体质性状残化必须借助于基因突变的积累才能完成，残化过程是硬态变塑，所以它相当稳定，中级社会随之相当稳定。稳定到什么程度？任何一类物种只有一个对应的社会形态，因为如果它的体质性状改变了，它就变成另一个物种了。所以每一类物种坚守一个社会形态，比如膜翅目社会形态，比如狮子社会形态，比如猿猴社会形态，社会构态和物种类别始终保持一致，体质层面的性状发生任何变构，必定导致这个物种发生漂移，所以动物中级社会极度稳定。

可是生存性状在人类主要表达为"智质性状"，什么意思？大家知道人类的一切知识进步，最终在求存行为上都表达为工具系统的进化。工具是什么？体质性状的延伸，是不是这样？比如锄头、扳手、吊车是臂力的延伸；马车、汽车、轮船是足力的延伸；望远镜、显微镜是目力的延伸；电报、电话是耳力的延伸；计算机是脑力的延伸；这叫"智质性状"。由于它就是体质性状的继承和延伸，因此我把智质性状也称为"类体质性状"，就是它和体质性状其实是一个非常类似或大体类同的直接延展。但它却是通过思想变革、逻辑变革、智质变革而加以塑造的。由于它是软态变塑，因此它的转型速度极高，分化残化速度也极高，于是社会从低结构度的体质性状社会结构，快速进入人类文明社会的高分化度、高结构度、高动荡度之演进阶段，以智质性状为构建基础的晚级社会就这样达成了。

关于智质的进化、宇宙的演化、物演的进程，我们总体上可以将其分为三种状态或三个阶段：起初是"理化变构"；继而是"基因变异";最后是"逻辑变革"。也就是整个无机界，它是通过粒子、原子的结构变化，借以实现物态变化，粒子结构、原子结构、分子结构都是"理化变构"的产物；到38亿年前原始生命出现，生命史开始，进入"基因变异"，这是第二个结构改变方式；到人类文明社会出现"逻辑变革"，即思想观念变革。然后你的性状变革，你的工具变革，而工具只不过是你体质性状的延伸，是自然结构分化进程的直接继承，没有任何飞跃。

因此智质性状的发展，其内核就会取代基因变异而表达为"逻辑变革"。也就是由逻辑和思想代替基因结构的支配作用，叫"置换DNA支配作用"。它完全继承基因系统的固有特点，包括操纵性、遗传性、变异性、重组性、适应性等等，这是它的第一个特点。第二个特点，它可以"超越体质性状的局限"。它借助于语言文字符号和思想逻辑模型，不像体质性状必须通过基因变异积累上百万年才能发生变构，而一旦有所变化，它的类体质性状——工具就随之发生迁动。由于是软态变塑，因此足以超越体质性状的局限，这是它的第二个特点。第三个特点，它必将"扬弃宇宙实存的物态形式"。就是它把宇宙中所有的物质都概念化，然后在其概念推理中排布外界事物，或者用理性软态概念及其逻辑绵延系统不断地变塑外部事实而使之重构，从而完成它跟外界的软性可塑式对接。由于这些特点，它就具有了高度的可变塑性，于是人类晚级社会之生存性状，即类体质性状或智质性状，从此迅速地发生迭代转化。

这个转化过程是一脉延续的，是逐步分化的。它在原始单细胞时代就解决了增殖问题，其胞膜受体既能够采集信息，又能够摄取能量。如果我们把增殖控制视为"政治"的前体，如果我们把能量摄取视为"经济"的前体，如果我们把信息采集视为"文化"的前体，那么人类社会这三个子系统在最初圆满的单细胞阶段，其实早已出现建构之开端，不是这样吗？所以整个自然社会过程与整个生物演化过程是同时问世且同步展开的。

但是这会造成一个巨大的区别，我用一句话总结："智质性状变构"相当于"物种变异"或"人类种系的递变进化"。我前面就讲，我说任何一个物种，如果它的生存性状发生变化，它一定不是原先那个物种了。比如蜜蜂的体质性状变形了，它就可被视为一个新物种；比如爬行动物在体质性状上变成哺乳动物，这个时候它已经是一个另外的物种了。可是人类作为一个物种，他的智质生存性状竟然可以快速变构，直接表现为从一个"物种变异"的过程，变成一个"种系递变"的进化。什么叫"种系递变"？就是你从表面上看，人类似乎跟所有的生物物种一样，但是你从生存性状上看，中级动物的体质性状变更就是物种变构，而人类的"类体质性状"呈现为快速的跨越式更迭，相当于人类是一个不断演化的"种系"，而不仅是一个物种！这叫"种系递变"。由于它是软性智质变塑，因此它可以把一个种系变化、物种变化需要上百万年到上千万年的基因突变积累才能完成的事情，放在几千年、几百年乃至今天几十年、几年便一蹴而就，于是人类从一个物种变成了一个"种系"，变成了一个"物种系列"。

我们可以这样来表述：人类作为一个物种存在，其实是一个种系延续，他历经猿人→旧石器人→新石器人→青铜器人→铁器人→机械化人→电子化人→乃至发展为基因工程人。总而言之，你的性状随着工具的变更而变构，这相当于物种在快速演进。我们也可以另外换一个表述方式：猿人→原始采猎人→游牧人→农业人→工业化人→信息化人→乃至后现代化人。我说的每一个组合词都相当于一个非生物学定义下的"新物种"。由于人类是通过智质软态变塑其生存性状，因此他相当于一个物种的体质性状在极短时间内产生"种系演化"，这就是人类把动物远远抛在后面的原因。

其实在生理体质结构上我们和猿，尤其和类人猿基因上只有3%不到的差别，我们与之紧密衔接，不存在生物学上的断裂。可是我们今天看猿猴，看所有动物，它们完全跟我们不在一条水平线上，我们把它们甩得老远。凭什么做到这一点？就凭"智质性状变构相当于物种演化系列的软态加速变形"，是不是这样？而我前面又一再讲，在中级动物体质性状建构的社会，社会构型随着物种定型而固化。因为体质生存性状一旦发生变构，一个物种就变成另一个新物种，所以每一个物种的社会形态永远不变，稳定数百万年、上千万年、上亿万年。但是由于人类的智质生存性状在快速变构，等于物种在快速变异，那么，他的社会形态也就相应快速变构。即便一个物种对应一个社会，由于人类是物种系列的快速演化，所以晚级社会就表达为整个社会系统的快速演进。

有鉴于此，我们可以把人类晚级社会表达成一种连续演动式的社会结构变化体系或加速度社会演化体系：即"猿人"的"动物中级社会"→"旧石器人"的"亲缘氏族社会"→"新石器人"的"氏族部落社会"→"青铜器人"的"部落联盟社会以及原始奴隶社会"→"农业人"的"种族民族国家社会或曰封建专制社会"→"工业化人"的"自由资本主义社会"→"信息化人"的"民主主义社会"→乃至发展到"后现代化人"的某种"后现代社会"而不止。它的社会形态随着生存性状、智质性状的快速软态变塑，形成一个极其迅猛的演进系列，形成一个加速度式的下坠趋势。这就导致人类社会和生物社会、动物社会拉开巨大距离，就像我们今天看猴子、猪狗、蜥蜴等其他灵长目动物、哺乳动物、脊椎动物，觉得它们离我们很远一样。

由于这些原因，所以我们看人类社会和动物社会、单细胞社会，会觉得它们与我们根本不是一个类别。但其实整个生物社会是连续演化的，是具有统一渊源的。这就是人类社会很容易被看作人类自造的超自然结构这个误解的来源，这也是我们很难把自身的社会构成与生物社会乃至物质原始结构看成同一个自然系列的原因。

理论概括与逻辑路标

此前的社会学说出现一个严重失误，它把社会总系统下面的三个子系统，即政治、经济、文化视为分量不同的要素。从浅层上看，人们大多倾向于在这三个子系统之间寻求因果关系。比如马克思是经济决定论，这是马克思主义的基本特点，主张生产力决定一切，生产力带动生产关系发展，经济基础带动上层建筑发展，这是典型的经济决定论。还有文化决定论，倘若你没有听懂我前面的课程，你会认为我在讲思想决定文明，这像是文化决定论。比如20世纪的著名学者马克斯·韦伯，他用欧洲新教文化解释资本主义精神发育和制度形成，这是典型的文化决定论。还有政治决定论，比如从列宁到毛泽东，他们认为阶级斗争是人类社会进步的基本动因，这是典型的政治决定论。

其实所有的高等生物种群内部都会出现阶级差别和阶级斗争。比如狮子社会、猴子社会争夺狮王、猴王，不是阶级斗争吗？生物学家谁会说猴王打架是猴子社会演化成人的决定因素呢？要知道任何一组子系统之间的互动关系，均是一个反馈结构。我一说反馈结构，大家应该想起系统论，正反馈和负反馈的运动变量。任何一个反馈系统，它的子系统之间谁都不决定谁，但谁都影响谁，因为它们在一个平面上运转，所以谁都不可能成为决定性要素，这是大家要特别注意的。须知底下还有一个更根本的动因，那才是整个系统得以形成和变迁的关键所在。

如果我们简单看生物社会，其底层的直接动因，就是基因突变，如果我们再往深探，其内在的基础动因，就是递弱代偿法则。它是唯一因，它是唯一的动力，这才是任何自然结构得以运转的根本驱动力和决定力。所以我纠正一下，在社会三个子系统的反馈关系上寻求决定要素，这种讨论方式完全是错误的。你稍微读一点儿系统论的书，你就知道它是无可立足的。我们在讨论自然生物社会的时候，我说社会是一个自然结构系统，是一个生物社会序列，我们可以发现它有五个明确的演动定律。我做简单介绍，稍微有点抽象。

第一，生物生存效价与社会衍存效价之对位律。就是生物的生存度和社会的凝合代偿度是一个匹配关系；第二，生物分化程度与社会结构程度之相关律。就是生物的分化和残化程度越高，社会结构度一定越高；第三，生物属性状态与社会属境建构之统一律。就是生物的代偿属性越丰厚，生物的社会结构就发育得越丰满；第四，生物生存压力与社会内构张力之互换律。也就是生物面临的外部自然压力和生物之属性能力提高所造成的内部紧张，两者之间有一个置换关系；第五，生物衍存态势与社会代偿效价之无功律。就是社会结构不断繁化，不断把残化了的生命有机体做生机结构重组，但其代偿最终无效。总之，社会结构的代偿和发展不能保证它的组分生存度发生任何补量变化，这就出现了一个严重的危机。大家想，越残化的个体，它对结构的依赖度就越大。比如人，你根本无法脱离社会生活，可是你所要依赖的这个社会结构本身却偏偏越脆弱。

我这样讲还不够直观，我换一个形象的例子。比如分子结构，你完全可以把分子中的一个原子打出去，这个脱位原子变成了离子，似乎有电子载荷的轻微损失，但作为一个自由单质即便不进入分子态结构，它也仍然可以存在下去。由于它本身的结构相对坚实，因此它可以不依赖于分子结构。如果它要进入分子结构，达成的结构也很稳定。所以无论在结构之外还是在结构之内，它都是自在安全的。这是由于它的存在度偏高，代偿度偏低，所以结构代偿的维护力度有限，也可以说是结构有效代偿表达的很弱，于是无效代偿同样也就表达得很弱，总之就是代偿不起太大作用，不构成存亡利害的密切关系。

反过来想想我们人类。在原始时代农业文明的时候，你远离社会，你边缘于社会，你在荒山野岭开垦一块田地，独自种庄稼解决吃饭问题，你跟社会的契合度很低，你照活不误。不是说你能完全离开社会了，你那把锄头自己总造不了吧，瓦罐总造不了吧，织布的事情如果你是个男人也可能做不成，你不是完全可以脱离，但你相对可以脱离，因为那个时候你的存在度较高。今天发展到工商业文明，发展到信息文明，请问哪一个人还敢说他能离开社会？你片刻都离不开，因为你高度残化了。你必须跟别人充分依存，发生种种交换关系，你才能够勉强生存，是不是这样？所以越后衍的分化个体，也就是越后衍的结构组分，它的存在度越低，也就是生存度越低，它必须越来越依靠这个基于自身之残残相依所达成的结构——社会结构。可恰恰这个时候，社会体系却高度动荡了，却越来越靠不住了！这是不是形成一个巨大的麻烦？反差性麻烦！我把它形容为"靠山山崩，依水水涸"。此时此刻谁能保证，"社会"这个寄存着人间最多厚望的宝贝，恰好不是一个宇宙间最幽深的陷阱？人类进化及其社会发展，因此而沦落为自然弱演法则的热情而盲目的殉道者——"天道殉难者"。这就是人类的社会发展前景。

我再换一个讲法，分为两句话来表述：第一句是"社会稳定度趋近于零，个人分化度却趋近于最大值"；第二句是"个人生存度趋近于零，社会动荡度却趋近于最大值"。两句话角度各异，但题旨相通，都是讲人与社会的尴尬关系和艰危处境。大家想，个人越来越分化，个人越来越残化，每个人越来越被编织在一个社会结构系统中，这个残化趋势，理论上可以达成这样的极致，就是每一个人都将变成某种独特的残化载体，将来世界上有100亿个人，就有100亿个分工，这在理论上是成立的。每一个人都是社会结构之某位点上的唯一组分，这就像工业流水线，每一个人承担一个工序，某个人缺位了，整个流水线便瘫痪了。想想如果发展到那个极致，人类每一个人在理论上残化到成为独自一份，那么就意味着这一个人突然疯掉或死掉，整个社会瞬时崩溃。是不是这样？这叫"个人生存度趋近于零而社会动荡度却趋近于最大值"，即社会一点儿都不能维护个体。这叫"社会稳定度趋近于零而个人分化度却趋近于最大值"，即个人也全然无力维系社会。是不是这样一个结局呢？理论上、逻辑上就是这样一种关系，就是这样一个前景。

我在讲什么？我前面讲"精神"的时候，我说人类的感知越来越迷茫；我现在讲"社会"，我说社会结构越来越脆弱。而且它结构越来越复杂、越来越脆弱的原因恰好是我们作为社会组分越来越残化，我们的生存度或存在度日益趋近于零，两者完全是无效代偿的关系，也就是社会不能构成我们的维护系统，正如知识不能构成我们的维护系统一样。请回想我前面说的"无效代偿"这个概念，就在这种情况下显现。所以我说人类的政治、经济、文化，必须进行全面变革。而如果要全面变革，就意味着必须再造一个崭新的文明形态。它的政治变革前景必然是后国家形态，它的经济变革前景必然是后资本形态，它的文化变革前景必然是后科学形态，三大子系统全部重新改造，我们才能维系这个社会的继续运转。

请大家想我前面讲国家之间的战争，已经逼近到核大战的悬崖边上，这叫"国际竞争危难化"；市场高度动荡，价值体系紊乱，产出越来越剩余，利润越来越惨淡，这叫"资本收益负值化"；感知越来越迷茫，知识的确定性越来越低，但其毁灭力却越来越大，这叫"知识效应戕害化"。因此原有的政治、经济、文化结构全都处在不能维护人类生存的状态，反而成为人类的戕害系统。而我前面又一再讲，人类的任何文化及其社会形态一定是对其载体生存加以匹配性维护的状态，如果它一旦产生戕害效应，则意味着它行将变革了。因此我说"后国家、后资本、后科学时代"行将来临。

我们现在展望人类的命运，我说具象一点，就眼下来看，因为我们带不进去参数，所以我们无法精确计算人类未来还有多长时间的物种寿限，我们说不清楚。我们现在只能大体预测。我说人类未来有两种命运，第一叫"寿终正寝"或"享尽天年"，也就是人类把自己的下一期文化再造事业和文明变构事项妥善处理好，于是人类尚有望活完自己的天寿。如果我假定人类今天相当于中年，比如40岁，那么理论上如果人类处理得当，他有可能还有十几万年的生存期，因为我们前面作为智人存在了将近20万年，也就是相当于今天的40岁左右的人，有希望活到80岁上下。因此我说我不算太悲观，比起霍金认为人类只剩一二百年时间故必须逃离地球，我显得乐观多了。但其前提条件是，人类要把后面的文明形态变革问题处理到位。

人类命运的的第二种可能是"死于非命"或"暴病而亡"。比如核大战，比如超智机器人，比如毁灭性瘟疫等等，这叫死于非命或暴病而亡。就相当于一个40岁的人，突然由于某类意外事故，或者某种重大疾病死掉了。要知道人类个体的生物学寿命平均只有39岁，结合眼下形势看来，第二种可能性偏大。但它也取决于我们能否妥善处置。所以人类今天面临重大的生死存亡之抉择。

我们下面讨论一个更形象的说法。临床上有一种很稀奇的疾病，简称"早衰症"，又名"哈钦森–吉尔福特综合征"。它是一个什么状态呢？就是7岁的儿童其身体发育相当于中年，12岁左右相当于60岁以上的老人，一般活不过十六七岁就亡故了，就把天寿活完了。这种病例在全世界非常罕见，大约只有48个病人或稍多。我在这里展示一张图片。

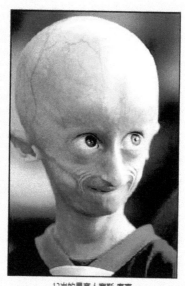

12岁的早衰人塞斯·库克

这个孩子的名字叫塞斯·库克，这是他12岁时的一张照片，像一个头发脱光、满脸皱纹的80岁老翁，此后很快库克就老死了。大家注意我们的人类文明很像这个孩子，我们非常激进，拼命竞争，我们每一个人在社会竞争场上踊跃前行，就相当于这个孩子身体里的每一个细胞在寻求激进发育，你激进发育的结果是什么？你快速增长的结果是什么？——快速逼近寿命的极限！不就是这样吗？所以人类今天的进步论、发展观是一个典型的"人类文明早衰症"之病态。我在这里只是做一个形象化的比喻。

我下面对《物演通论》的学说做一个总概括：

第一，弱演变量。我的哲学学说经常被人拿来跟其他哲学体系做种种类比，说你这不过是康德哲学或马克思主义哲学的一个变形解释，甚至有说是对佛教的别样阐发等等，为此我有必要把它分项罗列清楚。我的学说的基本理论特征，我把它梳理为"五印一纲"（详述请参阅福州无用空间网站上的相关讲座视频：《物演通论》之"正印"说）。这第一项就叫"弱演变量"，就是能量的衰变和质量的衰变统一，万物的演化只不过是一个自发趋弱的演动变量，它把强势演化的那个进化论表象全面颠覆。

第二，代偿位相。我前面一再讲，代偿是属性代偿，而属性的集合就显现为我们所说的物类或者物种，因此我把它叫第一假象。什么含义？属性代偿及其所呈物相的本质是一个弱演变量，当弱演进程发展到某一个量度，也就是那条坐标下倾线的某一个位点、位格或位阶，它的存在度和代偿度汇集在那一个点上，这个时候它表现出一个物态，或者一个物类，或者一个物相，此谓之"代偿位相"。即我们所说的物质形态的差别、物类的差别、物种的差别，其实只不过是那个弱演变量之存在度和代偿度的差别，这个东西带出和展现成不同的物类、物态和物种。我为什么说它是第一假象？请大家回想古希腊时代的假象概念。古希腊那个时候还没有认识论，它说万物只是一个虚幻的假象，它后面有一个决定它的理念，这叫第一假象。后来认知过程加在上面，对耦合对象再行扭曲，我把它叫第二假象，即认识论假象。我在这里姑且假定我们的认知不扭曲对象，对象表现出来的物态、物形、物类、物种，其实仍然只是一个假象，是什么的假象？弱演变量的假象！属性虚构的假象！因为任何一个物类、物态或者物种，其实只不过是一个增益属性的集合。人类跟万物一样，是万物属性的更高度的集约化体现，所以人类在物相系统上位居其末，存在度最低，代偿度最高，这叫"代偿位相的漂移"，就是你的存在度和代偿度，滑落到哪一个位点或位格上，你就展现为哪一类物态或者物相。

第三，有限区间。也就是我前面讲的"有限衍存区间"，它是对非时空的物演内质之存在效价的观照，它是一个全新的宇宙观。它说明宇宙万物只能在哪个范围内、在哪种程度上存在，这叫"有限区间"。这是它的第三项重大内涵。

第四，分化耦合。自然弱演进程就是物类分化进程，分化者必须重新归整以求相互依存。它在精神哲学上表达为感应属性耦合，它在社会哲学上表达为生存性状耦合。我前面讲过属性和结构是一回事，是对同一个东西予以不同角度的考察，这叫"分化耦合"。即属性与结构一体化发展，这就是我们所说的实体存在。

第五，伪在危在。这都是我书中使用的概念，大家要详细了解其意，必须读书。这里从简一叙：所谓"伪在"就是精神哲学上探讨我们人类的一切知识都得不到本真，而且越来越得不到本真，它不能构成我们的终极维护系统；所谓"危在"是指社会结构倾向于越来越脆弱、越来越动荡，它也同样不能对我们构成一个有效维护体系；统合起来称作"伪在危在"。

最后还有一纲，此处特指数学模型之纲，即所谓"反比函数定律"或曰"反比函数之和为常量"。尽管我暂时还带不进去参数，但递弱与代偿的演运关系注定如此。就是说，代偿度只不过是存在度的反比函数，而代偿度加存在度乃为存在阈常量，这个数学模型构成一纲。它足以解释有效代偿为什么有效，而同时有效代偿为什么恰恰就是无效代偿，因为代偿度的增量根本不能弥补存在度的失量。而且我们可以把这个数模公式称为"道法方程"，请大家想老子的"道"是什么？——递弱代偿法则！所以我讲我的学说是给老子"道"论做了一个现代大信息量的系统性证明。什么是过去的"道"？天之道、人之道分立而行，甚至逆势而动，故此始终说不清楚。我们今天在一系上说明，"人之道"是"天之道"的末尾代偿形态。何谓之"道"？——贯通成一个原理！实现为一脉逻辑！绵延于一路演进！此之谓"道"。因此它在"天人合一"这个方向上把人与自然统一，把人文学和自然学的鸿沟填平。因此我说中国原始文化是一个重要参考系，这一思路在中国萌发而不在西方生成（西方是哲科思维和哲论文化的渊薮），是因为它没有这个文化基因，是因为中国自古就有"天人合一"与"天道"理念，它在我们的思想底层埋下了一枚有待发育的种子。这与我前面讲古希腊埋下了欧洲近代昌盛和文艺复兴的种子是一个道理。此即我前课所说的"中国传统文化是未来文明再造的重要参考系"这句话的具体落实。

再则它是基础理论。只有建立基础理论，你才能寻求下一期文明建构的逻辑路标。请注意我用"逻辑路标"这个词，意指我们没法在细节上说未来社会是什么样子，但我们可以大致说未来社会一定得朝哪个指引方向前行，文明必须按哪种基本模式建构，否则人类绝难长存。而这个逻辑路标来源于基础理论，《物演通论》这本书的副标题是"自然存在、精神存在与社会存在的统一哲学原理"，它用一个原理——递弱代偿原理——通解自然、精神和社会，这是此前任何理论不可能做到的。自然科学、物理学只解释自然，生物学、进化论只解释生命，认识论哲学只解释精神，人文社会学只解释社会，从来没有一个理论把它们全部贯通。

临末我在书里写有一句话，我曾经把它放在第三版的封面上："人性是物性的绽放，人道是天道的赓续"。这是典型的天

595

十二、人类文明的趋势与危机

人合一之论。人性是万物所有属性的最大增益集合，所以叫"人性是物性的绽放"，大家想想是不是？我前面一再讲，物理感应属性铺垫在你的神经系统底层，形成细胞膜极化之生物电脉冲，这是你的整个神经精神活动的基础，然后感性、知性、理性相继代偿，从扁形动物一直到灵长动物，万物的属性增益最终集合为人性，所以人性是物性的绽放。这里不光包括属性，还包括本性，也就是弱演变量，最终落实在人类这个末端危存点上。再看"人道是天道的赓续"，借用老子的话"天之道"、"人之道"，但老子把"天之道"和"人之道"割裂了，他认为"人之道"即人类文明违背了"天之道"，而我讲"人道"只不过是"天道"的继续，它们完全一脉相承，纠正了老子这个重大错误，真正实现天人合一之贯通。

然后我又做三个结论，简而言之可谓"自然趋弱，弱归人性；精神趋知，知归茫然；社会趋繁，繁归动摇"。第一句是说，万物弱化演化，其至弱承载体就是人类；第二句是说，从物理感应，到扁形动物的感性，到脊椎动物的知性，到灵长动物的理性，越高级的感知，采集信息量越大的感知，越缺乏稳定性和确定性，感知越来越趋向于背离本真和茫然化，知识和精神发育不构成我们的维护系统；第三句是说，社会只不过是自然结构系列中最繁华的一个末段实体，它也因此是一个最动荡、最脆弱的结构，它对人类的生存维护最终落于无效代偿。从任何一个角度都表达着递弱趋势的一路贯彻，表达着人类未来存续的高度危机以及文明形态改造的紧迫任务。

下面我们对全课做总结。

我不是要讨论"死灭"问题或者"有生必有死"这种陈词滥调，恰恰相反，我是要"寻求未来生存的逻辑路标"。此乃最深厚的悲悯情怀，尽管它冷静到看似冷漠的程度。

之所以要将"递弱代偿原理"引申到精神哲学和社会哲学

范畴，除哲学本身的主题需要外，就是为了说明人类仅有的两项求存手段即"智能提升"和"社会进步"为何偏偏是灯蛾扑火——既往的发展路径无可依赖。

思想先于文化，文化先于制度。我解释一下这两句话，我前面曾经讲过"文化先于制度"，我举过一个例子，辛亥革命期间孙中山提出建立民主宪政，到今天一百多年过去了，我们在制度构型上模仿的就是民主社会制度，两院一府之表型（两院指政协和人大，相当于西方的参议院和众议院）跟西方一模一样，可我们根本不是真正意义上的宪政民主体制。不是我们没有这个理想和追求，而是我们的相关文化没有形成，如果这个文化总体上是虚缈的，则任何制度设计无效，因为制度是要由人来建构和由人来执行的，这叫"文化先于制度"。再往深说一步，叫作"思想先于文化"。也就是只有新思想才能引领新文化，新思想在未来文化构成的最前端，新思想的传播和导向造成未来的文化潮流，这是它们之间的关系。所以新思想、新文化的发生和弥散是未来新型文明结构得以建立的先声与前提。

人类文明是铺垫在思想通道上的，文明只不过是智人的求存方式而已。若然，则有两件事情至为重要：第一，给人类提供一个新的宇宙观，跟当前和未来生存形势相匹配的宇宙观，这是第一重要的事情；第二，为人类寻求与之相呼应的道德制高点，也就是要重建新的普世价值观。中国的崛起绝不能仅仅是经济的振兴、财富的扩充，一个民族要被别人尊重，一个民族真正荣耀的标志是文化崛起。中华民族在近一千年里对世界文化几无贡献，这是我们中国人近代被人瞧不起、卑微化的原因，所以再造新文化才是中华民族崛起的最重要标志。

结语：万物惟求存在，生存高于一切，人类好自为之。

最后我说一句话，我在这里只讲了一个轮廓和梗概，如果大家要了解它的细节和证明过程，请读《物演通论》。

十二、人类文明的趋势与危机

课后答疑

好，下面进入提问环节。

同学提问：东岳老师，咱们都知道有一个卯榫结构，工匠的技艺越高，卯榫结构的块数越多，结构越复杂，但是它的稳定性不一定降低。根据递弱代偿原理的话，就是说结构越复杂稳定性就会越减弱，但是好像在技艺方面的提升，可以让这个东西在一定程度上可控。那有没有可能在社会的发展过程中，我们找寻到了合适的技法，能让递弱代偿的这种减弱效应可以无限趋近于一种相对稳定的状态？

东岳先生：我觉得卯榫结构这个说法，你没有给出该有的比照对象。你说卯榫结构更稳定，相较于一整根木柱竖在那里，哪个更稳定？一棵树栽在那里，一根木柱子放在那里，它没有雕琢，没有结构，它一定比卯榫结构更稳定，所以参照系统不对。仔细读我的书。世界是单向度演化的，结构一定是倾向繁化的，属性一定是趋向增益的。我们只见过猴子变人，你绝见不到人变猴子。所以你在任何一个细节上想找见对整个系统的颠覆性证明，你得做系统论证。因为细节容易看花眼，再加上局部的多因素影响，常常会扰乱或掩盖事物的本质。

同学提问：东岳老师你好，社会结构之后相对的存在将灭归至各阶前体存在，或是绝对存在，或是进入巴门尼德的非存在，此刻社会结构是否还遵从递弱代偿法则，规定这个灭归途中的后衍相对存在？谢谢。

东岳先生：我过去讲过"灭归"的概念，我说灭归绝不是逆式演动，也就是演动是单向度的。因为如果讲灭亡，我们会觉得它是一个反向复归，比如有机体死亡以后降解为有机分子，这像是演化单向运动的某种逆返，但它其实只是演化的临时告竭，而不是演化向度的转移，这是我特意强调"灭归"这个概念的含义。所以"灭归"这个概念是指向演化单向度这个问题的讨论，不涉及其他问题。我不知道我这样算不算回答了你的问题。

同学提问：先生，我看你那个坐标图，那个存在意义是固定的，我是这样理解的，一只蚂蚁的存在跟一个成年人的存在应该是不一样的。然后你那个代偿等位线是平直的，我感到应该是波动的，是不是这样才对？

东岳先生：人总觉得自己很特殊、很了不起，但在我看来人与蚂蚁没有什么要紧的区别，如果一定要说它们之间有何差别的话，我只能说人的代偿度更高，或者说他更嚣张、更狂妄，然后给自己带来更多的灾难场景和更快的死灭前景，仅此而已。因此我以为人还不如蚂蚁的存在稳定或固定。

关于第二个问题，我的书里设有一个章节，专门讨论"阈上存在或阈下存在均不成立"。波动现象只是直观的短浅之见，它其实是弱态存在或弱化生存的表征。你何曾见过一块花岗岩呈现生、老、病、死的波动？我课上讲过就连原始单细胞都没有先生长、后衰老的起伏交替。从大尺度的逻辑推导上讲，存在阈是所有存在的基准，后衍弱存者所表现的生存波动，其实正好说明了他们想把自身维持在那条常量平行线上有多么困难。

同学提问：东岳老师我想问一下，就是我们的经济已经发展并解决了一些基础问题，那么如果我们想在全球范围内对文化方面的发展有所贡献，进而领导全球文化的发展，那有两个方向，一个方向是复兴原来的文化，另外一个方向是开发新的文化。但是有一个逻辑，就是如果复兴原来的文化的话，农耕文明的文化又不能够战胜工业文明产生出来的这个文化。那么新的文化道路到底在哪里呢？

东岳先生：我前面一再讲单向度演动，它意味着旧思想、旧文化绝不能解决未来发生的新问题。所以我在讲课中一再强调中国传统文化早就衰落了，但西方主流文化也绝不代表未来，请注意理解这两句话。事实上人类没有完全找回旧文化来拯救自己的可能，文艺复兴其实是新文化的种子，是古希腊时代埋藏下来的代表未来新文化新思想的种子，所以它当时难以立足，转瞬即逝。一般来说，向后寻求文化复兴不成立，除非你能在旧文化中发掘出足以启迪未来的个别思想闪光。

同学提问：先生我问一个问题，你的学说依据之一是热力学第二定律，但普利高津的耗散结构理论是对热力学第二定律的对冲，在某种程度上证明宇宙万物未必单向步入热寂。这是不是对你的哲学体系构成挑战？

东岳先生：对于普利高津的耗散结构理论，一直以来存在着诸多误解。简单地说，热力学第二定律与耗散结构理论的前提设定是不同的，前者是在一个孤立系统内成立，后者是对一个远离平衡态的开放系统而言。何况普利高津本人也承认，任何耗散结构本身就是一个熵增体系。比如一台冰箱，它虽然能够通过从外部获得电能而保持内部的负熵流，但从更大的系统范围看它还是加强了熵增效应，它的散热量更大；再比如薛定谔说生命就是负熵结构，它通过从外部获取物质和能量进行新陈代谢来维系机体内部的自组织过程，但实际上它反而加剧了整个环境的熵增速率。更重要的是，无论普利高津或薛定谔都没有发现自然界中的耗散结构序列呈现递降趋势，各类耗散结构之间同样始终存在着发生序列上的持恒稳定度级差，亦即存在度级差，这一点经常被有关研究者及引用者忽视。也就是说，所有耗散结构无一例外地表现出逐级衰变的态势，其质量分布递减，存续时间递短，稳定素质递失，而属性丰度一路递增。这都是更具普遍性和决定性的递弱代偿法则之贯彻与体现。再者，即便我们假定眼前这个宇宙也是一个开放系统，将来也有望从热寂状态下复生，我们这一茬文明人类总归还是要先行灭亡的。换句话说，普利高津的耗散结构理论丝毫无助于拯救我们，倒不如及早丢掉幻想，另寻出路为妥。

同学提问：老师刚才的回答很有说服力。那我可不可以认为，你的学说就是热力学第二定律的翻版呢？

东岳先生：首先必须搞清热力学第二定律它是研究什么问题的。热力学最初只涉及能量热力方面的问题，不涉及质量物态的演动，后来人们才将其扩展到实体结构倾向失序的方面，但也只是单纯图解了"去组织化"的现象，而完全无力解释物质世界何以总是趋向于"强势演化"这个重大问题，譬如达尔文的生物进化论，譬如人类文明的扩张式发展进程，等等。也就是说，从实际情况看，质量物态之演运与能量热力之动势在可观测层面上恰恰呈悖反格局，这是热力学第二定律全然无法回应的基本事实。况且，不妨再深问一步，你能用热力学原理阐明什么是"精神"、什么是"社会"吗？而这些东西才是与人类生存最贴近的重大课题。另外，还有一个历史疑团，热力学第二定律诞生于十九世纪中叶，恰好处于达尔文生物进化论问世之前，此后达尔文学说广为弥散，成为鼓噪人类优势竞争的科学依据，进步论式发展观反而甚嚣尘上，它说明什么？说明热力学第二定律丝毫不能揭示自然物演运动和人类文明历程的发生机理，也完全不能澄清由此造成的学术迷雾，尽管它的确给我的学说体系提供了一个基础性证据。

同学提问：先生您好，我想问一下您的这套理论可不可以理解成新的存在主义，也就是类似于海德格尔的那个存在或此在？

东岳先生：你如果认真深入地阅读了我的著作和存在主义

的相关著述，你会发现它们完全没有可比性。海德格尔的"此在"是以人的存在为讨论起点，而我说人不过是宇宙物演的终点；萨特讲"存在先于本质"，讲"自由选择"的重要性，而我讲从深层看选择不成立；加缪讲存在或生存的"荒谬和痛苦"，而我讲的是存在或生存的有序和无聊；存在主义总体上显得乐观而励志，而我的学说无不流露出悲凉与消沉。两相对照，简直可谓南辕北辙。尽管我也讨论存在问题，但彼此显然不在一个深度或维度上。所以请注意我在本课最后特别提出"五印一纲"，就是为了避免或澄清此类混淆。如果一定要问我的哲学体系是个什么主义，我倒宁可说是"危存主义"比较恰当。

同学提问：先生您好，关于"代偿"请教一下。就是有没有主动代偿和被迫代偿的区别？在文明进程中，生存度逐步降低，我们都是在被迫代偿，但如果缩小尺度的话，有没有可能存在一些主动代偿的情况，比如说社会利用各种因素来鼓励科技的发展？那如果这算是主动代偿的话，刻意去阻碍代偿的发生，是不是成立的或有效的呢？谢谢！

东岳先生：这个问题提得好。但是你一定要注意，我讲人类文明、人类社会、包括人类的思想和文化都不过是自然律展开至终末阶段的人格化体现，试想哪颗原子、哪个细胞、哪种动物，它的属性代偿或能力提升是出自于主动的？我又讲存在度丧失是自变量，代偿度递补是因变量，证据在于宇宙物演的始基奇点是全然没有任何属性的。因此严格说来，你这个讲法不成立。

不过我在书里第43章说了一句话，我说"代偿度就是存在度的实现"。这句话什么意思？就是代偿度和存在度是一回事，存在度的丧失同时就是代偿度的增加，其间没有二分之区别，只不过我们人类的感知必须把统一的事物区隔为不同的识辨系统。比如我一再拿色觉的分色处理与光波的无级变化来举例，它们在人类的感性视觉上一定被分辨为"赤橙黄绿青蓝紫"，七色截然有别。人类在逻辑上也有同样的严重缺陷，就是他必须把外物分类讨论。所以你真正看懂那个坐标示意图，存在度和代偿度的决定点，都处在那条下倾线的同一个点上。因此从深层意义上讲，代偿度增益和存在度衰减完全是一回事，只不过我们人类运用感知和运用逻辑的方式是必须识辨分析，因此才出现上述那个问题。所以主动和被动其实是一个概念，它们是同一个变量即"弱演变量"的结果。

　　你提出的问题里暗含了一个重大质疑，就是既然它是自然律，那么它怎么会可能允许人为改变？是不是有这个潜在问题存在？也就是暗指我们的任何努力将终归枉然！我为什么讲这个说法也不对？我再说一遍，宇宙自然法则的终末表达方式叫"人格化体现"。也就是我们过去积极进步、激进发展，既然能如此之努力，我们今后为什么不能同样努力地去做缓和代偿、减慢发展的事情呢？因为我们的努力本身就是自然意志的执行。如果我这样讲还没有说明白，我再补充几句，一个人的一生，他的身体一定是分阶段发育的，他青年时期的精神状态一定是生机勃勃、勇于进取的，意志表现一定是偏于积极的，及至中年以后他逐渐步入衰老，他的基础代谢率一定是下降的，他的意志倾向一定是越来越消沉的。换句话说，人类未来以相对消极的行为方式构建下一期文明，这也是自然进程和自然律的规定和表达。

同学提问：先生好，从你的讲课中可以看出你对西方现代艺术不太欣赏，竟用"丑陋无比"来形容，这大概是因为你是外行的缘故。不过我还是想听听你如何为自己辩解。

东岳先生：我承认我是艺术外行。我也用不着为自己辩解。我当然理解近代艺术家为了突破照相技术击碎了绘画写真的那种困境。但作为艺术家又有几人能真正理解什么叫"艺术"？什么叫"美"？我在这节课里讲，我说"美"是"感应失离"的产物，"美"是对"感而未应"的依存牵挂与引诱，也就是说"美"是具有维护生存之精神效用的。当代艺术，不是全部，但有相当一部分以丑为美，制造悬念，譬如杜尚的小便器之类，就算他们想借此表达某种独特理念，但丑毕竟还是丑，不会因为你的深刻而变美。我不想批评他们故作姿态、哗众取宠，那样太肤浅，我倒认为他们恰好流露出当今人类处于"分化失序、依存紊乱"的危情，即其作品正是人类文明趋向于危亡化的警示性表征之一。我这样讲不算辱没当代艺术吧？恐怕也只有从这个角度你才能真正理解当代艺术的价值所在。

同学提问：先生你好，前课中我就提过外星人问题，现在我还想再问，就是回到递弱代偿的那张图里，我看到这里有一个隐含假设，就是最右边的那个竖线，它是一个极限吗？显然你认为这就是星球文明的极限，因此才会没有星际交流的外星人，那这个为什么是极限呢？其实我觉得即使说星际文明是可以突破的，也不影响整个递弱代偿的成立。谢谢您。

东岳先生：我说过了没有参数，所以我无法精确计算。我们只看一个现象，为什么外星人数量应该极大，却迄今没有来到地球？再看一个问题，我们人类今天连太阳系都没有走出去，我们已经面临种种灭顶之灾。而且从星系演化的时间来看，如果没有发展限度，那么外星人应该早就已经穿越宇宙登上地球了，可事实上没有这回事。

同学再问：这我有一说，大航海时代美洲人、印第安人，他们的存在度是很高的，因为他们生存很简单。葡萄牙人、欧洲人存在度很低，他们缺能源，缺这缺那，所以他们只好航海去获取资源，但结果显然我们都知道。就是说存在度很低的葡萄牙人，这些欧洲人最后占领了美洲，而存在度很高的印第安人基本消失了。那你这个存在度的概念就不对。

东岳先生：你与其说是存在度的差别，不如说是印第安人代偿不足，后者可能是更准确的表述。这话什么意思？我见到太多人提出这种意见，也举出例证，譬如某些低等生物质量偏低，某些原始动物短时灭绝，等等。这里涉及如何分类的问题，按理说不同尺度的视野，就该有不同方式的分类，如果按照三期分类，即初级单细胞生物、中级多细胞有机体、晚级智人来看，则上述问题根本不出现。再者，就算回到现行的生物分类学，某些低级物种瞬间闪灭，生物学界也早有合理解释，它必须是针对具体问题且带入具体情境的多因素分析，除非这些具体因素能够被齐同一地加以排除，相当于进行系统性反向论证在总体上成立，其证明结果方属有效。再回到印第安人与欧洲人的问题上来，要知道全球人类本属同一个物种，具有相同的机体结构，亦即物演存在度没有差别，其文明发展程度的微小差异表达的是代偿度的不到位，也就是存在阈不达标的麻烦或迟或早必然降临。可见你不发展不进步是不行的，尽管发展进步未必是一桩美差，这就是递弱代偿法则的贯彻力度。至此我们可以进而推论，就目前形势看，只要地球上任何一个国家或区域的人群超前发展，都意味着全球人类的共同危机，不要说什么你的存在度高反而是你的优势，他的代偿度高是他该倒霉，到头来你们一定一起玩完，这就是递弱代偿法则的落实力度。请对此存疑者仔细读书。

好，大家还有什么问题？

同学提问：老师你好，我这边也是想问一个有关存在度的问题，就是从大尺度上来看，你说得很对，人类文明发展的趋势表现为存续时间越来越短，存在度越来越低，但是从小尺度的近期情况来看，人类的平均寿命越来越长了，对于这一点，我不知道该怎么理解。

东岳先生：你听没听前面的"人体哲理"那节课？

提问同学：没有，我是这个周末才来听的。

东岳先生：我在人体哲理课上专门讨论过什么叫"寿命"，我讲人类今天把寿命延长是一场灾难，所以你拿今天个体寿命延长来证明人类存在度增高了是错的。如今人们普遍延长个体寿命恰恰是人类总体存在度降低的表征，是代偿度升高的表现。请在网上补习"人体哲理"那节课。

同学提问：先生你好，我想问一下在人类现在这个晚级社会，我们还有没有可能有幸进入侧枝盲端，从而导致整个物种达到一种相对稳定的状态？

东岳先生：看来希望不大，因为衰变速度极快，也就是我们没有停顿，而且我们根本停不下来。我相信即使到下一期文明也停不下来，仅仅是减缓而已。因此我们想当侧枝盲端都来不及了。

同学提问：先生你好，你的递弱代偿原理是否也暗含着，就地球这个星球而言不存在物态及文明演变的重复性？比如流传的亚特兰蒂斯只能是传说，想听听先生的看法。

东岳先生：这个问题我无须在理论上掰扯，常识就够了。可以断定，至少在地球上，现在是第一期文明。我见过很多这类说法，说地球上早就有过某种高度发达的文明遭遇毁灭，包括柏拉图的亚特兰蒂斯之说，这些都是没有得到确证的说法，从生物进化的速率上看也不可能。但是我不知道会不会有第二茬智人及其文明重复再现？由于人的存在度极低，如果发生某种巨大灾难，比如核战争，比如高智机器人，人类可能就被消灭了。但我相信比人类低级的生物将会大量存在，越低级的生物存在度越高，然后它们又开始慢慢在地球上演化。不过这得具备两个条件：第一，地球本身和太阳系本身还能稳定足够长的时间，这个看来问题不大，还有大约40亿年；第二，从某种低端生物再度演化出下一茬文明的这个系统性生态条件是否还能够稳定持续。所以这个可能性存在。但和你这一茬人类已经没有什么关系了，我看最好还是先保住自己以及子孙后代的延续生存可能更要紧也更现实吧。

同学提问：先生您好，我对您那个有限衍存区间的坐标系有个疑问，就是它里边提到的一个坐标是时间，然后也把质量作为一个重要的存在量度，但是我觉得应该更多把空间考虑在里边，因为这是一个时空构架，也就是说速度是很重要的。当速度改变的时候，时间也会发生变化，所以如果我们现在用一个有限的结构去考虑的话，那可能会存在一个终结点，但如果把速度加进去，可能这个点就会是一个无限趋近于零，但永远不会灭归的情况。我不知道会不会出现这样的情况？

东岳先生：首先我在讲课的时候一再讲它是一个非时空的区间，尽管一旦说"区间"一词，空间、时间便已隐含在里面了，那是因为我们无法进行非时空的讨论。但是我讲时空假若是主观的，那么我所谓的这个"有限衍存区间"，不管你的时空认知状态是什么样子，该项区间设定都成立，我是在这个意义上涉入问题的。

至于你说趋近于零者可能一直在那个右端临界线上存在，我看未必，因为它只是一个理论描述态。我课上讲过，它叫方生方死的存在，也就是质量极低、瞬时闪灭的存在。我举过一个例子，比如机器人刚造出来，大概只造出来了一台或者两台，新的机器人随即出现，这一两台就被淘汰了。1秒钟或者0.01秒以后，更新的机器人出现了，确实有一个极小质量的点在那个地方晃动，但它是方生方死的存态，现实上等于不存在。理论上的极致有可能是如此，但是我们这样表述都不精确，我希望将来随着信息量的增大，能够带入参数，到时它将可以得到精确回答。像这些方面只能指望各位、指望后人了。

同学提问：先生你说任何理论都将被证伪，那么你的理论也终有一天会被证明是错的，那它还有什么指导意义？还有什么作用呢？

东岳先生：这个问题好像以前课上有人提过，我不妨再回答一遍。请注意，学说理论被证伪，并不表明逻辑事实会消失，当然前提条件是该理论必须曾经正确过。我举例子，牛顿的经典力学开创了工业时代，但他的引力学说现在被爱因斯坦的空间曲率理论给取代了，某种程度上被证伪了，然而地球照样绕着太阳转，并且照样符合牛顿的引力描述状态。我的意思是，一个学说被证伪，通常只是换了一个解释系统或解释方式，使它从原先的"本质性逻辑模型"沦落为或浮现为"现象层事态描述"。也就是说，即使我的学说理论形式被证伪，"递弱代偿"这个事实或现象照样存在，人文危化的趋势不会改变。而且大家最好不要企盼着它被证伪，因为根据既往的人类思想史来看，新学说、新思想似乎从未让人类的地位得以提升，反倒令人类在自然界的位置一落千丈，个中详情可参阅《知鱼之乐》一书的最后一篇文章。

同学提问：先生我读过你的《人类的没落》，比《物演通论》好看，可惜你没有充分展开，就像是一个有关未来社会的简略提纲，为什么这样惜墨如金？

东岳先生：我刚才课上讲过，我只能给出一个涉及未来文明建构的逻辑路标。但更重要的是，此前的先哲奉献过太多各式各样乌托邦式的美好蓝图，到头来几乎全都缔造的是更深重的灾难与祸殃，我不想重蹈覆辙，不想给后人造孽，所以只写下逻辑推导过程中绕不开的关键要点。其实我的所有著作都不是为今人写的，当今的人们还泡在温水里正感到舒服着呢，他们大多接受不了"水温将升"这类逆耳的忠告。我是为后人写的，后辈面临的危局将使我的晦涩理论变成一望而知的基本常识，但愿他们能够拿出比我设想的解决方案更妥当、更细致也更可行的全套举措来挽救自己。所以我也建议各位从此再莫让子孙后辈忆苦思甜，他们将来不让你"忆甜思苦"就不错了，你眼下少为后人积累一点祸根才是当务之急。

同学提问：先生您好，其实我们所有的人都在追求一个问题，就是我们为什么活着，我们终将归向何处。那其实今天您给的这个答案我特别希望不是真的。您中间有讲到您自己个人的一个经历，您说在大学图书馆里面读到一篇文章隐隐地指向了某个疑点或假设，然后您花了20多年的时间去证明它，并且出书。我想知道，您自己也是人类的一员，在发现这个原理的20多年期间，您的心情是什么样的？

东岳先生：这个问题我真没想过，我这个人比较麻木愚痴。但是你刚才提到的那个问题确实是我听过的最多的质询，就是按这个理论，我们活着的意义是什么？那么我用中国的一个成语作答："人生一世，草木一秋"——人生没有任何意义！须知天地间原本就没有"意义"这种东西，无奈人类的存在资格不足，亦即存在度过低，于是不得不"追求生存"，这便闹出了种种怪相或名堂。可见"意义"导源于"弱化求存"，并彰显于"临近失存"。据此看来，人人都觉得自己活得很有意义，只表明人类的处境越来越麻烦。因而我可以断定所谓的"人生意义"非但不会被勾销，反而一定越来越膨胀，尽管它看起来一点儿也不像是个良性指标也罢。

好，我们的全部课程到此结束。同学们再见！

Printed in the USA
CPSIA information can be obtained
at www.ICGtesting.com
LVHW011128281023
762444LV00011B/113